신제품 개발 바이블

진성북스
JINSUNGBOOKS

대담한 혁신상품은 어떻게 만들어지는가?

신제품 개발 바이블

로버트 G. 쿠퍼 지음 | 류강석, 박상진, 신동영 옮김

한국의 독자에게

지난 30년 간 나의 열정과 땀이 녹아 있는 본 서가 한국의 독자들을 만나게 되어 무척 기쁜 마음이다.

한국은 그 어느 나라보다 역동적일 뿐만 아니라 산업적으로도 큰 성공을 이루어왔다. 특히 스마트 폰, 반도체, LCD산업과 같은 다양한 분야에서 세계시장을 선도하는 위치에 올라 있다. 그러나 치열한 글로벌 경쟁 상황에서 미래에도 지속적으로 성공하려면 시장에 나와 있는 기존 제품을 모방하거나 개선하는 것에서 벗어나 차별화된 독창적인 제품을 개발해야 한다. 각 기업은 적절한 프로세스를 통해 지속적인 혁신이 가능한 시스템을 구축해야 하며 그런 혁신 과정에 필요한 모든 프로세스들을 구체적으로 파악하고 효과적으로 적용할 필요가 있다. 따라서 체계적인 혁신 과정의 방법론이 녹아 있는 이 책을 이해하고 신제품 개발에 활용함으로써 탁월한 사업 성과를 얻을 수 있으리라 확신한다.

이 책은 신제품 개발의 성공 방법 즉, 고객을 만족시키고 이윤도 충분히 얻을 수 있는 대담하고 혁신적인 신제품을 성공적으로 창안하고 출시하는 방법을 다루고 있다. 책의 내용은 오늘날 세계 주요 기업에서 널리 사용되는 '스테이지-게이트® 시스템'을 기반으로 한다. 이것은 신제품이나 새로운 시스템을 개발할 때 아이디어부터 출시, 사후 관리까지 광범위하게 적용되는 시스템이다. 미국이나 유럽, 호주뿐만 아니라 아시아의 수많은 기업이 이 시스템을 통해 많은 효과를 보고 있다.

나의 친구이자 동료인 류강석, 박상진, 신동영, 세 사람이 한국의 독자를 위해 이 책을 번역하고 출간하기로 결정한 데 대해 깊은 감사를 표한다. 세계 도처에서 신제품 개발에 종사하는 수많은 전문가처럼 한국에서도 이 책을 즐겁고 유익하게 읽어주길 바란다.

본문에서는 신제품 개발을 효과적으로 설명하기 위한 수많은 '모범관행'을 소개해놓았다. 이런 모범관행은 단지 이론이나 추측 또는 개인적인 관점으로 만들어진 것이 아니라, 신뢰할 수 있고 광범위한 연구를 통해 정립되었다. 어떤 신제품은 성공적인데 다른 신제품은 실패하는 이유, 어떤 기업은 혁신에 뛰어난데 다른 기업은 그렇지 못한 이유에 대해 실제적인 사례들을 충분히 분석했다. 세계 각지의 연구자들과 우리는 1970년대부터 여러 나라에서 신제품 성공 비결에 대해 철저히 탐구했고, 연구 결과가 폭넓게 발표되었다. 지금까지 120편 이상의 논문을 관련 학술지와 매거진에 게재했으며 대부분 까다로운 심사를 통과했다. 즉, 관련 저널의 심사위원이 면밀히 검토했기 때문에 이 책에서 소개하는 연구 결과와 관행은 굉장히 유용하고 신뢰할 수 있는 것들이다.

1장~3장은 세계의 다양한 산업에서 성공한 기업과 제품에 대한 사례들을 소개하고 거기서 얻은 가장 중요한 성공 동인을 15가지로 요약한다. 여러분은 아마도 이 성공 동인 중 많은 항목에 익숙할 수도 있지만 그것들을 실제로 잘 적용하고 있는가? 너무나 많은 기업과 프로젝트팀이 그렇지 못하기 때문에 그들의 제품혁신에 대한 노력도 별로 성공적이진 않다. 그런 연구가 아직 한국에서 행해지진 않았을지라도 우리가 도출해낸 성공 동인은 보편적으로 적용가능하다. 이미 미국, 독일, 중국 등에서도 유용하게 활용되고 있으니 틀림없이 한국에서도 적용가능하리라 본다. 나는 모스크바, 프랑크푸르트, 필라델피아, 시드니,

베이징 등 여러 나라의 주요 도시에서 다양한 기업을 대상으로 세미나를 개최했는데, 내가 전달하는 메세지와 이 책의 내용에 대하여 모든 참석자가 매우 긍정적인 반응을 보였다.

제4장에서는 그 유명한 '스테이지-게이트® 시스템'의 개요를 설명한다. 이것은 신제품을 계획하고 개발하며 출시하는 전 과정을 다루기 위해 내가 개발한 시스템으로 오늘날 국제적으로 폭넓게 쓰이고 있다. 틀림없이 독자들 중 일부는 이 시스템을 이미 사용해본 적이 있을 것이고 좋아하는 사람도 있을 것이다. 그러나 모두 올바르게 이해하고 있진 않을 것이기 때문에 제4장과 제5장의 내용, 차세대 버전에 대한 설명에 특별히 주목해주길 바란다.

한국어판은 영어판의 제4판을 번역한 것이다. 영어판 초판은 1986년 캐나다에서 출간되었다. 당시는 '스테이지-게이트'라는 용어를 사용하기 전이었고 상대적으로 초기 연구에만 기반하고 있었다. 스테이지-게이트에 대한 최초의 아이디어는 주요 신제품 개발을 성공적으로 이끈 경험이 있는 프로젝트팀과 리더를 관찰하면서 얻을 수 있었다. 어떤 면에서보면 이런 팀의 관찰은 프로미식축구팀을 보는 것과 비슷했다. 예를 들어 1980년 창단해 전미 럭비 챔피언십에서 27번이나 우승한 UC버클리 대학의 '골든 베어즈(Golden Bears)'는 팀원 모두 동시에 열심히 경기하며 운동장으로 공을 힘차게 차내 득점한다. 그리고 또 추가 득점 한다. 우리는 이런 개발팀을 직접 관찰하며 연구하던 중 드디어 '성공 비결'과 '게임을 승리로 이끄는 법'을 알아내기 시작했다. 그리고 궁극적으로 이런 모든 과정을 하나의 단일 시스템으로 통합해 '스테이지-게이트'로 명명했다. 따라서 스테이지-게이트는 또 다른 팀 즉, 신제품 프로젝트팀을 위한 '경기 계획'이나 '작전 모음집'으로 간주할 수 있다. 그들이 '공을 이동하여 득점하듯이' 프로젝트도 성공적인 출시로 이동하는 것이다.

책의 나머지 장에서는 아이디어 창출부터 시작해 스테이지-게이트 시스템의 구체적인 내용을 서술한다. 좋은 아이디어를 얻는 방법은 다양하다. 그런데 최고의 방법이 무엇인지 알고 있는가? 뉴욕에서 사업하든 서울에서 사업하든 성공적인 신제품 개발을 위한 첫 번째 단계는 좋은 아이디어로 시작하는 것이다. 하지만 수많은 신제품 아이디어가 있음에도 불구하고 대부분의 기업에서 아이디어들은 썩 좋지 못하다. 독특하지도 않고 고객욕구를 제대로 만족시키지도 못하며 고객을 위한 강력한 가치 제안이 없다. 따라서 아이디어 창출을 위한 더 좋은 방법을 사용할 필요가 있다. 대담하고 획기적인 신제품 아이디어를 창출하는 방법을 아는 것 그것은 승리하기 위해 운동장에 들어갈 때 반드시 갖춰야 할 덕목이다.

나머지 두 장은 개발과 투자를 위한 최상의 아이디어와 최고의 프로젝트를 선택하는 방법을 설명하고 있다. 여기서 목적은 적합한 프로젝트를 선택하는 능력을 제고하는 것이다. 즉, 올바른 팀과 경기에 베팅하는 법을 학습해 사업에서 연구개발투자 생산성을 극대화하려는 것이다. 또한 프로젝트의 핵심인 '모호한 전반부 활동(Fuzzy Front End)'에 대해서도 상당한 정도의 설명을 할애할 것이다. '모호한 전반부 활동'란 미성숙한 신제품 아이디어를 견고한 개발 프로젝트로 변환하는 것으로서 강건한 사업 사례를 통해서만 뒷받침된다. 우리는 연구를 통해 개발 프로젝트가 잘못 진행되는 원인의 대부분이 초기 문제 때문이라는 것을 밝혀냈다. "게임의 승패는 초기 5가지 시도에서 결판난다." 따라서 탄탄한 전반부 준비 과정의 필요성을 강조하고자 한다. '고객의 소리(voice-of-customer)'에 대한 전문적인 연구를 통해, 아직 충족되지 않고 때로는 언급되지도 않은 사용자나 고객의 욕구를 발견하라. 기술적, 운영적 위험을 다루기 위해 최고 수준의 기술과 공급원천에 대한 평가를 실시하라. 철저한 재무적, 사업적 분석을 실시하고 올바른 제품 정의를 내려라. 이런 모든 과정은 개발이 시작되기 전 실행되어야 한다.

이 책에서는 또한 나선형 개발 개념도 소개하고 있다. 실제 기술적인 개발 단계가 시작되기 전 모든 내용을 이해하기는 불가능할 것이다. 수많은 연구와 평가에도 불구하고 모든 불확실성과 미지의 상황, 모호성을 완전히 제거할 수는 없다. 따라서 실험과 반복은 필수적 요소로서 IT산업에서 사용되는 반복적인 구축-검증 방법을 기반으로 프로세스를 더욱 예리하고 적합하게 다듬어야 한다. IT 관련 산업을 많이 가진 한국에서도 나선형 또는 반복형 개발과 같은 새로운 개념을 활용함으로써 개발 기간을 단축하고 불확실성과 모호성에 잘 대처할 수 있을 것이다.

이 책을 즐겁게 읽어주길 바란다. 그리고 한국 내 또는 국제적으로 사업을 더 성공시키기 위하여 본문에서 제공하는 원리와 방법을 어떻게 적용할 수 있을지 잘 생각해보기 바란다.

여러분의 건승을 빈다.

로버트 G. 쿠퍼
2016년 8월, 오크빌 연구실에서

목차

10장 개발과 시험, 출시

11장 스테이지-게이트® 실행하기

1장

혁신을 위한 도전

혁신은 기업가 정신을 실현하는 구체적인 수단이다...

그것은 기업이 가진 자원에 부를 창출하는

새로운 능력을 부여하는 행위이다.

- 피터 드러커,《혁신과 기업가 정신, 1985》

도전: 진정한 혁신의 방법

:: 대부분의 기업은 야심찬 성장 목표를 세운다. 그러나 문제는 성장에 필요한 자원이 제한되어 있다는 점이다. 기업성장의 4가지 원천(시장 성장, 시장점유율 증가, 새로운 시장, 타 기업 인수)을 달성하기는 힘들고 비용도 많이 든다. 대부분의 선진국 시장과 산업은 이미 성숙되고 범용화되어 시장점유율을 증가시키려면 비싼 대가를 치러야 한다. 인수는 효과가 없어 합병이 발표되면 주가가 오히려 하락하기도 한다. 인도와 중국과 같은 신흥시장에서는 특별한 문제들이 더 많이 발생한다. 게다가 아시아로 진출한 기업은 이미 이익을 대부분 얻었다. 또한 대부분의 기업에서 '제품개발'은 라인 확장과 개선 또는 제품 수정을 의미하는데 그것도 감소 추세이며 시장점유율을 유지하는 역할만 할 뿐이다.[1]

문제는 이렇다. 주주와 이사진은 수익성 있고 세간의 이목을 끄는 신제품이 계속 안정적으로 나오길 바란다. 하지만 경영관행과 경쟁 및 재무환경은 기업을 다른 방향 즉, 규모가 더 작고 위험과 모호성이 덜한 계획을 추진하는 방향으로만 몰아간다. 그 이유 중 하나는 단기적 수익성에 집착하는 금융계의 책임도 일부 있다. 하지만 수익성 높은 신제품을 만들고 단기적 성과까지 극대화하기는 어렵다. 제품을 '더 빠르고 더 좋고 더 싸게' 만들기 위한 목표 달성은 쉽지 않은 것이다.[2] 두 번째 이유는 장기적인 관점에서도 요즘 그처럼 판도를 바꿀 만한 혁신을 창출하기 매우 어려워 졌다는 점을 들 수 있다. 많은 시장과 산업은 불모지처럼 보인다!

> ❝ 우리는 오늘날 뛰어난 혁신과 탁월한 기업들을 어디서나 목격한다. 그들의 성공비결 즉, 그들을 최고의 혁신기업으로 변모시킨 접근법과 행동, 그리고 관행을 배워보자. ❞

희망은 있다. 바로 이 책에서 그 방법을 다룬다. 오늘날 뛰어난 혁신과 탁월한 기업들을 어디서나 목격할 수 있다. 문제는 그들이 예외적인 소수의 신제품과 기업이라는 점이다. 당신은 그 예외에 해당하지 않을 가능성이 크다. 그러나 그 기업들과 뛰어난 신제품은 우리에게 성공모델을 제시한다. 그러한 모델을 통해 성공비결을 배울 수 있다. 이 책에서 몇몇 뛰어난 승자의 놀라운 사례를 보고 그들이 성공할 수 있었던 접근법과 행동, 관행을 통해 통찰력을 얻게 될 것이다. 또한 이 책은 당신과 회사가 최고의 혁신가가 될 수 있도록 모범관행의 구체적인 내용 즉, 거대한 아이디어를 떠올리고 그 중 최고를 선별해 성공적으로 출시하는 방법에 대해 심도있게 다룬다. 하지만 거기에는 분명히 도전적인 과제들이 있다.

진정한 혁신은 사라졌는가?

요즘 대부분의 기업에서는 차별화된 신제품을 개발해 출시하는 경우가 매우 드물다. 언구에 따르면 신제품 개발의 수익성에 영향을 미치는 열쇠가 있다. 바로 설득력있는 가치제안이 가능한 독특하고 탁월한 제품을 개발하고 출시하는 것이다.[3] 그러나 이는 말처럼 쉽지 않다. 시장은 성숙되고 범용화되고 있기 때문에 획기적이거나 판도를 바꿀 만한 신제품 개발이 어려워졌다. 예를 들어 식품산업, 일반 소비재제품, 화학약품과 플라스틱, 공학제품, 중장비산업과 같은 거대산업군에서는 진정한 혁신을 발견하기 어렵다. 20세기 전반에 걸쳐 플라스틱에서 자동차, 가전제품까지 많은 산업에서 제품혁신의 원천 역할을 했던 파괴적(Disruptive) 기술도 이제는 대부분의 산업에서 사라졌다.

오늘날 최첨단 산업도 '차세대 위대한 혁신'을 위해 고군분투한다. 새로운 기술 등장은 대대적으로 새로운 매출과 수익을 창출시킨다. 그 사례로 휴대전화, 디지털 카메라, 소프트웨어, 노트북 컴퓨터 등이 있다. 그러나 이들 조차도 시장이 성숙되고 사용자의 욕구가 빠르게 변하며 경쟁자들이 잇따라 신제품을 출시함으로서 제품의 경쟁우위를 유지하기 어렵게 된다.

이처럼 진정한 혁신 부족으로 나타난 결과 중 하나는 미국의 R&D 투자에 대한 생산성 하락이다. 제품개발관리협회(PDMA)의 연구에 따르면 지난 10년 동안 제품개발 주기는 41.7개월에서 24개월로 짧아졌다.[4] 제품이 개발되어 출시되기까지 소요시간(Time-To-Market)이 10년 동안 믿기 어려울 정도인 42%나 감소했다. 왜일까? 미국 산업계가 10년 동안 시간 면에서 그토록 효율적으로 변모한 것일까?

나머지 부분을 보면 그렇지 않다는 사실을 알게 된다. 미국 기업의 R&D 투자비는 (회사 매출 비중에 따라) 일정하게 유지되었지만 신제품에서 얻는 매출은 거의 같은 시기 전체 매출의 32.6%에서 28.0%로 감소했다.[5] 제품이 개발되어 출시되기까지 소요시간도 감소했지만 매출액 대비 연구개발비 비율로 측정한 생산성도 하락했다. 어찌된 일일까?

생산성 하락과 제품이 개발되어 출시되기까지 소요시간 감소는 혁신에 어떤 문제가 있는지 측정할 수 있게 해준다. 즉, 성숙된 시장과 치열한 경쟁, 범용제품화, 단기수익에 대한 주주들의 요구에 직면한 대부분의 기업 경영진들은 빠르고 위험이 적은 평범한 개발 프로젝트 즉, '쉽게 달성할 수 있는 목표'에 집중하기로 한 것이다. 21세기 현재와 1990년대 중반의 포트폴리오를 비교한 〈그림 1.1〉의 결과를 살펴보자.

- 세상에 첫 선을 보인 신제품들(진정한 혁신)은 일반적인 개발 포트폴리오의 11%로 거의 절반이나 감소했다.
- 반대로 혁신이 가장 떨어지는 개발 범주에 속하는 기존 제품의 개선과 수정은 2배나 증가해 현재는 일반적인 포트폴리오의 40%에 달한다.

혁신 프로젝트가 사라지고 있기 때문에 신제품 개발 매출과 생산성이 하락한 것은 전혀 이상한 일이 아니다.

평균적인 개발 포트폴리오상의 프로젝트 비율

개발 프로젝트 형태	1990년대	2000년대	변화(%)
세상과 시장에서 새로운 혁신들	20.4%	11.5%	43.7% 감소
회사에서 새로운 제품 라인	38.8%	27.1%	30.1% 감소
기존 제품 라인에 추가	20.4%	24.7%	20.8% 증가
기존 제품들의 개선과 수정	20.4%	36.7%	80.1% 증가
총	100.0%	100.0%	

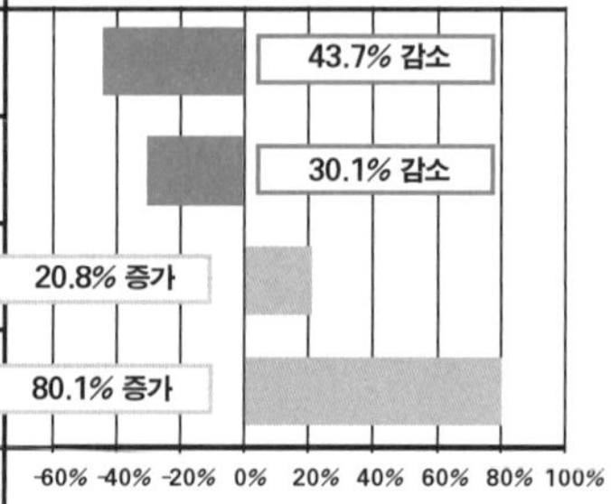

출처: 아담스 & 보이크(Adams & Boike), 주석 4: 쿠퍼(Cooper), 주석 2

그림 1.1 10년 전과 현재의 프로젝트 유형별 개발 포트폴리오 분석

해결책

해결책은 '진정한 혁신'에 있다. 즉, 미래의 성장엔진을 창출하는 획기적인 제품과 서비스, 해법을 찾아야 한다. 대다수 기업의 포트폴리오에 넘쳐나는 확장, 수정, 갱신, 변경 같은 '과거와 다를 바 없는 신제품 개발'은 더 이상 통하지 않는다. 개발 파이프라인(Pipeline)에 판도를 혁신적으로 바꿀 만한 대담한 제품-혁신 프로젝트가 필요하다. 다시 말해 범위가 더 넓고 지금보다 더 시스템지향적인 해법과 서비스 패키지가 필요하다는 말이다. 그러나 아이팟(iPod)의 성공을 주의 깊게 살펴보면 마법 같은 일 없이도 진정한 혁신이 가능하다는 사실을 알게 된다.[6] 애플(Apple)은 MP3 플레이어를 발명하지도 않았고 당시는 블루오션(Blue Ocean)* 의 기회도 아니었다. 아이팟 출시 당시 MP3 플레이어 판매업체는 43곳이나 있었다. 하지만 애플은 그들의 강점을 효과적으로 이용해 사용자 문제 해결을 시도했다. 그들은 손쉬운 사용법과 간편한 다운로드 기능으로 매우 멋진 MP3 시스템을 개발했다. 애플은 매력적인 전략적 영역(MP3)을 먼저 알아보았다.

이처럼 아이팟처럼 유명하진 않지만 기업이 '탁월한 컨셉'과 대담한 혁신으로 성공을 이룬 '진정한 혁신' 사례는 의외로 많다.

그린 마운틴 커피 로스터스

그린 마운틴(Green Mountain)은 1981년 버몬트(Vermont)주 작은 카페에서 시작해 얼마 지나지 않아 직접 커피를 볶아 지역 호텔과 음식점에 판매했다. 그런데 경영진은 일반 가정에서 사용하는 저렴하고 편리한 1인용 커피메이커에 대한 소비자 욕구를 알게 되었다. 그린 마운틴은 케이-컵(K-Cup)과 큐리그 시스템(Keurig system)을 개발하였고

---

* 수많은 경쟁자가 존재하는 레드오션의 반대 개념으로 경쟁자가 없는 분야

다른 유명 커피 메이커인 시애틀의 툴리(Tully), 캐나다의 뉴먼스 오운 (Newman's Own), 티모시(Timothy) 등과 계약을 맺었다. 기계 자체는 미국의 주요 식품업체들이 수입해 사용하는 일부 유럽산 기계들과 달리 단순하고 비교적 저렴했다. 사업 모델은 질레트(Gillette) 면도기-면도날 모델과 비슷했다. 즉, 커피 기계는 싸게 제공하고 케이-컵 판매로 수익을 내는 모델이었다. 회사는 2010년 13억 5천만 달러 매출을 달성하며 대성공을 거두었고 크라프트(Kraft)와 네슬레(Nestlé) 같은 대기업과의 경쟁에서도 이길 수 있었다.

P&G의 올레이 스킨-케어 사업

한때 P&G가 거의 포기했던 오일 오브 올레이(Oil of Olay)는 '노부인의 오일'이라고 냉소적으로 불렸다. 올레이 스킨-케어 사업은 여성의 얼굴노화를 방지한다는 '거대한 컨셉'으로 부활하였다.[7] P&G는 외부에서 필요한 기술을 확보하여 여성의 얼굴을 젊어보이게 만드는 데 초점을 맞춘 리제너리스트(Regenerist)와 데피니티(Definity), 프로페셔널 (Professional) 등 다양한 신제품으로 사업을 다시 시작했다. 올레이는 현재 연 20억 달러 이상의 매출을 올리고 있다.

코닝 글라스(Corning Glass): LCD 디스플레이와 평면 TV

코닝 글라스는 1990년대 말 광섬유 통신시장 호황에 힘입어 성장하고 수익을 냈다. 그러나 지난 2000년의 위기로 매출은 하룻밤새 곤두박질 쳤고 주가는 100달러에서 1달러까지 폭락했다. 10년 후 코닝은 다시 번창하고 있다. 그들은 어떻게 회복할 수 있었을까? 코닝의 고위 경영진은 대담한 제품혁신을 이루었으며 기술전략을 개발하고 필요한 리더십과 나아갈 방향을 제시했다.[8] 그들은 다음과 같은 결론을 내렸다. 코닝이 "반복적으로 성공하는 비결"은 헌신적인 리더십, 회사 역량에 대한 명확한 이해, 고객과의 긴밀한 유대감, 고객의 주요한 문제에 대한 심도 있는 이해, 크지만 잘 파악된 위험을 감수할 각오를 들 수 있다. 수많은 새로운 기회와 전략적 영역들을 파악하고 평가하고 활용했다. 가장 큰 성장엔진은 원래 1960년대 자동차용 앞유리를 생산하는 제조 과정에서 나왔다. 코닝은 평면 LCD 디스플레이(처음에는 휴대폰, 이후는 노트북과 데스크탑 모니터, 현재는 LCD TV와 대형 디스플레이)에 사용되는 유리 기판을 만드는 데 그것을 적용하였다. 10년 간 코닝의 모든 사업에서 주요 혁신은 성장동력이 되었다. 4개의 새로운 사업 플랫폼을 창출했고 인접한 3개 주요 시장을 활용했다. 신제품 판매는 현재 연 매출의 70%로 수직상승했고 수익은 5억 달러 적자에서 세후 20억 달러 흑자로 돌아섰다.

독일의 사니페어(Sanifair)

이 독일 업체는 고속도로 여행에서 우리 모두 겪었던 불편을 해결하는 시스템을 고안했다. 사니페어는 고속도로 휴게소에 공중화장실 체인점을 만들어 운영 중이다(독일 고속도로의 거의 모든 휴게소에는 이 화장실 체인점이 있다). 깨끗하고 개방되어 있으며 사용하기 편리하고 현대적이다. 1회 화장실 사용료는 70센트다. 하지만 시스템적 접근방식을 적용하여 휴게소 상점에서 사용가능한 할인권을 사용자들에게 제공한다. 그렇게 함으로써 휴게소에서 시간을 좀 더 보내며 타 제품을 구매하도록 유도하는 업셀링(Up-Selling) 전략을 구사한다. 누군가의 언급처럼 "여행자들은 아마 휴게소 식당에서 커피나 음식을 사기 위해 그 할인권을 사용할 것이다. 따라서 화장실을 다시 방문해야 한다!"

❝ 큰 문제를 찾아라. 그리고 탁월하고 대담한 해결책을 만들어라. ❞

여기에는 패턴이 있다. 중요한 문제나 기회를 찾아 대담한 해결책을 개발하는 것이다. 이것이 바로 산업이 필요로 하는 진정한 혁신이고 많은 기업이 원하는 성장의 원동력이다.

4가지 혁신의 매개체 - 혁신 다이아몬드

수백 개 기업을 다룬 우리의 벤치마킹 연구*에 따르면(연구의 기본 자료는 아래의 상자 참조)[9] 더욱 대담하고 창의적인 프로젝트와 제품개발을 위한 다른 유형의 혁신을 위해서는 다음과 같은 4가지 동인이 갖추어져야 한다. 〈그림 1.2〉 혁신 다이아몬드는 이 4가지 혁신 매개체나 동인을 보여준다.

동인 1. 성장엔진이 될 적합한 전략적 영역에 사업을 집중시키는 대담한 혁신전략을 개발하라[10]

수많은 기업이 신제품 개발에 대한 노력을 정체된 시장과 성숙한 기술 또는 쇠퇴하고 있는 제품범주와 같은 잘못된 영역에 집중시킨다. 이러한 측면에서 벗어나 R&D 노력의 방향을 탁월한 기회와 잠재력이 있는, 좀 더 생산적인 전략적 영역으로 바꿔야 한다. 더 크고 대담한 혁신을 성공시키기 위해 기업은 제품혁신과 기술전략, 사업 R&D 노력을 가장 매력적인 영역에 집중시켜야 한다. 기존 역량을 평면 모니터라는 신규시장에 집중하기로 한 코닝의 판단이 좋은 사례다. 신성장 모델인 MP3시장을 선택한 애플의 판단은 현명하면서도 대담한 전략적 조치의 또 다른 뛰어난 사례다. 그런데 휴대용 음악기기 사업을 벌이던 소니(SONY)는 2000년 당시 무엇을 하고 있었을까? 안타깝게도 대다수 기

---

* 동료이자 협력자인 캐나다 맥 마스트대학 엘코 크레인슈미트와 이전에 맥 마스트대학에서 근무했고 현재는 제품개발연구소(PDI)의 CEO인 스코트 에젯의 연구도 내 연구에 포함시켰다.

**성공적인 혁신으로
이어지는 4가지 동인**

적합한 영역에 초점을
맞추는 제품혁신과 기술전략

긍정적인 분위기,
문화, 조직과 리더십

**성공적인
혁신**

자원-효과적인
포트폴리오 관리를
통한 적절한 투자

거대한 아이디어를 만들고
효과적인 아이디어-출시 시
스텝을 실행하는 것
즉, 스테이지 게이트

출처: APQC 벤치마킹 연구, 주석 9.   스테이지 게이트는 DPI의 상표다.

그림 1.2 성공적인 혁신을 만드는 4가지 동인-혁신 다이아몬드

업은 명확하면서도 강건하고, 잘 공유되고 있는 혁신 전략을 제대로 갖추고 있지 않다. 그들은 혁신에 대한 초점이 없거나 성장엔진과 무관한 영역에 초점을 맞추고 있다. 일단 전략적 영역이 결정되고나면 획기적인 아이디어와 거대한 컨셉 그리고 창의적인 해법을 찾는 '사냥터'가 되어야 한다는 것을 명심하라.

∘ ∘ ∘

이 책의 기저를 이루는 연구들

이 책에서 제안하는 제품개발 방안은 사실을 근거로 한 것이다. 1970년대부터 나는 동료들과 함께 2,000건 이상의 신제품 출시와 수백 개 기업을 연구했다. 목표는 다음과 같다. 성공한 기업과 실패한 기업의 차이는 무엇이고 성공적인 신제품과 사업의 공통점은 무엇인가 그리고 가장 성공한 사업의 특징은 무엇인가?

뉴프로드 연구(NewProd Studies): 우리의 연구는 개별적인 신제품 프로젝트(성공과 실패 사례를 모두 포함한 2,000건 이상의 프로젝트)에 초점을 맞추었다. 수익성과 시장점유율, 목표 달성 등 다양한 제품 성과지표를 측정했다. 마찬가지로 시장의 성격, 프로젝트 팀이 핵심활동을 제대로 실행했는지까지 프로젝트의 많은 특성들을 파악했다. 그리고 거대한 신제품 승자를 구분해주는 요인을 파악하기 위해 그러한 특성을 성공과 연관지어서 분석했다.

벤치마킹 연구: 또 다른 연구들은 개별 프로젝트보다 사업부나 기업 전체를 살펴보았고 범위가 넓은 질문을 했다. 즉, 어떤 기업은 신제품과 관련된 능력이 왜 다른 기업들보다 훨씬 나은가? 내가 자주 참조하는 미국 생산성품질센터(APQC) 연구에서는 제품혁신에서 성공을 이룬 상위기업의 업무방식을 나머지 회사와 비교했다. 신제품 성과의 동인을 확인한 것이다. 이 책에 제시한 막대도표는 주로 이 APQC 연구에서 인용했다.

연구 유형(프로젝트 수준이나 사업 관련 연구)에 따른 성공 동인은 조금 다르게 밝혀졌다. 그러나 근본적인 질문은 항상 같다. 즉, '무엇이 승자를 만드는가'라는 것이다.

○ ○ ○

동인 2. 대담한 혁신을 고취시키는 분위기와 기업업문화, 조직을 키우라

우리의 광범위한 혁신연구 결과에 따르면 혁신에 적합한 분위기와 기업문화, 혁신적이고 위험이 큰 프로젝트에 대한 투자 자세, 최고 경영진의 올바른 리더십이 최고의 혁신기업을 나타내는 가장 중요한 요인이다. 혁신을 위한 긍정적인 분위기를 조성하고 기회가 있을 때마다 혁신을 지지하며 혁신가와 성공적인 개발팀들을 인정하고 보상해주며 모든 직원의 아이디어를 반영하는 기업이 제품혁신을 훨씬 더 잘 한다. 마찬가지로 혁신 노력을 말뿐만 아니라 행동으로 주도하고 지원해주는 올바른 리더십을 갖는 것은 성공에서 매우 중요하다. 그러나 대부분의 기업은 혁신에 필요한 분위기와 기업문화, 리더십이 부족하다.

동인 3. 대담한 제품이나 서비스 해법을 위한 '거대한 아이디어'를 만들어라. 그리고 그 '거대한 컨셉'을 중대한 혁신을 위해 고안된 아이디어-출시 시스템으로 신속히 출시하라

거대한 아이디어는 거대한 컨셉과 거대한 해법으로 이어진다. 더 큰 범위와 창의적인 개발 프로젝트는 판도를 바꿀 만한 강렬한 인상을 주는 아이디어에서 시작된다. 벤치마킹 연구를 통해 거대한 혁신 아이디어를 만드는 25여 가지 입증된 방법들을 파악했다.[11] 그러나 대부분의 기업은 이 방법들 중 일부에만 의존하고 일반적이고 전통적으로 사용되어 오던 낡은 방안을 이용하고 있다. 그러다보니 혁신이 나올 리 없다. 판도를 바꿀 만한 신제품 아이디어만 혁신적인 제품개발 노력에 반드시 필요한 공급원료다.

탁월한 아이디어를 만들어내는 것이 혁신적인 개발 노력의 절반을 차지한다. 나머지 절반은 컨셉 단계에서 개발과 출시 단계로 나아가는 것이다. 즉, 기업이 '죽음의 계곡*'을 넘는 일이다. 그곳이 바로 효과적이면서도 빠른 아이디어-출시 시스템이 필요한 지점이다. 그런 시스템이 없다면 '훌륭한 아이디어'와 '거대한 컨셉'은 말라 죽기 직전인 포도넝쿨에 달린 포도와 같다. 거대한 혁신을 상품화하는 것은 이처럼 중요한 '거대한 컨셉'의 아이디어와 프로젝트를 잘 처리하도록 설계된 효과적이고 효율적인 아이디어-출시 프로세스나 시스템을 도입하는 데 있다. 단지 이

---

* '죽음의 계곡'은 아이디어 또는 발명과 이를 상업화하는 것 사이의 괴리를 의미하는데 수많은 프로젝트가 그 간극에서 헤어나오지 못하고 사라진다.

프로젝트가 창의적이고 대담하다는 이유만으로 그 체계나 규율이 쓸모 없는 것은 아니다. 목표는 '체계(Discipline)와 실사(Due Diligence)가 있 는 기업가 정신'을 지향해야 한다. 그것은 분명 '성급하게 결정하는 것' 과 매우 다르다. 또 다른 문제는 대부분 기업의 스테이지 게이트 시스템 이 기존 혁신을 유지하는 소규모 프로젝트, 수정, 제품 개선을 목적으로 만들어져 거대한 혁신적 프로젝트와 기술 플랫폼 개발을 다루기에는 부 적합하다는 점이다.

동인 4. 효과적인 포트폴리오 관리를 통해 성공할 제품을 선정하라

대부분의 기업은 훌륭한 신제품 아이디어가 많다. 그러나 규모가 크고 위험성이 높은 프로젝트에 투자할 의욕은 부족하다. 그것이야말로 미 래의 성장엔진이 될 것이라고 약속하는데도 말이다. 이에 대해서는 기 업문화도 문제이지만 가장 큰 문제는 믿을 수 있는 성공 사례가 부족하 다는 점이다. 나는 경영진으로부터 "좋은 사업 사례를 보여주면 기꺼이 투자할 수 있을 것 같다."라는 말을 수없이 들었다. 거대한 컨셉을 가진 프로젝트는 혁신적이고 위험이 높기 때문에 고위 경영진들의 투자 결 정이 필요하다. 그들을 설득하기 위해서는 혁신적이고 믿을 수 있으며 (위험하지만) 사실에 기반한 탄탄한 사업 사례를 제시해야 하는데 이에 필요한 적절한 자료 얻기가 어렵다. 따라서 필요한 투자 결정이 내려지 려면 미리 조사하거나 실사하는 등 설득력 있는 사업 사례를 구축해야 한다.

그리고 고위 경영진은 혁신적인 '거대한 컨셉'과 관련된 위험성이 높 은 의사결정을 잘하지 못한다. 예를 들면 그들은 재무적 수단과 투자수 익률 계산법에만 지나치게 의존해 가부를 결정한다. 그런 방법은 혁신 성이 낮고 규모가 작은 프로젝트에나 적합하다. 범위가 넓고 위험성이 큰 대규모 혁신 프로젝트에서는 언제나 잘못된 결정으로 이어질 수 있다. 그 결과, 기업은 잠재적으로 판도를 바꿀 만한 프로젝트를 실행하지 못하고 성장 가능성이 희박한 방향으로만 나간다. 항상 똑같은 기존 제품에 대한 개선과 수정만 하는 것이다.

자, 이제부터 〈그림 1.2〉에서 제시하는 대담한 혁신의 성공 비결인 혁신 다이아몬드와 그것을 사업에 실행하는 방법을 깊이 있게 알아볼 것이다. 하지만 그 전에 한 걸음 물러나 사업에서 혁신의 중요한 역할이 무엇이고 기업의 번영과 성장에 미치는 혁신의 영향이 무엇인지 먼저 살펴보자. 그리고 경영진들이 유능한 혁신가가 되는 법을 왜 고민해야 하는지도 알아보자.

신제품: 기업 번영의 열쇠

현대 기업에게 신제품 개발은 가장 위험하면서도 중요한 활동 중 하나다. 확실히 위험성이 높다. 누구나 회사나 업계에서 신제품 개발에 실패해 거액을 허비한 경우를 지켜봤을 것이다. 하지만 분명히 보상도 크다.

놀랍게도 오늘날 신제품은 평균 기업 매출의 28%를 차지한다.[12] 즉, 기업 수익의 1/4 이상이 3년 전에는 팔지 않던 제품에서 발생한다. 일부 역동적인 산업에서는 100%까지 이른다! (여기서 '신제품'이란 3년 내에 출시된 제품을 말한다. 물론 기존 상품에 대한 기능 확장이나 중요한 개선도 포함된다.) 당연한 일이지만 3년 내에 신제품이 얻은 수익도 회사 전체 수익의 28.3%에 이른다. 이것이 의미하는 바가 무엇인가? 간단하다. 혁신이 아니면 죽음을 달라는 것이다! 수많은 기업의 눈부신 성공과 부는 바로 제품혁신 덕분이다. 예를 들면 다음과 같다.

- 애플은 1990년대 컴퓨터와 뉴턴 메시지패드(Newton Message

Pad) 문제로 골치아팠지만 2001년 아이팟(iPod)으로 급성장했다. 2010년에는 아이팟을 무려 2억 5천만 대나 판매했다. 아이팟은 출시 10년도 안되어 역사상 가장 성공적인 제품이 되었다. 그후 휴대폰 시장을 선도하는 기업을 불시에 붙잡은 가공할 만한 아이폰(iPhone)이 등장했다(2016년 7월말 기준 10억 대 판매). 그리고 소비자들이 몇 시간이나 줄서 구매하는 혁신적 제품인 최신 아이패드가 뒤를 이었다.

■ P&G는 수년 동안 세계 최고의 마케터로 인정받고 있다. 지난 10년 동안 흥미로운 신제품을 많이 출시하면서 해당 제품 범주에서 세계 최고의 혁신가라는 명성을 얻으며 급부상했다. 현재 개별 매출액이 10억 달러 이상인 22개 브랜드를 자랑한다. 전 세계 매출액도 790억 달러에 달한다.[13] 지난 10년 동안 선보인 뛰어난 신제품 중에는 프릴로섹 OTC(Prilosec OTC, 속쓰림 완화제), 크레스트 화이트스트라이프(Crest Whitestrips, 치아미백제), 크레스트 스핀브러쉬(Crest Spinbrush, 저가 전동칫솔), 질레트 퓨전(Gillette Fusion, 첨단기술 수준에 진입한 면도기 제품) 등이 있다. 회사는 이제 자사 브랜드를 이용해 타이드 드라이 클리너스(Tide Dry Cleaners: 세탁소)와 미스터 클린 카 워시(Mr. Clean Car Wash: 세차장) 체인사업으로 서비스 분야에도 진출했다.

■ 3M은 사포 공급업체였던 초기부터 위대한 기업으로 발전하기 위해 안정적인 혁신 공급원을 찾았다(3M은 '미네소타 마이닝 앤 매뉴팩처링 컴퍼니,(Minnesota Minning and Manufacturing Company')를 의미한다). 1920년대 초 3M의 첫 번째 진정한 혁신은 방수사포였다. 이 제품은 자동차 제조 과정에서 공기 중에 퍼지는 먼지를 감소시켰다. 두 번째 중요한 혁신은 어느 젊은 실험실 조수가 스카치 브랜드(Scotch-Brand)의 첫 번째 접착테이

프를 발명한 1925년에 일어났다. 이후 혁신은 지금까지 계속되고 있다. 3M은 혁신에 대해선 공식적인 성과급을 지급하고 확실한 지원을 해주는 강력하고 창의적인 내부 문화를 갖고 있다. 그것은 헬스케어 부문과 산업재 부문, 기타 부문의 아이디어가 수익성 있는 신제품으로 바뀌어 성공률을 높이는 결과로 이어졌다.

빛나는 최고혁신 기업들

위에서 인용한 바와 같이 1/4이라는 신제품 비율은 평균일 뿐 제품혁신의 진정한 영향력과 잠재력을 축소해 보여준 것이다. 어떤 CEO가 평균이길 원하겠는가? 우리의 광범위한 벤치마킹 연구에 따르면[14] 평균보다 훨씬 우수한 기업은 소수에 불과하고 그들은 벤치마크(Benchmark) 대상이 된다(그림 1.3 참조). 최고의 혁신기업은 상위 20%이고 그들은 하위 20% 최악의 기업들과 비교된다.

> 66 **최고 기업과 최악 기업의 제품혁신 성과는 큰 차이가 있다. 왜 그럴까? 최고 혁신기업이 타 기업과 다른 점은 무엇일까?** 99

- 최고의 혁신기업은 지난 3년 동안 출시한 신제품에서 얻는 매출이 전체 매출의 38%를 차지한다. 최악의 기업이 올린 9% 성과와 비교하면 4배 이상 차이가 난다.
- 최고의 혁신기업은 개발 프로젝트의 상업적 성공률이 79.5%다 (최악의 기업은 37.6%다).
- 최고의 혁신기업은 출시한 신제품의 대다수(77.1%)가 목표 수익 수준(프로젝트가 승인된 사업 사례에서 정한 목표)을 달성하거나 초과한다. 반면, 최악의 기업은 신제품의 26.9%만 수익 목표를 달성한다.

중요한 것은 제품혁신으로 뛰어난 성과를 달성할 수 있다는 것이다. 최고의 혁신기업들이 그 방향을 보여준다. 그리고 그 차이는 거기서 멈추지 않는다. 제품혁신에서 대부분의 성과지표는 시간과 돈이 핵심이다. 그러나 수익과 매출 데이터 외에 〈그림 1.3〉에서 보듯이 시간지표도 고려해야 한다.

- 평균 신제품 개발 프로젝트의 절반가량이 예정대로 출시된다. 최고의 혁신기업에서 예정대로 출시된 신제품의 약 80%가 시장에서 빛을 본다. 반면, 최악의 기업은 제품 5개 중 하나만 제대로 출시된다.
- '슬립율(Slip Rate)'은 출시까지의 예상 기간(프로젝트 사업 사례에 제시)과 실제 출시까지 걸린 기간의 편차를 설명하는 유용한 시간지표다. 슬립율이 높으면 좋지 않다. 〈그림 1.3〉에서 보듯이 최고의 혁신기업의 슬립율은 17.2%에 불과하다는 사실을 주목하라. 프로젝트 예상 기간이 12개월이었다면 실제로 14개월이 걸

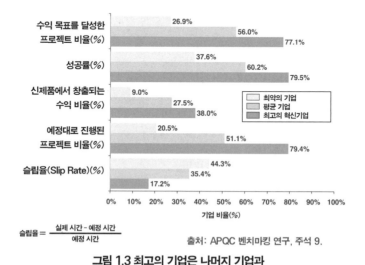

그림 1.3 최고의 기업은 나머지 기업과
비교해 어떻게 제품혁신을 이루는가?

렸다는 의미다. 2개월이 늦었지만 크게 나쁘진 않았다. 반면, 최악의 기업들의 슬립율은 44.3%다. 출시 예상 기간을 12개월로 잡았을 때 실제로 17.3개월이 걸렸다는 뜻이다.

제안 **신제품과 관련된 현재의 성과 상태를 검토하고 평가할 시점이다.**

1. 〈그림 1.3〉의 결과와 비교하면서 당신의 성과 결과를 자세히 살펴보라. 최고의 기업과 결과가 비슷한가? 그렇다면 훌륭하다! 그러나 결과가 평균이거나 최악에 가깝다면 그 이유를 알아보고 필요한 조치를 결정해야 한다.
2. 일반적인 '신제품에서 얻는 수익률'뿐만 아니라 '수익목표를 달성한 제품 비율', '성공률', 〈그림 1.3〉의 2개의 시간지표들을 살펴보라.

신제품 생산성

대부분의 기업은 이제 R&D 투자의 생산성을 측정할 수 있는 지표를 사용한다. 생산성 개념은 간단하다. 투입 대비 산출 비율이다. 구체적으로 말하면 제품혁신 분야에서 생산성은 산출(신제품 매출이나 이익으로 측정)을 투입(R&D나 신제품 개발비용과 시간으로 측정)으로 나눈 것이다.[15]

$$\text{신제품 생산성} = \frac{\text{신제품 매출(또는 이익)}}{\text{R\&D 투자}}$$

경영진은 매출이 아닌 신제품 이익에 가장 관심을 가져야 한다고 주장할지도 모르지만 오히려 매출이 일반적인 지표가 된다. 그것이 좀 더 '명확'하고 판단하거나 계산하기에 덜 복잡하며 좀 더 신뢰할 수 있는 수치이기 때문이다.

　세계적인 주요 연구에 따르면(그림 1.4 참조)[16] 최고의 기업과 최악의 기업 사이에는 제품개발 생산성 면에서 큰 차이가 있다. 생산성은 '기업의 R&D 지출' 대비 '신제품의 5년 간 매출'로 측정된다. 두 지표는 회사 규모에 맞추어 조절하기 위한 회사 연매출 비율로 계산한다. 〈그림 1.4〉의 결과를 살펴보자.

　■ 최고 기업(상위 25%)의 신제품 개발 생산성은 최악의 기업보다 12배나 높다. 즉, 평균은 R&D에 지출하는 비용 1달러 당 신제품 매출이 7.5달러인 반면, 최고 기업은 39달러로 매우 크다. 하위 25%인 최악의 기업은 1달러 당 매출이 3.3달러에 불과하다.

데이터를 산업별로도 분류하였다.

　■ 가장 생산성이 높은 산업은 식품을 포함한 소비재산업으로 R&D

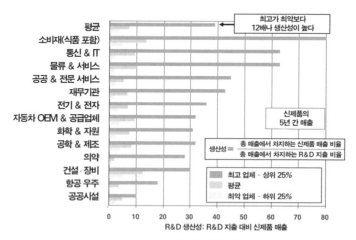

출처: A. D. Little Innovation Excellence Study. 주석 16.

그림 1.4 신제품 개발 생산성 지표-산업별 최고 기업 대 최악 기업

지출 1달러 당 신제품 매출은 평균 13.64달러다. 그러나 최고의 기업과 최악의 기업을 비교해 보면 80달러 대 4.8달러로 무려 16.7배나 차이가 난다.

■ 생산성이 가장 낮은 의약계의 경우도 비슷한 결과를 보여준다. 의약산업은 R&D 지출 1달러 당 신제품 매출이 첫 5년 간 1.95달러다. (하지만 그들의 수익률은 매우 높고 신제품도 시장에서 오랫동안 유지된다. 그것이 R&D 대비 낮은 신제품 매출 비율을 보충한다.) 그러나 이 산업에서 가장 생산성이 높은 기업은 R&D 지출 1달러 당 매출이 28달러이고 최악의 기업은 90센트에 불과하다. 역시 매우 차이가 크다. 상위 25%의 제약회사는 하위 25% 회사보다 제품개발 생산성이 31배나 높다.

66 최고의 기업과 최악의 기업 사이에는 엄청난 신제품 생산성 차이가 있다. 최대 12배 이상 차이난다. 99

〈그림 1.3〉과 〈그림 1.4〉에 나타난 최고 기업과 최악 기업의 비교 데이터를 바탕으로 3가지 중요한 요점을 정리하면 다음과 같다. 첫째, 최고의 기업과 최악의 기업 차이는 매우 크다. 성과 차이는 몇 퍼센트 뿐인 것 같지만 실제 수 십배 정도의 차이가 난다. 왜 이처럼 현저한 성과 차이가 날까? 일부 기업은 제품혁신에서 매우 성공적인 데 반해 대다수는 왜 그렇지 않을까? 높은 생산성이나 최고의 신제품 결과의 비결은 무엇일까? 우리가 연구한 결과에 따르면 단 '몇 년 동안' 성과가 좋은 것도 아니고 운 좋게 1~2개 제품이 성공한 것도 아니었다. **최고의 기업들은 측정가능하고 지속가능한 행동양식과 접근법을 받아들이고 있었다.** 반면, 나머지 기업들은 그렇지 못했다. 최고의 기업은 혁신적인 모범관행이 있었던 것이다.

둘째, 평균적인 기업은 최고 기업과 비교해 성과가 좋지 못하다. 회사가 최고 회사보다 평균에 가깝다면 성과는 아마도 평균적인 회사들이 달성하는 평균적인 결과와 비슷해진다. 대부분의 기업은 개선해야 할 부분들이 너무 많아 혁신에서의 모범관행을 많이 놓칠 가능성이 높다.

마지막 요점은 최고의 기업들은 모델이 된다는 점이다. 그들은 그런 결과가 신화적이거나 이론적인 결과가 아니라 달성가능하고 현실적이라는 것을 보여준다. 즉, 최고와 나머지를 구분하는 그 공통점이나 모범관행은 모두 현실적이고 실행가능하고 도달가능하다.

제안 업계에서 혁신 성과를 볼 때 차이가 크다는 것을 알 수 있는가? 어떤 기업은 왜 그렇게 성공적인가? 회사의 성공과 실패를 분석할 때 어떤 패턴이 있는가? 제품혁신에서 최고의 기업이 되기 위해 필요한 점과 관련해 배울 점은 무엇인가? 앞으로 우리는 그런 결과와 그 외다른 결과들을 좀 더 자세히 살펴보고 승자와 패자를 구분하는 요소들 즉, 모범관행과 성공 비결을 조사해볼 것이다.

엄청난 규모의 위험

기업은 신제품 개발을 위하여 엄청난 자원을 사용한다. 따라서 잠재적인 보상이 크지만 위험도 매우 크다. R&D 투자는 제품혁신의 투자 규모를 설명하는 지표 중 하나인데 전 세계적으로 R&D 지출이 연 1조 달러에 달할 정도로 인상적이다. 그 중 미국 기업의 지출은 3,300억 달러로(2008) 자신들의 글로벌 매출의 3.01%에 해당한다.[17] (2008년 미국 내 R&D 지출은 2,830억 달러로서 GDP의 2.62%에 달하는 수치다.)[18] 그리고 2008년에만 미국 내 R&D 지출이 5.2%나 증가했다.

중요한 것은 R&D 지출이 위험의 전부가 아니라는 점이다. 신제품을 만들기 위한 R&D 지출에 1달러가 투입된다면 제품개발과 출시(마케팅 비용과 자본설비 및 관리비용 등) 등과 같은 '기타 부문'에는 2달러의 추가 지출이 예상된다.[19] *

최근 수십 년 간 계속 성장과 수익을 낸 일부 산업에서는 R&D에 많은 돈을 투자한다. 예를 들면 반도체와 전자부품 산업은 연 수익의 15%를 R&D에 투자한다. 그 다음은 제약업종으로 평균 13.1%를 쓴다. 소프트웨어 산업은 11.1%로 바로 그 뒤를 차지했다(R&D 지출을 산업별로 나눈 〈표 1.1〉 참조).

현재 혁신이 왜 그렇게 중요한가?

신제품은 기업 번영의 확실한 열쇠다. 그 결과에 따라 기업 수익, 시장 점유율, 최종가격, 주가도 달라진다. 기업에 큰 영향을 미치는 신제품 개발 속도는 전 세계적으로 왜 그렇게 빨라질까? 그리고 제품혁신 결과를 왜 그렇게 강조할까? 혁신 동인에는 다음 4가지가 있다.

- **기술 발전**: 세계 기술의 근간과 노하우(know-how)가 10여 년 전에는 생각하지도 못했던 해법과 제품을 만들어내면서 기하급수적으로 증가하고 있다. 예를 들어 1960년대 공상과학 영화 '스타 트렉(Star Trek)'에 등장했던 휴대용 컴퓨터, DNA 변형을 통한 질병 치료, 뚜껑을 밀어 여는 휴대용 동영상 통신기 모두 오늘날 기술적으로 실현가능한 현실이 되었다.

- **소비자 욕구 변화**: 시장(Market)도 욕구(Needs)와 필요(Wants),

---

* 모든 R&D 투자가 신제품 개발로 이어지지 못함에도 불구하고 약 50%는 프로세스(제품이 아닌) 개발에 들어간다.

소비자 선호도의 잦은 변화로 인해 혼란을 겪는다. 몇 년 전까지만해도 시장을 장악했던 기업이 소비자 눈 밖에 나 갑자기 실패하기도 한다. 인수합병이 많이 이루어지는 가운데 주요 기업들은 유동적인 시장을 따라잡기 위해 고군분투한다. 소비자들은 '과자가게에 들어간 아이들'처럼 들뜬 마음으로 신제품의 품질 향상을 기대한다. 그리고 향상된 신제품을 보고 그것을 원하게 된다.

■ **제품 수명 주기 단축**: 시장수요 변화를 동반하는 빠른 기술변화 속도가 가져온 결과는 제품 수명이 매우 짧아졌다는 것이다. 제품 수명 주기는 지난 50년 동안 1/4이나 짧아졌다.[20] 신제품 수명은 더 이상 5~10년이 아니다. 수 년 내에 심지어 수개월 내에 신제품들은 경쟁력있는 새로운 진입자의 제품으로 대체된다. 이는 기존의 제품을 구식으로 만들고 새로운 제품을 필요하게 한다. 그런 상황으로 기업과 경영진은 큰 압박을 받는다. 예를 들면 미국의 1위 전자업체는 첫 번째 버전 제품이 출시됨과 동시에 그것을 대체할 다음 버전을 개발한다. 그리고 세 번째 버전 제품도 개발 결정 단계에 있게 된다.

■ **세계화의 확대**: 우리는 과거와 달리 새로운 시장과 해외시장에서 얼마든지 활동할 수 있다. 동시에 국내시장은 다른 누군가에게 해외시장이 된다는 의미이기도 하다. 이런 시장의 세계화로 인해 기업들은 국내에서 만들어 세계시장에서 팔 수 있는 세계적인 제품을 만들어낸다. 또한 저비용과 새로운 두뇌의 힘을 연결시켜 신흥국에서 제품개발을 할 수 있는 큰 기회를 만든다. 그런 상황은 국내시장의 모든 경쟁을 더욱 치열하게 만들었다. 세계화 요인들이 제품혁신 속도를 높이고 있다.

앞에서 검토해본 제품혁신의 4가지 동인 중 어느 하나도 10~20년 내

	세계 매출 (1백만 달러)	세계 R&D (1백만 달러)	총매출에서 R&D 비율(%)
제조업			
식품	$463,794	$4,000	0.86%
음료, 담배	$195,840	$1,157	0.59%
섬유, 가죽, 의류	$169,571	$1,239	0.73%
목재제품	$42,717	$266	0.62%
화학제품-전체	$1,243,526	$79,968	6.43%
– 제약/의약	$529,601	$69,516	13.13%
– 타 화학제품	$713,926	$10,452	1.46%
플라스틱, 고무제품	$264,378	$3,335	1.26%
비금속성 광물제품	$105,586	$1,736	1.64%
1차 금속	$194,274	$830	0.43%
조립 금속제품	$185,986	$2,640	1.42%
컴퓨터, 전자제품	$923,113	$69,737	7.55%
– 컴퓨터, 주변장치	$306,605	$12,549	4.09%
– 통신장치	$132,307	$14,987	11.33%
– 반도체, 전자부품	$192,258	$28,812	14.99%
– 항해, 측정, 전자의료, 제어기기	$269,779	$12,150	4.50%
– 기타 전자 제품	$22,164	$1,238	5.59%
전기제품, 가전, 부품들	$172,771	$4,630	2.68%
운송장비	$1,298,507	$38,221	2.94%
– 자동차, 트레일러 · 부품	$776,056	$38,221	4.93%
– 항공 우주제품, 부품들	$457,250	$12,584	2.75%
– 기타 운동설비	$65,201	$1,375	2.11%
가구 및 관련 제품	$40,754	$540	1.33%
기타 제조	$1,122,030	$12,956	1.15%
비 제조업			
정보	$924,731	$45,930	4.97%
– 소프트웨어 발행	$317,084	$35,070	11.06%
– 서비스(통신, 인터넷, 웹 검색 등)	$501,859	$9,308	1.85%
– 기타 통신제품, 서비스	$105,788	$1,552	1.47%
재무, 보험	$435,237	$1,310	0.30%
부동산, 임대, 대여	$34,898	$517	1.48%
전문, 과학, 기술 서비스	$584,424	$30,639	5.24%
– 컴퓨터 시스템 디자인 및 관련 서비스	$259,001	$11,262	4.35%
– 과학, R&D 서비스	$179,114	$14,682	8.20%
– 기타	$156,308	$4,695	3.00%
건강관리 서비스	$30,438	$1,217	4.00%
비 · 제조 기타	$2,044,098	$16,711	0.82%
전체 산업	$10,942,915	$329,650	3.01%

표 1.1. 2008년 미국의 산업별 R&D 지출[*]

---

[*] Wolfe, 주석 17

에 사라지진 않을 것이다. 기술발전은 계속 일어날 것이고 시장 수요와 공급 변화도 마찬가지다. 시장과 오프쇼링(Offshoring: 해외로의 외주) 세계화는 계속되고 치열한 경쟁으로 인한 제품 수명 주기는 더욱 짧아질 것이다. 앞으로 수년 간 제품혁신은 지금까지 이루어진 것보다 기업 번영에 더욱더 중요한 역할을 하리라 본다.

제안 기업의 신제품이 가진 과거, 현재, 미래의 전략적 역할을 검토하지 않았다면 지금부터라도 검토하자. 다음과 같은 핵심질문들을 고려해 검토해보라.

1. 우리 회사의 매출 성장은 어느 제품을 통해 이루어지고 있는가? 신제품 비율은 어느 정도인가? 새로운 시장에서의 시장점유율은 얼마인가? 기존 시장의 성장률은 얼마인가? 또한 시장점유율 증가율은 얼마인가?

2. 지난 3년 간 발표한 신제품의 현재 매출 비율은 얼마인가? 그것을 〈그림 1.3〉의 최고의 혁신기업과 비교하면 어떤가? 미래에 대한 예상이나 목표는 무엇인가? 5년 후 제품 공급 포트폴리오는 어떤 모습인가?

3. 매출 대비 지금까지의 R&D 지출 수준은 어느 정도인가? 증가세인가 감소세인가? 그것이 경쟁업체나 산업 수준(〈표 1.1〉 참조)과 비교하면 어떤가? 높거나 낮다면 그 이유는 무엇인가?

4. 위의 3가지 질문에 대한 답이 서로 일치하는가? 원하는 결과를 얻기 위해 R&D와 신제품에 충분한 투자를 하고 있는가?

높은 실패 확률

혁신적인 제품들은 장기적 성공에서 매우 중요하다. 그것은 기업의 제품 포트폴리오를 경쟁력 있고 건전하게 유지해주며 대부분의 기업은 장기적으로 지속가능한 경쟁우위를 확보한다. 문제는 제품혁신이 불확실한 도박이라는 점이다. 성공적이고 영향력이 큰 신제품을 안정적으로 만들어내는 것은 쉬운 일이 아니다.

> ❝ 성공 확률은 약 7대 1이다. 그러나 그 확률을 깰 방법은 있다! ❞

대부분의 신제품이 시장에 나오지도 못하는 것이 엄연한 현실이다. 시장에 나오더라도 실패율은 25~45%나 된다. 예를 들어 우리의 연구에 따르면 신제품 출시 성공률은 60.2%에 불과하다. 1997년 이후 겨우 1% 증가했고 1990년 이후로는 2% 증가했을 뿐이다[21]. 그 성공률은 산업이나 '신제품', '실패'를 어떻게 정의하느냐에 달려 있다. 어떤 자료에서는 신제품 출시 실패율이 90%나 된다고 인용한다. 그러나 그 수치는 입증되지 않았고 터무니없이 과장된 것이다. 평균이 전체를 말해주지 않는다는 점에도 주목하자. 최악의 업체인 경우, 37.6%의 낮은 성공률을 보이는 반면, 최고의 업체는 79.5%라는 높은 성공률을 보인다.

성공률이 55%이든 65%이든 여전히 실패 확률이 높은 것은 사실이다. 더 안 좋은 것은 위에서 인용된 수치들이 출시 과정이나 출시 훨씬 전에 없어지지만 상당히 많은 시간과 돈이 지출된 대다수 신제품 프로젝트는 포함하지 않는다는 점이다.

신제품 감손율곡선은 그에 대해 좀 더 완벽한 그림을 보여준다. 다수의 연구에서도 거의 같은 곡선이 나타난다. 〈그림 1.5〉는 신제품 출시의 여러 단계들을 보여주는 결과물이다. 도표에 따르면 신제품 아이디어 7

개 중 4개가 개발되었고 그 중 1.5개가 출시되었으며 겨우 1개만 성공한다.[22] 아이디어 단계 성공률은 7대 1이다. 너무나 낮은 확률이다! 그뿐만 아니라 신제품 프로젝트의 44%가 수익목표 달성에 실패하고 절반 이상이 출시가 늦어지고 33%의 기업이 신제품 개발 속도와 효율성을 '매우 나쁘다'라고 평가한다. 28%의 기업은 신제품 성과 결과를 평가조차 하지 않는다![23] 그런 수치는 제품혁신에 쏟는 인적자원과 재무자원 규모를 고려한다면 매우 부정적인 통계다. 그러나 모든 면이 나쁜 것만은 아니다. 앞의 〈그림 1.3〉을 기억해보자. 일부 기업들, 최고 20%의 혁신기업들의 출시 성공률은 80%이고 신제품의 77%가 수익목표를 이루고 79%가 예정대로 출시된다. 이 소수 기업들은 평균보다 낮고 큰 차이가 나는 결과를 만들 수 있음을 보여준다.

제안 회사는 제품혁신을 얼마나 잘하고 있는가? 평가는 하고 있는가?(대부분의 기업들이 성공과 실패, 실패율, 성공한 제품과 실패한 제품의 재원 비용, 시간 대비 수익목표를 달성한 프로젝트 수에 대해 신뢰

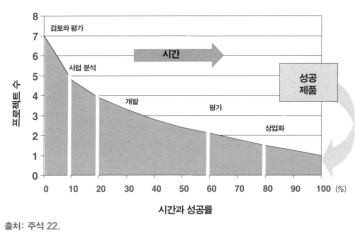

출처: 주석 22.

그림 1.5 신제품 프로젝트의 소모 비율

할 만한 통계를 제공해주지 못한다.)

제품혁신 점수를 기록하라. "측정할 수 없는 것은 관리할 수 없다."라는 격언은 신제품 혁신에 딱 들어맞는 말이다. 다음의 주요 통계자료들을 파악해두어라.

- ✓ 출시 성공률 대 실패율
- ✓ 감손율: 과정의 각 단계에서 지속되는 프로젝트는 얼마나 되는가?
- ✓ 실패 프로젝트와 무산된 프로젝트를 비교해 성공 프로젝트에 들어가는 재원 비율(전체 스테이지와 각 스테이지 별로)
- ✓ 시간, 수익, 매출 목표를 달성하는 프로젝트 비율

불리함을 극복하는 것

극소수 제품만 성공을 거둔다는 점에서 신제품 프로젝트는 장거리 장애물 경마와 무척 비슷하다. 7마리 말들이 출발대를 떠나 다양한 장애물과 울타리를 통과한다. 그리고 1마리만 승자로 결승선을 통과한다. 경마장 도박꾼들은 그 승리마를 맞추려고 애쓰지만 대개 잘못된 말에 베팅한다.

신제품 관리는 경마보다 훨씬 위험하다. 사실이다. 처음 승자를 선택할 확률은 약 7대 1이다. 그러나 내기 판돈의 규모는 훨씬 더 커 보통 수백만 달러를 선회한다. 그리고 도박꾼과 달리 신제품 관리자들은 그 게임을 그만둘 수 없다. 회사가 성공하려면 매년 내기를 해야 한다. 신제품 경연장은 훨씬 중독성이 크다. 일단 들어오면 그만두기 어렵다!

그런 위험 속에서 과연 제품혁신을 하고 싶은 사람이 있을까? 그러나 경마와 신제품 사이에는 중요한 몇 가지 차이가 있다. 첫째, 애플의 아이팟이나 그린 마운틴의 1인용 케이-컵 시스템처럼 혁신적인 신제품의

성공은 모든 손실을 보상하고도 남을 만큼 클 수 있다. 둘째, 내기 방식에 미묘한 차이가 있다. 경마에서는 경주 시작 전 베팅해야 하지만 신제품 프로젝트에서는 경주가 진행되면서 내기를 건다. 만약 말이 출발대를 떠난 후 베팅할 수 있다면 어떨까? 승리마를 맞출 확률은 상황 판단이 빠른 도박꾼에게 매우 유리해질 것이다.

그 경우, 제품혁신은 경마보다 오히려 5장의 카드로 게임하는 스터드 포커(Stud Poker)와 훨씬 비슷하다. 스터드 포커에서 참가자들은 카드를 모두 받고 판돈을 건다. 그리고 하나씩 패가 펼쳐지면서 점점 승자가 분명해진다. 동시에 승패가 달린 내기와 판돈 액수는 기하급수적으로 늘어난다. 대부분의 아마추어들은 이길 확률이 누구나 같다고 생각하면서 전문 도박사 옆에 앉는다. 물론 카드는 무작위로 돌려지기 때문에 모든 참가자들이 이길 수 있는 패를 가질 확률은 똑같다. 그러나 결국 전문도박사들이 항상 이긴다. 그들의 패가 좋아서가 아니다. 그들의 게임 방식 때문이다. 그들은 판돈을 적게 걸 때와 많이 걸 때, 접고 빠져야 할 때 즉, 정확한 타이밍을 안다. 비법은 '내기 걸기'에 있다! 전문도박사는 카드 수를 세며 내기 걸기의 분명한 기준이 있는 것이다.

유감스럽게도 수많은 기업들이 아마추어처럼 제품혁신을 한다. 그들은 똑같은 성공 확률로 시작하지만 카드 수는 세지도 않고(사전 대비도 없이 예감과 추측만으로 운영한다.) 믿을 만한 내기 기준도 부족해(진행/중단 결정을 위한 판단 기준이 없거나 있더라도 나쁘다.) 전문가들에게 지고 만다. 그래서 실패 확률 특히 아마추어 참가자들의 실패 확률이 매우 높은 것이다.

그런 비유의 핵심은 신제품 영역이 단순한 경마보다 훨씬 복잡하다는 점이다. 제품혁신은 높은 위험성과 낮은 승자를 고를 확률, 승패가 달린 거액의 판돈, 경주가 진행되면서 액수가 추가되는 증분식 내기 과정 등이 특징이다. 둘째, 이 비유는 효과적인 내기가 승리의 열쇠라는 사실을 보여준다. 좋은 패를 가질 확률은 모두 같다. 그러나 우리의 내기거는 방식(우리가 수집하는 정보와 사용하는 내기 규칙이나 기준)이 승자와 패자의 차이를 만든다. 마지막으로 제품혁신과 포커, 경마 사이에는 한 가지 중요한 차이가 있다. 우리가 결과에 영향을 미칠 수 있다는 점이다. 즉, 제품개발자가 취한 조치들을 통해 결과를 바꿀 수 있다. 그래서 이어지는 내용들에서는 대부분의 최고 혁신기업들이 자신들에게 유리한 확률로 결과를 바꾸려고 사용하는 관행과 방법들을 살펴보며 통찰력을 얻을 것이다.

새로움과 '신제품'은 다르다

신중한 전문가들은 제품혁신을 점수로 기록한다. 우선 점수를 기록하려면 신제품에서 무엇이 중요한지 정의해야 한다. 앞에서 언급된 점수들과 관련된 문제 중 하나는 다양한 유형의 신제품을 포함한다는 것이다. 예를 들면 정말 혁신적인 신제품의 감손율은 기존 제품의 확장과 변경 감손율보다 훨씬 높다.

> 66 제품혁신을 얼마나 잘하고 있는지 기록하라. 기록하기 위해선 신제품을 엄격히 정의해야 한다. 99

제품: 첫째, '제품'이란 판매나 사용, 소비를 위해 시장에서 거래되는 모든 것을 의미한다. 그것은 서비스뿐만 아니라 물리적 제품, 서비스와 제품의 결합을 포함한다. 그러나 기술 서비스 지원센터에서 제공할 수도 있는 '공짜'(예를 들면 무료 훈련이나 무료 관리)는 제외다. 제품은 보통 사업이나 기업과 관련 있다. 이 책에서 제시한 대부분의 사례는 기업

들에서 가져온 것이다. 그러나 '제품'은 비영리단체(정부와 무관한 민간단체[NGOs], 업계 단체, 건강관리단체와 기타 사회단체, 정부 등)에서 나오기도 한다. 이 경우, 제품이 아니라 '프로그램'이라는 용어로 사용될 수도 있다. 예를 들면 영국과 캐나다 정부가 실행한 스테이지 게이트 시스템, 특히 신제품 과정은 새로운 정부 프로그램을 시민들에게 제공했다.

신제품: '신제품'이나 혁신 또는 '새로움'이라는 용어는 어떻게 정의할 것인가? 성과지표를 만들 때 도움이 되는 정의가 여기 있다.

- 미국의 한 제조업체는 신제품을 다음과 같이 정의한다. '최소한 50일의 개발 시간이 들어가고 고객이나 사용자의 눈에 확실히 띄는 새로운 기능이나 효익을 제공하는 서비스나 제품.' 여기서 핵심은 그 제품이 시장에서 '새로운 것'으로 인식되어야 하고 회사는 조금 위험은 있지만 최소한의 투자를 해야만 한다는 점이다.
- 일부 소비재기업들은 신제품을 '새로운 상품관리를 위한 최소 분류 단위(Stock-Keeping Unit: SKU)나 새로운 바코드(Bar Code)'로 정의한다. 하지만 이와 같은 불명확한 정의는 실용적이지도 않으며 매우 많은 계획을 신제품으로 간주하게 해 그 수를 부풀리게 된다. 과장을 줄이기 위해 일부 기업은 이와 같은 항목에서 증분 매출(매출 증가)만 포함시킨다. 새로운 제품 버전(새로운 SKU나 새 바코드)이 출시되어도 거기서 매출을 창출하지 못한다면(매출이 낮거나 해당 제품이 기존 제품을 잠식한다면) 신제품 매출 기록에서 제외될 것이다.

또 다른 방식의 정의도 있다. 다양한 유형의 신제품이 있기 때문에 그런 정의는 유용할 것이다. '새로움'은 다음과 같이 2가지 방식으로 정의될 수 있다.

- **회사에게 새로운 것**: 이전에 다른 회사가 해당 유형의 제품을 만들거나 팔았더라도 우리 회사는 처음인 것
- **시장에서 완전히 새롭거나 '혁신적인 것'**: 시장에서 해당 유형으로 첫 번째 제품인 것

〈그림 1.6〉의 2차원 지도를 보면 다음과 같이 6가지 유형의 신제품들이 제시되어 있다.[24]

1. **세상에 처음 나온 제품들**: 이 신제품들은 해당 품목에서 첫 번째 제품을 말한다. 이 제품들은 완전히 새로운 시장을 창출한다. 이런 유형은 전체 신제품 중 10%만 차지하며 그나마 그 비중도 줄어드는 추세다.
2. **신제품 라인**: 시장에서는 새롭지 않아도 특정 회사에서는 상당

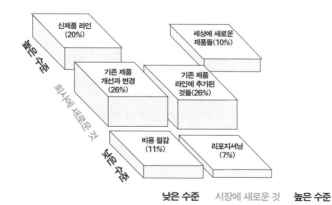

출처: Booz Allen Hamilton, 주석; PDMA, 주석 4.

그림 1.6 2차원으로 본 신제품 유형-기업에 새로운 것과 시장에 새로운 것

히 새로운 제품을 말한다. 그런 제품은 타 기업이 처음으로 확실히 자리 잡은 제품 범주에 들어간다. 신제품의 약 20%가 이 유형이다.

3. **기존 제품 라인에 추가된 것들**: 신제품을 만들었지만 해당 기업의 기존 제품 라인에 포함될 수 있는 것들이다. 시장에서는 상당히 새로운 제품으로 보일 수도 있다. 그와 같은 새로운 항목들은 가장 큰 신제품 유형 중 하나다. 전체 신제품 출시의 약 26%에 달한다.

4. **기존 제품의 개선과 변경**: '별로 새롭지 않은' 제품들은 기업 제품 라인에서 기존 제품을 대체하는 제품이다. 이미 알고 있는 '오래된' 제품과 비교해 성능이 개선되었거나 가치가 올랐다고 보는 것이다. 이처럼 '새로 개선된' 제품들은 신제품 출시의 약 26%를 차지한다.

5. **리포지셔닝(Repositioning)**: 기본적으로 기존 제품에 새로운 용도를 적용하는 것이다. 오래된 제품을 새로운 세분시장 또는 다른 곳에 적용하기 위해 타깃을 새로 정하는 과정을 포함한다. 리포지셔닝은 전체 신제품의 약 7%에 달한다.

6. **비용 절감**: 모든 신제품 유형 중 '새로움'이 가장 떨어지는 유형이다. 기존 제품들을 대체할 수 있는 신제품으로 낮은 비용으로 비슷한 효익과 성과를 창출하는 것이다. 마케팅 관점에서 비록 신제품은 아니지만 디자인과 생산에서 중요한 변화를 가져올 수 있다. 신제품 출시의 11%를 차지한다.

대부분의 기업은 앞의 4가지 유형만(〈그림 1.6〉에서 상단 왼쪽과 오른쪽의 유형) '신제품'으로 간주한다.

1. **회사에서 '신제품'의 정의를 확실히 구축하라.** 엄격하고 조작적인 정의, 실현가능하지만(쉽게 사용하고 평가하고 신뢰할 만한 지표를 제공하지만) 엄격한(소규모 개발 프로젝트를 모두 포함하거나 수치를 과장하지 않는다.) 정의여야 한다. 〈그림 1.3〉의 업계 결과와 비교해 제품혁신 결과를 판단할 때 이 정의를 사용하라.

2. **지난 3년 간 회사에서 출시된 신제품들을 검토하라.** 해당 제품들을 〈그림 1.6〉의 6가지 유형에 따라 범주화시켜라. 유형별로 배분해보니 어떤가(파이 차트 사용)? 그것이 〈그림 1.6〉의 전체 업계 평균과 차이가 많은가? 많다면 왜 그런가?

3. **사용된 총재원 면에서 프로젝트 유형별 배분은 어떻게 이루어졌는가?** 즉, 어느 프로젝트 유형에 돈과 노력이 집중되었는가? 그것을 매출과 수익으로 나누면 어떤가? 즉, 어느 유형의 제품과 프로젝트가 수익을 창출했는가? 유형별 성공률은 얼마나 되는가? 마지막으로 프로젝트 유형당 비용 대 매출(수익) 비율(유형 생산성)은 얼마인가?

4. **현재의 배분은 바람직한가?** 〈그림 1.6〉의 유형별 신제품 배분은 어떠해야 하는가?

미래로 가는 길

이번 장에서는 신제품 성공이 기업 운명을 결정하는 데 중요한 역할을 하는 모습을 살펴보았다. 성공적인 신제품 개발은 단지 일부라는 것과 성공적인 혁신기업과 일반적인 기업 사이의 큰 차이도 발견했다. 그 차이는 "왜 그럴까?"라는 질문을 유발시킨다. 또한 대담하고 성공적인 혁신을 일으키는 4가지 요소들도 혁신 다이아몬드를 통해 살펴보았다.

또한 기업들의 막대한 R&D 비용, 제품혁신과 실패 확률, 감손율에 대해서도 살펴보았다. 경마 비교를 통해 제품혁신에서 볼 수 있는 일부 위험요소에 대해서도 알아보았다. 열쇠는 내기를 어떻게 거느냐에 달려 있다! 그러나 누구나 결과에 영향을 미칠 수 있다. 마지막으로 점수 평가가 제품혁신의 중요한 면이라는 것도 알게 되었다. 그래서 '신제품'의 정의도 내렸고 범주화하는 데 도움을 줄 방법도 제시했다.

다음 장에서는 구체적인 증거를 주의깊게 살펴볼 것이다. 지난 30년 동안 이루어진 '신제품 관행과 혁신 성공(그리고 실패!)의 이유'에 대한 우리의 작업은 제품개발관리협회(Product Development& Management Association)로부터 관련 저널의 가장 많이 게재된 연구로 주목을 받았다. 또한 유럽과 북미 500개 이상의 기업에서 출시된 2,000개 이상의 제품을 포함한 신제품의 승자와 패자에 대한 가장 완벽한 데이터베이스를 만들어냈다.[25] 그리고 수많은 성공과 실패에 대한 관찰을 통해 신제품 성공의 열쇠를 배웠다. 또한 성과가 가장 좋은 기업과 나머지 기업들을 살펴본 벤치마킹 연구는 모범관행과 핵심 성공 동인들에 대한 많은 통찰을 제시했다. 프로젝트 수준과 기업의 수준에 대한 그런 조사들이 바로 이 책의 기본이 되었다.

이제 신제품 실패의 원인과 문제점을 살펴보면서 제2장을 시작할 계획이다. 그런 시작이 부정적으로 보일 수도 있지만 오히려 올바른 출발이 될 것이다. 바로 과거의 실수에서 배울 수 있다는 희망이 있기 때문이다. 그런 다음 신제품 성공에 대해 살펴보고 성공하는 신제품과 실패하는 신제품을 무엇이 구분하는지 찾아낼 것이다. 제3장에서는 성공적인 기업들을 관찰한다. 그러면서 성공에는 분명한 패턴이 있고 신제품 성공이 예측가능하면서도 통제가능하다는 것도 알게 된다. 이 '성공 동인'들은 신제품 성공의 14가지 중요한 교훈(성공을 위한 플레이북에 포함되는 대단히 중요한 성공요인들)으로 통합시켰다.

뒤이어 제4~9장은 성공하기 위한 플레이북을 만드는 방법을 다루고 있다. 여기서는 신제품을 성공적이고 효율적으로 출시하기 위한 스테이지 게이트 신제품 시스템의 개발과 실행에 초점을 맞추고 있다. 오늘날 제품개발을 하는 대다수 기업들은 이미 스테이지 게이트를 사용하고 있다.[26] 제4장에서는 우리의 유명한 스테이지 게이트 방법의 최신 버전 즉, 가장 우수한 아이디어-출시 제품혁신 시스템을 소개할 것이다. 2장과 3장에서 확인한 중요한 성공 동인들과 모범관행들은 이 장에서 특히 대담한 혁신 프로젝트를 강조하는 '실행을 위한 경영 계획'으로 통합되고 변환된다.

제5장에서는 스테이지 게이트를 계속 다루고 기업이 아이디어-출시 시스템에 도입할 만한 추가적인 관행들 즉, 좀 더 유연하고 조정가능하고 개방적으로 만들며 더 혁신적인 추가 관행들을 살펴본다. 제6장에서는 획기적인 신제품 아이디어를 찾아내는 방법을 다루고 위대한 아이디어를 제시하는 25개 이상의 방법을 다룬다. 아울러 최근 조사 결과에서 밝혀진 성과가 좋은 방법들을 강조할 예정이다. 제7장에서는 현미경 초점을 아래로 맞추어 '퍼지-전반부(Fuzzy Pront End)'(성공이나 실패가 대부분 결정되는 모호한 전반부 활동들)를 살펴본다. 특히 좀 더 대담하고 위험이 큰 혁신 프로젝트를 위한 모범관행 개요를 그리고 있다. 제8장은 포트폴리오 관리와 승자를 선택하는 방법을 다룬다. 적절한 신제품 프로젝트를 선택하고 제대로 된 개발 프로젝트의 균형과 결합을 이루기 위한 확률을 높이면서 '내기 관행(Betting Practices)'을 개선하는 방법들에 초점을 맞추고 있다. 제9장에서는 '적절한 투자 결정'에 대한 설명으로 전부 할애할 것이다. 그러나 그 중에서도 '실효성 있는 게

---

* 스테이지-게이트는 미국, 호주, 캐나다 PDI의 등록상표다. EU에서는 쿠퍼와 젠 아레스가 공동으로 등록상표를 소유하고 있다.

이트'의 개념을 포함하는 게이트의 유효성을 높이는 새로운 방법들에 주목할 것이다.

제10장은 개발 이후 출시(개발과 평가, 첫 시장 공개)로 이동하면서 스테이지 게이트 시스템 계획을 끝낸다. 제11장은 사업하는 동안 어려운 스테이지 게이트의 디자인과 실행 업무(또는 기존 아이디어-출시 프로세스의 재조명이나 점검)를 처리하는 방법에 대한 통찰력을 제시하면서 그 실행의 문제점을 살펴본다.

계속 읽어라! 먼저 제2장과 제3장에서 중요한 성공 동인들을 살펴보고 그것들이 혁신 플레이북에 어떻게 포함될 수 있는지 살펴보라. 당신도 신제품에 대해 최고 승자가 될 수 있다.

2장

신제품은 어떻게
성공하는가

내가 내 운명의 주인이고 내 영혼의 선장이다.

– 윌리엄 어니스트 헨리, 《'불굴의 영혼'》

눈에 보이지 않는 성공요인들

:: 신제품 성공의 비결은 무엇인가? 왜 일부 신제품만 성공적인가? 그 이유를 아는가? 대부분의 사람들은 그 이유를 알지 못한다. 오히려 무시한다. 실패율이 높고 성과가 낮은 수많은 기업들과 그들의 신제품들에 주목해보자(제1장의 실행 결과와 〈그림 1.3〉과 〈그림 1.4〉를 기억하라). 그것이 바로 이 성공 동인을 '성공 비결'이나 '보이지 않는 성공요인'이라고 말하는 이유다.

그러나 방법은 있다! 신제품의 성공 원인이나 실패 원인에 대한 의문을 조사한 연구는 수없이 많다. 다양한 사례를 통해 성공한 제품과 실패한 제품을 비교하고 그들을 구분하는 요인을 밝혔다. 어떤 연구들은 기업과 그 혁신 성과를 자세히 살펴보고 그 결과의 이유를 찾았다(제1장의 연구에 대한 요약 설명 참조).[1] 이 '성공 동인들'을 이해하는 것은 시스템 디자인과 신제품을 구상하고 개발, 출시하는 데 필수적이다. 이전에 경기한 축구 동영상을 재생해보는 것과 같다. 그를 통해 경기 패턴을 알 수 있고 다음 경기에서 무엇을 피해야 하는지도 배울 수 있다. 또한 새로운 플레이북(각본)에 포함되어야 할 새로운 선수나 조치에 대한 통찰도 얻을 수 있다. 마찬가지로 신제품 실패에 대한 중요한 이유를 확인할 때 그와 같은 실패를 막기 위해 플레이북이나 시스템 단계에 그 부분을 포함시킬 수 있게 된다. 그리고 성공 동인들(승리하는 신제품을 구분하는 요인들)을 가려낼 때 그것들을 아이디어–출시 시스템에 포함시킬 수 있다. 이번 장에서는 '전술상' 성공과 실패 동인들 특히 제품과 신제품에 적용되는 즉시 실행가능한 동인들을 살펴보고 다음 장에서는 기업 수준에 적용되는 전략적이고 좀 더 광범위한 성공 동인들을 살펴볼 것이다.

신제품이 기대수익을 내는 데 실패하는 이유

혁신 결과를 개선하는 가장 좋은 출발점은 신제품의 실패 이유를 이해하는 것이다. 우리는 종종 과거의 실패에서 문제를 이해하고 해결할 통찰을 발견한다. 이것은 지속적인 개선 과정을 위한 전제 중 하나다.

왜 많은 신제품들이 재정과 매출 기대 부응에 실패하고 있는가? 앞장에서 우리는 개발 프로젝트의 거의 절반이 수익 목적을 충족시키는 데 실패하고 신제품의 1/3이 출시에 실패하는 것을 보았다! 다음은 실패 이유와 그 근본 원인을 정리한 목록이다. 이 목록은 신제품 결과[2]에 대한 수많은 연구 결과와 기업에서 열린 많은 문제–발견 회의 결과를 통합해 편집한 내용이다.

1. 기존 제품을 모방하거나 지루하거나 싫증나거나 평범한 신제품[3]

첫 번째 이유는 제품이 고객의 관심을 끄는 데 실패하기 때문이다. 제품이 충족되지 못한 욕구를 만족시키거나 중요한 문제를 해결하지 못하는 경우나. 해당 제품은 경쟁업체의 제품과 상당히 비슷해보인다. 무엇이 문제인가? 경쟁우위와 진정한 혁신을 위한 탐구가 빠져 있다. 항상 신제품 아이디어를 제안하지만 기준이 낮아 프로젝트팀은 또 다시 누구든지 모방가능한 지루하고 평범하고 경쟁업체 제품과 별로 다르지 않은 비슷한 제품을 개발한다. 사용자나 고객에 대한 설득력 있는 가치 제안도 없기에 바꿀 이유도 전혀 없다. 고객은 구매하지 않고 결국 매출은 실현되지 못한다.

첫 번째 근본 원인은 경영진에게 있다. 그들은 프로젝트팀에게 경쟁업체보다 더 뛰어난 제품을 만들라고 요구하지 않는다. 그럼에도 불구하고 어떤 소비재기업은 '신제품이 차별화되고 독특하고 우월한 경쟁 성과를 창출할 것'이라고 기대한다. 그렇지 않으면 프로젝트는 그냥 받아들여지지 않기 때문이다! 두 번째 근본 원인은 기업들에게 아이디어-출시 시스템을 구성하는 중요한 요소들이 빠져 있다는 점이다. 그들은 차별화된 제품과 설득력 있는 가치 제안을 강조하지 않는다. 어떤 기업이 다른 기업의 전형적인 신제품 아이디어-출시 지침서를 무조건 따라한다면 단순히 비슷한 제품밖에 나오지 않는다. 어떤 기업의 프로세스는 단지 평범한 제품을 만들기 위해 설계된 것처럼 보인다.

마지막으로 판매 압박부터 만연한 위험 회피까지 다양한 이유가 있다. 이런 이유들로 인해 포트폴리오와 개발 예산은 제품 확장이나 변경, 수정에 과도하게 사용된다. 그 결과, 대담하고 혁신적인 제품을 위한 여지와 재원은 남지 않게 된다.

2. 약한 전반부의 과제 해결

일부 기업은 필요한 프로젝트의 사전 또는 전반부 작업을 하는 데 실패한다. 필요한 신제품 프로젝트에 대한 실사(시장 연구, 기술 평가, 재무 분석)가 겉으로만 행해지거나 전혀 이루어지지 않는다. 〈그림 2.1〉은 이런 사실을 잘 보여준다. 중요한 전반부 작업을 제대로 하지 못한 것으로 평가된 기업들이 어느 정도인지 보자(20%의 최악의 기업 결과와 평균에 주목하라). 다음은 최악의 성과를 낸 기업들의 데이터다.

- 96%는 고객을 위한 제품가치를 평가하는 작업을 제대로 하지 않는다.
- 93%는 시장조사를 제대로 하지 않거나 전혀 하지 않는다.
- 77%는 기술 평가 수행이 부족하다.
- 77%는 프로젝트에 대한 필요한 조치나 재무 분석을 제대로 하지 않는다.

그러나 그들은 20%의 최악의 기업들이다. 그렇다면 일반적인 기업은 어떨까? 일반적인 기업들의 데이터도 매우 비관적이다.

- 84%가 고객을 위한 제품가치를 제대로 평가하는 데 실패한다.
- 82%가 시장조사를 제대로 하지 않는다.
- 78%가 운영이나 공급자원 평가를 충분히 수행하지 않는다.
- 74%가 사업 분석과 재무 분석 면에서 부족하다.

이는 혁신 과정의 품질 위기를 드러내는 무서운 결과다. '제품 품질'이 아니라 '실행 품질'의 위기다. 즉, 핵심작업들이 제대로 이루어지지 않거나 전혀 이루어지지 않아 매우 많은 신제품들이 기량을 발휘하지 못하는 결과로 이어진다.

    ❝ APQC 연구에 따르면 일반적인 기업의 80~90%가 신제품에 대한 사전 대비나 실사 작업(시장조사, 제품 가치 평가, 기술 평가, 사업 사례 구축)이 부족한 것으로 드러났다(그림 2.1 참조). ❞

부족한 사전 대비의 결과가 보여주는 것은 제품 디자인이나 투자 결정의 진행/중단과 같은 중요한 의사결정 문제와 관련해 가정은 많은데 확실한 정보는 없다는 점이다. 이런 전반부 작업이 부족한 것은 필요한 일을 할 시간과 자금 부족, 다른 업무로 인해 너무 바쁘기 때문이다. 하지만 2가지 모두 궁색한 변명이다. 또 다른 이유는 출시 소요시간을 단축하려는 욕심 때문이다. 하지만 몇 개월을 아끼기 위해 대비 단계를 줄이는 것은 대비가 안된 상태에서도 신제품 성공률에 부정적인 영향을 미친다는 증거가 없을 때만 설득력이 있다.

3. 고객이나 사용자에 대한 정보와 통찰 부족
많은 신제품들이 매출과 수익 목표를 이루는 데 실패하는 또 다른 이유는 시장이나 고객 및 사용자를 이해하지 못하기 때문이다. 프로젝트팀(이나 경영진)은 시장에서 얻은 실제 정보가 부족한 상태임에도 불구하고 제품에 대한 개념을 만들어간다. 예를 들면 고객의 소리(VoC) 조사가 이루어지지도 않고 실제 욕구와 고객문제에 대한 통찰을 밝히기 위

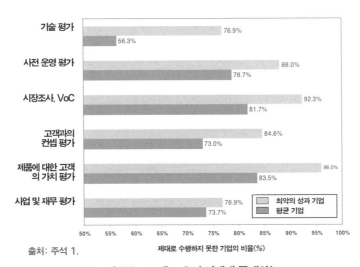

출처: 주석 1.

**그림 2.1 프로젝트 초기 단계에 존재하는
심각한 결핍-특히 성과가 낮은 기업들**

한 사용자와의 미팅도 이루어지지 않는다. 〈그림 2.1〉은 다음과 같은 사실들을 보여준다. 놀라울 정도로 많은 기업이 시장조사, 고객과의 컨셉 평가, 제품에 대한 고객의 가치 평가 등을 제대로 조사하지 않는다. 영업사원들이나 제품 매니저는 고객의 목소리를 대신하지 못한다는 점을 주목하라! 고객을 조사할 때 기업들은 보통 1명이나 소수 또는 직접 관련 있는 고객에게만 범위를 제한한다. 고객층을 넓히거나 고객의 목소리에 맞추어 가치사슬 수준을 낮추려고 하지 않는다. 나아가 제품이 형태를 갖추고 여러 번 반복적으로 수정되는 과정에서도 고객을 참여시키려는 노력이 없다. 즉, 고객이나 사용자는 개발 과정에서 필수적인 고려사항이 되지 않는다. 그래서 제품 현장시험, 고객 평가, 출시 평가를 할 때 시장에서 열렬한 환영을 받지 못하게 된다.

4. 불안정한 제품 사양과 프로젝트 범위 추가

일부 연구에 따르면 프로젝트가 진행되는 동안 계속 바뀌는 불안정한 제품과 프로젝트 정의는 프로젝트를 지연시키는 첫 번째 원인이 된다. 이런 시나리오에서 프로젝트팀은 시장으로 공을 넘기지만 사실 누군가 계속 골대를 옮기는 것이다. 당연히 득점은 불가능해진다. 프로젝트 범위가 바뀌는 것이다. 한 고객의 단순한 요청으로 프로젝트가 시작되었는데 그 후 다수 고객에 대한 프로젝트로 바뀌기도 한다. 그리고 개발 중 다시 제품 정의가 내려져 신제품 라인의 목표가 시장 전체로 바뀌거나 국내용 프로젝트가 갑자기 해외용 계획으로 바뀔 때도 있다. 또 다른 일반적인 시나리오는 제품 정의와 사양이 계속 바뀌는 경우다. 제품의 요구조건과 특징과 사양이 프로젝트에 영향을 미치는 여러 사람들의 욕구에 따라 계속 바뀌면서 특징과 기능이 지속적으로 추가된다. 결국 프로젝트 개발 과정 끝까지 제품은 상당히 유동적인 모습을 보인다.

때때로 불안정한 제품의 사양이나 범위는 프로젝트팀의 통제 범위를 벗어나는 경쟁력 있는 신제품 출현이나 신기술과 같은 요인에 기인하기도 한다. 그러나 대부분 이런 제품 정의의 변경은 새로운 정보가 추가되어 나타난다. 영업사원이 제품에 추가적인 특징이 필요하다고 지적하거나 고위 경영진이 박람회장에서 경쟁업체의 제품들을 확인하고 그런 기능이 추가되길 원한다. 이런 '새로운 정보'는 결코 새로운 내용이 아니다. 프로젝트 시작 지점에서 프로젝트팀이 알 수 있었고 그렇게 되었어야만 했다. 따라서 근본적인 원인은 종종 위의 2번으로 거슬러 올라간다. 즉, 사전 준비 부족에 있다.

5. 제 기능을 발휘하지 못하는 프로젝트팀과 부서 간 장벽

여러 역할을 하는 프로젝트팀의 부족은 많은 신제품 프로젝트에서 중요한 결함 요소로 나타난다. 다중 역할을 효과적으로 하는 팀이 개발 주기 시간을 줄이는 첫 번째 열쇠라는 것을 암시하는 강한 징후가 있다. 그러나 대부분의 기업은 그것을 제대로 이해하지 못한다. 일부 기업에서 진행하는 프로젝트는 계주와 비슷하다. 1번 주자인 마케팅 부서가 프로젝트를 '소유'하고 개발을 위해 2번 주자인 R&D 부서로 넘긴다. R&D 부서가 개발을 마치면 3번 주자인 제조 부서로 넘어간다. 제조 부서는 출시를 위해 프로젝트를 마지막 주자인 영업 부서로 넘긴다. 다중 역할을 하는 팀을 참여시키려고 했던 다른 기업에서는 그런 경험이 쓸모없게 되곤 한다. 팀에는 중요한 역할들을 모두 해낼 수 있는 팀원들이 부족하다(예를 들면 제조 부서 직원은 한참 개발이 진행된 후 팀에 합류한다. 하지만 그때는 너무 늦다!). 전혀 적임자가 아닌 사람이 팀의 리더가 되고 팀은 단결력이 부족해 프로젝트 비전을 공유하지도 않는다. 일부 팀원들은 프로젝트에 대한 관심과 헌신이 부족하고 팀에 대한 책임감이 없다. 결국 우리가 목격하는 것은 다기능팀이 아니라 '제대로 기능하지 않는 팀'이다.

6. 한 번에 너무 많이 진행되는 프로젝트-무 초점

제품 개발 과정의 가장 큰 잘못 중 하나는 고위 경영진이다. 그들은 지나치게 많은 프로젝트를 추진하려고 한다. 재원 투입이 가능하다는 이유로 지나치게 많은 프로젝트가 초기 사업의 진행/중단 단계에서 승인된다. 그런데 승인 후에는 재원 문제를 처리하려는 노력을 전혀 하지 않는다. 그럼에도 새로운 프로젝트는 계속 쌓여만 간다. 그 결과 프로젝트에 투입될 재원은 부족해지고 사람들은 동시에 여러 가지 일을 병행하게 된다. 여러 가지 일을 동시에 하다보면(지나치게 많은 프로젝트를 맡는 사람들) 시스템에 비효율성이 생기기 시작한다. 사람들은 이리저리 옮겨가며 여러 프로젝트를 하게 되고 많은 시간이 낭비된다. 그로 인해 개발이 진행 중인 프로젝트는 강물로 떠내려가 한 곳에 박힌 통나무처럼 되어버린다. 이로써 프로젝트는 원래 계획보다 더 많은 시간이 걸리게 된다. 또한 프로젝트의 질도 떨어진다. 예를 들면 낭비된 시간 때문에 필요한 절차를 생략하고 시장조사를 건너뛰고 현장 시험을 축소하면서 재앙적인 결과를 낳게 된다.

7. 역량, 기술, 지식 부족

일부 기업과 프로젝트에서는 인력층이 너무 얇을 뿐만 아니라 프로젝트를 맡기 위한 적절한 기술과 역량과 지식을 갖춘 사람들조차 없다. 또는 기업이 시장접근성이나 필요한 기술이나 전문적 기술과 같은 핵심적인 성공 동인을 파악하지 못한다. 때로는 경영진이 핵심 자원과 역량이 없다는 것을 이해하지 못한 채 프로젝트를 승인하기도 한다. 이미 밝힌 것처럼 프로젝트는 초기 단계에 승인되어선 안 된다. 또한 이런 기술 부족이 생기는 이유는 특정 기업들이 인원 감축으로 핵심적인 기술 인재와 마케팅 인재를 잃었기 때문이다. 자, 중요하고 장기적인 프로젝트에 역량 있는(하지만 매일 행해지는 마케팅과 기술 업무에는 필요없는)

사람들이 떠났다. 마지막으로 필요한 파트너십과 협력 관계가 준비되어 있지 않다. 경영진은 부족한 기술에도 외부 파트너들의 필요성을 느끼지 못한다. 하지만 그렇게 되면 잘못된 파트너와 일할 수도 있다.

일반적으로 신제품이 재정적 목표 달성에 실패하는 7가지 이유에 대해 어느 정도 알고 있을 것이다. 아마도 다른 기업들도 똑같은 심각한 문제로 고생한다는 사실에 위로가 될 수도 있고 많은 기업들이 이런 원인과 기타 비슷한 원인들을 확인했다는 사실은 자극이 될 수도 있다. 예를 들어 7가지 이유를 검토해보면 결과 개선을 위한 가능성 있는 해결방안(좀 더 확실한 고객 집중, 더 나은 예비 작업, 적지만 더 나은 프로젝트)이 보일 것이다. 자, 성공 동인은 무엇이고 어떤 조치를 취할 수 있는지 알아보기 위해 계속 읽어보자.

7가지 결정적 성공 동인

성공적인 제품혁신을 위한 플레이북이나 계획, 과정(신제품 프로젝트가 아이디어 단계에서 성공적인 출시와 그 이상 단계까지 효과적이고 빠르게 진행될 수 있는 과정)을 고안하는 일은 쉽지 않다. 이런 플레이북을 계획하기 전 먼저 성공 비결들(성공적인 혁신 프로젝트와 실패한 프로젝트를 구분하는 것, 승자와 패자의 차이를 만드는 중요한 성공 동인들)을 이해하자. 일부는 상당히 분명하지만 이를 "완전히 분명한"것으로 처리하기 전 대부분의 기업들이 여전히 이를 무시한다는 것을 알아야 한다. 우리는 이런 통찰력 있는 여정을 계속해 나간다. 모든 성공동인을 조사하면서 각 동인으로부터 효익을 얻을 수 있는 방법들과 각동인을 신제품 시스템이나 플레이북의 운영 면으로 해석할 수 있는 방

법들을 계속 생각할 것이다(표 2.1 참조).[4]

∘ ∘ ∘

표 2.1 신제품이 성공하는 이유-7가지 중요한 성공 동인

1. 독특하고 우수한 제품 즉, 독특한 효익과 설득력 있는 가치 제안을 고객이나 사용자에게 전달하는 차별화된 제품은 신제품 수익성의 제1 동인이다.

2. 고객의 목소리에 의지하는 것 즉, 시장주도로 고객이 중심이 되는 신제품 과정을 구축하는 것은 성공에 매우 중요하다.

3. 대비(숙제)를 하고 프로젝트를 미리 계획하는 것이 성공의 핵심이다. 제품 개발이 시작되기 전 실사(實査)하면 성공한다!

4. 제품과 프로젝트 정의를 미리 확실히 해두는 것과 범위 추가와 불완전한 사양을 피하는 것은 높은 성공률과 빠른 출시를 의미한다.

5. 고객에게 뭔가 먼저 선보이는(만들고 시험하고 피드백 받고 수정하는) 나선형 개발은 제품을 바람직하게 만든다.

6. 좋은 구상과 적절한 출시는 신제품 성공의 핵심이다. 또한 신뢰할 만한 마케팅 계획은 출시의 심장이다.

7. 속도가 중요하다! 개발 프로젝트를 가속화할 좋은 방법이 많이 있다. 하지만 실행의 질을 희생시키는 것은 안 된다.

∘ ∘ ∘

1. 독특하고 우수한 제품(독특한 효익과 설득력 있는 가치 제안을 고객이나 사용자에게 전달하는 차별화된 제품)은 신제품 수익성의 제1 동인이다

독특한 효익과 실제 가치가 있는 제품을 사용자에게 제공하는 것(좀 더 대담한 혁신)은 다른 어떤 요인보다 승자와 패자를 구분해준다. 우리의 연구에 따르면[5] 그와 같이 우수한 제품은 이런 요소가 부족한 제품과 비교하면 성공률은 5배, 시장점유율은 4배 이상, 제품수익률도 4배나 높다. 성공의 핵심 결정 요인으로서 제품의 장점이나 우수성, 차별성은 많은 신제품 연구에서 반복되는 주제다.

성공의 열쇠인 차별화된 우수한 제품은 제품혁신을 바라는 사람에게는 전혀 놀랄 일이 아니어야 한다. 물론 모두에게 당연한 것은 아니다. 계속된 연구에 따르면 '반응형 제품'과 '모방(Me-Too) 제품'을 만드는 것은 많은 기업들에게 예외적이라기보다 관례가 되었다. 하지만 대다수가 큰 이익을 얻는 데 실패한다.[6] 두 번째로 많은 시나리오는 '기술전문가들'이 시장을 찾기 위해 자신에게 기념비적인 제품(기술적 해결방안)을 만들려고 한다. 하지만 그것도 좋지 않은 결과를 가져온다.

> 66 **월등하고 차별화된 제품들(고객에게 독특한 효익과 우수한 가치를 제공하는 제품들)은 성공과 신제품 수익성의 제1 동인이다.** 99

고객이나 사용자에게 독특한 효익을 제공하는 우수한 제품들의 공통점은 무엇인가? 성공한 그 제품들의 공통점은 다음과 같다.

✓ 사용자 욕구를 충족시킨다는 점에서 경쟁제품보다 뛰어나거나 경쟁제품으로는 이용할 수 없는 독특한 기능을 제공하거나 고객이 경쟁제품의 문제를 해결해준다.

✓ 고객에게 가격에 비해 가치가 높다는 것을 특징으로 내세우며 고객의 전체비용을 줄여주고(높은 사용가치) 좋은 가격과 탁월한 성능을 자랑한다.

✓ 경쟁제품에 비해 사용자가 품질을 평가하는 방법과 일치하는 탁월한 품질을 제공한다.

✓ 고객이 유용한 것으로 수월하게 인식하는 제품 효익이나 속성 그리고 매우 명백해 보이는 효익을 제공한다.

'최고 혁신' 기업들은 1장에 소개된 대로 '방식의 모델'을 만드는 회사들이다.[7] 이 탁월한 기업들을 자세히 살펴보면 최고의 혁신기업들은 신제품 개발에 필요한 독특한 요인을 강조한다(그림 2.2 참조). 최고의 혁신기업의 신제품은 고객에게 중요한 제품 효익과 최고이거나 더 나은 가치를 제공한다는 점에서 훨씬 강하다. 1장에서 살펴본 대담한 혁신의 모든 기능들은 다음과 같다.

a. 최고의 혁신기업들은 고객이나 사용자에게 주요 효익을 제공할 수 있는 정말 중요한 제품을 생산한다. 성과가 좋지 않은 기업과 비교하면 4배나 많다.

b. 그들의 제품은 고객이 경쟁제품에서는 이용할 수 없는 새롭고 독특한 효익을 제공한다(성과가 좋지 않은 기업의 8배).

c. 그들은 경쟁업체보다 고객이나 사용자에게 가격 대비 높은 가치를 제공하는 신제품을 생산한다(성과가 좋지 않은 기업의 3배).

d. 그들의 신제품은 고객과 사용자의 욕구를 충족시킨다는 점에서 경쟁제품보다 뛰어나다(성과가 좋지 않은 기업의 4배).

e. 그들은 고객이나 사용자의 품질 평가 방식에 상관없이 성과가 좋지 않은 기업보다 품질이 더 좋은 제품을 출시한다(성과가 좋지

않은 기업의 2배).

여기서 하나의 메시지를 확인할 수 있다. 이런 제품들은 제품혁신에서 성공하는 기업들 즉, 최고의 혁신기업과 그렇지 않은 기업을 구별해 주는 신제품 유형이다. 반대로 성과가 좋지 않은 기업들은 단지 '이해하지 못한다.' 그들은 앞에서 말하는 신제품의 5가지 성공 동인들을 계속 놓치기 때문이다.

〈그림 2.2〉에서 구분되는 점은 다음과 같다. 효익은 고객이나 사용자가 그 가치를 평가하고 돈을 지불하는 것이다. 반대로 제품 속성과 작용, 기능, 성과는 기술자와 연구자, 디자이너들이 제품에 구축한 것들이다. 보통 효익과 기능은 서로 관련이 있어야 하지만 때때로 디자이너들은 그 점을 제대로 이해하지 못한다. 그래서 추가된 제품 기능이나 성능이 고객이나 사용자에게 추가적인 효익을 제공하지 못하게 된다.

극소수 기업들만 이처럼 중요한 신제품 방법론 즉, '제품 우수성'의 성공 동인들을 알고 있다. 일반적으로 제품 우수성은 프로젝트 선택 영역에서 제외된다. 아이디어-출시 프로세스에서도 그와 같은 우수한 제품의 디자인을 권하는 단계들을 계획적으로 포함 시키는 경우는 드물다. 사실 정반대로 이루어지고 있다. 개발 주기 단축에 대한 집착, 게이트가 처리되는 방식, 간단하고 비용이 적게 드는 프로젝트에 대한 선호는 우수한 제품으로 이어질 좀 더 대담한 프로젝트를 사실상 어렵게 만들고 있다.

관리상의 함의는 분명하다.

- 첫째, 뛰어난 제품의 요인들(그림 2.2)은 계획된 신제품 프로젝트의 성공가능성 평가 과정에서 유용한 질문목록을 제공해준다. 그 질문들은 프로젝트 검사 확인사항 목록이나 평가표에 들어가는

가장 중요한 질문들이다.

- 둘째, 그 요인들은 신제품 디자인을 하는 프로젝트팀에게 도전이 된다. 즉, 이 5가지 제품의 이점 목록은 프로젝트 리더의 개인적인 목표가 되고 플레이북에 포함될 것이다. 어떤 팀 리더는 이렇게 말했다. "나는 이 목록을 매일 아침 거울을 보면서 되새긴다. 이것(그림 2.2의 항목)이 바로 우리 팀의 목표가 된다!"

그런데 우수한 제품은 어떻게 만들어질까? 우수성은 디자인과 기능, 속성, 포지셔닝에서 비롯된다. 여기서 중요한 점은 '우수성'이 R&D나 기술 부서나 디자인 부서의 관점이 아니라 고객이나 사용자의 관점에서 정의된다는 점이다. 때때로 제품 우수성은 '새로운 기술'이나 '기술의 비약적 발전'의 결과로 나타난다. 그러나 기술이나 독특한 기능보다 더 필요한 것은 바로 제품의 우수성이다. 제품 기능에는 개발자의 돈이 들고 효익에는 고객이 돈을 지불한다는 사실을 명심하라! 기능과 효익, 이 2가지는 같지 않다. 그러므로 '독특한 효익'을 정의할 때 제품은 '사

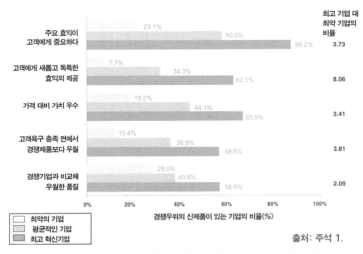

그림 2.2 독특하고 우수한 제품이 실행 성과에서 가장 중요한 동인이다.

용자를 위한 효익 묶음'으로, 효익은 고객이 가치 있다고 여기는 대상으로 생각하자.

사례 미드 존슨 뉴트리셔널스(Mead Johnson Nutritionals)라는 여성 모임에서 신제품을 위한 아이디어가 나왔다. 그들은 서로 모든 것에 감사하면서 인생에서 다양한 일을 해내려고 노력하는 사람들이다. 이 여성건강팀은 광범위한 시장조사 결과, 여성들이 하루 일과를 보내려면 체력이 좋아야 하는데 상황이 상당히 심각하다는 결론을 내렸다. 미국 전역에서 실시한 설문조사(942명의 응답자)에 따르면 60%의 여성이 체력 감퇴 상태가 매우 심각하거나 극도로 심각하다고 느꼈으며 80%가 가족과 친구관계에서 피로가 부정적인 영향을 미친다고 생각했다. 이에 전국 최고의 여성전문가 수십 명이 모여 문제 해결을 위한 대표자 회의를 개최했다. 그들은 이 문제를 추가적으로 정의하는 데 도움을 주고 브레인스토밍을 통해 사전 대책을 강구하는 해결방안들을 내놓았다.

핵심 내용은 영양 부문이었다. 회의에 참석한 전문가들은 여성들에게 칼슘과 항산화제, 비타민 B, 엽산, 철분과 같은 필수 영양소가 부족하다고 말했다. 두 번째 결론은 여성들이 자신에게 좀 더 관심을 갖고 개인적인 니즈를 충족시켜야 한다는 것이었다. 또 다른 결론은 간식을 '찬장에서' 치워야 한다는 것이었다. 건강전문가들은 여성들이 음식을 줄여야 하지만 몸에 좋고 영양소가 풍부한 간식은 자주 섭취해야 한다고 말했다. 또 다른 결론은 여성들이 분명하고 단순한 것을 원해 오히려 혼란을 주고 반대되는 영양 정보를 찾는다는 점이었다.

여성용 식품보조제 바이액티브(Viactive)는 그렇게 탄생했다. 건강과 여성에게 필요한 영양소를 보충해주고 자극적이지 않은 간식 등 모든 니즈를 결합한 제품의 이름은 '씹어먹는 바이액티브 칼슘 영양제(Viactive Soft Calcium Chews)'다. 이 제품은 일일 권장량의 칼슘과 비타민 B, 엽산, 항산화제를 포함해 여성에게 특화된 영양소가 적절히 결합된, 초콜릿맛이 나는 식품보조제다. 이런 간단한 방법으로 문제를 해결하면서 목표고객들에게 히트를 쳤다. 매출이 굉장히 좋았고 경영진의 예상을 뛰어넘었다. 바이액티브는 대성공을 이어가고 있으며 현재는 존슨앤존슨(Johnson & Johnson) 계열사인 맥닐 뉴트리셔널스(McNeil Nutritionals) 사업부에 속해 있다.

핵심은 고객이나 사용자가 제품의 '독특함', '차별화' 그리고 '우수한 가치'가 고객이나 사용자의 관점에서 인식되어야만 한다는 것이다. 주요 효익과 충족되지 않은 사용자의 욕구가 (바이액티브팀의 노력을 통해) 발견되었고 이는 진정한 경쟁우위 제품으로 이어졌다.

제안 **'독특하고 우수한 제품'과 '효익'의 정의는 고객 관점에서 이루어진다. 그래서 고객욕구와 필요가 무엇인지, 문제는 무엇인지, 무엇을 선호하는지, 무엇을 싫어하는지 깊은 이해가 바탕이 되어야 한다.**

1. **처음부터 고객욕구를 판단하라. 고객의 소리(VoC) 연구는 프로젝트 초기부터 준비하라.** 여기서는 고객의 필요(Wants)가 아니라 욕구(Needs)를 확인해야 한다. 필요는 보통 상당히 확실하고 고객이 말하기도 쉽다. 그러나 욕구를 알아내는 것 특히 충족되지 않고 설명하기 힘든 욕구를 알아내는 것은 상당히 어렵지만 종종 혁신적인 신제품을 만들어낸다. 그러므로 고객욕구와 필요,

문제, 선호도, 애호, 반감을 알아내기 위해 사용자의 욕구와 필요부터 조사(시장조사와 고객 통찰 추구)를 시작하라. 주문 획득 기준과 고객문제, 많이 개선되거나 우수한 제품에서 고객이 진정 추구하는 것을 파악해 고객의 '결정적 요인'을 정의하라. 고객이 당신을 위해 제품 디자인을 돕게 만들어라.

2. **경쟁력 있는 제품 분석을 하라.** 완벽한 경쟁력을 갖춘 제품은 존재하지 않는다. 경쟁제품의 약점을 찾아낼 수 있다면 절반은 이긴 것이다. 명심하라. 목표는 제품 우수성이다. 그것은 현재나 미래의 경쟁력 있는 제품 우수성을 의미한다. 경쟁업체의 제품을 실험실이나 디자인실로 가져가 고객의 소리(VoC) 연구를 할 때 경쟁업체 제품의 약점과 장점에 대한 고객 의견을 반드시 반영하라. 또한 기억할 점이 있다. 경쟁업체 제품이 가까운 미래에 어떤 모습일지 예측하는 것이 필요하다. 제품이 시장에서 히트쳤을 때 경쟁업체의 현재 제품이 경쟁력 있는 벤치마크 대상이 될 것이라고 절대로 추측하지 말라. 이런 2가지 조사가 마무리되면 프로젝트팀은 정보를 제품 정의로 변환시킬 수 있다. 이때 제품이 고객에게 제공할 수 있는 효익과 가치 제안에 특별히 주의를 기울여야 한다.

3. **성공하는 제품 디자인에 대한 가정을 시험하고 입증하기 위한 다수의 반복 시험 계획을 세워라.** 제품 컨셉과 사양이 정의된 다음 (위의 사용자 정보를 바탕으로 하는) 사용자와 함께 컨셉을 시험하고 사용자가 긍정적인 반응을 나타내는지 확인하라. 본격적인 개발 작업이 시작되기 전 아직 완성제품이 없더라도 컨셉이나 가상 시제품, '프로토셉트(Protocept; 시제품과 컨셉의 중간개념)'를 통해 제품 시험을 시작하라!

이런 체계적인 제품 우수성 발견 접근법에서 확실한 것은 고객이 중심이라는 점이다. 이는 제2 성공 동인인 우수한 고객 정보의 필요로 이어진다.

2. VoC 연구(시장중심, 고객중심의 신제품 과정) 구축은 성공에 매우 중요하다

고객이나 사용자의 욕구와 필요, 경쟁 상황, 시장의 본질 등에 대한 철저한 이해는 신제품 성장의 필수 요소다. 이런 결론은 제품 성공요인에 대한 거의 모든 연구에 의해 뒷받침된다. 연구의 반복되는 주제는 다음과 같다.

- ✓ 고객 니즈 인식
- ✓ 사용자 욕구 이해
- ✓ 시장욕구 충족
- ✓ 고객과의 지속적인 접촉
- ✓ 신뢰할 만한 시장 정보와 시장조사
- ✓ 수준 높은 마케팅 활동의 실행
- ✓ 사전 시장 관련 활동에 더 많은 비용 지출

반대로 시장이 중심이 되는 제품혁신 방식을 채택하지 않은 상태에서 단순히 시장조사만 하거나 고객의 소리(VoC)에 대한 연구를 하지 않거나 제품 개발 단계에서 고객을 배제시키는 것은 큰 재앙을 초래한다. 잘못된 시장조사와 부적절한 시장 분석, 부족한 시장 연구와 시장 시험, 열악한 출시, 부적절한 재원(마케팅 활동에 들어간) 등은 거의 모든 신제품 실패 원인 연구에서 발견된다.

안타깝게도 강력한 시장중심 활동이 기업의 신제품 프로젝트에서 사라지고 있다. 꼼꼼한 시장 연구를 하지 않는다(프로젝트의 75% 이상).

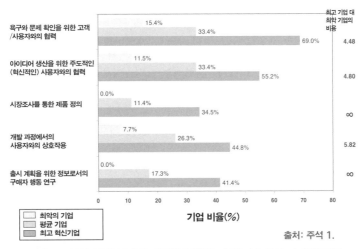

그림 2.3 혁신 실행 성과에 강력한 영향을 미치는 VoC와 마케팅 통찰

또한 마케팅은 신제품 전 과정에서 가장 부족하다고 평가된 활동이다. 해당 기술적 조치보다 훨씬 낮게 평가되었다. 게다가 마케팅 실행(출시 제외)에 사용된 재원과 자금도 다른 활동들에 비해 부족하다. 프로젝트에 들어가는 총비용의 20%밖에 안 된다.

최고의 혁신기업들은 강력한 시장중심(그림 2.3 참조) 기업들의 리더이다. 이 기업들의 특징은 다음과 같다.

- 욕구와 문제 즉, 고객이 느끼는 '고통 지점'을 알아내려고 고객이나 사용자와 긴밀히 협력한다. 이런 노력은 성과가 좋지 않은 기업에 비해 4.5배나 높다.
- 주도적이거나 혁신적인 사용자 즉, '유행에 앞서는' 사용자와 협력해 신제품 아이디어를 만든다. 협력 비율이 성과가 좋지 않은 기업보다 5배나 높다.
- 시장조사를 통해 제품 정의를 결정한다. 즉, 고객의 소리(VoC)에서 얻은 통찰이 제품을 정의하는 중요한 정보가 되었다. 놀랍게도

성과가 좋지 않은 기업들은 이 작업을 하지 않는다. 평균적인 기업들도 11%만 한다.

- 개발 과정 내내 고객과 상호작용한다. 성과가 좋지 않은 기업보다 6배나 높다.
- 출시 계획을 세우는 데 도움을 주기 위해 시장 정보를 찾는다.

사례 드래거베르크(Drägerwerk)는 의학과 안전기술 분야의 세계적 선도기업이다. 그 자회사들에서는 개인용과 시설용 위험관리 제품과 서비스, 해결방안 등을 제공한다.[8] 회사의 제품 라인 중 하나인 음주측정기는 음주가 의심되는 운전자들의 알코올 수치를 검사하기 위해 경찰이 사용한다. 기업 목표는 유럽 지역에서 새로운 음주측정기 제품 라인을 개발하는 것이다. 그 프로젝트에는 방향 선택이 필요했지만 강렬한 인상을 주는 아이디어가 부족했다.

이에 대해 2개의 고객의 소리(VoC) 연구팀이 구성되었다. 민족지학적(Ethnography) 연구 방법*에 대한 간단한 훈련이 끝난 후 그들은 영국, 네덜란드, 독일에서 현장 활동을 시작했다. 경찰관 및 감독관과 인터뷰도 진행했다. 그러나 진짜 학습과 통찰은 그들의 야간 감시활동 중 이루어졌다. VoC 팀들은 경찰관들이 불시 음주운전 측정을 실시할 때 경찰 옆에서 현장활동을 했다. 이런 활동은 경쟁우위를 점할 수 있는 신제품 비결을 제공해주었다.

예를 들어 관찰 과정에서 영국의 고객의 소리(VoC) 팀은 경찰관이 질서와 통제를 유지하려고 노력하는 것이 얼마나 힘든지 깨달았다. 한 경찰관이 근처 술집에서 지금 막 술을 마신 원기왕성한 젊은 음주자들

---

* 민족지학적 연구: 리서치 접근법의 일종으로 관찰자는 이 방법으로 소비자의 가정이나 차안 같은 '자연스러운 사용환경'에서의 미묘한 행동 반응을 발굴하기 위해 노력한다.

이 탑승한 자동차를 세우고 술에 취했다고 의심되는 사람들에게 "자동차에 그대로 계십시오!"라고 말했다. HIV(인간 면역결핍 바이러스) 감염을 방지하기 위해 라텍스 장갑을 착용한 경찰관은 음주측정기를 운전자에게 건네며 흡입구를 불 것을 지시했다. 정확한 음주 측정에는 2분 정도가 걸렸다.

> 66 고객의 소리(VoC)를 준비하는 것은 신제품 수익성과 시간효율성의 가장 중요한 동인 중 하나다. 그러나 대다수 기업들은 부족한 VoC와 사실성이 결여된 고객통찰로 이 부분을 놓친다. 99

그 사이 다른 경찰관이 다른 자동차를 세웠다. 이제 경찰관들은 술 취한 사람들로 가득 찬 자동차 두 대를 처리해야 했다. 경찰관들은 총도 없었고 수적으로도 부족했다. 게다가 자동차 안의 젊은이들은 경찰관들보다 체격은 2배나 크고 나이는 절반밖에 안되어 보였다. 경찰관은 그들을 통제하는 데 겁먹은 모습이었다. 대낮에 진행했던 공식 인터뷰에서는 전혀 두려움이 없어 보였다!

군중 통제에 대한 두려움을 극복하기 위해 고객의 소리(VoC) 팀은 분석 과정의 속도를 높이라는 해결방안을 내놓았다. 목표는 2분이라는 음주측정 시간을 대폭 줄이는 것이다. 그리고 10초 만에 측정이 가능한 검사장치를 개발하면서 해결되었다. 두 번째 관찰한 것은 영국식 계기판 때문에 음주측정기가 오른쪽 좌석 운전자에게만 사용가능하다는 점이었다. 그래서 프랑스나 독일의 왼쪽 좌석 운전자가 영국에서처럼 길옆에 차를 세울 때 경찰관들이 재빨리 측정하지 못했다. 시간 압박 때문에 그냥 지나가라고 신호하는 것 외에는 다른 방법이 없었다. 이런 행동은 공식 인터뷰에서는 밝혀진 적이 없었다. 여기서 해결방안은 운전석 위치에 따라 기계 윗부분에 있는 흡입구가 180°도 전환가능한 양손잡 이용 측정기의 사용이었다.

이것은 새로운 드래거베르크의 제품 라인을 크게 성공시킨 10가지 새로운 기능 중 두 가지다. 각 기능은 그 자체로 획기적인 발명이 아니었다. 그러나 10가지 새로운 기능과 효익이 더해지면서 신제품은 크게 성공했고 경찰을 무척 기쁘게 했다.

제안 〈그림 2.3〉의 결과에 따르면 최고의 혁신기업과 성과가 좋지 않은 기업은 관행 면에서 큰 차이를 보인다. 또한 〈그림 2.3〉의 조치들은 분명히 '모범관행'의 모습이다. 따라서 〈그림 2.4〉에서 보듯이 아이디어 생성에서 시작하는 강력한 시장중심 활동은 신제품 프로젝트 내내 진행되어야 한다.

아이디어 생성: 최고의 아이디어는 고객으로부터 나온다! 고객의 포괄적인 욕구와 문제를 판단하기 위해 고객과 협력하는 포커스 그룹(Focus Group)과 VoC 조사와 같은 시장지향성 아이디어 생성활동에 좀 더 많은 재원을 쏟아라. 고객에게 아이디어를 적극적으로 요청하고 혁신적이거나 주도적인 사용자와의 관계 구축을 위해 영업인력을 사용하라. 효과적인 발상을 위한 설명은 6장에서 좀 더 자세히 다룰 것이다.

제품 디자인: 제품의 요구조건과 사양이 정해졌다면 사용자와 고객 정보는 제품 디자인에 중요한 역할을 한다. 보통 제품 디자인이 이미 결정되고 확인된 후라면 시장조사가 완료되었더라도 너무 늦다. 시장조사는 디자인 결정에 대한 정보와 신제품 디자인이 시작되기 전 프로젝트팀의 지침이 되어야 한다. 경쟁력 있는 제품 분석(경쟁력 있는 벤치마킹)과 사용자의 욕구와 필요 연구(VoC 조사)를 시작으로 처음부터 고객과 사용자의 욕구를 판단하라.

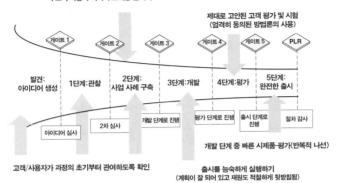

**그림 2.4 강력한 시장중심 활동은 혁신 과정의
시작부터 끝까지 핵심적인 조치다.**

자, 다음 방법으로 프로젝트 초기에 VoC를 시작하라.

✓ 1대1 심층 인터뷰

✓ 고객 사이트 방문(프로젝트팀 전체 참여)

✓ 몰래 관찰(Fly-On-The-Wall)이나 '일상생활' 조사

✓ 고객과의 '현장 활동'(확장된 사이트 방문이나 인류학적 연구와
비슷한 민족지학적 조사)

✓ 고객 패널(Panel)

✓ 샘플 규모가 큰 양적 시장조사

(아마도 기술적 대발견이나 기술적 가능성의 결과로 제품이 실험실이
나 기술집단에서 나온) 기술지향적인 신제품도 기술이 최종제품 디자인
에 포함되기 때문에 시장에 대한 상당한 정보가 필요하다. 즉, 기술 발전
에 뒤이어 완전한 형태의 개발이 진행되기 전 욕구와 필요를 판단해 고
객이 원하는 방식으로 최종제품을 만들어야 한다. 제품 채택 가능성을

판단하기 위해서라도 고객을 조사하고 상호작용할 기회를 가져야 한다.

본격적으로 개발을 시작하기 전: 고객과 함께 제품 컨셉을 평가한다. 모델, 실물 크기 모형, 프로토셉트, 캐드(CAD) 도면, 가상 제품을 통해 제품을 표현해본다. 고객의 관심, 애호, 구매 의도를 가늠해보라. 개발이 시작되기 전부터 평가하고 피드백을 얻는 것이 제품을 먼저 개발한 후 고객 평가를 시작하는 것보다 비용이 훨씬 적게 든다!

프로젝트 전 과정에서: 고객 정보는 사전-개발 시장 연구가 마무리될 때까지 중단되면 안 된다. 고객 정보를 찾고 사용자와 컨셉이나 디자인을 평가하는 것은 반복적으로 해야 하는 과정이다(아래 5번째 성공 동인에서 개요를 설명한 것처럼 '나선형 개발'). 계속 고객을 프로젝트 과정에 참여시켜 일련의 컨셉 평가와 신속한 시제품-평가, 고객 시험, 시장 시험 등을 통해 제품 기능을 검토하라. 고객에게 제품을 발표하는 마지막 단계인 현장 시험 단계까지 기다리지 말라. 뜻밖의 매우 불쾌한 소식이 있을 수 있다!

3. 대비와 프로젝트 사전 조사가 성공의 열쇠다. 제품 개발이 진행되기 전 실사해야 성공한다

우리는 모두 학교 숙제가 얼마나 싫은지 알고 있다. 숙제가 싫다는 것을 항상 기억하고 있다! 그러나 지금은 대비(숙제)나 실사가 성공에 매우 중요한 요소다. 수많은 연구를 통해 실제 제품 디자인과 개발 전 단계들이 승자와 패자를 만든다는 것이 밝혀졌다. 최고의 혁신기업들은 프로젝트에 착수하기 전 컨셉을 평가하고 새 아이디어를 검토하는 단계(Fuzzy Front End)부터 이런 활동들에 매우 능숙하다. 그들은 이것을 '숙제'라고 부른다(그림 2.5 참조).

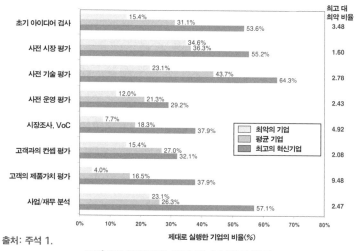

출처: 주석 1.

**그림 2.5 불분명한 사전 단계 실행의 질은
혁신의 성공에 강력한 영향력을 미친다.**

✓ **초기 검사:** 프로젝트에 들어가기 위한 첫 번째 결정(아이디어 검사)

✓ **예비 시장 평가:** 시장 규모와 제품 채택가능성 및 평가를 위한 최초 시장 연구

✓ **예비 기술 평가:** 기술적 위험과 기술 경로 가능성을 살펴보면서 실행하는 프로젝트의 기술적 판단

✓ **예비 운영 평가:** 재원과 제조, 운영상의 문제를 살펴보는 것

✓ **상세한 시장 연구와 시장조사, VoC 조사**

✓ **컨셉 평가:** 고객의 애호와 구매 의도를 확인하기 위해 고객과 함께 실시하는 제품 컨셉 평가

✓ **가치 평가:** 고객에게 제품 자체의 가치나 경제적 가치를 결정하게 하는 것

✓ **'개발 단계로의 진행'(사업 사례 구축)을 결정하기 전 실행하는 사업 분석과 재무 분석**

가장 큰 차이는 어느 단계에서 나타나며 최고의 혁신기업들이 탁월

함을 발휘하는 단계는 어디인가? 성과가 좋지 않은 기업과 비교해볼 때 최고의 혁신기업들의 뛰어난 관행들은 '고객에게 제품의 경제적 가치를 판단하게 하는 것'과 'VoC 조사를 통해 제품 디자인에 대한 정보를 얻는 것' 그리고 '기업 사례 구축의 일부로 사업 분석과 재무 분석을 수행하는 것'이다. 그러나 이런 관행은 쉽지 않은 작업이고 최고의 혁신기업들도 어려워하는 부분이다.

또 다른 문제는 대비 단계 내 균형이다. 최고의 혁신기업들은 시장지향적 및 기업지향적 업무와 기술 활동의 적절한 균형을 유지한다. 반면, 성과가 좋지 않은 기업들은 기술적 측면만 단호히 추진하고 제품 초기 단계의 마케팅과 경영상 문제들은 신경 쓰지 않는다. 〈그림 2.5〉는 최고의 혁신기업들이 대비 활동과 특히 초기 단계의 마케팅 및 경영 업무를 얼마나 잘 실행하는지 보여준다. 놀랍게도 대부분의 기업들은 신제품 과정의 사전 개발 단계에서 심각한 결점이 있다는 것을 인정한다. 그러면서도 이렇게 꼭 필요한 단계에 많은 시간과 돈을 투자하지 않는다. 자금은 7%, 시간은 16%만 쓴다.

제품 디자인과 개발을 시작하기 전 사전 대비를 많이 하는 것이 성공의 핵심 요인이라는 것은 반복적으로 얘기했다. 사전 개발 단계(초기 검사, 예비 시장과 기술 연구, 시장조사, 사업 분석) 실행의 질은 제품의 재무 성과와 밀접한 관련이 있다. 성공적인 프로젝트는 사전 개발 실행에 쏟는 노력이 실패한 프로젝트의 1.75배다. 도요타(Toyota)의 7가지 혁신 원칙 중 하나는 사전에 프로젝트가 준비되어야 한다는 것(노력의 많은 부분이 개발 프로젝트의 초기 단계로 이동되어야 한다는 것)이다.[9] 해브로크(HaveLock)와 엘더(Elder)는 일본인들이 계획 단계부터 노력을 쏟는다는 것을 강조하고 있다.

일본 개발사들은 신기술 계획 단계에서 '계획'과 '실행'을 확실히 구분한다. 계획의 목적은 '진행(Go)' 결정이 내려지기 전 문제와 관련 기술을 완전히 이해하는 것이다. 그들의 서두르지 않는 과정은 서양인들의 관점에서 보면 고통스러울 정도로 시간이 오래 걸린다.[10]

사전 개발 활동들은 프로젝트의 자격과 정의를 확인할 수 있기 때문에 중요하다. 이는 다음과 같은 중요한 질문들에 답해준다.

- 돈을 벌 만한 매력적인 프로젝트인가? 제품이 충분히 팔려 양과 수익 면에서 상업적 투자를 정당화해줄 것인가?
- 우리의 목표 고객은 누구인가? 제품 포지셔닝을 어디로 할 것인가?
- 어떤 모습의 제품이 성공할 것인가? 독특하고 우수한 제품을 생산하려면 어떤 기능과 속성, 특징이 포함되어야 하는가?
- 적절한 비용으로 제품 개발이 가능한가? 가능성 있는 기술적 해결방안은 무엇인가?
- 자원 공급은 어떤가? 우리가 지원하는가, 다른 기업이 하는가? 비용과 투자액은 얼마인가?

"사전 대비를 많이 하면 개발 시간이 그만큼 길어진다."라는 불만이 자주 터져 나오기도 한다. 당연히 그런 걱정을 할 수 있다. 하지만 우리는 경험을 통해 사전 대비가 성공률의 개선뿐만 아니라 개발 시간 단축에도 기여한다는 점을 확인했다.

✓ 첫째, 사전 대비를 하지 않으면 제품의 실패 확률은 높아진다. 따라서 초기에 많은 대비로 성공률을 높이든지 대비하지 않고 실패 확률을 높이든지 선택은 당신 몫이다. 노력이 없으면 결실도 없다!

✓ 둘째, 프로젝트에 대한 더 나은 정의와 신뢰할 만한 사전조사는 실제로 개발 과정의 속도를 높여준다. 시간이 지체되는 주요 원인 중 하나는 개발 단계로 들어가면서 프로젝트 정의가 제대로 이루어지지 않기 때문이다. 즉, 타깃이 불분명하고 목표가 변하기 때문이다.

✓ 셋째, 프로젝트가 진행되는 동안 일어나는 불가피한 제품 디자인의 진화를 고려하면 대다수 디자인 변화 시기는 제품 개발 단계에서 생산 단계로 넘어갈 때가 아니다. 충분한 사전조사를 하게 되면 이런 변화를 예측할 수 있고 비용이 많이 드는 프로젝트 후반부보다 초반부에 일어나도록 조정할 수 있다.

제안 메시지는 분명하다. 사전 대비를 건너뛰지 말라! "숙제할 시간이 없다"는 변명은 두 가지 문제점을 불러온다. 첫째, 숙제를 하지 않으면 성공률이 낮아진다. 둘째, 시간을 절약하려고 숙제를 하지 않으면 오히려 미래에 시간을 더 낭비할 것이다. 그것은 푼돈을 아끼려는 매우 어리석은 시간 절약 방법이다. 이전 조치가 완벽히 처리되고 충실히 마무리되지 않으면 개발 단계로 넘어가지 않는다는 것을 규칙으로 만들라. 그러한 일을 끝내기 위해 필요한 재원을 쏟아라. 즉, 프로젝트의 사전 준비를 하라! 〈그림 2.5〉는 신제품 과정이나 아이디어-출시 시스템에 포함되어야 할 초기 단계의 점검 목록이다.

4. 제품과 프로젝트의 정의를 분명히 빨리 내리고, 범위 추가와 불안정한 사양을 피한다면 높은 성공률과 빠른 출시를 견인한다

개발 단계 진입 전 프로젝트와 제품을 제대로 정의한다면 수익성과 출시 기간 단축에 긍정적인 영향을 미친다. 〈그림 2.6〉을 살펴보고 개발 단계에 들어가기 전 최고의 혁신기업들이 제품을 얼마나 제대로 정의하는지 주목하자.

- 최고의 혁신기업들은 고객에게 전달할 효익을 분명히 알고 있다 (성과가 좋지 못한 기업의 4배).
- 목표시장이 분명하고(즉, 누가 제품을 살 것인가?) 포지셔닝 전략도 분명하다(즉, 경쟁 업체와 비교해 제품이 고객의 마음속에 어떻게 포지셔닝될 것인가?)
- 제품 컨셉을 제대로 파악한다(제품의 모습과 기능).
- 제품 정의가 안정적이다(이런 이상을 달성하기는 어렵더라도).
- 제품의 기능과 속성, 사양을 정의한다.

최고의 혁신기업과 성과가 좋지 않은 기업은 위의 5가지 항목에서 큰 차이를 보인다. 제품 정의에 대한 이 요소들은 성공에 필수적이며 최고의 혁신기업을 구별해준다.

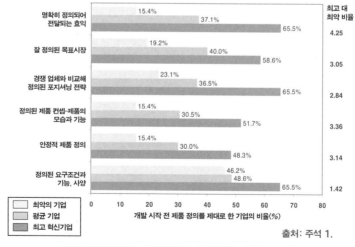

그림 2.6 명확하고도 안정적이며 사실을 기반으로 하는
제품 정의는 혁신을 성공으로 이끈다.

> 66 **명확하고 안정적이며 신속한 사실 기반의 제품 정의는 개발 주기 시간을 단축시켜주며 신제품을 성공으로 이끄는 가장 중요한 동인 중 하나다.** 99

반면, 개발 시작 전 제품과 프로젝트 범위를 정하지 못하면 신제품 실패와 출시 지연의 주요 원인이 된다. 빠르고 안정적인 제품에 대한 정의가 성공의 열쇠라고 지속적으로 언급하고 있음에도 불구하고 기업들은 〈그림 2.6〉에서 보듯이 계속 그것을 제대로 실행하지 못한다. '불안정한 제품 사양'과 '프로젝트 범위 추가' 등은 다수의 신제품 프로젝트에서 나타나고 있다.

제안 개발 프로그램이 완성되기 전 '통합된 제품과 프로젝트 정의'에 대한 단계나 확인 지점을 만들어라. 이런 정의에는 다음 6가지 요소가 있다.

  a. 프로젝트 범위: 개발 노력의 영역들이 무엇인지(국내시장 대 해외시장)와 신제품 항목 대 플랫폼 개발 등
  b. 목표시장 정의: 제품이 정확히 누구를 대상으로 하는지
  c. 제품 컨셉: 어떤 제품인지, 어떤 기능이 있는지(고객의 언어로 표현되어야 함)
  d. 고객이나 사용자를 위한 가치 제안을 포함해 전달되어야 할 효익
  e. 포지셔닝 전략(목표가격 포함)
  f. 제품 기능, 속성, 성과 요구조건, 높은 사양 수준(우선순위 정하기: '반드시 있어야 하는 것'과 '있으면 좋은 것')

이런 통합된 정의는 사실에 기반해야 한다. 그것은 관련 마케팅, R&D,

공학기술, 운영 등 기능적 영역으로부터의 동의와 정보를 통해 만들어진다. 프로젝트팀 전체가 승인해야 한다. 고위 경영진은 제품 정의에 몰두해야 한다(필수적인 '동의'나 '승인').

이러한 6가지 항목을 명확히 정의하고 기록하고 개발 단계 전 모든 이해당사자들의 동의를 얻지 않으면 나중에 프로젝트는 어려운 상황에 직면하게 된다. 특히 다음에 제시된 3가지 요인 중 하나로 인해 실패 확률이 높아질 것이다.

1. 통합된 제품 정의 단계를 신제품 시스템에 구축하면 사전 개발 활동에 몰두할 수 있다. 하지만 사전조사가 되어 있지 않으면 모두 동의할 수 있는 명확한 정의에 도달하지 못한다.

2. 제품 정의는 커뮤니케이션 도구와 지침 역할을 한다. 모든 이해관계자들이 '동의'한다는 것은 프로젝트에 포함된 각 기능적 영역에서 제품과 프로젝트를 명확하고 일관되게 정의하려고 노력한다는 것이다. 모두 동의한다고 생각했지만 나중에 각자 그 동의한 사항이 서로 다르다는 것을 알게 된 적은 없는가? 이런 정의는 통합된 제품 정의가 아니라 이분법적인 정의다.

3. 이런 정의는 프로젝트 개발 단계와 기술팀 구성원들을 위한 일련의 명확한 목적을 정의해준다. 제품 목적이 분명하면 좀 더 효율적이고 신속한 개발이 진행된다. 그럼 목표 변화도 없고 불완전한 목표도 없다!

제품을 안정적으로 정의하는 일도 어렵다. 〈그림 2.6〉처럼 최고의 혁신기업들도 어려움을 겪는다. 시장은 대부분 상당히 유동적이고 역동적이라는 점과 '상황은 변한다는 것'을 인식하자. 개발 전부터 디자인을 100% 확정하는 것은 IT나 소프트웨어와 같은 일부 시장에서는 낡은 개

넘이다. 그렇다고 포기하고 "제품 정의는 불가능해. 그래서 진행하면서 결정하기로 했어."라고 선언할 이유는 없다. 철저한 사전 대비와 실사(앞의 3번째 성공 동인)를 통해 유동적인 시장에서도 개발 시작 전 많은 요인들을 해결할 수 있다. 제품 디자인의 일부 요소는 프로젝트가 진행되면서 '변화가 가능하고' '결정되는 것'으로 남게 된다.

제안 개발이 시작되기 전에는 제품 정의를 정확히 밝히기 어려운 사람들 즉, 유동적이고 역동적인 시장에 직면한 사람들에게 다음과 같이 제안한다.

- ✓ 3번째 성공 동인에서처럼 필요한 사전 대비를 제대로 하라. 빠르게 변화하는 시장과 직면하는 것은 나태하게 지름길을 택하는 것의 변명이 되지 않는다. 자, 성급한 결정으로 실패할 것인지 늦더라도 단계를 거쳐 성공할 것인지 선택하라!
- ✓ 개발 시작 전 가능한 한, 최선을 다해 통합된 제품 정의를 명확히 하라. 앞에서 개요를 서술한 6가지 항목을 이 정의 과정에서 사용하라.
- ✓ 제품에 필요한 요소와 사양의 일부가 '알려지고 고정된 것'인지 '유동적이고 불확실하며 변화가능한 것'인지부터 먼저 구체적으로 명시하라(개발 단계에서 50% 이상 고정되길 바라기도 한다). 제품은 2가지로 정의할 수 있다. '고정된 것'과 '변화가능한 것'.
- ✓ 개발 과정에서 정보를 수집해 제품 정의의 '변화가능한 부분들'이 개발 진행 중에도 명확히 밝혀질 수 있도록 하라. 이것은 5번째 성공 동인을 상기시켜 준다.

5. 개발 초기부터 고객에게 결과물을 보여주는(구축-평가-피드백-수정) 나선형 개발은 제품을 제대로 만든다

나선형 개발은 빠르게 움직이는 팀들이 역동적인 정보 획득 과정을 유동적인 즉, 변화하는 정보로 처리하는 방법이다. 일부 정보는 바뀌거나 정보와 팀이 개발 단계로 이동할 때 신뢰하지 못할 수도 있지만 그럼에도 나선형 개발은 프로젝트팀이 제품과 제품 정의를 제대로 내리는 데 도움을 준다.

대부분의 기업들은 너무나 경직되고 선형적인 제품 개발 과정을 실행한다. 이는 잘못이다! 자, 프로젝트팀은 사전 개발이나 앞 단계에서 고객과 부지런히 접촉하고 가능한 한, 그들의 욕구와 요구조건이 무엇인지 제대로 결정한다. 전반부 작업이 제대로 이루어지고 제품 사양이 결정되고 제품 정의가 정해진다. 지금까지는 좋다.

하지만 위와 달리 실제는 개발 단계가 진행되면서 선형적이고 경직된 방식으로 진행된다. 프로젝트팀은 준비하고 '시선을 앞에 두는' 접근법보다 '시선을 아래에 두는' 접근법으로 프로젝트를 진행한다. 그리고

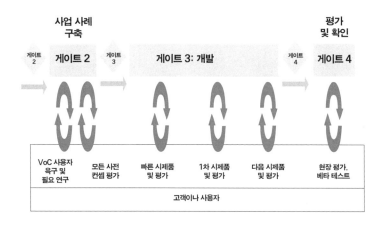

**그림 2.7 일련의 '구축-평가-피드백-수정'의
반복인 나선형 개발은 시간 낭비 없이 제품을 제대로 만든다.**

10~15개월 후 이런 선형적인 개발 단계의 마지막 부분에서 제품에 대한 현장 시험이나 고객 평가 준비를 한다. 그리고 모든 것이 잘못 흘러간다. 평가를 위한 시제품을 보여주면, 원래 고객들은 "우리가 생각한 제품과 상당히 달라요."라거나 "뭔가 바뀌었네요."라고 한다. 또는 이미 경쟁환경을 바꿔버리는 경쟁력 있는 새로운 신제품이 출시되었을 수도 있다.

이는 선형적이고 경직된 과정으로 프로젝트팀과 기업이 실패하게 되는 모습을 잘 보여준다. 처음부터 제품의 요구조건이 맞지 않았을 수도 있고 최초 고객의 소리(VoC) 조사가 끝났을 때 핵심요소를 놓쳤을 수도 있다. 또는 10~15개월 사이에 뭔가 큰 변화가 생겼을 수도 있다. 프로젝트팀은 또 다른 시도를 위해 평가판으로 돌아가 개발 단계를 되짚어봐야 한다! 이것이 바로 변화하는 상황에 적응하지 못한 경직된 선형적인 과정이다.

현명한 프로젝트팀과 기업은(IT산업에서 사용되는 '민첩한 개발'을 바탕으로 한) 나선형 개발을 실행한다. 예를 들면 최고의 혁신기업들은 개발 단계 전 과정에서 고객과 상호작용할 가능성이 그렇지 않은 기업보다 6배나 높다(그림 2.3에서 보여주는 것처럼). 그들은(그림 2.7에서 보여주는 것처럼) 시리즈로 출시되는 제품들을 피드백과 검증을 위해 고객에게 선보이는 일련의 반복적 단계인 '루프(Loop)'를 만든다. 이런 루프는 일련의 '구축-평가-피드백-수정'이 반복되는 과정이다(이런 반복적 특징이 '나선형 개발'이라는 용어로 설명되는 것이다). 모형이나 이미지 형태이더라도 견본을 만들어라.

- **비록 모델 또는 구상에 지나지 않더라도 어떤 것을 만들어 보라.**
- **평가하라** 고객이나 사용자에게 선보이고 관심, 애호, 선호, 구매 의도, 좋아하는 점, 싫어하는 점 등을 파악하라.

- **피드백을 얻어라** 고객 반응 특히 무엇을 그대로 두거나 바꿔야 하는지 직접 알아보라.
- **수정하라** 이런 피드백을 바탕으로 제품 정의를 새롭게 한다. 그런 다음 '구축-평가-피드백-수정' 과정의 반복을 준비한다. 이번에는 최종제품에 한 걸음 가까이 가라.

제안 나선형 즉, '구축-평가-피드백-수정' 과정을 반복하라. 이 나선형 접근법은 고객이 보거나 경험하기 전까지 무엇을 원하는지 정말 알지 못한다는 사실을 바탕으로 한다. 따라서 고객에게 먼저 뭔가 선보여라. 어떤 것이든 최종 제품과 한참 거리가 먼 것이라도 일단 선보여라. 그리고 빨리 시작하라. 그런 다음 제품에 필요한 변화 조치를 취한다. 다음에는 고객에게 좀 더 완벽한 버전을 선보이면서 빠르고 확실한 피드백을 얻으려고 노력하라. 여기서 주의할 점이 있다. 초기에 완전히 개발된 제품이나 진짜 시제품은 보여주지 말라. 핵심은 빠르고 저렴하게 만들 수 있는 모형부터 선보이는 것이다.

그럼 나선형 개발은 실제로 어떻게 작동하는가? 〈그림 2.7〉은 나선형 개발의 실례를 보여준다. 이 루프나 나선형은 개발 단계에서 평가 단계로 진행되는 사전 단계에 포함되어 VoC 조사로 시작하고 제품 평가와 출시로 끝난다.

    66 사람들은 보고 경험할 때까지는 실제 무엇을 찾고 있는지 알지 못한다. 따라서 고객이나 사용자에게 개발중인 것을 신속히 가져가서 보여주어라. 그리고 이러한 시험을 공식적인 제품 검사 전과정을 걸쳐 계속 반복하라. 99

6. 신제품 성공의 중심은 출시를 잘 구상하고 제대로 실행하는 것이다. 철저한 마케팅 계획은 출시의 심장이다

에머슨(Emerson)은 "더 나은 쥐덫을 만들어라. 그러면 세상이 당신에게 몰려갈 것이다."라고 말한 적이 있다. 문제는 에머슨은 사업가가 아니라 시인이었다는 점이다. 이 격언은 진실이 아니었을 수도 있지만 실제로도 오랫동안 진실이 아니었음이 밝혀졌다. 제품이 뛰어나야 할 뿐만 아니라 그 효익에 대해서도 고객과 적극적으로 소통하고 홍보해야 한다. 양질의 제품을 출시하는 것은 신제품 수익성과 밀접한 관련이 있다. 〈그림 2.8〉에서 최고의 혁신기업들이 어떻게 일하는지 살펴보자.

- 구매자나 고객 행동에 대한 이해를 통해 더 나은 출시 계획을 세우려고 필요한 시장조사를 한다(흥미롭게도 그와 같은 조사를 하는 최고의 혁신기업들은 절반도 안 되지만 성과가 좋지 않은 기업은 한 곳도 없다. 그래서 이 조치를 최고와 최악의 기업들을 구분하는 핵심적인 차이에 포함시킨다).

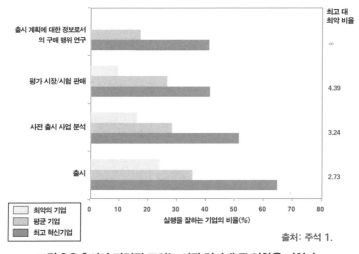

그림 2.8 출시와 관련된 조치는 시장 결과에 큰 영향을 미친다.

- 최고의 혁신기업들은 신제품의 시장성을 입증하고 출시 구성 요소들을 평가하기 위해 시장 평가를 하거나 시험 판매를 한다.
- 철저한 사전-출시 사업 분석을 한다.
- 무엇보다 중요한 것은 최고의 혁신기업들은 성과가 좋지 않은 혁신기업들보다 3배나 능숙히 제품 출시를 완수한다는 점이다.

메시지는 다음과 같다. 좋은 제품은 알아서 잘 팔릴 거라는 생각은 하지 말라. 그리고 출시를 나중으로 미루지 말라. 출시가 과정의 마지막 단계라는 이유로 그 중요성을 절대로 과소평가하면 안 된다. 제대로 통합되고 적절한 목표로 정한 출시는 우연히 일어나지 않는다. 그것은 적절한 지원과 재원, 합리적 실행을 통해 미세하게 조정된 마케팅 계획의 결과다.

마케팅 목적에서 전략과 마케팅 프로그램으로 이동하는 마케팅 계획은 꽤 복잡한 과정이다. 모든 책들은 그 주제에 몰두한다. 그러나 이 복잡한 마케팅 계획은 신제품 개발 시스템에 맞도록 실행되어야 한다. 예를 들어 마케팅 계획을 개발하는 핵심단계들 중 하나인 목표시장과 포지셔닝 전략 개발을 정의하는 것은 개발 시작 전 제품-정의 단계의 일부다(앞의 5번째 성공 동인). 그리고 여러 핵심질문들 즉, '고객들은 어떻게 구매하나?', '어떤 경로로 유통되나?'에 대한 답들은 마케팅 프로그램의 기본을 다지는 데 중심이 된다. 이런 질문들에 대한 답은 신제품 과정이나 플레이북(각본)에 포함되는 시장조사 연구에서 비롯되어야 한다. 출시 계획을 정교하게 만드는 법은 10장에서 다룰 것이다.

제안 **신제품 출시와 마케팅 계획에 대한 4가지 요점은 다음과 같다.**

a. 출시 계획 개발은 신제품 과정의 필수 요소다. 이는 물리적 제품

개발과 마찬가지로 신제품 과정의 중심이 되어야 한다.

b. 출시 계획 개발은 신제품 프로젝트 초기부터 시작되어야 한다. 그것은 제품이 상업화 될 때 쯤, 나중에 생각할 대상으로 남겨선 안 된다.

c. 출시 계획은 그 바탕을 이루는 시장정보만큼 유용하다. 마케팅 계획에 필요한 중요한 정보를 얻기 위해 디자인된 시장 연구 과정을 신제품 프로젝트에 포함시켜야 한다.

d. 영업인력, 기술지원 인력, 다른 최전방 인력 등 출시를 직접 실행할 사람들은 출시 계획 개발에 반드시 참여해야 한다. 그 중 일부는 프로젝트 팀의 구성원이 되어야 한다. 이것은 성공적인 출시에 매우 중요한 요소들인 출시 노력의 설계, 필요한 재원의 이용가능성, 제품과 그 출시를 실행할 사람들에 의한 지식 축적에 대한 귀중한 정보와 통찰력을 보증해준다.

7. 속도가 생명이다! 개발 프로젝트를 가속화할 좋은 방법이 많이 있다. 하지만 실행의 질을 간과하면 안 된다

빨리 시장에 선보이는 것은 중요한 목표다. 개발 기간 단축이 우선사항이 되어야 하는 이유는 많다.[11]

■ 속도는 경쟁에서 우위를 점하게 한다. 먼저 들어간 사람이 이긴다! 그런데 이 말에는 모순이 있다. 후발기업 제품이 선발기업의 실수를 보고 배우면서 더 많은 돈을 버는 경우도 있다. 하지만 〈그림 2.9〉에서 보듯이 평균적으로 가장 먼저 출시된 제품의 영향력이 더 크다. '첫 번째 출시 제품'의 성공률은 70%인 데 반해 세 번째 출시한 제품의 성공률은 58%인 점을 주목하라. 또한 가장 먼저 출시된 제품은 수익성도 높다(달성수익 대 목표수익).

- 속도는 수익성을 높인다. 여기에도 서로 다른 증거가 혼재되어 있다. 우리의 연구는 수익성과 시기적절함(정시성 준수와 시간효율성) 사이에 약간의 긍정적인 관계가 있음을 밝혔다. 하지만 다른 연구는 출시 소요시간과 수익 사이에는 결정적인 관련이 없음을 보여준다. 그럼에도 불구하고 처음 출시된 제품들은 확실히 빠른 수익을 낼 수 있고 제품이 통용되는 동안 더 많은 수익을 올릴 수 있다.
- 속도는 예상치 못한 일이 적다는 의미다. 빨리 출시한다는 것은 시장이 변할 가능성이 낮다는 의미다.

속도의 의미를 감소시키는 또 하나의 이유는 고위 경영진이 신제품 수익 결과를 올해의 손익계산(보통 해당 경영진의 성과 평가 결과)에 포함시키고 싶은 욕망 때문이다!

핵심은 이렇다. 속도가 생각하는 것만큼 매우 중요하진 않다는 것이다. 어떤 프로젝트에서는 속도가 최우선 목표가 되어선 안 된다. 속도

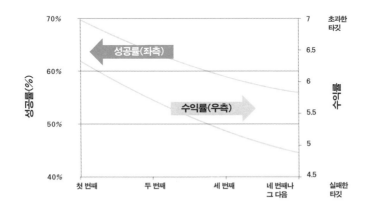

그림 2.9 최초 진입 제품들은 성공하는 경향이 있다 높은 성공률과 수익성

는 중간목표일 뿐이라는 점을 주목하자. 즉, 속도는 결과를 위한 수단이다. 궁극적인 목표는 수익이다. 그러나 대다수 관행들은 비용이 드는 출시 소요기간을 단축하려고 노력한다. 하지만 그런 관행들은 중간목표(제품을 빨리 시장에 내보내는 목표)은 달성하지만 최종 목적(수익성)을 달성하는 데는 실패한다. 개발 시간을 줄이기 위해 사용되는 방법들은 보통 정반대 효과를 일으키고 여러 경우, 비용도 많이 든다. 이는 믿을 만한 경영관행과 상충되는 것이다.

그러므로 제품 개발의 가속화에는 '부정적인 면'이 있다.

■ 좋은 의도로 택한 지름길도 대개 안 좋은 결과를 낳는다. 생략과 위임의 심각한 오류는 프로젝트 지연을 가져오고 더불어 높은 비용 발생과 제품 실패로도 이어진다. 예를 들면 다음과 같다.

　✓ 신제품 프로젝트 초기 단계(사전 대비와 시장 연구)를 성급히 진행하면 제품 디자인이 고객욕구를 충족시키지 못할 뿐만 아니라 프로젝트 자체가 잘못 구상되었다는 것을 알게 된다.

　✓ 고객-평가 단계를 줄임으로써 제품을 빨리 시장에 선보이는 것은 고객의 신뢰를 잃고 상당한 품질보증 비용과 서비스 비용을 쓰는 결과를 낳는다. 그것은 출시 후 제품 신뢰성의 문제만 가져올 뿐이다.

■ 개발 주기 시간을 줄이게 되면 종종 쉽고 빠른 목표(라인 확대나 작은 변경처럼 '손쉽게 달성할 수 있는 목표')에 초점을 두는 결과를 낳는다. 하지만 그렇게 되면 주요 신제품들이 부족해지고 장기적으로 경쟁에서 우위를 점하지 못하는 대가를 치른다. 1990년대 포트폴리오와 2000년대 포트폴리오를 비교할 때 변화가 적고 위험성이 낮고 평범한 신제품으로 바뀐 극적인 변화를 떠올려보라(1장의 그림 1.1).

■ 출시 기한을 맞추려고 실행불가능한 일정을 세우는 것은 좌절감, 긴장, 중요한 단계가 빠질 때 생기는 프로젝트 팀원들 간의 사기 문제를 일으킨다. 결국 비현실적인 일정에 맞추어 운영하려는 시도는 팀 구성원들이 기한을 맞추지 못한 데 대해 서로 비난하기 시작하면서 다중역할을 해야 하는 팀의 유효성을 파괴한다.

제안 속도와 개발 주기 시간을 지나치게 단축하려는 열성을 주의하라. 개발 주기 시간을 정상적으로 줄이는 방법은 따로 있다. 이는 믿을 만한 경영관행에 일치하며 앞에서 설명한 주요 성공 동인들로부터 배울 수 있는 방법들이다. 〈그림 2.10〉은 일부 성공 동인들이 신제품의 수익성뿐만 아니라 시간 단축과 효율성에 어떻게 긍정적인 영향을 미치는지 보여준다. 성공 확률을 높이고 출시 기간을 단축할 수 있는 5가지 합리적인 방법이 있다!

1. **우선순위를 정하고 집중하라:** 프로젝트 속도를 늦추는 가장 좋은 방법은 제한된 재원과 인력을 매우 많은 프로젝트에 낭비하는 것이다. 정말 가치 있는 프로젝트에 재원을 집중해야 일을 더 빨리 잘할 수 있다. 그러나 집중은 어려운 선택이다. 그것은 다른 프로젝트, 더 가치 있을 수 있는 프로젝트를 포기한다는 의미다. 따라서 집중하기 위해선 올바른 의사결정, 진행/중단 결정을 내리기 위한 적절한 기준이 필요하다. 8장과 9장에서 효과적인 프로젝트 선택과 실효성 있는 게이트에 대해 좀 더 자세히 다룰 것이다.

2. **처음에 제대로 하라:** 프로젝트 전 단계에서 실행의 질을 키워라. 시간을 절약하는 가장 좋은 방법은 다시 처음으로 돌아가 다시 일해야 하는 상황을 피하는 것이다. 실행의 질은 더 나은 결과뿐

만 아니라 지연가능성을 줄인다는 면에서도 결실을 얻는다.

3. **전반부 사전과제 처리와 정의를 제대로 내려라:** 시간 낭비를 줄이려면 소문과 추측보다 사실에 기반한 사전 대비를 해야 하고 제품과 프로젝트의 명확한 정의를 내려야 한다. 이것은 진상을 파악하거나 제품의 요구조건을 다시 정의하려는 가공을 줄이고 기술적으로도 더 분명히 목표를 정의하는 것이다.

4. **역량을 갖춘, 진정한 다중 역할을 하는 팀을 중심으로 조직하라:** 다기능적 팀은 시기적절한 개발에 필수적이다.(이것은 다음 장의 주제다.) 톰 피터스(Tom Peters)는 다음과 같은 연구 결과를 내 놓았다: 제대로 개발되지 못한 프로젝트를 자세히 분석해보면 그 중 75%는 다음과 같은 이유가 분명히 있다: (1) '부서 간 이기주의(Siloing)' 또는 의사결정을 위한 수직적 구조의 '사일로'나 '난로의 연통' 사이로 이쪽저쪽에 메모를 보내는 일 (2) 해결해야 할 문제들이 끊임없이발생한다.[12] 유감스럽게도 일반적인 프로젝트는 바톤을 들고 달리다가 다음 주자에게 넘기는, 모든 부서가 참

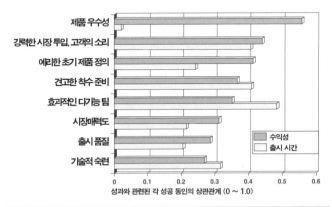

신제품 수익성은 다중 매트릭스로 측정되었다: 목표와 수익 관련(%), 투자수익률(%), 지불 기간(연수). 출시 시간은 두 가지 방법으로 측정되었다: 출시 일정과 시간의 관련성, 시간효율성(최단 가능 시간과의 관련성)

그림 2.10 신제품의 수익성과 출시 시간의 결정 요인

여하는 계주와 비슷하다.

5. **병렬 처리를 하라:** 제품 개발에 대한 계주나 순차적 접근법이나 연속 접근법은 구식이며 오늘날 신속히 진행되는 프로젝트에는 어울리지 않는다. 완벽하고 우수한 과정에 대한 필요와 연결되는 프로젝트의 시간적 압박을 고려하면 좀 더 적절한 모델은 럭비경기나 병렬 처리 방식이다. 병렬 처리를 통해(순차적보다) 활동들이 동시다발적으로 진행된다. 따라서 대부분의 활동들은 다른 활동이 진행 중일 때 시작된다. 신제품 과정은 마케팅, R&D, 운영, 공학기술, 영업 등 모든 팀이 병렬적이거나 동시다발적인 활동을 하면서 여러 전문 분야에서 진행되어야 한다. 그 과정은 병렬적 럭비 구조를 사용하는 좀 더 복잡한 시스템이어서 체계적인 플레이북(각본)이 필요하다는 점을 주목하라.

성공 동인을 사업 대본에 분명히 적어라

대부분의 기업들은 올바른 업무 수행 방법에 대한 '운영 절차'나 지침이 있다. 신제품 지침서나 신제품 프로젝트를 제대로 수행하는 법에 대한 운영절차집(예를 들면 신제품을 출시하기 위한 '아이디어-출시 플레이북'이나 스테이지 게이트 시스템 등)을 공들여 만들고 있다고 상상해보자. 이때 당신의 시스템을 뒷받침해줄 7가지 원칙은 무엇일까? 물론 이 7가지 성공 동인은 이번 장의 앞부분에서 개괄적으로 서술했다. 여기 그 방법이 있다.

1. **아이디어-출시 시스템이 고객을 위한 설득력 있는 가치 제안을 하도록 만들어라.** 대담하고 차별화된 제품을 생산하는 판단 기준

뿐만 아니라, 적적한 실행도 포함되도록 하라. 대부분의 아이디어-출시 시스템들은 그렇게 하지 못한다. 따라서 제1의 수익성 동인을 놓치게 된다.

2. **여러 번의 고객의 소리(VoC)와 시장 정보 조사를 시스템에 포함시켜라.** VoC를 필수적인 조치로 만들어라. 취약한 부분이 있기 때문에 반드시 보강이 필요하다.

3. **프로젝트가 사전에 확실히 준비되게 하라.** 개발이 시작되기 전 두 번의 '숙제 단계'('쉬운' 단계와 '어려운' 단계)를 만들어라. 마찬가지로 실사도 대부분의 개발 프로젝트에 없기 때문에 중요한 사전 조치가 시스템에서 강조되어야만 한다.

4. **사실 기반의 통합된 제품과 프로젝트 정의를 고정하는 단계를 (운동장에 골대를 설치하기 위해) 포함시켜라.** 그리고 프로젝트 팀 전체와 고위 경영진의 승인을 받아라.

5. **나선형 프로세스를 시스템에 통합시켜라.** 유동적인 정보와 변하는 요구조건에 직면해 제품 정의를 제대로 내리기 위한 일련의 '구축 – 평가 – 피드백 – 수정' 과정의 반복을 의미한다.

6. **출시 실행은 필수적이다.** 따라서 출시 계획 개발을(계획을 실행할 정보와 기능적 영역에 대한 동의가 있는) 시스템의 중요 구성 요소로 만들어라.

7. **속도(또는 출시 시간)가 문제다.** 또한 개발 가속화는 여러 잠재적 효익이 있지만 단점도 많다. 개발 가속화를 위한 5가지 합리적인 방법은 앞에서 강조했다. 이러한 사항을 아이디어-출시 시스템으로 구축하라.

다음 장에서도 성공 동인을 다룰 것이다. 그러나 프로젝트 자체보다 사업과 좀 더 관련 있고 좀 더 범위가 넓은 성공 동인을 살펴볼 것이다.

자, 그럼 계속 읽으며 일부 기업들이 제품혁신에서 차별화를 어떻게 이루어왔는지 살펴보자.

3장

성공의 동인:
최고의 혁신가들이
탁월한 이유

성공의 비결은 초지일관에 있다.

– 벤자민 디즈레일리,《영국 총리(1804~1881)》

사업상 7가지 핵심 성공 동인

　　:: 어떤 기업들은 다른 기업들보다 제품혁신에서 왜 크게 성공할까? 1장에서 최고의 혁신기업과 나머지 기업이 성과 면에서 큰 차이가 있는 것을 보았다. 그들의 성공 비결은 무엇일까? 앞장에서 이런 성공 비결을 일부 다루었는데 그 비결은 신제품 프로젝트로 최고의 승자가 되는 방법과 관련 있다. 독특하고 우수한 제품 추구, 확실한 사전 대비와 고객의 소리 정보, 효과적인 출시 계획과 실행, 개발 과정의 가속화 등이 제2장에서 밝혀진 성공 동인이었다. 이어서 제3장에서도 계속 '성공 동인'을 다루겠지만 분석 단위로써 프로젝트 자체보다 기업 수준에 초점을 맞추었다. 즉, 혁신 성과와 관련해 가장 성공적인 기업을 구분하는 요인에 집중했다.

　이제 승자와 패자를 좀 더 확실히 구분하는 실제적인 교훈이 될, 매우 중요한 성공 동인에 대해 알아보자. 그리고 각 동인으로부터 효익을 얻는 방법과 기업에서 이를 실행할 수 있는 대안을 심사숙고해보자(기업 차원에서 7가지 중요한 성공 동인을 요약한 〈표 3.1〉 참조)[1]

1. 성공적인 기업들은 '집중' 한다. 소수 개발 프로젝트와 우수한 프로젝트, 이들의 적절한 혼합에 초점을 맞춘다. 그리고 체계적인 포트폴리오 관리법을 채택하고 엄격한 진행/중단 결정 지점들을 신제품 아이디어-출시 시스템에 포함시킴으로써 이런 목표를 이룬다

대부분의 기업들은 프로젝트가 너무 많고 각 프로젝트에 대해 효과적이거나 시의적절한 노력을 시작할 만큼 자원이 충분하지 않아 어려움을 겪는다. 그리고 대담한 혁신이라고 할 만한 적절한 유형의 프로젝트가 별로 없다. 이는 충분한 프로젝트 평가와 우선순위를 매기는 과정이 부족(부실한 포트폴리오 관리)해 생기고 부정적인 결과로 이어진다.

- 첫째, 소수의 소중한 자원이 평범하거나 가치가 낮은 프로젝트에 낭비된다.

- 둘째, 정말 가치 있는 프로젝트에 마땅히 들어가야 할 자원을 이용하지 못한다. 그 결과, 우수한 프로젝트가 자원부족으로 인해 힘들어지고 늦게 진행되거나 심지어 중단된다.

한정된 자원을 최고의 프로젝트에 집중시키고 나쁜 프로젝트들을 없애야 하기 때문에 진행/중단 결정과 우선순위를 정하는 판단이 엄격히 내려져야 한다. 즉, 효과적인 포트폴리오 관리(올바른 개발 투자 결정)가 아이디어-출시 시스템의 핵심부분이 되어야 한다. 그래야만 집중할 부분이 좀 더 분명해지고 성공률이 높아지며 출시 소요시간도 더 짧아진다.

표 3.1. 기업들이 탁월한 이유-7가지 성공 동인

1. 성공적인 기업들은 '집중'한다. 소수 개발 프로젝트와 우수한 프로젝트, 그것의 적절한 혼합에 초점을 맞춘다. 그들은 체계적인 포트폴리오 관리법을 채택하고 엄격한 진행/중단 결정 지점들을 신제품 아이디어-출시 시스템에 포함시킴으로써 이런 목표를 이룬다.

2. 핵심역량을 이용하는 것이 성공하는 데 중요하다. '핵심역량에서 벗어난' 개발 프로젝트는 실패하는 경향이 있다.

3. 매력적인 시장을 목표로 삼아라. 그런 프로젝트는 성과가 좋다. 따라서 시장 매력과 관련된 핵심요소는 프로젝트 선택의 중요한 기준이 된다.

4. 적절한 조직 구조와 디자인팀, 그리고 효과적인 팀은 제품혁신 성공의 중요한 동인이다.

5. 최고 경영진의 지원이 성공을 보증하진 않지만 확실히 도움은 된다. 그러나 많은 경영진들은 잘못하고 있다. 제품혁신을 주도하는 유능한 경영진에게는 7가지 습관이 있다.

6. 자원이 준비되어야 한다. 제품혁신에 공짜는 없다.

7. 스테이지-게이트®와 같은 여러 단계의 체계적인 신제품 개발 프로세스를 따르는 기업들이 훨씬 더 잘한다.

○ ○ ○

그러나 대부분의 기업들은 프로젝트 평가를 부실하게 처리하거나 아예 인용하지도 않는다. 그 직무를 맡기에 부적절한 사람들이 의사결정에 관여하거나(직무조정 부재) 일관된 기준이 프로젝트 심사에 적용되지 않거나 단지 프로젝트를 중단할 의지가 전혀 없어 부실한 프로젝트가 계속 진행된다. 예를 들면 기업의 31.1%만 신제품 아이디어를 제대로 심사한다. 그리고 26.3%만 체계적인 사업과 재무분석을 사업 사례의 일부로 여기고 있다(그림 2.5 참조).

〈그림 3.1〉의 포트폴리오 관리 관행에 초점을 맞춘 벤치마킹 연구 결과를 생각해보자.[2]

■ 기업의 21%만 제품 개발 투자 판단에 도움이 되는 체계적인 포트폴리오 관리 시스템이 마련되어 있다.
■ 기업의 24%만 자원에 적합한 프로젝트가 있다. 76%는 한정된 자원에 비해 지나치게 많은 프로젝트를 수행하고 있다.
■ 기업의 1/4만이 프로젝트 우선순위와 등급을 매긴다.
■ 기업 포트폴리오의 21.2%만 효익을 줄, 가치 높은 프로젝트를 포

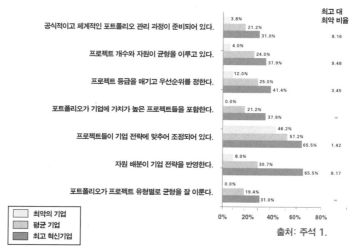

그림 3.1 최적의 포트폴리오(최고 프로젝트의 적절한 혼합)를
구성하려면 효과적인 포트폴리오 관리 시스템이 필수적이다.

함하고 있다.

- 프로젝트의 19%만 적절한 균형을 자랑한다. 대부분의 기업들은 규모가 작고 중요하지 않은 개발이 너무 많다.

그에 비해 최고의 혁신기업은 프로젝트 선택과 포트폴리오 관리를 훨씬 잘한다. 하지만 그들도 완벽하진 않다.

> 66 심사숙고해 게이트를 엄격히 진행하라. 그리고 '일부 강아지를 포기하는 법을 배워라.' 결과는 더 좋은 계획이 아니라, 집중을 더 잘함으로써 얻는다. 99

중요한 문제는 〈그림 3.1〉에서 보듯이 한정된 자원으로 지나치게 많은 프로젝트를 소화하려는 것이다. 이는 프로젝트 중단을 꺼리거나 우선순위가 없기 때문이다. 좌절감을 느낀 한 경영진은 "우리는 프로젝트를 절대 포기하지 않는다. 그냥 계속 진행시킨다."라고 말했다. 그는 프로젝트를 중단하는 어려운 결정보다 프로젝트들에 투입된 자원들을 다른 쪽으로 조금씩 분배했다고 설명한다. 결국 모든 프로젝트는 실패했다. 대부분의 경우, 경영진들은 일단 개발에 들어가면 프로젝트는 중단되지 않는다고 고백한다. "프로젝트는 스스로 생명력을 얻는다!"라고 말한다.

예를 들어 고위 경영진들은 몇 마리의 강아지들을 물에 빠뜨릴 결단이 필요하다. 귀여운 강아지들을 물에 빠뜨리기를 좋아할 사람은 없다. 그러나 건강한 강아지들을 살리기 위해선(개체수를 통제하기 위해) 약한 새끼는 포기해야 한다. 포트폴리오의 신제품 프로젝트도 마찬가지다. 모든 프로젝트가 "좋아요"인 것은 아무에게도 도움이 안된다. 우선 모든 프로젝트가 똑같이 '좋은' 것은 아니다. 사업가치 면에서 탁월한 프로젝트도 있고 평범한 것들도 있다. 나아가 "전부 좋아요"라고 말하면 자원은 모든 프로젝트에 조금씩 분배되고 실행 품질은 나빠진다. 개발주기와 출시 소요시간도 늘어나며 포트폴리오에 평범한 프로젝트만 너무 많아진다.

제9장에서는 제품혁신에 대해 '의사결정-공장 사고방식(Decision-Factory Mentality)'을 채택한 대기업의 사례를 살펴볼 것이다.[3] 한 가지 사례로 거대한 교착 상황에 빠진 모 기업은 출시될 주요 프로젝트가 없었다. 그래서 중요한 프로젝트 수를 6분의 1로 줄였다. 그렇게 함으로써 지난 6년 간 거의 같은 비율로 개발주기를 단축시킬 수 있었다. 신제품 매출은 점차 증가해 10배 이상이 되었으며 지금도 계속 증가 중이다. 이런 의사결정-공장 사고방식을 뒷받침하는 기업 원칙은 "프로젝트 수가 적을수록 결과는 더 좋다."였다. 이로써 엄격한 우선순위 정하기와 영향력있는 게이트가 실행되었으며 최고의 개발에 자원을 집중했다. 책임을 맡은 고위 경영진의 허가로 비록 즐겁진 않았지만 대성공을 거두었다.

종종 부실한 프로젝트 우선순위 문제는 등급매기기, 평가하기, 우선순위 정하기, 프로젝트 죽이기 등에 대한 메커니즘이나 시스템이 부족하다는 것이다. 구체적인 판단 지점이나 게이트가 없다. 누가 좋은 의사결정권자인지도 분명하지 않다. 의사결정의 중심도 제대로 정의되지 않았다. 프로젝트를 평가하기 위한 공식적이거나 협의된 기준도 없다.

성공과 실패에 대한 많은 연구를 통해 적용할 우선순위 기준에 대한 가치있는 통찰을 얻는다. 실제로 신제품 성공은 상당히 예측 가능하다. 특정 프로젝트의 특징들이 신제품의 승자와 패자를 구분해줄 것이다. 그런 특징을 프로젝트 선택과 우선순위 기준으로 사용할 수 있다.

제안 **일부 기업은 신제품 과정을 다시 설계했다. 그들은 좋지 않은 프**

로젝트를 지속적으로 없애는 깔때기 과정(Funneling Process)을 만들었고 엄격한 게이트 형태로 결정 지점을 만들어 넣었다. 게이트 검토를 통해 고위 경영진은 프로젝트를 철저히 평가해 진행/중단과 우선순위 결정을 내린다. 게이트에서 진행/중단이 가시적으로 이루어지면 결정효율성을 향상시킨다. 승자와 패자를 구분하는 특정 프로젝트의 특징을 지속적으로 확인한다. 그것들이 프로젝트 선택과 우선순위 결정을 위한 평가 방식의 기준으로 사용되어야 한다. 그 기준은 다음과 같다.

1. **전략적**: 프로젝트가 기업 전략과 조화를 얼마나 잘 이루며 전략적으로 얼마나 중요한가?

2. **경쟁우위와 제품의 장점**: 제품 차별화 여부는 사용자에게 독특한 효익을 제공해주고 강력한 가치 제안을 제시한다.

3. **시장매력도**: 시장이 얼마나 크고 성장하고 있는지, 경쟁 상황이 긍정적인지(치열하지 않으며 소수이면서 약한 경쟁자)

4. **레버리지(Leverage)**: 프로젝트가 마케팅이나 기술, 제조 및 운영과 관련된 기업의 핵심역량을 사용할 수 있는가?

5. **기술적인 실현가능성**: 제품을 개발하고 제조할 수 있는 가능성이다. 즉, 새로운 과학이 필요하고 복잡한 기술인가? 아니면 재포장한 기술인가?

6. **위험과 수익률**: 프로젝트에 대한 재무적 전망(예를 들면 순현재가치[NPV], 내부수익률[IRR], 자본 회수 기간) 대 위험

이런 6가지 요인들과 그 구성 항목들은 사업 심사와 프로젝트 우선순위 결정 모델의 중요한 부분이 되어야만 한다. 위의 6가지 질문들로 평가표를 만든다면 좀 더 효과적인 진행/중단 및 우선순위에 대한 결정 수단으로 사용할 수 있다.

프로젝트를 선택하거나 성공하는 신제품 계획을 선별하는 일은 그 과정의 일부일 뿐이다. 또 다른 목표는 제대로 결합되고 균형을 이루는 프로젝트를 개발 포트폴리오에서 선택하고 그 포트폴리오를 전략적으로 조정해 개발 프로젝트에 대한 기업 지출이 전략적 우선순위를 반영하도록 하는 것이다. 〈그림 3.2〉는 포트폴리오 관리와 프로젝트의 혼합이 정말 중요하다는 점을 단적으로 보여준다. 가장 성공적인 혁신기업들은 나머지 기업들과 비교해 확연히 다른 개발 포트폴리오 결합을 보이고 있다.[4] 성과가 좋지 않은 기업들의 포트폴리오 중 40%는 '점진적인 품질 향상과 변화'로 구성된다. 그러나 최고의 혁신기업들의 포트폴리오 중 65%는 좀 더 혁신적인 제품들(세상에 새로운 제품, 기업에 새로운 제품, 제품의 주요 수정)로 구성된다. 그래서 많은 기업들이 자원을 효과적으로 배분하고 적절한 개발 프로젝트의 혼합과 균형을 이루는 데 도움이 되는 좀 더 공식적인 포트폴리오 관리 시스템으로 바꾸었다. '프로젝트 선택과 포트폴리오 관리'라는 중요하고 어려운 주제를 제8장과 제9장에서 다시 살펴볼 것이다.

	최악의 기업	평균 기업	최고 혁신기업
홍보 개발 및 포장 변화	12%	10%	6%
점진적인 제품 향상 및 변화	40%	33%	28%
주요 제품 수정	19%	22%	25%
기업에 새로운 제품들	20%	24%	24%
세상에 새로운 제품들	7%	10%	16%
	~45%	~55%	~65%

10% 간격

최고 혁신기업들은 혁신적이고 판도를 바꿀 만한 프로젝트에 좀 더 집중한다.

출처: 주석 4.

그림 3.2 유형별 프로젝트 분석은 제품혁신에서 최고 혁신 기업과 최악 기업들의 포트폴리오가 다르다는 것을 보여준다.

2. 핵심역량 이용은 성공에서 중요하다-'핵심역량에서 벗어난' 개발 프로젝트는 실패하는 경향이 있다

"유리한 입장에서 공격하라." 이 격언은 분명히 신제품 출시에도 적용되는 말이다. 신제품이 기반사업과 시너지를 내지 못하면 형편없게 된다.

시너지나 레버리지는 익숙한 용어다. 그러나 신제품의 경우, 정확히 어떻게 사용되는가? 시너지나 핵심역량을 지렛대로 사용한다는 것은 신제품 프로젝트의 요구와 기업 자원, 역량, 경험이 다음과 같은 차원에서 강력한 조화를 이룬다는 의미다.

✓ R&D 자원(신제품은 이상적으로 기업 내부의 기존의 기술적 역량을 이용해야 한다)
✓ 마케팅, 영업(영업인력), 유통(유통망) 자원
✓ 제조, 운영 능력과 자원
✓ 기술 지원과 고객서비스 자원
✓ 시장조사와 시장정보 자원
✓ 경영 능력

레버리지와 시너지는 새로운 사업과 기존 사업을 묶는다는 점에서 공통점이 있다. 제품혁신으로 변환될 때 기존 장점, 내부의 장점, 역량, 자원 등을 이용할 수 있는 능력은 신제품 프로젝트의 성공가능성을 높인다. 반면, '핵심역량에서 벗어난' 프로젝트들은 회사를 자신의 경험, 역량, 자원이라는 토대에서 벗어난 영역으로 끌고가 실패가능성을 높인다.

> 66 마케팅과 기술 분야의 핵심역량을 활용하는 능력은 프로젝트 심사의 중요한 기준이다. 먼저 강한 위치를 활용하라! 99

한편 '익숙함'은 시너지와 비슷한 개념이다. 많은 기업들이 '익숙한 지표'를 사용해 개발 프로젝트를 범주화한다. 여기에는 새로운 시장과 새로운 기술이 두 축이 된다. 일부 신제품 프로젝트로 인해 기업은 익숙하지 않은 영역으로 끌려간다. 즉, 새로운 제품 범주, 새로운 고객, 익숙하지 않은 욕구, 익숙하지 않은 기술, 새로운 영업인력, 유통망과 서비스 요구조건, 익숙하지 않은 제조 과정 등이다. 아쉽게도 기업은 이에 대해 종종 대가를 치른다. 핵심역량에서 벗어난 프로젝트들은 실패율이 높은 경향이 있다. 따라서 미지의 것들을 조심하라!

가능하면 신제품과 관련해 항상 "유리한 입장에서 공격하라." 즉, 제품 개발 프로젝트에서 시너지를 추구하면서 내부 자원과 기술을 이용하는 프로젝트를 선택하라. 이점은 신제품의 성공과 실패를 다룬 여러 연구에서 얻은 교훈이다. 레버리지가 실효성 있는 명확한 이유는 다음과 같다.

1. **적은 비용으로 자원을 활용한다:** 기업 내부 기술로 신제품을 개발할 수 있다면 기술과 역량을 외부에서 찾는 것보다 비용과 위험이 훨씬 줄어든다. 마찬가지로 이미 확실히 자리 잡은 영업인력과 유통망 시스템을 통해 기존 고객들에게 제품을 팔 수 있다면 새로운 유통망을 찾거나 새로운 영업인력을 구축하거나 익숙하지 않은 고객을 타깃으로 삼는 것보다 위험이나 시간낭비가 줄어들 것이다.

2. **지식:** 시장이나 기술 전문성을 갖춘 영역 내 운영은 프로젝트팀이 이용할 수 있는 '특정 분야의 상당한 지식'을 얻는다. 반면, 새로운 사업 분야로 이동하게 되면 종종 뜻밖의 불편함에 직면한다. 특정 분야의 부족한 지식으로 인해 최근 큰 제품 실패를 경험한 경영진은 "우리는 어떤 질문을 해야 할지도 몰랐다. 우리 자신

이 모른다는 사실조차 몰랐다!"라고 고백했다.

3. **경험:** 특정 분야의 작업을 자주 할수록 더 잘하게 된다. 성공과 실패 경험이 쌓일수록 "경험곡선을 낮춘다." 기업이 착수하는 대부분의 신제품 프로젝트들이 현재의 사업과 밀접한 관련이 있다면(영향을 받는다면) 그와 같은 프로젝트들에서 잇달아 상당한 경험을 쌓게 된다. 결과적으로 연속적인 프로젝트를 실행하면 비용이 적게 든다.

제품혁신에서 중요한 2가지 레버리지로 얻는 효과는 다음과 같다.

- **기술적 레버리지:** 기술-레버리지가 높거나 시너지 효과가 있는 신제품은 기업의 기존 또는 내부 개발 기술과 역량을 토대로 만들어진다. 또한 내부 공학기술이나 디자인 기술을 활용하고 기존 제조 또는 운영자원과 역량을 이용한다.
- **마케팅 레버리지:** 최첨단 마케팅-레버리지 또는 시너지 효과가 있는 신제품은 기존 영업인력 또는 유통 시스템을 통해 판매되고 기존 고객관계를 이용하며 브랜드를 활용하거나 기업 홍보, 시장 커뮤니케이션 기술, 자산 등을 통해 구축된다.

〈그림 3.3〉과 〈그림 3.4〉를 통해 2가지 레버리지 효과를 보여주는 설득력 있는 결과를 살펴보자.

- 기술-레버리지가 높은 신제품은 낮은 신제품보다 성공률이 약 3배 높다. '레버리지가 높은' 신제품도 시장점유율이 2배 이상 높고 기술적인 레버리지나 시너지 효과가 적거나 없는 신제품보다 수익성이 훨씬 높다.(그림 3.3 참조)

■ 마찬가지로 기존 마케팅 자원과 역량을 이용하는 기업의 신제품은 성공률이 2배 이상 높다. 그와 같은 시장 레버리지가 높은 제품들은 시장점유율이 1.6배 높고 레버리지가 낮은 제품들보다 평균수익성이 훨씬 높다.

제안 신제품 전략을 설계하고 어떤 신제품을 개발할지 선택하는 과정에서 레버리지 역할을 절대로 과소평가하지 말라. 사업의 근본적인 레버리지가 부족한 영역과 프로젝트들은 항상 기업에 많은 비용이 들게 한다. 게다가 레버리지가 없는 프로젝트들은 기업을 새로운 시장, 알지 못하는 시장과 기술로 끌고 간다. 보통 예상하지 못한 위험과 장벽이 존재한다. 새로운 영역에서는 유쾌하지 못한 사건들이 많다.

이런 2가지 레버리지(기술과 마케팅 구성 요소)는 신제품 프로젝트의 우선순위를 정하는 데 도움을 주는 평가나 등급 모델의 확실한 검토 항목이 된다. 그리고 그런 사항들이 평가표 항목의 상단에 위치하는 이유

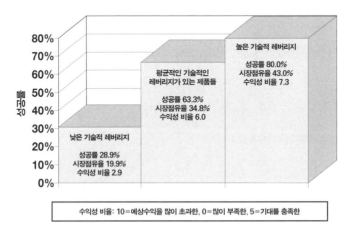

출처: 뉴프로드 성공/실패 연구. 제2장의 주석 1.

그림 3.3 기술적 핵심역량을 이용하면 성공률이 거의 3배, 시장점유율은 2배나 높아지고 수익성에도 큰 영향을 미친다.

다(성공 동인 제1번). 레버리지 점수가 낮으면 개발 프로젝트를 진행하는 다른 설득력 있는 이유가 있을 것이다. 레버리지와 시너지가 반드시 필요하진 않다. 이를 대체할 다른 방법도 있지만 그 2가지는 확실히 성공 확률을 높인다.

때로는 새롭고 익숙하지 않은 시장이나 기술, 제조 과정으로 나아가야 한다. 신중히 눈을 크게 뜨고 추진하라. 성공률 악화를 조심하라. 하지만 실패 확률이 그런 움직임을 모두 멈출 정도로 높진 않다. 레버리지가 낮지만 다른 이유로 인해 프로젝트가 매력적이라면 내부 자원과 역량을 강화시키기 위해 조치를 취해야 한다. 낮은 레버리지 점수는 외부 자원(파트너십이나 아웃소싱, 다른 '개방형 혁신' 접근법)의 필요성을 암시한다(제5장과 제6장에서 '개방형 혁신'에 대해 좀 더 자세히 다룰 것이다). 그러나 그와 같은 해결방안들은 만병통치약이 아니다. 필요한 자원과 역량을 확보하는 방법으로 파트너십과 아웃소싱에는 모두 위험과 비용이 존재한다.[5]

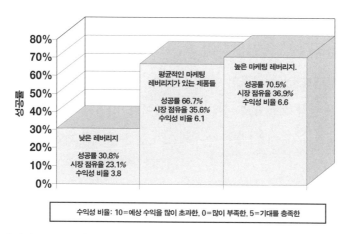

출처: 뉴프로드 성공/실패 연구. 제2장의 주석1.

그림 3.4 마케팅 핵심 역량을 이용하면 성공률이 2배 이상 높아지고, 시장 점유율과 수익성에도 긍정적인 영향을 미친다.

3. 매력적인 시장을 목표로 삼아라. 그런 프로젝트들이 성과가 더 좋다. 따라서 시장 매력의 핵심요소는 중요한 프로젝트 선택의 기준이다

시장매력도는 중요한 전략적 변수다. 마이클 포터(Michael Porter)의 '산업구조분석 모형(Five Forces Model)'은 산업수익성의 결정요인으로 시장매력도의 다양한 요소를 고려한다.[6] 마찬가지로 다양한 전략 계획을 위한 모델들 예를 들면 기존 사업 단위에 자원을 배분하는 데 사용되는 2차원적 GE-맥킨지 맵이나 사업 포트폴리오 그리드(스타[성장/투자], 캐시 카우[안정화], 개[철수/수확], 물음표[성장/투자])는 시장매력도를 그리드(Grid)의 핵심차원으로 적용한다.[7]

신제품의 경우에도 시장매력도가 중요하다. 분명히 좀 더 매력적인 시장을 목표로 정한 제품들이 더 성공한다. 시장매력도에는 2가지 면이 있다.

1. **시장잠재력:** 긍정적인 시장환경은 크고 성장하는 시장이다. 또한 제품에 대한 고객의 강한 욕구가 존재하고 고객이 구매의 중요성을 인식하는 시장이다. 그 시장을 목표로 하는 제품들이 더 성공한다.

2. **경쟁강도:** 부정적인 시장은 심한 경쟁, 가격경쟁, 고품질의 경쟁력 강한 제품으로 이루어진 시장이다. 거기서 경쟁하려면 영업인력과 유통 시스템, 지원 서비스가 높은 평가를 받아야 한다.

이런 2가지 면에서 측정되는 시장매력도의 중요한 영향력은 〈그림 3.5〉와 같다. 매력적인 시장을 목표로 정한 신제품들은 성공률이 약 2배 높고 시장점유율도 높으며 수익성도 더 좋다. 투자할 적절한 개발 프로젝트를 지속적으로 선별하는 것은 혁신에서 성공하는 방법 중 하나다.

시장매력도는 이런 올바른 투자 결정을 내리는 데 중요한 기준이 된다.

시장잠재력과 경쟁강도는 이처럼 명확하다. 그러나 신제품의 성공가능성을 평가할 때 특히 순간적인 감정으로 간과되거나 합리화되는 경우가 자주 있다.

사례 소규모 사업 컨퍼런스에서 발표자가 자신의 회사가 출시한 신제품을 발표하는 중이었다. 그 제품은 첨단기술과 복잡한 수학적 알고리즘을 디지털 사진 데이타에 사용해 생산현장에서 로봇팔을 움직였다.

연단에 놓인 시연 제품에는 포장된 정어리를 정어리캔으로 바꾸는 상당히 매력적인 응용 프로그램이 있었다. 우리는 모두 첫 번째 정어리가 컨베이어 벨트로 이동될 때 큰 기대감으로 연단을 응시했다. 여기저기서 사진찍는 소리가 들렸다. 작은 로봇팔이 정어리를 잡더니 머리와 꼬리를 제자리에 넣고 완벽히 포장해 작은 정어리캔을 만들어냈다. 우리는 모두 박수쳤다.

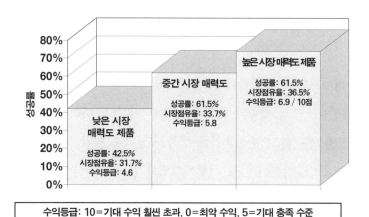

출처: 뉴프로드 성공/실패 연구, 제2장의 주석 1.

**그림 3.5 시장 매력도는 성공률을 거의 2배로 올리고,
시장 점유율과 수익성에 긍정적인 영향을 준다.**

경영주와 대단히 유능한 기술부 직원은 그들의 기술적 성과에 대해 당연히 자랑스러워했고 고개숙여 인사했다. 그런데 그 다음 순간 어려운 질문들이 쏟아졌다: 사용자에게 이 제품의 가치는 무엇인가? 이 제품이 생산라인에 있는 정어리 포장 담당직원을 얼마나 많이 대체할 수 있는가? 임금폭은 어느 정도인가? 임금 수준이 높은 국가들에는 정어리 포장공장이 얼마나 있는가?

당시 북미에는 3개의 정어리 공장이 있었고 정어리 포장 담당 직원들은 상당한 수준의 임금을 받았다. 다른 공장들은 대부분 저임금 국가에 있어서 자동화 포장기기의 가치가 제한적이었다. 결국 해당 기업은 기계를 팔긴 했지만 오직 한 대뿐이었다. 시장은 형편없었지만 기술은 너무나 멋졌다!

이 이야기의 요점은 다음과 같다. "시장잠재력은 무엇인가? 고객에 대한 제품 가치는 무엇인가? 경쟁은 얼마나 심한가? 경쟁기업들은 수익을 많이 내는가?"와 같은 질문들은 출시 단계가 아니라 개발 단계 전부터 해야 한다. 나도 평범한 시장을 목표로 정한 '영리한 신제품'을 본 적이 있다.

제안 메시지는 다음과 같다. 마케팅 매력도의 2가지 요소 즉, 시장잠재력과 경쟁강도는 신제품의 운명에 영향을 미친다. 따라서 이 요소들은 프로젝트를 선택하고 우선순위를 정하는 평가나 등급 시스템의 기준이 되어야만 한다. 이것이 바로 시장매력도가 앞에서 언급한 첫 번째 성공 동인에서 평가표 확인 목록에 들어가야 하는 이유다.

4. 적절한 조직 구조와 설계, 그리고 팀은 제품혁신 성공의 중요한 동인들이다

제품혁신은 대부분 팀들의 노력의 결과다! 엉망이 된 신제품 프로젝트의 속을 들여다보면 분명히 각 직무 영역들 사이에 소통이 없고 프로젝트 참가자들은 팀에 대한 헌신도 없이 각자의 영역에만 집중했음을 알게 된다. 많은 연구들이 프로젝트팀이 어떻게 조직되고 그 직무들이 프로젝트 결과에 어떤 영향을 미치는지 동의하고 있다.[8]

> 💬 최고의 혁신기업의 공통점은 명백히 선임되어 책임감 있는 구성원으로 조직된 다기능팀이 있고 매우 확실한 팀 리더가 해당 팀을 이끈다는 점이다. 💬

제안 제품혁신을 위한 조직을 만들어라. 제품혁신은 한 부서의 쇼가 아니다! 종합적이고 다기능적인 노력이 되어야 한다. 조직의 디자인(신제품을 위해 어떻게 조직하는지)이 중요하다. 매우 단순한 프로젝트(단순한 라인 확장과 제품 갱신)를 제외하고 제품혁신은 전통적인 직무 경계와 장벽으로 전반적인 영향을 받는다. 훌륭한 조직을 설계하기 위한 구성요소들은 우리에게 익숙하지만 놀랍게도 많은 기업들에게 부족한 부분이다.

우리는 벤치마킹 연구를 통해 최고의 혁신기업들의 신제품 프로젝트 팀이 〈그림 3.6〉처럼 구성된다는 것을 밝혔다. 첫째, 중요한 개발을 위해 명백히 선임된 팀이 있다. 그들은 프로젝트의 일부이고 프로젝트를 위해 일하는 사람들이다. 단지 형식적인 회의에만 참석하지 않는다. 즉, 모든 진행/중단 단계 그리고 게이트 결정 회의에서 프로젝트팀에 배정된 사람이 누구인지(더불어 구체적인 시간 투입) 분명히 해야 한다. 놀라운 것은 이런 관행이 오늘날 거의 모든 기업에서 분명하지 않다는 점이다. 기업의 61.5%만 혁신을 위해 프로젝트팀을 분명히 배정한다. 최고의 혁신기업들은 최악의 기업들과 비교해 그 일을 2배나 잘한다. 무엇보다 중요한 것은 이렇게 정의된 팀은 기술, 영업, 마케팅, 운영 등의 부서 구성원들로 이루어진 다기능적 프로젝트팀이라는 것이다. 이런 관행은 현재 대다수 기업들이 받아들였다. 팀의 다기능적인 협력도 중요하다. 예를 들면 정치, 갈등, 부서 간 편견 등에 시간과 노력이 허비되지 않아야 한다. 팀 구성원 간의 조화와 협력을 이끄는 것은 보통 프로젝트 리더의 역할이지만 일부 기업에서는 훌륭한 팀 플레이어가 되는 방법에 대한 팀원 훈련을 받기도 한다. 놀랍게도 이 점은 대부분 기업들의 신제품 노력에서 다소 약한 부분이다. 기업의 43.7%만 프로젝트팀 내에서 다기능적인 협력이 좋다고 밝혔다.

최고의 혁신기업에는 프로젝트를 추진하고 담당하는 리더가 있다. 팀 리더의 역할은 신생기업 리더의 역할과 비슷하다. 단지 팀을 리드하는 것뿐만 아니라 스포츠 팀의 주장과 매우 비슷하게 프로젝트를 추진하고 자원을 찾고 프로젝트의 외부 연결을 처리하는 데 특히 고위 경영진

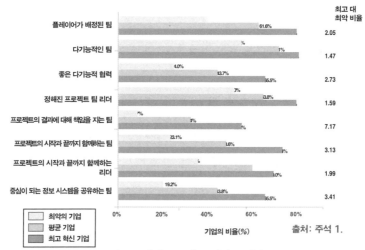

**그림 3.6 개발 프로젝트 팀이 조직되는
방식은 혁신 성과에 많은 영향을 준다.**

과의 소통을 담당한다. 일부 기업은 특히 대규모 프로젝트에서 상당히 다른 역할을 하는 프로젝트 매니저를 지정한다. 프로젝트 매니저는 기업가적 역할보다 관리 역할을 한다. 그는 프로젝트의 일상적인 활동을 관리하고 기본적인 요소들을 처리하고 팀 회의를 조직하고 일정과 예산을 관리한다. 즉, 훌륭한 프로젝트 관리에 해당하는 모든 업무를 처리한다.

프로젝트팀의 책임은 〈그림 3.6〉에서 보듯이 혁신 성공의 열쇠다. 즉, 프로젝트 리더와 팀이 5년 간의 매출과 수익 추정, 예상 출시일 예측 등과 같은 사업 사례를 고위 경영진에게 보고해 프로젝트가 승인되면 이런 예측은 책임이 된다. 그런 책임을 바탕으로 고위 경영진은 프로젝트를 승인하고 프로젝트 리더와 팀에 필요한 자원을 제공하기로 약속한다. 그에 대한 대가는 팀과 리더가 이제 그런 약속을 지키는 것이다. 사업 예측은 목표가 되고 프로젝트팀은 그 목표를 책임진다. 이제 많은 기업들은 프로젝트를 승인했던 고위 경영진에게 출시 몇 개월 후나 1년 후 해당 팀이 프로젝트 결과를 발표하는 '출시 후 검토'(폐쇄회로의 피드백 시스템)를 실행하도록 해놓았다.

책임 개념이 타당하지만 기업의 1/3만 실제로 이 원리를 적용한다는 점을 주목하라. 그런데 최고의 혁신기업들은 결과에 대한 팀 책임을 7대1 비율로 받아들인다. 팀이 책임지는 개념은 최고의 혁신기업들과 기타 기업들 사이에 가장 큰 차이점 중 하나다.

팀 책임감을 조성하기 위해 프로젝트팀은 '경기 내내 경기장에 남는 것이 필수다.'벤치마킹한 여러 기업의 지배적인 철학은 '출시하면 넘기고 떠난다.'이다. 즉, 제품을 출시하고 결과가 나오기 전 다른 업무를 시작한다. 이런 책임성과 팀 지속성의 부족은 많은 부정적인 결과(프로젝트를 승인받기 위해 지나치게 과장된 초기 예측, 약속된 결과를 얻기 위한 노력, 완전히 완수에 실패하는 것 등)로 이어졌다. 그러므로 모범관행은 프로젝트팀이 몇 단계만 프로젝트에 머무는 것이 아니라 프로젝트 처음부터 끝까지 함께 해야 한다. 이런 팀 접근법은 절반 이상의 기업들이 채택하고 있으며 최고의 혁신기업들 사이에서 이런 특징이 분명히 나타난다. 마찬가지로 팀 전체가 프로젝트상 같은 위치에 있고 같은 책임을 지더라도 프로젝트 리더는 조금 높은 위치를 차지한다. 따라서 프로젝트 리더는 아이디어부터 출시 단계까지 전체를 책임져야 한다. 즉, 리더는 프로젝트를 올바른 방향으로 진행시키고 한두 단계가 아닌 전체 과정을 책임지는 사람이다. 성과가 좋지 않은 혁신기업들은 그 부분이 부족하다.

그러나 제약산업과 같이 매우 장기적인 프로젝트에서는 예외다. 거기서는 스포츠팀이나 비행기 조종실처럼 공동지휘관(팀 리더와 그를 보좌하는 팀장)을 정할 것을 권한다. 둘 중 한 명이 일정 기간 동안 프로젝트를 주도할 수 있다. 하지만 둘 모두 프로젝트에 끝까지 남는다. 비행이 끝날 때까지 비행기에서 떠나지 말아야 한다!

또 다른 모범관행은 프로젝트 팀원을 위한 '중앙정보공유 시스템'이다. 혁신 과정을 지원하는 IT의 사용은 최고의 혁신기업들의 장점이다. 그들은 3분의 2 이상이 이와 같은 IT 시스템을 갖추고 있다. 점점 더 많은 소프트웨어를 사용해 신제품 개발 프로젝트를 쉽게 하고 자동화하는 데 적용하고 있다(이 부분은 제5장에서 차세대 스테이지 게이트를 다룰 때 좀 더 자세히 살펴보도록 하자).

많은 활동과 다차원적인 정보를 어떻게 통합하고 다기능적인 팀 접근법을 조성하는 시스템을 설계할까? 또한 조직 전체에 분포된 이런 다양한 업무 실행의 질을 어떻게 보증할까? 그들을 조직 전체에 어떻게 확산시킬 수 있을까? 한 가지 해답은 제품혁신(아이디어부터 제품 출시에 대한 청사진이나 로드맵)에 시스템적 접근법을 활용하는 것이다. 즉, 직능 경계를 없애고 타 부서 사람들이 적극 참여하도록 노력해야 한다.

프로세스의 모든 단계를 다기능적으로 만들어라. 즉, 신제품 과정을 서로 다른 업무를 바탕으로 구축하고 이런 다양한 직무담당자들의 정보와 협력이 필요한 검토와 균형이 가능하게 하라.

사례 ITT산업에서 중요한 프로젝트는 상세한 시장평가(VoC 연구 포함)가 끝나기 전까지 또는 제조나 운영 평가가 끝나기 전까진 전면적인 개발 노력이 진행될 수 없다. 이런 요구조건은 ITT의 VBPD 스테이지 게이트 시스템의 중요한 부분이다(VBPD는 '가치기반 제품 개발; Value-Based Product Development'의 약자). 따라서 운영부와 마케팅부 모든 구성원의 적극적인 참여가 없으면 프로젝트는 개발 단계로 진행되지 않는다. 아무데도 갈 곳이 없다! 그와 같은 요구조건은 프로젝트팀 리더가 양쪽 부서에 모두 적극적으로 관여하도록 노력하게 만든다. 대부분의 경우, 마케팅부서와 운영부서 직원 모두 개발 시작 전까지 오랫동안 프로젝트팀에 참여하도록 한다.

다른 사례 글로벌 시장에 진출한 어느 아일랜드 맥주제조업체는 국제적으로 충분한 정보를 얻기 전 많은 프로젝트가 더블린에서 개발 과정에 들어갔었다. 지금은 아이디어 네비게이트-출시 시스템에서 해당 프로젝트 리더가 제품 개발을 위한 승인 요구에 대한 사업안을 완성하기 전 해외시장 정보(관심도, 요구사항, 책무)를 먼저 찾는다. 이런 간단한 요구조건은 글로벌 직원들이 해당 프로젝트에 정보를 입력하도록 유도한다. 그리고 이것은 제품 사양 정보를 올바르게 확보하고 시장에 밀착되어 있는 해외사업부가 신제품 출시에 관심을 갖도록 해준다.

또 다른 중요한 해답은 조직 설계에 있다. 기업에서 다른 역할을 하는 여러 구성원들이 통합된 노력을 하도록 이끌 조직 구조는 어떠해야 하나? 즉, 다양한 구성원 조직으로 어떻게 하나의 팀을 만들 수 있을까?

대부분의 기업들이 조직한 후 기능적 사일로(Silos)가 되고 마는 전통적인 방식은 제품혁신 과정의 요구 조건에 적합하지 않은 것이 분명하다. 정말 기능적 접근법과 기능적 매트릭스(Matrix) 접근법은 최악의 신제품 성과로 이어진다. 기능적인 구분선을 제거하는 팀 접근법으로 바꾸어야 한다. 가장 효과적인 3가지 접근법은 다음과 같다.

- **균형적 매트릭스:** 프로젝트 리더는 프로젝트를 감독하고 주도하고 팀 구성원들은 직무 영역에 따라 배정된다. 팀 리더는 직무별 매니저들과 프로젝트 완성에 대한 책임과 권한을 공유한다. 공동 승인과 개발 방향이 존재하는 것이다.
- **프로젝트 매트릭스:** 프로젝트 리더는 프로젝트를 감독하고 주도하는 역할을 하고 팀 구성원들은 직무 영역에 따라 배정된다. 그러나 이 모델에서 팀 리더는 프로젝트에 대한 우선적인 책임과 권한을 갖는다. 직무별 매니저들은 필요한 직원을 할당하고 기술적 전문성에 대해 조언한다. 게이트 회의에서는 자원이 배분되고 개별 업무를 협의한다.
- **프로젝트팀:** 프로젝트 리더는 여러 직무 영역 출신의 핵심적인 직원들로 구성되는 프로젝트팀의 책임자다. 팀 구성원들이 배정되면 원래 직무별 매니저들은 공식적인 관여나 인력에 대한 권한이 없다. 이제 프로젝트 리더가 '그들의 상사'가 된다.

톰 피터스(Tom Peters)는 프로젝트팀에 대한 지지에 동의하며 "개발 활동이 지연되는 가장 중요한 원인은 시작부터 개발 프로젝트팀을 이끌고(외부를 포함한) 다중 역할을 하는 대표자가 없다는 것이다."라고 주장했다.[9] 그는 "해답은 모든 핵심적인 직무 구성원들을 혼합시키고 각 직무의 전통적인 권한을 흡수하고 팀을 활용하는 것이다."라고 덧붙였다. 앞에서 언급한 3가지 디자인 방식 중 프로젝트팀이 복잡한 대규모 프로젝트에 가장 적합한 방식으로 나타났다. 반면, 프로젝트 매트릭스 접근법은 복잡하고 단순한 모든 프로젝트에 적합하다.

3가지 구조 중 무엇을 선택하든 강력한 프로젝트 리더십(헌신적이고 역량 있는 프로젝트 리더)은 시기적절하고 성공적인 프로젝트에 필수다. 리더는 공식적인 권한이 있어야 한다(부서 대표들의 권한을 흡수한다는 의미다). 리더와 팀은 프로젝트 결정권이 있어야 하며 부서 대표나 고위 경영진에 의해 예측, 기각, '마이크로 매니지먼트'를 받지 않아야 한다.[*]

일을 잘하려면 팀 구성원들이 가까이 있어야 한다. "물리적 인접성은 훌륭한 팀워크 비결 중 하나다."라는 것은 수많은 기업들이 수행한 연구

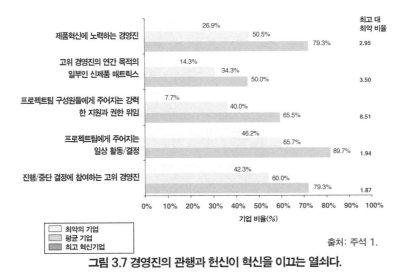

그림 3.7 경영진의 관행과 헌신이 혁신을 이끄는 열쇠다.

---

[*] '마이크로 매니지'는 프로젝트팀 업무에 매일 사사건건 간섭하는 고위 경영진의 행동양식을 설명하는 용어다.

의 결론이다. 3M은 물리적 거리가 약 91m를 넘으면 팀의 상호작용이 심각한 방해를 받는다고 발표했다. 같은 장소 배치가 해결방안이다. 다양한 부서 출신의 구성원들이 한 지역이나 부서에 재배치된다. 또 다른 해결방안은 팀 사무실을 갖추는 것이다. 같은 장소 배치는 해외나 외주로 진행하는 프로젝트의 경우, 불가능하다. 따라서 시기적절하고 주기적인 대면회의가 결합된 훌륭한 커뮤니케이션 기술(신뢰할 수 있고 쉽게 사용할 수 있고 시청각 연결수단이 있는 전자회의실)이 성공의 필수요소가 된다.

이런 다기능적인 팀 업무에 필수적인 마지막 구성요소는 창의성, 혁신, 팀 접근법을 결합할 분위기와 기업문화다. 분위기와 기업문화는 프로젝트팀 조직에 대한 논의를 초월하지만 성공적인 혁신에 매우 중요하고 강력한 주제가 된다. 이 주제는 제1장에서 강조한 것처럼 〈그림 1.2〉 '혁신 다이아몬드'의 중요한 구성요소 중 하나다.

5. 최고 경영진의 지원이 성공을 보증하진 않지만 확실히 도움은 된다. 그러나 많은 경영진들은 제대로 지원하지 못하고 있는 실정이다. 제품혁신을 주도하는 유능한 경영진에게는 7가지 습관이 있다

고위 경영진의 지원은 제품혁신에 필수요소다. 〈그림 3.7〉에서 고위 경영진의 역할이 얼마나 중요한지 살펴보자.

- 최고의 혁신기업의 80%는 고위 경영진이 제품혁신에 매우 헌신적이다. 최악의 혁신기업들이 27%라는 점과 비교된다.
- 신제품 매트릭스는 고위 경영진의 연간목표 중 일부다. 최고의 혁신기업들은 50%나 되지만 최악의 혁신기업들은 눈에 띌 정도로 직다.

- 고위 경영진들이 팀과 팀 구성원들에게 강력한 지원과 권한 위임을 한다. 최고 기업들에서는 2/3 되지만 최악의 기업들에서는 8%에 불과하다.
- 전반적으로 고위 경영진들은 일상활동과 결정을 프로젝트팀에 위임한다. 세세한 사항까지 관리하지 않는다. 특히 최고 기업들은 분명히 그렇게 한다.
- 그렇지만 고위 경영진은 핵심적인 진행/중단 결정에 적극 관여한다. 최고 기업들에서는 80%나 되지만 최악의 기업들에서는 42%에 불과하다.

그러나 최고 경영진의 지원은 적절해야 한다. 많은 고위 경영진이 이 점을 오해한다! 벤치마킹 연구는 고위 경영진의 지원이 〈그림 3.7〉처럼 혁신의 성공과 직접적인 관련이 있다고 밝히고 있다. 그러나 개별 신제품 프로젝트에 대한 초기 연구에서는 이와 다른 측면이 발견되었다. 고위 경영진들은 실패한 프로젝트에도 성공한 프로젝트만큼 지원했다. 고위 경영진들이 헌신하고 직접 관리하고 중요한 지침과 방향을 제공하는 프로젝트(경영진이 '좋아하는' 프로젝트)는 약간 성공적일 뿐이다.

하지만 고위 경영진의 지원이 중요한 지점은 제품이 출시되는 지점이다. 출시 제품과 중단 프로젝트를 결정할 때 고위 경영진의 지원은 중요하다. 고위 경영진은 자원을 수집하고 형식적인 절차를 생략하고 프로젝트를 완성하는 데 필요한 지점을 밝힐 수 있어야 한다.

성공적인 혁신 리더의 7가지 습관

1. 기회가 있을 때마다 말과 행동으로 제품혁신을 수용하고 지원한다.
   - 혁신에 대해 열정적이다.
   - 자원을 적절한 곳에 투입한다.
2. 기업을 위한 혁신전략 창출을 주도한다.
3. 게이트에서 진행/중단 결정에 적극 관여한다.
   - 효과적인 게이트 유지를 실천한다.
   - '업무 규칙'을 개발하고 노력을 쏟는다.
4. 혁신 포트폴리오의 매니저다.
   - 사업개발 프로젝트를 이해한다.
   - 포트폴리오를 검토할 때 적극적인 역할을 한다.
5. 사업 아이디어-출시 스테이지 게이트 시스템을 이해하고 받아들인다.
6. 혁신을 위한 적절한 분위기와 기업문화를 조성한다.
7. 점수를 기록한다.
   - 자신을 포함해 다른 경영진과 프로젝트팀들이 결과에 대해 책임지게 한다.
   - 목표를 달성하지 못한 원인을 찾는다. 지속적인 개선을 촉진한다.

❝ 혁신은 지속적인 성장의 필수조건이다. 수익성이 있는 성장을 지속시키는 다른 방법은 아무데도도 없다.[10]

– A. G. 래플리(Lafely), P&G 회장 ❞

제안 제품혁신에서 최고 경영진은 무대의 중심인 배우가 아니다. 그들은 제품혁신이 일어날 수 있도록 기초를 닦는 '무대 뒤'의 협력자다. 경영진은 내부 제품개발을 성장자원으로 여기고 장기적으로 헌신해야 한다. 기업의 목적과 전략을 주도하는 제품혁신을 위해 비전, 목적, 전략을 발전시켜야 한다. 필요한 자원을 이용가능하게 해야 하며 이런 자원들이 부족하다는 이유로 당장 필요한 부분으로만 전환시켜선 안 된다. 또한 제품을 출시할 수 있도록 이끄는 체계적인 과정을 만드는 데 노력해야 한다. 가장 중요한 것은 고위 경영진이 프로젝트팀에게 권한을 위임하고 은사나 조력자, '대부', 후원자로서('최고 전사'[11]로 행동함) 헌신하는 전사들을 지원하는 것이다.

고위 경영진의 역할은 매일 개발 프로젝트에 관여하거나 프로젝트를 지속적으로 간섭하고 방해하거나 프로젝트의 세세한 부분까지 관리하는 것이 아니다. 이런 간섭 행위는 2가지 이유에서 잘못이다. 첫째, 팀 권한을 빼앗는다(또한 '권한을 위임받은 팀'의 개념을 무산시킨다). 둘

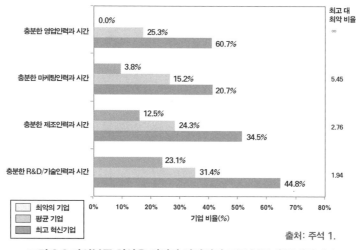

그림 3.8 자원부족 현상은 영역과 상관없이 모든 부문에 존재하지만 최고 혁신기업들은 자원 현황이 나은 편이다.

째, 솔직히 고위 경영진은 경영진이 좋아하는 프로젝트들의 실행이나 관리를 잘못한다! 효과적인 고위 경영진의 7가지 습관들은 앞에 설명해 놓았다.

6. 자원이 필요하다. 제품혁신을 공짜로 이룰 수는 없다

믿을 만한 전략이 있다고 성공을 보장하진 않는다. 경기장에는 선수가 있어야 한다. 파트타임이나 토요일 오후에만 참가하는 선수가 아니라 경기 내내 헌신적으로 뛸 자원이 있어야 한다. 그러나 매우 많은 프로젝트와 기업들이 시간과 자금, 제품에 대한 헌신 부족으로 고전한다. 그 결과는 예측가능하다. 실패율이 올라가고 출시 소요기간이 길어지고 개발 프로젝트 성과가 떨어진다. 자, 받아들이기 힘든 사실을 살펴보자.

프로젝트 혁신의 높은 실패율과 낮은 성과 자료는 제1장에서 이미 강조했다. 신제품 실패의 주요 원인은 이미 밝혀졌다. 시장정보 부족, 고객정보 획득 실패, 부실한 사전 대비, 불안정한 제품 정의, 낮은 주요 업무 실행의 질, 제대로 구조화되지 못한 비효율적인 프로젝트팀 등이다.[12] 우리는 이런 직접적인 원인들을 제2장에서 살펴보았다. 그리고 이런 부족을 처리하기 위해 다수의 해결방안도 제시해놓았다.[13] 그러나 이런 처리방안에도 불구하고 신제품은 계속 역량 발휘를 못한다.[14]

주요 벤치마킹 연구 결과와 연결되는 여러 실패 원인들에 대한 면밀한 조사에 따르면 이런 문제와 실패 형태는 대부분 그 자체가 서로 연관되어 있으며 훨씬 근본적인 원인 즉, 핵심영역에서 주요 자원이 부족하다는 점에서 비롯된다.[15]

예를 들면 실행의 질이 떨어지고 고객의 소리(VoC) 조사나 전반부 실사와 같은 중요한 업무가 종종 생략되는 것은 의지 부족이나 무지 때문이 아니다. 시간과 인력 부족 때문인 경우가 많다. 모 선임 프로젝트 리더는 이렇게 말했다. "우리는 프로젝트를 일부러 잘못 시작하는 것이 아니다. 7가지 중요한 프로젝트와 일상업무를 동시에 진행하면서 실패를 예감했다. 그런 프로젝트들을 제대로 수행하기에 시간이 충분하지 않았다. 절차를 생략할 수밖에 없었다."

이런 프로젝트 리더는 단 한 명이 아니다. 설문조사와 벤치마킹 연구를 통해 신제품 개발에 대한 자원부족 현상은 지극히 보편화된 사실임을 알 수 있다. 다음의 증거를 주목해보라.

- 자원부족으로 프로젝트에 집중할 수 없는 것은 기업의 첫 번째 약점이다. 프로젝트팀은 너무 많은 프로젝트를 진행하거나 신제품 개발 업무에 대한 집중이 부족하다.[16] 또한 신제품 개발에 모든 기능을 쏟아부을 자원이 부족한 것은 심각한 결핍으로 이어진다. 소수 기업만 프로젝트팀이 신제품 개발을 제대로 진행할 충분한 자원을 갖고 있다(그림 3.8, 3.9 참조).[17] 가장 취약한 부분은 마케팅 자원(85%의 기업이 자원이 부족하다는 평가를 받는다.)이고 제품 개발을 위한 제조 및 운영 자원이 그 다음이다(75%의 기업이 자원

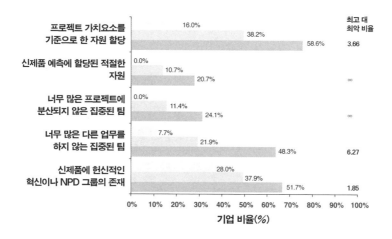

그림 3.9 팀의 집중과 전용가능 자원은 성과에 중요한 영향을 미친다.

이 부족하다는 평가를 받는다).

■ 더욱 심각한 것은 제품혁신에 이용가능한 한정된 자원이 얇게 분산되어 있다는 점이다. 〈그림 3.9〉는 기업들이 프로젝트에 집중하지 못하는 모습을 보여준다. 예를 들어 91%의 기업이 너무 많은 프로젝트 때문에 자원을 집중시키지 못하고 있으며 79%는 여러 다른 업무(일상업무) 때문에 제품혁신 업무에 충분히 집중하지 못하고 있다.

자원부족은 여러 부정적인 결과로 이어진다.[18] 첫째, 실행의 질이 나빠진다. 프로젝트팀은 일정을 맞추려고 노력하지만 필요한 자원이 부족해지면서 절차가 무시된다. 그 결과, 반드시 필요한 시장조사가 줄고 사전 전반부 사전과제(homework) 처리기간이 짧아지고 지나치게 시장평가가 가속화 된다. 출시 계획들이 서둘러 진행되고 자원이 부족해진다. 그리고 몇 가지 중요한 활동들은 제대로 수행되지 않는다. 시간과 인력 부족으로 출시일을 맞추려고 서둘러 일처리하면서 중요한 활동들이 그대로 생략된다.

두 번째는 개발 주기나 출시 소요시간이 짧아진다는 점이다. 많은 프로젝트들을 처리할 충분한 자원없이 제품을 개발하려는 라인이 만들어지기 시작한다. '일을 마무리해야 할 시간'은 실행하는 시간이 아니라 기다리거나 줄을 세우는 시간이다. 사람들은 모여 일하려고(또는 프로세스 감독자가 WIP[작업 진행 중] 꼬리표를 붙일 때까지) 기다린다. 따라서 출시 시간은 어려움을 겪는다.

세 번째는 판도를 바꿀 만한 일이나 대담한 혁신의 부족이다. 신제품 실패와 늦은 출시는 종종 부족한 자원으로 인해 발생한다. 그로 인해 부실하거나 시기적절하지 못한 실행이 발생한다. 하지만 그에 대한 비용은 측정가능하다. 훨씬 더 큰 비용은 측성불가능한 비용이다. 그깃은 기회비용이기 때문이다. 얼마나 많은 대규모 프로젝트들이 자원부족 때문에 마무리되지 못하는가? 인간의 본성은 비용을 많이 들이지 않고 위험이 낮은 계획에 투자하려는 경향이 있다. 즉, 분산투자로 위험을 막는 것이다. 더욱 심각한 것은 진행 중인 프로젝트들이 하향평준화된다는 점이다. 즉, 기한을 맞추길 원하지만 모든 일을 해낼 인력과 자원이 부족해 경험 있고 박식한 리더들은 신제품 범위를 축소시키고 없앤다. 이런 이유로 잠재가능성이 큰 신제품이 영향력을 잃는다.

마지막으로 사기에 문제가 생긴다. 필요한 인력과 시간 부족으로 인해 프로젝트 과정이 늘어나고 기한이 지켜지지 않고 압력이 커지고 사람들은 비난받게 된다. 결국 팀 사기는 떨어지기 시작한다.

이런 자원부족의 원인은 무엇인가? 경쟁이 심해지면서 기업들은 더 적은 자원으로 더 많은 일을 하려고 한다. 그래서 자원 투입을 한정시키거나 축소시킨다. 관련된 원인은 대체로 금융계에서 단기수익에만 집착하기 때문이다. 단기 재무목표를 충족시키기 위해 사업부서 관리담당자들은 딜레마에 빠진다. 그들은 장기적으로 기업에 이익이 될 일을 해야 하지만 경영진이 정한 당면 목표를 달성하기 위해선 비용절감이나 자원 동결과 같은 단기 조치를 취할 수밖에 없다. 또 다른 이유는 한정된 자원으로 너무 많은 프로젝트를 해내려고 한다는 점이다. 이것은 프로젝트에 대한 집중이 감소한다는 의미다. 마지막으로 많은 고위 경영진들은 개발주기 단축과 출시 시기의 가속화를 지나치게 강조하며 '빠르고 값싸고 멋지게'를 외치는 스피드 광이 되어 있다.

프로젝트를 위한 적절한 자원(집중적이고 헌신적인 인력)은 혁신 성과에 필수적이다. 제대로 실행되는 계획에는 시간과 자금이 필요하다. '빠르고 값싸고 멋지게'는 신화일 뿐이다! 다음의 사실들에 주목해보라.

■ 신제품 개발에 충분한 자원을 쏟는 것은 신제품 성과와 많은 성

과 동인과 밀접한 관련이 있다.[19] 가장 일반적으로 사용되는 성과지표 즉, 신제품 매출 비율에서 가장 강력한 동인은 기업이 R&D에 쏟는 지출비용이다(매출 비율 중).[20] 나아가 〈그림 3.8〉에서는 최고의 혁신기업들이 자원 부족에도 불구하고 최악의 기업과 비교해 자원 간극이 별로 크지 않다는 점을 보여준다.

- 최고의 혁신기업들은 〈그림 3.9〉에서 보듯이 제품혁신에 매우 집중되어 있고 자랑할 만한 전용자원이 있다. 이 최고의 혁신기업들은 자원을 제품 개발에 쏟는다(프로젝트팀 구성원들은 다른 업무를 많이 하지 않는다). 그 기업들 중 절반 이상은 신제품 관련 업무만 하는 제품혁신 전담팀이 따로 있다. 그들은 제품혁신 업무에만 100% 집중하는 다기능적인(R&D, 마케팅, 운영 등) 그룹이다. 그들의 '일상 업무'는 바로 제품혁신이다!

제안 **신제품 파이프라인에서 자원 부족으로인해 고생하는가? 너무 많은 프로젝트와 너무 적은 자원의 문제는 '자원역량 분석' 평가로 해결할 수 있다.[21] 이것은 인적자원의 유용성에 대한 프로젝트의 자원 수요량(1명당의 1일 작업량 기준)을 양적으로 계산하는 분석이다. 다음과 같은 2가지 방식이 있다.[22]**

1. **개발 파이프라인에서 현재 진행 중인 프로젝트들을 처리하기 위한 적절한 자원이 충분한지 판단하라** 먼저 진행 중인 프로젝트 목록부터 시작하라. 일정에 따라 그것들을 완료하는 데 필요한 자원을 결정하라(프로젝트들로부터 해당 자료 즉, 직무부서별로 1일 작업량 단위로 표현된, 승인된 자원과 현실적인 요구조건을 얻어라). 그런 다음 자원 이용가능성 즉, 신제품 업무에 누가 참여할 수 있고 부서별 시간 비율이 얼마인지 살펴보라. 월간 스프

레드시트(프로젝트, 인력, 부서, 1일 작업량 목록)를 만들고 평가하라! 그럼 부서별로 차이가 커 병목 지점이 존재할 수 있음을 알게 된다. 마지막으로 핵심자원의 한계(먼저 바닥난 부서, 사람들 인력, 역량)를 찾아 확인하라.

2. 기업의 신제품 목표와 목적을 달성할 자원이 충분한지 판단하라

먼저 신제품 목표(전체 매출 중 신제품 매출 비율은 어느 정도인가? 신제품 매출은 얼마인가?)로 시작하라. 그리고 그런 목표 달성에 필요한 자원을 판단하라. 이것은 목표를 달성하기 위해 출시되어야 할 중요한 개발 프로젝트와 중간 규모의 개발 프로젝트, 중요하지 않은 개발 프로젝트 수를 계산해야 한다는 의미다. 이런 출시를 실현하기 위해 진행 중인 프로젝트가 얼마나 되고(아이디어부터 출시까지 각 단계에서 진행 중인 프로젝트 수) 매년 이런 프로젝트들을 실행하는 데 필요한 자원은 얼마나 되는지 계산하는 것이다. 또 다시 목표를 바탕으로 한 수요와 이용가능한 기업의 역량 사이에 큰 간극이 있음을 알게 된다. 목표 달성이나 더 많은 자원의 필요 여부에 대한 어려운 선택을 할 시간이다.

자원-역량 분석은 해법이 아닌 출발점이다. 그러나 그것은 해법을 찾아가는 데 필요한 정보를 제공한다. 이런 자원-역량 분석과 관련된 기업의 경험은 다음과 같다.

✓ 자원-역량 분석은 프로젝트가 파이프라인에 너무 많다는 사실을 알게 되고 우선순위를 정하거나 가지치기를 해준다. 그 결과, 가치가 적은 프로젝트들이 없어지거나 중단된다!

✓ 자원-역량 분석은 고위 경영진이 기업 목표를 다시 생각하도록 만든다(종종 신제품 매출 비율과 같은 신제품 목표는 희망사항이

나 비현실적인 기업 슬로건을 바탕으로 한다).

✓ 자원-역량 분석은 혁신 과정상 중요한 병목 지점들이 있는 부서나 그룹을 확인하고 인력 증원이나 이동을 결정하게 해준다.

자원-역량 분석은 상당히 전략적인 조치이지만 비교적 착수하기 쉽고 자원-제약 문제의 본질과 규모에 대한 진정한 통찰력을 제공해준다. 따라서 자원과 자원 할당을 살펴볼 때 좋은 출발 지점이다.

그 외에 다른 해결방안들도 있다.

■ **기업을 위한 제품혁신과 기술 전략을 개발하라:** 그와 같은 전략은 목표와 수량화가 가능한 제품혁신의 목적을 정해주고 그런 목표 달성 방법을 결정해준다. 자원 문제는 항상 표면화되기 마련이다. 그럼 목표를 달성하기 위해 준비된 자원이 충분한지, 전략적 이유로 자원을 증가시킬 수 있는지, 기업 혁신 목표들이 너무 포부가 크고 비현실적인지 등을 논의할 수 있다.

■ **자원 용도를 정하라:** 제품혁신에 필요한 인력을 여러 업무로 나누기보다 전용자원(제품 개발에만 전념하는 인력)으로 만들어라 (앞에서 언급한 4번째와 6번째 성공 동인 참조). 이런 제한된 자원이나 '혁신 그룹'은 기술인력을 포함하지만 마케팅인력과 운영인력도 포함한다. 그들의 일상 업무는 바로 제품 개발이다!

■ **포트폴리오 해법들:** 여러 유형의 프로젝트용 자원 확보를 위해 전략 바구니(Buckets) 방법을 고려해보자. 포트폴리오 관리를 다루는 제8장에서 이 주제를 좀 더 자세히 살펴볼 것이다.

■ **집중:** 적게 하더라도 더 나은 프로젝트를 하라. 몇 마리 강아지를 포기하는 법을 배워라. 이번 장 앞부분에서 다룬 첫 번째 성공 동인의 주제나. 과정을 촉신시키기 위한 가시지기를 언급일 필요가

있다. 그럼 잘못된 것을 추려내고 탁월한 자원을 프로젝트에 집중시킬 수 있다.

7. 여러 단계로 이루어진 체계적인 신제품 과정인 스테이지-게이트® 시스템을 따르는 기업들이 훨씬 더 잘한다

여러 기업에서 제품혁신이나 아이디어 출시 과정은 이미 망가졌다. 과실과 태만이 팽배했기 때문이다. 모든 일이 적절한 시기나 방식으로 일어나지 않을 뿐만 아니라 해야 할 일도 하지 않는다! 프로세스에서는 일관성과 실행의 질이 부족하다. 많은 개선이 필요하다. 이것은 지속적인 연구를 통해 밝혀진 결론이다. 많은 기업들에서 아이디어-출시 시스템이 부족하거나 존재하지 않는다. 그들에게는 완벽하고 우수한 과정이 필요하다.

> 66 선도기업들은 아이디어부터 출시까지 전 과정에서 신제품 프로젝트들을 가속화하기 위해 저자가 개발한 '스테이지-게이트® 시스템'을 채택했다. 99

스테이지-게이트® 시스템*과 같은 체계적인 신제품 과정은 많은 기업들이 신제품 개발 노력을 괴롭히는 부족한 부분들을 극복하기 위해 의존하는 해법이다. 스테이지 게이트 시스템은 신제품을 아이디어 단계부터 출시 단계까지 성공적이고 효율적으로 이끌기 위한 지침이다. 말하자면 '요리책'이나 '플레이북'과 같다. 모범관행 연구에 따르면 2000년까지 미국의 약 68%의 제품개발자들이 스테이지 게이트 과정의 초기 버전을 채택했다. 좀 더 최근 행해진 벤치마킹 연구들에 따르면 73%의 기업들이 이 프로세스를 사용하고 있다. APQC 연구가 확인한 바에

---

* 스테이지-게이트®는 미국의 PDI 등록상표다; www.prod-dev.com을 보라.

따르면 스테이지 게이트 과정은 최고의 성과를 내는 거의 모든 기업들이 사용한 가장 강력한 모범관행이다.[23] 많은 기업들은 이제 차세대 스테이지 게이트 버전을 사용한다.

준비된 시스템 없이 신제품을 관리하는 것은 작전이나 전술, 득점에 대한 예상도 없이 11명의 선수를 축구경기장에 투입하는 것과 같다. 한 번 정도는 효과가 있을 수 있지만 장기적으로는 제대로 훈련받은 상대 팀이 승리하게 된다.

'신제품 과정'이나 시스템이라는 용어는 신제품 프로젝트를 아이디어 단계에서 출시와 그 다음 단계로 이동하기 위한 개념적이고 운영적인 모델을 의미한다. 그것은 효율성과 효과성을 개선하기 위해 신제품 과정을 관리하는 지침이다. 이 모델은 목표를 평가하는 데 필요한 핵심적인 경기 진행과 작전 회의를 요약하는 미식축구와 상당히 비슷하다.

철저한 아이디어-출시 시스템의 목표는 이번 장과 앞장에서 요약한 모범관행을 하나의 과정이나 모델로 구축하는 것이다. 이런 성공 동인이나 관행들은 우연히 일어나지 않는다. 계획에 의해 만들어진다. 운영상 아이디어-출시 시스템은 제품혁신 과정을 다기능적인 단계들로 나눈다. 이 과정을 미식축구 경기에 비교해보자. 각 단계는 다수의 규정된 '모범관행' 활동들이나 업무들로 구성되고 다기능적인 팀이 업무를 맡아 많은 업무를 동시에 실행한다. 전반부 사전과제(front end homework), 사용자와의 나선형 진행 과정, 출시 계획하기, 고객의 소리(VoC) 등과 같은 모범관행들은 다양한 단계들을 구축한다. 각 단계의 결과물은 가시적이고 규정화된 공급품들이다.

게이트나 진행/중단 지점은 스테이지보다 앞선다. 미식축구 작전시간과 비교해보자. 여기서 팀은 관리자와 만나 다음 단계로 이동할텐데 경기 진행(조치)을 계속할지 기존방식의 경기를 중단하고 이 나쁜 상황에서 빠져나갈지 여부를 결정한다. 이런 스테이지와 게이트 구성 방식은 '게이팅(Gating)', '게이트웨이(Gateways)', '스테이지 게이트', '톨게이트(Tollgate)' 시스템 등 다양하다. 이 중 가장 광범위하게 사용되는 용어는 '스테이지 게이트'로 내가 초기 논문들에서 사용한 용어였다.[24] 중요한 신제품 프로젝트를 위한 일반적인 스테이지 게이트 시스템은 다음 장의 〈그림 4.10〉에 설명되어 있다(규모가 좀 더 작고 위험도가 낮은 개발용 축약 버전도 있다).[25]

체계적인 아이디어-출시나 스테이지 게이트 시스템을 뒷받침하는 관련 증거는 강력하다. 부즈 알랜 해밀턴(Booz Allen Hamilton)은 신제품 과정을 제대로 실행한 기업들이 더 성공적이었으며 그 과정을 오래 경험한 기업들이 훨씬 더 성공적이었음을 알게 되었다.[26] 모 부사장이 말한 것처럼 "여러 단계의 신제품 과정은 성공적인 신제품 개발에 필수적인 구성요소다."

P&G의 아이디어-출시, SIMPL 스테이지 게이트 시스템은 기업의 제품혁신 성과에 필수적인 것으로 간주된다. "오늘날 환경에서 성공하려면 스테이지 게이트는 선택이 아닌 필수다."[27] 그와 같은 과정들의 결과

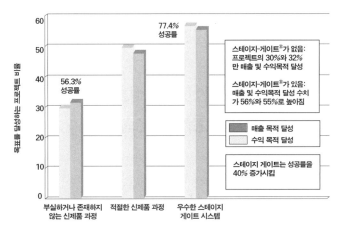

그림 3.10 우수한 스테이지 게이트 신제품 시스템은 긍정적인 결과
(성공률 상승, 매출 증가, 수익목표 달성)를 부른다.

는 빈번히 보고되었다. 즉, 개선된 팀워크, 재활용과 재작업 감소, 개선된 성공률, 초기 실패 발견, 더 나은 출시, 개발주기 단축 등이다(약 30%).[28] P&G는 SIMPL 스테이지 게이트 시스템에 대해 다음과 같이 강조한다: "이 시스템은 기능적 접점(함께 일하는 시기와 방법, 책임에 대한 정의)을 개선하고 개별적인 계획들(신제품들)을 효과적이고 효율적으로 시장에 내놓는다. 스테이지 게이트는 효과가 있다!"[29]

〈그림 3.10〉에 설명된 공식적인 스테이지 게이트 프로세스의 측정된 영향력(훨씬 높은 성공률, 2배에 이르는 매출과 수익목표)에 주목하라.[30] 소비재산업에 대한 A. C. 닐슨(Nielsen)의 최근 연구에 따르면 최고의 결과들은 게이트와 게이트에서 사용되는 평가표와 관리도구가 각 단계마다 철저히 관여하는 아이디어-출시 시스템에서 나왔다(그림 3.11 참조).[31]

제안 기업에 효과적인 신제품 과정이 없거나 있더라도 3년 이상 되었거나 다루기 힘들고 제 기능을 못하게 보인다면 신속하고 전문적인 최신 아이디어-출시 시스템을 만들어 실행하는 것이 최우선 업무가 되어야 한다. 다음 장에서는 일반적이고 포괄적인 과정(신제품 아이디어를 시장에서 성공적인 신제품으로 바꾸기 위한 단계적인 과정)을 요약해줄 것이다.

스테이지-게이트®
신제품 개발 시스템으로

이번 장에서는 기업에 적용되는 혁신에 대한 7가지 필수 성공 동인을 강조했다. 바로 더 나은 집중(적지만 우수한 프로젝트를 진행하는 것), 기업의 핵심역량 이용, 매력적인 시장목표 설정, 효과적인 다기능적 팀 조성, 고위 경영진의 올바른 역할, 자원 부족의 효율적 처리, 제대로 계획된 아이디어-출시 시스템의 필요성을 강조하는 것이었다. 앞장에서는 7가지 다른 중요한 성공 동인들 즉, 훨씬 전술적이고 프로젝트에 특화된 동인들을 제시했다. 이 성공 동인들은 단순한 소문이나 희망사항이 아니다. 신제품의 성공과 실패를 사업뿐만 아니라 프로젝트 수준에서도 조사한 수많은 발표 논문들[*]에 근거한 내용이다.

이제 이 성공 동인들을 운영상 현실로 바꾸기 위한 도전이 시작된다. 바로 신제품 스테이지 게이트 시스템의 역할이다. 다음 장에서는 신제품 프로젝트를 아이디어 단계부터 출시 단계까지 성공적이고 효율적인 방식(스테이지 게이트)으로 이끌기 위해 이런 성공 동인들을 청사진이나 플레이북 형태로 만들 예정이다.

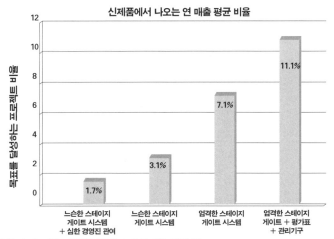

출처. A. C. 닐슨 연구(2010)를 요약 정리함. 주석 31.

그림 3.11 게이트와 평가표와 관리기구가 있는 체계적인 아이디어-출시 프로세스를 사용하는 것은 혁신효과가 좋다.

---

[*] '출판했다'라는 말은 다른 수많은 연구소나 컨설팅 회사처럼 자비 출판이 아니라 "적법한 학술지 게재"를 의미한다. 따라서 이 책에 발표된 연구 결과는 해당 분야의 전문가들에 의해 철저하고 독립적인 평가를 거쳤기 때문에 신뢰할 수 있다.

4장

스테이지-게이트® 아이디어 – 제품 출시 시스템

프로세스란 매년 기업 활동에서 오래된 방식을 바꾸고

새로운 방향을 제시하기 위해 개발된 방법론이다.

그것은 특별한 손님이 아니며 일시적인 것도 아니다.

잠시 견디다가 버리는 것도 아니다.

- 토마스 베리, 《총체적 품질변화 관리》

스테이지 게이트란 무엇인가?

:: 스테이지-게이트®*는 신제품 프로젝트를 아이디어 단계부터 출시 및 그 이후 단계까지 진행시키기 위한 개념적이고 운영적인 지도다. 즉, 신제품 개발 과정을 관리해 효율성과 유효성을 향상시키기 위한 청사진이라고 할 수 있다. 스테이지 게이트는 미식축구의 플레이북과 다르지 않은 일종의 시스템 또는 프로세스라고 할 수 있다. 다시말해 경기에서 승리하기 위해 경기가 진행될 때마다 또는 작전타임 때마다 경기 방법뿐만 아니라 취해야 할 조치를 계획하도록 도와주는 지침이다.

스테이지 게이트는 프로젝트와 프로젝트 팀들이 승리하는 방법을 이해하고 있다는 전제에서 시작한다. 그들은 정말 승리했다![2] 원래 스테이지 게이트는 대담한 혁신 프로젝트를 성공적으로 실시한 팀들의 행동모형 연구를 통해 개발되었다.[3] 그러나 수많은 프로젝트와 팀들은 기회를 놓친다. 즉, 업무 수행에 실패한다. 정밀조사를 해보면 그 실패한 프로젝트들은 특정 단계와 활동 누락, 부실한 조직 디자인과 리더십, 부적

---

* 스테이지-게이트®는 미국과 호주에서 PDI(제품개발연구소)의 법적인 등록상표다. 캐나다에서는 R. 쿠퍼, 유럽에서는 J. 아레스와 R. 쿠퍼가 소유권을 갖고 있다.

절한 실행의 질, 신뢰할 수 없는 자료, 일정 지연 등으로 어려움을 겪어야만 했다. 따라서 그 팀들과 프로젝트는 도움(성공하는 팀의 행동을 바탕으로 한 플레이북 형태)이 필요하다. 스테이지 게이트는 바로 그들을 위한 플레이북이다.

현재 대부분의 선도 기업에서 사용되는 '스테이지 게이트'

스테이지 게이트와 같은 제품혁신을 위한 세계적 수준의 프로세스는 많은 기업들의 신제품 개발 노력을 헛되게 하는 원인에 대한 해결방안이다.[4] 기업들은 개발에 필요한 시간을 줄이면서도 신제품 성공률을 높여야 하는 압박감이 가중되었다. 따라서 신제품 혁신 노력을 관리, 총괄, 가속화하기 위해 신제품 개발 프로세스나 스테이지 게이트 시스템을 고려하게 되었다. 즉, 신제품 프로젝트를 다양한 스테이지와 단계를 거쳐 아이디어에서 출시까지 실행하도록 청사진이나 플레이북과 같은 체계적인 프로세스를 개발했다. 그러나 무엇보다 중요한 것은 그들이 프로그램 유효성을 높이기 위해 주요 성공 동인과 모범관행들을 플레이북에 많이 포함시켰다는 점이다.

P&G의 SIMPL 신제품개발 프로세스는 1990년대 초 실행된 스테이지 게이트 시스템이다(그림 4.1. 참조). 이제 3세대가 된 SIMPL과 그 관련 방법들은 지난 10년 동안 P&G 혁신에 거대한 성공 열쇠가 되었다. 원래 내부 프로젝트 처리를 위해 4단계 모델을 고안했지만, '개방형 혁신' 프로젝트들도 포함시키기 위해 확장했다.[5]

3M은 전통적으로 타 기업들에게 선망의 대상인 성공적인 신제품을 출시한 이력이 있다. 혁신적인 기업문화와 분위기도 3M의 성공비결로 자주 언급된다. 그러나 3M은 수년 동안 혁신 과정을

관리하기 위해 사내에 다양한 스테이지 게이트 시스템을 준비했다. 이와 같이 창의성과 규율이 혼합되어 성공적인 신제품 노력의 결과를 얻을 수 있었다.

코닝 글라스는 오랫동안 세계적 수준을 유지해온 혁신기업이다. 몇 세대 전 파이렉스 글라스(Pyrex Glass)와 코닝웨어(Corning-ware)로 시작해 최근 광섬유와 평면 표시장치에 사용되는 유리까지 개발했다. 성공은 계속되었다. 그것은 코닝의 신제품 출시로 이끈 1990년대 초 만들어진 코닝 버전의 스테이지 게이트 프로세스다. 이 프로세스는 수년 동안 개선되고 간소화되고 범위가 확대되었다. 따라서 오늘날 사실상 모든 자원집약적 프로젝트(새로운 제조 과정을 통해 새로워지거나 개선된 제품을 포함해)가 스테이지 게이트 프로세스를 거치게 되었다.

에머슨 일렉트릭(Emerson Electric)의 NPD 2.0은 에머슨의 최신 스테이지 게이트 시스템으로 1990년대 처음 개발되었다. 에머슨의 신제품 개발(New Product Development: NPD) 팀은 페이

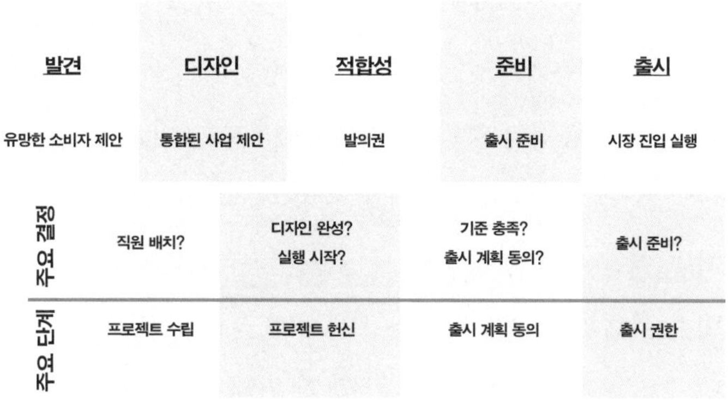

발견	디자인	적합성	준비	출시
유망한 소비자 제안	통합된 사업 제안	발의권	출시 준비	시장 진입 실행

주요 결정	직원 배치?	디자인 완성? 실행 시작?		기준 충족? 출시 계획 동의?	출시 준비?
주요 단계	프로젝트 수립	프로젝트 헌신		출시 계획 동의	출시 권한

출처: 주석 5.

그림 4.1 P&G의 SIMPL 스테이지 게이트 프로세스는 5개 단계와 4개 게이트가 특징이다. 그것은 신제품 출시를 이끄는 비결이다.

즈 게이트(Phase Gate) 과정이 효과가 있다는 것을 도입 시기부터 곧바로 알았다.[6] 페이즈 게이트 과정은 전 세계 수백 개 기업들의 제품개발 관행을 대규모 연구해 만든 R. G. 쿠퍼의 스테이지-게이트® 접근법을 에머슨에 맞게 재구성한 시스템이다. 그것은 아이디어 창출과 제품 출시 및 이후 단계를 관리하는 '게이트'를 위한 구조화된 방법이다. 그에 대해 수석 부사장이자 최고기술경영자인 랜들 레드포드(Randall Ledford)는 다음과 같이 말한다. "페이즈 게이트 프로세스(Phase Gate Process)에는 탁월한 실행과 처리가 특징인 에머슨의 전통적인 강점이 잘 드러나 있다. 우리가 수많은 내용을 신속히 배운 것은 놀랄 일이 아니다."

엑손 케미컬은 1980년대 후반 폴리머 사업부(Polymer Business Unit)에서 스테이지 게이트 프로세스를 시험하기 시작했다. 그 과정은 매우 성공적이어서 엑손 케미컬은 그것을 화학사업부 전체와 전 세계로 확대했다. 엑손의 제품혁신 과정(Product Innovation Process: PIP) 창시자는 다음과 같이 말했다. "PIP의 실행은 지난 10년 간 엑손 케미컬이 착수한 다른 어떤 계획보다 우리의 사업 방식에 많은 영향을 미쳤다." 최근 신세대 스테이지 게이트 시스템을 만들기 위해 이 시스템을 수정하고 조정했다.

덴마크의 성공적인 장난감 제조업체인 레고(Lego)는 매년 제품 라인의 1/3을 새로운 품목(새로운 성(城)과 마을)으로 교체한다. 이처럼 매년 신속한 신제품 도입을 지속적이면서도 성공적으로 해내기 위해서는 효과적인 프로세스가 필요했다. 오늘날 레고는 매년 수많은 제품을 신속히 출시하기 위해 스테이지 게이트 신제품 프로세스를 활용하고 있다.

스테이지 게이트 방법은 효과가 있다! 우리는 앞장에서 스테이지 게이트 아이디어-출시 시스템의 수많은 긍정적 증거와 결과를 보았다. 제품혁신에 대해 APQC의 모범관행 사례 연구는 그와 같은 과정이 당연하다고 밝히고 있다. 그 내용 중 일부를 아래에 소개한다.[7]

신제품 과정(NPD 프로젝트를 아이디어 단계에서 출시 단계로 이끄는 '작전 계획'이나 플레이북)은 많이 알려진 NPD 성공의 또 다른 열쇠다. '신제품 과정'은 업무 절차도 그 이상의 의미가 있다. 이 용어는 모든 과정 요소(스테이지, 스테이지 활동, 게이트, 제품, 제대로 정의된 신제품 과정을 구성하는 게이트 기준)를 포함한다. 경영진은 10년 이상 그와 같은 NPD 과정을 만들고 실행하라는 권고를 받았다. 그들은 전문가들의 경고에 주의를 기울이는 것처럼 보였다. 사실 제대로 정의된 신제품 과정이 있다는 것은 APQC 연구에서 보면 기업 사례에서 파악된 가장 강력한 관행이다.

1. 분명히 정의된 아이디어-출시 신제품 개발(NDP) 과정:

기업들은 이 요소를 매우 높이 평가한다. 73.7%의 기업들이 그와 같은 NPD 과정을 갖추고 있으며 7.6%만 갖추고 있지 않다. 그런 결과는 기업의 68%가 그와 같은 NPD 과정을 갖추고 있다는 PDMA의 모범관행 연구에 비해 조금 높지만 거의 일치한다.

보고서는 계속 이어진다. "그러나 NPD 과정을 갖추고 있다는 것만으로는 최고의 혁신기업과 최악의 혁신기업을 구분하지 못한다. 그럼에도 불구하고 최고의 혁신기업들은 놀랄 만큼 체계적인 신제품 개발 과정을 갖추고 있다. 그와 같은 과정이 있다는 것은 당연해 보이므로 NPD 과정은 모범관행으로 간주되어야 한다."

신제품 아이디어에서 출시까지: 시스템의 7가지 목표

이번 장에서 배워야 할 내용은 다음과 같다. 제2장에서 신제품 프로젝트를 구체적으로 관리하는 방법에 대한 7가지 중요한 성공 동인을 밝혔다. 그리고 제3장에서는 사업 실행에 필요한 또 다른 7가지 성공 동인을 제시했다. 이 동인들은 모두 신제품의 성공과 실패 경험, 다양한 벤치마킹 연구를 통해 얻었다. 따라서 이것들을 운영상 효과적인 신제품 플레이북에 옮길 방법을 배워야 한다. 예를 들면 실행이나 강력한 시장 중심 활동 또는 개발 전 더 나은 대비를 잘하는 방법이다. 먼저 이런 신제품 시스템이 성취해야 하는 것에 대해 살펴보자.

목표 1. 실행 품질

총체적 품질관리(TQM) 지지자들은 다음과 같이 주장한다. "품질의 정의는 정확하다. 그것은 항상 모든 요구조건을 충족시킨다는 의미다. 이는 모든 업무가 하나의 프로세스라는 원칙을 바탕으로 한다. 따라서 오류를 제거하기 위한 사업 과정 개선에 초점을 맞춘다." 대부분의 좋은 개념들이 그렇듯이 이 개념도 매우 논리적이면서 기본적으로 간단하다. 같은 논리가 신제품 개발에도 적용될 수 있다.

제품혁신은 하나의 과정이다: 아이디어로 시작해(모범관행 시스템에서 심지어 초기에) 성공적인 제품 출시로 끝난다. 그러나 그 과정은 기업 환경에서 낯설지 않다. 기업에는 제대로 운영되는 프로세스(과정) 사례가 많다. 예를 들면 제조 과정과 정보 과정 등이 있다.

그러나 제품혁신 과정에서 실행의 품질 위기가 나타난다. 간단히 말해 상황이 계획대로 제때 예상만큼 저리되지 않는다는 것이다. 그리는 VoC

업무와 사전 대비부터 출시 계획과 실행까지 다수의 중요한 조치들이 많은 기업들과 프로젝트에서 부족하다는 분명한 증거를 앞의 두 장에서 확인했다. 생략된 절차와 부실한 실행 같은 심각한 틈들이 예외가 아니라 규칙처럼 드러난다. 그런 일들이 제품 실패와 밀접한 관련이 있다. 또한 우리는 그 활동들(실행 품질과 그 활동의 수행 여부와 상관없이)이 타 기업들보다 최고의 혁신기업들에서 성공이나 실패에 훨씬 큰 영향을 미친다는 것을 확인했다.

제품혁신에서 이런 실행 품질 위기는 기업이 신제품을 구상하고 개발하고 출시하는 방식에 좀 더 체계적이고 우수한 접근법이 필요하다는 것을 강력히 뒷받침해준다. 품질 문제 처리 방식은 제품혁신을 하나의 프로세스처럼 시각화하고 그 과정에 프로세스 관리와 품질관리 기법을 적용하는 것이다. 기업의 모든 과정은 품질 관점에서 관리될 수 있다는 데 주목하라. 프로세스의 상세한 사항을 제대로 처리하면 고품질의 결과를 얻게 된다.

실행 품질은 신제품 과정의 목표다. 좀 더 구체적으로 이상적인 플레이북은 다음과 같다.

1. **완성도에 집중하라.** 신제품 프로젝트 성공의 중심인 주요 활동들이 확실히 수행되도록 하라. 간극과 누락 없이 완벽한 과정이어야 한다.

2. **품질에 집중하라.** 이런 활동들을 위해 최고 수준의 실행을 하라. 혁신을 하나의 과정으로 보고 DIRTFT(Do it right the first time: 처음에 제대로 하라.)를 강조하고 그 안에 품질 통제와 확인 과정을 포함시켜라.

3. **중요한 것에 집중하라.** 신제품 개발 과정에서 가장 중요한 것과 특히 취약한 단계인 사전 활동과 시장 관련 활동에 관심과 자원을 쏟아라.

신제품 개발 시스템은 프로세스 관리 도구다. 그 과정에 품질 프로그램이 작업현장에서 성공적으로 적용되었던 것과 매우 같은 방식으로 실행 품질을 얻도록 해주었다.

목표 2. 좀 더 분명한 집중, 더 나은 우선순위 정하기

신제품에 대한 대다수 기업들의 노력은 집중력 부족 즉, 지나치게 많은 프로젝트와 불충분한 자원으로 인해 어려움을 겪는다. 초기 적절한 자원이 기업 신제품 성과의 중요한 동인으로 확인되었지만 자원 부족은 항상 많은 기업들의 개발 노력을 어렵게 만든다. 그리고 실행 품질 목표 1은 틀림없이 자원 문제가 해결되어야 달성될 수 있다.

때때로 이런 자원 부족은 경영진이 필요한 인력과 자금을 신제품 노력에 쏟지 않아 발생한다. 그러나 보통 자원 문제는 집중 부족, 부적절한 프로젝트 평가 결과, 우선순위 정하기와 신중한 진행/중단 결정의 실패에서 비롯된다. 즉, 게이트가 약한 것이다. 그들은 철저함(teeth)이 부족하다! 정말 중요한 평가 지점(초기 심사에서 사전 출시 사업 분석까지)의 대부분은 심각한 약점 즉, 미결정, 실제적 우선순위 부재, 부실한 정보 자료, 판단 기준 부재, 일관적이지 않거나 계획성 없는 의사결정으로 가득 차 있다.

터널이 아닌 신제품 개발 깔때기가 필요하다. '신제품 개발 깔때기'는 전체 과정 중 진행/중단 결정이 어려운 지점에 존재한다. 이 과정에서 부실한 프로젝트를 제거한다. 부족한 자원은 실제로 자격있는 가치가 높은 프로젝트로 다시 보내진다. 그 결과, 집중할 수 있는 여건이 강화된다. 깔때기를 사용하는 방법은 일련의 게이트나 진행/중단 결정 지점들을 중심으로 신제품 과정을 구축하는 것이다. 그런 게이트들은 우리가 "승산이 아직 우리에게 있지?"라고 묻는 것을 '중단하는' 지점이다.

게이트는 제조업 생산 라인의 품질-관리 검사 지점(시점)과 비슷하다. 게이트는 두 가지 근본적인 질문을 던진다.

- 우리는 제대로 프로젝트를 하고 있는가?
- 우리는 적절한 프로젝트를 하고 있는가?

게이트들은 신제품 시스템 전반에 걸쳐 여러 지점에 존재한다. 각 게이트는 생산의 품질관리 검사 지점처럼 자신만의 통과 매트릭스와 기준이 있다. 그런 기준과 질문들은 다음 부분을 포함한 프로젝트의 다양한 면들을 처리한다.

- 준비성 확인 기준: 게이트 회의를 위한 프로젝트가 준비되어 있는가? 즉, 필요한 내용이 준비되었는가?
- 프로젝트 투자의 사업 근거를 가늠하는 기준 즉, 진행/중단과 우선순위 결정 기준
- 미래 계획과 자원 이용가능성, 프로젝트에 대한 자원 투자 결정 기준

이런 게이트는 신제품 시스템의 길을 보여주고 안내하는 역할을 한다. 불경기이거나 사업 근거가 부정적인 프로젝트이거나 장애물이 너무 많거나 프로젝트 예산이 부족하거나 일정이 지연되었을 때 게이트는 '중단' 결정을 내려야 한다고 알려준다. 또한 게이트는 중요한 활동들이 높은 수준으로 완성될 때까지 프로젝트가 다음 단계로 넘어가지 않도록 막아준다. 그리고 게이트를 통해 미래 계획을 세운다. 어떤 업무와 중요한 단계들이 앞에 놓여 있는지 보고 그런 업무들에 필요한 자원, 예산, 기한을 결정한다.

목표 3. 신속한 나선형 방식의 병렬 처리

신제품 프로젝트 리더들은 딜레마에 직면한다. 고위 경영진들은 개발 주기를 단축하라고 즉, 아이디어부터 출시까지의 시간을 줄이라고 압박하면서 제품 개발의 유효성 개선과 실패율을 낮추기 바란다. 정말 제대로 해야 하는 것이다! 이렇게 '제대로 하기' 위한 욕구는 좀 더 철저하고 장기적인 과정을 필요로 한다.

병렬 처리는 완벽하고 우수한 과정을 위한 해결방안이다. 또한 오늘날 일이 빠르게 진행되는 기업환경에서 시간 압박을 충족시켜주는 해결방안이기도 하다. 기업은 전통적으로 직렬식 접근법(하나의 업무 뒤에 또 다른 업무가 순차적으로 이어지는)으로 신제품 프로젝트들을 관리해왔다. 프로젝트와 관련된 모든 부서가 함께 하는 400m 계주와 비슷하다. 일반적으로 '넘겨주기', '프로젝트 전달하기', '실수하기', '협의 없이 프로젝트 넘기기'와 같은 표현은 계주 형태의 신제품 개발 방식에서 흔히 나타난다.

반면, 병렬 처리를 이용하는 많은 활동들은 계주(Relay-Race)나 직렬식 접근법과 확연히 다르게 동시다발적으로 실행된다. 계주보다 럭비 경기에 비유하는 것이 맞을 것이다. 럭비 경기는 팀 전체가 경기장을 동시에 달려나와 온 힘을 다해 상호작용한다. 모든 것이 빨리 일어난다!

병렬 처리를 통한 노력은 계주보다 훨씬 강하다. 첫째, 경과 시간 내에 더 많은 업무를 처리한다. 즉, 프로젝트 팀의 여러 직원들이 3~4가지 일을 동시에 처리한다. 둘째, 시간 부족 때문에 활동이나 업무의 성공 확률이 떨어지지 않는다. 활동이 병렬로 이루어지기 때문에 총 프로젝트 경과 시간을 연장하지 않아도 된다. 마지막으로 신제품 개발 과정 전체가 다기능적이고 다분야적인 일이 된다. 팀 전체(마케팅, R&D, 공학기술, 운영)가 현장에서 함께 하고 각 활동에 적극적으로 참여하며 각 게이트 검토나 스크럼(Scrum)에 사팀힌디.

두 번째 열쇠는 그런 럭비경기 접근법에 나선형(제2장에서 소개한 일련의 '구축-평가-피드백-수정' 형태)을 포함시키는 것이다. 나선은 초기에 제품 디자인을 확인하고 시간 낭비를 최소화하며 맞지 않는 요구조건을 가정하고 개발 업무로 너무 빨리 이동하는 것을 방지한다. 나선형 개발은 고객들이 보기 전에는 알지 못한다. 그래서 그들 앞에 빨리 뭔가를 내놓는다는 것을 전제로 한다. 이는 바로 일부 사람들이 "빨리 자주 실패하라."라고 부르는 접근법이다. 그렇다고 의도적인 실패를 옹호하는 것은 아니다. 프로젝트에 더 많은 자금이 들어가기 전 디자인을 확인하기 위해 저렴한 초기 버전 제품(모형이나 가상 시제품, 프로토셉트)에 의존하는 일련의 빠르고 쉽고 연속적인 시험을 주장하는 것이다. 나선형 개발은 병렬 처리에 매우 적합하다. 2가지 접근법 모두 개발을 가속화시키면서도 실행 품질을 훼손시키지 않는다.

목표 4. 진정한 다기능적 팀 접근법

신제품 개발 과정은 다기능적이다. 따라서 조직에서 다양한 역할을 수행하는 많은 직원들을 적극적으로 투입하고 참여시켜야 한다. 병렬 처리의 욕구와 부합하는 혁신의 다기능적인 본질은 진정한 다기능적 팀 접근법이 신제품의 성공에 필수임을 의미한다.

우리는 다기능적 팀을 설명하는 데 사람들이 기업에서 보는 '거짓'이나 '가짜' 팀들이 아니라 '진정한'이라는 용어를 강조한다. 가짜 팀이라고 부를 수 있는 경우는 다음과 같다.

- 팀 구성원들이 회의에 참석하지만 진정으로 팀에 헌신하진 않는다. 그들은 회의에 각 직능 대표로 참석해 자리만 차지할 뿐이다.
- 그들은 '일상 업무'에서 벗어나지 못한다. 그런 팀 활동은 기존 바쁜 일정에 단지 더해질 뿐이다.

- 그들은 다음 회의까지 일을 마무리하겠다고 약속하지만 그들의 '진짜 일'이 방해하고 기존 부서 상사가 다른 업무를 던져준다.
- 그들은 프로젝트에 많은 책임을 맡지만 권한은 별로 없다. 부서 상사들이 여전히 프로젝트 관련 의사결정을 하고 종종 세세한 사항까지 관리한다.
- 팀 구성원들은 팀이 성취한 결과에 근거한 다양한 성과급이나 가산점을 받지 못한다.

이런 말들이 익숙하게 들리는가? 그렇다면 신제품을 위한 조직 구성 방식을 제대로 살펴봐야 할 때다.

이상적인 신제품 개발 시스템을 위해서는 중요한 모든 신제품 프로젝트에 진정한 다기능적 프로젝트 팀이 있어야만 한다. 그런 팀의 필수적인 특징은 다음과 같다(그림 3.6 참조).

- 프로젝트 팀은 다기능적이고 다양한 직능과 부서(마케팅, 공학기술, R&D, 운영)의 헌신적인 팀 참가자들이 함께 한다. '일상 업무'에서 벗어나 프로젝트에 쓸 수 있는 시간이 팀 구성원들에게 주어진다(일반적으로 인력과 시간 투입은 게이트 회의에서 결정된다).
- 프로젝트 팀은 분명히 정의된 팀장이나 리더가 있다. 그런 리더는 프로젝트에 헌신하고(여러 가지 다른 업무나 프로젝트에 가담하지 않고) 한 단계뿐만 아니라 프로젝트 시작부터 끝까지 책임진다.
- 리더는 공식적인 권한이 있다. 이 말은 부서장들로부터 권한을 위임받는다는 의미다. 고위 경영진이 게이트 회의에서 팀의 실행 계획을 승인할 때 그들은 자원(재정, 인력, 시간)을 프로젝트 리

더와 팀에 쏟는다. 동시에 고위 경영진은 의사결정권을 팀에 넘긴다. 팀에 대한 이런 권한의 기대와 범위는 게이트마다 분명히 정해진다.

■ 이런 자원의 일부는 '제한적'이다. 즉, 프로젝트 업무 진행자들은 이런 신제품 노력(이런저런 프로젝트 노력들)에 100% 헌신한다. 신제품 개발이 그들의 전업이다!

■ 팀 구조는 유동적이어서 업무 필요성에 따라 새로운 구성원들이 팀에 합류한다. 그러나 책임감있고 헌신적인 팀 플레이어들로 구성된 소규모 핵심 그룹이 프로젝트 시작부터 끝까지 있어야 한다.

■ 고위 경영진은 팀 전체(팀 리더뿐만 아니라 팀 구성원 전체)가 결과에 책임질 수 있도록 해야 한다. 그리고 보상 즉, 가산점 부여, 상여금, 급여 인상 등은 팀 성과와 결과에 연계되어야 한다.

목표 5. 고객의 소리(VoC)가 반영된 강력한 시장 집중

신제품 프로젝트를 진행할 때 너무 많은 기업에서 시장 집중이라는 중요한 요소를 놓치고 있다. 부족한 시장 정보와 부적절한 시장 평가는 신제품 실패의 원인으로 계속 지적되어 왔다. 게다가 시장 관련 활동들은 신제품 프로세스에서 가장 취약한 경향이 있지만 성공과 밀접한 관련이 있다. 많은 매니저들이 시장 집중을 공언하지만 실제로는 시간과 돈이 들어가는 이 작업을 잘 실행하지 않는다.

높은 신제품 성공률이 목표라면 시장 집중(양질의 방식으로 핵심 마케팅 활용)을 신제품 시스템의 실행이라기보다 일상 규칙으로 삼아야 한다. 시장에 대한 정보는 프로젝트 시작부터 끝까지 결정적인 역할을 해야 한다. 다음 9가지 마케팅 조치는 신제품 플레이북의 필수적이고 의무적인 사항들이지만 잘 지켜지지 않는다.

1. **고객 기반의 아이디어 창출:** 주도적 사용자와 핵심고객들이 함께 작업해 새로운 해법을 도출하기 위해 문제점, 간극, 새로운 기회를 파악한다.

2. **예비 시장 평가:** 시장매력도를 평가하고 제안된 신제품에 대한 시장 수용성을 검사하는 것으로 초기에 상대적으로 비용이 적게 들어가는 단계다.

3. **사용자 욕구와 필요성을 판단하기 위한 시장조사와 VOC 작업:** 신제품 디자인 등과 관련된 고객욕구, 필요성, 선호도, 애호, 비애호, 구매 기준 등을 판단하기 위해 실시하는 심층적 고객조사다. 예를 들면 1대1 현장 인터뷰나 현상 공모(민족지학적 방법) 같은 것이다.

4. **경쟁 분석:** 경쟁기업들의 제품, 결점, 가격, 비용, 기술, 생산량, 마케팅 전략 등을 분석한다.

5. **컨셉 평가:** 시장 수용가능성을 판단하기 위해 제안된 제품 즉, 가상 시제품이나 프로토셉트(Protocept) 평가다. 아직 제품은 개발되지 않았지만 시장 반응과 구매 의사를 가늠하기 위해 모형이나 제품 이미지를 잠재적 사용자에게 보여준다.

6. **개발 중 고객 반응:** 고객 반응을 가늠하고 피드백을 얻기 위해 신속한 시제품이나 모형 또는 일부 완성된 제품을 내놓는 것이다. 이를 통해 개발 단계 내내 나선형 방식으로 컨셉과 제품 평가를 지속한다.

7. **사용자 평가:** 고객 앞에서 제품 성능을 입증하고 구매 의사와 시장수용성을 확인하기 위해 완성품(또는 상업용 시제품)을 내놓는다. 이를 통해 사용자와 함께 현장 평가, 선호도 검사, 시제품 평가 등을 한다.

8. **테스트 마켓이나 시험 판매:** 한정된 지역이나 단일 판매 지역(모

의 테스트 마켓)에 제품의 일부를 출시하는 것이다. 제품 자체를 포함해 마케팅 믹스의 모든 요소들을 평가한다.

9. **출시**: 안정적인 출시 계획을 바탕으로 충분한 자원을 지원받아 능숙한 출시가 되어야 한다.

목표 6. 더 나은 전반부 사전과제

신제품의 성공이나 실패는 처음 몇 차례 활동(실제 프로젝트 개발 전 일어나는 중요한 단계와 업무들)에서 대부분 결정난다. 벤치마킹 연구에 따르면 신제품 과정에서 견고한 전반부 대비와 분명한 제품 정의가 중요한 성공요인으로 나타났다. 일련의 프로젝트 성과 연구에도 이런 요인이 높은 제품 성공률과 수익성에 기여하는 것으로 드러났다. 전반부 대비는 제품을 정의하고 개발을 위한 사업 사례를 구축하는 데 도움을 준다. 역설적으로 프로젝트에 들어가는 비용과 시간의 대부분을 초기 과정의 중간과 후반에 사용한다. 전반부 조치는 생략 오류, 나쁜 실행 품질, 자원 부족 등으로 어려움을 겪게 된다.

이상적인 신제품 시스템은 이런 초기 단계들이 프로젝트가 승인되어 진행되기 전(프로젝트가 승인되어 본격적인 개발이 진행되기 전)에 확실히 이행해야 한다. 사업 사례 구축에 필요한 활동들은 프로젝트 개발이 공식적으로 승인되기 전 반드시 완수해야 한다.

제대로 설계된 시스템에서 이런 필수적인 전반부 활동들은 무엇인가? 그것은 다음과 같다.

- **초기 심사**: 프로젝트에 들어가는 시간과 자금에 대한 초기 결정
- **예비 기술 평가**: 기술적 실행가능성을 평가하고 제조 및 운영상 영향을 요약하고 기술적 위험과 문제를 확인한다.
- **예비 시장 평가**: 앞에서 강조했듯이 시장 연구의 첫 번째 단계다.

- **상세한 기술적 평가:** 기술적 실행가능성을 입증하고 기술적 위험을 다루기 위한 상세한 기술적 업무(개발이 아님)다.

- **운영(공급 자원) 평가:** 제조와 운영 및 공급자원에 대한 영향과 선택, 자본 지출, 개연성 있는 제조나 인도 가격(실제 가격) 결정을 위한 기술적 업무다.

- **상세한 시장 연구:** 고객의 목소리(VoC), 사용자 욕구와 필요성 연구, 경쟁 분석, 컨셉 평가를 포함한다.

- **재무 분석과 기업 분석:** 예상된 재무 결과와 프로젝트 위험을 조사한다.

- **제품 정의와 사업 사례의 통합:** 기술, 운영, 마케팅 그리고 재무적 분석을 제품 정의, 프로젝트 타당성 그리고 프로젝트 계획에 통합시켜라.

- **사업 사례에 대한 결정:** 완전한 개발 단계로 가기 위한 철저한 프로젝트 평가와 결정을 한다.

목표 7. 경쟁우위가 있는 제품들-대담한 혁신들

기회가 있을 때마다 제품 우수성 즉, 차별화된 제품, 독특한 효익, 고객에 대한 설득력 있는 가치 제안을 제시하라. 이것은 아마도 신제품 수익성의 가장 중요한 요소일 것이다. 하지만 대부분 신제품 개발 과정들을 다시 디자인할 때 기업들은 현재의 불완전한 업무관행을 반복하는 덫에 빠지고 만다. 진정으로 탁월한 제품을 추구하려는 시도가 없다. 따라서 결과는 예측가능하다. 또 다시 흔해 빠진 제품들이 탄생하고 만다. 여기 제품의 장점을 부각하고 좀 더 대담한 혁신을 일으키는 방법이 있다.

- 모든 게이트에서 최소한 일부 기준만큼은 제품 우수성에 집중하라. "제품에 '와우!'라고 감탄할 만한 요소가 있어 고객이나 사용

자를 흥분시킬 수 있는가?" "적어도 한 가지 경쟁우위 요소를 갖추고 있는가?" "제품이 사용자에게 새롭거나 추가적인 효익을 제공하는가?" 이와 같은 질문들은 미래 프로젝트의 순위와 등급 평가에 필수적이다.

■ 제품 우수성을 위한 특정 조치들을 과정의 각 단계에 포함시켜라. 그들 중 일부는 앞의 목표 5, 6에서 강조되었다. 여기에는 고객중심의 발상, VoC 연구, 경쟁제품 분석, 컨셉과 시제품 평가, 선호도 평가, 시험 판매, 빠른 시제품과 평가를 통해 개발 중일 때 고객과 나선형의 지속적인 반복소통 등이 포함된다.

■ 프로젝트 팀이 제품 우수성의 증거를 프로젝트 진행/중단 검토 시 제공하도록 요구하라. 그와 같은 회의 때마다 제품 우수성을 중요한 제품 과제로 만들고 논점으로 취급하라(단순히 재무계획을 숙고하는 데서 끝나지 말라).

■ 신제품 성공에 매우 중요한 통합적인 제품 정의가 성능 요건과 사양뿐만 아니라 고객을 위한 설득력 있는 가치 제안임을 분명히 강조하라.

제안 기업 아이디어-출시 프로세스를 면밀히 살펴보라. 실행 품질을 보증하는가? 그것이 나쁜 프로젝트를 버리고 진정으로 가치 있는 프로젝트에 자원을 집중하도록 일련의 게이트나 결정 순간마다 강조되고 있는가? 그것은 병렬 처리(럭비 경기 방식)를 강조하는가 아니면 계주와 비슷한가? 또한 초기 디자인을 확인하기 위한 나선형 방법을 포함하고 있는가? 그것이 권한을 가진 리더가 이끄는 다기능적인 팀에 구축되어 있는가? 또는 여전히 부서 위주로 운영되고 있는가? 시장 집중을 고취하는가? 시장 관련 조치에 들어가는 프로젝트 지출 비율은 얼마나 되는가? 사전 대비 단계에 충분한 자원을 사용하는가? 진정한 경쟁우위가 있는 독특하고 대담하고 탁월한 제품들을 만들도록 기준을 만들어 활동하는가(또는 시스템이 작고 단순하고 모두 따라하는 모방을 선호하는가)?

대답 중 일부가 부정적이라면 신제품 플레이북을 재검토할 때다. 아마도 아이디어-출시 개발 시스템을 점검할 때일 수도 있다. 이것은 시간이 걸리거나 너무 번거로울 수도 있다. 하지만 그렇게 하지 않으면 중요한 성공 동인과 목표의 대부분을 놓칠지도 모른다. 아마도 지금은 다음 10년을 위한 스테이지 게이트 시스템을 만들기 위해 제2장과 제3장의 모범적인 관행들과 앞에서 설명한 7가지 목표들을 구성하는 혁신 시스템을 재고안해야 할 때일지도 모른다.

위험을 관리하는 방법

신제품 개발 관리는 위험 관리와 같다. 그래서 플레이북은 위험도를 관리할 수 있도록 만들어야 한다. 주의 깊게 살펴보면 앞의 두 장에서 설명한 중요한 성공 동인의 대부분이 위험을 다루는 방법들을 요약하고 있음을 알게 된다. 신제품 개발에서 완전한 위험 회피는 기업이 모든 혁신을 중단하기로 결정하고 천천히 죽어가는 상태에 이르지 않는 한 불가능하다.

우리 대부분은 '위험한 상황'이라는 말이 어떤 의미인지 안다. 제품혁신에서 위험이 높은 상황은 위험금액이 높은 상황(예를 들면 프로젝트에 비용이 많이 들어가거나 프로젝트가 전략적으로 사업에 중요한 경우)과 결과가 불확실한 상황(예를 들면 제품이 기술적으로 이용가능하다거나 시장에서 실적이 좋은지 불확실한 상황)이다. 위험의 구성 요소들은 불확실성과 위험에 들어가는 금액이다(그림 4.2 참조).

러시안 룰렛(Russian Roulette)-목숨을 건 도박

잠시 일생을 건 도박과 직면하고 있다고 상상해보자. 당신은 주말 동안 백만장자의 목장에 초대받았다. 지난밤 포커를 하고 감당하지 못할 정도로 거액(10만 달러)을 잃었다. 다른 참가자들은 모두 매우 부유한 목장 재벌과 석유 재벌이다. 오늘밤 그들이 설욕할 기회를 주었다. 다른 10명의 참가자들 각자가 1백만 달러의 판돈을 건다. 다시 구경할 수 없을 만큼 큰 돈이다. 총 1천만 달러!

여기 도박이 있다. 참가자 중 한 명이 6연발 권총을 꺼내 모든 총알을 제거하고 모두 보는 앞에서 총알 하나를 장전한다. 그리고 탄창을 돌린다. 당신은 도박에 응하겠는가?

대부분은 안 한다고 말한다! 그러나 그런 상황은 중요한 위험요소들(성패가 달린 큰 거래[1천만 달러 또는 생명]와 높은 불확실성[약실 어디든 있을 수 있는 총알])을 잘 보여준다.

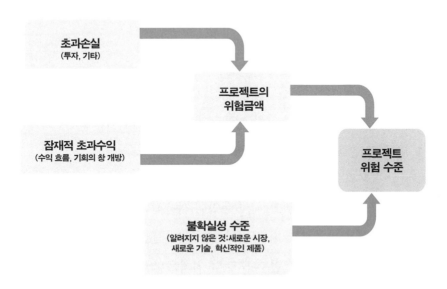

그림 4.2 개발 프로젝트의 위험요소는 두 가지(위험금액과 불확실성)이고 스테이지 게이트는 두 가지 모두를 관리한다.

위험 낮추기

이런 가상 도박은 받아들일 수 없는 위험 수준을 보여준다. 그러나 일부 매니저들이 신제품 관련 업무를 하는 방식(매우 큰 위험금액과 높은 수준의 불확실성)도 이와 같다. 일부 매니저들은 단지 두려워 잘못된 결정일지도 모르는 길로 나아간다. 어떻게 하면 받아들일 수 있는 수준으로 위험을 낮출 수 있을까? 한 가지 방법은 위험금액을 줄이는 것이다. 예를 들면 소음을 줄이기 위해 귀마개를 끼고 공포탄을 사용하고 머리가 아닌 발을 조준하라. 그럼 총알이 발사될 경우, 잠재적 초과손실은 포커 참가자들의 비웃음을 사는 데 불과할 것이다.

그런데 초과수익은 초과손실과 필연적으로 연관된다. 그래서 포커 참가자들은 1백만 달러 대신 1달러만 걸 것이다. 이런 경우에도 여전히 도박을 하겠는가? 대부분은 "알게 뭐야?"라고 대답할 것이다. 도박을 가치 있게 심지어 재미있게 만들 만큼 큰 승패는 없다. 이제 위험은 매우 낮아져 결정도 사소한 일이 된다. 신제품으로 불리는 많은 프로젝트도 이처럼 사소하다.

몇몇 도박 규칙들

위험 관리의 첫 번째 규칙은 불확실성이 높으면 위험금액을 계속 낮게 유지하라는 것이다. 두 번째 규칙은 불확실성이 감소하면 위험금액도 높아질 수 있다는 것이다. 이 2가지 규칙은 위험을 계속 통제한다.

위험이 우리의 가상적인 사례에서 관리될 수 있는 또 다른 방법이 있다. 1천만 달러가 걸려 있고 진짜 총알이 사용된다면 권총은 당신의 머리를 조준해야 한다. 그러나 이번에는 상대가 총알의 정확한 위치를 표시해둔다. 그는 약실을 돌린 다음 총알 위치를 확인하기 위해 권총을 한 번 보는 조건으로 당신에게 2만 달러를 요구한다. 즉, 그는 훨씬 낮은 가격으로 선택할 수 있고 '한 번 볼 수 있는' 기회를 준 것이다.

우리 대부분은 (2만 달러를 가졌다고 가정하면서) 이것이 위험 수준에서 '괜찮은 도박'이라고 여길 것이다. 상대적으로 적은 금액으로 선택권을 사고 총알 위치도 확인할 수 있다. 돈을 주고 총알 위치를 확인한 후 당신은 두 번째 결정을 내릴 수 있다. 게임을 계속할지 여부를 결정하는 것이다. 이것은 사고 싶은 건물에 대한 선택권을 사는 것과 비슷하다.

'양자택일' 결정에서 두 단계의 결정(두 단계와 2가지 결정 지점)으로 바뀌면서 위험은 줄어들었다. 정보 구매력은 위험을 최소화하는 도구이기도 했다. 정보는 상황의 불확실성을 감소시켰다. 마지막으로 게임을 취소하거나 그만둘 수 있는 능력도 위험을 감소시켰다.

이런 두 번째 도박 상황에서 위험을 관리하기 위해 만들 수 있는 도박 규칙 3가지가 더 있다. 세 번째 규칙은 결정 과정을 점진적으로 만드는 것이다. 양자택일 결정을 일련의 단계적 결정으로 나누어라. 그것은 사실상 선택권을 사는 것과 실사를 하는 것이다. 네 번째 규칙은 위험을 줄일 수 있는 관련 정보 사용료를 지불할 준비를 하라는 것이다. 다섯 번째 규칙은 중단 지점 즉, 손을 접거나 벗어나거나 그만둘 기회를 주는 결정 지점을 주라는 것이다.

신제품 관리에서의 위험들

위험 관리의 이 5가지 규칙은 신제품 개발에도 바로 적용된다. 프로젝트가 시작될 때는 보통 위험금액이 낮고 결과의 불확실성이 높다. 반면, 프로젝트가 진행되면서 위험금액은 증가하기 시작한다(그림 4.3 참조). 위험이 성공적으로 관리된다면 의도적으로 위험이 증가하면서 결과의 불확실성은 낮아져야 한다. 마찬가지로 위험은 불확실성이 낮아지지 않는 한, 증가되어선 안 된다. 불확실성과 위험금액은 균형을 유지해야 한다.

하지만 안타깝게도 많은 신제품 프로젝트에서는 위험금액이 증가하면서 불확실성도 계속 높게 유지된다(그림 4.4 참조). 추가적 지출이 불확실성을 낮추는 데 실패하는 것이다! 프로젝트는 가정과 소문(사실성이 부족한)을 바탕으로 한 결정을 통해 진행된다. 출시가 다가오는 프로젝트 후반부가 되어도 경영진은 사업의 상업적 결과에 대해 확신하지 못한다. 프로젝트가 시작된 첫 날보다 확신하지 못한다. 위험금액은 증가하고 불확실성도 계속 높다. 따라서 위험 수준도 용인하지 못할 정도로 높다.

위험금액이 1천 달러씩 증가할 때 〈그림 4.3〉의 불확실성 곡선은 같은 금액만큼 감소해야 한다. 다르게 되면 위험을 감당할 수 없게 된다. 즉, 신제품 과정의 모든 지출(그림 4.3의 위험금액 곡선이 높아질 때마다)은 불확실성 곡선에 상응하는 감소를 보여야 한다. 아이디어부터 출시까지 신제품 전 과정은 선택권 구매가 포함되는 불확실성을 감소시키는 과정으로 파악할 수 있다. 5가지 도박 규칙을 기억해보자.

1. 신제품 프로젝트의 불확실성이 높을 때 즉, 성공 전망이 불확실할 때는 위험금액을 낮게 유지하라. 어디로 향하고 있는지 모를 때는 작게 움직여라. 금액 전부를 투자하기보다 일련의 선택권을 사라.

2. 불확실성이 감소할 때 위험금액을 증가시켜라. 어디로 향하고 있는지 좀 더 알게 되면 좀 더 크게 움직여라.

3. 신제품 개발 과정을 일련의 시리즈나 단계로 나누어라. 그것을 일련의 선택권 구매처럼 다루어라. 각 단계는 이전 단계보다 비용이 높아야 한다.

4. 각 단계를 불확실성을 줄이는 수단으로 간주하라. 정보가 불확실성 감소의 열쇠임을 기억하라. 지출이 발생한 과정의 각 스테이지는 같은 금액만큼 불확실성이 감소해야 한다.

5. 시기적절한 평가와 결정, 중단 지점들을 제공하라. 이런 결정 지

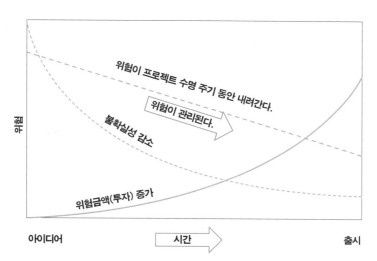

그림 4.3 위험금액(투자)이 프로젝트 수명 주기 동안 증가하면 불확실성은
내려가고 위험은 관리된다.

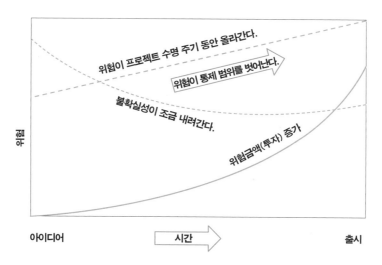

그림 4.4 위험금액(투자)이 증가하지만 불확실성은 충분히 내려가지 않고
위험은 통제불능 상태가 된다.

점들에서는 앞 단계의 새로운 모든 정보를 하나로 합치고 문제를 제기하라. 즉, 여전히 성공 가능성이 있는가? 다음 단계로 나아가야 하는가? 아니면 지금 프로젝트를 중단해야 하는가?

제안 앞에서 설명한 5가지 결정 규칙들은 위험이 높은 거의 모든 상황에 적용할 수 있다. 회사는 일상적인 관리 관행에서 이 규칙들을 따르고 있는가? 실제 사례를 이용해 회사의 신제품 관행을 검토하고 경영진이 위험을 적절히 관리하는지 여부를 평가해보라.

최고의 신제품 개발 시스템 관행

스테이지 게이트 시스템의 구조

7가지 목표와 5가지 게임 규칙들은 앞의 두 장에서 다룬 성공 동인들과 함께 모범 스테이지 게이트 시스템(신제품 프로젝트를 아이디어에

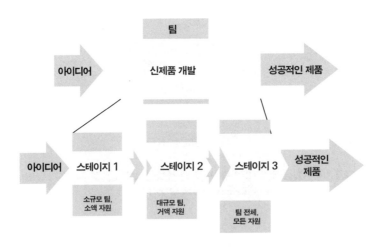

그림 4.5 스테이지 게이트 시스템은 자원 투입을 증가시키면서 제품 개발을 관리가능한 단계로 나눈다.

서 출시 단계로 진행하기 위한 개념적인 조직 모형) 관행이다.[8] 이 스테이지 게이트는 제품혁신을 관리해 효율성과 유용성을 향상시키기 위한 플레이북이나 청사진이다.

스테이지 게이트는 명쾌하고 단순하고 타당성이 높다. 의사결정 게이트 다음에 일련의 정보 수집 단계가 이어지는 구조이기 때문이다. 스테이지 게이트는 제품혁신을 프로세스로 취급하므로 어느 과정이든 모형으로 만들어질 수 있고 개선하면 효율성을 높일 수 있다. 그것은 아이디어가 들어가면 팔 수 있는 제품이 되어 나오는 블랙박스가 아니며 아이디어가 들어가 아무것도 나오지 않는 블랙홀도 아니다. 반면, 스테이지 게이트는 혁신 과정을 사전 결정되고 관리가능한 별개 단계로 나눈다 (그림 4.5 참조). 각 스테이지는 미리 정해진 다기능적이고 병렬적인 활동으로 구성된다.

■ 자료를 수집하기 위해 일부 핵심활동 수행직원들로 구성된 팀들
■ 이어지는 자료 분석과 해석

출처: 스테이지 게이트 인터내셔널 Inc.

그림 4.6 스테이지 게이트는 정보-수집 스테이지들로 구성되고 진행/중단 결정의 게이트들이 뒤따른다.

- 중요한 제품 정보를 창출하기 위한 목적
- 자원 소유자인 고위 경영층의 진행/중단 결정을 기초로 한다.

그리고 과정은 반복된다(그림 4.6 참조). 각 스테이지의 통로는 게이트다. 그 게이트들은 과정을 통제하고 품질 관리와 진행/중단 결정 지점 역할을 한다. 이런 단계와 게이트 구조를 '스테이지 게이트 시스템'이라고 부른다.

스테이지들

각 스테이지는 프로젝트를 다음 게이트나 결정 지점으로 이동시키는데 필요한 정보를 수집하도록 설계되었다. 다른 유형의 정보(시장, 기술, 운영)가 중요하기 때문에 각 스테이지 내의 업무는 다기능적이다. 'R&D 단계'나 '마케팅 단계'는 없다. 그리고 내부에서 일어나는 활동에따라 스테이지가 결정된다. 그 병렬적이고 다기능적인 업무에는 다음과같은 구성 요소가 있다.

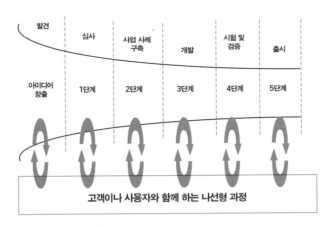

출처: 쿠퍼 논문 정리. 주석 2, 4.

**그림 4.7 전형전인 아이디어-출시 스테이지 게이트 시스템의
5단계-발견(관념화)부터 출시까지**

✓ 모범관행. 예를 들면 앞에서 언급한 9가지 시장 관련 조치

✓ 일부 성공 동인. 예를 들면 실행 품질과 분명한 초기 제품 정의

✓ 7가지 목표. 예를 들면 이번 장과 앞의 두 장에서 보았던 우수하고 차별화된 제품

이런 활동 중 일부는 강제적이고 일부는 거의 정해져 있고 매우 권장된다. 스테이지 게이트는 지침서이지 규정집이 아니다. 이런 단계-활동들은 정보 수집과 불확실성을 낮추기 위해 고안되었다. 그리고 각 스테이지는 일반적으로 앞 단계보다 비용이 많이 든다. 프로세스는 점진적인 자원 투입 과정이다.

〈그림 4.7〉은 전형적인 스테이지 게이트 시스템의 일반적인 흐름을 보여준다. 스테이지들은 다음과 같다.

발견: 기회를 발견해 아이디어를 창출하도록 고안된 전반부 작업

심사: 신속한 예비 조사와 프로젝트 심사로 대부분 탁상 조사다.

사업 사례 구축: 1차 조사(시장과 기술 조사)를 포함한 매우 상세한 조사다. 제품, 프로젝트 정의, 프로젝트 정당화, 프로젝트 계획 등을 포함한 사업 사례로 이어진다.

개발: 신제품에 대한 실제적이고 구체적인 디자인과 개발이다. 운영이나 생산 과정에 대한 디자인이다.

평가와 타당성 검증: 제안된 신제품, 마케팅, 생산 및 운영 등에 대한 증명이다. 타당성을 검증하기 위해 시장, 연구실, 공장 등에서 시행하는 평가나 실험이다.

출시: 상품화 즉, 운영, 생산, 마케팅, 판매 등을 시작한다.

게이트들

직전의 각 스테이지는 게이트나 진행/중단 결정 지점이다(그림 4.8 참조[*]). 게이트들은 럭비나 축구장의 스크럼이나 장애물 같은 것이다. 거기서 팀이 모이고 모든 새로운 정보를 검토한다. 게이트들은 품질-관리 확인 지점이자 진행/중단과 우선순위를 정하는 결정 지점이다. 또한 다음 플레이나 단계로 나아가는 방향을 합의하는 지점이다.

각 게이트의 구조는 비슷하다(그림 4.9). 게이트는 다음과 같은 요소로 구성된다.

1. **필요한 산출물 세트**: 프로젝트 리더와 팀이 결정 지점으로 가져오는 것(예를 들면 완성된 활동 결과물). 이 산출물들은 가시적이고 각 스테이지의 표준 메뉴(Menu)를 기본으로 삼으며 이전 게이트의 자료로 결정한다. 따라서 프로젝트 팀에 대한 경영진의 기대는 매우 분명하다.

2. **프로젝트 평가 기준**: 준비성-확인 질문과 충족되어야 하는 질문(부적절한 프로젝트들을 빨리 제거하기 위한 확인 목록), 프로젝트 우선순위를 정하기 위해 평가되고 충족되어야 하는 기준이나 바람직한 요소들이 포함된다.

3. **정의된 산출물**: 예를 들면 결정(진행/중단/유지/재사용), 다음 단계를 위해 승인된 실행 계획(필요한 인력, 자금과 인력 투입량, 합의된 일정), 실행가능한 결과물 목록과 다음 게이트를 위한 날짜

게이트들은 보통 다음 단계를 위해 프로젝트 리더와 팀이 필요로 하는 자원을 가진 여러 직능부서의 수석 매니저들로 구성된다. 그들은 게이트키퍼(Gate Keeper)라고 불린다.

---

[*] 엄밀히 말하면 게이트는 스테이지(정보를 취입해 신행/중단 결정을 한다. 그래서 그것을 출위구로 다루는 것이 더 실제적이다.)를 따르고 다음 스테이지로 가는 문을 여는 역할을 한다.

스테이지 게이트 시스템 개요

지금까지 스테이지 게이트 시스템을 대략적으로 알아보았다. 각 스테이지와 게이트에 무엇이 포함되었는지 개관적으로 설명했다. 발견 단계나 획기적인 아이디어 창출 방법에 대해서는 제6장에서 더 면밀히 살펴볼 것이다. 그런 다음 제7장에서 사전 개발 스테이지들에 초점을 맞추어 설명한다. 제8장과 제9장에서는 게이트나 결정 지점들을 디자인하고 운영하는 방법을 자세히 살펴볼 것이다. 그리고 제10장에서는 과정 중간과 뒷부분의 스테이지들에 집중한다. 하지만 지금은 좀 더 큰 신제품 프로젝트들을 위해 만들어진 모델을 자세히 파악해 보자.

발견이나 관념화

아이디어들은 프로세스의 공급원료나 도화선으로 시스템을 만들거나

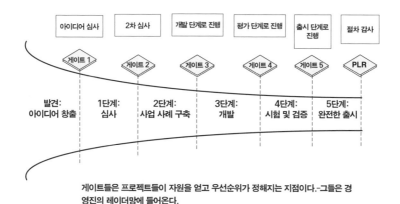

게이트들은 프로젝트들이 자원을 얻고 우선순위가 정해지는 지점이다.-그들은 경영진의 레이더망에 들어온다.

게이트들은 시스템에서 품질-관리 확인 지점들이기도 하다.
- 당신은 프로젝트를 제대로 하고 있는가?
- 당신은 적절한 프로젝트를 하고 있는가?

**그림 4.8 시스템의 각 스테이지 앞에는 게이트
(결정 지점이나 진행/중단 지점들)가 있다.**

파괴한다. 매우 훌륭한 신제품 프로세스가 훌륭한 신제품 아이디어 부족을 극복할 것이라고 기대하지 말라. 높은 아이디어 감손율과 결부되는 위대한 아이디어 필요성은 아이디어-창출 단계가 중심이라는 것을 의미한다. 기업에는 훌륭한 아이디어들이 많이 필요하다.

많은 기업들이 관념화를 매우 중시해 그것을 과정의 공식 단계 즉, 우리가 '발견'이라고 부르는 단계로 다루고 있다. 따라서 사전에 정의된 선행 아이디어 창출과 포착 시스템을 만들었다. 많은 활동들이 탁월한 신제품 아이디어들의 창출을 촉진하기 위해 발견 단계의 일부가 될 수 있다. 그와 같은 활동들에는 근본적이면서 직접적인 기술 조사의 착수, 새로운 기술 가능성 추구, 주도적이거나 혁신적인 사용자들과의 협력, 고객의 소리(VoC) 조사를 이용해 설명할 수 없는 욕구와 고객문제들의 포착, 경쟁 분석과 경쟁 제품들에 대한 역브레인스토밍, 아이디어-제안 구조를 도입해 직원들의 아이디어 촉진, 외부세계 관찰 조사, '개방형 혁신'을 적용한 외부 아이디어 추구, 전략적 계획 훈련으로 시장에서 파

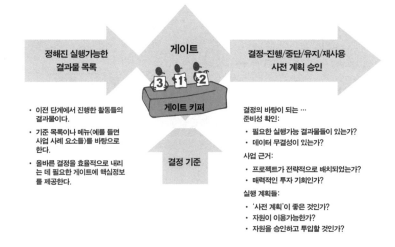

그림 4.9 게이트들은 일반적인 형태(입력 자료, 기준, 산출 결과물)가 있다.

괴와 간극과 기회 발견 등이 있다.

게이트 1: 아이디어 심사

아이디어 심사는 자원을 프로젝트에 투입하기 위한 첫 번째 결정이다.
프로젝트는 이 지점에서 탄생한다. 결정되면 프로젝트는 심사나 예비조
사 단계로 이동한다. 따라서 게이트 1은 프로젝트에 대한 예비적이지만
잠정적인 자원 투입 신호(깜박이는 녹색등)를 나타낸다.

게이트 1은 '가벼운 심사'다. 프로젝트에 충족되어야 하는 일부 중요
한 기준과 반드시 충족되어야 하는 기준이 적용된다. 이 기준들은 전략
적 배치, 프로젝트 실행가능성, 기회와 시장매력도 크기, 제품의 장점,
기업이 자원을 이용할 수 있는 여력, 기업 정책과의 조화 등을 다룬다.
재무 기준은 일반적으로 이런 첫 번째 심사의 일부가 아니다. 알려진 것
이 많지 않고 투입된 자원이 이 단계에서는 상당히 적기 때문이다. 충족
되어야 하는 기준을 위한 확인 목록과 평가표(점수 평가 비율)가 이 논

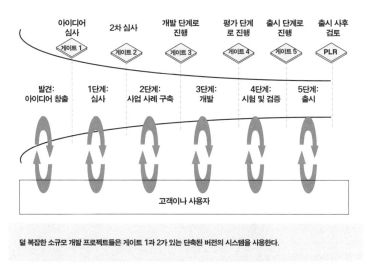

덜 복잡한 소규모 개발 프로젝트들은 게이트 1과 2가 있는 단축된 버전의 시스템을 사용한다.

출처: 쿠퍼의 논문 정리. 주석 2, 4.

**그림 4.10 이 5단계 아이디어-출시 스테이지-게이트® 시스템은
중요하고 좀 더 복잡한 제품-개발 프로젝트들을 위한 것이다.**

의에서 집중될 것이다. 이는 초기 심사에서 프로젝트 순위를 매기는 데 도움을 주기 위해 사용할 수 있다.

사례 엑손 케미컬은 PIP(Product Innovation Process, 제품혁신 과정)를 시행했다. 그 첫 번째 게이트에는 다음과 같은 몇 가지 예스/노(Yes/No) 기준이 있다.

전략적 적합성: 가치 제안(Value Proposition)은 기업이 전략적 중심 영역으로 정의한 시장이나 기술 영역에 적합한가?

시장매력도: 시장 규모와 성장, 기회는 매력적인가?

기술적 실행가능성: 제품이 개발되고 생산될 수 있는 가능성이 타당한가?

결정적 변수들: 알려진 결정적 변수(예를 들면 노후화, 환경적 쟁점, 입법 조치)가 있는가?

'시작 게이트' 회의에서 프로젝트 아이디어들을 지필검사 방식으로 이 4가지 기준에 따라 검토한다. 충족해야 할 기준 목록은 예스(Yes)/노(No)로 평가하고 모든 질문에 대한 답은 '예스'여야 한다. 하나라도 '노'가 있으면 프로젝트는 중단된다. 게이트 키퍼에는 기술과 경영(마케팅) 인력을 모두 포함시켜야 한다.

스테이지 1: 심사

첫 번째이자 비싸지 않은 대비 단계의 목적은 프로젝트 기술 면의 장점과 시장의 장점을 결정하는 것이다. 스테이지 1은 탁상조사를 포함한 프로젝트에 대한 간략한 심사다. 여기서 1차 조사는 거의 하지 않는다. 이 단계는 1개월 내에 이루어지고 10~20명의 일일 노동력이 투입된다.

예비 시장 평가는 스테이지 1의 요소이고 비교적 비용이 들지 않는 활동들(인터넷 조사, 도서관 조사, 중요한 사용자 접촉, 포커스 그룹 인터뷰, 소수의 잠재 사용자와의 즉석 컨셉 평가)이 포함된다. 목적은 시장 규모, 잠재력, 수용가능성을 결정하고 제품 컨셉을 구성하기 시작하는 것이다.

동시에 예비 기술 평가가 시행되는데 제안된 제품에 대한 즉각적이고 예비적인 내부 평가가 포함된다. 목적은 개발과 운영(또는 공급원) 경로들, 기술과 운영의 실행가능성, 가능한 실행 시간과 비용, 기술적이고 법적이며 규제력을 지닌 위험과 장애물을 평가하는 것이다.

그러므로 스테이지 1에서는 시장과 기술적 정보 수집을 적은 비용으로 단기간에 준비해 게이트 2에 투입되는 자료를 모은다. 여기서 피상적이고 1차적인 재무와 사업 분석이 가능하다. 예비 사업 사례는 여기서 구성되지만 상당히 불확실하거나 '추정된' 자료를 바탕으로 한다. 노력이 한정적이고 프로젝트 규모에 의존하기 때문에 스테이지 1은 보통 마케팅과 기술부서의 소수 인원이 처리할 수 있다. 다음을 예비 기술과 시장 평가 사례로 생각해보자.

사례 오하이오(Ohio)주 애크런(Akron)에 위치한 옴노바 솔루션스(OMNOVA Solutions)는 기초 연구를 통해 다수의 신제품 프로젝트들의 플랫폼이 될 새로운 기술을 운좋게 찾았다. 전통적인 폴리머는 표면이 매우 미끄러운 반면, 연구 결과로 얻어낸 신기술의 폴리머는 미끄러운 다른 물질들과 달리 일반적인 포지티브 성질(예를 들면 내마모성과 강인성)이 있다.

첫 번째 출시된 제품은 색다른 비닐 벽지였다. 비용이 비교적 적게 들고 건식 지우개를 사용하는 화이트보드(Whiteboard)였다. 이 프로젝트를 위한 값비싼 개발작업을 하기 전 예비 평가가 시작되었다. 회사는 이미 산업용 벽지사업을 했기 때문에 시장과 규모, 트렌드에 대한 내부자료가 충분했다. 게다가 프로젝트 리더는 기존 화이트보드 시장에 관한 무역 관련 출판물과 보고서 같은 간행자료를 구해 찾았다. 일부 유통업체들의 비공식적인 도표들을 통해 가격 구조도 알게 되었다. 기술 업무에 대한 가능성은 이미 기초 조사에서 밝혔기 때문에 스테이지 1에서는 비교적 제한적이었다. 그럼에도 불구하고 핵심이 되는 과학자 그룹이 제조 인력과 함께 기술과 제조 측면의 실행가능성에 대해 논의했다. 제조부서가 프로젝트에 얼마나 빨리 관여하는지 주목해보라. 마지막으로 첫 번째 재무 분석은 대체로 추정치에 근거해 진행되었지만 이 타당성 검증은 거대한 기회가 있음을 보여주었다.

게이트 2: 두 번째 심사

신제품 프로젝트는 이제 게이트 2에서 두 번째이자 좀 더 철저한 심사를 받는다. 게이트 2는 게이트 1과 비슷하지만 여기서는 스테이지 게이트 1에서 얻은 새로운 정보 수준에서 프로젝트를 재검토한다. 이 지점에서 진행이 결정되면 프로젝트는 지출이 좀 더 증가하는 단계로 이동한다.

게이트 2에서 프로젝트는 준비성-확인 목록에 있는 질문과 게이트 1에서 사용된 것과 비슷한 충족되어야 할 기준들로 검토한다. 여기서 영업인력과 제안된 제품에 대한 고객 반응, 잠재적이고 법적이고 기술적이며 규제력 있는 '인상적인 변수들', 스테이지 1 중에 수집된 새로운 데이터 결과를 처리하고 추가적으로 충족되어야 할 기준들을 검토할 수 있다. 다시 확인 목록과 평가표로 이런 게이트 결정을 쉽게 할 수 있다. 재무적 수익이 게이트 2에서 평가되지만 빠르고 간단한 재무 계산(예를 들면 원금 회수 기한)을 통해서만 진행된다.

사례 ITT 인더스트리는 VBPD라고 부르는 5개 스테이지와 게이트로 이루어진 잘 고안된 제품 스테이지 게이트 시스템을 사용한다.[9] '가치 심사'라고 부르는 두 번째 게이트는 '심사 단계'라고 부르는 예비 조사 뒤에 이어지고 '사업 사례 구축'이라고 부르는 좀 더 상세한 조사로 이어진다. 이 '가치 심사' 게이트의 본질은 심사 단계에서 얻은 추가적인 정보 관점에서 제안된 프로젝트를 다시 검토하는 것이다. 그 게이트는 마땅히 충족되어야 할 기준들을 결합시키는 것이 특징이다. 마땅히 충족되어야 할 항목들은 '예스'라는 답을 산출해야 하고 충족되어야 할 항목들은 등급으로 평가된다. 이것은 다음 6가지 질문들에 대해 점수를 계산하는 시스템이다.

1. 전략적인(중요성과 적합성)
2. 제품과 경쟁우위
3. 시장매력도
4. 시너지효과(핵심역량을 이용하는)
5. 기술적 실행가능성
6. 재정적 보상

스테이지 2: 사업 사례 구축하기

제품 개발을 시작하려면 사업 사례가 필요하다. 스테이지 2가 바로 그 사업 사례를 구축하는 지점이다. 이 단계는 상세한 조사 단계로 제품을 명확히 정의하고 지출이 늘기 전 프로젝트 매력도를 확인한다. 이것은 중요한 대비 단계(보통 제대로 처리되지 못하는 부분으로 밝혀진 단계)이기도 하다.

스테이지 2에서는 성공적인 신제품에 대한 정의를 내리는 것이 중요하다. 이 정의의 구성 요소들에는 목표시장 정의, 제품 컨셉 묘사, 제품 포지셔닝 전략 설명서, 제품효익, 가치 제안, 필수적이고 바람직한 제품 특징과 속성, 요구조건, 자세한 사양 설명 등이 포함된다.

스테이지 2에서 시장조사는 고객욕구와 필요성, 선호도를 결정하는 데 즉, '성공적인' 신제품을 정의하는 데 도움이 된다.

사례[10] 펌프스마트(PumpSmart)는 고객 요청에 의해 탄생한 굴드 펌프사(Goulds Industrial Pumps Division, US) 내의 불운한 프로젝트였다. 한 고객이 굴드 영업사원에게 물었다. "왜 지능형 펌프는 안 만드나요? 말하자면 운전환경을 스스로 감지하고 마모를 최소화하고 비작동 시간을 최소화하고 수명을 극대화하도록 운전 모드를 조절할 수 있는 펌프 말이에요." 훌륭한 아이디어였다. 그래서 아이디어 게이트를 거쳐 고객조사 없이 곧바로 개발 단계에 들어갔다. 최종제품은 압력, 흐름, 진동, 온도를 측정하는 다수의 센서들이 위아래에 위치한 지능형 펌프였다. 이 센서들은 가변 모터(Variable-Speed Motor)를 통제하는 마이크로프로세서(컴퓨터)와 연결되었다. 펌프는 여러 운전 조건에 따라 속도를 조절해 마모와 보수관리를 줄일 수 있었다.

펌프스마트는 대대적인 광고를 하며 출시되었지만 거대한 실패작으로 판명되었다. 스마트 기술은 훌륭했지만 가치 제안과 제품 자체가 부실했던 것이다. 물론 모든 것을 잃진 않았다. 기술이 정말 확실하다는 것을 감지한 굴드 경영진은 또 다른 시도를 했다. 그러나 이번에는 굴드의 기술과 마케팅 직원들이 포괄적인 고객의 소리(VoC) 분석 훈련을 받고 그 기술을 새로운 펌프스마트 프로젝트에 적용했다. 3군데 부서(기술, 영업, 마케팅) 직원으로 구성된 팀은 핵심사용자들과 심층 인터뷰하고 펌프가 사용되는 시설에 대해서도 현장조사를 했다.

그들의 결론은 다음과 같다. 펌프 보수관리가 문제였지만 가장 큰 문제는 아니었다. 고객이 느끼는 문제의 핵심은 치솟는 전기요금이었다. 이 펌프들은 보통 마력이 높아 많은 전력을 소비한다. 또한 현장 방문 팀들이 발견한 것은 각 펌프 옆에 있는 반쯤 닫힌 플로우 밸브(Flow Valve)였다. 사용자들은 "우리는 이렇게 공급량을 관리합니다."라고 설명했다.

굴드 팀이 볼 때 터무니 없었다. "그것은 속도를 내기 위해 엑셀을 밟는 동시에 속도를 줄이려고 핸드브레이크를 사용하는 것과 같습니다. … 매우 비효율적인 일이죠." 새로운 펌프스마트는 확실했다. 기존 펌프스마트보다 훨씬 단순했으며 단순한 마이크로프로세서와 가변 속도구동기 형태였다. 부담이 줄어들자 펌프 속도가 줄어들고 많은 전력이 절약되었다. 새로운 설비에서는 펌프가 유량을 제어하기 때문에 밸브도 필요하지 않았다. 새로 장착된 설비에서 펌프스마트는 절전 기능으로 1년 내에 비용만큼 절약하게 된다.

제품은 대성공을 거두었다. 하지만 그것은 VoC 조사로 가능했다. 특히 현장 방문을 통한 관찰과 체험으로 획기적인 통찰을 얻었다. 실패한 첫 번째 펌프스마트 프로젝트와 같은 기술이지만 심층 고객 방문을 바탕으로 매우 다른 제품 정의를 내렸다.

경쟁 분석도 이 스테이지의 일부다. 또 다른 시장 활동으로 컨셉 평가가 있다. 잠재고객에게 신제품에 대해 묘사해주고 그들의 반응을 평가해 신제품에 대한 고객 수용가능성을 알아내는 것이다.

스테이지 2에서 상세한 기술적 평가는 프로젝트의 '실행가능성'에 초점을 맞춘다. 즉, 고객욕구와 '희망사항' 목록을 기술적이고 경제적으로 실행가능한 개념적 해결방안으로 변환해본다. 이런 변환으로 일부 예비 디자인이나 실험실 작업도 고려해볼 수 있지만 이를 가지고 자격을 제대로 갖춘 개발 프로젝트로 이해하면 절대로 안 된다. 제조나 운영 평가는 종종 제조역량과 공급원, 제조비용, 필요한 투자에 대해 조사하는 사업 사례 구축의 일부다. 그것이 적절하다면 위험을 제거하고 필요한 조치를 계획하기 위해 법률, 특허, 규제에 대한 상세한 평가 작업을 실시한다.

마지막으로 사업 사례의 타당성 면의 일부로 사업성과 재무에 대한 상세한 분석을 한다. 재무 분석은 일반적으로 현금흐름 할인방식인데 잠재손실액을 알아보기 위해 민감도 분석을 한다.

스테이지 2의 결과는 해당 프로젝트를 위한 사업 사례가 된다. 통합된 제품 정의(성공 열쇠)를 합의하고 철저한 프로젝트 타당성과 상세한 프로젝트 실행 계획을 개발하는 것이다.

스테이지 2에는 스테이지 1보다 훨씬 많은 노력이 들어가고 여러 자원 투입이 필요하다. 스테이지 2는 다기능적인 직원들로 구성된 팀(프로젝트팀의 실제적인 핵심그룹)이 가장 잘 처리한다.

게이트 3: 개발 단계로 진행

개발 단계 전 마지막 게이트다. 지출이 증가하는 단계로 들어가기 전 프로젝트를 중단할 수 있는 마지막 지점이다. 일부 기업들은 '돈 게이트(Money Gate)'라고 부른다. 게이트 3을 지나면 재정적 투입이 상당히 증가한다. 사실상 게이트 3은 '지출이 늘어난다'는 것을 의미한다. 그리고 〈그림 4.10〉에서 보듯이 원만한 경사를 보이면서 깔때기 형태가 변하는 지점이다. 즉, 대부분의 중단 결정은 초기 게이트인 게이트 1, 2, 3에서 정해진다. 게이트 3 이후 중단되는 프로젝트는 비교적 적다. EXFO 엔지니어링의 고위 경영진은 '터널로 이어지는 깔때기'라고 부른다.[11] 또한 게이트 3에서 프로젝트와 프로젝트 정의를 승인한다.

이 게이트 3 평가는 스테이지 2에서 실행하는 각 활동에 대한 검토로 이행된다. 즉, 준비된 질문지로 활동과 그 실행 품질을 평가한다. 이어서 게이트 3은 게이트 2에서 사용한 것과 비슷하고 반드시 충족되어야 할 기준을 다시 한 번 제시한다. 마지막으로 게이트 3에서의 진행 결정은 거액의 비용 투입을 초래하기 때문에 재무와 장애물 분석은 이 심사 과정의 중요한 부분이다.

진행하기로 결정나면 게이트 3은 제품에 대한 정의와 앞길을 보여주는 프로젝트 계획에 대한 동의를 확정한다. 개발 계획, 예비 운영, 마케팅 계획을 이 게이트에서 검토하고 승인한다. 전체 프로젝트 팀(권한을 가진 프로젝트 리더가 지휘 역량을 갖춘 다기능적 팀)이 배치되고 자원(인력과 자금)이 공식적으로 투입된다.

스테이지 3: 개발

스테이지 3에서는 개발 계획의 실행과 제품의 물리적 개발(또는 서비스와 서비스의 기본이 되는 IT 작업의 세부사항 준비)을 시작한다. 실험실 평가나 내부 평가, 알파 테스트(Alpha Test)를 할 때는 통제된 조건에서 제품이 요구사항을 명확히 충족시키도록 해야 한다. 장기 프로젝트들과 수많은 중요 단계들, 주기적 프로젝트 검토가 개발 계획에 포함된다. 이런 내용 자체는 게이트가 아니다. 여기서 진행/중단 결정이 내려지지는 않는다. 반면, 이런 중요한 확인 지점에서 프로젝트 통제와 관리에 필요한 사항을 준비한다. 그러나 1~2개의 핵심 단계를 놓치는 것은 해당 프로젝트에서 진로를 벗어나 즉각적인 비상 게이트 검토가 필요하다는 신호다. 이것은 부분적으로 시험한 프로젝트 시제품이 스테이지 3의 말미에 얻게 되는 결과물이다.

스테이지 3에서는 기술적 작업을 강조하지만 마케팅과 운영 활동들도 동시에 진행한다. 예를 들면 시장 분석과 고객 피드백 작업도 기술 개발과 동시에 계속해 나간다. 개발 기간 동안 구체화되어 가는 제품에 대한 끊임없는 고객 의견도 지속적으로 반영시킨다. 〈그림 4.10〉에는 '구축-평가-피드백-수정하는 나선형들'이 있다. 이것들은 각 개발 결과의 앞뒤에서 반복적으로 나타나는 루프로 고객에 의한 평가와 피드백이다. 예를 들면 빠른 시제품, 실용 모형, 첫 번째 시제품 등이 있다. 그 사이 생산시설에 필요한 요구사항을 포함해 구체적인 평가 계획, 출시 계획, 생산 계획이나 운영 계획 등을 개발해야 한다. 최신 재무 분석자료를 준비하고 규제, 법률, 특허 문제 등을 해결한다.

게이트 4: 평가 단계로 진행

개발 이후의 검토를 통해 제품과 프로젝트에 대한 진행 과정과 지속적인 매력도를 확인한다. 개발 작업을 검토하고 확인한다. 작업이 우수한 방법으로 마무리되고 있는지, 개발된 제품이 게이트 3에서 구체화한 원래의 정의와 일치하고 있는지 반드시 점검하라.

이 게이트에서는 새롭고 더 정확한 자료를 근거로 개정된 재무 분석을 한다. 이를 통해 경제적인 의문점을 다시 확인한다. 즉각적인 다음 스테이지 실행을 위한 검사나 비준은 승인한다. 그리고 예상되는 미래의 실행가능성을 위해 상세한 마케팅과 운영 계획을 검토한다.

스테이지 4: 시험 및 검증

이 단계는 프로젝트의 전체 실행가능성(제품 자체, 생산이나 운영 과정, 고객 수용, 프로젝트 경제성)을 평가하고 검증하는 단계다. 스테이지 4에서는 다음과 같은 다양한 활동들이 이루어진다.

- **내부 제품 평가:** 통제된 운영 조건이나 실험실 조건에서 품질과 성능을 확인하기 위해 확대된 실험실 검사나 알파 테스트

- **사용자, 성능 또는 제품 현장 시험:** 실제 사용 조건 하에서 제품 기능을 검증하고 제품에 대한 고객의 잠재적 반응을 가늠하기 위한(구매 의도를 밝히기 위한) 것이다.

- **시험적이거나 제한적인 실험 생산 및 운영:** 시험하고 오류를 찾아 제거하고 생산이나 운영 과정을 입증하고 좀 더 정확한 생산비용과 처리량을 결정하는 것이 목적이다.

- **모의 테스트 마켓이나 테스트 마켓 또는 시험 판매:** 고객 반응을 가늠하고 출시 계획의 유효성을 측정하고 예상 시장점유율과 수익을 판단하는 것이 목적이다.

- **변경된 사업과 재무 분석:** 새롭고 좀 더 정확한 수익 및 비용 데이터를 바탕으로 프로젝트의 지속적인 사업가능성과 경제적 실행가능성을 확인하는 것이 목적이다.

때때로 스테이지 4에서 부정적인 결과가 나타날 수 있다. 그럼 스테이지 3으로 다시 돌아간다.

사례 옴노바(OMNOVA)의 고체-지우개 벽지와 관련된 모든 일은 순조롭게 진행되었다. 스테이지 4에서 진행된 성공적인 시험 생산을 통해 여러 시험 사무실 건물에서 고객 대상 평가를 할 정도로 충분한 반제품이 생산되었다. 제품은 알려진 모든 성능지표(온도, 습도, 마모 저항성) 등에 따라 실험실에서 광범위하게 검사되었다. 그러나 자주 발생하는 작은 요소를 간과했다. 일부 고객들은 독특한 용매를 사용하는 특정 브랜드의 매직 펜을 사용했다. 그런데 그 펜으로 쓴 글씨는 며칠 동안 놔두면 완벽히 지우기 어렵다는 것이 밝혀졌다. 지워도 '흔적'이 남았다. 이런 고스팅(Ghosting) 문제는 실제 고객이 제품을 사용하기 전까지는 절대로 알수가 없었다. 그러나 옴노바는 방심하지 않고 현장-시험 결과에 따라 조치를 취했다. 문제를 바로잡았고 이제 상품은 고객의 모든 요구조건들을 충족시키게 되었다.

게이트 5: 출시 단계로 진행

게이트 5는 상업화로 나가는 마지막 단계다. 여기서 출시와 완전한 생산 및 운영이 시작된다. 이곳은 프로젝트가 중단될 수 있는 마지막 지점이다. 이 게이트는 평가, 검증 단계의 활동들, 결과의 질에 집중하는 단계다. 게이트를 통과하기 위한 기준은 주로 스테이지 4의 평가 결과가 긍정적인지 여부 즉, 예상 재정수익, 출시와 운영 시작 계획의 건전성 여부, 출시를 위한 모든 준비성 확인 등에 초점을 맞춘다. 운영과 마케팅 계획들을 검토하고 스테이지 5가 실행되도록 승인한다. 일부 기업은 제품 수명 주기 계획(제품 출시 단계를 지나 성숙 단계와 심지어 퇴출 단계까지 제품을 관리한다)도 고려한다.

스테이지 5: 출시

마지막 스테이지로 출시 계획과 운영 계획 모두 실행에 옮긴다. 생산설비가 구입되어 설치되고 주문받기 시작한다(때때로 이것은 시험 생산의 일부로 스테이지 4 초기에 이루어지기도 한다). 물류 파이프라인이 채워지고 판매가 시작된다. 그리고 예상하지 못한 사건들을 차단하면서 신제품 즉, 또 다른 신제품 승자를 위한 순조로운 출항을 하게 된다!

사후-출시 검토

출시 후 어느 시점이 되면(보통 6~18개월 후) 신제품 프로젝트는 종료된다. 팀은 해체되고 제품은 회사 제품 라인에서 '정식 제품'이 된다. 이것은 또한 프로젝트와 제품 성과가 검토되는 시점이다. 매출, 비용 지출, 수익, 시기 등에 대한 최신 데이터를 성과를 가늠한 추정치와 비교한다. 마지막으로 사후 감사(프로젝트의 장점과 약점에 대한 중요 평가, 이 프로젝트를 통해 배울 수 있는 점, 다음 프로젝트를 더 잘할 수 있는 방법)가 수행된다. 이 검토는 프로젝트가 끝난다는 것을 보여준다. 프로젝트 팀과 리더는 사후 출시 검토 지점으로 곧바로 이어지는 사후 출시 기간을 통해 프로젝트 성공에 책임이 있다는 점을 기억하자.

사례[12] 에머슨 일렉트릭의 NPD 2.0 스테이지 게이트 시스템은 철저한 사후 출시 검토를 시행해 프로젝트 매출과 수익 목표를 달성하기 위한 팀의 책임을 확실히 하고 있다. "사후 출시 검토는 또한 지속적인 학습과 닫힌 루프(폐회로) 방식의 피드백을 통해 NPD(신제품 개발) 과정의 개선안을 찾아내는 체계적인 방법을 만들었다." 이런 검토들은 출시 1~2개월 이후와 다시 12~24개월 이후 진행한다. "처음의 검토로 수정 조치와 팀 성과의 완전한 검토를 할 수 있다. 이후 검토는 결과에 대한 책임을 부여하고 프로젝트의 다음 단계들을 결정하거나 NPD 과정을 새롭게 바꾼다."

에머슨 일렉트릭처럼 많은 기업들은 이처럼 두 번의 사후 검토를 실시한다. 출시 직후 검토는 즉각적인 과정 수정과 아직 기억이 생생할 동안 프로젝트에 대한 소급적인 분석을 하고 출시 12~18개월 후의 마지막 검토는 예상 결과와 비교해 실제 결과를 검토하고 프로젝트를 종료한다.

당신이 본 그대로다! 컨셉은 매우 단순하다. 하지만 신제품을 출시하는 방식은 놀라울 정도로 강력하다. 이런 프로세스가 운영되는 상세한 방법과 추가된 세련미와 일부 유연성, 기업들이 구축한 신기술을 파악하기 전 먼저 스테이지 게이트의 진실과 거짓에 대해 모두 함께 알아볼 시점이다.

스테이지 게이트 신화의 실체
즉, 스테이지 게이트가 아닌 것!

일부 사람들은 스테이지 게이트를 잘못 이해한다. 개념이 단순한데도 잘못 이해한다는 것이 놀라울 정도다. 그들은 책을 읽고 '책에서처럼' 스테이지 게이트 과정을 실행했다고 주장한다. 하지만 해석 과정에서 뭔가 잘못된다. 여기에 사람들이 잘못 해석하고 잘못 적용하고 다른 방법으로 오용하는 일반적인 몇 가지 오류가 있다. 스테이지 게이트는 다음과 같으면 안 된다.

단순히 기능적이거나 단계적인 검토 과정이 아니다[13]

21세기 스테이지 게이트를 전통적인 1960~1980년대의 '단계적인 검토' 과정과 혼동하지 말라. 놀랍게도 일부 기업들은 여전히 이런 무겁고 지루한 단계적인 검토 시스템을 사용한다. NASA(미국항공우주국: 나사)나 다른 기관들이 추천한 단계적인 검토 과정은 혁신 과정을 스테이지들로 나누고 각 스테이지들을 부서에 보고하도록 했다. 선의로 실행된 과정은 개발 기간을 거의 2배로 늘린다. 왜 그럴까? 과정이 계주처럼 만들어졌기 때문이다. 활동들은 동시다발적이기보다 순차적이다. 하나의 직능이 다음 부서로 프로젝트를 넘기면서 전체 과정에 핸드오프가 생긴 것이다(불가피하게 공을 떨어뜨리거나 심하면 공을 벽 너머로 던지는 상황이 일어났다). 그리고 시작부터 끝까지 어느 그룹에 의해서도 프로젝트에 대한 헌신이 없었다. 책임감이 사라졌다. 게다가 사업 과정이 아니라 기술적인 과정이었고 게이트들은 중요한 단계 검토 지점이나 기술 준비성 확인에 가까웠다(프로젝트들은 거의 중단되지 않았다).

반면, 오늘날 스테이지 게이트 시스템은 속도감 있게 구축되었다. 스테이지들은 다기능적이고 하나의 기능적 영역이 장악하지 못한다. 이것은 사업 과정이지 R&D나 공학기술, 마케팅 과정이 아니다. 진행은 빠르고 활동들은 순차적이 아니라 동시적으로 일어난다. 관리 과정은 분명하며 거기에는 효율적이고 시의적절한 진행/중단 결정을 위해 정의된 게이트들과 기준들이 있다. 그리고 프로젝트는 사업가적인 팀 리더나 팀장이 이끄는 헌신적이고 권한을 일임받은 팀 구성원들이 실행한다.

고정되거나 판에 박힌 과정이 아니다

일부 기업들의 아이디어-출시 시스템은 규정집과 비슷하다. 즉, 규칙, 규제, 강제적 절차, 상황과 상관없이 모든 프로젝트가 지켜야 하는 '마땅히 해야 하는 것들'로 가득 채워진, 판에 박힌 방식의 과정이다. 당신의 프로세스가 이와 같다면 사람들이 피하는 것이 당연하다!

스테이지 게이트는 A 지점(아이디어)에서 B 지점(성공적인 신제품)으로 이동하기 위한 지도다. 다른 지도처럼 상황이 가치가 있으면 둘러갈 수도 있다. 예를 들면 많은 기업들이 상황에 맞게 모형을 만들고 과정을 유연하게 만든다.

- 모든 프로젝트가 모든 스테이지나 모든 게이트를 통과하는 것은 아니다.
- 어느 프로젝트든지 활동과 실행가능한 결과물들은 생략되거나 지나칠 수 있다.
- 마찬가지로 활동들은 한 스테이지에서 다음 스테이지로 건너 뛸 수 있다. 예를 들어 리드 타임(Lead Time; 기획부터 제품화까지의 소요 시간)이 길어지면 프로세스를 스테이지 앞으로 이동할 수 있다.

이런 유연성에 대해선 다음 장에서 좀 더 자세히 논의할 것이다.

선형적인 시스템이 아니다

스테이지 게이트와 관련된 시각적인 그래프 때문에 몇몇 사람들은 그 것을 선형적인 단계 또는 단계 내 활동들이 있는 선형적인 모델로 본다. 스테이지들이 하나씩 펼쳐진다고 생각하고 각 스테이지 내의 활동들과 업무들이 선형적이지 않다는 요점을 이해하지 못한다. 스테이지 내에서 루핑(Looping)과 반복을 하며 앞뒤로 움직이는 진행 방식이 정말 많다. 어떤 활동들은 순차적으로, 어떤 활동들은 동시에, 또 어떤 활동들은 겹 치며 이루어진다. 그리고 시스템 외부에서 고객에게 이어지는 나선들이 항상 존재한다. 스테이지들은 겹치기도 하고 앞 스테이지가 끝나기 전 다음 스테이지를 시작하기도 한다. 보통 프로젝트들은 앞 단계로 다시 반복된다. 그래서 프로세스는 전통적인 그래프에서 깔끔하고 선형적이 고 논리적인 과정으로 묘사하더라도 사실 선형적이진 않다.

프로젝트 통제 메커니즘이 아니다

내가 방문했던 독일 프랑크푸르트(Frankfurt)의 국제적인 한 기업은 파 워포인트 프레젠테이션을 통해 자사의 스테이지 게이트 시스템을 소개 했다. 슬라이드 제목은 '프로젝트 통제 시스템'이었는데 프레젠테이션 은 바로 그 지점에서 잘못되었다. 스테이지 게이트는 통제 시스템이 아 니고 그렇게 의도된 적도 없기 때문에 경영진이나 감사팀, 재무부서 사 람들이 프로젝트를 통제하거나 세세한 점까지 관리할 수 없다. 오히려 스테이지 게이트는 프로젝트 팀들과 팀 리더들이 최대한 좋은 방법들 로 빠르게 상품화할 수 있도록 디자인된 플레이북이다.

침체된 구식 시스템이 아니다

스테이지 게이트는 수년 동안 지속되었지만 현재의 버전들은 처음 모 델과는 상당히 다르다. 그것은 오랫동안 많이 진화했다. 세상은 스테이지 게이트를 위한 실험실이었고 전 세계 창의적인 사람들이 시스템을 많이 개선하고 조정했다. 새롭게 개선된 많은 부분들이 이 장에서 설명한 표준 모델에 포함되어 있다. 이에 대해서는 다음 장에서 좀 더 자세히 살펴볼 것이다.

그런 시스템의 중요성을 이해하기 위해 마케팅 컨셉이 1960년 처음 발표되었고 '고객우선 원칙'들은 지금도 유효하다.[14] 그러나 우리가 오늘날 실행하는 마케팅 방식은 1960년의 방식과 많이 다르다. 스테이지 게이트 자체는 동일하다. 그 원칙들도 여전히 유효하다. 그러나 오늘날 현대적 스테이지 게이트 시스템은 최초의 모델과 유사점이 거의 없다. 간결하고 빠른 제품개발의 새로운 원칙들이 포함되면서 상당히 진화했다. 초기에는 상상하지 못했던 다수의 새로운 모범관행들이 포함되었고 지금은 다양한 맞춤식 스테이지 게이트가 많다.

핵심은 스테이지 게이트가 고정된 수단이 아니라는 것이다. 그것은 많은 모범관행과 방법들이 포함된 포괄적이고 통합적이고 진화하는 항상 새로운 시스템이다. 또한 그것은 항상 변한다. 많은 학자들이 스테이지 게이트에 대한 '대답'이나 대체물로 선호하는 수단이나 특정 방법을 홍보한다. 이 새로운 수단들 중 일부는 확실히 유용하고 많은 사용자들이 자신들의 스테이지 게이트 프로세스에 포함시키고 있다. 하지만 신중하자. 이런 수단들은 스테이지 게이트를 대신하거나 대안이 되지 못한다. 예를 들면 린 제품 개발(Lean Product Development)은 기업들이 선호하는 스테이지 게이트로 낭비를 없애는 몇 가지 매우 좋은 기법과 원칙, 방법을 제공한다. 식스 시그마(Six Sigma)는 또 다른 가변 수단인데 에티콘(Ethicon, 존슨앤존슨 계열사)과 같은 다수 기업들은 DFSS(Design for Six Sigma, 식스 시그마를 위한 디자인)를 자신들의 스테이지 게이트 프로세스에 곧바로 통합시켰다.[15]

관료주의적 시스템이 아니다

아쉽게도 일부 매니저들은 어떤 시스템 속에서도 수많은 문서업무, 많은 형식, 끝나지 않는 회의와 위원회, 불필요한 요식행위 등을 하려고 한다. 그러나 명심하자. 여기서 목적은 체계적이고 능률적인 과정이지 교착상태에 빠진 관료주의적 과정이 아니다. 아이디어-출시 프로세스를 철저히 살펴보라. 절차, 회의, 위원회, 필수 활동 그 외의 어떤 형식이라도 가치를 더하지 않는 것이 있다면 없애버려라!

> **사례** 송전과 벨트산업과 관련된 스위스 대기업 한 곳이 출시 시간문제에 직면했다. 이때 스테이지 게이트를 효과적으로 사용했던 기업에서 새로운 CTO(최고기술경영자)가 영입되었다. 그는 회사에 처음 합류했을 때 회사의 게이팅 과정이 너무 느린 것을 보고 놀랐다. 그는 "관료주의가 팽배했어요."라고 말했다. 그래서 CTO의 주장에 따라 대책위원회가 만들어졌다. 프로세스는 다시 고안되어 간결해졌고 모든 불필요한 활동들과 절차들이 제거되었다. 결과적으로 프로젝트 리더들이 제품 출시를 추진하는 업무를 잘 진행하게 되었다. 프로세스는 이제 제대로 작동한다!

데이터 입력 체계가 아니다

미국의 유명 자동차 타이어업체가 스테이지 게이트 프로세스를 도입하고 내게 검토를 의뢰한 적이 있었다. 나를 놀라게 했던 것은 시스템 디자인 전체를 IT부서(제품개발에 대해 별로 아는 바가 없는 부서)가 주도했다는 점과 소프트웨어가 대부분의 과정을 차지했다는 점이다. 내가 새로운 시스템에 접속하자 첫 번째 화면에서 '새로운 타이어를 위한 고객의 요구조건'과 '의도한 차량과 용적' 같은 정보를 요구했다.

시스템이라고 여겨졌던 것은 주문 입력이었지 사실 시스템이 아니었다. 그것은 스테이지 게이트 프로세스의 조건에 대한 그들의 해석이었을 뿐이다. 과정에 게이트는 없었고 스테이지는 단지 이름뿐인 단계였다. 각 스테이지는 추가 정보를 요구했다. 그러나 모범관행은 아무데도 없었다. 고객의 목소리(VoC) 조사나 경쟁 분석 수행, 기술 평가와 같은 조치는 어디에도 언급되지 않았다. 정말 통찰력 있는 한 직원이 지적했듯이 "수치를 조작할 준비가 되어 있다면 키보드를 벗어나지 않고도 아이디어-출시 시스템 전체를 살펴볼 수 있었다." 그리고 이렇게 하는 곳은 이 타이어 업체뿐만 아니었다. 다른 유명 기업들에서 이와 비슷한 IT 주도형 모델들을 본 적이 있다. 경영진은 이 사실을 제대로 알아야 했다.

스테이지 게이트는 데이터 입력 시스템이나 IT 모델이 아니다. 데이터 입력이 필요한 소프트웨어가 과정상 가치 있는 조력자가 될 수는 있지만 주객이 전도되어선 안 된다. 스테이지 게이트는 정보 수집 활동들을 포함한다. 이런 활동들이 생산한 데이터는 문서관리와 프로젝트 팀 구성원들 사이의 커뮤니케이션을 용이하게 하기 위해 IT부서에 의해 쉽게 처리될 수 있다. 그러나 소프트웨어와 데이터 입력은 수단이지 과정이 아니다!

단순한 후반부 과정이나 제품-전달 과정이 아니다

대규모 공학-제조업체의 한 경영인이 내게 자랑했다. "제품이 정의되고 사업 사례가 채택되면 그때부터 우리의 스테이지 게이트 프로세스가 시작됩니다. 보통 그 지점부터 순조롭게 진행됩니다. 문제는 스테이지 게이트 프로세스에 들어가기 전인 사전 과정입니다." 스테이지 게이트에 대한 그의 이해 부족에 놀란 나는 '그런 모든 전반부 작업'이 스테이지 게이트의 대부분이라고 정중히 설명해주었다. 〈그림 4.10〉의 흐름 도표를 살펴보자. 3단계 또는 모델의 절반이 개발 시작 전 일어난다. 분명하지 않은 전반부 작업(관념화, 프로젝트 검사, 제품 정의, 사업 사례 구축)이 스테이지 게이트의 가장 중요한 부분일 수도 있다! 처음 며칠 내에 승패가 결정되기 때문에 스테이지 게이트의 전반부 작업은 너무나 중요하다. 이것이 바로 높은 성공률에 가장 많이 기여하는 모델이다.

프로젝트 관리와 다르다

스테이지 게이트는 거시적 프로세스다. 무엇보다 중요한 과정이다. 반면, 프로젝트 관리는 미시적 과정이다. 스테이지 게이트는 믿을 만한 프로젝트 관리 방법들 대신 사용하는 것이 아니다. 그보다 스테이지 게이트와 프로젝트 관리를 함께 사용한다. 구체적으로 말하면 프로젝트 관리 방법들은 스테이지 게이트 프로세스의 각 스테이지들 내에서 적용할 수 있다. 예를 들면 좀 더 크고 복잡한 스테이지들(그림 3.4: 스테이지 3, 4, 5의 개발, 평가, 출시) 내에서 프로젝트 관리 방법들이 다음과 같이 적용되어야 한다.

- ✓ 프로젝트(미션과 목적)를 정의하기 위한 팀 업무
- ✓ 팀 빌딩 연습 컴퓨터가 만든 일정과 최상의 경로 계획들
- ✓ 병렬 처리(순차적이 아닌 동시에 활동들에 착수하는 것)
- ✓ 중요 단계 검토 지점들(각 스테이지를 승인하는 실행 계획에 포함되는 지점들)
- ✓ 정기적인 프로젝트 검토

준비된 성공 동인

〈그림 4.10〉의 스테이지 게이트 시스템처럼 잘 만들어진 플레이북의 논리가 매력적인 것은 그것이 앞에서 강조한 바와 같이 성공에 매우 중요

한 요소와 교훈을 많이 결합하기 때문이다. 예를 들면 다음과 같다.

1. **시스템은 사전에 준비된다:** 대비나 사전-개발 활동들을 많이 강조한다. 스테이지 1과 2(평가와 사업 사례 구축 단계)는 개발로 가는 문이 게이트 3에서 열리기 전에 필수적인 단계들이다.

2. **시스템은 종합적이고 다기능적이다:** 권한이 있는 다기능적인 팀 위주로 구축된다. 각 스테이지는 기술, 마케팅, 운영 및 생산, 재무활동 등을 포함하고 이런 모든 영역의 사람들이 적극적으로 관여해야 한다. 게이트들도 다기능적이다. 게이트에서는 기능 영역 간의 연대를 이루기 위해 회사 타 부서에서 온 게이트 키퍼들(다음 스테이지를 위한 필요 자원을 가진 매니저들)로 구성된다.

3. **병렬 처리는 시스템 속도를 높인다:** 각 스테이지에서의 활동들은 스테이지 내에 있는 플레이어들이 각 조치들과 상호작용하면서 럭비 경기 접근법처럼 순차적이 아닌 동시적으로 진행된다.

4. **강력한 시장 집중력은 시스템의 특징이다:** 마케팅 자료 투입은 아이디어 발견 단계에서 시작되고 프로세스 시작부터 끝까지 모든 단계에서 계속 중요하다. 프로젝트들은 시장 관련 조치들이 제대로 완료될 때까지 게이트들을 통과할 수 없다.

5. **나선들은 과정상 매우 중요한 부분으로 신속하게 진행되는 IT산업에서 빌린 방법이다:** '구축-평가-피드백-수정' 반복적인 루프들을 사용해 팀들은 제품 디자인을 확인하고 가정에만 기반한 프로젝트가 지나치게 멀리 다음 방향으로 이동하는 것을 막기 위해 빨리 움직인다.

6. **더 많이 집중한다:** 시스템은 게이트들의 형태로 어려운 진행/중단 결정 지점을 포함하고 있다. 이 게이트들은 부실한 프로젝트들을 초기에 제거하고 한정된 자원을 진정으로 가치 있는 프로젝

트들에 집중할 수 있도록 도와준다. 프로젝트를 제대로 하고 있는지, 적절한 프로젝트를 하고 있는지 점검하는 품질-관리 확인 지점들이다.

7. **통합된 제품 정의 단계가 스테이지 2, 사업 사례 구축 단계에 포함되어 있다:** 여기서 프로젝트와 제품이 모두 정의되고 입증된다. 제품 정의는 게이트 3에 전달되어야 할 핵심 결과물이다. 이것이 없으면 프로젝트는 개발 단계로 진행할 수 없다.

8. **과정 내내 실행 품질을 매우 강조한다:** 각 스테이지 내 단계들과 권장 활동들을 통해 프로젝트 리더와 팀을 위한 플레이북을 배치한다. 그럼 누락되는 치명적인 오류 발생 확률이 낮다. 또한 템플릿(Template)과 실행가능한 요구조건들을 통해 팀에 거는 확실한 기대를 정한다. 그리고 게이트들에서 각 과정의 필수적인 품질-관리를 확인한다. 프로젝트가 특정 품질 기준을 충족하지 않으면 게이트를 통과하지 못한다.

제안 이번 장을 읽고 신제품 아이디어-신제품 출시 시스템을 면밀히 살펴보라. 첫째, 당신에게 그런 과정이 있는가? 있다면 자신 앞에 직접 펼쳐보라. 앞에서 목록으로 만든 8가지 특징들을 살펴보고 다음과 같이 자문해보라. 자신의 신제품 과정이 이 항목들을 포함하고 있는가? 어느 지점에서 적용하는가? 그것들을 가리킬 수 있는가? 명확히 눈에 띄는가?

그렇다면 다음과 같은 질문에 답해보라. 나의 시스템은 정말 운영 가능한가? 아니면 단순히 문서상 과정이나 고차원적인 개념적 모델인가? 앞장(주석7)에서 언급한 APQC 벤치마킹 연구는 스테이지 게이트의 핵심적인 특징들을 보여주고 있다. 즉, 모델을 몇 장의 파워포인트 슬라이드를 이용해 완전한 운영 시스템으로 설명하는 것이었다(표 4.1 참조). 당신의 시스템이 통과할지 여부를 확인하면서 〈표 4.1〉 목록을 검토해보라. 이런 질문들에 대한 대답이 '노(No)'라면 계속 읽어보라. 회사의 아이디어-신제품 출시 시스템을 다시 고안하고 그것을 운영가능하고 실행되도록 만들어야 하기 때문이다.

○ ○ ○

표 4.1. 유익한 체크리스트 :
운영가능한 스테이지 게이트 시스템의 특징들
(혁신 연구의 APQC 모범관행들에 근거함)

1. **분명히 정의된 스테이지들:** 수많은 기업들이 정의된 스테이지들을 사용한다-예를 들면 관념화, 심사, 사업 사례 구축, 개발, 평가, 출시 (APQC 연구에 따르면 77.2%의 기업들이 잘 정의된 스테이지들을 구축하고 있다).

2. **각 스테이지를 위해 정의된 활동들:** 일부 NPD(신제품 개발) 과정들은 세부사항이 부족하다. 예를 들면 각 스테이지에서의 활동이나 기대가 명확히 정의되지 않는다. 하지만 우리의 기업 표본은 그렇지 않았다. 기업의 73.8%에서 NPD(신제품 개발) 과정의 각 스테이지를 위해 활동과 업무들이 정의되었다.

3. **정의된 진행/중단 게이트들:** 잘 구성된 NPD 과정의 중요한 부분은 게이트들이나 진행/중단 결정 지점들이다. 게이트에서 경영진은 프로젝트 팀과 만나 프로젝트를 검토하고 그 가치를 평가하고 진행/중단 결정과 자원 투입 결정을 내린다. 게이트들은 대부분의 NPD 과정에서 가장 중요하다. 이 부분을 잘한다고 주장하는 기업은 73.8%이고 13.3%만 게이트가 부족하다.

---

[*] APQC 연구에서 인용했다. 주석 7.

4. **게이트에서 정의된 진행/중단 기준:** 진행/중단 기준은 NPD 프로젝트들의 가치들을 제대로 평가하고 결정내리는 경영진을 돕기 위해서도 중요한 것으로 여겨진다. 그와 같은 게이트 기준이 있다는 논리에도 불구하고 이런 기준이 부족한 것은 상당히 보편적인 현상이다(21.9%의 기업이 이런 기준이 부족하며 46.7%만 잘 정의된 게이트 기준이 있다고 주장한다). 기업의 NPD 과정에서 정말 부족한 면이다.

5. **각 게이트를 위해 정의된 실행가능한 결과물:** 프로젝트 팀이 NPD에서 각 게이트에 전달할 것으로 기대되는 것 즉, '실행가능한 결과물'을 낸다는 것은 가장 우수한 신제품 과정의 긍정적인 특징이고 기업 표본의 일반적인 모습이다. 잘 정의된 실행가능한 결과물 평가는 전반적으로 좋아 71%의 기업이 프로젝트 팀을 이끌기 위한 확실한 메뉴를 갖추고 있다.

6. **각 게이트에 지정된 게이트 키퍼들:** 누가 프로젝트 검토를 맡아야 하는지, NPD 프로젝트 진행을 위해 누구의 서명이 필요한지는 분명하지 않다. 의사결정의 중심(게이트에서 진행/중단 결정을 내리는 사람들)도 많은 기업의 NPD 과정의 중요한 특징이다. 기업 표본에서도 그렇다. 대부분 매우 잘 정의된 게이트 키퍼들이 있지만(71.9%의 기업) 15.2%는 전혀 없다.

7. **알아볼 수 있는 문서로 기록된 과정:** 일부 기업들은 NPD 과정이 있다고 주장한다. 그러나 면밀히 조사하면 그것은 고차원적이고 개념적인 과정(마름모와 네모 모양이 그려진 몇 가지 흐름도)에 가깝다. 이것이 운영가능하게 되려면 효과적인 신제품 과정이 잘 계획되고 가시적이어야 하며 문서로 기록되어 있어야 한다. 여기서도 기업 표본은 상당히 긍정적이다. 66.7%의 기업이 문서로 잘 입증된 가시적 NPD 과정이 있다고 주장한다.

14.3%만 그렇지 않다.

8. **NPD(신제품 개발)가 정말 사용되었는지 여부:** NPD 과정의 진정한 평가는 그것이 정말로 사용되었는지 아니면 단지 기업의 눈속임(문서 과정)에 불과한 것인지 여부에 달려 있다. 일부 기업들은 신제품 출시 추진을 위해 NPD 과정을 정말 사용하고 대다수 프로젝트를 과정 내에서 운영한다는 분명한 증거가 있다. 절반 이상의 기업(52.4%)이 NPD 과정을 실제 사용한다. 다소 걱정되는 점은 대다수가 어떤 형태로든 NPD 과정이 있다고 주장하지만(7.6%만 과정이 없다고 답했다) 실제로 그 중 19%가 과정을 사용하지 않는다는 것이다.

9. **프로젝트 팀에게 권한이 주어지는 과정:** NPD 과정의 또 다른 평가는(진행을 막는 관료주의적 과정이 아니라) 프로젝트 팀들이 제품을 출시할 수 있도록 도와주는 실행가능한 과정 여부에 달려 있다. 이것은 NPD 과정의 가장 부족한 요소들 중 하나로 56.7%의 기업이 지나치게 많은 관료주의적 요소가 과정 안에 들어 있다고 주장한다.

10. **조정과 측정이 가능한 과정:** NPD 과정이 유연한 과정이어서 프로젝트의 요구, 규모, 위험에 조정가능한가? 아니면 고정된 과정이어서 중요한 프로젝트와 중요하지 않은 프로젝트의 차이를 인식하지 못하는가? 이 연구에서 기업의 2/3(65.2%)는 자신들의 NPD 과정을 유연하고 조정가능하고 측정할 수 있는 과정으로 본다.

11. **프로세스 매니저의 지정:** 다수의 회사들이 NPD 과정을 이끌도록 상근 또는 비상근 프로세스 매니저를 지정해 과정이 효율적으로 이루어지게 한다. 일반적으로 그들의 의무는 프로젝트 팀 지도, 게이트 미팅 촉진, 프로젝트의 실행가능한 결과물을 준

비해 게이트 키퍼들에게 전달한다. 훈련, 가치 유지 활동도 한다. 대다수 기업에는 프로세스 매니저가 부족하다. 31.4%의 기업들에는 아예 없다. 41%의 기업만 프로세스 매니저가 있다.

∘ ∘ ∘

5장

차세대 스테이지-게이트®
– 기업은 시스템의
진화와 발전을
어떻게 견인하였나

학습과 혁신은 밀접한 관련이 있다. 성공에 대한 오만은 당신이

어제 한 일이 내일도 충분할 것이라고 생각하는 것이다.

- 윌리엄 폴러드,《영국 성직자(1828~1893)》

스테이지 게이트를 재창조하기 위한
세계적인 자원 투입

:: 세상은 스테이지 게이트를 위해 살아 있는 실험실이 되었다. 전 세계 수많은 기업들이 차세대 스테이지 게이트 시스템을 디자인하고 도입하기 위해 특별 팀을 두고 있다. 내가 행운인 것은 그들이 노력한 결과, 특히 성공하는 모습을 볼 수 있기 때문이다. 이번 장에서는 혁신적인 기업들이 스테이지 게이트를 수정하고 변경하고 조정해 차세대 아이디어-출시 프로세스를 실행한 몇 가지 방식을 소개한다. 이 7가지 방식들은 이미 훌륭한 시스템을 더 빠르고 생산성 높게 개선하도록 고안되었다.[1]

1. 기업들은 개발 프로젝트의 위험 수준, 규모, 유형에 따라 스테이지 게이트 시스템을 조절할 수 있도록 만들었다.

2. 그들은 프로세스를 가속화하기 위해 시스템을 유연하게 만들어 나선형이나 신속한 개발, 동시 활동 수행, 단계 증복, 조건부 진행 결정 등을 포함시켰다.

3. 일부 기업들은 아이디어-출시 시스템에서 낭비와 관료주의를 없애기 위해 린 제조 원칙들을 도입했다(린 제품 개발).

4. 더 나은 지표들, 성공 기준 사용, 철저한 사후-출시 검토를 통해 린 개발의 요소인 지속적인 개선이 가능해졌다.

5. 스테이지 게이트 시스템은 '개방형 혁신'(아이디어, 기술 해결 방안, 완제품까지 회사 외부로부터 탐색하거나 활용되지 못한 지적재산권을 외부에 파는 것)을 수용하기 위해 조정되었다.

6. 수명주기 관리 시스템들은 개발 프로세스와 통합되었고 이제 스테이지 게이트는 제품 창출부터 제품 종료까지 다루는 통합적 수명주기 관리 모델의 일부가 되었다.

7. 일부 기업에서는 스테이지 게이트가 자동화되어 아이디어-출시 시스템을 지원할 수 있는 탁월한 소프트웨어를 설치했다. 많은 소프트웨어 제품이 이제 스테이지 게이트용으로 인증받았다.

기업들이 스테이지 게이트 시스템을 진화시키면서 수행한 중요 개선점들이 또 있다. 예를 들면 중요 사안인 '제품혁신 관리 방식'은 많은 기업들이 집중하고 개선한 주제이지만 너무 광범위하기 때문에 '프로젝트의 선택'과 '실효성 있는 게이트'를 다룬 제8장과 제9장에서 다룰 것이다. 스테이지 게이트의 또 다른 중요 개선점은 프로세스의 한 단계로 아이디어 창출(발견)을 포함한 것이다(이전에 아이디어는 단지 마법처럼 나타나는 것으로 가정했다). 이 발견 단계는 매우 중요하기 때문에 제6장 전체에서 다룰 것이다.

제안 아이디어-출시 프로세스가 5년 이상 되었거나 그동안 관료주의적 장애물로 인해 교착 상태에 빠졌다면 정비하고 현대화시킬 적기다. 이어지는 내용을 계속 읽어가면서 사용자들이 스테이지 게이트 시스템을 가속화하거나 생산성을 향상시키기 위해 실행한 7가지 중요한 모범 관행들을 잘 살펴보라. 그런 다음 이런 관행들과 비교해 프로세스를 점검하라. 어쩌면 혁신 시스템을 현대화하기 위해 '특별개혁팀'을 구성해야 할지도 모른다.

1. 프로젝트의 위험 수준과 유형에 맞추어 조절됨

아마 지난 10년 동안 일어난 스테이지 게이트의 가장 큰 변화는 프로젝트의 여러 위험 수준과 유형에 적합하게 조절가능한 프로세스가 되었다는 점이다. 즉, 고위험의 복잡한 플랫폼 개발에서 저위험의 제품 변경 프로젝트뿐만 아니라 심지어 영업인력의 단순한 요구사항까지 처리할 수 있게 되었다.[2]

> 66 하나의 방식이 모든 경우에 적용될 수는 없다. 〈그림 5.1〉에서 보듯이 다양한 규모와 위험 수준에 맞추어 여러 버전의 스테이지 게이트(풀〔Full〕, 엑스프레스〔XPress〕, 라이트〔Lite〕)가 필요하다. 99

초기에는 5개의 스테이지와 5개의 게이트로 구성된 한 가지 버전의 스테이지 게이트만 있었고[3] '하나의 방식이 모든 경우에 적용될 것'이라고 생각했다. 하지만 어떤 프로젝트는 5단계 모델을 모두 거치기에는 규모가 너무 작았기 때문에 사용자들은 그 모델을 피하기도 했다. 문제는 이처럼 소규모 프로젝트들(라인 확장이나 변경, 영업인력의 요구사항 등)이 개별적으로는 많은 자원을 사용하지 않지만 집합적으로는 자원의 많은 부분을 사용하고 있다는 것이다. 그 결과, 대부분의 개발자원을 차지하는 소규모 프로젝트들은 정작 스테이지-게이트 시스템을 사용하지 않는 모순적 상황이 발생하였다.

경영진은 규모에 상관없이 어떤 프로젝트든지 위험요소를 지니고 자원만 소비하므로 관리되어야 한다고 믿었다. 하지만 모든 프로젝트가 5단계 프로세스를 거칠 필요는 없다고 생각했다. 그래서 프로세스는 기업의 필요에 맞추고 프로젝트들을 가속화할 수 있는 다양한 버전들로 변신했다. 4장에서 살펴본 바와 같이, 프로젝트의 규모(개발비용과 예상 성과)와 불확실성(제품이나 기술, 그리고 시장이 새로운 정도)일반적인 규칙은 위험이 높을수록 기업은 완전한 스테이지 게이트 모델을 더욱 고수하는 반면(즉, 고속도로 계속 이용)위험이 낮은 프로젝트는 우회로와 지름길을 활용하는 것이다.

〈그림 5.1〉은 그 몇 가지 사례를 보여준다.

- 스테이지-게이트® 풀(Stage-Gate® Full, 〈그림 5.1〉의 맨 위)은 '진짜 신제품' 프로젝트 대규모의 불확실하고 위험성이 높은 5개 스테이지와 5개 게이트로 이루어진 프로세스 로서, 앞장에서 살펴보았다. 이것이 표준 모델이지만, 실제 대부분의 개발 프로젝트들은 규모가 작고 위험이 낮아 이 '완전한 모델'을 전부 거치진 않는다. 이것은 '진짜 혁신 프로젝트'를 위한 모델이다.

- 스테이지-게이트® 엑스프레스(Stage-Gate® Xpress, 그림 5.1의 중간)는 기존 제품에 대한 개선이나 변경 및 확장과 같이 중간 정도의 위험이 있는 프로젝트를 위한 것이다. 대부분의 프로젝트 개발이 여기 속하는데 주로 제품 라인을 새롭고 현대적이고 좋은 상태로 유지하기 위한 '혁신의 지속, 쇄신' 프로젝트로서 보통 비용이 낮고 예측가능한 편이다. 이러한 개발의 경우, 스테이지 게이트 시스템은 3가지 스테이지와 3개 게이트로 축소된다. 단계별

활동 목록, 실행가능한 결과물, 그리고 견본도 줄어들고, 통상적으로 게이트 키퍼는 고위 경영진이 아닌 중간급 관리자가 된다.

■ 스테이지-게이트® 라이트(Stage-Gate® Lite, 〈그림 5.1〉의 맨 아래)는 '고객의 간단한 요구'나 '영업사원들의 요청'과 같은 매우 작은 프로젝트를 위한 프로세스이다. 주로 기존 제품을 약간만 변경하는 프로젝트로서 작은 규모이지만, 모두 합하면 R&D자원의 상당량을 소비한다. 따라서 이 작은 프로젝트들도 '시스템'에 포함되어야 하며, 관리되고 점검받아야 하지만, 모든 요소를 수행할 필요는 없다(잘못하면 R&D는 '바쁜 바보'가 될 수 있다). 모델은 2개 스테이지로 줄어들고 활동과 실행가능한 결과물들도 줄어든다. 보통 게이트 키퍼는 기술부서와 영업부서의 중간관리자다.

〈그림 5.1〉에서 모든 아이디어나 개발 프로젝트 제안은 초기 선별을

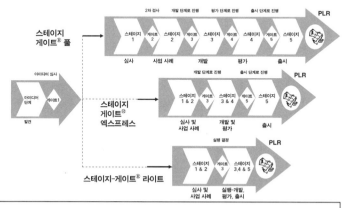

그림 5.1 차세대 스테이지 게이트는 각자 다른 프로젝트들에
적합하도록 조정이 가능하다.

위해 게이트 1로 진입한다. 게이트 1은 '정보교환센터'로 아이디어 선별과 경로 결정(어떤 유형의 프로젝트인지, 어떤 버전의 스테이지 게이트에 포함되어야 하는지)이 여기서 이루어진다. 어떤 버전을 사용할지에 대한 결정 원칙은 단순하다. 즉, 위험이 높을수록 완전한 5개 단계 프로세스(그림 5.1의 상단)를 더욱 고수하는 것이다.

주의사항: 공격적인 리더들은 올바른 프로세스를 회피하려는 경향이 있으므로 위험도가 높은 프로젝트들이 스테이지 게이트 라이트나 엑스프레스로 잘못 배정되지 않도록 명시적인 규칙이 정해져 있어야 한다. 시장 및 기술의 새로운 정도나 프로젝트 비용 차원에서 지침들이 마련되어 적절한 프로젝트 절차가 정해져야 한다(그림 5.1).

제안 요청 프로젝트들

기업이 고객 요청에 맞추어 대규모 맞춤형 개발작업을 하는 경우, 스테이지 게이트 시스템은 그런 프로젝트에 맞추어 변경되어 왔다. 예를 들면 방위산업이나 정부계약 공사용으로 개발된 스테이지 게이트가 있다. 여기서 처음 몇 개의 스테이지는 입찰 여부를 결정하는 것이지만(제안서 준비 비용이 상당히 크므로) 입찰을 따고나면 프로젝트는 '진행' 단계로 이행된다(즉, 그 다음 게이트들은 진행/중단이 아니라 진행 및 재사용이 된다). 이런 맞춤형 스테이지 게이트 시스템은 〈그림 5.1〉의 '풀(Full)' 모델과 비슷하지만 요구와 견적 상황을 반영하기 위해 약간 중요한 차이도 있다.

기술개발 프로젝트를 위한 스테이지 게이트 TD

기술개발과 기술 플랫폼을 위한 전형적인 스테이지 게이트 시스템(TD)
은 〈그림 5.2〉와 같다. 이것은 상위 수준에서 3개 스테이지와 4개 게이
트로 구성된다.[4]

발견 또는 아이디어 창출(스테이지 1): 프로세스의 도화선으로 주로 과
학자들이나 기술부서 직원들이 수행하지만 전략기획이나 기술 예측, 기
술 로드맵 작업과 같은 다른 활동들의 결과일 수도 있다.

아이디어 심사: 첫 번째 게이트는 아이디어 심사로 기술개발 프로젝트
에 제한적인 시간과 돈을 투입할 것인지 여부를 정하는 최초 결정이다.
이 게이트에서는 '아이디어가 노력을 쏟을 만한 가치가 조금이라도 있는
가?'라는 질문을 바탕으로 느슨한 심사가 이루어진다. 진행 결정을 위한
기준은 전략적, 잠재적 영향력, 레버리지, 기술적 실행가능성 등 질적인
것이다. 게이트 1의 게이트 키퍼 그룹은 보통 고위급 R&D 인력(최고기
술 책임자와 기타 고위직 R&D 직원)과 사업적인 면을 고려하기 위해 마
케팅과 사업개발 부서 대표들로 구성된다.

심사: 첫 번째 스테이지는 프로젝트의 심사로 이 단계의 목적은 기술
개발 프로젝트의 토대를 세우고 프로젝트 범위를 정의하고 추후 계획
을 수립하는 것이다. 활동은 제한적이어서 몇 주 이상 걸리지 않는다.
스테이지 1의 활동들은 개념적이고 준비작업 성격을 띠며 기술 문헌조
사, 특허와 IP 조사, 경쟁적인 대안 평가, 자원 공백 파악, 예비 기술평가
등을 포함한다.

2차 심사: 게이트 2에서는 제한적 수준의 실험이나 기술적 작업(스테이지 2)을 시작하는 결정을 내린다. 게이트 1과 마찬가지로 비교적 느슨한 심사로 "아이디어가 제한적인 수준의 기술과 물리적 활동을 수행할 가치가 있는가?"라는 질문을 제기한다. 주로 게이트 2도 질적인 과정이며 재무분석을 필요로 하지 않는다(결과물인 제품이나 과정, 기술의 영향력이 여전히 불분명하기 때문이다). 게이트 키퍼는 게이트 1과 같다.

기술 평가: 스테이지 2의 목적은 이상적인 조건 하에서 기술적인 실행 가능성을 증명하는 것이다. 이 단계는 예비실험이나 기술적 작업을 포함하지만 1~2명의 1개월 작업량을 넘지 않고 3~4개월 이상 지속되어서도 안 된다. 이 단계에서는 철저한 개념적 기술 분석, 실행가능성 실험이나 명확한 기술작업, 협력업체 네트워크 개발, 필요 자원과 자원 공백에 대한 해결방안 파악, 기업에 대한 기술의 잠재적 영향력 평가 등의 활동이 수행된다.

게이트 3: 1~2명의 1개월 작업량을 넘는 자원을 배치하고 더 포괄적이고 값비싼 조사를 수행하는 스테이지 3의 문을 여는 결정이다. 따라서 게이트 2보다 더 철저한 평가를 하게 되며 스테이지 2에서 수집한 새로운 정보를 바탕으로 한다. 게이트 2의 기준과 비슷하지만 더 많고 까다로운 하위 질문들과 더 나은 데이터가 포함된다. 게이트 3의 게이트 키퍼들은 대부분 최고기술책임자, 다른 고위급 기술이나 R&D 직원, 기업 마케팅이나 사업 개발, 기술 사업화를 담당할 사업부장 등이다.

상세한 조사: 스테이지 3의 목적은 완전한 실험이나 기술-개발 계획을 실행하고 기술의 실행가능성을 증명하며 기술 범위와 회사에 대한 기

술가치를 정의하는 것이다. 이 단계에서는 대규모 지출과 연도별 수준의 작업량이 투입된다. 포괄적인 기술 작업 외에도 제품이나 과정의 사업가능성을 정의하고 이런 가능성에 대한 시장, 제조 및 영향력을 평가하며 사업 사례 실행을 준비한다. 정기적인 이정표 점검과 프로젝트 검토를 포함한 엄격한 프로젝트 관리 방법들이 이 긴 단계에서 활용된다.

적용 방향 게이트: 기술 개발 프로세스의 마지막 게이트로 1개 이상의 신제품이나 신공정 개발 프로젝트에 문을 여는 역할을 한다(그림 5.2 참조). 여기서 기술의 적용가능성과 범위, 가치를 결정하기 위해 기술 작업 결과들이 검토되고 다음 단계들이 결정된다. 게이트 4는 종종 일반적인 제품개발 프로세스의 초기 게이트와 결합된다(예를 들면 그림 5.2의 하단에 있는 게이트 1, 2, 3 등과 결합). 게이트 키퍼들은 기업 수준의 고위급 R&D, 마케팅, 사업 개발, 기술 개발과 관련 있는 사업개발 프로젝트 사업부의 리더 팀 등이다.

∘ ∘ ∘

플랫폼과 기술 개발 프로젝트를 다루기 위한 버전들

스테이지 게이트는 더 이상 신제품 개발 프로젝트용으로만 사용되지 않는다. 다른 형태의 프로젝트(플랫폼 개발, 프로세스 개발, 탐색적 조사 프로젝트 등)도 자원을 놓고 경쟁하며 관리되어야 하기 때문에 고유한 스테이지 게이트 프로세스가 필요하다. 예를 들어 엑손-모빌 케미컬은 3개 스테이지와 3개의 게이트로 구성된 스테이지 게이트 프로세스를 만들어 업스트림(Upstream; 정유 과정의 초기 단계) 조사 프로젝트들을 처리했다.[5] 여러 다른 기업(타이맥스, 레녹스, 샌디아 연구소, 도날드슨 등)은 3개 스테이지와 4개 게이트 시스템을 채택해 기초연구나 기술 개발, 플랫폼 프로젝트들을 처리했다.[6]

플랫폼이나 기술 플랫폼 프로젝트들은 제품혁신에서 점점 더 중요해지고 있다. PDMA 편람은 플랫폼 프로젝트를 '제품군에 속한 개별제품들이 공유하는 디자인과 요소(부품)'로 좁게 정의하고 있는데[7] 특정 자동차업체가 생산하는 여러 다양한 자동차 모델에 공통적으로 사용되는 엔진-변속장치를 예로 들 수 있다. 그러다가 플랫폼의 개념은 다수의 제품 생산과 연관된 역량을 포함하는 것으로 확장되었나 즉, 막대한 개발비용이 들지만 많은 구멍을 뚫을 수 있기 때문에 단위비용이 낮아지는 석유 시추 플랫폼에 비유할 수 있다. 따라서 기술 플랫폼 프로젝트의 '실행가능한 결과물'은 신제품이 아닌 다수 신제품을 만들 수 있는 역량이나 기술이 된다. 이런 프로젝트용 프로세스는 스테이지 게이트 TD 부분에 설명되어 있다.

기술 개발 프로젝트들은 기술적 불확실성(예를 들면 새로운 과학과 발명이 요구될 수 있는)이 많기 때문에 기술 개발 프로세스(그림 5.2의 상단 전체)는 매우 유연하다. 그것은 반복적이며 스테이지 내에서 또는 이전 스테이지로 순환하는 특징이 있다. 그리고 게이트는 재무적 기준보다 전략적 기준에 의존한다.

기타 스테이지 게이트 모델들과 응용 프로그램들

스테이지 게이트는 신제품과 기술 개발 영역 이외에도 활용되는데 엑손 케미컬은 자금 프로젝트(예를 들면 생산 플랜트 확장이나 현대화)와 내부 IT 프로젝트를 위해 사용했다. 미국 공구제조업체인 케나메탈(Kennametal)은 인수 합병을 위해 스테이지 게이트를 응용하기도 했다. R&D를 제품보다 개발에 집중하는 다수 기업들은 후자를 위한 스테이지 게이트를 만들었는데(그림 5.1의 상단 모델과 비슷하지만 회사의 생산시설을 '고객'으로 보고 내부적으로 집중하게 된다) 이런 적용들은 이 책의 범위를 벗어난다. 하지만 스테이지 게이트가 원래의 구상을

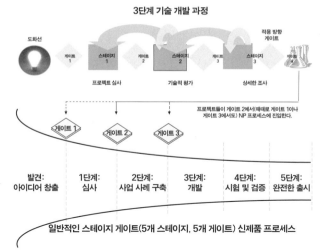

그림 5.2 기술 개발 과정(상단)은 다수의 신제품 프로젝트들(하단)과 관련있는
기술 개발과 기술 플랫폼 프로젝트들을 처리한다.

넘어 응용되고 상황에 맞추어 심하게 변형되더라도 스테이지 게이트의
원리들은 여전히 적용될 수 있다는 점을 명심하기 바란다.

제안 한 가지 버전의 스테이지 게이트가 모든 개발욕구를 충족시키기
는 어려울 것이다. 〈그림 5.1〉처럼 쉬운, 중급, 어려운 프로젝트에 맞추
어 3가지 다른 버전을 구축하는 것을 고려하라. 대부분의 프로젝트는 중
간과 쉬운 모델들일 것이고 '완전한(full)' 프로세스는 대담하고 위험이
높은 신제품 프로젝트용이 될 것이다. 또한 기술 플랫폼이나 기술 프로
젝트들의 경우, 〈그림 5.2〉 방법론을 사용하길 바란다.

2. 융통성 있고 유연하고 민첩한 과정

나선형 개발이나 민첩한 개발

또한 스테이지 게이트는 변화하는 상황과 유동적이고 불완전한 정보에

맞추어 잘 적응하는 '훨씬 욱연한 혁신 프로세스'가 되었다. 제2장에서 소개한 나선형이나 민첩한 개발 개념이 포함되어 '구축-시험-피드백-수정'이 반복되는 과정을 통해 프로젝트팀들이 최종제품 설계로 신속히 진행할 수 있게 된다.[8] 개발이 시작되기 전에는 사실에 기초해 제품을 명확히 정의할 필요가 있고 개발이 진행되면서 새로운 정보와 유동적인 시장 조건에 따라 제품 설계를 유연하게 조정할 필요가 있는데 나선형 개발은 바로 이 둘 사이의 차이를 메꾸어준다. 즉, 제품 정의가 스테이지 3 이전에 결정된 후에도 개발자들이 계속 가치 있는 고객의 피드백을 설계에 포함시킬 수 있게 한다. 또한 프로세스 초기(적어도 스테이지 2)에 고객에게 시제품을 보여주는 것도 가능해진다.

나선형 개발은 실제로 어떻게 작용하는가? 〈그림 5.3〉은 나선형 개발의 예를 보여준다. 전반부 단계로부터 개발 단계를 지나 시험 단계까지 루프나 나선은 정교하게 포함되어 있다. 이것은 의도적으로 만든 시스템이지 우연히 일어난 것이 아니다! 첫 번째 루프나 나선은 스테이지 2의 초기에 수행되는 고객의 소리(VoC) 연구로 고객의 충족되지 않은

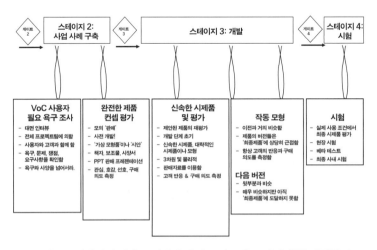

그림 5.3 디자인에 의해 스테이지 게이트 시스템 도처에 샘플 나선들이 의도적으로 포함된다.

욕구와 문제, 신제품에서 추구하는 효익을 이해하기 위해 프로젝트팀 구성원들이 고객을 방문하는 것이다. 이 시점에서 프로젝트팀은 고객에게 보여줄 것이 별로 없을 것이다. 당연하다. 이 방문의 목적은 '보여주고 말하는 것'이 아니라 '듣고 보는' 것이기 때문이다.

두 번째 나선인 〈그림 5.3〉의 '완전한 제안 컨셉 평가'에서 프로젝트팀은 제안된 제품의 표상을 제시한다. 제품과 산업 유형에 따라 이것은 컴퓨터로 만든 가상 시제품, 손으로 만든 모형, 매우 조잡한 시안, 새로운 소프트웨어를 설명하기 위한 몇 장의 컴퓨터 스크린 등이 될 수 있다. 이런 초기 단계에서는 제품은 작동되지 않고 일부 시연에서는 2차원으로 구성 되기도 하지만 제품의 모습과 기능에 대한 느낌을 주기에 충분하다. 제품 발표에는 모조 브로셔나 가상 제품사양서, 파워포인트로 작성된 판매 프레젠테이션, TV광고를 모방해 만든 사운드트랙이 포함된 스토리보드와 같은 모의 보조재나 판매자료가 수반되어야 한다. 프로젝트가 공식적인 개발 프로젝트가 되기 전 이미 관심과 호감, 선호, 구매 의도가 파악되는 것이다.

> 66 스테이지 게이트는 신속하고 융통성 있고 유연해야 한다. 중첩되는 단계 및 활동(동시적 활동들)과 나선들이 그것을 가능하게 해준다. 99

좋아하지 않는 것과 변화가 필요한 것에 대해 피드백을 구하고 프로젝트팀은 스테이지 2 사업 사례의 일부로 제품 정의를 확정하기 위한 조치를 취한다. 제품 정의는 고정되어 변하지 않는 것과 유동적이어서 새로운 정보가 생기면 변할 수 있는 것을 명시해야 한다. 게이트 3에서 완벽한 제품 정의를 내린다는 것은 유동적인 시장 상황에서는 효과가 없다.

〈그림 5.3〉의 개발 단계로 진행하면서 몇 주 내에 팀 구성원들은 대강의 모형이나 신속한 시제품과 같은 더 완벽한 버전의 제품을 만든다. 그들은 고객들과 함께 이 모형을 평가하고 다시 피드백을 받으며 신속한 수정 과정을 거치면서 첫 번째 작동 모형을 구축한다. 그리고 후속 버전 모형이 계속 이어지면서 제품은 최종제품에 가까워지는 동시에 고객의 이상에 근접한 제품이 된다.

유연한 과정

경직되고 융통성 없는 프로세스 개념은 더 이상 존재하지 않는다.[9] 오늘날 신속히 진행되는 스테이지 게이트는 엄격한 규정이나 절차가 아닌 매우 유연한 시스템이다. 어떤 활동이나 실행가능한 결과물도 강제적이지 않다. 스테이지 게이트는 모범관행과 추천 활동들, 필요하고 실행가능한 결과물들을 제안하는 지침이지만, 프로젝트 팀은 어떤 활동을 실행하고 반대하는지에 대한 재량권이 있다. 모든 프로젝트는 독특하고 자체적인 실행 계획을 가질 만한 가치가 있다. 매 게이트마다 프로젝트

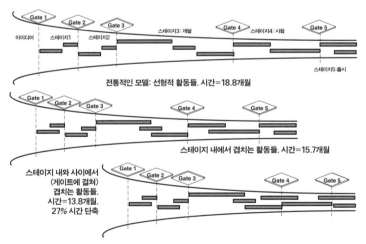

그림 6.4 스테이지 내아 사이에서도 활동들이 겹치면 시7ト이 절약된다. 하지만 위험도 증가된다.

팀은 '진행 계획(Go-Forward Plan)'(프로젝트를 성공적으로 이끌기 위해 해야 할 일을 정의)을 제시한다. 이 게이트들에서 게이트 키퍼들은 필요한 자원을 투입함으로써 진행 계획을 승인한다. 하지만 그것은 표준화된 과정을 기계적으로 실행하는 것이 아니라 프로젝트 팀의 계획임을 명심하라!

유연성의 또 다른 차원은 동시적 실행이다.[10] 핵심활동들이나 전체 스테이지들도 겹쳐진다. 〈그림 5.4〉에서 보여주 듯이 앞으로 나아가기 전 완벽한 정보를 기다리지 않는다.

- 프로젝트 팀은 활동들을 선형적이 아닌 병렬적으로 실행하면서 앞으로 나아가게 할 수 있다. 즉, 정보가 신뢰할 만하고 안정적이면 다음으로 진행하는 것이다. 매우 느린 방식으로 활동들이 선형적으로 이어지는 계주보다 다수 활동들이 병렬적으로 동시에 진행되는 럭비식 접근법에 의해 프로젝트는 가속화될 수 있다.
- 어떤 경우에는 한 단계에서 이전 단계로 활동들이 이동하고, 〈그

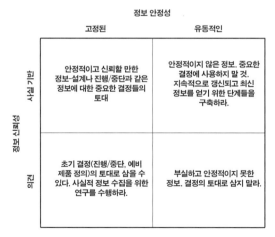

그림 5.5 이 차트를 사용해 어떤 정보가 안정적이고 신뢰할 수 있는지, 언제 진행해야 하는지 결정하라.

림 5.4〉처럼 스테이지들이 겹치기도 한다.

〈그림 5.4〉에 제시된 시간 절약을 비교해보자. 전통적인 모델은 출시까지 18.8개월이 소요되지만 스테이지 내에서 활동들이 겹치면 3개월(16.5%)이 줄어든다. 나아가 스테이지들(스테이지 4와 3, 스테이지 5와 4)을 겹침으로써 5개월(27.6%) 단축된다.

사례 도요타(Toyota)에서는 동시 실행을 위해 프로세스들을 동시에 진행하는 것이 원칙이다.[11] 동시 병행 설계가 진정 효과적이려면 이어지는 기능의 입장에서 이전 기능으로부터 이용가능한 안정적인 정보의 효용이나 가치를 극대화해야 한다. 즉, 개발팀은 변하지 않을 것 같은 설계 자료에 대해서는 가능한 모든 것을 다해야 한다. 각 기능의 프로세스는 안정적인 데이터가 준비되는 대로 동시에 진행하도록 설계되어 있다.

동시 병행 설계는 오래 전부터 존재해왔지만 과정을 가속화하기 위해 필요한 다수의 다기능적 활동들을 아우르는 동시성은 제대로 실행되지 못한 상황이다. 〈그림 5.5〉의 차트는 활동들이 언제 다음 단계로 진행되어야 하는지에 대한 지침을 제공해준다. 프로젝트팀이 가진 정보는 다음과 같은 면에서 평가되어야 한다.

- **신뢰성**: 정보는 사실을 기반으로 하는가 아니면 소문이나 추측, 의견을 기반으로 하는가?
- **안정성**: 정보는 변할 가능성이 있는가 아니면 상대적으로 안정적인 편인가?

프로젝트팀이 보유한 '정보 품질'에 대해 검토하다보면 종종 신뢰할 수 있고 안정적인 정보(〈그림 5.5〉의 상단 왼쪽 면)가 발견되기 때문에 앞으로 이동할 수 있는 활동들도 파악된다.

주의사항: 도요타의 린 개발 원칙에서 언급한 바와 같이 변화가능성이 없는 데이터만 사용하라.[12] 초기 유동적인 데이터를 사용한 작업은 결국 많은 낭비가 뒤따를 것이다. 시간을 절약한다고 생각하지만 사실은 전통적인 선형 프로세스보다 더 오래 걸릴 것이다. 따라서 어느 것이 사실에 근거한 안정적인 데이터이고 어느 것이 추측에 근거한 유동적인 데이터인지 확인하면서 사용가능한 데이터(예: 설계 요구사항들)를 검토하라. 그리고 〈그림 5.5〉의 4분면 도표를 사용하면 정보를 분류하는 데 도움이 될 것이다.

동시 실행은 보통 프로젝트에 위험을 더한다. 예를 들면 현장 시험이 완료되기 전 생산설비 구매를 결정하면 긴 주문 리드 타임을 피할 수 있기 때문에 동시 실행을 잘 적용한 것이라고 할 수 있다. 하지만 위험도 따른다. 즉, 생산설비를 구매한 후 프로젝트가 취소되거나 방향을 바꿀 수도 있는 것이다. 따라서 활동들과 스테이지들을 합치는 결정은 반드시 위험을 감안해야 한다! 즉, 지연비용과 잘못될 가능성 및 비용을 비교하고 검토해야 한다(표 5.1 참조).

○ ○ ○

표 5.1. 앞으로 진행하는 것에 대한 위험 계산

우선 지연비용을 산정하라(실제 달러 기준, 1일당 지연 비용).

1. 지연된 수익흐름의 비용

   - 돈의 가치는 시간에 따라 달라진다.

   - 출시 후 예상 현금이익 흐름을 살펴보라.

     ✓ 그것의 현재 가치를 계산하라(달러 기준).

     ✓ 현재 가치에 1일당 자본비용을 곱하라(%).

     ✓ 그것이 지연으로 인해 실현되지 못한 수익 지연의 1일당
       비용이다.

2. 기회 상실

   - 만약 제품 판매 기회가 제한되어 있다면

   - 잃어버린 매출액 비용을 계산하라(1일당).

3. 추가 개발과 시험비용

   - 오래 지속되는 프로젝트는 원래보다 많은 비용이 든다.

   - 원래보다 오래 걸리는 프로젝트의 1일당 한계비용을 추정하
     라(이런 한계비용은 개발비용보다 적지만 0보다 크다).

4. 경쟁우위 상실

   - 급변하고 경쟁이 치열한 시장에서 최초로 진입한다는 것은
     매우 중요하다.

   - 잃어버린 시장점유율이 미치는 영향력 추정

5. 기타 비용들

   - 주요 고객에게 늦게 공급하는 것에 대한 비용(때때로 계약상
     위약금이 있다)

■ 협력사의 제품 출시 지연비용

위의 5가지 항목을 합산해 1일당 발생하는 지연비용(달러)을 계산하고 이를 기반으로 진행하는 것이 타당한지 여부를 결정하라. 가속화되는 방식으로 진행하는 것은 위험을 계산한 행동이므로 위험을 계산하라!

지연비용(일수 × 1일당 지연비용)

대 잘못될 경우의 비용 × 잘못될 확률

잘못될 경우의 비용은 보통 산정가능하다. 예를 들어 생산설비 주문을 취소하거나 일부 마케팅과 출시자료 개발을 폐기하는 것이다. 지연비용이 잘못될 경우의 비용과 확률보다 훨씬 크다면 "나아가라!" 긴 리드 타임 항목들을 진행시켜라!

∘ ∘ ∘

조건부 진행 결정들

일반적인 4가지 진행·중단·유보·재사용 이외에 5번째 가능한 결정인 조건부 진행을 허용함으로써 게이트들은 가속화될 수 있다. 때때로 게이트 회의에서 '간극(Gap)'으로 한 가지만 제외하고 진행 결정에 필요한 모든 실행가능 조건들이 충족되는 경우가 있다. 이런 경우, 기업은 마지막 한 가지가 완성되길 기다려야 하는가 아니면 앞으로 나아가야 하는가? 일부 기업들은 '조건부 진행' 결정을 허용하지만 한 명의 게이트 키퍼를 지명하고 최종작업을 완성시킬 조치를 취한다.

사례 모 기업이 컨테이너를 처리하는 기중기용 근접 경고 시스템을 개발 중이었다. 프로젝트팀은 막 '개발 단계로 진행'하는 게이트 3으로 진입했고 모든 것이 갖추어져 있었다. 모든 실행가능한 결과물들이 나왔고 한 가지를 제외하면 프로젝트도 좋아 보였다. 즉, 빈틈없는 게이트 키퍼가 법적 문제(경고 시스템 장애로 인해 누군가 부상당했을 경우, 어떻게 할 것인가?)가 처리되지 않았다는 점을 발견한 것이다. 팀은 프로젝트를 보류하고 몇 주가 걸릴지도 모를 법률자문을 기다려야 하는가? 프로젝트팀은 탄력이 붙어 개발로 진행할 만반의 준비를 갖추는 중이었다.

개발 단계로 진행하라는 결정이 내려진 동시에 팀은 즉각 법적인 의견을 구하고 4주 내에 답을 찾으라는 지시를 받았다. 4주 내에 게이트 키퍼 수장에게 법적 견해를 제출해 만족스러우면 '조건부 진행'은 '진행'으로 되고 그렇지 않으면 프로젝트는 법적 문제가 해결될 때까지 보류될 것이다.

여기서 핵심은 규율이다. 반드시 미해결 과제가 처리되어야 하고 피드백 등의 형태로 지정된 게이트 키퍼(수장)에게 만족스럽게 보고되어야 하는 것이다. 그렇지 않으면 조건부 진행은 제시간에 처리하지 못한 업무를 위한 '회피책'이 되고 말 것이다.

제안 아이디어-출시 시스템이 신속하고 유연하고 적응성이 높아지도록 필요한 조치를 취하라. 제품이 좋다는 것을 빨리 확인하고 구매 의도를 초기에 확보하기 위해 사용자와 함께 나선(구축-시험-피드백-수정의 반복)을 만들어라. 동시성을 도입함으로써 스테이지 내에서 활동 중첩을 가능하게 해 완전한 정보를 기다리지 말고 앞으로 진행하라. 또한 스테이지들이 겹치는 것(시간절약을 위해 활동을 이전 단계로 이동하는 것)을 고려하라. 그러나 위험을 염두에 두고 지연비용과 잘못될 경우의 비용 사이의 균형을 유지하라.

3. 효율적이고 군더더기 없고 낭비가 없어야 한다

지나친 관료주의

신제품 출시를 가속화할 수 있는 잘 정의되고 효율적인 시스템을 갖추는 것이 목표다. 하지만 어떤 기업은 불필요하고 전혀 부가가치가 없는 활동으로 가득차 다루기 힘들고 관료주의적인 프로세스를 설계했다. 여기 2가지 대표적인 함정이 있다.

> 66 린 제조 기법(가치흐름 분석)을 사용해 아이디어-출시 시스템에 존재하는 모든 낭비요소와 비 부가가치 작업을 없애라. 99

A. 실행가능 결과물의 과잉

대부분 기업의 신제품 프로세스는 각 게이트에서 게이트 키퍼들에게 전달되는 정보과잉으로 어려움을 겪는다. 프로젝트팀은 '지나친 관료주의와 게이트 준비를 위한 과도한 업무'로 비명을 지르고 게이트 키퍼들은 의사결정과 관련 없는 방대한 자료를 읽어야 한다고 불평한다. 이런 실행가능 결과물의 과잉은 다음 요소에 의해 생긴다.

■ 프로젝트팀은 어떤 정보가 필요한지 확신하지 못하기 때문에 많은 정보를 전달한다. 그들은 너무 포괄적인 보고서를 준비함으로써 자신들을 철통같이 방어한다. 각 게이트에서 어떤 정보가 필요할지 프로젝트팀과 게이트 키퍼들은 서로 잘 이해하고 있어야

하고 서로 기대치가 명확히 정해져 있어야 한다.

- 회사가 보유한 스테이지 게이트 시스템의 디자인 자체가 문제일 수도 있다. 시스템은 각 게이트마다 반드시 완성되어야 하는 매우 정교한 견본을 포함한다. 어떤 전문가들은 견본들이 너무 지루하고 불필요한 작업을 권한다고 주장한다. 반면, 어떤 전문가들은 견본이 유용한 지침이 되고 데이터를 구조화하는 데 도움이 된다고 주장한다. 하지만 어떤 경우든 작성할 내용이 너무 많아 지나치게 상세한 견본은 실행가능 결과물의 과잉으로 이어질 수 있다.

게이팅 시스템들이 요구하는 정보는 일부는 흥미로울 수도 있지만 대부분 게이트 결정에 필수적이진 않다. 시장조사를 어떤 방식으로 했는지, 새로운 분자가 어떻게 생겼는지 보여주는 그림 등은 결정에 아무 도움도 되지 않는다. 게이트 결정을 위한 필수정보로 한정해야 한다. 실행가능 결과물과 견본들을 제한하라.

사례[13] 존슨앤존슨의 에티콘 사업부(Ethicon Division)는 스테이지 1 '기회 파악'에서 시작하고 '출시'로 끝나는 효과적인 스테이지 게이트 프로세스를 구축하고 있다. 이 프로세스의 특징은 '린 게이트들'이다. 이전에는 실행가능 프로세스의 게이트 패키지가 30~90장에 이르는 프레젠테이션으로 구성되어 있는데 어느 프로젝트팀이 준비하든 과도한 양이었다. 이제는 핵심에만 집중해 1장의 결과물에 3장의 보충 슬라이드로 구성된다. 게이트 키퍼들은 회의에 참석하기 전 프로젝트를 모두 이해하고 있어야 한다. 게이트 회의는 제대로 준비하지 못한 게이트 키핑 그룹에 프로젝트를 상세히 설명하는 교육시간이 아니다. 게이트 검토에서 고위 경영진은 위험과 필요한 자원 투입에 대한 설명들을 듣는다. 또한 프레젠테이션에는 표준화된 양식이 있다. 이 점 덕분에 몇 주나 걸리던 준비 작업은 사라지게 되었다.

B. 부가가치가 전혀 없는 일을 지나치게 요구하는 것

어떤 기업은 가능한 모든 활동들을 각 스테이지마다 구축해놓는 바람에 스테이지별로 해야 할 업무와 활동들이 너무나 많다. 게다가 별로 필요하지 않은 작업들이 시스템에 점점 추가되면서 스테이지 게이트 시스템은 덩치가 지나치게 커졌다.

사례[14] ITT 인더스트리스는 매우 효과적인 스테이지 게이트 프로세스를 자랑한다. 그 프로세스는 가치기반 제품개발(VBPD) 계획의 일부로 2002년 15%에서 2010년 33%까지 신제품 매출 증가에 큰 역할을 했다. 그런데 각 기능에서 프로젝트팀에게 지나치게 많은 것을 요구하는 관료주의적 경향이 있어 ITT 경영진은 항상 그 점을 신경쓰고 있었다. 예를 들어 기업환경·건강·안전 그룹이 프로세스를 붙잡고 있을 때 스테이지 2에서 엄청난 양의 일이 프로젝트팀에게 추가되었다. 실행가능 패키지가 7페이지에 달할 정도로 많은 20가지 작업을 요구했는데 이것은 전체 사업 사례보다 긴 것이었다! 그것은 각 부서들이 문서화를 얼마나 철저히 잘할 수 있는지 경쟁하는 것처럼 보였지만 오히려 어느 프로젝트팀도 싸워 이길 수 없는 관료주의적 악몽만 유발할 뿐이었다. 가치기반 제품 개발 스테이지 게이트 프로세스 전체를 감독하는 강인한 정신력을 가진 경영진이 없었다면 이 추가 작업은 시스템을 망치고 말았을 것이다. 오늘날 이 프로세스는 깔끔하고 효과적이 되었다. 그리고 성과를 내고 있다!

고통 없이 얻는 것은 없다

어떤 시스템이든 실행에는 노력이 필요하다. 스테이지 게이트도 프로젝트팀과 리더와 게이트 키퍼들이 새로운 노력을 해야 한다. 예를 들면 프로젝트팀은 사전 작업을 상당히 철저히 해야 하고 프로젝트에 대한 사실적 정보(뭔가 날조하는 데 익숙한 사람들에게는 새로울 수 있는 작업)를 준비해야 한다. 마찬가지로 게이트에서도 약간의 노력이 들어가고 게이트 키퍼들과 프로젝트팀들의 입장에서는 새로운 일인 셈이다. 특히 비공식적이거나 직관적인 의사결정 방식이나 1명의 경영진이 지시하는 게이트 회의가 익숙한 회사에서는 더욱 그럴 것이다.

이처럼 새롭게 요구되는 모든 일은 스테이지 게이트를 잘 모르는 사람들에게는 추가적인 업무처럼 보일 수 있다. "이런 추가적인 일은 모두 요식행위이기 때문에 이런 업무를 건너뛰면 시간과 돈을 많이 절약할 수 있다."라는 논쟁이 일어나기도 한다. 성공률을 높이지도 못하며 수익률을 증가시키지도 못하고 장기적으로 출시 시간을 단축시키지도

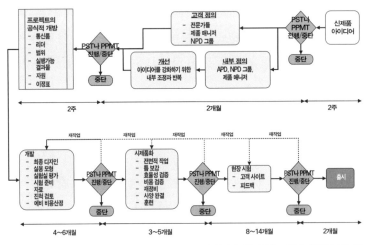

출처: 공정설비 제조기업. 실제 공정 차트는 10m 길이의 종이에 그려졌지만 이 책을 위해 축소되었다. 재사용과 재작업과 더불어 각 업무를 완수하는 데 걸리는 시간이 적혀 있다(이 차트에는 생략되었지만, 공정상의 부족한 점들은 원래 차트에는 통합되어 있었다).

그림 5.6 신제품 개발과정의 '가치흐름지도'를 그려라.

못하는 등 추가된 일이 노력할 만한 가치가 없다면 이런 주장은 충분한 설득력이 있을 것이다.

요점은 요식행위를 피하는 것(아무 가치도 없는 일을 하는 것)과 지적인 게으름이나 엉성한 실행(큰 가치가 있지만 제대로 하려면 시간과 노력을 들여야 하는 핵심업무를 빠뜨리는 것)을 혼동하지 말아야 한다는 것이다. 많은 프로젝트팀과 기업들은 후자의 실수를 범한다.

낭비를 줄이기 위해 '린 기법'을 사용하라

똑똑한 기업들은 기회가 있을 때마다 낭비와 비효율을 없애는 차세대 스테이지 게이트 프로세스인 '린(Lean)' 버전을 만들었다. 그들은 린 제조방식에서 가치흐름 분석 개념을 빌려와 신제품 프로세스에 적용했다. 가치흐름은 프로세스의 모든 단계를 고객가치를 극대화하는 목표와 연결하는 것이다.[15] 제품 개발에서 가치흐름이란 신제품이나 서비스 개발과 관련된 모든 활동(가치부가 활동과 가치 비부가 활동 모두 포함)이 연결된 것을 의미한다. 가치흐름지도로 알려진 수단을 이용해 제품혁신의 가치 흐름들을 파악하고 문서화하고 가치부가와 가치 비부가 활동들을 파악함으로써 아이디어-출시 프로세스를 개선하는 데 필수적인 역할을 한다.[16]

가치흐름분석을 적용하기 위해 특별팀은 소속 사업의 전형적인 개발 프로젝트를 위한 가치흐름지도(현재의 아이디어-출시 프로세스)를 만들어낸다(그림 5.6의 사례 참조). 전형적인 프로젝트 결정 지점들, 핵심 활동들이 평균 소요시간과 함께 파악된다. 이렇게 지도를 그려보면 계획된 프로세스 작업 방식과 실제 작업 방식 사이에 종종 차이가 있음이 명확해진다.

가치흐름이 구성되면은 프로세스를 좀 더 자세히 살펴보고 분석할 수 있는데 프로세스의 각 단계와 활동을 비판적으로 평가하면서 다음 과 같은 4가지 핵심질문을 던지게 된다.

- 이 절차, 스테이지, 활동에서 완수되어야 하는 일은 무엇인가?
- 이 활동을 얼마나 제대로 실행하는가? 보통 얼마나 걸리는가?
- 이 절차나 활동이 정말 필요한가?
- 그렇다면 어떻게 개선될 수 있는가? 어떻게 빨라질 수 있는가?

시간낭비 요소를 탐색하면서 모든 절차, 필요한 실행가능 결과물, 문 서와 템플릿, 위원회, 결정 과정이 검토된다. 문제점과 시간낭비 요소, 비 부가가치 활동들이 파악되면 특별팀은 그것들을 없애기 위해 노력 한다.

그와 같이 잘 통제된 접근법은 시스템에서 가치가 추가되지 않는 일 을 찾아내 그것을 없애기 위해 시스템을 수정할 수 있다.

사례 애크미사(Acme Company)는 제지기계에 필요한 중요 부품 들을 개발한다(제지기계는 1억 달러가 넘는 기계로 계속 종이를 만들고 항공기 격납고만한 공간을 차지한다.). 〈그림 5.6〉의 가치 흐름지도는 이 회사가 만든 축약본이다.

〈그림 5.6〉의 프로세스에서 특히 문제가 되는 것은 현장시험이 다. 실제 제지기계 현장시험은 8~14개월이 걸리는데 제대로 안 되는 경우가 많기 때문에 반복하다보면 프로젝트 기한은 수 개월 부터 수 년까지 늘기도 한다!

특별팀은 근본 원인 분석을 수행했고(현장 시험이) 고객의 제 지공장에서 실시되었기 때문에 애크미는 고객 공장의 정기휴업 때까지 기다려야만 했다. 또한 비용이 상당히 많이 들기 때문에 고객들은 현장 시험을 꺼려했다. 게다가 고객에게 어떤 실질적인 이득이 되는 것도 아니었다. 사실 프로세스를 늦추고 고객에게 비용을 추가하는 재작업들은 보통 사용자의 욕구와 적용상황들을 제대로 이해하지 못하거나 심각한 기술적 문제들에서 기인하는 것이다.

이 회사의 주요 경쟁업체는 최초 현장시험을 사내 시험용 제지기계에서 실행하기 때문에 이와 같은 문제가 없다는 사실이 추가 조사를 통해 밝혀졌다. 시험용 기계는 제지기계를 그대로 복제했기 때문에 고객의 위험을 낮추었고 시험 제품은 대부분 입증되어 재작업이 많이 줄게 되었다. 즉, 경쟁기업은 포괄적인 현장 시험을 수행하기 전 거의 최종제품을 제대로 만들었던 것이다.

특별팀은 해당 문제들의 해결방안을 찾기 위해 노력했고 다음과 같은 해결책을 제안해 실행했다.

시험용 제지기계 사용: 특별팀이 이런 대안을 탐색한 결과, 일부 대학에 임대가능한 몇 개의 시험용 기계가 있다는 것을 알게 되었다.

개선된 사전 준비와 고객의 소리(VoC) 조사: 이 일을 어떻게 할지 연구하기 위해 최고 마케팅 책임자의 후원으로 VoC 특별팀이 구성되었다. VoC 방법들을 조사해 그 중 몇 가지가 추천되었고 VoC는 아이디어-출시 프로세스에서 반드시 거쳐야 하는 단계가 되었다. 고객욕구, 적용 요구사항, 운영 조건, 고객 추구 편익 등을 결정하기 위해 시간이 투입되고 조치가 취해졌다.

고객에 대한 더 많은 보상: 프로젝트팀들은 고객의 사용가치를 더 잘 이해할 것을 지시받았고(개선된 VoC와 사전 준비의 결과) 고객을 위한 보상들도 포함되었다(예를 들면 제품 사용과 관련된 일정 수준의 독점성).

신제품 프로젝트의 더 엄격한 선택: 경영진은 더 강력한 게이트와 정책들을 시행했다. "고객의 모든 요청을 받아들이지 말라. 고객에게 입증가능하고 가시적인 효익을 제공하는 프로젝트와 협력할 만한 보상이 있는 프로젝트만 추진하라."

기술적 이슈: 기술력이 최우선시되지만 고객문제, 추구 효익, 운영 조건 등을 더 잘 이해하면 R&D 작업에 집중하는 데 도움이 될 것이다.

이렇게 5가지 조치를 실행함으로써 현장시험 문제는 크게 감소되었고 혁신 프로세스도 매우 가속화되었다. 또 하나의 가치흐름 분석의 성공적인 예다!

제안 **낭비요소와 관료주의, 군더더기를 없애라! 가치가 추가되지 않는다면 없애야 한다. 린 제조 영역에서 도입한 방법 즉, 비 부가가치 활동들을 파악하는 가치흐름 분석과 프로세스에서 문제가 되는 절차와 업무를 바로잡기 위한 근본 원인 분석 등을 활용하라.**

4. 지표, 팀 책임, 지속적인 개선

차세대 스테이지 게이트 시스템은 결과에 대한 책임감을 심어주는 동시에 지속적인 개선 문화를 조성하기 위해 엄격한 사후 출시 검토를 시행한다. 지속적 개선은 린 제조 방식의 주요 원리 중 하나로 제품혁신 영역에도 잘 적용된다.

신제품 개발의 지속적 개선에는 다음의 3가지 중요 요소가 있다.[17]

a. **성과지표 준비:** 특정 신제품 프로젝트가 얼마나 제대로 수행되었는지 측정한다. 예를 들어 제품 이익은 예상대로인가? 출시가 제때 이루어졌는가?

b. **결과에 대한 팀 책임 정하기:** 이런 지표에 따라 측정될 때 프로젝트팀의 모든 구성원들은 성과 결과에 대해 전적으로 책임진다.

c. **학습과 개선 포함시키기:** 프로젝트팀이 목표를 놓치거나 부족한 점들이 생길 때 현상에 대해 미봉책을 쓰거나 팀을 처벌하기보다 근본 원인 해결에 집중하라. 똑같은 문제가 반복되지 않도록 막아야 한다.

사례 전통적으로 에머슨 일렉트릭(Emerson Electric)은 사후-출시 검토가 대부분 부서의 신제품 활동에 없었지만 새로 공개된 아이디어-출시 프로세스(NPD 2.0)에는 명시적으로 포함되었다. 즉, 프로젝트팀들은 프로젝트 초기에 정해지고 합의된 핵심적인 재무와 시간지표에 대해 책임진다. 예측과 실제 사이에 차이가 발견되면 근본 원인들을 찾으려고 노력하고 지속적으로 개선한다.[18]

에머슨은 3가지 이점을 누린다. 첫째, 매출이나 이익, 출시까지 매우 현실적으로 시간이 예측되므로 프로젝트팀들은 성과에 책임진다. 둘째, 목표와 기대가 명확하기 때문에 프로젝트팀은 그것을 달성하기 위해 집중하고 노력할 수 있다. 마지막으로 목표를 달성하지 못하면 원인을 찾고 재발 방지를 위해 과정이 개선된다. 즉, 폐쇄 회로 방식의 피드백과 학습을 이용하는 것이다.

❝ 지표를 사용하고 사후-출시 검토를 시행함으로써 팀 책임이 달성된다. 지속적인 개선을 하되 처벌은 하지 말라! ❞

P&G도 비슷한 방식을 사용하였다.[19] "목표는 시장에서 성공하는 것이다. 대부분의 기업에서는 프로젝트의 승인을 얻거나 다음 게이트를 위한 실행가능한 결과물을 준비하는 등 프로세스 통과를 지나치게 중시한다. 과거에는 P&G도 다르지 않았다.(대다수 기업들은 여전히 프로젝트에 대한 사후-출시 검토를 수행하지 않고 합의된 프로젝트 결과에 대해 팀이 책임지는 기업은 더 적다.) 반면, P&G의 원칙은 단순히 프로세스를 완료하는 것이 아니라 시장에서 성공하는 목표를 강조한다. 프로젝트별로 스테이지에 따른 게이트마다 구체적인 성공 기준이 정해진다. 예를 들어 예상이익, 출시일, 예상매출, 후속 단계에서 정해진 시험 결과와 같은 임시지표 등이다. 각 게이트에서 프로젝트팀과 경영진은 이런 기준과 달성 목표에 대해 합의한다." 그리고 프로젝트팀은 이 성공 기준에 따라 사후-출시 결과에 책임진다.

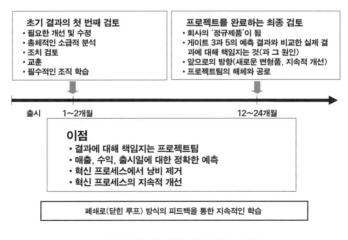

그림 5.7 철저한 사후-출시 검토 실행

사후-출시 검토는 프로젝트팀이 책임지는 최종 지점이다. 실제 달성된 결과들이 정해지고 (원래 성공 기준에 따른) 예측치와 비교된다. 책임성 이슈는 이런 검토에서 중요도가 높은 사안이다. 팀은 성공 기준과 비교해 약속한 바를 달성했는가?

지속적 학습

또한 지속적인 학습과 개선은 반드시 실행되어야 한다. 결과를 측정하고 부족한 점들을 파악했음에도 불구하고 조치가 취해지지 않는다면 똑같은 실수가 반복될 것이다. 따라서 사후-출시 검토에서 프로젝트팀이 목표를 달성하지 못한 경우, 근본 원인 분석으로 재발을 방지해야 한다. 팀을 비난하거나 두려움과 징벌 문화를 조성하기보다 지속적 개선(학습 조직)에 초점을 맞추어야 한다.

사례 EXFO 엔지니어링(PDMA의 탁월한 기업혁신상을 수상한 기업)은 뛰어난 포트폴리오 관리 프로세스와 함께 견고한 스테이지 게이트 시스템을 자랑한다. EXFO는 게이트 5를 추가했는데 그 목적은 프로젝트를 제대로 마무리하는 것이다(이 회사에서 출시는 게이트 4.1에 해당한다). 최종 사후-출시 게이트 회의에서 경영진은 미완성 이슈들(제조, 품질, 매출 증가, 프로젝트)이 모두 처리되고 완결되었는지 검토한다. 초기 고객들에 대한 설문조사를 바탕으로 피드백이 제공되고 사후 프로젝트 검토를 통해 프로젝트의 장점과 단점, 팀으로부터 개선 조언도 받게 된다. 일반적으로 게이트 5는 첫 번째 제품이 고객에게 전달된 3개월 후 진행된다. 그리고 프로젝트의 매출 성과와 수익성(ROI, 투자수익률)이 제품 수명의 첫 2년 동안 추적·관찰된다.[20]

사후-출시 검토

〈그림 5.7〉에서 보여주듯이 많은 기업들은 두 번의 사후-출시 검토를 실시한다. 첫 번째 검토는 출시 이후 여전히 팀 구성원들을 활용할 수 있는 동안 곧바로 진행된다. 초기 결과를 평가하고 개선과 수정이 필요한 부분을 파악한다. 더욱 중요한 것은 팀이 프로젝트의 소급적 분석(Retrospective Analysis: 시작부터 끝까지 프로젝트를 철저히 검토함)을 수행하는 것이다. 이는 앞에서 설명한 가치흐름 분석과 매우 비슷하지만 한 가지 다른 점은 최근 완료된 실제 프로젝트를 대상으로 한다는 것이다. 프로젝트 지도가 만들어지면 다음 4가지 중요한 질문이 제기된다.

- 이 절차, 스테이지, 활동에서 어떤 일이 완료되었는가?
- 이 활동을 얼마나 잘 실행했는가? 시간이 얼마나 걸렸는가?
- 이 절차나 활동이 정말 필요했다고 생각하는가?
- 그렇다면 어떻게 더 잘할 수 있었는가? 얼마나 더 빨리 할 수 있었는가?

다음 프로젝트를 어떻게 더 빨리 더 잘할 수 있을지에 대한 통찰력을 얻는 것이 목적으로 모든 프로젝트는 이전 프로젝트보다 나아져야 한다! 이런 소급적 분석이나 개선(Kaizen) 활동은 혁신관리에서 지속적 개선의 중요한 면이다.

사례 미국 공구제조업체인 케나메탈(Kennametal: PDMA의 탁월한 기업혁신상 수상기업)은 출시 직후 규칙적으로 사후-출시 검토를 실시한다. 그 목적은 과정을 개선하고 가속화하는 방법들을 찾아내는 것이다. 사후-출시 검토를 통해 병렬적으로 수행될 수 있는 많은 활동들과 앞 단계로 진행될 수 있는 업무와 결정들을 파악했다. 예를 들면 자금 요청은 보통 출시 단계 게이트 이후 이루어지지만 시험 스테이지로 앞당겨 진행함으로써 긴 주문시간의 생산설비를 획득하는 경우, 시간을 많이 절약할 수 있다.

최종 사후-출시 검토는 일반적으로 출시 후 12~24개월 사이에 실시되는데 프로젝트팀이 마지막으로 책임지는 지점이다. 프로젝트팀은 게이트 3과 5(시스템에서 2개의 핵심적인 게이트)에서 투입되는 노력과 비교해 달성된 결과들을 제시한다. P&G처럼 보통 이런 결과는 다음의 성공 기준과 비교된다.

- 첫해 매출: 실제와 예상수치 비교
- 수익성(예를 들면 1년 간의 운영 결과를 바탕으로 수정된 순현재가치[NPV])를 예측과 비교
- 출시일(제 날짜에 출시되었는지, 늦었는지)
- 고객만족지표

이런 최종 사후-출시 검토는 게이트 3과 5에서 프로젝트를 승인했던 고위 게이트 키퍼들 앞에서 실시된다. 프로젝트팀 구성원들은 이런 검토가 이루어지기 전 다른 업무를 시작하지만 프로젝트 결과에 대해 계속 책임진다. 이로써 '신제품 프로젝트'는 공식 종료되고 회사의 제품 포트폴리오에 속하는 '정규 제품'이 된다.

제안 엄격한 사후-출시 검토(〈그림 5.7〉처럼 두 번의 검토)를 포함시키고 그 검토가 이루어질 때까지 프로젝트팀들이 약속한 결과에 책임지게 하라. 대부분의 기업들은 그렇게 하지 않는다! 차이가 발견되면 지속적 개선 모드로 전환하고 재발 방지 조치를 취하라. 그러나 징벌은 피하

라. 책임과 징벌의 경계는 확실하다. 혁신과 창의성은 두려움의 문화에서는 꽃필 수 없다!

5. '개방형 혁신'을 위한 스테이지 게이트

대기업들이 중대한 위협에 직면하고 있다. 내부 R&D가 혁신 엔진이 되지 못하고 계속 기회를 놓치고 있다. 정말 수많은 혁신적 아이디어와 제품, 기술이 지난 수십 년 동안 대기업이 아닌 곳에서 개발되었다.[21] 예를 들면 수많은 아이디어와 발명과 혁신이 벤처투자를 받은 소규모 기업가적 신생업체들로부터 나왔다.[22] 그중 다수는 획기적인 기술과 아이디어, 새로운 사업 모델을 만들어 기존 범주(산업)와 시장을 파괴했다. 이제 경쟁우위는 종종 다른 보통사람들의 발견을 활용하는 데 놓여 있으며 이런 트렌드는 피할 수 없다.

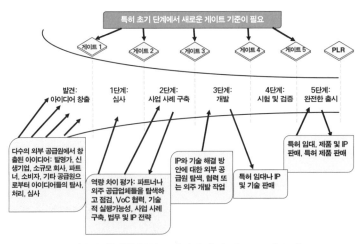

그림 5.8 개방형 혁신 스테이지 게이트는 프로세스의
여러 지점에서 외부와 상호작용한다.

> 66 '개방형 혁신'은 삶의 일부가 되었다. 이에 걸맞는 개방적인 스테이지 게이트 시스템을 만들고 인프라 구조와 새로운 지표, 문화의 변화를 준비하라. 99

당신의 기업은 NIH('내부에서 발명되지 않은 것[Not Invented Here]')증후군으로 어려움을 겪고 있는가? 선도기업들은 내부에서 만든 아이디어 및 신제품과 외부에서 만든 것들의 건강한 균형을 위해 개방형 혁신이 필요하다는 것을 알고 있다. 그들은 외부에서 새로운 아이디어와 발명과 혁신을 찾는 과정에서 외부 파트너나 제휴업체를 활용하기 위해 필요한 프로세스, IT지원, 팀, 문화를 갖추고 있다.

스테이지 게이트도 개방형 혁신을 수용하기 위해 수정되었다. 킴벌리 클라크(Kimberly Clark)와 에어 프로덕트 앤 케미컬(Air Products & Chemicals), GE, 바스프(BASF), P&G 등은 개방형 혁신으로 이동했다. 그들은 아이디어 창출부터 출시까지 전 과정에서 파트너와 제휴업체, 공급업체 등의 네트워크를 활용하기 위하여 스테이지 게이트 과정을 수정(필요한 유연성과 역량과 시스템을 포함)했다. 예를 들어 P&G의 SIMPL 3.0 개방형 스테이지 게이트 시스템은 외부에서 가져온 아이디어, IP, 기술, 심지어 완전히 개발된 제품들까지 처리하도록 만들어졌고 일부 GE 업체들도 외부와 내부의 개방형 혁신을 처리하기 위해 스테이지 게이트(GE의 톨게이트 시스템)를 다시 만들었다.[23]

전통적 또는 폐쇄형 혁신 모델에 의하면 내부와 일부 외부(고객자료, 마케팅 아이디어, 시장정보, 전략계획자료)로부터 자료가 투입되면 R&D 조직은 즉시 또는 향후 신제품이나 기술을 발명·개발하는 업무를 진행한다.[24] 반대로 개방형 혁신에서 기업은 아이디어, 개발, 상업화라는 3가지 측면 전반에 걸쳐 안팎을 모두 살펴본다. 그렇게 함으로써 프로세스 전체에서 더 많은 가치가 만들어지고 실현된다(그림 5.8 참조).[25]

아이디어 창출 또는 발견 단계

기업은 해결해야 할 고객문제나 충족되어야 할 욕구를 파악하기 위하여 외부 뿐만 아니라 발명가, 신생기업, 소규모 기업가적인 회사, 협력업체, 대중, 기타 이용가능한 아이디어와 기술도 살펴봄으로써 내부개발 또는 공동개발의 토대로 사용해야 한다. 따라서 외부 아이디어 심사, 발굴, 처리, 심사 시스템이 개방형 스테이지 게이트에 포함되어야 한다.

초기 발견 단계에 포함된 '개방형 혁신' 활동들은 다음과 같다.[26]

✓ 기존 기술과 초기 기술, 주도적 기업, 전략적 분석 파악: 최신 현황에 집중

✓ 국내 또는 세계적 기술 전문성 도식화

✓ 잠재적 동업, 협력 기회, 새로운 아이디어 발견을 위한 기술 감시 도구(예를 들면 골드파이어[Goldfire], 이노그라피[Innography])의 사용

✓ 기업가, 소규모 기업, 혁신가들을 찾기 위한 정찰팀(스카우트팀) 구성(예를 들면 컨퍼런스, 박람회, 온라인 등에서)

✓ 트렌드를 정리하거나 탐구하는 전문가와 업체 활용(예를 들면 www.trendhunter.com)

✓ 외부 벤치마킹(산업 예측, 향후 방향(Road Map), 혁신 전략)

✓ 가치를 추가해줄 수 있는 연구회 유지와 장려

✓ 웹 페이지와 경연을 통해 외부 아이디어를 적극 수집

사업 사례 구축

이제 이 중요한 사전-개발 스테이지에 새로운 업무들이 편입되었다. 여기에는 제품 개발과 상품화를 위해 필요한 기술적 역량 또는 마케팅 역량을 제공할 잠재적 협력업체나 외주 공급업체가 참여하는 활동들도

포함된다. 이런 '개방형 혁신' 활동은 다음과 같다.

- ✓ 프로젝트 초기에 협력업체나 외주 공급업체가 필요한 사항 파악 (부족한 내부 역량 확인)
- ✓ 협력업체와 파트너 회사를 대상으로 참여 의사 모색
- ✓ 잠재적 파트너나 공급업체 모색과 후보 조사(파트너 선택을 위한 체계와 기준)
- ✓ 동업전략 개발
- ✓ 외부 기업과 관련된 IP나 법적 문제 처리: 프로젝트를 위한 IP 전략 개발
- ✓ VoC와 기술적 실행가능성에 대한 시행 (파트너 프로젝트팀의 협업)
- ✓ 파트너와 사업 사례 구축
- ✓ 다양한 법률문서(예를 들면 양해각서[아마도 스테이지 1에서], 의향서[아마도 스테이지 2에서], 법률계약서[게이트 3에서]를 포함한 문서) 작성

사례 개방형 혁신의 법적 측면들을 쉽게 처리할 수 있도록 하이드로 퀘벡(Hydro Québec)은 프로젝트팀이 사용할 법률문서 템플릿과 사용지침을 모두 포함한 내부 웹페이지를 개발했다. 이것은 공동 프로젝트의 법적 측면들로 인해 혼란스러웠던 프로젝트팀 구성원들에게 큰 도움이 되었다.

개발 단계

개방형 스테이지 게이트 시스템에 의하면 기업들은 공급업체, 파트너, 회사 또는 프리랜서 기술전문가들로부터 기술 및 개발 관련 문제를 해결하기 위해 도움을 구하고 이 단계에 '동업자들'을 포함시킨다. 또한 내부 혁신 과정에 외부 참여자를 포함시키는 프로젝트 관리 운영도구

들이 사용된다. 나아가 타 기업들에 의해 이미 제품화되었거나 상품화된 외부 혁신을 인수하는 대안도 포함되어야 한다.

또 다른 '개방형 혁신' 유형의 경우, 기업들은 내부에서 개발했지만 핵심사업에서 벗어난 기술과 지적소유권을 팔거나 특허를 임대해줄 수도 있다. 따라서 잠재적 구매자를 찾고 특허 임대나 IP를 판매하는 활동이 이 개발 단계에 포함될 수 있다.

출시 또는 상업화 단계

개방형 스테이지 게이트 시스템에서는 다른 곳에서 더 큰 가치가 실현될 수 있다면 이미 상품화된 제품이더라도 팔거나 특허를 임대할 수 있다. 혹은 자사의 신성장을 위해 즉각적인 동력을 제공한다면 이미 상업화된 타 기업 제품을 인수할 수도 있다.

게이트 운영

외부 파트너들은 스테이지 게이트 시스템 전 과정에 걸쳐 종종 게이트 회의에 초대되며 진행 결정에 참여한다. 내·외부 경영진이 모두 참석하면 게이트 회의의 성격이 바뀌므로 반드시 합의된 게이트 절차가 사용되어야 한다. 예를 들어 '찬반이 팽팽하다면' 어떻게 결정할 것인가? 게이트 절차와 상세한 내용은 제9장에서 자세히 다룰 것이다.

진행/중단 또는 투자 기준도 수정되어야 한다. 전통적인 게이트 모델에서 사용되는 '핵심역량의 사용'과 '사업과의 전략적 적합성' 등과 같은 기준은 그대로 적용할 수 없다(수정되어야 한다). 예를 들면

■ 개방형 혁신 게이트 시스템에서는 프로젝트 개발이나 실행을 위한 역량(마케팅과 기술 면에서)이 일부 부족하다고 바로 '중단'을 의미하진 않는다. 그대신 부족한 요소들을 해결하기 위해 파트너

나 외주 공급업체를 찾아야 하고 파트너나 공급업체를 조사하고 선택하는 데 필요한 새로운 기준이 도입되어야 한다.

- 마찬가지로 기존 사업과 조화를 이루지 못하는 개발의 경우, 전통적으로 '중단'을 의미했지만 개방형 스테이지 게이트 모델에서는 해당 기술을 판매하거나 제품 특허를 임대해줄 수 있다.

따라서 개방형 스테이지 게이트를 위해 새롭고 다른 게이트 기준들이 개발되어야 한다.

성과지표

신제품에 의한 매출 비율이나 정시 작업 등과 같은 전통적 성과지표와 더불어 '개방형 혁신'의 개방적 측면이 얼마나 잘 작동하는지를 담아내는 새로운 지표가 추가되어야 한다. 예를 들어

- **가치창출지수:** 파트너의 가치와 협력업체의 기여 추적
- **개방도지수:** '스테이지 1과 2에서의 동업 관계나 협업 수'와 '스테이지 1과 2에서의 총 프로젝트 수' 비율[27]

조직과 인프라 구조

개방형 혁신은 그냥 얻어지는 것이 아니라 제대로 작동되려면 필요한 인력과 인프라가 갖추어져야 한다. 기업들은 외부 아이디어와 IP를 탐색하고 처리하기 위해 조직을 만들었다. 예를 들면 바스프와 하이드로 퀘벡은 정찰팀(Scouting Group)을 만들었고 스와로브스키(오스트리아 크리스털업체)는 I-Lab을 설치했다. 타 기업들도 전담그룹을 두어 아이디어를 탐색할 뿐만 아니라 혁신 및 기술의 외부 공급원들과 함께 일하면서 개방형 혁신 프로세스 전체를 관리하도록 했다. 예를 들면

P&G의 연결 및 개발팀(Connect Develop Team), 노키아의 벤처링 그룹(Venturing Group), 에어프로덕트의 기업 기술 동업그룹(Corporate Technology Partnership Group) 등이 있다.

제안 '개방형 혁신'을 계획하고 있다면 필요한 시스템, IT 지원, 조직(발굴, 연결, 개발팀) 등을 만들어 개방형 혁신을 처리하게 하라. 여기에는 〈그림 5.8〉처럼 개방형 혁신 프로젝트를 위해 많이 수정된 스테이지 게이트 시스템도 포함되어야 한다.

주의 사항: 수많은 유형의 개발 프로젝트들이 '개방형 혁신'이라는 이름으로 분류된다. 대표적으로는, 아웃바운드(Outbound) 혁신(기술이나 개발된 제품을 타 기업에게 임대하거나 판매하는 경우)과 인바운드(Inbound) 혁신(외부로부터 아이디어, 해결방안, IP, 개발, 마케팅 등에 대한 도움을 받는 경우)이 있는데, 이 두 유형은 매우 다르기 때문에 서로 다른 개방형 혁신 스테이지 게이트 모델이 필요하다.

마찬가지로, 외부와의 상호작용이 일어나는 지점(아이디어 개발, 출시)에 따라 프로젝트의 유형이 달라진다. 외부로부터 아이디어를 가지고 오는 것은 파트너나 공급업체와 함께 개발하는 것과 다르며, 또는 이미 완성된 제품의 특허를 인수하는 것과 다른 프로젝트가 된다.

따라서 '널리 적용되는' 해결방안을 기대하지 말라. 어떤 개방형 혁신(인바운드, 아웃바운드, 아이디어, 공동개발, 특허 인수, 특허 임대, 공동 마케팅)이 바람직한 모델인지 결정한 후, 이 모델에 적합한 개방형 스테이지 게이트 시스템을 개발하라. 그것은 일반적인 스테이지 게이트 접근법과 비슷하겠지만 몇 가지 중요한 차이점도 있을 것이다.

6. 수명주기 관리와 스테이지 게이트

진취적인 기업들은 아이디어-출시 프로세스를 '출시 이후의 수명' 즉, 제품 수명주기 관리(Product Life Cycle Management)와 통합한다. 제품 개발팀이 프로젝트 개발에만 집중하고 미래를 고려하지 않는 것을 방지하기 위해서다. 스웨덴 사브 항공우주(Saab Aerospace)는 잘 고안된 스테이지 게이트 과정을 수명주기 관리 모델에 포함시켰는데 '아이디어 창출'부터 시작해 수년 후 미래의 '제품 철수'와 '기술 지원 완료'로 끝난다.

수명주기 관리의 목적들

수명주기 관리의 주요 목적은 최초 출시 기간이 한참 지난 후에도 개발 프로젝트가 어떤 상태인지에 대한 비전이 있는지 장기적인 관점에서 프로젝트에 대한 투자가 고려될 수 있도록 하는 것이다. 두 번째 목적은 신제품 진화 계획의 일부로 '반드시 해야 하는' 것들을 파악해 이런 부수적인 프로젝트들이 제때 진행될 수 있도록 하는 것이다.

> 66 수명주기 모델(아이디어 창출부터 출시, 제품 퇴출과 종결까지)은 스테이지 게이트뿐만 아니라 다른 많은 게이트와 스테이지도 포함한다. 99

또 다른 목적은 신제품 출구전략을 마련하는 것으로 신제품에 대한 지원이 더 이상 필요하지 않을 때가 언제인지 또는 신제품을 돕기 위해 어떤 제품들을 잘라내야 하는지(해당 출구전략 포함) 결정한다. 특히 이는 현재 제품지원에 수 백만 달러를 쏟아야 하는 기업에게 중요하다. 만약 신제품이 제품 라인에 계속 추가되고 기존 제품을 퇴출시키는 계획도 세우지 않는다면 제품은 갈수록 많아지고 지원하기 더욱 어려워지기 때문이다.

마지막으로 일부 기업의 제품 수명주기 계획은 제품 폐기를 다루는데 10년 된 폐자동차 부품을 처분하거나 재활용 또는 재생하는 방법이 해당된다.

수명주기 스테이지 게이트 모델

〈그림 5.9〉에 제시된 전형적인 수명주기 모델에는 아이디어부터 제품 철수까지 9개 게이트나 결정 지점들이 있다.[28] 도표의 오른쪽에는 전통적인 제품 개발 게이트들과(스테이지 게이트의 게이트 1부터 5) 몇 가지 광범위한 결정들(프로젝트를 언제 제품 로드맵과 개발 포트폴리오에 포함시킬지)이 포함되어 있다. 첫 번째 5개 게이트는 다음과 같다.

G-1: 아이디어 심사, 기회 분석

G-2: 기회가 로드맵 후보로 승인되거나 거부, 소규모 사업 승인

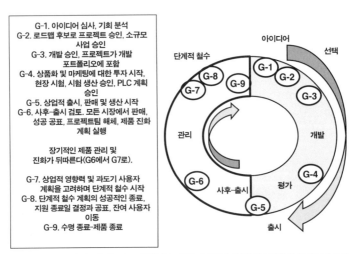

그림 5.9 스테이지 게이트(오른쪽)를 제품 수명주기 관리 모델에 포함시켜라.

G-3: 개발 승인, 개발 포트폴리오에 기회 포함

G-4: 상품화와 마케팅 투자 시작; 현장 시험 승인; 제품 목록에 등장; PLC 계획 승인

G-5: 상업적 출시, 판매 시작

상업화 게이트(게이트 5) 이후에도 단계적 철수와 종료까지 이어지는 4개 게이트가 더 있다.

G-6: 모든 시장에서 제품 판매, 품질과 사업 모델 수용

그 후 수 년이 흐를 수도 있다.

G-7: 상업적 영향력과 최종 구매일을 고려해 단계적 철수 시작

G-8: 단계적 철수 계획과 지원 종료일 확정

G-9: 수명 종료, 제품 종료

수명주기 계획은 제품 출시 후 수 개월부터 수십 년까지 지속될 수 있고 다음과 같은 다수 제품과 마케팅 요소를 다루게 된다.

- **출시 기간 이후의 예상매출과 예상수익:** 초기 투자 결정에 반영될 수 있다. 예를 들면 신제품이 2년 만에 감탄할 정도의 자금 회수(2년 내에 개발비용과 출시비용 회수)와 훌륭한 수준의 순현재가치(NPV)를 달성할 수 있다. 이런 경우, 자금 회수나 NPV 계산 기간을 넘어서는 매출과 이익에 대해선 별로 고려하지 않는다. 하지만 제품이 수 년 동안 유지되고 완전하고 탄탄한 제품군으로 발전하는 것이 프로젝트의 비전이라면 이런 재무적인 비전이 원

래 투자 결정 요인에 포함되어야 한다. 즉, 강력한 기반과 팀, 어쩌면 성장을 위한 플랫폼, 미래를 위한 장기적인 미래를 위해 초기에 자원을 더 많이 투입하기로 결정할 수도 있다.

- **제품 전략과 제품 진화 계획:** 초기 출시 이후 신제품의 새로운 버전과 갱신, 확장이 필요할지 여부와 해당 시점

- **수명주기에 따른 가격 책정:** 예를 들면 초기에는 가치가 높은 사용자들을 대상으로 프리미엄가격을 책정하고 판매량이 증가하면 가격을 낮추면서 점차 침투가격 전략으로 이동할 수 있다.

- **포지셔닝, 촉진, 마케팅 커뮤니케이션:** 제품이 오래되고 경쟁이 심화되면 수명주기에 따라 마케팅, 커뮤니케이션, 포지셔닝의 주안점을 변경한다.

- **중고제품:** 초기 구매자들이 중고제품을 팔기(또는 제품을 정비하고 수명을 연장하기) 시작하는데 대비 전략이 필요하다. 이런 중고시장에 전혀 관여하지 않을 수도 있다.

- **제품 처분:** 수명이 다된 낡은 제품을 어떻게 책임 있는 방식으로 처리할 것인가? 예를 들면 부품을 재사용하거나 재활용할 수 있는가? 또한 쉽고 환경친화적으로 처분할 수 있도록 원래 제품 디자인에 재사용 및 재활용 가능성을 반영시킬 수 있는가?

- **제품의 단계적 철수:** 노후화된 '신'제품의 판매와 생산을 중단하는 방식과 시기, 현재 소유자들에 대한 계획.(대신 신제품 출시로 인해[신제품을 위한 자리를 만들기 위해] 더 이상 필요하지 않은 자사 기존 제품들의 단계적 철수와 출구전략을 다룰 수도 있다. '가지치기' 또는 추려내기는 때때로 수명주기 계획의 일부가 되고 기존 제품에 대한 이런 전략적 고려는 전통적인 제품 라인 포트폴리오 관리와 겹친다.)

사례 은행의 상품 매니저들은 노후화된 금융 서비스를 중단할 때마다 심각한 '유물'(Legacy) 문제에 직면한다. 신제품이 기존제품보다 몇 배나 좋더라도 많은 은행 고객들은 기존 상품의 유지를 선호할 것이다. 바꾸기 번거롭고 기존 상품이 만족스러우며 사용법도 익숙하고 새로 배워야 할 사항도 없기 때문이다. 그래서 상품 매니저는 노후화된 기존 상품을 단계적으로 철수시켜야 할지(판매 중단)해당 상품에 대한 지원을 언제 종료할지, 고객을 대체상품으로 어떻게 이동시켜야 할지에 대한 어려운 문제에 직면하게 된다. 이 전략이 제대로 실행되지 않으면 은행의 기존 상품 포트폴리오는 점점 커질 것이며 오래된 유물제품들에 대한 지원비용(대부분의 IT 기반)도 높아질 것이다.

스테이지 게이트를 종합적인 수명주기 계획과 통합하는 것은 많은 조직에서 타당한 일이고 수명주기 계획은 종종 스테이지 게이트의 게이트 4와 5에 필요한 실행가능 결과물이기도 하다. 〈그림 5.9〉의 오른쪽은 우리가 제4장에서 본 스테이지 게이트 시스템과 기본적으로 같고 보통 1~2년 내에 이루어지며 위에서 언급한 몇 가지가 추가된다. 하지만 일단 게이트 5를 지나 〈그림 5.9〉의 왼쪽으로 들어가면 시간은 급증하고 예측이 어려워지면서 불확실성도 증가하며 게이트 사이의 시간도 수 개월이 아닌 수 년이 된다. 이런 어려움에도 불구하고 스테이지 게이트와 수명주기 모델의 결합은 모범관행으로 여겨진다.

제안 점점 더 많은 기업들에서 수명주기 관리를 실행하고 있다. 다른 많은 기업들도 그런 개념(아이디어부터 출시, 출시 이후, 제품 종료와 중단까지도 관리하는)을 고려해봐야 할 것이다. 뿐만 아니라 제품 종료, 고객 이동, 제품 처분이나 재활용, 제품 진화(확장, 갱신, 수정) 등도 중요한 사안이므로 수명주기 계획의 일부가 되어야 한다.

현재의 제품 포트폴리오가 노후화된 제품을 중단하기 위한 아무 계획도 없이 점점 수만 늘고 신제품이 계속 추가되고 제품 진화에 문제가 있고 제품 처분이나 재활용이 걱정된다면 아이디어-출시 시스템을 확장해 수명주기 모델로 바꾸어야 한다. 〈그림 5.9〉의 도표가 지침을 제공해준다.

7. 자동화된 스테이지 게이트 시스템

앞서가는 기업들은 자동화가 신제품 프로세스 효과를 크게 증진시킨다는 것을 인정한다.[29] 많은 기업들이 탄탄한 아이디어-출시 프로세스 실행을 시도해보지만 종종 애를 먹는다. 프로세스가 관리 부담이 크고 사용하기 어렵기 때문이다.

소프트웨어가 업무량을 줄인다

자동화 소프트웨어는 스테이지 게이트 프로세스를 채택하거나 고수하는 방법으로 갈수록 인기를 끌고 있다. 그럼 프로세스 활동들과 결과물들을 완료하는 데 시간이 절약될 것이고 프로세스 실행과 관련된 행정 업무량도 많이 줄어들 것이다. 예를 들어 프로세스 구성원들이 좀 더 쉽게 게이트의 실행가능 결과물을 만들고 문서를 찾으며 다른 일상적인 업무를 수행할 수 있다. 내장된 템플릿과 모범관행 자료에 쉽게 접근할 수 있기 때문이다. 일부 자동화 시스템의 경우, 중요한 결과물(상황보고서, 프레젠테이션, 자원도표 등)의 템플릿을 프로젝트 정보(시스템의 다른 곳에 기록)와 함께 분류해두기 때문에 이전에는 몇 시간, 며칠 걸렸던 문서와 자료들을 단 몇 분 안에 완료할 수 있게 되었다. 템플릿은 팀원들이 프로세스의 핵심절차들을 확실히 따르게 하고 업무를 수행할 때 참고하는 역할도 한다. 또한 자동화는 프로젝트 리더들이 새로운 프로젝트를 창출하고 프로세스를 일관적으로 실행할 수 있도록 미리 정해진 모델(각 스테이지와 게이트의 정의, 결과물 목록 등)을 제공해준다.

> 66 스테이지 게이트 자동화용으로 인증받은 탁월한 소프트웨어가 존재하며 소요시간과 업무량을 크게 줄여줄 것이다. 99

커뮤니케이션의 간소화

스테이지 게이트 자동화의 또 다른 이점은 프로젝트팀 구성원들뿐만 아니라 게이트 키퍼와 경영진과의 커뮤니케이션 및 지식 공유를 쉽게 할 수 있도록 해준다는 것이다. 팀원부터 고위 경영진까지 모든 사람이 관련 정보에 접근할 수 있다. 그런 정보는 그들이 프로젝트를 진행하고 타 팀 구성원들과 글로벌한 업무를 협업하며 프로젝트를 제대로 파악하고 진행/중단 결정을 내리는 데 도움이 된다. 자동화를 통해 중요한 프로젝트 정보를 한곳에 저장함으로써 프로세스 매니저나 프로젝트 리더는 다양한 제품개발 업무를 온라인으로 배정하거나 추적할 수 있게 된다. 팀 구성원들은 업무를 진행하면서 실행가능 결과물을 공유하고 협력적으로 작업하고 상황보고서를 즉시 전달할 수 있다. 즉, 프로젝트 보고 과정이 매우 단순화되는 것이다.

또한 경영진 입장에서는 사업 제품 포트폴리오에서 현재 진행 중인 프로젝트를 한눈에 검토할 수 있으며 개별 프로젝트도 상세히 살펴볼 수 있게 된다. 예를 들면 대부분 자동화 시스템에는 광범위한 포트폴리오 관리도구들이 내장되어 있는데 여기에는 제8장에서 설명하는 것과 같은 포트폴리오 전시화면들이 포함되어 있다. 이런 포트폴리오 전시화면은 소프트웨어 데이터베이스에서 자동으로 만들어진다. 이를 기반으로 경영진은 위험한 프로젝트를 찾아내고 프로젝트 순위를 매기며(예를 들면 NPV나 생산성지수, 프로젝트 점수, 기타 지표나 프로젝트 특성 등의 기준에 따라) 우선순위와 자원 배분 변동이 제품 포트폴리오에 미치는 영향력을 평가할 수 있게 된다.

스테이지 게이트용으로 인증받은 소프트웨어

이런 정보접근성, 의사결정 지원 시스템, 시간절약 등의 이점을 누리기 위해 자동화 소프트웨어 도구들이 선도기업에 의해 점점 더 많이 사용되고 차세대 스테이지 게이트 시스템의 일부가 되어야 한다. 그들은 전략, 포트폴리오 관리, 스테이지 게이트, 자원 관리, 아이디어 관리 등을 통합하고 신제품 투자 결정을 더 효과적이고 효율적으로 내리기 위한 의사결정 지원 시스템의 역할을 한다. 스테이지 게이트 시스템을 지원하기 위해 만들어진 수많은 소프트웨어 제품이 검토되고 있으며 '스테이지 게이트'용으로 인증받았다. www.stage-gate.com 참조.

게다가 규격화된 스테이지 게이트(상자에 들어 있는 스테이지 게이트)와 웹 기반 버전들도 존재한다. 비록 자동화되어 있진 않더라도 이런 스테이지 게이트 도구들은 아이디어-출시 프로세스 실행과 사용을 촉진시켜주고 사업에 맞추어 신속히 수정되어 실행될 수 있다(예를 들면 SG-Navigator 참조).[30]

제안 많은 대기업들이 스테이지 게이트 프로세스를 지원하기 위해 소프트웨어에 투자해왔다. 지난 10년 동안 그와 같은 소프트웨어들은 엄청난 성과를 거두었다. 오늘날 다양한 소프트웨어 제품들은 아이디어 포착과 처리부터 자원 관리까지 제품 개발의 거의 전 부분에서 기여하고 있다. 실제 생산성 향상 등 긍정적인 결과를 보여주는 수많은 믿을 만한 사례가 존재한다. 하지만 반드시 소프트웨어의 타당성을 확인하고 스테이지 게이트 인증을 받은 소프트웨어만 사용하라.

차세대 스테이지 게이트 시스템을 설계할 때 발생하는 일반적 오류

비용절감 모델을 혁신 프로젝트에 오용하는 것

많은 기업들이 식스 시그마와 린 제조와 같은 방법들을 도입했고 나아가 그런 방법을 혁신 프로세스에 적용하려는 잘못된 시도를 했다. 명백히 잘못된 조치다! 식스 시그마는 원래 제품 결함을 줄이고 품질개선을 위해 고안된 것으로 '식스 시그마' 또는 표준편차는 '결함' 비율을 나타낸다. GE에서 이를 대중화했을때 비용절감과 문제해결 활동들을 망라하는 것으로 진화했지만 이 방법은 아이디어-출시 신제품 프로세스로 의도된 적도 없고 그렇게 사용되어서도 안 된다. 일단 '문제'를 가정한 후 해결방안을 내놓기 때문이다. 이런 방식은 전반부가 매우 불분명한 대부분의 기업혁신 프로세스에 필요한 다양하고 창의적인 우뇌 활동을 제대로 반영하지 못한다. 식스 시그마 전문가조차 '정의하고 측정하고 분석하고 개선하고 통제하는(Define, Measure, Analyze, Improve, Control; DMAIC) 식스 시그마적 사고방식은 모호한 특성이 강한 발명의 전반부와 조화를 이루지 못한다는 것을 인정한다. "아이디어가 싹트기 시작할 때 그것을 전통적인 DMAIC 체계에서 하듯이 너무 자세히 분석하고 싶진 않을 것이다."[31]

　3M이 다수 사업에서 성공적인 혁신 프로세스를 식스 시그마로 대체했을 때 생긴 어려움에 대해 〈비즈니스 위크(Business Week)〉 기사에 다음과 같이 언급되었다.[32]

특정 상황에서 식스 시그마를 효과적으로 만드는 요인들이 다른 상황에서는 정반대로 작용할 수도 있다. 탁월한 프로세스를 위해서는 정밀성, 일관성, 반복이 필요한 반면, 혁신을 위해선 다양성, 실패, 우연성이 필요하다. 3M에서 채택한 식스 시그마 체계에서는 '예측가능하고 점진적인 일'이 '현실세계에 바로 적용할 수 없는 연구'보다 우선했다. 3M의 전직 연구원에 의하면 "수익을 만들어낼 뭔가가 있어야 한다. 다음 분기,가 아니라면 그 다음 분기에는 반드시" 3M의 식스 시그마 옹호자들은 신제품 개발 프로세스가 더 체계적이 되면 혁신이 시장에 더 빨리 도달할 것이라고 주장한다. 그러나 포스트잇 노트(Post-it Note) 개발자인 프라이 (Fry)는 그에 동의하지 않는다. 그는 최근 3M에 혁신제품이 부족해진 것은 3M 연구소에서 식스 시그마를 적용했기 때문이라고 직접적으로 비난한다.[33]

마찬가지로 린 제조 방식도 낭비와 가치 없는 활동들을 줄이려는 공장에서는 효과가 높다. 하지만 린 제조 방법들을 혁신 프로세스에 지나치게 적용하는 것은 주의해야 한다.(제조와 혁신은 매우 다른 과정이므로)

스테이지 게이트 프로세스 없이 포트폴리오 관리만 하는 것

일부 경영진은 스테이지 게이트 프로세스 없이 포트폴리오 관리만 해도 어떻게든 해낼 수 있다고 오판한다. 그들의 게이트는 진행/중단 결정을 내리거나 프로젝트 우선순위를 정하는 데 실효성이나 강제성이 없기 때문에 포트폴리오 관리가 해답이라는 것이다. 하지만 앞에서 강조했듯이 게이트에서 진행/중단 결정과 우선순위가 정해지고 제대로 된 게이트는 강력하고 효과적이어야 한다!

오히려 효과적인 스테이지 게이트 시스템은 포트폴리오 관리의 필수

요소다. 그 이유는 다음과 같다. 첫째, 엄격한 게이트들이 실행됨으로써 프로세스 초기에 부실한 프로젝트들이 (깔때기 작용을 통해) 없어져 더 나은 포트폴리오가 가능해진다. 둘째, 아마도 더 중요한 것은 탄탄한 스테이지와 게이트 프로세스를 통해 훌륭하고 완벽한 데이터를 확보할 수 있다는 것이다. 모범관행과 핵심업무들이 스테이지들에 포함됨으로써 더 나은 데이터들을 획득할 수 있고 게이트들에서는 프로젝트팀이 어떤 정보를 제공해야 하는지 (실행가능 결과물) 정한다.

데이터 완결성은 최근 APQC 포트폴리오 관리 연구에서 확인된 중요한 이슈다.[34] 스테이지 게이트 프로세스는 없으면, 프로젝트팀은 어떤 정보를 어떻게 획득해야 하는지 스스로 결정해야 한다. 그럼 프로젝트에 대해 일관적이지 않은 데이터가 수집되고 수집방식도 달라진다. 결과적으로 프로젝트를 비교하거나 순위를 매기는 것이 매우 어려워지고 효과적인 포트폴리오 관리도 거의 불가능해진다.

소프트웨어에 지나치게 의존하는 것

일부 제품개발자들은 IT 수단이 모든 것을 해결해줄 것으로 믿는다. 절대로 그렇지 않다. 소프트웨어가 견고한 아이디어-출시 프로세스를 대체하거나 비효율적인 혁신 시스템을 해결해줄 것이라는 기대는 잘못이다. 소프트웨어는 스테이지 게이트 프로세스에서 많은 이점을 가져다주는 훌륭한 촉진제 역할을 한다. 예를 들면 스테이지 게이트에 이용가능한 소프트웨어는 프로젝트 팀원들이 좀 더 효과적으로 커뮤니케이션하고 공동문서를 작업할 수 있게 해주며 실행가능한 템플릿과 스테이지 업무목록, 작업진행표가 모두 갖추어진 스테이지 게이트 전자설명서를 제공해주고 프로젝트를 추적·관찰하며 개발 라인의 모든 프로젝트에 대한 맞춤식 검토를 가능하게 한다. IT는 스테이지 게이트의 실행과 사용을 매우 용이하게 하지만 아이디어-출시 프로세스를 대체할 수는 없다. 반드시 견고한 혁신 프로세스가 먼저 갖추어진 후 소프트웨어가 조력자가 되어야 한다.

또한 소프트웨어가 지나치게 다루기 어려워 어쩌면 프로젝트팀을 압도할 수도 있다는 것이다. 게다가 일부 소프트웨어는 설치할 때부터 예상치 못한 많은 작업들이 수반되기도 한다. 마지막으로 일부 소프트웨어 판매업체들은 자신들의 제품을 과장하거나 거짓으로 판매하기도 한다. 즉, 전혀 준비되어 있지 않음에도 불구하고 자신들의 소프트웨어가 스테이지 게이트를 위해 충분히 준비되어 있다고 근거 없는 주장을 한다. 혁신 프로세스를 지원하기 위해 IT 수단을 사용해야 한다면 면밀히 살펴보고 질문도 많이 하고 무엇보다 인증된 소프트웨어를 사용하라.[35]

불가능한 것을 기대하는 것

스테이지 게이트는 만병통치약이 아니라 퍼즐의 한 조각일 뿐이다. P&G의 SIMPL 스테이지 게이트 프로세스 개발자는 "스테이지 게이트는 스스로 작동하지 않는다. 이 사실을 인식하지 못하면 진행이 늦어진다. 우리는 배우는 데 5년이 걸렸고 실행하는 데(해결방안을 찾는 데) 또 5년이 걸렸다."[36]

많은 기업들은 제품혁신에서 무수히 많은 문제에 직면한다. 가시적인 아이디어-출시 프로세스를 흔히 '마법의 탄환'으로 간주해 모든 문제들이 사라질 것이라는 희망을 갖는다. 하지만 현실은 정반대다. 혁신 프로세스가 가시적이고 명백해지면 오히려 기존 접근법의 다른 약점들이 명확히 드러난다.

사례 많은 기업들은 지나치게 많은 프로젝트와 그것을 제대로 실행하기 위한 자원 부족으로 어려움을 겪는다. 즉, 개발 파이프라인이 꽉 막혀 뭐 하나 제대로 통과하지 못하는 것이다. 스테이지 게이트가 증상을 조금 완화시켜주지만(게이트들에서 약한 프로젝트가 중단되어 여유 자원이 생긴다.) 완전한 해결방안은 다른 곳에 있을지도 모른다. 아마도 자원역량 분석을 실시하거나 효과적인 자원 추적 시스템이나 포트폴리오 관리 시스템을 실행해야 할지도 모른다. 예를 들어 P&G의 다이아몬드 체계(Initiative Diamond)에 의하면 SIMPL 스테이지 게이트 시스템은 '성공의 4개 기둥' 중 하나이며 [37] 다른 2개는 포트폴리오 관리와 자원 할당이다. 이 3가지가 함께 작동해야 한다.

제대로 작동시키기

효과적인 스테이지 게이트 시스템은 신제품과 서비스를 신속하고 효율적이고 수익성 있게 출시하도록 한다. 잘 관리한 많은 기업들이 그것을 자신들의 이점으로 만든다는 사실이 입증되었다. 하지만 다른 방식과 마찬가지로 일부 기업들은 이 개념을 어려워한다. 제4장에서 스테이지 게이트의 배경, 이론, 일부 상세한 내용을 설명했고 이번 장에서 차세대 스테이지 게이트 시스템에 포함되는 일부 새로운 접근법들을 소개했다. 즉, 시스템을 더 유연하고 적용 및 조정가능하게 수정하는 것, 시스템을 간소화하고 낭비와 요식행위를 없애는 것, 결과에 책임지고 지속적으로 개선하는 것, 시스템이 개방형 혁신과 수명주기 관리를 포함하도록 변경하는 것, IT를 통한 시스템 자동화 등이다.

6장

발견-획기적인
아이디어의 추구

경제적 빈곤은 문제가 아니다. 진짜 문제는 아이디어의 빈곤이다.

－켄 하쿠다《미국의 발명가이자 작가 및 방송인》

대히트될 만한 신제품 아이디어의 부족

:: 대부분의 기업들은 아이디어가 부족하지 않다. 다만 대담한 아이디어가 부족할 뿐이다! 획기적인 신제품에 대한 열망에도 불구하고 최근 데이터에 따르면 그런 제품이 거의 나오지 않는다. 우리는 1장에서 신제품 개발 포트폴리오의 특성이 더 대담하고 거대하며 혁신적인 프로젝트에서 규모가 더 작고 위험이 낮은 프로젝트로 급격히 이동한 것을 보았다(그림 1.1 참조). 이처럼 기업들이 계속 규모가 작고 점진적인 개발 제품 및 프로젝트에만 집중한다면 공격적인 제품혁신 목표는 절대로 이룰 수 없을 것이다.

경쟁우위를 추구하고 제품혁신을 통해 매출 및 이익을 증대하려면 반드시 프로젝트들의 포트폴리오가 변해야 한다. 이를 위해서는 새롭고 대담하며 혁신적인 제품 아이디어가 필요하다. 판도를 바꿀 만한 진짜 블록버스터급 아이디어 말이다. 연구에 의하면 혁신에 필요한 상위 5가지 모범관행에는 아이디어-출시 프로세스, 자원 관리, 혁신 전략, 시장 통찰력 등이 포함된다(그림 6.1 참조). 그 중 영향력이 가장 큰 것은 아이디어 관리다.[1] 아이디어 관리가 효과적으로 이루어지면 신제품으로부터 유발되는 매출이 7.2% 증가하는 놀라운 결과를 가져온다.

> 66 **기업의 신제품 성과 5가지 동인 중 아이디어 관리의 영향력이**
> **가장 크다.** 99

혁신 깔때기에 원료 공급하기

스테이지-게이트® 시스템의 도화선은 신제품 아이디어다. 즉, 시장욕
구와 예상 수요가 기술적 가능성과 부합하는 시점이다. 훌륭한 신제품
아이디어는 프로젝트를 가능하게 만들거나 실패시킬 수도 있다. 아이디
어는 혁신 프로세스의 공급원료다. 효율적인 신제품 프로세스가 훌륭한
아이디어의 결핍을 보충할 수 있을 것이라고 기대해서는 안된다. 평범
한 아이디어로 시작하고 스테이지 게이트 프로세스가 그것을 스타로
만들어줄 것이라고 기대하지 말라!

우리의 주요 벤치마킹 연구 결과에 의하면 기업의 19%만이 개발 깔때
기에 원료를 공급하기 위해 전용적인 아이디어 창출 과정을 두고 있고,
어떤 아이디어에 투자해야 할지 결정하기 위해 효과적인 방법을 사용하
는 기업은 31%뿐이었다(그림 6.2 참조[2]). 최고의 혁신기업들은 어느 정
도 벤치마킹의 이상적인 방식을 제시해준다. 아이디어 창출을 실행하는
면에서 볼 때 최고의 혁신기업은 성과가 낮은 기업보다 3배 이상 뛰어나
지만 여전히 개선점은 많다. 마찬가지로 최고 혁신기업의 54%는 효과적
인 아이디어 심사 시스템을 갖추고 있는데, 성과가 낮은 기업의 거의 4배
나 된다.

아이디어 창출이 매우 중요하기 때문에 스테이지 게이트 시스템에서
'발견 단계'라는 별도의 단계로 다루기로 했다. 초기 판본들에서 아이디
어 단계는 단순히 주어지는 것으로 간주했고 항상 빛나는 전구처럼 묘
사했다. 즉, 개발을 기다리는 아이디어가 항상 넘쳐난다고 가정했다. 아

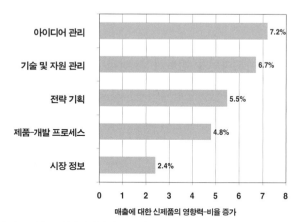

그림 6.1 신제품 성과의 5가지 중요 동인

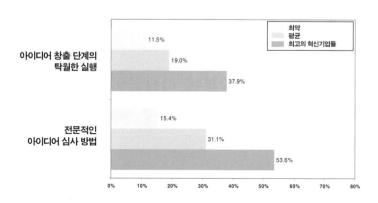

**그림 6.2 최고의 혁신기업들은 나머지 기업들보다
아이디어 창출 및 처리가 월등히 낫다.**

마도 이런 가정은 일부 기업에서는 사실일 수도 있지만 그조차 소소한 아이디어들만 많고 제대로 된 아이디어는 부족한 실정이다. 따라서 효과적인 아이디어 창출 시스템을 설계하고 설치하는 것이야말로 성공적인 신제품을 만드는 열쇠다.

제안 신제품 파이프라인을 검토하라. 진정 위대한 프로젝트(큰 수익을 약속하거나 기업에 미치는 영향력이 큰 제품들)가 부족한가? 그렇다면 프로세스의 발견 단계를 간과했기 때문일 수도 있다. 자신에게 다음 질문을 해보자. 신제품 아이디어는 어디서 오는가? 어디서 와야 하는가? 그 아이디어는 훌륭한 것인가? 회사는 신제품 아이디어를 어떻게 적극적으로 구하려고 하는가? 신제품 아이디어 창출 시스템이 있는가? 이런 질문에 대한 답이 당신을 불안하게 만들더라도 걱정하지 말라. 바로 이번 장에서 아이디어 창출을 개선하는 데 필요한 구체적인 조치들을 제안해줄 것이다.

어디서부터 시작할까?
제품혁신과 기술 전략

효과적인 아이디어 창출의 전제 조건은 사업을 위한 제품혁신 전략을 갖추는 것이다. 이 전략은 '전략적 집중 영역'이나 '전략적 영역'을 정의하게 되는데 R&D 활동을 어디에 집중하고 싶은지, 어디서 아이디어를 찾고 싶은지 나타낸다. 그런데 기업의 제품혁신과 기술 전략 개발은 너무 큰 주제이기 때문에 이 책의 범위를 벗어난다.[3]

이런 전략적 영역들은 매력적이면서도(규모가 크고 성장하는 시장, 약한 경쟁, 신제품 개발의 좋은 기회라는 면에서) 기술과 마케팅, 생산

면에서 기업의 핵심역량을 레버리지할 수 있는 것이어야 한다. 미래 성장엔진이 될 영역(성공 열매가 무성하고 도전적인 신제품 아이디어가 가득한 '오아시스 영역')을 잘 선택하길 바란다!

이런 영역들은 아이디어를 위한 '탐색 분야'가 된다. 탐색 분야나 전략적 영역들을 제대로 정의하는 것은 아이디어와 기회를 파악하는 데 매우 중요하다. 경계선 내에 있는 것과 어쩌면 더 중요할 수도 있는 경계 밖의 것을 구분해주기 때문이다. 그렇게 하면 훌륭한 신제품 아이디어 탐색이 훨씬 방향성 있고 집중적이며 효과적으로 진행되어서, 전통적인 아이디어 탐색에서 종종 발견되는 산만한 접근법을 피할 수 있다. 혁신 전략은 또한 새로운 아이디어 검증에 도움이 된다. 각 게이트에서 첫 번째 질문은 '이 아이디어(또는 프로젝트)가 우리의 혁신전략과 부합하는가?'이다. 잘 정의된 혁신전략이 없으면 프로젝트 선택에서 올바른 결정을 내리기 어려워진다.

> 66 제품혁신과 기술 전략은 효과적인 아이디어 창출의 요구조건이다. 그것은 '탐색 분야'를 정의하고 새로운 아이디어를 검증하는 데 도움을 준다. 99

아이디어 포착과 처리를 위한 시스템 만들기

아이디어는 포도나무에 주렁주렁 매달린 포도와 같다! 따지 않으면 시들어 죽는다. "우리 회사는 아이디어가 부족하지 않습니다."라고 흔히 말하지만 "그런 아이디어가 어디 있습니까?"라고 물으면 대답 대신 멍한 표정만 짓는다. 그런 아이디어들은 사람들의 머릿속, 컴퓨터, 파일 속에 들어 있지만 실제로 진행되진 못한다. 따라서 아이디어 공급원과 상관없이 아이디어를 포착하고 발굴해야 하며 가능성 있는 아이디어를 진행시킬 메커니즘이 있어야 한다. 〈그림 6.3〉은 일반적인 '아이디어 처리' 모델을 보여준다. 〈그림 6.3〉과 같은 '아이디어 관리' 시스템을 설치하는 것이 출발점이다. 이미 〈그림 6.1〉에서 살펴보았듯이 이 요소는 영향력이 큰 모범관행이다.

조직 안팎에서 많은 아이디어 공급원을 찾아라. 커뮤니케이션이나 '아이디어 흐름 라인'을 만들어 아이디어 흐름을 자극하라. 대학과 연계하거나 공식적인 시장조사를 수행하거나 직원들을 대상으로 내부 아이디어 공모전을 실시할 수도 있다. 최고의 공급원과 방법들에 대해선 나중에 좀 더 자세히 살펴보자.

그런 다음 아이디어가 숨쉬고 '성장할 수 있는' 인큐베이션 센터(Incubation Center)를 설치하라. 아이디어를 사업 검토나 게이트 회의에 바로 제출하는 경우, 많은 훌륭한 아이디어들이 다듬어지지 않아 바로 사장된다. 하지만 가장 깨지기 쉬운 아이디어들이 종종 최고의 아이디어이기도 하다. 〈그림 6.3〉에 표시된 I-Group의 역할은 게이트 검토

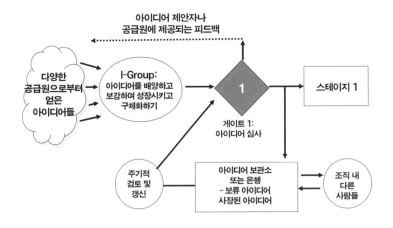

그림 6.3 아이디어 관리 시스템 설치하기-체계적인 아이디어 포착과 처리 과정

전 아이디어를 작업하고 다듬고 살을 붙이는 것이다. 그래서 아이디어 심사 단계가 되면 가공되지 않은 그 아이디어들은 좀 더 견고해진다.

다음은 결정 게이트나 아이디어 심사 단계인 게이트 1이다. 여기서 최고의 아이디어들이 선택되어 스테이지 1로 진행되고 나머지는 아이디어 보관실 사장된 아이디어나 보류된 아이디어들로 간다. 일부 기업들은 조직 내 구성원들이 보관실의 아이디어들을 보고 제안할 수 있도록 해주는 '아이디어 관리 소프트웨어'(온라인 블로그와 비슷한 개방형 시스템)를 사용하기도 한다.

사례 오스트리아 크리스탈업체인 스와로브스키는 연간 350개의 훌륭한 새로운 아이디어들을 추구하고 있고, 스테이지 게이트 프로세스에 전문적인 전반부 시스템이나 아이디어 관리 시스템을 포함시켰다〈그림 6.4〉. 많은 공급원을 통해 아이디어들이 수집되고 아이디어를 찾기 위해 트렌드와 유행, 기술 발굴조사도 동시에 수행된다. 이런 아이디어들은 시스템으로 '빨려 들어가'(그림

출처: D. Swarovski & Company. 주석4.

그림 6.4 스와로브스키의 i-Lab 과정으로 부르는 아이디어 관리 시스템은 수백 가지 가능성이 있고 사전에 심사받은 아이디어를 게이트 1에 공급한다.

상단 왼쪽) 전략, 영향력, 레버리지 등과 관련된 문제(재무적인 면 배제)에 대한 전략적 사전 심사(사전 게이트)를 받는다. 그런 다음 창의 및 향상 단계에서 i-Lab 구성원들은 아이디어를 강화하게 된다. 그 후 아이디어는 비공식적인 평가를 받게 되는데, 내부 IT 시스템과 i-Flash를 통해 사내 전문가들에게 보내져 신속한 평가와 피드백을 받는다. 긍정적인 평가를 받은 아이디어는 구체화되고 한층 더 개발되어 최종적으로 스와로브스키의 스테이지 게이트 시스템의 사업 부문 게이트 1인 '아이디어 심사'로 보내진다.[4]

아이디어의 진행이 결정되면 스테이지 1인 '심사'를 실시하기 위해 보통 임시 프로젝트 리더와 인원 몇 명이 배정된다. 심사는 예비 조사에 불과하기 때문에 게이트 1의 자원 투입은 적은 편이며 결정이 완벽할 필요도 없다. 사실 데이터가 제한적이고 자원 투입도 적으므로 이 초기 아이디어 심사에는 질적인(비재무적인) 심사 방식(평가표)을 추천한다.

최고의 아이디어 공급원

이제 할 일은 아이디어의 잠재적 공급원을 파악하는 것이다. 훌륭한 아이디어들은 어디서 오는가? 아니, 어디서 와야 하는가? 또한 우리가 모르는 훌륭한 공급원은 어디 있는가? 우리는 18가지의 신제품 아이디어 공급원에 대한 새로운 데이터를 갖고 있는데, 가장 인기 있는 공급원과 가장 유효한 공급원을 구분해준다(그림 6.5 참조).[5] 인기는 표시된 각 방법을 주로 사용하는 기업 비율로 측정되었고 가로축 도표의 유효성은 사용자들이 0-10 척도(세로축)를 평가하였다.

'고객의 소리' 방법

민족지학적 방법, 포커스 그룹, 선도사용자 분석(Lead User Analysis) 등을 포함한 8 가지 고객의 소리(VoC) 방법이 〈그림 6.5〉의 '아이디어 창출' 도표에 제시되어 있다.[6] 특히 고객방문팀, 고객문제를 파악하기 위한 포커스 그룹, 선도사용자 분석은 매우 많이 사용되는 반면, 민족지학, 열광적인 팬 커뮤니티, 고객의 제품 디자인 등과 같은 좀 더 새로운 방법들은 덜 보편적이다.

> ❝ VoC 아이디어 창출 방법은 새로운 아이디어들 중 가장 인기 있고 효과적인 공급원으로 평가받는다. ❞

그러나 인기와 상관없이 고객의 소리(VoC) 방법들은 획기적인 신제품 아이디어를 창출하는 유효성 면에서 사용자들의 높은 평가를 받으며 최우수 등급을 받은 상위 5개 방법에 모두 포함된다. 정말 VoC 방법

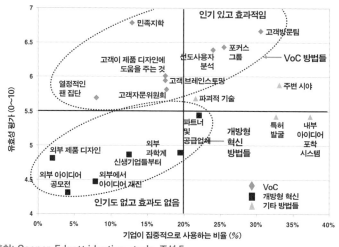

출처: Cooper-Edgett ideation study, 주석 5.

**그림 6.5 아이디어 창출 4분면 도표는
18가지 아이디어 창출 방법의 유효성과 인기를 비교해 보여준다.**

대부분은 효과가 매우 좋고 사용자들로부터 안정적인 유효성 점수를 받으며, 그림 6.5 '아이디어 창출 4분면'의 상단에 위치하고 있다. 유효성 순위(최고부터 평균까지)에 따라서 각 VoC 방법들을 살펴보자.

1. 민족지학적 조사 또는 '현장 조사'

고릴라를 연구하고 싶다면 포커스 그룹 조사를 하거나 판매원에게 고릴라에 대해 묻거나 온라인 설문조사를 하는 것은 정답이 아닐 것이다. 인류학자 제인 구달(Jane Goodall)이 그랬듯이 텐트와 배낭을 메고 고릴라 서식지로 들어가 현장조사를 해야 한다.

마케팅 분야에서 문화인류학을 지칭하는 '민족지학'(Ethnography)은 고객과 함께 지내거나 오랫동안 고객을 관찰하면서 고객이 제품을 사용하는지 오용하는지 살펴보고 조사하는 것을 의미한다. 민족지학은 제품 혁신 문헌에서 인기 있는 주제가 되었지만 〈그림 6.5〉의 상단 왼쪽에 위치한 것처럼 실무자들 사이에서는 아직 대중적이지 않다. 12.9% 기업들만 사용해 전체 13위를 차지할 정도로 아이디어 창출에서 제한적으로 활용되고 있지만 유효성 면에서는 최고점수를 받았다.

사례 ICI 페인트(ICI Paints)는 민족지학을 통해 혁신적인 신제품 성공으로 이어지는 단순한 현상을 발견했다. ICI 직원들은 주택 건축현장에서 일하는 전문 도장공들과 함께 생활했다. 매일 오전과 오후에 커피 트럭이 나타났고 모든 근로자들은 하던 일을 멈추고 커피 타임을 가지며 흡연을 즐겼다.

관찰자들은 커피 타임이 시작될 때 천장이 반쯤 흰색으로 칠해진 것을 보았다. 그런데 2~3번 덧칠하는 경우, 작업을 다시 시작할 때 페인트가 다소 말라 어느 쪽을 칠하고 어느 쪽을 칠하지 않았는지 구분할 수 없었다. 그때 도장공은 천장 전체를 그냥 다시 칠하는 것이었다. 그것은 도장공에게는 별 문제가 아니었지만 건축업자 입장에서는 시간과 페인트 낭비로 많은 비용이 드는 일이었다.

ICI는 해결방안으로 분홍색 페인트를 개발했다. 분홍색 페인트는 완전히 마를 때까지 분홍색을 유지하고 모두 마른 후에야 흰색으로 변하기 때문에 휴식을 취하고 돌아온 도장공은 칠해지지 않은 천장 부분이 어느 면인지 바로 알 수 있었다. 간단한 해결방안 덕분에 ICI는 큰 수익을 낼 수 있었다.

수십 년 동안 문화인류학 유형의 조사를 해왔지만 민족지학은 충족되지 못한 욕구를 파악하기 위해 고안된 비교적 새로운 방법이다. 이점은 '깊이 있는 지식'을 얻을 수 있다는 것이다. 즉, 사용자의 관점에 따라 충족되지 못하고 설명하기 어려운 욕구와 용도, 문제에 대한 탁월한 통찰력을 제공해주기 때문에 획기적인 아이디어 공급원이 된다.

반면, 심층조사로 인해 시간과 돈이 많이 드는 것이 주요 단점이다. 하지만 유효성 면에서 1위이며 보상도 크다! 고객의 작업장 방문시간을 단축함으로써 시간을 줄일 수 있다. 예를 들면 소형 도구제조업체인 플루크(Fluke)는 '고객의 생활 속 하루' 조사의 일환으로 고객 작업장을 방문해 하루 정도를 보낸다. 대리조사를 사용하기도 하는데 미국 식품업체인 존슨빌 소시지(Jonsonville Sausage)의 경우, 새로운 기회를 찾기 위해 가정집 주방에 비디오 카메라를 설치해 고객이 요리하는 모습을 관찰하기도 한다.

한 가지 주의할 점은 이런 관찰 방법은 관찰자의 역량에 매우 의존한다는 사실이다. 직원들이 관찰하고 듣는 기술이 부족하거나 추론하고 정보를 통합하는 데 능숙하지 못하다면 효과적이지 않으므로 유능한 인재와 훈련이 필요하다.

게다가 모든 제품이나 시장에 적합한 것은 아니다. 예를 들면 건설현장이나 공장, 병원에서 민족지학을 사용하는 것은 가능하지만 주방이나 화장실에서는 상당히 어려울 것이다. 비록 널리 사용되지 않고 몇 가지 한계가 있음에도 불구하고 효과가 입증되었기 때문에 강력히 추천한다!

2. 고객방문팀

팀이 고객이나 사용자를 방문하고 정교하게 만든 인터뷰 지침에 따라 고안된 심층 인터뷰를 사용해 신제품에 대한 사용자 문제와 욕구, 필요를 파악하려고 한다. 이 방법을 사용하는 기업 비율은 30.7%로 인기 순위가 4위일 뿐만 아니라 사용자 유효성 면에서도 2위다. 즉, 인기와 유효성을 결합하면 최고의 방법이다(그림 6.5의 오른쪽 최상단 위치).

이 방법을 실행하기 위해선 고객 작업장을 알아보고 방문에 대해 고객과 합의해야 한다. 산업재(B2B) 고객의 경우, 구매영향력을 행사하는 사람들로 구성된 소그룹 대상으로 인터뷰를 진행한다. 면담팀은 3명으로 다기능적(마케팅, 영업, 기술 등)으로 구성되는데 기술담당자들도 대면정보 수집을 위해 반드시 포함되어야 한다(2차적이거나 여과된 정보는 지양).

인터뷰를 수행할 때는 반드시 구조화되고 정교하게 만든 대화 지침이 필요하다. 지침에는 질문과 주제가 제시되어 있고 인터뷰 간의 완성도와 일관성을 보장하며 답변을 기록할 공간이 제공된다. 제품 특징뿐만 아니라 사용자가 추구하는 욕구와 기능, 편익도 조사해야 하고 간접적이고 추론적인 질문들이 바람직하다.

예를 들면 "밤에 침대에 누워 이 제품을 생각할 때 당신을 깨어있게 만드는 것은 무엇인가?"

직접적인 질문들은(이해하기 명확하긴 하지만 답변도)자명한 경우가 많기 때문에 별로 유용하지 않다.

예를 들면 "당신은 신제품에서 무엇을 원하는가?"

반면, 간접적인 질문을 사용하면 사용자가 좋아하고 싫어하는 것, 문제점, 불편하거나 충족되지 않고 언급되지 않은 욕구에 대해 훨씬 더 많은 통찰력을 얻을 수 있다.

인터뷰가 끝나면 인터뷰팀은 제품이 실제로 사용되는 곳에서 고객과 함께 시간을 보내며 체험해보는 것이 좋다. 종종 사람들이 제품을 사용하고 오용하고 남용하는 것을 지켜봄으로써 충족되지 않은 욕구에 대한 추가적인 통찰을 얻게 된다.

사례 방문팀을 이용한 고객의 소리(VoC)가 발견한 다수의 아이디어 덕분에 단단한 표면용 드릴과 톱 분야에서 신제품이 나왔다. 닥터 프리츠(Dr. Fritsch GmbH)는 연 매출 약 1,200만 유로, 직원 약 100명의 독일 중소기업으로 다이아몬드 경화공구(연삭 숫돌, 톱날, 드릴에 끼우는 날 등) 제조업체가 사용하는 생산기계를 제조한다.

자신의 핵심시장에서 신제품 정보를 찾기 위해 고객의 제품과 공정, 요구조건, 그것들을 반영한 신제품 생산기계에 대한 요구사항에 대해 더 많이 알아내기 위해 고객의 소리 조사를 실시하기로 했다.

첫째, 팀은 예상 결과에 대한 가정을 세웠다. 판매원들은 종종 "이미 우리는 고객의 소리 조사로부터 나온 결과를 모두 알고 있다."라고 말하기 때문에 이 작업은 매우 중요하다. 그래서 대만 고객이 도입한 다이아몬드 설치 기술과 신제품(아릭스; Arix)은 상업적으로 성공하지 못할 것이라는 가설이 설정되었다.

전 세계적으로 2~3명으로 직원으로 구성된 다기능적팀에 의해 30군데 고객 방문이 이루어졌다. 고객 방문용 '매뉴얼'이나 지침서가 만들어졌고 방문팀 전원이 고객을 만나러 가기 전 훈련받았다. 질문은 고객과 사용자가 직면한 욕구, 문제, 이슈, 도전 등에 초점을 맞추었다. 고객들 입장에서는 절단 부분 안에 설치된 다이아몬드 설정 작업이 매우 중요하고 아릭스 기계가 시장에서 회의론자론 신봉자들로 만든다는 사실이 드러났다.

고객의 소리(VoC) 결과는 18명이 참여한 워크숍에서 요약 정리된 후 다음 창의성(브레인스토밍) 세션에서 그것을 기반으로 약 80가지 아이디어를 만들어냈다. 그것들은 다시 7가지 '관심 주제'와 대략적인 컨셉으로 변경되었다. 컨셉에 대해 예비작업 후 실시한 2차 평가에서 가장 가능성 높은 3가지를 선정했다. 마지막으로 원하는 배열을 위해 다이아몬드를 자동적으로 설정하는 기술로 '이상적인 제품'(다이아세트; DiaSet)을 선택했다. 이와 같이 개념적으로 구상된 제품을 구현하기 위해 닥터 프리츠는 자신의 소결기에 통합될 수 있는 적합한 생산기법을 개발해야 하는 기술적 과제를 수행함으로써 고객이 미리 설정되어 있는 다이아몬드 절단 부문을 효율적으로 생산할 수 있도록 도와주었다. 고객욕구와 요구사항을 먼저 이해했기 때문에 기술 작업은 명확한 목표와 해결방안을 향해 훨씬 효과적으로 진행될 수 있었다! 이 책이 쓰여지는 동안 이 신제품은 출시된 지 1년이 되었고 목표보다 앞서나가고 있다. 성공한 것이다.

이 사례에서 주목할 점 몇 가지가 있다. 첫째, 닥터 프리츠는 비교적 작은 회사다. 현장방문팀을 이용한 고객의 소리(VoC)는 대규모 기업들만 위한 방법이 아니다. 둘째, 매우 기술적인 제품군이다. 이런 제품을 위해서도 효과적인 시장조사가 수행될 수 있고 수행되어야만 하며 단순한 소비재에만 국한될 필요는 없다. 조사는 전 세계적으로 수행되었고 접근이 편리한 소수 고객들에게만 초점을 맞추지 않았다. 그리고 VoC 조사 결과와 통찰을 해석하기 위해 광범위한 워크숍이 열렸다(종종 연구원들만 결과를 해석하다보면 잘못되는 경우가 생긴다). 마지막으로 팀이 열린 마음을 갖고 있어 VoC 결과가 원래의 가설과 모순될 때 의견을 180도 바꾸었다(종종 VoC 결과가 제품 매니저나 영업인력의 시각과 일치하지 않으면 '잘못된 조사'라고 공격받는다). 또한 이 독일 중소기업은 조사와 워크숍을 설계하고 수행하는 데 전문적인 도움을 받았다.[7]

VoC의 한 기법인 고객 심층 인터뷰는 장점이 많다. 고객 방문은 현장조사기법이기 때문에 고객이 세상에 대해 현실적인 통찰을 얻는 데 유용하다. 사용자들이 말하는 가장 큰 이점은 이런 인터뷰를 통해 고객문제와 숨은 욕구를 발견하고 집중할 수 있다는 것이다. 게다가 고객과 더 밀접한 관계를 쌓는 기회도 된다. 그리고 융통성있게 진행되고 인터뷰 질문이 개방형이기 때문에 양적조사와 같은 방법으로 얻기 어려운 예상하지 못한 결과를 발견할 수도 있다. 마지막으로 다기능적 인터뷰팀을 활용함으로써 비전을 공유할 수 있고 고객욕구와 고객기대에 대한 이해를 증진시킬 수 있다.

가장 큰 어려움은 고객의 협조를 얻어내는 것(세션에 동의하고 정직한 답변 제공)과 조사할 시간을 확보하는 것(다수의 고객 작업장에서 이루어지는 심층 인터뷰는 대부분의 다른 방법보다 더 많은 노력을 필요로 한다), 면접자를 훈련시키는 것, 적절한 질문을 포함한 건실한 인터뷰 지침을 만드는 것이다. 이런 어려움에도 불구하고 VoC 방문팀의 방법을 강력 추천한다!

3. 문제를 발견하는 고객 포커스 그룹

VoC 방법에 속한 포커스 그룹의 경우, 신제품을 위한 욕구와 필요, 문제, 불편한 점, 제안 등을 파악하기 위해 고객이나 사용자들을 대상으로 운영된다(제품 개발에서 포커스 그룹은 주로 아이디어 창출이 아닌 컨셉을 평가하기 위해 사용되므로 이 경우만 예외다). 포커스 그룹 진행자는 문제나 욕구에 대해 논의가 집중되고 사용자들이 그들의 문제를 상세히 이해하고 설명하도록 유도해야 한다.

사례 미국의 잔디 및 정원용 트랙터 제조업체가 지역 호텔에서 주최한 토요일 오전 행사에 소형 트랙터 소유자들을 초대했다. 참석자들은 주차장에 전시된 트랙터를 직접 타보고 의견을 제시하며 직원들은 그들과 섞여 이야기를 들으며 기록한다.

고객들이 모이는 행사에서 견본 제품을 전시하면 논의를 촉진하고 문제를 발견하는 데 도움이 된다. 고객들은 제품을 체험하고 논평하며 좋은 인상을 받을 수 있도록 장려된다. 사원들도 고객들과 어울리며 의견을 듣고 조사하고 통찰을 얻을 수 있으며 행사에서 제품을 체험하는 사용자들을 동영상 촬영 할 수도 있다.

그런 다음 포커스 그룹 진행자가 12명의 고객을 회의실로 데려가 "각자 간단히 소개해주시고 사용 중인 잔디 트랙터에 대해 이야기해주세요."라는 위협적이지 않고 일반적인 질문으로 포커스 그룹 토론을 시작한다. 포커스 그룹 핵심은 매우 일반적으로 시작한 다음 범위를 좁히고 제기되는 구체적인 이슈에 초점을 맞추는 것이다.

다음에는 "트랙터를 사용하면서 뭔가 안 좋은 일이 일어났던 때를 떠올려보시고 그 일에 대해 이야기해주세요."라고 요청한다. 토론 질문들이 점점 제한되고 초점이 맞추어지면서 이슈들이 등장하기 시작하고 오랫동안 상세히 논의된다. 큰 이슈나 심각한 문제가 제기될 때마다 진행자는 이슈를 좀 더 깊이 있게 파고들도록 유도한다. 하지만 해결방안을 아직 탐색하진 않고 단지 문제들을 파악하고 정의하는 수준이다.

그 동안 다른 방에서는 개발 엔지니어와 마케팅 직원들이 CCTV로 회의 진행을 지켜본다. 고객 포커스 그룹에 의해 문제가 파악되면 직원들 방은 브레인스토밍 모드로 바뀌고 해결방안이 제시되어 플립 차트에 작성된다.

그런 다음 제안된 해결방안들은 토론과 평가를 위해 한 번에 하나씩 고객 포커스 그룹 방에 전달된다. 고객들은 종종 개념적인 해결방안을 갈기갈기 찢어놓기도 하는데 이것은 모든 과정을 CCTV로 지켜보는 설계 엔지니어들에게 충격을 주기도 한다. 그리고 더 많은 문제와 이슈들이 제기되며 새로운 정보와 피드백으로 무장한 설계 엔지니어들이 계속 브레인스토밍하고 더 나은 해결방안을 만든다.

과정은 계속 반복되고(브레인스토밍 그룹에서 포커스 그룹으로, 다시 포커스 그룹에서 브레인스토밍 그룹으로) 엔지니어가 실행가능하다고 생각하고 고객도 좋다고 동의한 이상적인 해결방안이 제시될 때까지 계속 진행된다.

포커스 그룹은 고객의 소리를 이해하는 데 비용 대비 효과적이고 시간 대비 효율적인 방법이며 특히 소비재시장에서 통찰력을 얻을 때 많이 사용된다. 이 방법의 장점은 앞에서 설명한 '방문팀' 접근법과 마찬가지로 문제를 발견하고 이 문제를 면밀히 분석하는 능력이라고 할 수 있다.

8~12명이 참여하는 그룹 토론은 2~3명이 참여하는 인터뷰보다 매우 활기 넘치고 통찰력 있으며 창의적이고 도발적이 된다. 다른 구성원들의 의견을 촉진하면서 대화와 활력이 만들어지기 때문이다. 또한 표본 크기가 작더라도 신중히 처리하면 대표 고객 그룹을 쉽게 모을 수 있다는 장점도 있다. 게다가 발품을 많이 팔아야 하는 일은 시장조사 업체가 대행하면 된다.

그런데 포커스 그룹과 관련된 주의사항도 몇 가지 있다. 적절한 고객에게 참여 동의를 얻는 것(B2B 고객은 더 어려움), 포커스 그룹 진행 능력과 제품지식을 모두 갖춘 진행자를 찾는 것, 비용 등이다. 참가자의 표본 크기는 상당히 제한적이고 제대로 시장을 대표하지 않을 수도 있으며 양적 결론을 내리기 어렵게 한다. B2B의 경우, 여러 지역으로부터 고객 그룹을 모으는 것은 특히 어렵다. 무역박람회장이 사용될 수도 있지만 경쟁자들을 초대하지 않도록 조심하라. 또 다른 결점은 그룹 토론에 존재하는 잠재적 편향인데 지배적인 한 명이 특정 결론으로 그룹 전체를 움직일 수 있다는 것이다. 마지막으로 포커스 그룹의 효과는 진행자의 능력과 중립성에 상당히 의존하는데 편견이 있고 비능률적인 진행자의 경우, 그룹을 타당하지 않은 결론으로 이끌거나 심도 있는 결론을 전혀 도출하지 못할 것이다. 그럼에도 불구하고 이 방법을 강력 추천한다!

4. 선도 사용자(혁신적인 사용자) 분석

이 방법은 1980년대부터 있었지만 주목받은 것은 불과 지난 10년 전부터다. 가설은 다음과 같다. 첫째, 고객은 신제품에 대한 아이디어가 있다. 둘째, 평균적인 고객들과 함께 작업한다면 평균적인 아이디어를 얻을 것이고 더 혁신적이거나 선도적인 사용자들을 선별해 작업하면 훨씬 더 혁신적인 신제품을 기대할 수 있을 것이다.[8] 에릭 본 히펠(Eric Von Hippel)의 연구에 의하면 많은 중요한 제품들이 기업이 아닌 사용자들에 의해 고안되고 모형(시제품)까지 만들어지기도 했다. 또한 그런 제품들은 '주도적 사용자들'(시장 트렌드를 훨씬 앞서가고 일반 사용자들을 훨씬 뛰어넘는 욕구를 가진 혁신적인 기업, 조직, 개인들)에 의해 개발되는 경향이 있음을 밝혀냈다. 정규분포의 오른쪽 극단에 위치하는 극소수의 '선도적 사용자들'(Lead-User)을 찾아내는 것은 상당히 어려운 일이다.

선도사용자 방법은 다음 4단계로 구성된다.[9]

1. **혁신을 위한 기업 목표와 목표시장을 확인하라.**
2. **트렌드를 파악하라.** 신기술과 최첨단 제품들에 대해 폭넓게 아는 사람들과 대화를 나누어라.
3. **네트워킹이나 설문조사를 통해 선도적 사용자를 확인하라.** 네트워킹의 경우, 먼저 관련 주제 전문가(연구원이나 관련 주제 글을 쓴 사람들)들에게 탐구작업에 대해 간략히 설명하라. 그리고 더 적합한 지식을 갖춘 인물의 추천을 요청하라. 곧 목표시장에서 선도적 사용자들을 만날 것이다. 설문조사 방식에서는 공구업체의 경우, "이 공구를 변경해서 사용한 적이 있습니까?"또는 "이 용도를 위해 더 나은 도구를 만들어보려고 시도한 적이 있습니까?" 등의 질문을 할 수 있다.
4. **획기적인 아이디어를 구하라.** 선도적 사용자들과 핵심기술 및 마케팅 직원들이 참여하는 워크숍을 열어라. 참석자들은 먼저 소그룹으로 모여 작업한 후 최종제품 컨셉을 정의한다. 브레인스토밍

과 역브레인스토밍과 같은 일반적인 기법들이 사용되지만 매우 혁신적이고 창의적인 특별한 사람들과 함께 일한다는 것이 다른 점이다.

이 방법은 〈그림 6.5〉에서 고객 포커스 그룹과 매우 비슷하며 사용하는 기업은 24.0%로 상당히 인기가 높고 사용자들의 평가 순위도 4위나 될 정도로 상당히 효과적이다.

사례 유럽의 선도적 제조업체인 힐티(Hilti, 폭파, 잠금, 콘크리트 드릴장비 생산)는 선도사용자 분석을 광범위하게 하고 있다. 첫째, 영업인력의 도움을 받아 건설 및 철거업계의 주도적이고 혁신적인 고객들이 파악되었다. 그런 다음 혁신관리 부서가 그 주도적 사용자들을 주말 연수에 초대해 그들의 당면 문제를 이해하기 위해 관찰하고 얘기 듣는다. 그리고 주도적 사용자들이 제시한 제안과 가능한 해결방안들이 임시 신제품 컨셉으로 만들어진다. 경영진은 이 선도사용자 기법이 사내 다양한 제품군에서 성공적으로 사용되고 있다고 주장한다.

유행을 선도하는 혁신적인 고객들이 업계의 다음 신제품 아이디어를 가질 확률이 높은데 그것을 밝힐 수 있다는 것이 이 방법의 장점이다. 그리고 이 방법은 실제로 효과가 있다. 예를 들면 미국 3M의 일부 사업은 이 접근법을 깊이 신뢰하는 반면, 다른 사업부들은 좀 더 중립적인 입장이다.

가장 어려운 점은 혁신적인 사용자를 파악하고 그들을 외부 워크숍에 참여시키며 워크숍 세션을 적절히 구성해 운영하는 것이다. 추천을 통해 그런 고객들을 파악하고 참여시킬 수 있지만 손이 많이 가고 어려울 수 있다. 3M은 고객들이 제품을 변경해서 사용하는지 여부를 설문조사하기도 한다. 어쨌든 선도사용자 방법을 강력 추천한다.

5. 고객 또는 사용자 디자인

이 새로운 방법은 최근 많은 주목을 받고 있고 IT와 인터넷이 기여한 면이 있다. 제품개발자의 신제품 디자인을 돕기 위해 고객이나 사용자가 초청되고 제품의 중요한 개선을 위해 많은 아이디어를 제공한다. '고객 디자인' 방법은 큰 주목을 받진 못했지만 유효성 면에서 5위를 차지했다〈그림 6.5〉.

> **사례** 레고의 웹 기반 '디자인바이미(DesignByMe)'를 예로 들어보자. 이것은 당신과 자녀가 접속해 맞춤형 레고 세트를 개발할 수 있게 해준다. 웹페이지에서 간단한 캐드 소프트웨어 패키지(레고 디지털 디자이너)를 다운로드받아 자신만의 레고 장난감을 디자인할 수 있다.
>
> 이것은 모두에게 유리한 방법이다. 어린 디자이너들은 집에 부품이 하나도 없더라도 자신만의 디자인을 만들 수 있고 다른 '열정적인 팬들'과 레고 갤러리(Lego Gallery)에서 서로 생각을 공유할 수 있으며 맞춤형 디자인용 부품(맞춤형 디자인 상자를 포함)을 온라인 주문할 수 있다. 키트는 합리적인 가격에 가정으로 배송된다(부모들에게 희소식이다). 무엇보다 목표고객이 정말 원하는 것을 레고 제품 디자인팀이 알게 된다는 것이다!

이 방법의 가장 큰 장점은 제품지식이 많은 사용자들이 자신들의 욕구와 희망사항을 알기 때문에 획기적인 신제품을 디자인하는 데 적임자라는 것이다. 하지만 이 방법은 특정제품군에만 적용가능하다. 예를 들어 사용자의 지식에서 벗어나는 전문 영역(제약, 항공우주산업 장비, 통신 장비)의 제품에 대해 사용자들에게 디자인하게 만드는 것은 효과가 없을 것이다. 또한 사용자들이 제품을 디자인할 때 효과적으로 사용할 수 있는 도구(예를 들면 적절한 웹 기반의 키트)를 제공하는 것도 상당히 어려운 일이다. 이처럼 중간 수준의 인기에도 불구하고 '고객 디자인' 방법은 특정산업과 특정제품 유형에 매우 권장된다.

6. 고객 브레인스토밍과 역브레인스토밍

이 VoC 방법은 종종 B2B 시장 고객행사에서 활용되거나 소비재제품의 포커스 그룹 대신 사용되는데 사용자 그룹을 소집해 신제품 아이디어를 떠올릴 수 있도록 공식적인 브레인스토밍 세션을 진행한다. 또한 종종 제품의 결함과 단점을 알아내기 위해 역브레인스토밍으로 세션을 시작한 다음 브레인스토밍을 통해 부족한 점들의 해결방안을 모색하기도 한다.

사례 미국 ITT 인더스트리스의 사업부문인 C&K는 전 기종의 산업용 스위치(예를 들면 프린터, 노트북, 데스크톱 컴퓨터용 전원 스위치)를 생산한다. 사업부문장은 혁신 관련 '고객의 날'을 주최하는데 자동차, 컴퓨터와 서버, 산업용 장비제조, 실험실 및 과학 장비 분야의 지식이 많고 중요한 고객들이 참석하도록 판매원들은 최선을 다한다. 혁신과 관련된 훌륭한 강연이 제공되기 때문에 고객들은 참석할 만한 가치를 느낀다. 행사 일부로 2개의 그룹 세션이 열린다.

세션 1: 참석자들은 업계에 따라 그룹으로 나뉘고 "업무 분야나 장비에서 스위치에 어떤 문제가 있는가?"라는 질문을 받는다. 각 팀에는 C&K 기술부서와 마케팅부서 직원들도 포함된다. 이런

역 브레인스토밍 세션을 통해 많은 문제점을 알아낸다. 예를 들어 매년 서버가 점점 작아지는데 스위치가 서버 공간을 너무 많이 차지한다거나 자동차 안전벨트 스위치(벨트를 착용하면 경고음이 꺼지는 스위치)가 너무 자주 작동되어서 욱발되는 문제점 등이다. 4개 팀은 각각 현재의 제품이 잘못되거나 잘못될 수 있는 다양하고 특이한 상황들을 조사해 보고한다.

세션 2: 오후가 되면 같은 팀끼리 역브레인스토밍 세션에서 파악된 문제들 중 가장 심각한 3개를 선택해 각 문제를 약 30분 동안 브레인스토밍한다. 브레인스토밍의 원칙들(절대로 비판을 허용하지 않는다!)이 적용되며 팀들은 몇 가지 최고 아이디어를 선정해 보고한다.

문제가 있는 안전벨트 스위치 개선 아이디어는 자기장을 사용하여 내부 작동 부품이 없는 스위치다. 현재 C&K와 자동차 제조업체는 전자식 및 기계식 안전벨트 스위치를 자석스위치로 대체하는 작업을 진행 중인데 C&K에 굉장한 잠재력을 제공할 것이다.

전통적인 브레인스토밍과 역브레인스토밍 방식은 아이디어 창출에서 효과가 입증된 방법으로 많은 사용자들은 그 활동 결과, 위대한 아이디어들이 나왔다고 주장한다. 그러나 비용과 애로사항도 있다. 그런 행사 준비에 시간이 오래 걸릴 수 있고 고객 참여 유도는 항상 어려운 일이며 동종업계 구성원들(잠재적 경쟁자들)이 있으면 그룹 세션 실행이 쉽지 않다. 이 접근법은 제한적인 인기에도 불구하고 추천된다.

7. 고객자문위원회 또는 패널

수십 년 동안 사용되는 방법으로 고객자문위원회나 상시 사용자 그룹이 필요한 신제품이나 문제점에 대해 조언하는 것이다. 하지만 오랜 세월 사용되었음에도 불구하고 이 방법을 집중 사용하는 기업은 17.6%에 불과하며 사용자들의 유효성 평가는 평균보다 약간 높은 8위에 해당한다〈그림 6.5〉.

자문위원회를 훌륭한 아이디어의 믿을 만한 공급원으로 생각하는 사용자는 별로 없다. 회의 운영 방식 때문이다. 즉, 참신한 신제품 기회를 파악할 조직적인 방법이라기보다 토론 세션에 가깝다. 그러므로 고객과 원만한 관계 유지를 위해 사용하는 것은 바람직하지만 아이디어 창출을 위해서라면 그리 좋지 못하다.

8. 열정적인 팬 커뮤니티

온라인 민족지학(Netnography)은 인터넷상에서 수행된다는 점만 다를 뿐 민족지학의 새로운 방식으로 블로그에 글을 올리거나 게시판에 댓글을 달거나 트윗하는 대중의 의견을 '듣는' 것이다. 내용 분석을 통해 공통 주제와 문제, 잠재적 신제품 아이디어를 얻을 수 있다.

사례 미국 델 몬트(Del Monte)식품(애완동물식품부문)은 온라인 민족지학을 통해 성공적인 신제품 아이디어를 발견했다.[10] 스텝 1은 '나는 내 개를 사랑한다' 계획이었는데 애완동물식품시장의 관심 주제와 트렌드를 알아내기 위해 온라인 블로그, 포럼, 전자게시판 등에서 데이터를 수집하고 분석했다. 그 결과, 새로운 세분시장을 발견하는 중요한 결실을 맺었는데 애완견을 사람처럼 대우하는 '개들도 사람이다'라는 개 주인들이었다.

그런 다음 델 몬트는 지속적인 고객상호작용을 위해 '나는 내 개를 사랑한다'라는 회원 전용 온라인 커뮤니티를 만들고 '개들도 사람이다' 세분시장에 속한 500명의 소비자를 회원으로 초대했다. 델 몬트는 커뮤니티를 통해 심도 있는 소비자 의견 청취와 이해를 도모할 수 있었는데 소비자들은 쟁점을 논의하고 블로그를 하며 대화를 나누고 사진을 공유하고 자료를 찾아보고 설문조사에 참여했다.

이 세분시장에 속한 개 주인들은 애완견을 정말 사람처럼 대우해 애완견용 옷을 입히고 유모차에 싣고 다니며 애완견용 가구를 구매했다. 개에게 사람들이 먹는 음식을 주기도 했다. 자신이 스테이크를 먹으면 개에게도 스테이크를 먹인다! 그런데 온라인 커뮤니티 토론 분석 결과, 아침식사가 문제로 드러났다. 베이컨과 소세지, 달걀을 개에게 먹일 수는 없었다! 그래서 그 욕구를 채워줄 신제품인 '스노세지 브랙퍼스트 바이츠'(Snausage Breakfast Bites)가 탄생했다.

사용하는 기업은 8.0%에 불과할 정도로 이 기법은 아이디어 공급원으로 별로 사용되지 않는다. 효과 면에서도 8가지 VoC 방법 중 가장 낮았지만(9위) 평균 이상이다.

가장 중요한 장점은 일단 커뮤니티가 만들어지면 상당히 저렴한 비용으로 유지될 수 있다는 것이다. 델 몬트의 방식대로 댓글과 메시지를 분석함으로써 실제로 사용자 커뮤니티에서 일어나는 사건에 대한 통찰력을 얻을 수 있고 사용자의 문제점과 욕구도 이해할 수 있다. 문제는 내용을 분석하는 데 상당한 기술, 안목과 시간이 필요하다는 것이다. 또한 스포츠용품, 컴퓨터 소프트웨어, 애완동물용 제품 등과 같이 일부 고객들이 열정적인 팬 클럽을 만들 가능성이 있는 고관여 제품군에만 적용가능할 것으로 예상된다. 많이 사용되진 않지만 이 방법은 해당 제품 범주에서 고려되어야 한다.

> 66 다양한 전략적 방법이나 '하향식' 아이디어 창출 방법들이 있다. 그 중 몇 가지는 효과가 크다. 99

아이디어를 창출하기 위한 전략적 방법

이제 신제품 아이디어 창출을 위한 전략적 방법이나 '하향식' 방법들을 살펴보자. 이런 접근법들은 본질적으로 훨씬 전략적이고 사업 혁신 전략을 만드는 데 사용되는 방법들과 관련 있다. 또한 신제품 아이디어와 기회를 파악하는 데도 유용하다.

1. 당신의 시장에 존재하는 거대한 문제와 파괴를 찾아라

획기적인 아이디어들은 거대한 문제를 해결한다! 그리고 거대한 문제들은 업계에서 발생하는 중대한 변화나 파괴에서 종종 비롯된다. 전략적 아이디어 창출 방식을 통해 새로 등장하는 시장이나 획기적인 신제품 기회를 암시하는 변화, 혼란, 파괴 등을 파악할 수 있다.

고객의 업종(시장)을 분석하면서 시작하라. 충족되지 않거나 잘 모르는 욕구들은 종종 사용자의 업종에서 발생하는 변화와 추세의 결과들로 나타난다. 다음 질문들을 해보라.

- 고객욕구와 가치사슬에서 어떤 변화가 일어나는가? 업종과 주요 행위자들에게 어떤 영향을 미치는가?
- 고객들을 좀 더 성공시키는 데 도움을 주는 새로운 가치사슬과 활동흐름으로부터 생길 수 있는 새로운 기회는 무엇인가?
- 고객욕구를 더 잘 충족시키거나 변화하는 시장환경을 활용할 기회가 있는가?

이들은 좋은 질문이지만 해답을 얻기 위해선 발품을 많이 팔아야 한다. 이것은 탁상공론으로 가능한 일이 아니다! 최종사용자까지 이르는 전 과정에 참여하는 다양한 행위자들을 확인하면서 가치사슬 지도를 만들어라. 그런 다음 그들의 미래를 평가하라. 변화하는 그들의 역할, 원하는 것을 누가 일을 것인지, 누가 탈락할 것인지, 감탄할 만한지(기회가 있는지) 세심히 살펴보라.

그 다음 고객들의 산업 동인과 관련된 잠재적 변화를 파악하라. 즉, 어떤 요인이 그들에게(또는 경쟁자들에게) 이익을 주고 성공시키는지 평가하라. 재료비나 생산비는 낮은가? 고객 요청에 대한 반응시간은 빠른가? 이런 요소들이 어떻게 변하고 있는가? 특히 기회를 줄 방식으로 변하고 있는가? 마지막으로 고객들이 수익을 제고할 해결방안을 제시할 수 있는가?

그런 다음 과거 트렌드를 분석하고 미래 트렌드를 예측하라. 고객들의 산업(시장) 방향에 대한 시나리오(또는 대안 시나리오들)를 작성하라. 그리고 돈을 따라가라! 시장지도(Market Maps)는 수익이 만들어질 곳을 파악할 좋은 수단인데 산업에서 어떤 유형의 행위자들이 수익을 얼마나 올리는지 보여주는 도표다(그림 6.6 참조). 비슷한 도구로 수익풀 지도(Profit Pool Maps)가 있는데 산업 구성 활동들, 활동별 수익 비율, 활동별 이윤폭을 알려준다.[11]

고객들의 산업에 대한 이런 평가를 바탕으로 가장 매력적인 영역(아이디어를 찾기 위해 집중할 세분시장이나 부분)을 파악할 수 있어야 한다. 대면고객의 소리(VoC) 조사와 주도적 사용자 방법을 같이 사용하면 고객의 산업 평가는 강력한 기법이 되고 새로 나타나거나 충족되지 않은 고객욕구와 신제품 및 해결방안을 위한 새로운 기회를 확인시켜 줄 것이다.

2. 핵심역량 평가를 적용하라

사업 내부평가(장점과 약점, 핵심역량 평가)를 병행하라. 당신에게 훨씬 유리한 방향으로 경쟁자와 차별화시키는 능력과 지식이 핵심역량이다.[12] 고위 경영진이 혁신적인 신제품과 해결방안을 위해 어느 영역에 집중해야 좋을지(강점을 유리하게 활용할 수 있는 인접 영역[관련시장이나 제품 범주]) 결정할 때 역량 평가는 좋은 출발점이 된다. 그리고 종종 강점을 이용한 신제품 아이디어를 바로 확인해주기도 한다.

> **예시** 경쟁이 치열한 항공좌석 예약시스템 분야에서 여행사를 대상으로 예약시스템을 팔고 있다. 산업 분석 결과, 점점 더 많은 여행객들이 인터넷을 이용해 항공권을 예약하고 있으며 특히 사용하기 쉬운 웹 페이지를 갖춘 대형 항공사의 경우, 더 그랬다. 수익 풀 지도는 여행사들의 마진이 대형 항공사에 의해 줄고 있는 것을 보여준다. 주요 고객인 여행사는 중간상에서 배제될 위험에 처해 있고, 가치사슬에서 수익이 가장 낮은 단계가 되어가

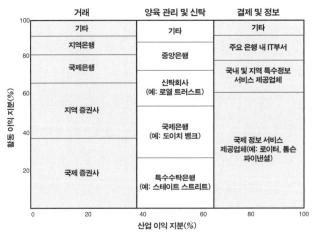

출처: 주석 11을 바탕으로 작성한 주요 은행의 위장 데이터

그림 6.6 '돈을 따라가기' 위해 시장지도를 이용하라(사례, 재무기관-거래, 관리, 신탁, 견제). 기업 활동과 유형의 2차원으로 산업의 이익 분포를 보여준다.

고 있다. 이런 파괴는 당신의 사업을 위협하는 한편 새로운 가능성을 열어주기도 한다. 핵심역량 평가에 의하면 당신은 전통적 고객인 여행사에게 제공하는, 세상에서 가장 훌륭한 예약 시스템이나 '엔진'을 갖고 있다.

최종사용자 시장조사 결과, 여행객이 항공사 웹 페이지에서 항공권을 예약하는 데에 만족하는 것은 아니라는 것이 밝혀졌다. 그들은 항공권을 가장 좋은 가격에 사기 위해 다수 항공사 웹 페이지를 검색해야 하고 종종 노련한 여행사보다 비싼 항공권을 사고 만다. 이 VoC 조사로 인해 새로운 IT 서비스 기회가 발견되었는데 최종사용자를 대상으로 모든 항공사를 포함해 최상의 거래 조건을 찾아주는 단일 예약시스템이다. 그래서 당신은 신제품을 구상하고 개발하고 출시한다. 즉, 여러 항공사로부터 얻을 수 있는 최저가격과 최상의 일정을 보장하는 온라인여행 예약서비스인 트레벨로시티(Travelocity)®가 탄생했다(새로운 사용자 인터페이스를 사용한 기존 '엔진'에 해당함)!

제안 산업 평가와 시장 평가를 철저히 수행하라. 가치사슬을 분석하고 산업 동인들을 파악하고 과거 트렌드를 검토하고 미래 시나리오를 작성하라. 시장이나 고객 산업에서 간극과 새로운 욕구, 파괴를 찾아보라. 이런 차이점과 문제들은 차세대 신제품 개발의 기회를 제공해줄 수도 있다. 신제품 기회로 연결될 전략적 레버리지를 파악하기 위해 회사의 핵심역량을 자세히 살펴보라.

3. 아이디어를 찾는 과정에서 파괴적 기술을 이용하라

산업의 근간을 완전히 바꾸는 급진적이거나 차원이 다른 혁신이 주기적으로 일어난다.[13] 파괴적 기술은 종종 처음에는 열등한 제품을 만들기 때문에 대부분 주류시장에서 곧바로 채택되지 못하지만 그런 제품들은 미래의 잠재적 위협이나 새로운 기회를 제공한다. 디지털 카메라, 인터넷, 휴대폰, 하이브리드 자동차 등이 해당 산업에 미친 영향을 보라.

〈그림 6.7〉은 그런 상황을 보여준다. 대부분의 산업에서 현재의 기술은 〈그림 6.7〉의 실선(왼쪽)이 보여주듯이 다수의 작은 개선(혁신 지속)에 의해 오랜 시간 동안 발전한다. 대표적 사례로 디지털 카메라 이전의 지배적 기술이던 35mm 카메라가 있다. 기존 제품 성능(Y축)은 사진해상도나 사용 용이성 등 여러 가지 방법으로 측정될 수 있다. 보통 지배적 기술이 오랜 시간 동안 향상되어 많은 사용자들의 욕구를 초과하는 현상이 발생한다(그림 6.7의 점선).

새로운 파괴적 기술이 〈그림 6.7〉의 오른쪽 실선처럼 나타난다. 전통적인 성능지표(사진해상도, 사용 용이성)로 평가할 때 초기 제품들은 지배적 기술보다 열등하다(첫 번째 디지털 사진을 떠올려보면 수상작품 수준은 아니다). 얼핏보면 새로운 기술은 망한 것처럼 보인다!

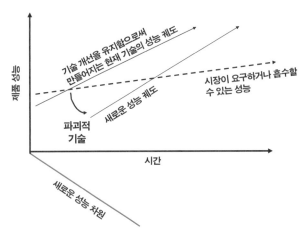

출처: 크리스텐슨(C. M. Christensen); 포스터(R. N. Foster). 주석 12.

그림 6.7 파괴적 기술은 기존 제품보다 성능이 떨어지는 새로운 성능 차원을 보여주는 신제품들을 만들어낸다.

이 2차원 도해에서 빠진 부분은 〈그림 6.7〉의 Z축으로 표시되는 3차원(새로운 성능 차원)이다. 이 새로운 차원은 '디지털화된 사진'인데 대부분의 카메라 사용자들에게는 무관한 것이었다. 하지만 사진을 고객이나 상사에게 보내야만 하는 소수 전문사용자(예를 들면 상업용 부동산 판매인이나 손해사정인)에게는 매우 중요했다. 그리고 그들은 새로운 성능(디지털화된 사진)을 얻기 위해 다른 차원(사진 품질)에서 열등한 성능을 감수할 준비가 되어 있었다.

35mm 카메라와 필름을 제조하는 전통적 경쟁자들은 불행히도 2차원 세계('평면 세상')에서 살았고 3차원을 보지 못했거나 그 영향력을 과소평가했다. 그러나 새로운 디지털 카메라 생산업체들은 3차원 세계에서 사는 데 유리했고 이후의 일은 자명해졌다.

파괴적 기술은 현재 해당산업을 주도하고 있는 기업에게는 엄청난 위협이고 다른 기업에게는 최고의 기회가 된다는 점이 핵심이다. 지난 세기에 다음과 같은 일이 발생했다.

- 디지털 시계가 스위스 시계산업의 대부분을 파괴했다.
- 휴대용 계산기가 기계식 계산기를 완전히 파괴했다.
- 볼펜, 제록스 복사기, 제트엔진은 엄청난 변화를 일으켰다.

파괴가 일어날 때 지배적인 이전 회사들은 대부분 더 이상 미래의 지배적인 회사가 되지 못한다. 이런 현상을 '성공의 횡포'라고 부른다.[14] 회사를 성공시키는 요소가 패배의 씨앗(오만으로 이어지는 자신감, 목적 불변으로 인한 변화 불능, 황금수갑이 되어버린 기술[이제 '오래된 기술'이 된]에 대한 엄청한 투자)이 된다. 더 위험한 것은 이런 파괴는 소리없이 다가와 눈에 거의 안 띄게 일어난다는 것이다. 그들의 첫 번째 제품은 성능이 떨어져 산업전문가들, 예측가들, 시장조사들이 신제품과 신기술을 무시하기 때문이다.

이론에 대해선 이쯤에서 끝내자! 그럼 이 신기술이 파괴적일 것인지 여부를 어떻게 예측할 수 있을까? 그리고 이 신기술에서 아이디어를 어떻게 찾아낼까?

1. 첫째, 해당 산업의 외부 기술환경을 지속적으로 주시하라. 그리고 고객욕구를 현재 기술보다 더 잘 충족시킬 기술을 찾아라.

2. 관련 문제에 대해 노력하는 타 산업 기술을 모니터링하고 신기술을 모색하라.

3. 새로운 기술이 발견되면 해당 기술의 성공가능성을 평가하라. 혁신과 대체가 발생하는 상황을 파악하면 새로운 기술이 나타난 이유가 있을 것이다.
   - 현재의 기술이 충족시킬 수 없는 고객욕구
   - 외부환경의 변화로 생긴 새로운 고객욕구

   새로운 기술이 그런 욕구를 제대로 만족시킬지 여부를 판단하라. 파괴적 기술을 예측하려면 기술이 아닌 고객욕구와 고객이 가치 있다고 여기는 것에 대한 이해에서 시작하라.

4. 고객이 요구하는 것 이상을 내다보고 주류시장과 사용자들보다 더 멀리 내다보라. 새로운 해결방안으로 인해 가장 큰 이득을 볼 잠재고객들(디지털 카메라 사례에서 손해사정인이나 부동산업자 같은)을 찾으려고 노력하라.

5. 마지막으로 현장조사를 많이 하라. 초기 수용자, 잠재적 사용자들과의 대면 토론을 통해 직원들은 사용 용도와 사용자의 채택가능성을 직접 알 수 있을 것이다.

파괴적이거나 획기적일 수 있는 새로운 제안의 기술이 확인되면 사업과 시장, 제품에 미치는 영향력을 평가하라. 그리고 필요하다면 어떤 신제품이 필요할지, 언제 필요할지 파악하라(뒷부분에서 살펴볼 IOTA[Impact of Opportunities and Threats Analysis; 기회와 위험 영향력 분석] 참조).

대대적인 관심에도 불구하고 파괴적 기술을 이용하는 것은 획기적인 아이디어 창출의 유효성 차원에서 18가지 방법 중 10위에 불과하다. 그것은 고객의 소리 방식 중 효과가 가장 낮은 방식과 거의 같다(그림 6.5 참조). 새로운 기술의 영향력 예측은 여전히 어렵다. 똑같이 탁월한 어쩌면 더 나은 기술인 위성전화기가 별로 성공하지 못한 반면 휴대폰은 어떻게 큰 성공을 거두었을까? 어떤 사람들은 파괴적 기술 분석이 미래 예측보다 과거를 설명하는 데 더 효과적이라고 주장한다. 나아가 파괴는 대부분의 산업에서 정기적으로 일어나지 않기 때문에 그와 같은 아이디어가 나타나려면 수십 년을 기다리기도 한다. 이 방법은 매우 권장되지만 다음 사항을 명심해야 한다. 파괴는 예측하기 어렵고 극히 드물게 발생한다.

4. 아이디어 공급원으로서의 주변 시야 탐색

가장 큰 위험은 우리가 보지 못하는 사이에 다가오는 것들이다! 이런 위협을 직감하고 기회를 예측하기 위해선 '튼튼한 주변 시야'가 필요하다.[15] 예를 들면 사춘기 이전 소녀들이 실제 나이보다 빨리 성숙해진 사실을 전혀 눈치채지 못하는 바람에 마텔(Mattel)의 바비 인형(Barbie Dolls) 매출은 급격히 하락했다. 즉, 어린 소녀들이 바비 인형보다 더 빨리 성장했기 때문에 연령대가 더 높고 성숙하며 세련된 브라츠(Bratz) 같은 인형으로 이동한 것이다. 흥미롭게도 레고 장난감도 비슷한 문제에 직면했다. 어린 소년들이 너무 빨리 성장해 컴퓨터게임과 전자게임으로 옮겨간 것이다. 하지만 마텔과 달리 레고는 잘 대처했고 다른 기능

(로봇, 전기벽돌, 센서, 조작 모터 등)을 갖춘 첨단기술 제품들(마인드스톰(Mindstorms), 파워 펑션(Power Functions), 테크닉(Technic), 레고 컴퓨터 게임)을 출시했다.

주변 시야에 실패한 또 다른 슬픈 이야기가 있다. 값싼 폴리머의 위협에 대처하지 못한 듀폰(DuPont)의 무능이었다. 듀폰은 당연시하는 많은 폴리머들(나일론[Nylon], 올론[Orlon], 데이크론[Dacron], 라이크라[Lycra], 테프론[Teflon])을 발명했다. 하지만 듀폰의 기술력에도 불구하고 특허는 모두 소멸되고 타 화학업체들은 값싼 원료와 저임금 노동력을 활용할 수 있는 아시아와 중동에 공장을 설립했다. 듀폰은 그렇게 하지 않았다. 도전적인 행동(예를 들면 듀폰의 월등한 기술력을 앞세워 아시아나 중동에 폴리머공장을 세우는 것) 대신 폴리머시장에서 서서히 손을 뗀 것이다. 공장가동률은 점점 떨어지고 비용도 높아졌으며 기업은 더욱 취약해졌다. 듀폰의 폴리머사업은 이전에 비하면 이제 아무것도 아니다.

대부분의 기업들은 예측하지 못한 사건들의 습격을 받는다. 설문조사에 따르면 기업의 2/3가 지난 5년 동안 2~3번의 대형 경쟁적 사건들로 인해 충격을 받았다.[6] 97%가 조기경보 시스템이 부족했다! 대부분의 회사들이 외부 중대 사건들의 습격을 받고 신제품 기회를 놓치고 있다.

주변 시야 탐색은 신제품 아이디어 창출을 위한 전략적 방법이다. 즉, 외부세계를 평가하고 트렌드와 위협을 파악하며 그 과정에서 잠재적 신제품을 모색하는 의도적이고 공식적인 전략적 활동이다. 주변 시야 활동에 유용한 핵심질문들은 다음과 같다.

1. 당신의 산업에서 사전에 경고를 포착하고 그에 따라 행동을 취하는 기업은 어디인가?
2. 과거 사각지대는 무엇이었나?

3. 다른 산업에서 관련 사례가 있는가?

4. 주변고객(인접시장, 이전 고객)이나 간접 경쟁자들은 어떤 말을 하는가?

5. 당신에게 막대한 피해나 도움을 줄 새로운 미래는 어떤 것인가?

6. 생각하지 못한 미래 시나리오는 있는가?[17]

주변 시야 탐색은 신제품 아이디어 창출을 위해 매우 인기있는 접근법이다. 사용하는 기업들이 33%나 될 정도로 18개 방법 중 2위이고 효과성도 7위로 긍정적인 편이다〈그림 6.5〉. 이 방식을 강력 추천한다!

5. 미래 시나리오의 가치

역사상 가장 중요한 전략적 결정 중 하나는 AT&T가 인터넷을 장악할 제안을 거절했을 때였다.[18] 1980년대 말 미국 국립과학재단(National Science Foundation)은 인터넷 관리 역할을 중단하기 위해 AT&T에 자유 독점지위를 제안했다. 하지만 AT&T는 자신들의 집중교환기술이 계속 지배적일 것이라는 미래 시나리오나 미래지도를 가지고 있었다. 패킷교환 방식의 비집중 처리교환기술(인터넷 사용 기술)은 미래가 될 수 없었다. AT&T의 기술전문가들은 인터넷이 전화통신 방법에 미미한 역할을 하고 다른 상황에서도 상업적으로 중요하지 않다는 결론을 내렸다.

AT&T가 했어야만 했던 것(그리고 회사가 해야 할 일)은 대안적인 미래 시나리오들을 작성하는 것이었다. 물론 '공식적인' 또는 예상되는 미래 시나리오를 개발해야 한다. AT&T의 경우, 집중교환 기술구조가 지배적으로 유지되는 것이다. 하지만 대안 시나리오도 준비해야 한다. 이 사례에서 대안적인 시나리오는 인터넷 서비스의 새로운 시장과 새로운 전화통신 방법이 AT&T의 지배적인 사업을 흔드는 것이다. 최소한 그 정도의 시나리오라도 있었다면 의사결정권자들은 인터넷의 잠재력을 느끼고 대안적인 행동을 고려할 수도 있었을 것이다. 또한 대안적인 시나리오의 개발은 그들이 변화 신호에 좀 더 민감해지도록 도와준다. 기획 단계에서 시나리오 사용을 옹호하는 피터 슈와츠(Peter Schwartz)는 "예측하지 못한 것은 제때 볼 가능성이 낮다."라고 말했다. 예를 들어 AT&T 경영진에게 대안적인 시나리오가 있었다면 점점 더 많은 사람들이 온라인을 이용하고 웹 페이지가 우후죽순 생기기 시작하며 1990년대 초 가정용 PC 판매가 폭증했을 때 좀 더 경계했을 것이다.

대안적인 미래 시나리오를 개발하기 위해선 임원들이 집중토론과 워크숍에 참여해야 한다. 신제품 기회를 발견하는 것이 목적이기 때문에 사업과 관련 있고 외부(또는 확장된 시장)환경을 다루는 토론을 시나리오로 제한해야 한다, 은행의 경우, '금융 및 관련 시장의 미래, 금융업 전체를 설명하라.'와 같은 것이 될 수 있다.

여기서 해결해야 할 질문은 다음과 같다.

1. 최고의 미래 시나리오는 무엇인가? 최상의 외부환경이 주어진다고 가정하고 회사의 세계가 미래(5~10년 후)에 어떤 모습일지 자세히 설명하라.
2. 회사의 외부환경과 관련된 최악의 미래 시나리오는 무엇인가?
3. 이런 시나리오를 특징짓는 면으로 무엇이 있는가?(AT&T의 경우, '집중교환 대 비집중교환'이었다. 최고의 시나리오는 집중교환이었고 최악의 시나리오는 비집중교환이나 패킷 교환이었다.)

그런 후 당신이 직면한 가장 중요한 결정을 파악하라. 시나리오 분석을 통해 신제품 기회를 도출하는 질문은 다음과 같다.

- 새로운 사업이나 사업 모델을 출시해야 하는가?
- 새로운 기술이나 기술 플랫폼에 투자해야 하는가?
- 어떤 유형의 신제품을 심각하게 고려해야 하는가?

이런저런 '미래 시나리오'가 사실이라고 가정하고 각 결정 결과를 평가해보라.

마지막으로 각 시나리오에서 발생하는 신호나 표식들을 파악해야만 관리자들은 세계가 어느 방향으로 움직이는지 수 개월이나 수 년 내 의미 있는 신호를 발견할 수 있다. 예를 들면 어느 은행의 시나리오는 미래에 개인 거래은행 지점들이 없어진다는 것(오프라인 거래가 없어진다는 것)이다. 이런 시나리오를 뒷받침하는, 10년 내 나타날 신호에는 새로이 등장하는 전자은행들의 수 전자은행으로 이동하는 연령별 사용자 비율, 인터넷을 더 휴대가능하고 기능적으로 만들어주는 새로운 통신기기들이 개발 등이 포함될 것이다. 그와 같은 트렌드나 기기에 탄력이 붙으면 완전 무점포 은행이 탄생할 것이다.

주변 시야 탐색을 위한 영역	항목: 위협, 주요 변화 및 트렌드, 파괴, 위험 신호, 핵심 이슈 및 사건	가능성이 얼마나 있는가?	얼마나 임박한가? (시기)?	영향력- 어떤 조치?	어떤 기회인가: 신제품, 서비스, 신규 사업이나 사업 모델?
시장 변화와 이동-고객					
경쟁자들과 그들의 전략 변화					
가치사슬 구성원들의 변화(예: 소매업체, 유통업체)					
기술 트렌드, 변화, 파괴					
입법과 정치적 변화, 사건, 위험					
사회적·인구학적 트렌드, 변화					
경제적 변화, 위협, 위험					

**그림 6.8 전략적 활동을 IOTA 도표를 이용해 요약하라-
기회와 위협의 영향력 분석**

제안 미래 시나리오를 개발하라. 가능성이 가장 높은 시나리오나 '공식적인 미래'뿐만 아니라 대안적인 시나리오(최상의 경우와 최악의 경우)도 포함하라. 각 시나리오가 현실이 되면 일어날 일을 상상하라. 신제품 결정을 어떻게 바꿀 것인가? 대안적 시나리오가 현실이 된다면(AT&T가 그랬듯이) 공식적인 시나리오를 기반으로 내린 결정이 말하는 재무적 결과는 무엇인가? 대안적인 시나리오에도 일부 가능성을 두고 신제품 투자 결정을 재고해보라! 그리고 각 시나리오(공식적인 경우와 대안적인 경우)를 가정하고 브레인스토밍과 창의성 기법들을 이용해 창의적인 아이디어를 찾아보라.

6. 경쟁 분석

아이디어 창출을 위한 마지막 전략적 접근법은 경쟁자들을 면밀히 살펴보는 것이다. 목적은 그들의 장점과 약점, 성공과 실패 이유, 배울 수 있는 점을 이해하는 것이다. 경쟁자들의 제품에 대한 역브레인스토밍(그것들을 분해해 약점을 파악하는 것)은 유용한 도구다. 그리고 반드시 경쟁제품들과 관련된 질문(고객들이 그것을 좋아하거나 싫어하는 이유)을 시장조사에 포함시켜라.

사례[19] 러스트-올리움(Rust-Oleum)은 페인트와 코팅제, 수리제품들을 판매하는 미국 기업으로 신제품 아이디어를 창출하기 위해 '브랜드 해체활동(Brand Deconstruction Exercise)'을 수행했다. 회사 마케터들은 제대로 성과를 내는 경쟁 브랜드를 선택한 후 그들의 입장이 되어 SWOT(장점, 약점, 기회, 위협) 분석을 한다. "경쟁자는 무슨 생각을 하는가? 그들은 왜 밤에 잠들지 못하는가?"와 같은 질문을 하게 된다. 또한 경쟁업체 제품을 구매하고 고객들에게 그 제품에 대해 질문한다. 실험실에서 경쟁제품을 분해하고 고객과 소비자 조사에서 해당 브랜드에 대해 질문한다. 경영진은 결과를 이용해 종종 새로운 전략이나 신제품 아이디어를 제시한다.

전략 활동 실행하기

전략적 활동(전략적 분석, 시장과 기술 파괴 예측, 주변 시야 탐색, 대안 시나리오 개발, 경쟁 분석 등)을 마무리짓기 위해 통합회의나 워크숍을 열어 파악된 모든 트렌드와 사건, 위협, 기회, 예측을 검토한다(그림 6.8의 IOTA 도표의 왼쪽 열). 그런 다음 이런 사건이나 트렌드가 발생할 시기와 가능성을 표시하라. 지금 당장 일어날 확률이 100%인가? 아니면 미래의 어느 시점에서 발생할 수 있으므로 '아마도'로 평가될 수 있는가? 그리고 영향력을 논의하라.

예를 들면 너무 빨리 성장해버린 어린 소년소녀들은 레고와 마텔에게 모두 재앙 수준의 영향을 미칠 수 있다.

이제 〈그림 6.8〉의 마지막 열로 넘어가보자. 그것과 관련해 무엇을 할 수 있는가? 여기서 IOTA 활동에서 가리키는 신제품이나 신사업을 파악하게 된다.

중요한 아이디어 공급원으로서의 개방형 혁신

5장에서 개방형 혁신 개념을 소개하고 많은 기업들이 내적 개발활동을 보완하기 위해 외부적으로 만들어진 아이디어와 기술, IP, 제품들을 모색한다는 것을 언급했다.[20] 개방형 혁신에 대해 아무리 말해도 아이디어 창출을 위한 개방형 방법들은 인기가 없고 별로 효과적이지 못한 것으로 인식되는 것은 놀라운 일이다. 정말 대부분의 방법들은 〈그림 6.5〉에서 왼쪽 아래 사분면을 차지한다(아래쪽 원 속의 상자들).

> 66 '개방형 혁신'은 비교적 새로운 혁신 아이디어 공급원이다. 제한적인 인기와 유효성 평가를 받지만 특정제품 범주에는 추천한다. 99

다른 것들도 있지만 신제품 아이디어 창출을 위한 6가지 개방형 혁신 접근법을 조사했다. 가장 인기 있는 방식은 파트너 회사와 공급업체로부터 아이디어를 얻는 것인데 오래된 개방형 혁신 방법으로 새로운 것은 아니다. 가장 효과적인 3가지 방법은 파트너 회사와 공급업체, 외부 과학계, 신생기업으로부터 아이디어를 얻는 것이다(그림 6.5 참조). 개방형 혁신 방식 중 8가지 VoC 방법만큼 효과적인 것은 아무것도 없는데 아마도 그것들이 새롭거나 적용에서 제한적이기 때문일 것이다.

개방형 혁신은 아이디어, IP, 기술, 완성제품들을 찾기 위해 발명가, 과학자, 디자이너, 공급업체, 소비자, 소규모기업 등 기술이나 R&D부서의 제한적 능력을 훨씬 뛰어넘는 수많은 공급원들을 이용한다는 이점이 있다. 하지만 중대한 약점은 대부분의 개방형 방식이 특정제품 범주에만 적용되고 있다는 점이다(예를 들면 P&G는 효과적인 '연결과 개발' 웹 페이지를 근거로 그 방식을 강력 지지하는 반면, GE는 기관차나 제트엔진을 위한 아이디어를 외부에서 찾는 것은 다소 비현실적이라고 주장한다). 또 다른 문제는 아이디어나 IP를 심사하고 요청하며 관리하고 처리하는 데 많은 시간과 노동력이 든다는 것이다.

이 방식의 인기와 유효성이 낮은 이유는 일부 개방형 혁신 접근법들이 비교적 '새로워' 많은 기업들이 아직 시험하지 못했기 때문일 것이다. 새롭기 때문에 그 유효성을 평가하기에 아직 이른 반면, 일부 기업은 이 말에 동의하지 않으며 개방형 혁신이 별로 새롭지 않다고 주장한다. 기업들은 항상 어느 정도 개방적이었고 그 이점은 사업 유형에 따라 다르다는 것이다.[21] 단순한 기술과 B2C 산업(P&G와 같은)의 경우, 수백만 명의 소비자와 사실 발명가들 덕분에 개방형 혁신에 적합하기만

첨단기술과 복잡한 제품들을 갖춘 기업은 외부에서 매력적인 아이디어를 얻기 어려운 것이다.

또한 이 방법은 개발에 시간이 오래 걸리고 오랫동안 판매되는 자본집약적 산업에도 적합하지 않을 것이다. GE의 CEO 제프 이멜트(Jeff Immelt)에 의하면, 자신의 회사는 제트엔진과 기관차제조와 같이 다른 기업은 할 수 없는 분야이면서 지적재산권과 비밀 유지가 매우 중요한 영역에서 선두 역할을 하고 있다.[22]

GE의 연구개발 책임자 마크 리틀(Mark Little)도 회의적인 자세를 갖고 있는데, 외부 아이디어들이 "여기서 제대로 효과를 내지 못한다."라고 말한다. GE 연구소의 결과에 대해 매우 만족하고 있고, "우리의 인력과 능력에 대해 매우 만족한다고 자평한다."

아이디어 창출을 위한 몇 가지 개방형 혁신 방법들을 효과가 큰 것부터 소개한다.

1. 파트너 회사와 공급업체

이 개방형 혁신 방법은 신제품 아이디어를 외부 파트너와 공급업체로부터 찾는 것으로 새로운 방식은 아니다. 광범위하게 사용하는 기업이 22.1%나 될 만큼 상당히 인기 있으며 효과성 순위는 18개 중 11위다.

장점은 파트너와 공급업체들이 당신의 전문성 범위에서 벗어날 수도 있는 기술역량을 보유하고 있으며 해당 역량에 차세대 신제품 씨앗이 포함되어 있을 수도 있다는 것이다. 파트너와 공급업체들도 당신만큼 비 창의적일 수 있으므로 이 공급원으로부터 좋은 아이디어가 쏟아질 것이라는 기대하지 마라. 그럼에도 불구하고 효과가 입증되었고 상당히 인기 있으며 괜찮은 수준의 유효성 평가를 나타내므로 권장되는 방법이다. 즉, 〈그림 6.5〉에서 바람직한 방법들이 있는 상단 오른쪽 사분면과 가까운 유일한 개방형 혁신 방법이다.

2. 외부 기술 커뮤니티 접근하기

이 방식은 외부의 과학, 기술 커뮤니티로부터 아이디어와 기술 해결방안을 구하는 것인데 나인시그마(NineSigma), Yet2.com, 이노센티브(Innocentive)와 같은 다수 온라인 수단 덕분에 접근이 더욱 쉬워졌다. 사용하는 기업들은 19.5%로 상당히 인기 있지만 신제품 아이디어 탐색보다 개발 단계에서 기술 해결방안을 모색하는 데 더 많이 사용되는 경향이 있다.

3. 소규모 기업과 신생기업 모색하기

이 방법은 소규모 기업이나 신생기업과 같은 기업가적 회사들로부터 아이디어를 얻는 것이고 위대한 차세대 신제품을 가진 과학자나 디자이너가 현재 어딘가 있다고 전제한다. 다만, 그가 당신 회사가 아니라 소규모 기업이나 신생기업에서 일한다는 점이다. 실제로 대부분의 산업에서 규모가 크고 지배적인 회사의 혁신 실적은 소규모 기업들에서 생기는 진정한 혁신과 비교하면 형편없는 수준이다. 이처럼 공급원이 될수 있는 소규모 기업들은 수백 수천 개나 되지만 그런 공급원들에 접근하고 검토하는 것은 쉬운 일이 아니다. 또한 이런 신생기업가는 방어적인 태도가 강한데 높은 이윤을 보장받을 수 있음에도 불구하고 '자기 자식'이나 그것의 50%를 포기하려고 하지 않는다.

4. 외부 제품 디자인

이 방법은 인터넷을 이용해 일반 대중(고객, 사용자, 외부인)으로부터 완성된 제품 디자인(아이디어가 아닌)을 제출받는 것으로 '크라우드 소싱'이라고 부르기도 한다. 티셔츠 디자인을 위해 온라인 공모전을 시행하는 시카고 티셔츠 제조업체 쓰레드리스(Threadless), 카탈로그 구독자들에게 가구 디자인을 요청하는 일본 가구업체 무지(Muji),[23] 레고의 아동용 웹 기반

'디자인바이미(DesignByMe)'가 그 예다.

제품 디자인을 외부에 맡기는 것은 매우 새롭고 예외적인 방법이며 고객 기반의 방법에 대해선 고객의 소리에서 소개했다. 반면, 개방형 혁신 방법으로 고객을 넘어 모든 외부 구성원이 참여하도록 하다보니 인기도와 유효성은 낮은 편이다〈그림 6.5〉.

이 방법의 장점은 세상이 당신의 제품 디자인 하우스가 되어 제품을 디자인하고 개발하고 싶은 사람들의 욕망을 거의 아무 대가 없이 활용할 수 있다는 점이며 오픈 소스 소프트웨어가 대표적인 사례다. 하지만 적용하는 데 한계가 있으며 주로 소비재나 비교적 단순하고 창의적인 제품에 적합하다(앞의 사례들은 모두 외부인들이 창의적 통찰을 가질 만한 창의적인 디자인 제품들이라는 점을 주목하라).

5. 외부 아이디어 제출

당신의 고객과 사용자, 외부 구성원들은 주로 인터넷과 웹페이지를 통해 신제품 아이디어를 제출하는데 P&G의 '연결과 개발' 시스템이 대표적인 예다.[24] 하지만 사용하는 기업이 7.9%밖에 안될 정도로 인기가 낮고 (18개 중 16위) P&G 시스템 관련 논문에서 긍정적인 평가가 있음에도 불구하고 유효성 순위는 거의 꼴찌다.

이 방법 사용자들에 의하면 온 세상이 아이디어 공급원이므로 직원들의 창의력 이상으로 가능성을 크게 높일 수 있는 긍정적인 장점이 있는 반면, 소비재와 기술적으로 단순한 제품들에만 적용될 수 있다는 단점도 있다. 나아가 어느 임원이 말한 것처럼 아이디어를 검토하고 평가하고 감정하며 제출자에게 피드백을 제공하는데 너무 많은 내부인력이 필요하다. 실제로 유럽의 모 대형 소비재업체가 한동안 이 방법을 시도했지만 시간이 너무 많이 걸려 포기한 적이 있다. "우리가 얻은 훌륭한 아이디어들은 터무니없이 적은 반면, 해야 할 일은 너무 많았다."

6. 외부 아이디어 공모

이 방법은 아이디어 공모전을 여는 것이다.

사례 스와로브스키 엘리먼츠(Swarovski Elements)™는 전 세계 전문 디자이너와 창의적인 인재들을 시계-디자인 커뮤니티에 초대한다.[25] 해당 커뮤니티는 온라인 디자인 공모전이었고 디자이너들(예를 들면 디자인 전공생)과 시계나 보석에 관심 있는 사람이라면 누구나 참여할 수 있었다. 사용자들은 디자인을 제출하고 다른 사용자들의 디자인에 투표하게 된다.

대회는 2가지 방식으로 진행되었다. 첫째, 참가자들은 시계 메뉴 설정 도구 세트를 이용해 한 색상의 24가지 부품(상자, 홈, 손목밴드, 배경, 시계문자판)과 108가지 보석을 바탕으로 자신만의 시계 디자인을 구성하는 것이다. 둘째, 참가자들은 자유롭게 창작한 시계 디자인을 제출할 수 있었다. 3명의 최고 창작 디자인에게 상패와 상금이 주어졌고 최고 구성 디자인에게는 상패가 주어졌다.

활기찬 커뮤니티는 오스트리아부터 미국까지 바이러스처럼 전 세계로 퍼졌고 중국과 인도, 러시아, 터키, 이란에도 소문났다. 8주 만에 750만 명 이상이 웹사이트를 방문했고 스와로브스키 광고나 홍보도 없이 웹사이트와 디자인 커뮤니티, 잡지나 블로그 등에서 대회가 언급되었다.

1,650명 이상의 참가자들이 재능을 선보이고 디자인을 제출하기 위해 커뮤니티에 가입했고 클래식에서 스포츠 스타일, 추상화부터 구상화까지 다양한 분야에서 2,000개 이상의 시계 디자인을 만들었다. 최고의 디자인 작품들은 세계 최대 시계박람회인 스위스 바젤 시계보석박람회(Baselworld)에 출품되었고 현재 판

매되고 있다.

이 방법은 외부 아이디어 제출 방법을 확장시킨 것으로 상금이라는 추가 보상을 제외하면 같은 장점이 있다. 하지만 단순한 소비재에만 한정된다. 그리고 전문적으로 대회를 관리(규칙, 행정, 상금 수여)하기 위해 추가 비용과 시간이 필요하다. 요약하면 외부 아이디어 공모전은 전혀 인기가 없지만 일부 애호가로부터 호평받고 있다. 살펴볼 만한 가치는 있지만 대부분의 기업에서 선택하는 아이디어 창출 방법은 절대로 아니다.

제안 **신제품 아이디어(와 어쩌면 보장된 기술과 라이센스용 완성품들)를 창출하기 위해 개방형 혁신을 무시할 수 없다. 개방형 혁신을 통한 아이디어 접근법은 다음과 같다.**

- 컨퍼런스와 무역박람회에 참가하거나 온라인과 출판물에서 개발을 추적해 소기업과 발명가, 신생기업을 조사하는 발굴팀
- P&G처럼 아이디어와 기술, 완제품을 제출하도록 일반대중을 초대하는 웹페이지
- 대학 기술이전센터와의 네트워크(목록 준비!)
- 공급업체 및 그들의 기술담당자들, R&D 직원들과 마케팅 직원들이 함께 하는 정기회의
- 레고의 '디자인바이미'처럼 고객이 자신의 제품을 디자인하도록 허용하는 웹페이지

하지만 개방형 혁신 아이디어 창출을 위해선 노력이 필요하다. 외부 제출자와 함께 일하기 위해 자원(발굴, 연결, 개발팀)을 투입해야 하고

내부 직원들이 새로운 사업 모델의 위협을 느끼지 않도록 하면서 개방형 혁신을 위한 올바른 회사 분위기와 문화를 조성해야 한다.[26]

기술 개발과 기초연구 : '경쟁의 기본' 바꾸기

당신 회사에는 중앙연구시설이 있는가? 대부분의 기업들은 '기업연구소'를 운영할 형편이 안되지만 회사가 기초연구를 하거나 새로운 기술을 개발한다면 반드시 해당 연구팀이 발견 단계에 참여해야 한다. 기초연구와 기술개발은 보통 훌륭한 신제품이나 제품군, 플랫폼의 씨앗을 제공하고 신제품 아이디어의 중요한 공급원이 된다.

하지만 많은 기초연구가 방향이 없고 분산되어 있으며 생산적이지 못하기 때문에 많은 CEO들이 기초연구시설을 폐쇄한다. 기초연구가 획기적인 프로젝트를 만들어내지 못한다면 혁신전략을 통해 방향을 제시하고 소규모 스테이지 게이트 시스템을 도입하라. 새로운 기술이나 지식 구축, 기초연구 프로젝트를 위해 설계된 스테이지 게이트 TD(5장에서 소개)를 참조하면 된다. 일부 과학자는 못마땅해 소리칠지도 모르지만 호기심 기반 연구가 중심인 대학이 아니라 사업을 위한 기업이라는 점을 상기시켜 주어라. 일부 과학자들은 기업을 위한 가치 창출 연구에 적극 참여할 기회를 반길 것이다.

❝ 기술 개발과 기초연구 활동을 이용하라. 또 이런 연구가 혁신전략에 의해 관리되도록 하라. ❞

제안 기초연구나 과학 프로젝트, 기술개발을 수행한다면 방향성과 초점을 제공하기 위해 〈그림 5.2〉와 비슷한 스테이지 게이트 프로세스를 도입하라. 여기서 적용 경로 게이트(Applications Path)는 신제품 아이디어를 위한 도화선이 되어야 하지만 프로세스(스테이지, 게이트, 활동, 게이트 기준)는 신제품 프로세스와 많이 다르다는 점을 명심하라. 과학 프로젝트를 일반적인 스테이지 게이트 프로세스에 강제로 맞추려고 하지 말라.

특허 도식화

특허는 신제품 아이디어를 포함해 귀중한 정보를 얻을 수 있는, 탁월하지만 자주 간과되는 공급원이다.[27] 특허에 포함된 지식의 양은 방대하지만 이용과 해석에 다소 부담이 된다.

특허 도식화(Mapping)는 방대한 양의 복잡한 특허 데이터를 정제하고 해석해 사업 결정에 유용하도록 소수의 가치있는 도식을 작성하는 것이다. 즉, 시의적절하고 현명한 의사결정이 가능하도록 가공되지 않은 특허정보에서 실행가능한 지식을 창출하는 것이 목적이다. 혁신가들은 특허 도식화를 통해 IP 공간을 정의하고 구성할 수 있으며 신제품 아이디어를 창출하고 중점개발할 영역을 선택하는 데 도움을 받을 수 있다. 예를 들면 특정 영역에서 많은 특허와 출원 활동이 이루어진다면 과학기술 전문가들이 뭔가 해내고 있고 나아가 경영진이 관심을 갖고 시간과 돈을 투자해 특허를 신청할 만큼 충분히 의미있는 영역이라는 신호인 것이다.* 따라서 매력적인 기술 영역(새로 등장하는 영역과 잠재력 있는 영역)을 발견할 수 있다.

〈그림 6.5〉에 표시된 것처럼 특허 도식화와 특허 마이닝은 상당히 인기있는 편이다. 경쟁적 활동 영역과 잠재적 중점 영역을 파악하는 데 유

---

* : 특허출원은 비싸고 엄청난 인력자원이 필요하다. 따라서 기업은 선택적으로 중시하는 것들에 대해서만 특허를 신청한다는 사실을 주지해야 한다.

용한 기법이지만 신제품 아이디어를 창출하는 것은 아니기 때문에 유효성은 14위로 고객의 소리 방법보다 매우 낮다.

직원들로부터 좋은 아이디어 얻기

직원들은 신제품 아이디어의 훌륭한 공급원이지만 내부 아이디어들은 대체로 평범하거나 받아들여지지 않는다. 그런 관행을 바꿀 몇 가지 방법들이 있다.

> 66 직원들은 신제품 아이디어의 훌륭한 공급원이 될 수 있다. 내부 아이디어 포착 시스템을 구축하라. 그런데 많은 기업들이 그것을 제대로 못하고 있는 실정이다. 99

내부 아이디어 포착

내부 아이디어 포착 시스템은 가장 널리 사용되는 아이디어 창출 방법이다. 종종(내부 웹페이지나 소프트웨어를 이용해 공식적으로)직원들로부터 신제품 아이디어를 제안받고, 공식적이고 구조화된 과정을 통해 해당 아이디어를 심사하고 처리한다. 광범위한 사용 면에서는 1위이지만 유효성은 12위로 실망스런 수준이다.

제안 직원들의 창의력을 이용하기 위해 전문적인 내부 아이디어 제안 시스템을 실행하라. 그러나 몇 가지 유의할 점이 있다. 다른 것과 마찬가지로 세부사항이 중요하다. 많은 기업들이 내부 아이디어 창출의 세부 내용에서 실수하는데 몇 가지 조언을 제공한다.

- **내부 아이디어 제안 시스템 담당직원을 정하라.** 아이디어 창출은 모든 사람의 업무이지만 그 누구의 책임도 아니다보니 실패하게 된다.

- **아이디어 제안 시스템을 널리 알려라.** 놀랍게도 내가 방문한 많은 기업들의 경우, 직원들이 그와 같은 아이디어 창출 시스템이 있는지조차 모르고 있었다.

- **'신제품을 위한 아이디어' 시스템과 일반적인 목적의 '아이디어 제안상자'와 구분하라.** 후자는 비용과 시간을 절약해주는 소소한 아이디어를 많이 모아주는 경향이 있으므로 혁신적인 아이디어 창출 시스템과 섞어선 안 된다.

- **모든 아이디어를 환영하고 색다른 아이디어를 제안하는 사람들을 무시하지 않으며 직원들이 아이디어를 제안하기 쉽게 만들어라.** GE에서 하는 것처럼 온라인 제안상자는 대부분에게 유용하지만 일부를 위해 서면 제안도 허용해야 한다.

- **시스템을 널리 이용할 수 있도록 하라.** 상고방(Saint-Gobain; 프랑스 유리제조업체) 시스템은 공급업체와 고객들도 참여가능하다!

- **지침을 제공하라.** 내부 웹페이지에 회사가 아이디어를 찾고 있는 '검색 영역'을 설명하고 검색 영역을 구체적으로 활용할 수 있도록 배경정보 데이터를 제공하라. 기네스(Guinness)가 직원들에게 아이디어 시스템을 처음 도입했을 때 초기 아이디어들은 중구난방이었고 맥주사업과 거의 무관한 것들도 많았다. 하지만 검색 영역(여성 애주가, 메트로-섹슈얼 젊은 남성, 술집 체험을 가정에서도 즐기도록 패키지 혁신 등)이 정해진 후 아이디어의 질이 크게 향상되었다.

- **평균 2주 내에 신속히 반응하라.** 사람들은 기다리는 데 지쳐 곧바로 관심을 잃고 아이디어 제출을 그만둔다. 그러므로 피드백

을 제공하라. 제출자에게 "10월 18일 당신의 아이디어를 검토했고 아이디어심사위원회가 형편없는 아이디어라는 데 동의했습니다."라고 말하는 것만으로는 충분하지 않다. 평가표를 사용해 어느 부분의 점수가 높고 낮은지 피드백을 제공해주어라.

■ **보상이나 인정과 같은 동기를 제공하라.** 몇 가지 연구에 따르면 인정이 가장 효과가 좋고 문제가 적다.[28] 하지만 선의로 수여하는 보상은 역효과를 내기도 한다. 예를 들면 모 회사에서 좋은 아이디어에 대해 큰 상을 만들었고 같은 아이디어의 경우, 먼저 제출한 사람에게 상을 주는 것을 원칙으로 삼았다. 그 결과, 모두 자신의 아이디어에 대해 방어적이 되어 공유하거나 논의하지 않았고 결국 아이디어는 고갈되고 창의성이 줄어들었다!

■ **매년 시스템을 점검하고 아이디어 개수, 공급원, 아이디어의 결과 등을 추적하라.**

MRG나 외부 아이디어 창출 행사 개최

MRG(Major Revenue Generator)는 중대한 수익창출기를 의미하는데 적어도 몇 가지 중요한 아이디어를 만들거나 검토하기 위해 기업 외부에서 며칠 동안 집중적으로 작업하게 된다. 분명히 재미있고 효과적인 행사다! 임직원들이 훌륭한 신제품 씨앗을 갖고 있다는 것을 전제로 그룹 전체의 창의적인 에너지를 이용함으로써 예상하지 못한 성과를 얻으려고 한다. MRG 행사는 구조화된 방식으로 창의성을 자극하는 방법인데 진행 방법은 다음과 같다.

임원과 중간관리자들이 참석하는 연례 외부 회의가 행사 장소가 된다. 우리는 모두 그곳에 가본 적 있다. 2~3일 동안 사내 강연과 외부자 강연으로 구성된 좋은 행사이지만 특별한 성과가 있는 것은 아니다.

❝ 외부에서 기업 행사를 하게 되면 '투자대비 최대효과'를 얻어라. MRG 행사를 열고 제대로 실행하면 5~10개의 대박 아이디어가 생길 것이다. ❞

이번 연도부터는 뭔가 다른 결과를 내도록 행사를 진행하라. 먼저 소수 강연을 준비하고 MRG 활동을 포함시켜라. 2일 간의 회의라고 가정해보자.

첫날 아침: 개회 인사 후 참가자들을 팀으로 나누고 과제를 준다. "90분 동안 우리 시장에서 일어나고 있는 중요한 트렌드, 변동, 변화하는 고객욕구, 잠재적 파괴를 파악하라." 그리고 사업과 관련된 질문도 제시하라. "그래서 어떻다는 것인가? 이런 변동으로 인해 새로운 기회가 발생하는가?" 팀별 회의가 끝나면 각 팀들은 보고서를 제출하고 임의로 팀을 정해 결론을 발표하게 하라.

첫날 오후: 같은 팀별로 새로운 과제를 수행한다. 즉, 시장에 영향을 미치고 사업 방식을 바꿀 수도 있는 자신들의 산업과 고객들의 산업에서 일어나는 중대한 기술 변화를 파악하는 것이다. 마찬가지로 임의로 팀을 정해 발표하게 한다.

한나절 반 동안 다른 팀별 회의에서도 비슷한 주제를 다룬다. 회사의 강점과 핵심역량, 산업과 가치사슬 구조에서의 변동(새로운 행위자들과 경쟁자는 누구이고 이전 행위자들 중 사라진 자는 누구인가) 등에 대한 평가가 이루어진다. 그리고 항상 "그래서 어떻다는 것인가? 이런 변화로 생길 기회는 무엇인가? 감탄할 만한 기회를 찾았는가?"와 같은 도전적인 질문을 제시해야 한다.

둘째날 정오: 기회 매핑을 시작하라. 팀들은 자신들의 평가 결과로 파악한 기회들을 정리하는 과제를 수행하는데 더 대담하고 감탄할 만한 아이디어를 확인하고 목록으로 만든다. 그런 다음 중대한 기회나 아

이디어 목록을 플립 차트에 적어 벽에 붙이는 방식 등으로 발표한다. 마지막으로 그룹 전체가 평가표를 이용해 아이디어에 대해 투표하고 최고 점수를 얻은 아이디어에 '초록색 점'을 붙인다.

행사를 끝내기 전 2일 간 행사의 마지막 활동으로 반드시 '최고 아이디어'를 확인하고 각각에 대해 팀들이 진행 계획(다음 단계들과 아이디어를 작업할 팀)을 세우게 하라.

훌륭한 훈련이고 효과가 있다! 전반부 작업을 하면 효과가 더 커질 것이다. 팀들은 사전에 만나 고객과의 VoC 조사, 기술 예측, 시장 트렌드 예측 등 몇가지 작업을 수행한다. 그리고 첫날 과제 수행 사이에 팀 토론을 자극하기 위해 사전 작업 결과를 발표한다.

이와 같은 MRG 행사의 결과로 부분적으로 정의가 이루어진 5~10가지 중대한 기회, 각 기회를 맡으려는 열정적인 핵심구성원들, 초기 실행 계획 등이 탄생한다.

내부혁신전시회 개최

선도기업들은 창의성을 자극하고 좋은 아이디어들을 발전시키기 위해 무역박람회와 비슷한 내부혁신전시회를 개최한다. 직원들이 창구를 만들어 자신들의 능력과 기술, 미래를 위한 참신한 아이디어들을 전시한다.

사례 켈로그(Kellogg; 미국 식품업체)는 '달빛(Moonlighting)'이라는 행사를 개최하는데 무역박람회처럼 직원들과 부서직원들이 창구를 세워서 아이디어와 기술을 발표하는 혁신전시회다.[29] 전시회에는 많은 임직원들이 참석하고 최고 아이디어에 투표하며 '인기상'도 있다. 대기업 내에서 아이디어를 소통하고 수상작들이 부각되며 인지도를 높이는 데 효과적인 방식으로 입증되었다.

제안 획기적인 신제품을 추구한다면 입증된 발견 접근법을 사용해 당신의 아이디어 단계에 대해 재고해보라. 〈그림 6.9〉는 훌륭한 신제품 아이디어 창출을 위한 활동흐름과 수렴을 보여준다. 전략적인 접근법을 이용해 외부환경을 철저히 분석함으로써 새로운 기회 신호를 보내는 변동과 파괴를 찾아라(그림 6.9의 윗부분). 동시에 내부 핵심역량 평가를 실행하고 아이디어 탐색활동에 집중할 전략적 중점 영역(당신의 '검색 영역')을 정확히 파악하라. 시나리오 대안을 개발하고 신제품 기회를 찾아라(그림 6.9의 왼쪽). 그러나 AT&T가 그랬듯이 '공식적인 미래의 덫'에는 갇히지 말라.

그리고 해당 영역의 고객과 사용자들을 좀 더 자세히 살펴보라(그림 6.9의 오른쪽). 고객문제에 특별히 주목하면서 고객의 소리 조사를 사용하라. 그런 다음 훌륭한 신제품으로 이어지는 해결방안을 모색하라. ICI의 분홍색 페인트부터 델 몬트의 스노세지, 다이아세트 기계에 이르기까지 산업 전반에 다양한 사례들이 있다. 3M이나 힐티에서 실행했던 것처럼 주도적 사용자들과 함께 일하는 방법이 당신 회사에 적합할 수도 있다. 그것은 VoC 조사이지만 방식은 약간 다르다. 그리고 기초기술 연구도 공급원이 되므로 기술인재들을 발견 단계에 참여시켜라. 기술개발 직원들에게 맞춤형 스테이지 게이트 (스테이지 게이트 TD)를 도입하라(그림 6.9의 하단).

내부 아이디어 포착 시스템을 이용하되 앞에서 설명한 제안들을 바탕으로 전문적인 방식에 의거해 직원들의 창의성을 끄집어내라. 연례회의 대신 앞에서 설명한 중대한 수익창출행사를 열면 훨씬 의미 있는 시간이 될 것이다! 마지막으로 켈로그처럼 혁신전시회를 열어라. 〈그림 6.9〉에서 보듯이 효과적인 발견 단계는 제품혁신 시스템에 공급할 위대한 아이디어의 기본이 된다. 뛰어난 아이디어를 찾으려면 때로는 뭔가 특별하고 추가적인 일을 해야 한다.

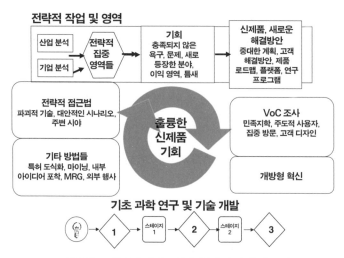

그림 6.9 스테이지 게이트에서의 '발견 단계'-훌륭한
신제품 기회 창출을 위해 수렴되는 활동들

7장

전반부 작업: 발견에서 개발까지 집중하라

아이디어는 스스로 자라지 않으므로 반드시 어떤 조치가 취해져야 한다. 새로운 아이디어가 떠오를 때 반드시 아이디어 관리자는 열정을 느끼고 헌신적이며 목숨까지 내던지게 된다.

- 알프레드 노스 화이트헤드, 《영국의 철학자이자 수학자》

경기 초반 몇 가지 시도

:: 시합의 승패는 처음 5번의 시도로 결판난다! 2장에서 재앙의 씨앗이 신제품 프로젝트 초기 단계에서 뿌려지는 모습(부실한 사전과제 처리, 고객지향성 부족, 부실한 실행)을 보았다. 또한 2장에서 신제품 성공의 열쇠가 종종 전반부 활동이나 사전 개발 활동들(사전 작업 제대로 하기, 믿을 만한 VoC 조사 수행, 명확하고 신속하고 사실에 기반한 제품 정의)에 달려 있음을 관찰했다.

전반부 작업이 얼마나 중요할까? 벤처투자자라면 모두 증언하겠지만 확실한 자산실사가 선행된 투자는 성공한다! 2장의 〈그림 2.10〉은 그 영향력을 생생히 보여준다. 우리는 여기서 출시 소요시간과 수익성에 영향을 미치는 8가지 중요한 동인을 알 수 있다. 놀랄 것도 없이 수익성의 가장 강력한 동인은 특별하고 차별화된 제품 출시다. 하지만 〈그림 2.10〉을 다시 살펴보자.

> 66 게임의 승패는 처음 5번 시도로 결판난다. 프로젝트 전반부 계획을 철저히 점검하고 혁신 과정의 초기 단계를 잘 관리해 모호함을 없애라. 99

- 전반부의 사전 개발 활동을 제대로 수행하는 것은 수익성의 4번째 동인이고, 출시 기간의 2번째 동인이다.
- 고객의 소리(VoC) 조사(강력한 시장지향성)는 수익성의 2번째 동인이고 출시 기간의 3번째 동인이다.
- 개발 시작 전 신속하고 정확한 제품 정의는 수익성의 3번째 동인이고 출시 기간의 5번째 동인이다.

이 3가지 동인은 서로 밀접한 관련이 있으며 신제품 성과(수익과 시간)의 핵심요소들이다. 하지만 아쉽게도 이 초기 단계에는 시간, 노력, 관심이 거의 주어지지 않는다. 〈그림 2.1〉에서 표시했듯이 기업의 3/4이 3가지 전반부 작업을 제대로 실행하지 못한다. 초기 전반부 작업들이 너무나 중요함에도 불구하고 제대로 실행되지 못하기 때문에 저자는 이 단계를 매우 강조하며 이번 장 전체에서 논의하려고 한다.

모호한 전반부 – 실제로 그렇게 모호하지 않다!

이번 장의 주제는 아이디어를 성공적인 제품 컨셉과 확실한 제품 정의로 바꾸고 탄탄한 사업 사례(즉, 개발 준비가 된 프로젝트)를 구축하는 것이다. 특히 중대한 프로젝트나 더 과감한 혁신들이 주요 대상이다. 어떤 사람들은 그것을 제품혁신의 '모호한 전반부'라고 부른다. 그러나 그것은 어떤 기업에서는 모호할지 모르지만 최고의 혁신기업들에서는 전혀 모호하지 않다. 잘 관리되기 때문이다. 이번 장에서는 전반부 단계를 전문적으로 다루는 방법, 즉, 이런 '모호함'을 어떻게 과학으로 바꾸는지 보여줄 것이다. 물리적 제품 개발에 앞서 제품의 궁극적인 성공에 결정적인 역할을 하는 중요한 사전 단계 활동을 보게 될 것이다. 그것들은 〈그림 7.1〉에서 보듯이 프로젝트를 시초(발견 또는 아이디어 단계)부터 스테이지 1과 2를 거쳐 탄탄한 사업 사례로 만들며 실행가능한 결과물로 게이트 3(개발의 문)에 제공된다.

스테이지 1로 진행: 심사

훌륭한 아이디어를 많이 만들어내기 위해 아이디어 창출 활동을 확실히 했다고 가정하자. 이제 할 일은 어떤 아이디어가 시간과 돈을 쓸 가치가 있는 것인지 알아보기 위해 이 아이디어를 면밀히 조사하고 분류하는 것이다. 그것이 게이트 1, 아이디어 심사의 역할이다. 이 게이트나 심사 방법, 결정 지점들을 설계하는 것은 쉬운 일이 아니다. 그래서 이 부분에 대해서는 8장과 9장에서 좀 더 자세히 살펴볼 것이다. 먼저 아

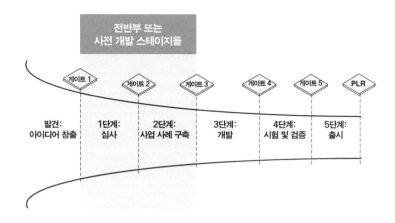

그림 7.1 스테이지-게이트® 시스템의 사전 개발 스테이지들은 중대한 신제품 프로젝트를 만들거나 없앤다.

이디어를 신제품 개발 프로세스의 처음 2단계로 진행시켜보자. 즉, 아이디어를 게이트 1로 이동시키고 스테이지 1, 심사 단계로 가져오자.

스테이지 1의 목적은 '적은 돈을 들여 정보를 수집하고 더 나은 정보를 바탕으로 게이트 2에서 프로젝트를 다시 평가하게 하는 것'이다. 따라서 이 첫 번째 단계는 프로젝트의 기술적 장점과 시장가치를 적은 비용으로 빨리 평가해야 한다. 시장과 기술, 금융에 대한 예비평가가 스테이지 1을 구성한다.

이 예비 단계의 지출은 매우 적다. 게이트 1, 초기 심사는 프로젝트에 대한 상당히 잠정적인 약속일 뿐이다. 사실 어떤 기업들은 스테이지 1의 예산과 시간을 엄격히 제한한다. 즉, 게이트 1에서의 진행 결정 결과는 다음과 같이 표현될 수 있다. "우리가 활용할 수 있는 매우 제한된 정보를 기반으로 판단할 때 이 아이디어나 제안은 장점이 있다. 5천~1만 달러 이상 들이지 말고 업무 할당에 10일 이상 쓰지도 말라. 그리고 1개월 내에 게이트 2에서 좀 더 확실히 검토할 수 있도록 더 나은 정보를 담아 보고하라."

여기 스테이지 1, 심사에서 취할 수 있는 조치들이 있다(표 7.1 참조).

예비 시장 평가

예비 시장 평가는 간이 시장조사로 제안한 제품이 상업적 성공가능성이 있는지 여부를 판단하는 것이다.

- ✓ 시장매력도와 잠재력을 평가하고
- ✓ 가능성 있는 제품 수용 의사를 가늠하고
- ✓ 경쟁적인 상황을 판단하고
- ✓ 아이디어를 임시 제품 디자인으로 만드는 것이다.

> ❝ 완전한 시장조사는 아니지만 시장 기회를 신속하고 간편하게 평가할 수 있다. ❞

해야 할 일은 시장 규모, 성장가능성, 세분시장, 고객욕구와 관심, 경쟁 등에 대해 최소한의 비용으로 짧은 시간(보통 1개월 이내)에 가능하면 많은 것을 알아내는 것이다. 제한적인 연구비와 단기적인 시간을 고려하면 이런 시장 평가 유형은 확실히 전문적이고 과학적인 것은 아니다. 그보다 탐사 목적의 탁상 조사(내부에서 이용가능한 정보를 찾는 것(예를 들면 영업인력과 유통 담당직원, 기술서비스 직원들과의 면담), 2차 자료조사(업계잡지와 협회, 정부기관, 조사와 컨설팅업체에서 발간한 보고서와 논문), 잠재적 사용자들과의 접촉(전화조사나 포커스 그룹을 통한), 외부 정보공급원 조사(산업전문가, 잡지 편집자, 컨설턴트))에 가깝다.

그것은 어려운 일이며 수사하거나 증거를 따라가는 것과 매우 비슷하다. 하지만 제품 시장 전망에 대한 정보들이 단 며칠 구체적인 조사를 통해 상당히 많이 수집된다는 것은 놀라운 일이다.

○ ○ ○

표 7.1. 스테이지 1(심사) 활동 요약

스테이지 1의 목적:

스테이지 1은 제안된 프로젝트에 대한 비교적 신속하고 내부적인 아이디어 심사다. 상세한 조사가 아니라 프로젝트가 스테이지 2에서 좀 더 검토할 만한 프로젝트인지 여부를 결정하기 위한 신속한 평가다.

스테이지 1에서의 활동:

1. 예비 시장 평가

제품의 시장가능성(잠재성, 소비자수용도, 요구사항)을 신속히 심사하는 것이다. 상세한 시장조사가 아니라 신속히 얻을 수 있는 내부자료에 의존하는 검토 작업과 탁상 조사다.

2. 예비 기술 평가

기술적인 실행가능성과 가능한 기술적 해결방안, 기술적 위험, 제조가능성(또는 공급원), 지적재산권 이유 등에 대한 개념적 평가, 파트너업체 확인이다.

3. 예비 사업 평가 및 재무 평가

사업건전성 확인(사업 근거와 재정 전망에 대한 기본적이고 신속한 평가), 가능한 투자금액 회수 기간(재무제표나 NPV는 필요 없다).

4. 스테이지 2를 위한 권고사항과 실행 계획

진행/중단 권고, 실행 계획 제안(시간표, 자원, 인력, 작업량 배분, 다음 게이트 일자와 실행가능 결과물)

∘∘∘

스테이지 1을 위해 비교적 적은 비용으로 이용할 수 있는 시장정보 출처는 다음과 같다.

- **인터넷 검색:** 이 세상의 정보는 무한대이고 대부분 인터넷을 통해 이용가능하다. 그러므로 인터넷 기반의 시장 분석이 가능한 사람을 고용해 시장과 제품 유형, 경쟁자 정보를 업계잡지와 학술지, 보고서, 기타 간행물 등을 통해 샅샅이 찾아보라. 예를 들면 경쟁

업체명을 검색해보라.

- **회사 도서관:** 예비 시장 평가에서 도서관 사서는 매우 중요할 수 있다. 회사에 도서관이 없다면 공공도서관이나 지역대학 경영대학원 도서관을 찾아보라.

- **내부 보고서 검색:** 대기업에는 매년 발행되는 수많은 보고서와 설문조사 자료들(고객설문, 만족도 조사, 산업 연구 등)이 있다. 대부분 필요한 정보는 이런 많은 연구보고서 어딘가에서 찾을 수 있다. 따라서 사내 도서관이나 시장조사 부서에서 시작하라(국내·외 모두).

- **주요 고객들:** 스테이지 1에서 한 대규모 표본을 이용하는 고객설문이나 다수의 현장 및 심층 인터뷰를 실행하기에는 좀 이르다. 그러나 제한된 수의 주도적이고 믿을 수 있는 핵심고객들이 제공하는 통찰력은 이 초기 단계에서 매우 유용하다. 소수 고객들과 직접적인 대면 토론을 하라. 이런 토론은 상세 설문지가 필요없으며 비구조적이고 탐색적인 방식으로 이루어진다. B2B 제품의 경우, 신용있는 대표사용자나 선도사용자를 택하도록 노력하라. 해당 기업의 몇몇 직원과 대화를 나누고 예산이 빠듯하고 시간이 부족하다면 전화 인터뷰를 이용하라.

- **소수 고객과 포커스 그룹 인터뷰:** 제한요소가 있음에도 불구하고 여전히 포커스 그룹은 고객욕구와 필요, 선호도에 대한 통찰을 비교적 신속히 얻을 수 있는 경제적 방법이다. 그리고 포커스 그룹마다 여러 컨셉을 포함시키면 컨셉별 조사비용이 비교적 낮게 유지된다.

- **경쟁업체 광고:** 경쟁업체들의 광고와 사업 관련 문헌을 손에 넣어라. 그들이 자사 제품(사양과 성능 특성)에 대해 뭐라고 말하는지, 제품 포지셔닝을 어떻게 하는지 알아보라. 경쟁업체 제품

책자와 가격을 온라인에서 검색하라.

- **직원들:** 회사 영업직원과 서비스 직원들을 인터뷰하라. 그들은 최전방 인력들로 회사의 눈과 귀가 된다. 그들은 대부분 고객 습성과 좋아하는 것, 싫어하는 것, 주문결정 기준, 제품선호도, 경쟁 상황, 가격정책 등과 관련된 최고 정보를 제공한다.

- **컨설팅업체와 조사업체들:** 일부 컨설팅과 업체들은 다수 고객을 위해 산업 보고서를 발간한다. 어쩌면 신제품에 특화된 보고서는 아닐 수 있지만 이런 보고서나 연구들은 시장 규모와 트렌드, 경쟁 정보를 얻을 수 있는 경제적 방법이다.

- **금융사:** 증권사들은 산업과 기업들을 조사하는 데 거액을 쓰므로 금융기관 정보를 얻는 데 도움을 줄 수 있는 재무부서 직원과 이야기나누어라. 잠재적 경쟁업체의 연차보고서와 상장기업들이 미국 증권거래위원회에 제출하는 10-K(보고서)는 유용하다.

- **정부기관:** 정부는 무수한 데이터를 수집하지만 이런 정보를 찾기는 어렵다. 그러나 시작도 하기 전 포기하진 말라. 주정부나 지역, 연방 관공서에 전화걸어 당신이 찾는 보고서나 통계자료를 어느 부서가 갖고 있는지 알아낼 수 있다.

- **산업전문가들:** 1~2일가량 산업전문가를 채용해 지식을 활용하라. 비용이 높을 수도 있지만 그렇게 얻는 정보는 몇 주 동안의 업무시간을 줄여준다.

- **편집자들:** 업계잡지 편집자들은 일반적인 시장 정보 출처는 아니지만 보고서와 연구, 관련 주제 전문가들을 찾는 데 매우 유용하다. 훌륭한 편집자는 대부분 업계에서 일어나는 상황에 대해 폭넓은 지식을 갖고 있다.

- **업계 협회:** 어떤 업계에는 최고의 시장 데이터를 제공하는 매우 훌륭한 업계 협회가 있다. 이런 협회에 연락하라. 그리고 반드시

사무국장이나 협회장과 이야기해 찾는 기타 정보를 어디서 찾을 수 있는지 조언을 구하라.

예비 시장 평가를 할 때 국제적 측면을 빠뜨리지 않아야 한다. 국내뿐만 아니라 다양한 해외시장 관련 정보도 수집하라. 그리고 해외사업 부문들도 참여시켜라. 예를 들면 아일랜드 맥주업체 기네스는 '해외 경계 태세'를 자체 내비게이트(Navigate) 신제품 시스템의 스테이지 1에 포함시킨다. 해당 프로젝트팀은 전 세계 브랜드 매니저들에게 연락해 그들이 프로젝트 참여에 관심이 있는지, 해당 국가의 제품시장 전망이 어떤지 알아본다.

예비 시장 조사는 많은 비용을 들이지 않고 의미 있는 통찰력을 비교적 신속히 찾아낼 수 있다. 이와 같은 조사는 벤처투자자들의 방식과 비슷하다. 하지만 이런 신속한 조사들이 완벽한 시장조사나 VoC 조사(스테이지 2에서 이루어지는, 사용자욕구에 대한 더 철저한 조사 연구)를 대체할 수는 없다.

예비 기술 평가
제안된 제품을 기술부서 직원(R&D, 엔지니어링, 운영)으로부터 평가받는 것이다(보통 이 지점에서 프로젝트팀에 기술부서 직원이 1명은 있다). 이 평가의 목적은 기술과 제품 성능에 대한 예비적이고 대략적인 목적을 세우고 매우 예비적인 기술 실행가능성을 조사하고 가능성 있는 기술적 위험을 찾아내는 것이다.

구체적인 업무로는 내부 기술직원과 운영직원 사이의 토론(때로는 외부 전문가들이 참여하기도 함), 예비 문헌조사(제목 검색), 예비 특허 검색, 경쟁 관련 문헌 확보와 검토 등이다. 외부 기술자원이 필요하다면 내부자원 차이 분석과 가능한 공급업자에 대한 예비조사를 실시한다.

> 66 스테이지 1에서는 신속히 기술 평가를 시행한다. 작업대 작업, 모델 구축, 상세한 설계 작업을 하기에 너무 이르다. 99

제품의 기술적 실행가능성과 관련된 중요한 질문들은 다음과 같다.

- **대략적인 제품 요구사항이나 사양은 무엇인가?**(이런 초기 단계에서 제품 정의는 여전히 상당히 모호하고 유동적임을 주목하자.)
- **이런 요구사항들을 달성하려면 기술적으로 어떡해야 하는가?** 즉, 구상가능한 기술적 해결방안이 있는가? 아니면 발명이나 새로운 과학기술이 필요한가? 기술적 격차는 어느 정도인가?
- **제품이 기술적으로 구현될 확률은 얼마인가?** 방법은 무엇이고 비용과 시간은 얼마나 필요한가? 잠재적인 기술적 위험과 장벽은 무엇인가? 그들을 어떻게 처리할 것인가?
- **스스로 제품을 개발할 기술적 능력이 있는가?** 아니면 개발 작업에 파트너업체나 외부 공급업체가 필요한가? 외부기술의 잠재적 공급원은 어디인가?
- **제품을 제조하거나 생산할 수 있는가?** 방법은 무엇이고 어떤 설비가 필요하며 비용은 얼마인가? 아니면 외주업체나 파트너업체를 고려해야 하는가? 파트너 업체는 어디인가?
- **관련 지적재산권과 제품 규제는 무엇인가?** 규제와 특허 관련 이슈들이 초기 단계에 알려지고 고려되어야 함을 주목하라. 이 시점에서 회사 특허, 법률, IP, 관리직원들이 그 부분을 신속히 처리하도록 하라.

동업의 장점은 특별히 언급할 필요가 있다. 동업은 프로젝트에 필요한 부족한 기술과 자원을 보충해준다. 하지만 위험과 비용도 존재한다.

조사에 따르면 동업 자체는 성과 향상에 아무 영향을 못 준다. 프로젝트를 함께 하는 것이 혼자 하는 것보다 성공적이거나 수익이 크거나 신속한 것은 아니다. 하지만 대부분의 동업 프로젝트는 파트너 회사의 기술과 자원이 없었다면 절대 될 수 없었을 것이다![1]

중요한 것은 현실적인 판단이다. 동업을 신제품 성공을 위한 만병통치약으로 기대하지 말라. 동업관계를 맺는 것은 결혼과 같다. 어떤 관계는 완벽하겠지만 어떤 관계는 그렇지 않다. 신제품 동업관계가 깨지는 비율은 50%에 달한다. 우리의 연구에 따르면 제품혁신에서 동업할 때 3가지 요소를 준비하는 것이 중요하다.

- 동업관계를 맺은 양측 모두에게 확실한 이익이 되도록 하라. 한쪽이 모든 보상을 가져가고 다른 쪽은 아무 것도 없으면 안 된다 (우리는 계란 베이큰의 아침식사 사업을 위해 양계업과 양돈업이 동업하는 것과 같이 한쪽으로 기운 협력관계를 많이 보았다. 손해보는 쪽은 프로젝트에 대한 관심을 곧바로 잃는다).
- 양측 모두 확실한 사전 작업을 수행하라. 가치 공유 방식과 자원 투입, 각자 업무 노력 등을 분명히 이해해야 한다.
- 마지막으로 양측 경영진이 서로 신뢰해야 한다. 한쪽 경영진이 "2주 내에 마무리될 것입니다."라고 말한다면 정말 그렇게 되어야만 한다.

예비 사업 평가 및 재무 평가

사전 기술과 예비 시장 평가 다음에는 사업과 재무에 대한 예비 평가가 이어진다. 프로젝트를 위한 전략적이고 경쟁력 있는 논리적 근거가 마련된다. 마찬가지로 핵심역량 평가(이 사업에서 성공에 필요한 능력이 있는가?)가 수행되고 필요하면 동업이나 외주업체 관계를 알아보아야 할 것이다. 그 다음 1차 재무 분석이 이루어진다.

이 초기 단계에서 예상매출과 예상비용, 필요자금을 추정하는 것은 상당히 추론적이고 추측에 근거한다. 그럼에도 불구하고 이 단계에서 개략적인 재무 분석을 수행하는 것은 개발 계획이 이치에 맞는지 여부를 검토(Sanity Check: 100만 달러를 벌기 위해 1,000만 달러를 쓰지 않는 것)하기 위해 타당한 일이다.

이 재무 분석은 대략적인 액수에 근거한 자금 회수 계산(사업에 필요한 투자금은 얼마인지, 가능한 연수입은 얼마인지, 투자금 회수에 얼마나 걸리는지)에 좀 더 가깝다.

이것은 대략적인 추정을 바탕으로 만든 주요 재무 분석이기 때문에 완벽하거나 아주 상세한 스프레드시트는 아니다. 또한 사업위험성에 대한 예비 평가가 사업 분석의 일부로 수행되어야 한다. 위험 평가는 기술공학 디자인 업무의 FEMA(Failure Modes Effects Analysis: 고장 유형 영향 분석)와 비슷하다. 첫째, 프로젝트와 관련해 잘못될 수 있는 모든 것의 목록을 만들어라. 발생가능한 각 확률을 적어라. 그런 다음 영향력을 계산하라. 마지막으로 '방침' 즉, 위험을 줄이기 위해 해야 할 일을 적어라.

〈표 7.1〉은 스테이지 1을 요약하였다. 이 심사 단계 말미에서 프로젝트 권고사항이 만들어지고 스테이지 2를 위한 상세한 실행 계획이 제안된다. 프로젝트는 이제 게이트 2로 이동한다. 그리고 다시 검토 대상이 된다. 그러나 이번에는 그 결정이 훨씬 포괄적이고 많은 비용이 드는 사업 사례 구축 단계로 이동하는 것이다.

스테이지 2로 진행-사업 사례 구축

제품 개발 작업이 본격적으로 시작되기 전 이전 부분 스테이지들 중 마지막 과정이다. 사전 개발 단계 중 아마도 가장 어렵고 가장 많은 비용이 들 것이다. 게다가 중대한 프로젝트를 성공이나 실패로 만들 수 있는 매우 중요한 사전 준비 단계다. 훌륭한 아이디어나 불완전한 컨셉을 획기적인 신제품 정의로 바꾸고 탄탄한 사업 사례에 의해 지지받는 지점이다. 동시에 많은 기업들이 종종 제대로 처리하지 못하는 단계이기도 하다. 〈표 7.2〉에 스테이지 2의 실행 활동들을 요약해놓았다.

> 66 이 단계를 단축하지 말라! 이 단계를 잘 수행하는 것이 매우 중요하며 성공으로 가는 핵심단계다. 99

사업 사례는 무엇인가?

사업 사례는 게이트 3에 전달할 중요한 결과물이며 완벽한 개발 프로젝

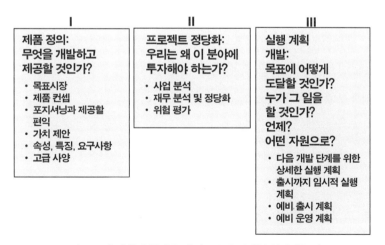

I	II	III
제품 정의: 무엇을 개발하고 제공할 것인가?	프로젝트 정당화: 우리는 왜 이 분야에 투자해야 하는가?	실행 계획 개발: 목표에 어떻게 도달할 것인가? 누가 그 일을 할 것인가? 언제? 어떤 자원으로?
• 목표시장 • 제품 컨셉 • 포지셔닝과 제공할 편익 • 가치 제안 • 속성, 특징, 요구사항 • 고급 사양	• 사업 분석 • 재무 분석 및 정당화 • 위험 평가	• 다음 개발 단계를 위한 상세한 실행 계획 • 출시까지 임시적 실행 계획 • 예비 출시 계획 • 예비 운영 계획

그림 7.2 이 단계의 목적은 게이트 3에 전달할 실행가능한 핵심결과물로서의 탄탄한 사업 사례다.

트로 진행하는 문을 여는 의사결정 지점이다. 사업 사례는 다음 3가지 중요한 요소로 구성되어 있다.

- 제품과 프로젝트 정의
- 프로젝트 정당화
- 실행 계획이나 대책

사업 사례의 각 구성요소를 살펴보자(그림 7.2 참조).

1. 제품과 프로젝트 정의: '무엇을 누구에게?' 질문에 대한 대답이다. 여기서 제품이 정의된다. 즉, 제품이 누구를 목표로 하고 정확히 어떤 제품인지(편익, 특징, 디자인 요구사항) 모든 구성원들의 합의 하에 명문화한다. 개발 작업 시작 전 확실한 제품 정의가 중요하다! 이런 정의는 성공의 중요한 요소 중 하나다. 그것은 개발에 목표를 제공하고 스테이지 2로 진행시킨다. 그렇지 않으면 개발팀은 모호한 제품 정의에 직면하게 되고, 움직이는 목표가 되기도 한다.

제품 아이디어에 내용을 담아야 제품·정의가 된다. 즉, 상당히 예비적이고 '개론적인' 제품 정의(스테이지 1에서 사용했던)를 스테이지 2의 말미에 이르러 확실하고 분명하고 완전한 정의가 되도록 해야 한다. 또한 제품우월성의 구성요소들을 포함해야 한다. 이것은 제품 요구사항, 특성, 사양을 한 세트로 구성해 고객에게 독특하고 실질적인 편익을 전달할 기회다. 통합된 제품 정의에는 다음과 같은 것들이 포함된다.

- **프로젝트 범위:** 개발 노력 범위는 어디까지인가? 단일 신제품 개발인가? 제품군이나 새로운 시리즈 제품 개발인가? 플랫폼 개발인가?

- **목표시장 정의:** 누구를 겨냥한 제품인가?
- **제품 컨셉:** 어떤 제품이고 어떤 기능이 있는가?(고객이나 사용자 언어로 표현된)
- 고객을 위한 가치 제안을 포함해 사용자나 고객에게 제공될 편익
- **포지셔닝 전략:** 경쟁제품들과 비교해 제품을 어떻게 포지셔닝할 것인가?
- 제품 속성, 특징, 성능 요구사항
- 고급 사양

개발 시작 전 제품 정의를 내리는 것이 어려운 매우 유동적인 시장의 경우 2장의 유동적인 제품 정의 부분 참조, 위에서 설명한것과 같은 항목을 사용하라. 그러나 제품의 요구사항과 사양 중 변할 수 있는 부분과 변하지 않는 부분을 개발 시작 전 미리 명시하라.

제품을 정의할 때 2가지 항목(어느 부분이 '고정되고 알려진' 부분이고 어느 부분이 '유동적이고 변할 수 있는' 부분인지)을 사용하라(그림 7.3 참조). 그런 다음 데이터를 수집하기 위한 절차를 개발 과정에 포함시켜 개발이 진행됨에 따라 '유동적인 구성요소'가 밝혀질 수 있도록 하라. 부분적으로 유동적인 제품 정의를 허용하는 것이 전반부 작업을 제대로 못하는 데 대한 변명이 되어서는 안 된다. 지적 태만을 옹호하는 것이 아니다. 오히려 그것은 일부 시장이 정말 유동적인 문제에 대한 현실적인 해결방안이다.

2. 프로젝트 정당화: 사업 사례의 두 번째 구성요소는 '왜?'라는 질문에 대한 대답이다. 즉, 회사가 왜 이 프로젝트에 투자해야 하는지 답을 제시해야 한다. 이 질문의 핵심은 사업성, 재무 상태, 수익성, 위험성 고려 사항에 대한 검토이다. 재무 데이터에 오류가 있을 가능성이 상당히

높기 때문에 비재무적 기준과 고려 사항(전략적 근거, 경쟁우위, 레버리지, 시장매력도와 같은 질적 이슈들)을 바탕으로 하는 정당화도 이루어져야 한다는 사실을 명심하라. 동업과 외주업체와 같은 해결방안들도 정당화 평가의 일부다. 프로젝트 위험 평가도 여기 포함된다.

° ° °

표 7.2 스테이지 2 활동에 대한 요약-사업 사례 구축

스테이지 2의 목적:

제안된 제품 컨셉을 성공적인 제품 정의로 바꾸고 개발 단계로 프로젝트를 이동시키기 위해 확고한 토대를 마련하는 것이다. 스테이지 2의 결과는 사업 사례에 의해 뒷받침되는 제품 정의, 목표시장, 기술적 실행가능성에 대한 이해다. 그것은 상세한 시장조사와 기술조사의 결과가 사업 사례가 되는 지점이다. 사업 사례는 통합된 제품 정의와 프로젝트 정당화, 프로젝트의 상세한 실행 계획을 포함한다. 스테이지 2는 시간이 많이 걸릴 수 있다. 소요되는 시간은 프로젝트 난이도에 따라 다르고, 고위험 프로젝트일수록 더 오래 걸릴 수 있다.

스테이지 2의 활동들:

1. 고객의 소리(VoC) 사용자 필요와 욕구 조사

제품의 요구사항을 결정하는 VoC 조사로 대면 인터뷰나 현장 조사(민족지학) 등 심층 시장조사를 실시한다. 무엇이 '가치 있는 것'이고 무엇이 '고객편익'인지 정하라. 사용자나 고객 관점에서 성공적인 제품 컨셉을 정의하기 위해 노력하라. 고객욕구와 필요, 선호도, 문제, 선택 기준, 좋아하는 점, 싫어하는 점, 제품의 요구사항과 디자인 요소 사이의 상충관계, 고객의 사용 시스템과 제품 사용가치(경제학적)를 조사하라. 설득력 있는 가치 제안에 포함시킬 수 있는 통찰력을 찾아라.

2. 경쟁 분석

경쟁(직접적인 경쟁자와 간접적인 경쟁자)을 자세히 살펴보라. 그들이 누구인지, 제품의 장점과 약점, 향후 출시예정 제품, 가격, 경쟁자의 다른 강점과 약점, 경쟁 방법, 그들의 성과는 어떤지 평가하라.

3. 시장 분석

이전 2개 연구와 좀 더 심층적인 2차 자료를 통해 얻은 모든 시장 정보를 통합하라. 시장 규모와 트렌드, 세분화와 세분시장 규모, 구매자 행동, 경쟁 상황을 판단하라. 스테이지 1과 비슷한 자료에 의존하되 좀 더 심층적인 연구를 하라.

4. 상세한 기술 평가

시장정보를 기술적으로 실행가능한 제품 디자인이나 컨셉 설계도로 바꾸어라. 물리적 기술 작업(모형 구축, 실험실 작업)이 포함될 수도 있다. 기술적인 해결방안과 기술적 경로를 그리고 기술적 위험과 해결방안을 부각시키고 지적재산권 이슈를 검토하고 IP전략을 개발하고 기술적으로 누가 동업이 가능한지 평가하고 동업전략을 개발하라. 또한 제조가능성과 공급원, 생산경로와 비용, 자본(설비) 요구조건을 상세히 검토하라.

5. 사용자와의 컨셉 평가

자원을 제품 개발에 전적으로 투입하기 전 시장평가, 즉 '구축-평가-피드백-수정'의 나선을 처음으로 실시하는 것이다. 제안된 제품 컨셉(모형, 견본)을 고객이나 사용자와 함께 평가하라. 대면 인터뷰를 포함시키고 관심도와 좋아하는 점, 선호도, 차별화, 구매 의사, 가격민감성을 측정하라.

6. 재무 및 사업 분석

프로젝트를 위한 사업 근거를 살펴보라. 전략적 평가(적합성과 영향력)를 포함시켜라. 핵심역량 평가와 동업(또는 외주)전략이 해외 사업부들의 역할과 함께 작성된다. 상세한 재무 분석(NPV, IRR, 자금 회수 및 민감성 분석)과 위험 평가가 실시된다.

7. 실행 계획

프로젝트를 위한 권고사항(진행/중단)과 스테이지 3(개발 계획)을 위한 상세한 실행 계획(일정, 필요 자원, 개발 후 실행가능한 결과물)을 수립한다. 또한 스테이지 4(시험)와 스테이지 5(출시와 운영을 위한 예비 계획)를 위한 임시 계획들을 세우고, 출시일이 구체화된다.

∘ ∘ ∘

3. 실행 계획: 사업 사례의 마지막 구성요소로 '어떻게 누가 언제?' 질문들에 대한 대답이다. 보통 일정이나 중요한 경로 계획 형태로 표시되는 개발부터 출시까지의 상세한 실행 계획이고, 필요 자원(자금, 인력, 설비)도 명시된다. 그리고 사업 사례에서 출시와 운영, 제조와 공급에 대한 예비 계획과 더불어 출시일이 정해진다. 미래의 불확실성을 고려하면 종종 출시까지 이런 계획들은 매우 임시적이다. 다음 단계(스테이지 3, 개발)를 위한 계획들(활동, 행사, 이정표, 일정, 필요 자원)이 어느 정도 구체적으로 정의되고 이후 단계를 위해 대략적인 계획 또는 상황에 따라 이용하거나 버릴 수 있는 계획 수립되어야 한다는 것이다.

구성요소	알려지고 고정된	유동적이고 가변적인
프로젝트 범위		
목표시장		
제품 컨셉		
제공될 편익, 가치 제안		
포지셔닝과 가격		
특성과 속성, 성능 요구사항들		
고급 사양		
제품이 되어선 안될 것!		

그림 7.3 통합된 제품 정의-고정된 구성요소와 가변적인 구성요소들을 표시하면서 제품을 정의하라.

스테이지 2 활동 목록

중추적인 스테이지 2를 구성하는 것은 무엇인가? 〈그림 7.4〉는 중요한 활동들을 보여준다. 우선 사업 사례 구축에는 철저한 시장 분석이 요구되는 데 제품에 무엇이 포함되어야 하는지 상세히 정의하는 데 필요한 사용자의 '필요와 욕구' 조사(VoC 조사), 경쟁 분석, 시장 수용을 판단하기 위한 제품 컨셉 평가 등이 포함된다. 대부분 개념적인 기술적 작업은 시장의 '희망사항들'을 기술적으로 실행가능한 컨셉으로 전환하는 것이다. 프로젝트를 위한 사업 사례가 구성되고 제품 정의가 합의되며 철저한 프로젝트 정당화와 상세한 실행 계획이 수립된다.

고객의 소리 조사를 실행하라: 사용자의 욕구와 필요 연구

'VoC 시장조사'로 불리는 사용자 필요와 욕구 연구는 자주 생략되면 재앙에 가까운 결과를 가져올 수 있다. 이것의 목적은 아이디어에 내용을 담기 위해 고객을 조사하는 것이다. 불완전한 아이디어를 이용해 제품 설명(장점, 가치 제안, 특징, 성능 특성, 디자인 요구조건)을 완성하는 것이다.

앞장에서 언급한 음주측정기, 바이액티브, 씹어먹는 칼슘, 펌프스마트 사례들이 여기서 의도하는 작업 성격을 잘 설명한다. 문제는 대부분 고객이 무엇을 찾고 있는지 이미 알고 있다는 고정관념에 사로잡혀 이렇게 중요한 시장연구를 쉽게 생략한다는 것이다. 고객의 목소리를 제대로 듣지 않기 때문에 실패하는 것이다!

> 66 고객의 소리(VoC) 조사는 어쩌면 스테이지 2를 제대로 시험하기 위해 가장 중요한 작업으로 성공과 실패가 달려 있다! 99

우수한 제품(고객에게 독특한 편익을 제공하는)이 첫 번째 성공요소다. 절대 이 사실을 잊지 말라! 그러나 이 독특하고 우수한 제품을 어떻

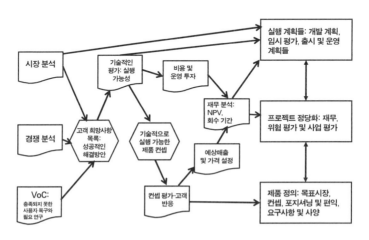

그림 7.4 사업 사례 구축에 필요한 활동들이 아이디어-출시 시스템의 '사업 사례 구축' 단계에 확실히 포함되도록 하라.

게 정의하겠는가? 사용자 필요와 욕구 연구가 제품 아이디어에 대한 추상적인 생각을 구체적이고 성공적인 신제품 컨셉으로 구현하도록 도와준다. 이 연구의 목표는 고객의 필요와 욕구, 선호도, 그들이 '성공적인' 제품에서 찾는 것, 그들을 감동시키는 것을 알아내는 것이다.

궁극적인 목적은 실제 가치(설득력 있는 가치 제안)가 있는 제품을 고객에게 제공하는 것이다(그림 7.5 참조). 제품가치는 제품에 내재되어 있고 아우르는 편익들로부터 도출되며 편익은 제품 설계(특징, 속성, 성능 특성, 포지셔닝)로부터 발현된다.

고객가치 제공 수단-목표고리

중요한 것은 가치, 편익, 제품 특징과 제품 성능 사이의 '수단-목표 사슬'을 이해하는 것이다(그림 7.5에 표시한 것처럼). 따라서 제품 설계를 제대로 하려면 고객의 목소리에 귀 기울여라! 그것이 사용자 필요와 욕구 연구가 중요한 이유다.

이 연구에서 다루어야 할 구체적인 연구 질문은 다음과 같다.

- 가치는 고객이나 사용자의 눈에 달려 있다.
- 다음과 같은 요소를 결정하기 위해 반드시 고객에 대해 연구한다.
  - ✓ 무엇이 '가치 있는 것'인가?
  - ✓ 무엇이 편익인가?
  - ✓ 무엇이 더 나은 제품인가?

그림 7.5 고객이나 사용자의 제품가치를 결정하는 수단-목표 관계

- 고객에게 무엇이 가치 있는가? 그들이 정말 중시하는 것은 무엇이고 어느 정도인가?
- 무엇이 제품 편익인가? 즉, 고객이 돈을 더 지불할 만큼 편익으로 생각할 만한 구체적인 제공물은 무엇인가?
- 제품의 어떤 기능, 속성, 성능 특성이 고객 편익과 가치를 제공하는가?

물리적 특징(제품 기능)과 고객 인식(고객이 인지한 편익)의 상호관계에 대한 이해를 통해서만 새로운 제품을 제안할 수 있다.

고객의 소리(VoC) 사용자 필요와 욕구 연구는 이런 관계들을 확인하고 앞에서 제시한 제품가치와 편익에 대한 중요한 연구 질문들에 답을 제공한다. 간단한 조사(고객들과 포커스 그룹 인터뷰)로 고객들이 제품에 대해 바라는 가치와 편익에 대한 통찰을 얻을 수 있다. 그러나 포커스 그룹은 시작일 뿐 광범위한 연구의 대체물이 되진 못한다. 제품 디자인 진행에서 깊이 있는 이해를 하려면 대면 인터뷰, 심층 인터뷰, 현장 인터뷰, 민족지학 등이 필요한 것이다.

이런 VoC 사용자 필요와 욕구 연구를 통해 얻으려는 구체적인 정보는 다음과 같다.

- ✓ 현재의 방법으로 해결가능한 고객문제들과 새로운 해결방안이나 신제품을 필요로 하는 문제들을 파악하고
- ✓ 충족되지 못했거나 밝혀지지 않았거나 구체화되지 못한 고객욕구를 판단하고
- ✓ 신제품에 대한 고객욕구와 선호도를 알아내고
- ✓ 현재의(경쟁력 있는) 제품들과 관련해 고객이 좋아하는 점과 만족하는 점, 싫어하는 점과 만족하지 못한 점을 알아내고
- ✓ 고객 평가 기준과 개별 기준이 중요도를 알아내고

✓ 고객이 제품을 사용하는 방식(사용 시스템)과 사용 시 직면하는 문제점을 연구하고

✓ 고객의 사용경제성 즉, 고객에게 발생하는 제품의 생애주기 비용을 이해하는 것이다.

잠재욕구 또는 숨은 욕구의 이해

고객의 진짜 욕구는 찾아내기 어렵다. 종종 고객은 자신이 무엇을 필요로 하는지조차 모른다. 그렇다면 그들은 이런 욕구를 어떻게 표현할까?[2] 고객들은 자신들이 무엇을 원하는지 회사에게 말할 때 일반적으로 경쟁제품 측면에서 '원하는 제품'을 설명한다. 그러나 그것은 그들이 필요로 하는 것과 같지 않다. 헨리 포드(Henry Ford)가 사람들에게 원하는 것이 무엇인지 물었다면 그들은 '더 빠른 말'이라고 대답했을 것이다. 하지만 당시 VoC 연구가 수행되었다면 그들의 충족되지 못한 욕구를 많이 밝혀냈을 것이다. 그렇다. 빠르고 더 안전하고 장거리주행에 편안한 승차감을 제공하며 깨끗하고 더 쉽게 관리하고 유지할 수 있는 교통수단에 대한 욕구(포드 모델 T[Model T]가 궁극적으로 충족시킨 욕구)를 밝혀냈을 것이다.

다음 요소를 알아냄으로써 소비자욕구에 대해 이해할 수 있다.

- **편익**: 고객이나 사용자에게 제공되는 제품이나 서비스 특성
- **문제**: 고객이 해결하고 싶어 하는 것
- 제품을 통해 고객이나 사용자가 할 수 있는 것
- **'고객의 속삭임'**: 종종 좌절감에 고객들이 낮은 목소리로 속삭이는 말들

고객의 소리 연구 수행

VoC 사용자 필요와 욕구 연구에는 다양한 방법이 있다. 첫째, 당신 스스로 고객이나 사용자가 될 수 있다. 반드시 프로젝트팀이 프로젝트가 진행되는 동안 제품을 계속 사용할 수 있게 한다. 둘째, 고객이나 사용자와 함께 생활하거나 비판적으로 관찰하라-고객과 함께 현장에서 생활하며 민족지학적 연구를 수행하라. 셋째, 주도적이거나 혁신적인 사용자를 알아내 그들과 함께 작업하라. 마지막으로(어쩌면 가장 전통적인 방식이다) 고객과 사용자의 말에 귀 기울여라. 이것은 단지 그들과 이야기 하는 방식과 매우 다르다. 그들의 목소리를 다음과 같은 방법을 통해 들어라.

- 심층적인 개인 인터뷰
- 고객과 사용자집단으로 이루어진 포커스 그룹 인터뷰
- 전화, 웹엑스(Webex, 원격회의), 이메일 설문조사, 다양한 인터넷 수단(서베이몽키)의 시장 설문조사

무엇보다 목표시장을 먼저 정의해야 한다는 데 유념하자. VoC 연구는 '동시다발적'으로 접근해선 안된다.

고객의 소리 연구에서 제기할 질문들

VoC 사용자 필요와 욕구 연구의 일부로서 고객(이나 사용자) 인터뷰에서 자주 다루어지는 10가지 구체적인 질문은 다음과 같다.

1. 잠재고객들은 현재 자신들의 문제를 어떻게 해결하는 중인가? 현재 해결방안은 무엇인가? 예를 들면 사용하는 제품은 무엇인가? 왜 그 독특한 제품이나 메이커, 브랜드, 공급회사를 이용하는가?

2. 현재의 해결방안을 사용하는 고객이나 사용자들이 해결하지 못한 문제들은 무엇인가? 그들이 고통 받는 지점은 어디인가? 현재의 제품이나 해결방안과 관련해 그들을 짜증나게 하는 것은 무엇인가? 무엇이 그들을 밤잠 못자게 하는가? 새로운 해결방안 기회가 있는가? 명심하라. 중대한 문제를 찾고 의미 있는 해결방안을 찾아라!

3. 고객들은 선택 대안 중 어떤 해결방안이나 제품, 브랜드를 선택할까? 왜 그것일까? 사지 않을 것은 무엇인가? 왜 사지 않을까? 이런 질문들은 그들이 고객들이 찾는 것과 피하고 싶은 것을 추론하는 방법이어서 중요하다. 여기서 충족되지 않고 설명되지 못한 고객욕구가 무엇인지, 그들이 가치 있다고 생각하는 것이 무엇인지, 새로운 해결방안은 어떤 모습인지, 무엇이 결정적 요인인지 찾으려고 노력한다.

4. 무엇이 고객 선택 기준(그들이 구매 결정을 내릴 때 사용하는 기준 즉, 가격, 특정 기능과 목적, 서비스 등)인가? 그들은 왜 특정 제품을 구매하는가? 그런 결정에서 각 기준의 상대적 중요도는 얼마인가?

5. 현재(경쟁적인) 제품들은 각 선택 기준에 따라 어떤 평가를 받는가? 어떤 경쟁자의 점수가 각 기준에서 가장 높은가? 가장 낮은 점수의 경쟁자는 누구인가? 고객들이 왜 이렇게 말하는가? 제품과 관련된 각 기준에 대해 고객들이 낮거나 높게 평가하는 이유는 무엇인가? 선택 기준과 경쟁률과 관련된 이런 전통적인 질문들은 여러 가지 이유에서 중요하다. 첫째, 고객의 구매 결정과 그 선택 기준에 대한 이해는 제품 디자인에 중요한 정보를 제공한다. 최소한 신제품은 중요한 기준에서 높은 점수를 받아야 한다. 둘째, 경쟁자들의 제품 점수를 통해 개선된 디자인으로 개척

될 수 있는 잠재적 기회 영역(예를 들면 경쟁 제품의 약점)을 알
아낸다. 이처럼 경쟁제품의 점수에 근간이 되는 이유들을 이해함
으로써 제품개발자는 신제품에 포함되어야 하는 것과 피해야 하
는 것에 대해 소중한 통찰력을 얻을 수 있다. 마지막으로 고객들
의 다양한 반응은 2개 이상의 세분시장이 존재할 수 있다는 것과
경쟁자가 간과했으나 내게 성공적인 목표가 될 수 있는 틈새시장
이 존재한다는 것을 보여준다.

6. 고객들이 경쟁제품이 제공하는 현재의 해결방안과 관련해 좋아
하는 점은 무엇인가? 무엇을 싫어하는가? 경쟁제품을 사용할 때
의 문제는 무엇인가? 종종 경쟁제품들에는 당신이 차용해 신제
품에 포함시킬 수 있는 여러 긍정적인 디자인 측면들이 있다. 단
순한 모방이 아니라면 경쟁제품의 좋은 면들을 모방하는 것은 잘
못이 아니다. 경쟁 제품들의 긍정적인 면들에 대한 지식은 디자
이너에게 분명히 소중한 정보다. 마찬가지로 고객들이 경쟁제품
과 관련해 생각하는 싫어하는 점과 문제점을 확인하는 것은 디자
인 개선에 중요한 기회를 준다. 명심하라. 그 목적은 우수한 제품
을 디자인하는 것이고 그것은 주도적 경쟁제품보다 뛰어나야 한
다. 따라서 경쟁자들이 실패하는 지점(어디가 치명적인 약점인
지)을 이해하는 것이 가장 중요하다!

7. 고객들이 신제품에서 특별히 기대하는 것은 무엇인가? 어떤 특
성과 속성, 성능인가? '꼭 필요한 것'은 무엇이고 '유용하지만 반
드시 필요하지 않은 것'은 무엇인가?

8. 고객들이 원하는 트레이드오프(Tradeoff: 제품의 한가지 장점을
위해 다른 장점을 얼마나 희생할 용의가 있는가)는 무엇인가(다
양한 성능의 결과물이나 제품 특징 중 무엇을 무엇과 교환할 것
인가 또는 가격대비 특성은)? 고객들이 언급한 요구사항(반드시

제품에 필요한 것과 갖춰야 할 것)을 이해하는 것은 분명히 필수적인 정보다. 하지만 고객이 언급한 희망사항은 보통 상당히 의미가 없고 성공적인 신제품 개발을 구축할 만한 근거를 주지 못한다. 따라서 트레이드오프에 대한 고객의 지식은 고객들이 다양한 제품 특징과 속성 중 무엇을 상대적으로 선호하는지, 다양한 설계 특징 중 무엇을 상대적으로 중시하는지 알려준다.

9. 고객들은 제품을 어떻게 사용(또는 오용이나 남용)하는가? 제품이 제대로 기능해내야 하는 고객의 '사용 시스템'은 무엇인가? 그리고 그것이 다른 시스템의 구성요소들과 어떻게 조화를 이루는가?

10. 고객들의 경제성은 어떠한가? 잠재적 제품은 고객의 경제성에 어떤 영향을 미치는가? 이 2가지 질문은 모두 중요하고 어려운 문제다. 첫 번째 질문은 제품 이상을 살펴보는 것으로 전체 사용 시스템에서 제품이 하는 역할을 탐구한다. 이 반조리식품(주방과 가정이 시스템이다.)에서 텔레콤 구성요소와 소프트웨어까지 모든 제품에 적용된다. 경제성이나 '사용가치'는 더 나은 경제적 가치를 만들어내는 제품을 제공할 수 있는 방법(제품의 생애주기 동안이나 고객의 사용 시스템 다른 부분에서 고객의 돈을 절약해줌으로써)을 이해하는 데 필수적이다.

신제품을 정의하기 위해 VoC 연구를 사용하는 것

이론상으로는 쉬워 보이지만 어떻게 실행할 것인가? 충족되지 못한 고객욕구를 알아내고 그것을 가능성 있는 성공적인 해결방안으로 옮겨줄 고객의 목소리를 듣기 위한 표준 방식은 없다. 그러나 몇 가지 패턴이 있다. 고객의 소리(VoC)가 효과를 본 드라거의 음주측정기 사례를 앞에서 소개한 바 있다. 경찰관들의 현장 방문과 합숙(민족지학)이 얼마나 많은 문제를 알아냈는지(2장에서) 떠올려보자. 4장은 펌프스마트팀이 행한 방대한 VoC 연구(대부분 심층 현장 방문)에 대해 설명해주었다. 그리고 2장에서 바이액티브 프로젝트팀은 VoC 정보를 얻는 데 노력을 아끼지 않고 다양한 방법을 사용했다.

> 66 일부 일상적인 방문이 아닌 조사다. 신중히 설계되고 실행되어야 하며 노력할 가치가 있는 조사다. 99

고객의 소리(VoC) 연구 실행에서의 조언과 요령

1. **원하는 정보에 대해 신중히 생각하라.** 정보는 더 좋은 의사결정을 내리는데 도움이 되어야만 가치가 있다. 설계와 관련된 주요 의사결정의 개요와 이런 결정을 내리는 데 필요한 정보를 확인하라. 그런 다음 고객에게 묻고 싶은 질문들을 만들어라.

2. **인터뷰를 위해 구조화된 설문지를 사용하라.** 인터뷰(대화 방향을 정하고 대답을 기억하는 것)를 잘한다고 생각할 수도 있다. 그러나 1~2명 이상의 고객을 대상으로 인터뷰를 계획한다면 설문지를 만드는 편이 좋을 것이다. 왜 그럴까?

   ✓ **완성도:** 대답하고 싶은 질문을 모두 다룰 수 있다.

   ✓ **일관성:** 응답자들에게 같은 방식, 같은 문장으로 질문할 수 있다.

   ✓ **기록:** 그들의 반응을 일관적으로 기록할 수 있다.

3. **이것은 파는 것이 아니라 듣는 것이다.** 제품 컨셉이나 해결 방안을 보여주지 말라(인터뷰 말미에 보여주는 경우를 제외하고). 이것은 '보여주고 말하는' 시간이 아니다! 대신 고객이 제품의 우수성, 단점, 문제점, 바라는 편익, 고통스러운 점들을 말해줄 때 들어라! 사용자들이 문제점을 말할 때 그들이 자신의 문제점을 털이

놓을 수 있게 유도하라. '왜'라는 단어는 '무엇'만큼 중요하다. 즉, "그런 문제를 왜 말했고 그와 같은 문제가 왜 당신에게 중요한가?" 하지만 직접적인 질문보다 간접적인 질문을 사용하라. 이런 질문들은 고객의 진짜 욕구에 대한 통찰력을 제공해줄 것이다.

4. **기능적지향을 수용하라.** 추구한 이점과 제품 형태와 기능을 살펴보라. 단순한 특징과 사양이 아니다.

5. **적절한 정보를 찾고 있는가? 사전-사후 분석을 수행하라.** 인터뷰 시작 전에 연구가 이미 수행되었다고(질문에 대한 해답을 찾았다고) 상상해보라. 이런 답을 고려해 설계와 프로젝트 결정을 내릴 수 있는가? 의심된다면 인터뷰가 끝난 후가 아니라 지금이 설문지를 재고하고 수정할 때다. 그리고 우선 영업인력을 고객으로 가장한 모의 인터뷰를 수행하라. 그렇게 질문을 제대로 만들 수 있을 것이다.

6. **인터뷰 대상자들이 대표자인지 확인하라.** 편의상 선택된 고객들이나 소규모 집단은 안 된다. B2B 고객들의 경우, 한 회사당 1~2번의 인터뷰로 끝내지 말라. 대상자들을 폭넓게 뽑아라! 한 사람이 회사 전체를 대표하지 않음을 명심하자! 구매 회사에는 영향력을 행사하는 사람들이 많다. 1~2명이 한 회사를 대표한다는 잘못된 믿음으로 그들에게만 집중하는 것은 잘못된 정보로 이어질 수 있다.

7. **가치사슬 범위를 넓혀라.** 현재 고객만 조사하는 것만으로는 충분하지 않다. 종종 '사용자'와 '고객'을 동의어로 사용하지만, 대부분의 산업에서 다른 대상이다. 시장욕구에 대한 통찰을 얻기 위해선 가치사슬 범위를 현재의 고객에서 넓혀야 한다. 어느 가치사슬이든 구매에 영향력을 미치는 사람은 여럿 있기 마련이다. 시장에 대한 통찰을 제대로 얻기 위해선 그들과 접촉해야 한다. 때로는 가치사슬의 다양한 구성원들 간의 갈등이 확인된다. 예를

들어 '고객의 고객'은 특정 기능이나 성능을 가진 제품을 원하지만 당신의 현재 고객은 원하지 않을 수도 있다. 각 가치사슬 욕구에 대한 정보로 무장한다면 그와 같은 상충점에 대해 제대로 된 결정을 내릴 수 있을 것이다.

8. **기술부서 직원들도 인터뷰에 참여시켜라.** 시장정보를 찾는 것은 매우 중요하므로 마케터에게만 맡길 수 없다. 인터뷰나 방문 팀은 최소 2~3명, 이상적으로는 마케팅 부서와 기술부서 사람을 포함해 3명으로 구성되어야 한다. 이것은 기술-기반의 제품들과 기술적으로 잘 알고 있는(세련된) 고객들에게 특히 맞는 말이다. 인터뷰 실행에서 고객과 이미 접촉한 경험이 있는 영업인력이 가장 적합할 수 있다. 설문지를 설계하고 일반적인 질문들을 처리하는 것은 마케팅부 직원과 함께 진행할 수 있다. 그러나 기술부서 직원은 기술적으로 무엇이 가능하고 가능하지 않은지 좀 더 깊은 지식이 있다. 그래서 마케터가 놓칠 수 있는, 고객이 원하는 제품 특성과 성능에 대해 좀 더 면밀하고 심도 있는 인터뷰를 할 수 있다.

9. **프로젝트팀 전체를 인터뷰하라.** 직접적인 학습을 할 수 있다. 시장조사 회사에 의뢰하는 것도 좋지만 그렇게 되면 학습은 그들이 하고 의미 없는 보고서만 얻게 될 것이다. 외부 업체에 의뢰해야 한다면 인터뷰 시 직원을 함께 보내라. 그리고 향후 프로젝트를 위해 직원들에게 그와 같은 인터뷰 방법을 배우게 하라.

10. **고객의 시스템이나 사용환경을 공부하고 제품이 시스템 전체와 어떻게 어울릴 수 있는지 연구하라.** 그리고 시스템이 어떻게 작동하는지 이해하려고 노력하라. 그럼 제품에 대한 필요와 수요를 제대로 판단할 수 있을 것이다. 그리고 사람들이 제품을 사용하는 모습(욕구를 충족시키기 위해서 제품을 사용하고 남용하고 오용하는)을 지켜보라.

제안 회사는 고객의 소리(VoC) 사용자 필요와 욕구 연구 면에서 확실히 일하고 있는가? 개발 시작 전 고객을 찾아가 대면 회의를 통해 그들의 문제와 욕구, 필요, 좋아하는 것, 싫어하는 것, 선호도 등을 이해하려고 노력하는가? 즉, 정말 우수한 제품을 디자인하기 위해 알아야 하는 모든 것을 알아내려고 노력하는가? 아니면 내부적으로만 콘셉을 찾고 제품 콘셉을 평가하는 시장조사만 엄격히 하고 컨셉을 개발하고 개선하는 데 정말 도움을 주는 고객의 목소리는 제대로 듣지 않는 것은 아닌가?

차세대 신제품 프로젝트를 진행할 때는 개발 시작 전 VoC 사용자 필요와 욕구를 연구하라. 이 연구 결과가 제품 디자인이나 제품 사양 구성에 도움을 주어 평범한 아이디어를 진짜 성공작으로 바꾸어 보라.

경쟁 분석 실행

우수한 신제품 구축의 두 번째 열쇠는 경쟁 분석이다. 여기에는 몇 가지 목적이 있다. 첫 번째, 경쟁업체 제품, 제품의 강점과 약점을 이해하는 것이다. 목적이 우월한 제품을 시장에 제공하는 것이라면 비교를 위해 경쟁업체의 제품을 벤치마킹해야 마땅하다. 둘째, 경쟁업체의 방식 (어떻게 경쟁하고, 어디서 어떻게 고객들을 유치하는지)에 대한 지식은 사업 성공과 실패의 열쇠다. 마지막으로 경쟁전략과 경쟁업체의 제품이 어떻게 해당 포트폴리오에 적합한지 평가하는 것은 출시 제품에 대한 그들의 반응(강력한 방어전략 사용)을 예상할 단초를 줄 것이다.

66 대부분의 프로젝트팀은 경쟁제품 가격 설정, 전략 등에 대해 사실 기반의 지식이 부족하며 소문과 소수 의견에 의존한다. 99

경쟁 분석의 중요 질문들

경쟁 분석에서 다루어야 할 중요한 질문 몇 가지가 있다.

1. 중요 경쟁자(직접적인 경쟁자나 간접적인 경쟁자)는 누구인가? 당신의 제품이 누구의 제품을 대신하겠는가(또는 없앨 것인가)?

2. 그들의 제품 기능, 속성, 성능 특징은 무엇인가? 장점과 단점은 무엇인가?

3. 신제품을 출시할 때쯤 그들의 제품은 어떤 형태인가(그들의 신제품과 기능, 성능 예측)?

   상대가 누구인지, 당신이 앞질러야 하는 정확한 제품 특성이 무엇인지 이해하는 것은 매우 중요하다. 경쟁제품의 강점은 제품에 무엇을 포함시켜야 하는지 알려주고 경쟁제품의 약점은 월등한 디자인이 되기 위해 개발해야 할 영역이 무엇인지 보여준다.

4. 각 경쟁업체의 다른 장점과 약점(영업 인력과 고객 서비스, 기술 지원, 브랜드, 광고 및 홍보 등)은 무엇인가? 각 경쟁업체가 높은 평가를 받는 부분은 무엇인가? 어느 부분이 평가가 낮은가?

   제품뿐만 아니라 타 요소에서도 경쟁해야 한다. 제품우위는 바람직하지만 때때로 경쟁우위의 가장 중요한 요소들은 마케팅 믹스의 다른 요소들에서 발견되기도 한다.

5. 경쟁업체들은 사업을 어떻게 운영하는가? 예를 들면 각 경쟁자는 어떤 유형의 고객(세분시장)에 집중하는가? 무엇이 경쟁의 기본인가? 즉, 경쟁자는 사업성과를 어떻게 거두는가? 가격을 낮게 책정해서? 제품의 장점을 통해서? 기술력이 있는 영업인력을 통해서? 많은 홍보 활동을 통해서?

6. 경쟁업체들은 일을 얼마나 잘하는가? 시장점유율은 얼마나 되고 각 경생사의 시장짐유율 트렌드는 어땠는가? 그들은 왜 그렇게

일을 잘하는가(또는 못하는가)? 그들의 성공(실패) 비결은 무엇인가?

여기서의 초점은 성공 조건을 알아내는 것이다. 다른 전략과 접근법이 있는 경쟁자들을 면밀히 살펴보고 그들의 결과를 관찰하라. 이런 조치를 통해 이 시장에서 무엇이 성공하고 실패하는지 소중한 학습을 할 수 있다.

7. (가능하다면) 경쟁자들의 비용 상황은 어떤가? 그들의 생산량과 생산능력은? 그들의 수익성(공헌 이익과 순이자이익)은? 그 제품은 기업의 운영과 총수익에 얼마나 중요한가?

이런 기밀정보들은 이 사업에서 경쟁제품이 갖는 전략적 중요성과 경쟁자들의 대응 능력(가격을 얼마나 낮출 수 있는지), 신제품에 대해 공격적인 방어를 시작할 가능성을 알려줄 것이다.

경쟁 정보를 얻는 방법들

고객지향 시장조사와 달리 확실히 입증된 경쟁 분석 방법은 없다. 형사처럼 다양한 단서를 찾아내는 것과 같다. 몇 가지 제안을 하면 다음과 같다.

- **가능하면 모든 경쟁사 문헌과 경쟁사 광고를 손에 넣어라.** 이것은 모두 공개되어 있는 자료들이다. 영업부서 직원들의 도움을 받아 상업적 용도 인쇄물(팜플릿, 카탈로그 등)을 확보하거나 지면(온라인) 광고를 오려내는 것(또는 저장하는 것)도 직접적인 방법이다. 인터넷을 이용해 기존 제품 정보를 얻고 그들의 신제품에 대해 배우고 안내책자와 사용 안내서와 설치안내서를 다운로드하고 가격정보를 얻어라.
- **다양한 업계 간행물들을 인터넷으로 검색해 경쟁자 정보(발표나**

신제품 소개, 공장 확장, 재무 성과 등)를 찾아라.

- **경쟁자들의 제품을 손에 넣어라.** 그것들이 판매 중이고 비싸지 않다면 문제가 되지 않는다. 우호적인 고객이 경쟁제품을 살펴볼 수 있게 하면서 도와줄 수도 있다. 무형제품(새로운 서비스 제품)이라면 고객으로 가장해 경쟁자들의 서비스 제품을 경험하라. 즉, '미스터리 쇼핑(Mystery Shopping)'을 이용하라.

- **경쟁자들의 제품 로드맵(제품 소개와 시기, 제품 기능과 성능)을 그려라.** 이 로드맵으로 미래를 예측해보라. 특허 매핑과 마이닝을 이용하면 특정 기술 분야의 신제품 도입을 예측할 수 있다. 보통 훨씬 일찍 특허를 신청하기 때문에 앞으로 어떤 제품이나 기술이 출시될지 적어도 2년 전 알 수 있다.

- **산업박람회를 방문하라.** 다른 어디서 경쟁자들이 제공하는 가장 최신제품들을 한 곳에서 만날 수 있을까? 무역박람회장에서의 고객 반응을 살펴보라. 작은 컨셉 테스트와 비슷하다! 모든 것이 한 곳에 모여 있고 누구에게나 공개되어 있다.

- **영업부서 및 서비스 직원들과 이야기 나누어라.** 그들은 현장에서 많은 시간을 보내고 경쟁제품과 그 판매활동 및 가격을 볼 수 있는 기회가 있다. 또한 컨퍼런스와 무역박람회에 참석하고 보통 타 업체에 지인이 있다. 여러 경우 그들은 중요한 경쟁 정보의 창이다.

- **고객의 소리(VoC) 사용자 필요와 욕구를 조사할 때는 반드시 타깃 고객들에게 경쟁자들(경쟁제품, 영업인력, 서비스, 가격 평가와 통찰)에 대한 의견을 묻는 질문을 포함시켜라.**

- **공급업체들과 경쟁자들에 대해 이야기 나누어라.** 공급업체들로부터 경쟁자의 설비용량(설비와 생산능력)과 현재 생산량(구매한 원료를 바탕으로)에 대해 알 수 있을지도 모른다.

- **재무자료를 이용하라.** 예를 들면 경쟁업체의 연차보고서 복사본을 구해 당신의 투자회사에 경쟁자 평가를 요청하라. 미국 증권거래위원회는 상장을 위해 회사 운영에 대해 많은 정보를 요구한다. 증권사 직원들로부터 이런 정보(10K 보고서)를 확보하라고 투자 회사에 요청하라. 그리고 여러 금융 잡지와 신문인 〈포춘(Fortune)〉, 〈비즈니스 위크(Business Week)〉, 〈월스트리트 저널(Wall Street Journal)〉, 〈파이낸셜 타임즈 런던(Financial Times of London)〉 등에 경쟁회사 관련 기사가 실렸는지 키워드로 알아보라.
- **컨설팅업체에 자문을 요청하라.** 그들은 경쟁업체 정보와 관련해 전문가다. 보통 그런 회사들은 상세한 정보 파일을 갖고 앞에서 제시한 방법들을 사용해본 경험도 많다.

시장 분석 재논의-더 심도 있는 논의

앞에서 제시한 2가지 시장조사(VoC 사용자 필요와 욕구 조사와 경쟁 분석)는 우수한 제품을 디자인하는 데 필수적이다. 그러나 시장에 대한 정보가 스테이지 2에서 더 많이 필요하다. 심사 단계(스테이지 1)에서 강조한 많은 부차적인 기타 시장정보 자료들은 스테이지 2에서 훨씬 철저히 다시 평가되어야 한다(전체 정보 출처목록을 위해 이번 장의 앞부분에서 다룬 스테이지 1의 예비 시장 평가 부분 참조).

여기서 목표는 시장에 대한 상세한 그림(다음 요소들을 포함한 시장 분석)을 그리는 것이다.

✓ 시장 규모와 성장성, 트렌드

- ✓ 시장 세분화-각 세분시장 규모와 성장성, 트렌드
- ✓ 구매자 행동-누가 무엇을 언제 어디서 어떻게 구매하는가?
- ✓ 경쟁 상황

상세한 출시 계획을 개발할 때 이런 시장 분석은 더 필수적이다. 시장 분석은 출시 계획 개발을 자세히 다루는 1장에서 다시 설명할 것이다.

상세한 기술적 조사 시점

VoC 사용자 필요와 욕구 조사와 경쟁 분석에서는 일련의 지침서(고객을 즐겁게 하고 경쟁자의 인기를 가로채기 위해 신제품에 포함시켜야 할 희망사항 목록)를 만들어야 한다. 이런 고객 희망사항 목록은 이제 기술적이고 경제적으로 실행가능한 것으로 바뀌어야 한다. 이것은 제안된 제품 설계에 도달하기 위해 시장욕구와 필요, 기술적가능성들이 결합해야 하는 지점이다. 즉, 기술부 직원들은 표현된 고객욕구와 선호도를 만족시킬 수단을 찾아야 한다. 그것은 창의적인 과정으로 기술부서 직원뿐만 아니라 프로젝트팀 전원이 참여해야 한다.

> ❝ 정말 제품이 개발될 수 있다고 자신할 만큼 충분한 시간과 재원을 투자하라. 하지만 아직 제품을 개발하진 말라. ❞

- ✓ 가능한 기술적 해결방안에 도달하기 위한 프로젝트팀과 외부팀 사람들이 모두 참여하는 기술부서 직원들 사이의 토론
- ✓ 중요한 기술적 이슈들을 다루기 위한 창의적인 문제 해결
- ✓ 창의적인 해결방안에 도달하기 위한 브레인스토밍

✓ 마케팅 요구사항을 기술 사양으로 구현하기 위한 품질 기능 전개
(Quality Function Deployment)와 같은 기법들
✓ 상세한 문헌 검색과 특허 검색
✓ 외부전문가의 도움 구하기
✓ 물리적인 기술 작업
- 최종 실험이나 실험실 작업(컨셉 증명)-완전한 제품 개발은
아님!
- 모델 만들기
- 임시 모형 만들기
- 가능한 해결방안 그리기
- 소프트웨어 제품의 경우, 서너 개 화면을 만들고 서너 개 코드
를 작성해보기

이런 기술 변환의 성공 여부는 기술부서 직원들의 기술적 기량과 지식
에 상당히 의존하고 있다. 그러나 고객욕구를 충족시키고 경쟁이점을 만
들어내기 위해 무엇이 필요한지 명확히 정의한다면 이런 창의적인 프로
세스의 집중력을 높여줄 것이다.

상세한 기술적 평가의 중요 질문들
상세한 기술적 조사에서 다루는 질문들은 다음과 같다.

1. 시장 요구사항을 충족시킬 제품을 만들어낼 가능한 기술적 해결
방안은 무엇인가? 해결방안을 그릴 수 있는가?
2. 이런 기술적 해결방안에 도달하기 위해 무엇이 포함되어야 하는
가? 발명과 새로운 과학적 방법이 필요한가? 아니면 단지 유명한
기존 기술을 적용하면 해결될 문제인가?

3. 기술적 위험과 잠재적 장애물은 무엇인가? 이런 것들을 어떻게 처리할 것인가? 대안적인 기술적 해결 방안을 동시에 추구할 수 있을까?

4. 기술적인 해결방안을 개발하기 위해 필요한 기술과 역량, 실적을 보유하고 있는가? 기술적 괴리가 있다면 잠재적 동업자들을 이용해 채울 수 있는가? 있다면 그들은 누구인가?

5. 개발 과정에서 동업을 한다면 동업자의 기술적 역량은 무엇인가? 어떤 역할(업무, 실행가능한 결과물, 자원 투입 등)을 하게 되는가?

6. 시제품을 만드는 데 포함되는 중요한 과정들은 무엇인가? 각 과정은 시간이 얼마나 걸리고 비용은 얼마인가? 필요 인력은 어느 정도인가?

7. 어떤 법규나 특허, 규제, 안전 이슈들이 있는가? 어떻게 각각 처리할 것인가? 특허나 지적재산권 전략이 준비되어 있는가?

8. 제품을 어떻게 생산할 것인가(공급원)? 공장에서? 아니면 새로운 시설과 설비와 생산직원들이 필요한가? 생산량은 얼마나 될 것인가? 자본은 얼마인가? 생산 동업자나 외주업체가 필요한가?

9. 제품생산 단위당 비용은 얼마인가? 어떤 원료와 부품이 필요하며 얼마나 조달가능한가? 비용은 얼마인가?

이 단계를 통해 기술적 관점에서 제품은 어떤 모습일지, 유력한 기술적 해결방안과 기술적 경로는 무엇인지 명확히 이해하고 해당 해결방안과 경로가 기술적으로 실행가능할 것이라는 확신을 갖게 된다. 일부 기술적 작업(연구실 작업이나 실험 작업, 모델 만들기 등)이 생길 수도 있지만 이런 기술적 작업은 스테이지 2로 제한하라. 스테이지 3에 좀 더 적합한 작업을 사업 사례 단계에서 미리 하지 않도록 주의하라. 스테이지 2에서 필요한 기술적 작업의 깊이는 롬앤하스(Rohm and Haas)의 바이오사이드(Biocide; 살생물제) 사업부가 신제품 과정에 잘 설명해 놓았다.

스테이지 2에서 연구실 작업이 수행된다면 그 목적은 시제품이 나 최종제품을 생산하는 것이 아니다. 그보다 가능한 최소 시간 을 투자해 원하는 제품을 만들 수 있는지 가능성을 타진하는 것 이다. 좀 더 노력을 들이면 제품이 실제로 만들어질 수 있다는 확 신을 줄 정도면 충분하다.

경험상 스테이지 2에 스테이지 3 개발비용의 10% 이상을 쓰지 않는 것이 좋다. 즉, 10%의 비용을 써서 남은 90%의 비용 사용을 정당화하 기 위한 지식과 확신을 얻어라. 여기서 90%를 쓰지 말라.

고객을 대상으로 컨셉을 평가하라─나선의 시작

신제품이 성공작이 될까? 제품 개발의 스테이지 3을 시작하기 전 제품이 경쟁제품보다 고객의 필요와 욕구를 충족시킬 것이고 매출목표를 달성 할 것이라는 확신이 있어야 한다. 신제품은 시장의 신규 품목이고 고객 에게 타제품을 대체할 이유를 제공해야 한다는 것을 명심하라.

많은 프로젝트팀이 직면한 문제는 해석, 변환과 관련된 것이다. 철저 한 시장조사가 고객의 필요와 욕구를 알아내기 위해 수행된다. 제품 프 로젝트팀이 이런 조사 결과를 개념적인 제품 디자인(제품 사양)으로 바 꾼다. 그러나 변환 과정에서 오류가 발생한다. 최종제품은 고객이 원하 는 것이 아니거나 고객이 이미 구매한 것과 차별화되는 독특한 점이 부족하다. 즉, 고객에게 기쁨을 주지 못하거나 '감동적인 요소'가 부족한 것이다.

이런 욕구-파악-변환 과정을 제대로 하려면 다음과 같은 2가지 가정을 만족시켜야 한다.

1. 고객들은 자신들의 욕구(최소한 해결하고 싶어 하는 문제들이나 추구하는 편익)를 이해하고 있으며 고객의 소리(VoC) 사용자 필요와 욕구 조사에서 이런 점을 요구할 수 있다.
2. 이런 욕구들을 정확히 해석하고 그 욕구들을 기술적인 해결방안으로 사용해 구체적인 최종제품 사양으로 전환시킬 수 있다.

2가지 모두 가정이다! 아는 것이 가장 많은 고객도 자신의 욕구, 문제, 희망사항을 완전히 이해하거나 설명할 수 없을 수 있고 대면 토론 도중 정확히 전달되거나 이해되지 못할 수 있다. 욕구가 이해되더라도, 해석 과정에서 오류가 발생할 수 있다. 필요와 욕구가 잘못 해석되고 그 결과, 잘못된 제품 사양이 만들어진다. 또는 현재 가진 기술적 해결방안은 이상적인 제품을 만드는 데 부족할 수 있다.

컨셉 평가는 개발 단계 전 최종평가로 개발 단계에서 제품 컨셉과 제안된 제품이 성공적이라는 것을 입증해야 한다. 컨셉 평가는 고객욕구가 올바르게 이해되고 해석되고 전환되었다는 것을 확인하고 너무 늦기 전에 최종적으로 제품 디자인을 조정하는 것이다.

이 단계에서 컨셉 평가를 도입하는 다른 이유가 있다. "고객들은 눈으로 보기 전에는 자신이 무엇을 찾고 있는지 모른다."라는 2장에서의 주장을 떠올려보자. 모든 VoC 사용자 필요와 욕구 연구가 고객욕구에 대해 귀중한 통찰력을 제공하더라도 중요한 것을 놓치고 있을 수도 있다. 그러므로 초기부터 고객에게 뭔가 자주 보여주고 개발 단계로 진행하기 전 피드백을 받아라. 그것이 바로 컨셉 평가의 역할이다. 〈그림 5.3〉의 나선 개발 방식의 '구축-평가-피드백-수정' 반복 과정의 첫 단계다.

전망 대 평가

제품 개발 단계로 진행하기 전 스테이지 2의 일부로 컨셉 평가를 포함시키는 것이 타당하다. '컨셉-평가 시장조사'와 앞에서 설명한 '사용자 필요와 욕구 연구'는 근본적으로 차이가 있다. VoC 사용자 필요와 욕구 조사는 시장 전망을 위한 것이다. 즉, 고객에게 보여줄 수 있는 제품이나 컨셉은 없지만 고객으로부터 제품 설계에 포함되어야 할 요소들에 대한 정보, 단서, 통찰을 확보했다.

기술적인 조사가 기술적으로 실행가능한 컨셉을 만들어내고나면 고객들은 완성형 컨셉(모형, 그림, 스토리보드, 사양서, 모조품설명서나 가상 제품)을 볼 수 있고 고객 반응도 평가될 수 있다. "당신이 말한 것을 고려해 만든 제품이다. 자, 어떻게 생각하는가? 살 생각이 있는가?"

컨셉 평가는 전망 조사가 아니라 제안된 제품 컨셉이 성공작인지(구매 의도가 생기는지)여부를 평가하거나 입증하려는 것이다. 이런 초기 단계에서는 개발된 제품이 여전히 없다는 것을 유념하라. 이 컨셉 평가의 목적은 올바른 방향으로 향하고 있는지 보는 것이다. 지금까지 최소한 제품설명서, 내용 편익과 기능, 성능 특성, 예상가격 등을 갖추고 있어야 한다. 또한 고객들에게 보여줄 뭔가 구체적인 증거 즉, 도안이나 완성 예상그림, 모형, 파워포인트 슬라이드, 임시 작업 모델이나 견본품, 시제품 등이 있어야 한다.

컨셉 평가 설계

컨셉 평가 설계는 고객의 소리(VoC) 사용자 필요와 욕구 조사 설계와 비슷하다. 최소한 제안된 제품에 대한 반응을 평가하기 위해 고객 포커스 그룹 인터뷰를 이용할 수도 있다. 포커스 그룹은 제품에 대한 유용한 피드백을 제공하겠지만 표본 크기가 제한적이고 그룹 구성원들이 목표시장 전체를 대표하지 않을 때도 있다는 것을 명심하라(자체 선택한 그룹). 또한 그룹 역할의 본질상 제품에 대한 그룹의 평가가 목표시장의 의견을 정확히 반영하는 것은 아니라는 점을 명심하자. 그러므로 좀 더 광범위하고 대표성 있는 고객 표본과 설문조사(전화나 인터넷, 개인 인터뷰, 또는 결합)를 통해 접촉해야 한다.

컨셉 평가는 사용자 필요와 욕구 조사와 2가지 점에서 다르다. 첫째, 컨셉 평가에서는 피드백을 얻기 위해 고객에게 보여줄 뭔가가 있어야만 한다. 둘째, 사용자 필요와 욕구 조사와 다른 유형의 정보를 찾고 있다.

신제품 제안이나 컨셉 발표하기

현명하게 반응하기 위해선 출시될 제품을 고객이 정확히 이해할 수 있어야 한다. 최종제품의 모습과 기능을 제대로 전달할수록 소비자 구매

1. 첫째, 제품에 대한 당신의 반응은 무엇인가? (제품 컨셉을 보여주고 설명함)

| 매우 부정적이다 | 약간 부정적이다 | 보통이다 | 약간 긍정적이다 | 매우 긍정적이다 |

2. 왜 그렇게 긍정적인가(또는 부정적인가)?
3. 당신은 제품(컨셉)에 얼마나 관심이 있는가?

| 전혀 관심이 없다 | 관심이 없다 | 보통이다 | 관심이 조금 있다 | 매우 관심이 있다 |

4. 왜 그렇게 관심이 있나(또는 없나)?
5. 이 제품은 익숙한 다른 제품들과 비교해 얼마나 다른가? 어떤 제품과 비교해서?

| 전혀 다르지 않다 | 아주 조금 다르다 | 조금 다르다 | 상당히 다르다 | 매우 다르다 |

6. 왜 다른가(다르지 않은가)? 무엇이 다른가?
7. 제품(컨셉)을 얼마나 좋아하는가?

| 전혀 | 별로 | 다소 | 많이 | 매우 |

8. 가장 마음에 드는 3가지 점은 무엇인가? 마음에 들지 않는 3가지 점은?
9. 제품 X와 비교해서 이 제품에 얼마를 지불할 것인가? (금액 또는 점수)

| 매우 적게 | 다소 적게 | 비슷하게 | 다소 많이 | 매우 많이 |

10. 왜 적게(많이) 지불하나?
11. XX 달러에 판다면 이 제품을 살 가능성은 얼마나 되는가?

| 절대로 사지 않는다 | 아마도 사지 않는다 | 어쩌면 산다 | 아마도 산다 | 확실히 산다 |

12. 왜 사나(사지 않나)?

그림 7.6 컨셉 평가 설문지-화면에 표시

의도에 대한 평가는 더욱 정확해진다. 그러므로 컨셉 발표에서 가능하면 '최종제품'에 가까운 것을 제시하라.

- 시각적 설명(전문가 제품 그림, 도안, 모조사양서, 모조 제품설명서, 파워포인트 슬라이드, 제품 동영상)과 함께 말로 설명하라.
- 소비재의 경우, 제품과 패키지 사진이나 그림을 보여주거나 음향 효과를 넣은 스토리보드 프레젠테이션을 사용하라.
- 모델(기초적인 작업 모델이나 모형)이나 값싼 견본품을 고객에게 보여주라. 종종 스테이지 2에서 실행한 상세한 기술적 조사의 일부로 기초적인 시제품이나 견본을 저렴하게 빨리 만들 수 있다. 일부 식품업체들은 이것을 '프로토셉트'(컨셉과 시제품의 중간)라고 부른다.
- 창의적으로 노트북과 소프트웨어를 이용해 가상 시제품을 만들어보라. 캐드(CAD)를 이용해 가상 제품을 만들고 고객의 눈앞에서 회전시키거나 애니메이션을 통해 제품이 작동하는 모습을 시연하라. 소프트웨어 컨셉의 경우, 몇 개 화면을 만들어 보여주면 제품이 사용자의 마음에 와닿고 고객이 경험하도록 유도하는 데 도움이 된다.
- 프로젝트 위험과 투자 규모가 크다면 동영상이나 상호적인 프레젠테이션을 이용해 모든 정보를 포함한 제안을 발표하라.

추구해야 할 정보

컨셉 평가는 시장의 수용과 예상매출량을 평가하기 위해 제품에 대한 고객 반응을 살펴보는 것이다. 수집해야 할 정보의 목적은 보통 다음과 같다.

✓ 제안된 제품에 대한 고객의 관심과 이유

✓ 제품 컨셉에 대해 고객이 좋아하는 정도와 가장 좋아하는 면과 싫어하는 면

✓ **차별화 정도:** 고객이 제안된 제품을 경쟁제품과 얼마나 다르게 보는지

✓ **비교 측정:** 현재 고객이 사용하는 경쟁 브랜드나 제품과 비교해 컨셉에 대한 고객선호도와 이유

✓ 고객이 지불할 것으로 예상되는 선호 가격

✓ 특정 가격에 고객이 구매할 의사가 있는지에 대한 암시

✓ 포지셔닝 전략을 완성하는 데 유용한 정보

〈그림 7.6〉은 일반적인 설문지를 보여준다. 폐쇄형 질문(5점 척도로 선택)과 개방형 질문(서술형)이 섞여 있다는 것을 유념하라. 폐쇄형 질문들은 여러 고객의 총응답을 집계하고 분석해 수치로 제공되는 데이터를 얻기에 적합하다. 그러나 수치만으로는 부족할 수 있으므로 풍부하고 다양한 지혜를 제공할 수 있는 개방형 응답들도 추가된다.

관련 질문이나 이슈가 내용으로 다루어지고 응답을 일관된 방식으로 기록하기 위해 반드시 구조화된 설문지를 사용하라. 개인 인터뷰를 수행할 때도 표준화된 설문지를 사용하거나 고객에게 노트북 화면으로 질문들을 보여주면서 인터뷰 지침에 따르는 것이 좋다. 가능하면 정량적인 답변을 추구하라. 고객이 의견을 표현할 때 점수나 등급을 사용해 다양한 측정도구에 응답을 표시할 수 있게 하라.

컨셉 평가용 표준 방식을 디자인하고, 그 방식을 제품마다 일관적으로 사용하는 것도 좋다. 이런 방식으로 자료를 축적하고 비교를 위한 벤치마크를 마련할 수 있다. 예를 들면 응답자의 30%가 〈그림 7.6〉의 '확실히 산다'에 표시한다면 좋은 결과인가 나쁜 결과인가? 또한 이 점수

가 시장점유율에 얼마나 반영될 것인가?

컨셉 평가 결과의 사용

컨셉 평가 결과들을 신중히 사용하라. 그것들은 제품 수용가능성을 보여주는 것일 뿐 성공을 보장하진 않는다. 맹목적으로 결과를 사용해서도 안 된다. 대부분의 신제품에서 특히 고객에게 익숙한 제품군의 컨셉의 경우, 컨셉 테스트는 시장수용도를 과장하는 경향이 있다. 예를 들면 "여러 가지 이유로 응답자들의 30%가 확실히 살 것이다."라고 응답한 결과를 시장점유율 30%와 같다고 해석해선 곤란하다. 첫째, 응답자들은 여러 가지 이유로 긍정적인 반응을 보인다. 관찰되는 사람들이 그렇지 않은 사람들보다 좀 더 긍정적이거나 열정적으로 반응하는 경향이 있다는 '호손효과(Hawthorn Effect)', 인터뷰 시 사회적으로 수용될 만하거나 좋은 대답을 하려는 욕구, 돈이나 보상이 주어지지 않을 때 책임감 없이 쉽게 대답하는 경향이 그것이다. 둘째, 응답자들이 제품을 구매할 것이라고 말하더라도 자주 재구매하는 제품의 경우, 계속 경쟁사 제품도 살 것이다. 응답자들이 양쪽 제품을 동등하게 구매한다면 '30%는 확실히 살 것이다.'라는 결과는 실제로 15%의 시장점유율로 해석되어야 한다. 셋째, 정의된 목표시장에서 신제품이 모든 잠재적 구매자들에게 충분히 노출되진 않을 것이다. 광고와 홍보, 유통, 판매 인력은 전체 목표시장의 절반 이하일지도 모른다. '구매 의도' 수치는 출시 때 시장 노출(수용자 범위)을 반영하는 요소에 의해 줄어들 것이다.

컨셉 평가 결과를 의심하게 만드는 다른 문제들도 있다. 가장 흔한 문제는 잘못된 응답자들로부터 피드백을 얻는 것이다. 이것은 특히 B2B에서 문제가 된다. 보통 B2B 상황에서는 인터뷰한 사람이 회사 전체를 대표할 수 없기 때문이다. 또 다른 문제는 제품 컨셉을 과장하는 것(최종제품이 제공하려던 것이 아니거나 제공할 수 없는 것들을 약속하거나 컨셉의 프레젠테이션에서 과장광고를 하는 것)이다. 이것은 구매 권유 홍보가 아니라 평가라는 점을 기억하자!

매우 혁신적인 제품들(고객에게 새롭거나 익숙하지 않은 제품군)에 대한 컨셉 평가 결과들은 제품수용도를 과소평가할 수도 있다. 익숙하지 않은 컨셉은 초기에 부정적인 반응을 일으키는 경향이 있고, 고객들이 제품이점을 평가할 제품 사용 기회를 가진 후에야 정상적인 평가가 가능할 것이다. 즉, 오랜 시간에 걸쳐 일어나는 짧은 컨셉 평가기간 중에는 측정할 수 없는 학습 과정이 존재하는 것이다. 예를 들어 현금자동인출기 도입에 대한 초기 고객 반응은 매우 부정적이었다. 그것은 낯설고 다소 두려움을 주는 컨셉이었다. 수 년 동안 그 기계를 사용한 후에야 그 기계가 주는 장점을 알게 되어 더 편리하고 친숙하게 느끼기 시작했다. 만약 오늘 구매 의도 컨셉 평가를 한다면(시장수용도를 매우 낮게 예측했던) 1970년대 초 컨셉 평가와 매우 다른 결과를 만들어낼 것이다.

> 66 대면 방식의 컨셉 평가가 가장 좋지만 온라인으로 평가할 수도 있다(예를 들면 서베이 몽키〔Survey Monkey〕, 인사이트 익스프레스〔Insight Express〕, 마켓 리더 프로〔Market Reader PRO〕, 내셔널 마켓 메저〔National Market Measures〕, MRSI 콘셀렉트〔MRSI's ConSelect〕). 99

컨셉 평가 수행에 있어서의 요령과 조언

1. 컨셉 발표를 준비하는 데 현실 상황을 반영하라. 컨셉 발표 제품이 출시될 때 존재할 만한 실제 환경을 반영해야 한다. 당신의 열의를 통제하고 최종제품에 실제로 포함되고 출시 때 고객과 소통할 수 있는 편익과 성능 특성만 강조하라.

현실 반영이 중요하다는 사실은 자명함에도 불구하고 현실감 부족이 문제가 된 수많은 사례가 존재한다. 여성용 개인용품사업에서 유명업체가 새로운 여성 바디로션의 실행 가능성을 조사했다. 컨셉 평가가 수행되었고 컨셉 설명에서 여러 가지 편익을 제공하는 독특한 제품을 보여주었다. 컨셉 평가의 높은 점수를 바탕으로 회사는 제품을 개발 단계와 시험 시장으로 진행시켰다. 시험 시장을 위해 광고들이 제대로 준비되었는데 30초 동안 핵심편익들 중 하나만 강조될 수 있었다. 시험 판매는 실패했다.

회사는 광고나 마케팅 활동에 문제가 있다고 생각했고 다시 한 번 시도했다. 마케팅 믹스의 구성요소들이 수정되었고 광고는 다른 편익을 강조했지만 또다시 실패했다. 이유는 명확했다. 실제 출시 상황에서는 컨셉 평가에서 보여준 모든 기능과 편익을 전달할 방법이 없었던 것이다. 시청자 주목도가 낮고 스토리를 전달할 시간이 부족한 30초 광고로는 불가능했다. 여기서 배워야 할 중요한 교훈은 "실제 세상에서 재연할 수 없는 제시는 개발하지도 말고 평가하지도 말라!"는 것이다.

2. **과장하지 말라.** 제품 컨셉에 대한 고객 반응을 가늠하기 위한 평가라는 점을 명심하라. 판매능력 평가도 아니고 사전-판매 활동도 아니다. 제품이 할 수 있는 것을 과장하거나 너무 강력한 프레젠테이션을 사용한다면 결과가 부풀리고 호도될 수 있다.

비슷한 맥락에서 컨셉 프레젠테이션에서 감성적인 단어들을 사용하는 것은 실제로 역효과를 일으킬 수 있다. 부정적인 반응을 끌어내고 결과를 부정적으로 편향시키는 피뢰침으로 작용할 수도 있다.

✓ 새로운 금융 서비스는 '세련'되거나 '우아'하지 않을 수도 있다. 여기서 사용된 단어는 너무 강력하거나 부적절해 고객들이 언어 문제에 집중한 나머지 서비스의 다른 편익들을 인식하지 못하게

한다.

✓ 슈퍼마켓 아이스크림 브랜드는 '감미롭고' '풍부하고' '진한' 맛일 수 있지만 슈퍼마켓용 제품 라인에 최고급 아이스크림이 존재한다는 것은 믿기 어렵다.

3. **명확히 하라.** 고객들이 제공하는 반응과 피드백이 의미 있으려면 먼저 고객들이 컨셉을 제대로 이해해야 한다. 보통 제품 설명이 모호하거나 혼란을 주거나 피상적으로 전달되면 고객은 제품을 구매할지 여부에 대해 의문을 가진다. 그렇게 되면 고객 반응에 대한 결과는 완전히 추측에 의존하게 된다. 단순하고 명확하고 이해하기 쉬운 제품 컨셉을 유지하고 시각적 보조도구와 모형을 포함한 어떤 커뮤니케이션 도구라도 사용하는 편이 예상고객에게 컨셉을 가장 명확하히 설명하는 데 도움이 될 것이다.

4. **올바른 잠재적 고객이나 사용자와 접촉하라.** 컨셉 평가에 관련된 고객들이 정말 당신의 목표시장을 대표하는가? 목표사용자가 상류층에 속하는 고급시장을 대상으로 하는 고소득 전문가들이라면 보통

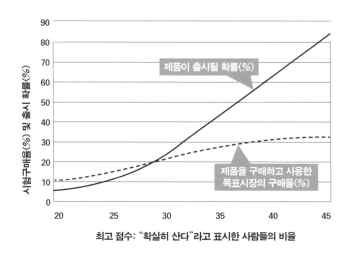

그림 7.7 공산품 소비재의 시험구매율과 출시 확률에 대한 최고 점수의 관계를 보여주는 눈금곡선

소비자들의 표본을 사용하는 것은 의미가 없다. 마찬가지로 B2B의 경우, 목표시장이 산업 전체라면 선도적 사용자나 혁신적인 사용자만 대상으로 컨셉 평가를 수행하는 것은 어리석은 일이다. 그들은 일반 고객들보다 훨씬 긍정적인 반응을 제공할 가능성이 있다. 또한 반드시 구매 회사 내의 다양한 사람들로부터 의견과 피드백을 구하라. 신제품 구매 결정에 영향력을 미치는 사람들이 많다.

성공과 매출 예측

여러 약점에도 불구하고 컨셉 평가는 여전히 제품을 실제로 개발하기 전 제품수용성 정도를 평가하는 최고의 방법이다.(제품-개발 노력이 활발한) 익숙한 범주의 익숙한 제품들인 경우, 컨셉 평가는 B2B와 B2C 상황에서 모두 상당히 예측력이 있음을 증명했다. 〈그림 7.6〉의 상위 2개 반응("확실히 산다"와 "아마도 산다")라고 응답한 사람들의 비율은 시험시장이나 판매 또는 완전 출시보다 부족하지만 제품이 성공할지 평가하는 가장 좋은 초기 지표다.

안타깝게도 이런 점수를 시장점유율 예측으로 변환하기 위한 간단한 공식은 없다. 몇몇 시장조사 회사들은 특정 소비재의 초기 시험 구매율은 예측하기 위한 BASES와 같은 정교한 모델을 개발했다. 초기 시험구매율을 재구매 의도나 출시 범위와 함께 사용해 예측 시장점유율을 산출할 수 있다. 그러나 그와 같은 공식과 산업 표준들은 특정 산업들과 산업 내 특정 제품군들에 특화되어 있는 경향이 있다. 〈그림 7.7〉은 빈번히 재구매되는 소비재에서 나타나는 이런 관계를 보여준다.

컨셉 평가에서는 개방형 질문들에서 얻은 정보만큼 "제품과 관련해 가장 좋은 점이 무엇인가?"와 "왜 브랜드 X를 그렇게 좋게 평가했는가?"와 같은 질문들도 중요하다. 컨셉 평가에 실패했다면 이런 질문들에 대한 응답들이 제품을 바로잡기 위해 해야 할 일에 대한 중요한 통찰력을 제공해줄 것이다. 성공적인 평가 경우에도 이런 응답들은 고객에게 좀 더 매력적으로 보이게 하기 위해 제품 디자인을 정교화하는 법에 대한 단서를 제공해준다. 마지막으로 제품에 대한 잠재적 고객들의 반응은 제품 포지셔닝을 어떻게 선정해야 하고 사용자들에게 어떻게 전달해야 하는지(고객의 '구매 결정요인'이 무엇인지) 알려줄 것이다.

제안 신제품 개발 시스템에서 컨셉 평가를 효과적으로 사용하고 있는가? 제안된 신제품이 정말 적절한지 개발 시작 전 시간을 들여 입증했는가? 아니면 이쯤하면 괜찮다고 가정하고 위험을 감수하겠는가?

신제품 개발 프로세스에 포함되는 컨셉 평가는 개발 시작 전 이루어져야 한다. 시제품이나 견본 제품은 필요하지 않다. 그냥 제품이 어떤 모습일지 그린 믿을 만한 아이디어와 설명만 있으면 된다. 제안된 제품을 선택된 고객에게 가능한 한, 명확히 설명하라. 그것은 실현가능해야 하고 과장되어서도 안 되며 명확해야 한다. 올바른 타깃고객들에게 말하고 있는지도 확인하라. 척도화된 질문들을 사용해 고객의 관심, 좋아하는 것, 선호도 및 구매 의도를 측정하고 양적 응답을 얻어라(B2B 인터뷰에서도). 이런 자료를 통해 신제품의 상업적 전망과 관련해 놀라울 정도의 통찰력을 얻게 될 것이다. 하지만 컨셉 평가 결과를 신중히 사용하라. 구매 의도 수치가 직접적으로 시장 점유율을 의미하는 것은 아니다.

나선형에 포함시켜라

스테이지 2는 나선형 개발 방식에서 나선을 사용하는 데서 시작된다(그림 7.8 참조). 첫 번째 나선은 고객의 소리(VoC) 사용자 필요와 욕구

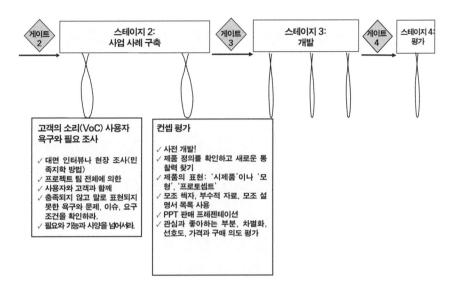

그림 7.8 스테이지 2에서 시작해 출시 직전까지 전 과정에서 계속되는
'구축-평가-피드백-수정' 나선들

조사다. 그것은 앞에서 강조했던 음주측정기와 펌프스마트 연구에서처럼 고객들의 숨은 욕구를 이해하도록 도와준다. 이 연구는 차별화된 우수한 제품과 설득력 있는 가치 제안을 만드는 열쇠다.

두 번째 나선은 컨셉 평가다. '구축-평가-피드백-수정' 나선들에서 이루어지는 첫 번째 평가다. 여기서 제품 이미지(모형, 시제품, 동영상, 캐드 도면)를 보여주고 피드백을 구한다. 이 나선은 제품 디자인을 좀 더 구체화하고 제품 정의의 몇 가지 '가변적인' 구성요소들을 결정하고 구매 의도와 예상매출을 알아내도록 도와주는 열쇠다.

더 많은 나선들이 스테이지 3과 4에서 이어진다. 그러나 고객이나 사용자 앞에 구체적인 뭔가를 보여주는 과정을 스테이지 2에서 시작하는 것이 중요하다(신속히 초기에 빈번히).

> 66 스테이지 2에서 나선들을 시작하라. 그것들은 설계에 의해 프로젝트 계획에 포함된 의도적인 나선들(구축-평가-피드백-수정)로 문제에 대한 자동반사적인 반응이 아니다. 나선들은 여기서 시작해 출시 직전까지 계속된다. 99

사업 분석 및 재무 분석

다양한 시장조사(VoC 사용자 필요와 욕구 조사, 경쟁 분석, 시장 분석, 컨셉 평가)는 제품 정의를 내리는 데 도움을 준다. 목표시장은 이제 명확히 정의되었고 제품 컨셉과 포지셔닝 전략도 확증되었으며 고객에게 제공할 제품 편익, 가치 제안, 물리적 속성(기능, 사양, 성능 요구사항)은 정의되고 입증되었다. 기술적 평가를 통해 기술적인 실행가능성과 조달원 이용가능성, 투자, 비용 등을 확인한다. 남은 것은 〈그림 7.1〉의 개발 단계를 시작하기 전 프로젝트의 사업적, 재무적 타당성을 확인하는 것이다.

여기서 프로젝트를 수행해야 하는 전략적 근거와 경쟁력을 확보할 수 있는 이유들이 상세히 설명되어야 한다. 또한 추가적인 자원과 능력을 파트너 회사들이나 외주를 통해 어떻게 확보할 것인지 함께 설명된다.(외주나 동업을 한다면 그들의 역량과 역할에 대한 검토가 이루어지고 동의서나 양해각서가 스테이지 2 마지막 부분에서 작성되어야 한다.) 또한 제품 성공을 위해 해외부서들이 해야 할 역할도 여기 포함된다.

스테이지 3으로 이동하려면 재무 분석은 확실히 중요하다. 재무 분석에 필요한 많은 정보를 위해 여기서 합리적인 판단들이 이루어져야 한다. 〈그림 7.4〉의 순서에 따라 시장 규모와 예상점유율, 비용 분석을 사용해 예측수익을 산출할 것이다. 이제 제품의 설계 특징들이 알려졌으니 상세한 기술적 평가를 통해 비용 견적과 이익률을 합리적으로 예상해본다. 기술적인 평가와 운영 평가를 통해 대략적인 필요 자본이나 필요 설비와 비용에 대한 대략적인 견적을 낼 수 있다. 마케팅 활동들과 예상 출시비용들을 조사하고 스테이지 3과 4에서 필요한 프로젝트 추가 비용들을 예측한다. 이런 평가들이 재무 분석의 정보가 된다.

재무 분석의 2가지 유형은 게이트 3으로 이동할 때 장점이 있다.

- 회수 기간을 계산하는 것-투자비용 회수까지 몇 년이 걸리는가?
- 상당히 단순명료한 현금흐름 할인분석 수행하기(순현재가치와 내부수익율)-중요한 신제품 프로젝트에는 일반적으로 5년이 걸린다. 프로젝트 평가 방법들을 살펴보는 다음 장에서 이 부분을 좀 더 자세히 살펴볼 것이다.

위험 평가

프로젝트의 기대 성과에 더해 대부분의 경영진은 사업 사례에서 위험

무엇이 잘못될 수 있는가?	일어날 확률은?	일어날 경우의 영향력은?	그래서 어떻게 할 것인가? 완화조치는 무엇인가?

그림 7.9 프로젝트 위험 평가를 수행하라. 무엇이 잘못될 수 있으며 어떤 완화 조치들이 필요한가?

평가도 보고 싶어 한다. 위험 평가에는 2가지 유형이 있다.

> ❝ '수치는 항상 틀리다!'라는 사실을 제외하면 제품 개발 과정에서 확신할 수 있는것은 거의 없다. ❞

- **재무 위험:** 민감도 분석을 포함시킨다. '수치는 항상 틀린다!'라는 사실을 제외하면 제품 개발에서 확신할 수 있는 것이 거의 없다. 수치 대부분에 오류가 있다는 것을 제외하면(특히 중요하고 예외적인 프로젝트에서 그렇다) 신중히 만든 재무제표들은 진실성이 있다. 민감도 분석은 중요한 재무적 가정들을 만들고 각 가정(최고 사례와 최악 사례)을 평가한다. 민감도 분석은 다음 장에서 좀 더 자세히 살펴보도록 하자.
- **프로젝트 위험:** 이 분석은 프로젝트에서 잘못될 수 있는 모든 부분, 가능성, 결과의 영향력, 관련 조치들에 대해 서술하고 있다(이런 위험 평가는 스테이지 1의 일부로 이번 장 앞에서 언급되었다). 이와 같은 위험 평가를 여기서 다시 수행하게 되는데 이번에는 좀 더 철저히 스테이지 1에서 더 나은 통찰력을 갖고 진행된다 (그림 7.9 참조). 〈그림 7.9〉의 중요한 열은 맨 오른쪽 열이다. '방법'이나 어떤 조치들이 위험을 처리하는 데 필요한지 적는 열

실행 계획

사업 사례의 마지막 구성요소는 '진행 계획'이나 상세한 실행 계획이다. 상세한 실행 계획이 출시까지 이어지는 다음 스테이지를 위한 임시계획늘과 함께 준비되어야 한다. 이 원칙에 따라 사업 사례 계획들에는 다

음 요소들이 포함되어야 한다.

- ✓ **프로젝트의 미래에 대한 조언:** 진행/중단 또는 보류
- ✓ **상세한 개발 계획:** 구성요소들은 10장에서 설명한다.
- ✓ '평가와 입증'이라는 스테이지 4를 위한 계획들. 스테이지 4에서 빈번히 수행되는 활동들도 10장에서 설명한다.
- ✓ 예비 제조나 운영 또는 공급원 계획
- ✓ 출시 계획을 위한 1차 계획(마찬가지로 10장에서 설명한다)

스테이지 3으로 진행: 개발

시장조사는 끝났다. 제품도 정의되었다. 기술적 경로도 그려졌다. 재무와 경영 타당성도 점검되었다. 다음 스테이지(와 그 다음 스테이지들)를 위한 실행 계획이나 방향도 개발되었다. 이제 사업 사례가 완료되었다. 이것들은 개발 단계 진입을 결정하는 데 핵심역할을 하는 게이트 3의 결과물이다. 개발 결정을 '진행'(Go)으로 할 결과물이다. 이 중요한 게이트는 막대한 자원 투입을 필요로 하는 본격적인 개발 프로그램으로 향하는 문을 열어준다. 스테이지 1과 2에서 사전 준비가 효과적으로 이루어졌기 때문에 개발은 보다 순조롭게 진행될 것이다. 이제 명확하고 잘 정의된 목표를 갖게 된 것이다.

> ❝ 필수적인 사전 준비가 끝났다! 기초도 세워졌다. 이제 개발을 진행하자! ❞

8장

성공작 고르기 –
적합한 프로젝트에
투자하기

계획된 모험을 하라. 그것은 무모한 것과 매우 다르다.

– 조지 S. 패튼, 미국 육군 장군

적합한 투자 결정은 어렵다

:: 제품혁신에서 큰 성공을 거두는 기본적인 방법은 다음 2가지다.[1]

1. 첫째, 프로젝트를 제대로 수행하는 것이다. 효과적인 다기능팀을 준비하라. 그 팀원이 사전대비 작업을 하고 고객의 소리(VoC) 조사를 완료한다. 또한 차별화되고 우수한 제품을 얻으려고 노력하고 시간 단위로 움직이도록 하라. 프로젝트 전개 방법을 안내하는 최고 수준의 아이디어 출시 시스템을 갖추고 지금까지 이 책에서 설명한 여러 모범관행들을 시행하라. 바로 그런 내용이 많은 기업들에서 채택한 해결방안이다.

2. 둘째, 적합한 프로젝트를 수행하는 것이다. 어떤 경영진은 이렇게 설명했다. "금광에서는 장님도 곡괭이질만으로 부자가 될 수 있다. 좋은 광부가 될 필요는 없다. 단지 적절한 광산에만 있으면 된다!" 그러므로 무엇보다 프로젝트 선택이 신제품 성과에서 중요하다. 이것이 바로 이번 장의 주제 즉, 투자에 적절한 신제품과

개발 프로젝트를 고르는 일이다.

대부분의 기업에서 개발 자원은 가치가 너무 크므로 잘못된 프로젝트에 낭비할 수 없다. 그러나 기업들의 개발 라인에 있는 대부분의 프로젝트는 약해 시장에서 상업적으로 실패(또는 실적이 저조)하거나 제품 출시 전 취소된다. 실제로 상업적으로 성공하는 컨셉은 7개 중 하나뿐이다. 따라서 프로젝트 선택 즉, 투자에 적절한 프로젝트를 고르는 능력은 한정된 개발비용으로 생산성을 극대화하려는 리더십팀에게 가장 중요한 과제다.

프로젝트 선택에 존재하는 많은 도전들

적절한 투자 결정을 내리는 일이야말로 제품혁신에서 가장 문제가 많은 면 중 하나다. 대다수 기업들은 성급하고 전문가답지 못한 방식으로 선택하고 이용가능한 모범관행의 접근법들을 사용하는 데 실패한다. 〈그림 8.1〉의 벤치마킹 결과들을 살펴보자(그림 8.1은 그림 3.1의 데이

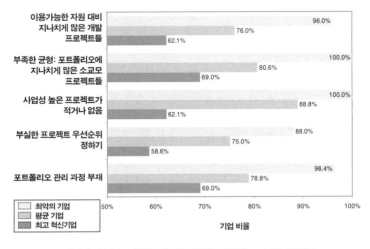

그림 8.1 대다수 기업들에서 부족한 프로젝트-선택 관행들

터이지만 결점들을 보여주기 위해 정반대 방식으로 구성했다).

■ 기업의 3/4 이상은 제한된 이용가능 자원으로 너무 많은 프로젝트를 수행한다. 개발 파이프라인에 과부하가 걸리는 이유는 "안 된다"라고 거절하는 방법을 모르거나 효과적인 우선순위 선정에 실패하기 때문이다. 그렇게 되면 심각한 많은 부작용이 일어난다. 즉, 프로젝트가 시간이 많이 걸리고 프로젝트팀들이 절차나 원칙을 무시해 실행의 질이 떨어지고 프로젝트들의 '수준이 떨어진다.' 즉, 제품들이 특징도 없고 개성도 없어진다.

■ 기업의 80%가 개발 포트폴리오나 파이프라인이 매우 불균형적이다. 그들은 너무 규모가 작고 의미 없는 프로젝트(수정, 변경, 의미 없는 갱신, 사소한 판매인력의 요구사항 등)를 수행하느라 수익이 높은 좀 더 혁신적이고 장기적인 프로젝트에 해를 미치고 있다. 개발의 43%가 매우 작은 프로젝트들이고 10%만 진짜 '신제품'임을 보여주는 3장의 〈그림 3.2〉를 살펴보자. 또한 1장(그림 1.1)에서 중요성이 떨어지는 개발 프로젝트들로 기우는 자원 분배 경향을 상기해보자. 거기서 보는 결과는 약 90%의 기업이 '가치가 높은 프로젝트가 적거나 전혀 없다.'라는 것이다(그림 8.1).

■ 약 90%의 기업은 효과적인 프로젝트 우선순위를 제대로 정하지 못한다. 또한 대다수 기업들(79%)이 전문적인 포트폴리오 관리나 프로젝트 선택 방법을 제대로 이행하지 못한다.

더 놀라운 사실은 성과가 최악인 기업들은 이런 5가지 기준에서도 성과가 최악이라는 점이다. 최악의 기업들의 100%가 사소한 프로젝트들이 너무 많고 가치가 높은 프로젝트들이 전혀 없거나 매우 적다. 96%는 프로젝트가 너무 많고 공식적인 포트폴리오 관리 시스템도 없다. 89%

는 프로젝트 우선순위 정하기가 제대로 이루어지지 않는다. 이런 기업들이 성과가 매우 나쁜 것은 놀랄 일이 아니다.

> 🙶 **프로젝트 선택과 포트폴리오 관리는 신제품 관리의 가장 취약한 면 중 하나다.** 🙷

그와 같이 나쁜 관행들의 결과는 현재 기업들의 개발 포트폴리오에 포함된 프로젝트 대다수가 부실한 데 원인이 있다. 그런 프로젝트들은 잠재력도 거의 없는 나쁜 프로젝트다. 사실 기업의 일반적인 포트폴리오를 검토해본 결과, 진행 중인 프로젝트의 절반 정도가 중단되어야 한다는 결론을 얻었다. 많은 프로젝트들이 처음부터 승인되어선 안 되었다. 또한 어떤 프로젝트들은 처음에는 좋았지만 시간이 지나면서 상황이 나빠졌다. 하지만 아무도 중단시킬 배짱이 없었다. 냉정해지는 법(개발 포트폴리오에서 부실한 프로젝트를 없애는 어려운 결정을 내리는 법)을 배웠어야만 했다.

두 번째 중요한 이슈는 대부분의 기업들이 제품 개발 시 심각한 자원 부족 사태에 직면한다는 것이다. 기업들은 보통 프로젝트를 기한 내에 마치거나 적절히 수행할 자원이 부족하다.[2] 10.7%의 기업만 충분한 자원을 신제품 프로젝트에 충당하는 것으로 평가받았다. 즉, 89%의 기업이 프로젝트에 충분한 자원을 지원하지 못했다.[3]

단순한 해결방안은 제품 개발 프로젝트를 최고에서 최악으로 순위를 정하고 가치가 높은 대상을 1순위로 선정한다. 그런 다음 최하위 프로젝트의 절반을 쳐내고 거기서 얻는 자원을 상위 절반(최우수 프로젝트들)에 다시 할당한다! 하지만 문제는 어려운 결정을 내리고 일부 프로젝트를 중단해야 한다는 점이다. 어떤 경영진도 이런 결정을 쉽게 내리지 못한다. 그래서 대부분의 고위 경영진들은 일반적인 선택을 한다. 즉, 프로젝트를 모두 진행한다! 이런 단순한 해결방안의 또 다른 문제는 프로젝트들을 최고에서 최악까지 평가하는 방법이다. '최고'나 '회사에 가치가 있는' 것을 정의하고 평가하는 것은 쉬운 일이 아니다.

제안 〈그림 8.1〉의 최악의 기업들에 지나친 비판을 하기 전 기업이 이런 5가지 기준에서 어떻게 비교되는지 살펴보라. 자원은 제한적인데 프로젝트가 너무 많지 않은가? 프로젝트에 자원이 부족하지 않은가? 파이프라인 과부하로 인한 부작용은 무엇인가? 좀 더 혁신적이고 중요하고 장기적인 프로젝트들이 방치되는 동안 개발 포트폴리오가 너무 많은 소규모 프로젝트들로 인해 고통받고 있진 않은가? 그렇다면 이 책을 계속 읽어보라. 이제 전문적인 프로젝트를 선택하거나 포트폴리오-관리 시스템을 도입할 때다.

프로젝트 선택은 포트폴리오 관리의 구성요소일 뿐이다

프로젝트 선택(개발 프로젝트에서 적절한 진행/중단과 투자 결정을 내리는 것)은 '포트폴리오 관리'라는 좀 더 광범위한 주제의 일부다. 포트폴리오 관리는 금융 분야에서 빌려온 용어다. 제품혁신에서 모든 개발 프로젝트는 '투자'로 간주된다. 그리고 이런 투자는 금융시장에서 사용되는 것과 상당히 비슷한 의사결정 도구와 기법을 사용해 관리할 수 있다. 포트폴리오 관리의 구성요소 중 하나는 게이트 즉, 필수적인 진행/중단 결정들이 내려지고 자원이 프로젝트에 투입되는 스테이지-게이트® 시스템의 결정 지점이다.

제품혁신에서 포트폴리오 관리란 무엇인가?

포트폴리오 관리는 자원 배분과 관련 있다. 즉, 기업은 직면한 여러 기회들에서 어떤 신제품과 개발 프로젝트에 자금을 투입해야 하는가? 그리고 어떤 프로젝트가 최우선 지원을 받고 출시를 가속화해야 하는가? 기업의 경영전략과도 관련 있다. 현재의 신제품 프로젝트들이 내일의 제품-시장 윤곽을 결정하기 때문이다. 마지막으로 포트폴리오 관리는 균형과 관련 있다. 즉, 위험 대 보상, 지속 대 성장, 단기 대 장기 개발 프로젝트들 사이에서 최상의 투자 조합을 만들어내야 한다.

포트폴리오 관리는 공식적으로 다음과 같이 정의된다.[4]

포트폴리오 관리는 왕성한 신제품(과 개발) 프로젝트 목록이 지속적으로 추가되고 수정되는 역동적인 결정 과정이다. 새로운 프로젝트들을 평가하고 선택해 우선순위를 정하면 기존 프로젝트들이 가속화되거나 중단되거나 우선순위에서 밀려난다. 그 과정에서 새로 자원을 할당하거나 왕성한 프로젝트들에 다시 배분한다. 포트폴리오 결정 과정은 불확실하고 변덕스러운 정보, 역동적인 기회, 다수 목표와 전략적인 고려사항, 프로젝트 간 상호의존성, 다수 의사결정권자와 결정 지점 등을 내포한다는 특징이 있다.

그래서 포트폴리오 결정 과정에서는 기업 내 다수 의사결정 과정들이 아우르거나 겹치게 된다. 즉, 모든 프로젝트의 전체 포트폴리오를 주기적으로 검토(모든 프로젝트를 전체적으로 보면서 각각에 대해)하고 진행되고 있는 개별 프로젝트에 대한 진행/중단 결정을 내린다. 그리고 해당 사업의 신제품 개발 전략을 입안해 전략적 자원 배분을 결정한다.

포트폴리오 관리의 2단계 의사결정

포트폴리오 관리와 자원 할당은 2단계 의사결정이 있는 계층적인 과정이다. 이런 계층적인 방식은 의사결정 과제를 다소 단순화시킨다.(그림 8.2 참조).[5]

- **1단계 – 전략적 포트폴리오 관리:** 전략적으로 포트폴리오를 결정하는 것은 다음 질문들에 답하는 것이다. 발전 방향으로 볼 때 기업의 개발 자원(인력과 자금)을 어디에 사용해야 하는가? 자원을 프로젝트 유형이나 시장, 기술, 제품군에 따라 어떻게 나누어야 하는가? 그리고 어떤 중요한 계획들이나 새로운 플랫폼들에 자원을 집중시켜야 하는가? 이처럼 전략적 버킷을 만들고 전략적 제품과 기술 로드맵을 그리는 것은 이 단계에서 매우 효과적이다. 이번 장 후반부에서 구체적인 개요에 대해 설명하겠다.

- **2단계 – 전술적 포트폴리오 의사결정(개별 프로젝트 선택):** 전술적으로 포트폴리오를 결정하는 것은 개별 프로젝트에 집중하는 작업이지만 분명히 전략적 결정들을 따라야 한다. 이 단계에서 다루는 질문들은 다음과 같다. 구체적으로 어떤 신제품 프로젝트를 선택해야 하는가? 상대적 우선순위는 무엇인가? 어떤 자원들이 각 프로젝트에 할당되어야 하는가? 이와 같은 전술적 결정들은 〈그림 8.2〉 하단에 표시되어 있으며 이번 장의 주제다.

> ❝ 프로젝트 선택은 포트폴리오 관리 시 더 넓은 주제의 일부다. 효과적으로 프로젝트 선택을 하려면 좀 더 넓은 주제(포트폴리오 관리)를 살펴봐야 한다. ❞

게이트와 포트폴리오 검토

전술적인 포트폴리오 결정-스테이지 게이트 시스템의 일부인 게이트들과 주기적인 포트폴리오 검토(그림 8.2 하단)를 잘하기 위해선 2가지 결정 과정을 제대로 해야 한다. 이번 장에서 소개된 도구와 방법들 대부분은 이 2가지 결정에 필요한 내용이다. 바로 포트폴리오 검토와 게이트 검토인데 각각 조금 다르게 사용된다. 우선 게이트와 포트폴리오 검토가 무엇인지 살펴보고 프로젝트 선택과 우선순위를 정하기 위한 모범관행 방법들을 좀 더 자세히 살펴보자.

1. **게이트들(그림 8.2의 오른쪽 하단):** 아이디어-출시 시스템에 포함된 진행/중단 결정 지점들은 '게이트'라고 부른다. 게이트들은 각 프로젝트들을 심도 있게 검토하는 곳이고 진행/중단, 우선순위, 자원 할당 등을 결정하는 곳이다. 그래서 게이트들은 포트폴리오 관리 시스템의 일부가 되어야 한다. 효과적인 게이트들은 제품혁신에 필수다. 그런 게이트는 나쁜 프로젝트들을 초기에 없

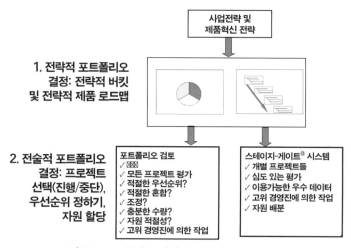

그림 8.2. 포트폴리오 관리 시스템의 2단계 의사결정

애고 필요한 자원을 최적의 프로젝트에 투입하도록 도와준다.

그러나 게이트만으로는 충분하지 않다! 대부분의 기업들은 게이트 과정이 준비되어 있지만 이를 포괄적인 포트폴리오 관리 시스템과 혼동한다. 적절한 프로젝트 이행은 게이트 회의에서 개별 프로젝트를 선택하는 것 이상의 의미가 있다. 그것은 프로젝트와 신제품 또는 기업이 내리는 기술 투자 전체를 조합하는 일이다.

- **프로젝트 선택은 '나무'만 다룬다.** 개별 프로젝트 차원에서 진행/중단 결정을 각 가치를 고려해 내린다.
- **포트폴리오 관리는 '숲'을 다룬다.** 종합적인 관점이다. 프로젝트 투자 전체를 살펴보는 것이다.

2. **포트폴리오 검토:** 결정 과정의 두 번째는 주기적인 포트폴리오 검토(그림 8.2의 왼쪽 하단)다. 고위 경영진은 모든 프로젝트의 포트폴리오 검토를 위해 1년에 4번 정도 만난다. 여기서 진행/중단과 우선순위 결정을 내린다. 모든 프로젝트들은 이 단계에서 고려 대상이 되고 경매에 전부나 일부를 내놓을 수 있다. 일반적인 포트폴리오 검토에서 중요한 이슈와 문제들은 다음과 같다.

- 프로젝트가 모두 전략적으로 조정되었는가(기업혁신 전략에 적합한가?)
- 프로젝트들 사이의 우선순위가 적절한가?
- 실행하고 있는 목록 중 중단해야 할 프로젝트가 있는가? 아니면 가속화해야 할 프로젝트가 있는가?
- 프로젝트 균형이 맞는가? 조합이 적절한가? 아니면 작거나 무의

미한 프로젝트가 너무 많은가?

- 모든 프로젝트를 할 정도로 자원이 충분한가? 아니면 일부를 중단하거나 보류해야 하는가?

- 능력이 충분한가? 즉, 이런 프로젝트들을 하면 명시한 제품혁신 목표(신제품 연 매출목표)를 달성할 수 있는가?

2가지 결정 과정(게이트 제어와 포트폴리오 검토)은 필요성이 있으며 조화롭게 이루어져야 한다. 게이트는 프로젝트에 국한되고 각 프로젝트를 실시간으로 심도 있고 철저히 검토한다. 반면, 포트폴리오 검토는 종합적으로 다루어야 한다. 모든 프로젝트를 함께 살펴보지만 각 프로젝트를 자세히 파악하진 않는다. 여러 기업에서 게이트가 작동 중이라면 포토폴리오 검토 과정에서 결정된 중요 수정 조치들이 그리 많이 필요하진 않다. 일부 경영팀들은 포트폴리오 검토에서 프로젝트들을 개별적으로 살펴보지 않고 한 덩어리로 파악한다고 말한다. 그러나 어떤 기업에서는 대다수 결정들이 분기나 연 2회 포트폴리오 검토 시 내려진다.

제안 〈그림 8.2〉처럼 계층적이거나 2단계 포트폴리오 관리 방식을 구축하라. 전략적인 의사결정(방향 제시의 높은 단계)과 전술적 결정(프로젝트 선택과 우선순위 정하기)이 있다는 점을 이해하라. 전술적 결정들의 경우, 2단계 결정 과정은 상호보완적이다. 즉, 아이디어–출시 게이팅 과정은 개별 프로젝트에 집중하고 포트폴리오 검토 방식은 프로젝트 세트 전체를 살펴본다. 2가지 모두 사용하라!

효과적인 게이트 포트폴리오 검토를 위한 도구들

게이트와 포트폴리오 검토 시 개발 파이프라인의 과부하 없이 포트폴리오 목표(포토폴리오 가치극대화, 프로젝트의 적절한 균형과 조합, 포트폴리오 충분성)를 성취하도록 도와주는 다양한 도구를 사용할 수 있다.

포트폴리오 가치 극대화

개발 포트폴리오의 가치극대화는 모든 기업의 핵심목표다. 그것은 주식 시장에서 '싸게 사 비싸게 파는 것'과 비슷하다. 돈과 자원을 개발에 투자해 발생하는 프로젝트 포트폴리오의 가치가 극대화되길 바란다. 이것은 훌륭한 목표이지만 일반적으로 달성하기 어렵다! 한 가지 예를 들어 보자. 포트폴리오 가치를 어떻게 측정할 것인가?

이런 목적을 달성하기 위해 사용되는 방법은 재무적 도구에서 평가표 모델까지 다양하다. 거기에는 장점과 단점이 있다. 그것들이 말하는 결과는 '진행'과 '보류' 프로젝트들의 우선순위에 따른 목록이다. 기대하는 목적들을 달성한다는 면에서 보면 목록 상단에 있는 프로젝트들이 가장 높은 점수를 받는다. 그런 목적에서 포트폴리오 가치는 극대화된다. 여기 구체적인 방법들이 있다.

경제적 가치나 NPV(순현재가치)로 프로젝트 순위를 정하라

가장 단순한 방식은 각 프로젝트의 NPV를 계산하는 것이다. 대부분의 기업들은 이미 프로젝트 사업 사례의 일부로 NPV와 재무제표를 필요로 한다. 따라서 NPV 수치는 이미 이용가능하다. NPV가 긍정적이면 프로젝트는 게이트에서 '진행'(Go)이고 포트폴리오 검토에서 NPV에 의해 프로젝트를 등급 순으로(좋은 것에서 나쁜 것으로) 배열할 수 있다. 쉽게 들리지 않는가!

기업에서 NPV는 프로젝트의 경제적 가치를 대표하고 일반적으로 재무 전문가들은 기업 내 투자에 대한 주주가치의 올바른 경제지표로 받아들인다. 또한 일반적인 스프레드시트 프로그램(MS-엑셀과 같은)은 일반적인 순서와 방법으로 내장된 NPV 계산법이 들어 있다. 따라서 그런 기법들을 찾아 사용하는 것은 어렵지 않다.

NPV는 현금흐름 할인분석(DCF; Discounted Cash Flow Analysis)의 한 종류다. DCF 분석은 프로젝트 수입과 지출에 대한 연간 현금흐름 추정을 필요로 한다. 또한 DCF 방법에서 매년 이루어지는 순현금흐름은 할인율을 이용해 현재의 가치를 할인한다. 현재의 가치를 적절히 할인한 미래 현금수지 흐름이 더해지고 초기 지출들이 NPV를 산출하기 위해 차감된다. NPV가 어떻게 작동하는지에 대한 상세한 사항(공식과 계산의 중요한 지점들) 설명은 이 책의 범위를 벗어나지만 NPV의 기초가 되는 이론과 계산에 대한 좋은 설명은 많은 자료들에서 이용할 수 있다.[6]

NPV는 다음 2가지 방식으로 사용될 수 있다.

- **첫째, NPV를 바탕으로 게이트에서 진행/중단 결정을 내려라.** 프로젝트팀들은 NPV를 계산할 때의 할인율과 같은 위험 수준을 가진 프로젝트들의 경우, 최소 기대수익률(Hurdle Rate)을 사용해야 한다. NPV가 양호하면 프로젝트는 기대수익률을 통과한다. 그래서 NPV는 게이트에서 진행/중단 결정을 내릴 수 있는 중요한 정보다. 또한 프로젝트의 NPV는 새로운 프로젝트를 위한 상대적 위치나 우선순위에 대한 통찰력을 얻기 위해 진행 중인 다른 프

로젝트들의 NPV와 게이트 회의에서 곧바로 비교할 수 있다.

- **둘째, 포트폴리오 검토에서 NPV에 따라 모든 프로젝트 순위를 정하라.** 진행 중인 프로젝트들이 목록 상단에 위치한다. 자원이 떨어질 때까지 프로젝트들을 목록에 계속 추가하고 자원한계에 도달할 때 선을 그어라. 그 선 위쪽 프로젝트들은 진행하고 선 아래 프로젝트들은 중단하거나 보류한다. 이런 방식으로 프로젝트들의 우선순위 목록을 정리한다. 논리적으로 포트폴리오의 NPV를 극대화시킨다.

DCF 분석은 수익성지표로 몇 가지 장점이 있다.

- ✓ 돈이 시간가치가 있다는 점을 이해하고 출시일이 멀었거나 미래 매출원과 거리가 있는 프로젝트에 대해 벌칙을 가한다.
- ✓ 현금흐름법이고 발생주의 회계기법의 일반적인 문제들을 피하게 해준다.
- ✓ 수년 이후의 현금흐름 추정을 많이 강조하지 않는다(특히 할인율이 높은 경우, 수십 년 간 이루어지는 추정에 특별히 민감하지 않다).

같은 데이터를 이용해 NPV 결정에 추가해 2가지 다른 수치를 계산할 수 있다. 이것도 스프레드시트에 손쉽게 추가할 수 있다.

- **내부수익률(Internal Rate of Return, IRR):** NPV를 0으로 만드는 할인율가치로 프로젝트의 진짜 투자수익률을 계산한다.
- **회수 기간(Payback Period):** 초기 투자금을 회수하기까지 걸리는 시간을 의미한다. 이것은 유용한 지표이고 DCF 방법은 아니

지만 기업들이 자주 사용한다. 다음 질문에 답을 주기 때문이다. "언제쯤 편히 잘 수 있을까?" 회수 기간이 짧고 투자수익률(ROI는 회수 기간과 정반대다.)이 높으면 매우 바람직하다. 그리고 회수 기간이 짧으면 먼 미래까지 수익을 계산할 필요가 없다.,그래서 회수 기간은 위험과 수익 모두 포착한다.

· · ·

적절한 최소 기대수익률(Hurdle Rate)이란?

일반적으로 NPV를 결정하는 데 사용되는 할인율은 프로젝트 유형과 관련된 위험 수준에 따라 조절되는 회사 자본비용이다.

NPV의 흥미로운 방식 중 하나는 포트폴리오에서 진행 중인 프로젝트들에 의해 달성되는 최저 수익할인율과 똑같은 할인율을 사용하는 것이다(최저수익 프로젝트의 IRR을 사용하는 것이다). 이런 비율은 최고 기대수익률보다 높아 한계기준이 높아진다. NPV가 음의 값인 프로젝트는 해당 수익이 현재 포트폴리오의 가장 나쁜 프로젝트 수익보다 낮아 중단해야 한다는 것을 의미한다. 결국 이 비율보다 높은 프로젝트들만 수용하게 되므로 자동적으로 포트폴리오 가치를 향상시킨다.

더욱이 '최저 비율'이 최소 기대수익률보다 높기 때문에 이 방법은 '기회비용'(대안적인 투자에서 이용가능한 최고 회수 수익)을 도입하게 된다. 다른 모든 프로젝트들 수익이 상당히 낮아 최소 기대수익률을 넘는 수준이라면 기대수익률을 사용하라. 그러나 다른 모든 프로젝트들의 회수 수익이 높다면 최저 회수 수익을 사용하라. 그것이 바로 투자 자원을 놓고 신제품이 경쟁하는 것이다.

그 방법은 여러 유형의 프로젝트들을 위해 임의적인 최소 기대수익률을 정할 필요가 없게 만든다. 프로젝트의 기존 포트폴리오는 기대수익률을 정하는 기반이 된다.

· · ·

3가지 수치들(NPV[금액 단위], 회수 기간[연도별 단위], IRR[비율 단위])은 프로젝트 수익성을 잘 보여준다.

프로젝트 위험도 파악에는 민감도 분석을 사용한다. 특히 프로젝트 데이터가 이미 스프레스시트 형식으로 되어 있다면 수행하기 상당히 쉽다. 민감도 분석에서는 중요한 가정들을 평가한다. 예를 들어 매출이 추정보다 75%만 떨어진다면, 제조비용이 예상보다 25% 높다면, 출시일이 추정보다 1년 늦다면 어떻게 될까? 그럼 매번 스프레드시트값이 변할 때마다 재무 계산이 반복될 것이다. 일부 경영진은 민감도 분석을 통해 계산된 최고와 최악의 경우를 요구한다.

이처럼 각기 다른 '가상' 시나리오 하에서도 결과가 낙관적이라면 프로젝트 타당성에서 그런 가정들은 중요하지 않을 것이다. 그러나 특정한 '가상' 시나리오들이 부정적인 결과를 낳는다면 이런 가정들은 매우 중요해진다. 중요한 프로젝트 위험들이 확인되기 때문이다.

제안 항상 모든 프로젝트팀들이 계산된 수익 수치를 제시할 수 있도록 재무부서에 NPV, IRR, 회수 기간 계산을 위한 표준화된 스프레드시트를 만들어달라고 부탁하라. 또한 재무부서에 프로젝트팀들이 다양한 위험 수준의 프로젝트(낮은 위험[비용절감]에서 높은 위험[진짜 신제품]까지)를 위한 NPV를 결정하는 데 사용할 수 있도록 위험 조정할인율을 위한 표를 만들어달라고 요청하라. 높은 할인율들은 훨씬 먼 미래에도 위험이 높은 프로젝트들의 미래수익을 적절히 할인해주고(또는 불리하게 만들고) 그보다 더 먼 미래에도 할인율을 높여준다.

또한 최고와 최악의 시나리오들을 산출하고 가장 중요한 가정을 확인할 수 있도록 명확히 표준화된 민감도 분석 방식을 재무제표에 포함되도록시켜라.

사례 프로젝트들을 평가하고 우선순위를 정하기 위해 NPV를 사용한 사례가 〈그림 8.3〉에 제시되어 있다. 모 기업 내의 다양한 데이터를 바탕으로 만들었다. 1열에 알파(Alpha)부터 폭스트롯(Foxtrot)까지 6가지 비교가능한 프로젝트들이 나열되어 있다. 2열에 제시된 PV(현재 가치)는 각 프로젝트들의 미래수익의 합이다. 이것은 주요 개발 프로젝트들을 위해 5년 동안 수행되고 회사할인율로 할인된 것이다(이 회사는 전략적 버킷을 사용하고 프로젝트들을 버킷에 모은다. 6가지 프로젝트들은 '주요 프로젝트' 버킷에 들어가 PV의 달러 가치가 커진다).

또한 3열과 4열에는 개발비와 상품화비용(자본집약적인 사업

1	2	3	4	5	6	7
프로젝트	PV (미래 수익의 현재가치)	개발 비용	상업화 비용	NPV (순현재가치)	NPV를 기준으로 한 순위	결정
알파 (Alpha)	30	3	5	22	4	보류
베타 (Beta)	64	5	2	57	2	진행
감마 (Gamma)	9	2	1	6	5	보류
델타 (Delta)	3	1	0.5	1.5	6	보류
에코 (Echo)	50	5	3	42	3	보류
폭스트롯 (Foxtrot)	66	10	2	58	1	진행

모든 수치는 1백만 달러 기준이다.
이 방법을 사용한 상위 네 개의 프로젝트는 폭스트롯, 베타, 에코, 알파이다.
그러나 개발 예산이 1천5백만 달러로 자원에 제약이 있다.
그래서 폭스트롯과 베타 두 개의 프로젝트만 진행한다(이들 상위 두 개의 프로젝트가 1만5천 달러 예산을 모두 사용한다).
포트폴리오의 가치는 이들 두 프로젝트들의 NPV 1억1천5백만 달러이다.

그림 8.3 NPV를 사용하여 프로젝트들을 평가하고 우선선위 정하기

이다. 대부분의 중요 프로젝트들은 자본설비가 필요해 상품화비용의 달러 가치가 크다.)이 표시되어 있으며 5열에는 NPV가 표시되어 있는데 NPV는 PV에서 개발비와 상품화비용을 뺀 것이다. 예를 들어 프로젝트 알파의 NPV는 30에서 3을 빼고 거기서 또 5를 뺀 2,200만 달러다.

이제 새로운 규칙은 다음과 같다. NPV에 따라 프로젝트들의 순위를 정하라. 이 순위는 6열에 표시되어 있다. 폭스트롯의 NPV가 5,800만 달러로 1위다. 베타(Beta)는 5,700만 달러로 1위와 막상막하인 2위이고 마지막이 델타(Delta)다.

대부분의 기업은 진행할 수 있는 프로젝트 개수에 제약이 있다. 그 제약은 2가지인데 하나는 자본예산(설비예산)이고 다른 하나는 R&D예산(투입된 노동력을 풀타임 노동자 수로 측정하지만 달러 수치로 표현된 예산)이다. 이 예산은 1,500만 달러다(하지만 이 회사는 수치를 다시 계산하고 자본예산 제약만 남은 2번째 결과와 1번째 결과를 종합한다).

이 6가지 프로젝트 중 무엇을 수행하든 총 소요시간은 약 1년이다. 하지만 이 6가지 모두 하기(대부분이 선택할 손쉬운 '기본 선택')로 결정한다면 총 개발비용은 2,600만 달러(3열을 더한 값)가 된다. 이것은 6가지 프로젝트를 모두 시작할 수 있지만 전부 진행하려면 2년에 가까운 시간이 걸린다는 것을 의미한다.

어쩌면 현명한 선택일 수도 있다. 어느 프로젝트를 하지 않을지 결정할 필요가 없기 때문이다. 즉, 프로젝트를 모두 진행시킨다! 그러나 똑똑한 재무 관계자는 이렇게 하면 모든 프로젝트 속도가 원래보다 2배나 느려지고 수입도 1년이나 늦게 들어온다는 것을 안다. 1년이 늦어진다는 것은 … 돈이 가진 시간적 가치를 고려할 때 상당히 큰 비용이다. 그래서 좀 더 공격적인 매니저들은 "집중하자. 가장 안전하고 확실한 것을 선택해 끝내자."라고 말한다.

그러므로 집중하자. 프로젝트 순위를 정하는 이런 NPV 방법을 바탕으로 1순위 프로젝트이며 R&D 예산의 2/3를 소모하는 폭스트롯을 선택한다. 그리고 나머지 예산을 위해 베타를 선택한다. 그래서 결론은 "2개 프로젝트 즉, 폭스트롯과 베타를 진행하고 1,500만 달러 예산 전부를 이 2개 프로젝트에 쓰자. 가장 안전한 이 2개 프로젝트를 제대로 완성하고 1년 내에 출시하자."라는 것이다. 이런 결정들은 마지막 열인 7열에 표시되어 있다. 포트폴리오의 총 가치는 5,800만 달러에 5,700만 달러를 더한 1억 1,500만 달러임을 유념하라. 이것은 1,500만 달러의 R&D 비용 대비 좋은 투자다.

하지만 이렇게 말할지도 모른다. "잠깐! 좀 위험하지 않은가? 모든 계란을 한 바구니에 넣으라고? 프로젝트를 2개만 할 것이 아니라 좀 더 많이 해 위험을 분산시켜야 하지 않을까? 분명히 '좀 더 효율성 있는' 프로젝트 조합을 찾을 수 있을 거야." 당신의 선택은 2가지 모두 옳을 수도 있다. 그러나 이 점에 대해선 다음 주제인 생산성지수 방법에서 좀 더 자세히 다루자.

NPV를 사용해 진행/중단과 우선순위 결정을 내리는 것은 이론적으로 좋지만 몇 가지 문제점이 있다. NPV 방법은 재무적 추정이 정확하다고 가정한다(하지만 보통 그렇지 않다. 첫 번째 진행/중단 결정을 내릴 때 특히 초기 게이트에서는 더욱 그렇다). 또한 재무적 목표만 중요하다고 가정한다. 예를 들면 전략적 고려사항은 관련 없다고 가정한다. 그리고 성공과 위험 확률을 무시한다(위험 조정할인율을 사용하는 경우를 제외하고). 마지막으로 미묘하다. 프로젝트에 대한 옵션들을 사는 것과 같은 '단계적' 신제품 프로젝트들에서의 결정 과정(프로젝트를 한 번에 한 부분씩 얻는 것)과 달리 NPV는 '양자택일'의 투자 결정을 취하기 때문이다.[7]

이런 NPV 방법은 매력적인 특징이 많다. 첫째, 프로젝트팀 구성원들이 프로젝트에 대한 재무평가서를 제출하도록 한다. 이것은 그들이 조사하고 사실을 바탕으로 추정하고 프로젝트의 상업적 의미와 결과를 생각해야 한다는 말이다. 사람들은 철저한 재무 분석을 수행함으로써 항상 배우는 점이 있다. 가끔 데이터가 얼마나 믿을 수 없는지도 생각해보자! 둘째, DCF(현금흐름할인법)가 사용된다. DCF는 올바른 가치투자법이다(ROI나 EVA[Economic Value Added; 경제적 부가가치]나 회수 기간과 대조적으로). 마지막으로 모든 통화금액이 현재 수준(출시일이 아닌)으로 할인된다. 그래서 출시일이 많이 남은 프로젝트들에는 적절한 벌칙을 준다.

이 방법은 좋은 방법(게이트 회의에서 사용할 때나 포트폴리오 검토에서 사용할 때나 모두)이고 권장할 만하다. 그러나 프로젝트 순위를 평가하는 경우, 이 방법을 특히 더 잘 사용할 수 있다.

생산성지수를 사용해 프로젝트 순위 평가하기

자원에 제약이 있다는 점을 인식하면서 포트폴리오 가치를 극대화하기 위해 NPV 순위 방법을 수정하는 중요한 방법이 여기 있다.[8] 문제는 〈그림 8.3〉의 폭스트롯과 베타 사례처럼 일부 프로젝트들이 규모도 크고 NPV도 크지만 자원을 많이 소모하기 때문에 가치가 낮지만 훨씬 효율적일 수도 있는 프로젝트를 진행하지 못하게 한다는 것이다. 자, 어떻게 결정하면 좋을까?

간단하다. 가치를 극대화하면 된다. 이 방법은 극대화하려는 것(이 경우, NPV)을 제한적 자원(필요한 R&D비용)으로 나누어 계산한다.[*] R&D 인력이나 월간 작업량을 사용할 수도 있다. 또는 한정된 자원인 해당 프로젝트(또는 자본금)에 남아 있는 총 비용을 선택한다. 이런 투자 대비 최대 효과비율이나 생산성지수는 〈그림 8.4〉의 4열로 표시된다.

$$생산성지수 = \frac{프로젝트의\ NPV}{프로젝트에\ 투입될\ 남은\ 총\ 자원}$$

이제 프로젝트 항목을 재분류할 때다. 그러나 먼저 제약부터 살펴보자. R&D 지출 제약은 이 사업의 신제품에서 1,500만 달러다. 프로젝트별 개발비용은 〈그림 8.4〉의 3열에 표시되어 있다. '진행' 프로젝트를 선택하려면 4열에 표시된 것처럼 생산성지수(NPV/개발비용)를 계산하라. 베타가 생산성지수 11.4로 최우수 프로젝트임에 유념하라. 이것은 모든 R&D 비용에 대해 프로젝트 베타가 11.4달러 가치를 산출한다는 의미다. 반면, 델타의 생산성이 가장 낮다. 델타에 쓰이는 전체 R&D 비용에 1.50달러 가치만 산출한다. 어느 프로젝트에 투자하겠는가?

이제 생산성지수에 따라 프로젝트 목록 순위를 다시 평가하라 (이 재평가 순위가 〈그림 8.4〉에 표시되어 있다. 베타가 목록 맨 앞에 있고 델타가 맨 마지막에 있다). 그런 다음 자원이 바닥날 때까지 순서대로 목록을 진행하라. 5열은 누적자원 지출을 보여 준다. 프로젝트 알파 이후 자원이 바닥난다. 1,500만 달러의 한계에 도달한다. (200만 달러가 아직 남아 있지만 프로젝트 감마에 남은 200만 달러를 쏟아붓는다. 현명한 매니저가 되려면 "쓰지

---

[*] : 특허 신청은 돈이 많이 들고 부족한 IP 인력자원을 많이 소모한다. 따라서 기업들은 무엇을 출원할 것인지에 대해 선택적이고 중요하다고 생각하는 것을 드러낸다. *극대화하려고 노력하는 것을 제한적 자원으로 나눈 비율에 따라 순위를 정하는 이런 결정규칙은 효과적이다. 일련의 프로젝트 데이터를 계산한 모의 결과들은 이 결정규칙이 최고 수익을 제공하면서 효과가 있음을 보여준다.

1	2	3	4	5
프로젝트	NPV	개발비용	생산성지수=NPV	총 개발비용
베타	57	5	11.4	5
에코	42	5	8.4	10
알파	22	3	7.3	13
폭스트롯	58	10	5.8	23
감마	6	2	3.0	25
델타	1.5	1	1.5	26

생산성 지수는 자원을 모두 소모할 때까지의 프로젝트 순위를 정하는 데 사용된다. 수평선은 개발비용이 1,500만 달러에 도달했다는 한계를 나타낸다.

진행 프로젝트들은 이제 베타와 에코와 알파다(한계선 위). 폭스트롯은 순위가 떨어진다. 포트폴리오의 가치는 이 3개의 프로젝트로부터 NPV = 1억 2,100만 달러에 해당한다. 감마를 추가해 남은 200만 달러를 쓰면 포트폴리오 가치는 이제 1억 2,700만 달러가 되어…, 그림 8.3의 1억 1,500만 달러보다 높다.

그림 8.4 NPV를 바탕으로 한 생산성지수에 따른 프로젝트 순위

않으면 잃는다."라는 규칙에 따라 연간 전체 예산을 모두 소진해야 하기 때문이다.)

그러므로 진행 결정은 이제 베타, 에코, 알파, 감마 순이다. 이 4개 프로젝트의 NPV는 1억 2,700만 달러로 〈그림 8.3〉의 순위와 비교해 1,200만 달러 증가했다. 따라서 생산성지수 방법은 더 나은 프로젝트 구성을 제시해준다.

여기서 강조하는 것은 생산성지수와 제한적 자원의 적용은 프로젝트 순위를 극적으로 변화시킨다는 점이다. 〈그림 8.3〉의 순위 목록을 〈그림 8.4〉 순위와 비교해보자. 앞에서 1순위 프로젝트였던 폭스트롯은 생산성지수를 적용하면 순위가 내려간다.

이 생산성지수 방법은 〈그림 8.3〉의 직접적인 NPV 순위 방법에 내재하는 이점 외에도 또 다른 이점이 있다. 생산성지수를 도입함으로써 그런 방법은 거의 완성된 프로젝트들을 선호하게 된다(분모가 작아 생산성지수가 높다). 그리고 그 방법은 주어진 예산이나 자원한계에 맞는 최선의 프로젝트 세트를 만들어내 자원제약 문제를 해결한다.

제안 프로젝트들을 좋은 것에서 나쁜 것 순으로 순위를 매기기 위해 생산성지수를 사용하라. 그것은 비교적 단순히 확장된 형태의 NPV 방법이지만 가치가 조금이라도 높은 포트폴리오를 제시해준다. 추가적인 계산은 상당히 간단하고(재무제표에 선 하나만 추가함) 재무제표의 모든 데이터도 그대로 이용할 수 있다.

옵션가격 이론(Options Pricing Theory)이나 상업적 기대가치(Expected Commercial Value, ECV)를 이용함으로써 위험을 알려주어라

DCF나 NPV 방법들은 약점이 있다. 첫째, 위험과 성공가능성을 제대로 다루지 못한다. 둘째 '양자택일' 결정 상황을 가정하므로 자본 지출 결정에는 적합하지만 신제품 프로젝트는 한 번에 한 부분씩 증분식으로 얻게 된다. 경영진은 각 게이트에서 사실상 프로젝트에 대한 옵션을 구

두 단계로 된 투자 결정 과정 모델. 첫째, 기술적 성공(또는 실패)을 만들어낼 수 있는, 개발에 $D를 투자하라. 그런 다음 상업적 성공(이나 실패)으로 이어질 수 있는, 상업화에 $C를 투자하라. 성공한다면 프로젝트는 현재 가치 $PV인 수익의 흐름을 생산해낸다. 좀 더 정교한 형태의 모델은 여기에 명시된 두 개의 스테이지보다 많은 스테이지를, 그리고 각 스테이지마다 많은 개연성 있는 결과를 수반할 것이다.

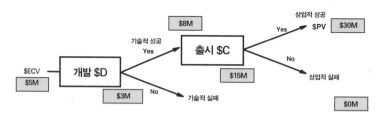

$ECV = 프로젝트의 상업적 기대가치
기술적 성공 확률 = 80%
상업적 성공 확률 (기술적 성공 고려) = 50%
$D = 프로젝트의 남은 개발 비용 = $3M
$C = 상업화 비용 = $5M
$PV = 프로젝트의 미래 수익의 순현재가치(현재로 할인) = $36M

출처. 신제품을 위한 포트폴리오 관리. 주석1.

그림 8.5 프로젝트의 상업적 기대가치는 결정나무 방법을 통해 결정된다.

매한다. 그리고 이 옵션은 프로젝트 전체 비용보다 훨씬 적다. 따라서 이것은 위험을 줄이는 효과적인 방법이다. NPV보다 옵션가격 이론이 각 게이트에서 신제품 프로젝트 가치를 평가하는 적절한 방법이다.

상업적 기대가치(ECV) 방법은 재무시장에서 사용되는 옵션가격 모델과 비슷하다.[9] 그것은 위험과 확률 개념을 도입한다. 즉, 게이트들은 프로젝트에 대한 증분식 구매 옵션이다. ECV 계산은 의사결정 분지도(Decision Tree) 분석을 바탕으로 하고 프로젝트 미래수익 흐름을 고려하며 상업적 성공과 기술적 성공의 개연성 및 상업화비용과 개발비용까지 고려한 것이다(계산과 용어 정의에 대해선 그림 8.5 참조).

사례 〈그림 8.3〉의 프로젝트 알파를 다시 살펴보자. 이 프로젝트는 수익이 3,000만 달러이고 개발과 상업화비용은 300만 달러와 500만 달러이고 NPV는 2,200만 달러다.

이제 새로운 위험 정보를 살펴보자. 프로젝트 알파는 상업적 성공 확률이 50대 50이다. (2가지 결과[성공과 실패]로 상황을 단순화시키자. 좀 더 현실적인 모델에서는 '큰 성공', '중간 성공', '완전한 실패' 등 여러 결과들이 사용된다.) 기술적인 위험도 존재한다. 기술적 성공 확률은 80%이고 기술적으로 실패한다면 개발 단계의 프로젝트를 중단한다.

〈그림 8.5〉는 알파의 상황을 설명하고 있다. 그림의 오른쪽 면(최종 결과, 성공과 실패)에서 시작하자. 프로젝트가 성공하면 3,000만 달러의 소득을 얻지만 실패하면 아무것도 얻지 못한다. 이것은 〈그림 8.5〉 오른쪽 부분에 있는 2개의 푸른 상자에 표시되어 있다. 그러므로 출시 전날 프로젝트 '기대가치'는 1,500만 달러다. 기대가치를 계산하려면 각 결과를 발생 확률과 곱한 다음 더한다.

출시 전 기대가치 = 0.5 × 3,000만 달러 + 0.5 × 0 = 1,500만 달러

그러나 출시에 도달하기 위해 상업화비용 500만 달러를 써야
한다. 따라서 1,500만 달러에서 500만 달러를 빼면 1,000만 달러
(푸른색 상자)가 남는다. 그러므로 상업화 결정 바로 전 프로젝
트는 1,000만 달러 가치가 있는 것이다.

그러나 상업화 결정 지점에 도달하기 위해선 기술적 성공이 필
요하고 확률은 80%다. 개발 진행에 따른 기대가치는 다음과 같
다.

출시 후 기대가치 = 0.8 × 1,000만 달러 + 0.2 × 0 = 800만 달러

그러나 개발을 마치려면 300만 달러가 든다. 따라서
800만 달러에서 300만 달러를 빼라. 그럼 개발 시작 바로 전 ECV
는 500만 달러가 된다. 그것이 게이트 3의 프로젝트 가치인 500
만 달러다.

500만 달러의 ECV는 처음 프로젝트에 대한 가치를 평가한
2,200만 달러보다 훨씬 낮다. 즉, 위험과 확률을 도입하는 영향이
상당히 크다. 한편, 프로젝트 중단 결정을 내리고 상황이 나빠질
경우, 남은 500만 달러를 사용하지 않음으로써(옵션 차원) 위험
을 다소 줄인다. 그래서 500만 달러의 ECV는 그런 점도 반영한
다.

ECV는 강력한 방법이고 NPV와 매우 비슷한(위험과 확률이 포함된다
는 것을 제외한) 진행/중단 결정으로 게이트 회의에서 사용될 수 있다.
포트폴리오 검토의 경우, NPV(그림 8.4의 생산성시수 사례)와 마찬가지

로 우선순위를 정한 프로젝트 목록을 얻기 위해선 어떤 자원이 제한적인지 고려하라. 그런 다음 극대화하려고 노력하는 것(ECV)을 제한자원으로 나눈 비율을 사용해 또 다른 생산성지수를 만들어내라. 프로젝트들은 이런 새로운 생산성지수에 따라 자원한계에 도달할 때까지 순위가 평가된다. 따라서 이 방법은 최대 '투자 대비 효과'를 보장한다. 즉, ECV는 정해진 자원제약을 최대한 활용한다.

이런 ECV 모델은 NPV 방법과 비교하면 몇 가지 매력적인 특징들이 있다. 즉, 어느 신제품 프로젝트에나 존재하는 확률과 위험을 포함한다는 것, 진행/중단 결정 과정이 증분 과정(구매 옵션 개념으로 효과적인 결정 과정 단계)임을 인정한다는 것, 제한적 자원 이슈를 해결하고 이런 제약 면에서 포트폴리오 가치를 극대화한다는 것이다.

중요한 프로젝트들을 위해 재무 시뮬레이션 모델을 사용하라

위험과 확률을 도입하는 또 다른 방법은 컴퓨터 기반의 몬테카를로 시뮬레이션(Monte Carlo Simulation) 모델을 사용하는 것이다. 이런 모델들이 사용되는 방식은 다음과 같다. 첫해 매출, 2년째 매출 등과 같이 재무제표의 각 재무변수에 하나의 추정치를 단순히 입력하는 대신 각 변수마다 3가지 추정치(가장 좋은 경우, 가장 나쁜 경우, 기타)를 입력하라. 그럼(종 모양의 곡선과 비슷한) 확률곡선이 각 추정 세트에서 그려진다. 따라서 각 재무 추정치(매출, 비용, 투자 등)는 확률분포를 가진다.

모델은 개연성 있는 재무적 결과의 여러 시나리오를 계산함으로써 시작하고 이 시나리오는 확률분포를 바탕으로 한다. 수천 가지 시나리오가 컴퓨터로 생성되고 각 시나리오는 NPV와 같은 재무적 결과를 산출한다. 이런 수천 가지 시나리오에서 생성된 NPV 분포는 기업 확률분포가 된다. NPV 확률분포일 뿐만 아니라 예상 NPV이기도 하다.

예상 NPV와 그 분포를 사용해 게이트에서의 진행/중단 결정을 내리도록 도움을 주어라. 그런 다음 예상 NPV를 프로젝트에서 남은 비용으로 나누고 생산성지수 방법과 마찬가지로 이런 확률을 조정한 NPV에 따라 프로젝트 순위를 정하라.

이런 방법들은 상업적으로 이용가능하고 사용하기도 쉽다. 5장에서 언급한 일부 스테이지 게이트 인증 소프트웨어는 몬테카를로 시뮬레이션 계산 패키지가 이미 포함되어 있다. 그러나 이런 방법들에서 문제를 일으키는 특징이나 가정이 몇 가지 있다. 예를 들면 신제품 프로젝트의 옵션 면을 다루는 데 실패하고 인간의 개입을 막는, 거의 불가능한 시나리오들을 발생시킨다. 그럼에도 불구하고 좋은 방법이고 특히 입력변수들의 확률분포가 추정될 수 있는 곳과 대규모 자본비용을 포함하는 프로젝트에 적합하다.

평가표 방식을 사용해 개발 프로젝트를 평가하고 순위를 매겨라

성공적인 신제품 프로젝트의 숨길 수 없는 신호는 무엇인가? 그것을 알고 있는가? 이에 대해선 성공의 긍정적인 예측변수인 프로젝트들을 설명할 몇 가지 지표나 표시가 있다. 이 예측변수가 무엇인지 안다면 평가표를 개발할 수 있고 훨씬 전문적이고 예측가능한 방식으로 프로젝트를 평가하며 해당 순위를 정할 수도 있을 것이다.

점수 모델(Scoring Model) 시스템에서는 고위 관리자들이 게이트 회의에서 1~5점이나 1~10점 기준으로 프로젝트를 평가한다. 게이트 검토에서 게이트 키퍼들의 점수들은 기록되고 합산되어 프로젝트 매력점수가 계산된다. 즉, 질문 순위에 가중치가 가감된다. 이 매력점수는 게이트에서 진행/중단 결정을 내리는 데 사용되며 포트폴리오 검토에서 프로젝트 순위를 정하는 데도 사용된다.

> ❝ 평가표는 효과가 있다! 효율적이고 효과적인 진행/중단 결정을 내릴 수 있으며 경영진이 선호하는 방식에도 적합하다. ❞

이론적으로는 멋지게 들린다. 수십 년 동안 사람들은 이기는 경주마, 이기는 경주견, 성공적인 주식을 뽑기 위해 그와 같은 '예측 모델'을 개발하려고 노력해왔다. 하지만 크게 운이 없었다. 신제품의 경우, 상황은 상당히 다르다. 실제로 중요한 제품혁신의 성공 표시나 예측변수들을 조사한 인상적인 연구 조사들이 있었다.[10] 그 연구의 대부분이 출간되었고 이제는 누구나 사용할 수 있게 되었다. 그래서 우리는 이런 표시들이 무엇인지 안다. 일부 회사들은 과거 프로젝트들을 내부적으로 조사해 프로젝트를 평가하기 위한 자체 점수 모델이나 평가표를 만들었다. 그 중 일부는 이제 누구나 사용할 수 있다.

입증된 이 성공 예측변수들은 다음 요소를 포함한다.[11]

- **전략적 적합성과 조정:** 기업의 혁신전략 내에서 적절히 정의된 전략적 영역을 목표로 삼는 프로젝트들은 성공가능성이 높다. 전략이 매력적인(성장하는 거대시장, 유리한 이윤폭, 많은 기회) 영역을 정의해주고 그 안에서 성공을 위한 핵심역량과 능력을 얻게 되는 것이다. 결국 수익성 높은 영역으로 나아가기 위해 전략을 세운다.

- **제품 이점:** 납득할 만한 가치 제안이 있는 독특하고 우수하고 차별화된 제품이 신제품 성공의 제1 추진 동인이자 핵심적인 표시나 예측변수다. 2장에서 이미 확인했다. 이 요소가 프로젝트 선택 모델의 평가 질문으로 가장 중요한 위치에 있어야 한다.

- **핵심역량 사용:** 또한 3장에서 핵심역량을 사용하는 것이 성공의 또 다른 열쇠이며 기업의 장점을 바탕으로 만들어지지 않은 프로

젝트들은 우수하더라도 실패 확률이 훨씬 높다는 것을 보았다.

- **시장매력도:** 3장에서 설명한 또 다른 요소로 성공에 강력한 영향을 미치는 요소다. 따라서 시장매력도(경쟁 상황, 시장 규모, 잠재력)는 평가표의 또 다른 질문이 된다.

기타 입증된 평가요소들은 '위험 대 보상', '기술적인 실행가능성'이다. 평가표 시스템을 만들려면 질문 수를 10개 이하로 하는 것이 가장 좋다. 그보다 많으면 평가자들이 점수 매기는 것을 지루해한다. 하지만 확실한 질문들(입증된 성공 예측변수들)을 만들어라. 그리고 반드시 그것을 입증하라! 잘 정의된 주요 신제품 프로젝트들에 대한 입증된 우수 사례 평가 모델은 게이트 3, 개발 진행 단계인 〈그림 8.6〉에서 잘 보여주고 있다.

제안 적절한 프로젝트들을 선택하기 위해 게이트 회의에서 재무 모델들과 함께 점수 모델(평가표)을 사용하라. 그리고 포트폴리오 검토에서 프

요소 1. 전략적 적합성 및 중요성
- 사업의 전략을 이용한 프로젝트의 조정
- 그 전략에 대한 프로젝트의 중요성
- 사업에 미치는 영향력

요소 2. 제품 및 경쟁우위
- 특정 고객이나 사용자 이점을 전달하는 제품
- 고객/사용자에게 탁월한 현금 가치를 제공하는 제품
- 차별화된 제품 대 경쟁자들
- 제품 컨셉에 대한 고객/사용자의 긍정적인 피드백(컨셉 평가 결과들)

요소 3. 시장매력도
- 시장 규모
- 시장 성장 및 미래 잠재성
- 이 시장에서 경쟁자들이 얻는 이익 폭
- 경쟁력-경쟁이 얼마나 어렵고 힘든가(부정적)

요소 4. 핵심역량 이용
- 프로젝트가 이용하는 우리의 핵심역량과 장점
  - 기술
  - 생산/운영
  - 마케팅/커뮤니케이션/브랜딩
  - 유통/판매인력

요소 5. 기술적 실행가능성
- 기술적 차이의 크기
- 우리 사업에 대한 기술의 친숙함
- 기술의 참신성(초기에 바탕이 되는)
- 기술적 복잡성
- 현재까지의 기술적 결과들(컨셉의 증명?)

요소 6. 위험과 비교한 재무적 보상
- 재무 기회의 크기
- 재무적 보상(NPV, ECV)
- 재무적 추정의 확실성
- 위험 수준 및 위험을 처리하는 능력

프로젝트들은 게이트 회의에서 평가표의 이 6가지 요소를 사용해 게이트 키퍼에 의해 점수가 매겨진다(앞의 6가지 요소들에 대해 0~10점 기준으로).

프로젝트 매력도 점수는 100에서 가중치가 더해지거나 더해지지 않은 점수들이다.

점수 100분의 60은 보통 진행으로 결정된다.

이 평가표는 게이트 3, 개발 진행 단계를 위한 것이다. 이전 게이트에서 비슷한 평가표들이 사용된다.

그림 8.6 입증된 평가표를 신제품 프로젝트 선택에 사용하라.

로젝트 순위를 매기기 위해 생산성지수와 프로젝트 매력도 점수를 사용하라. 점수 모델은 제한적인 인기에도 불구하고 일반적으로 선호된다. 연구에 따르면 기업의 지출 우선순위를 반영하는, 전략적으로 조정된 포트폴리오를 생산한다. 또한 재무적 수단들보다 효과적이고 효율적인 결정을 내리고 가치가 높은 프로젝트들의 포트폴리오로 이어진다.[12]

성공 기준을 사용하라[13]

또 다른 선택 방법은 P&G와 같은 회사들이 상당히 성공적으로 사용하는 성공 기준을 쓰는 것이다.

> **사례** 회사(P&G)는 프로젝트들에 대한 더 나은 진행/중단 결정을 돕기 위해 주로 성공 기준에 의존한다. 그 단계와 관련된 각 게이트의 구체적인 성공 기준은 프로젝트마다 정의되고 각 게이트에서 프로젝트팀과 경영진에 의해 합의된다. 그 후 이 성공 기준은 연속적인 게이트들에서 프로젝트 평가에 사용된다.[14]
>
> 일반적으로 성공 기준은 수익성 척도, 첫해 매출, 출시일, 평가 시장 결과 같은 중간척도에 대한 것이다. 이 방법은 프로젝트팀이 프로젝트 특성에 맞추어 기준을 변경할 수 있다. 그리고 프로젝트팀에 책임을 심어주는 추가 이점이 있다. 사후-출시 검토에서 프로젝트 결과들은 팀의 원래 추정과 비교된다. 그러므로 팀이 좀 더 현실적이고 정확한 매출과 비용, 시간 추정을 할 수 있게 경영진에게는 진행/중단 결정을 위해 좀 더 나은 데이터를 제공한다.

비교 방법들: 큐 분류법(Q-Sort)과 계층 분석 방법(Analytic Hierarchy Approaches)

하나의 계획안을 타 계획안이나 대안적인 계획안들과 비교하려면 게이트 키퍼들이 필요하다. 큐 분류법과 프로젝트 순위, 대응비교(Paired Comparisons)와 같은 방법들이 있다. 의사결정권자는 어떤 신제품 프로젝트 제안을 선호하는지 밝혀야 하고 일부 방법에서는 선호도의 강도를 밝혀야 한다. 이런 방법들 중 프로젝트에 대한 이점들을 측정하는 것은 명시된 선호도에 대한 수학적 연산으로 계산된다.

특히 큐 분류법은 아이디어 심사 게이트에서 신제품 계획안 순위를 매기는 가장 단순하고 효과적인 방법 중 하나다.[15] 게이트 키핑 그룹의 각 구성원에는 한 벌의 카드가 주어지고 각 카드에는 프로젝트 하나에 대한 설명이 담겨 있다. 모든 프로젝트 논의를 한 다음 각 구성원들은 카드를 '높은' 그룹에서 '낮은' 그룹(또는 '예'나 '아니오')까지 5가지 범주로 분류하고 사전에 지정된 기준에 따라 각 프로젝트를 평가한다.(기대수익성이나 진행/중단 결정이 될 수 있다.) 게이트 키퍼의 결과는 차트에 익명으로 집계되고 그룹 전체가 보게 된다. 그룹은 정해진 시간 동안 비공식적으로 결과를 논의한다. 그 절차는 익명과 개인 기준으로 반복되고 또 다른 토론 시간이 주어진다. 세 번째 토론에서 게이트 키퍼 그룹은 일반적으로 각 기준에 대한 프로젝트들의 순위에 대해 합의한다. 이 방법은 단순하고 이해하기 쉽고 실행하기 간단하다. 그리고 그룹 토론과 논의가 가능하고 구조화된 방식으로 그룹이 의견 일치에 도달한다.

큐 분류법과 같은 비교 방법들은 한계가 있다. 가장 취약한 면은 게이트 키퍼들이 프로젝트에 대한 전반적인 의견을 제시해야 한다는 점이다. 각 프로젝트의 개별 차원들(시장 규모, 유통 채널 적합성, 기술적 성공가능성)에서 프로젝트들은 직접 비교되거나 평가되지 않는다. 이런 개별 요소들을 고려하고 어떻게든 통합된 평가에 도달하는 것은 각 의사결정권자가 맡는다. 이것은 일부 평가자들에게 너무 많은 것을 요구하기도 한다. 게다가 그룹 토론은 프로젝트의 일부 측면에만 집중하고 기타 중요 요소들을 간과할 수도 있다. 두 번째 문제는 한계 기준이 제공되지 않는다는 것이다. 프로젝트들은 순위만 매겨졌을 뿐이다. 높게 평가된 프로젝트들도 부실한 아이디어 영역에서는 평범한 선택이 될 수 있다. 마지막으로 일부 기업에서 불만을 가진 부분은 결정 과정이 외부 게이트 키핑 그룹 구성원들에게 투명하지 않다는 것(전체 과정이 특정한 기준 없이 정치적 냄새가 강하게 남)이다.

계층 분석 과정(Analytic Hierarchy Process, AHP)은 결정 기준 부족과 같은 큐 분류법의 몇 가지 한계를 극복한다. AHP는 다수 선택 기준을 계층으로 구조화하고 이 기준의 상대적 중요성을 평가한다. 각 기준에 따라 프로젝트들을 비교하고 프로젝트들의 전반적 순위를 결정하는 과정을 포함한 의사결정 방법이다. 전문가 선택(Expert Choice)과 같은 소프트웨어는 매니저팀이 포트폴리오에서 선호하는 프로젝트 세트를 찾을 수 있도록 해준다.[16]

분류 기법과 AHP 방법들은 수십 년 동안 사용되었고 1980년대 학술 논문들에 실렸음에도 불구하고 재계에서 큰 주목을 받지 못한 것으로 보인다. 실무자들에게는 다소 모호하지만 재무적 요소보다 질적 요소가 지배하는 초기 게이트 심사에서 확실한 장점이 있으므로 고려할 가치가 있다.

새로운 기술 플랫폼들을 다르게 평가하라

많은 기업들이 개발 포트폴리오 내에서 획기적이고 근본적인 혁신과 파괴적 기술, 기술-플랫폼 프로젝트 비율이 전체 10~20%가 되도록 목표로 삼는다. 〈그림 3.1〉에 있는 것처럼 성과가 좋은 기업들의 포트폴리오 분석에 나온 증거에 따르면 칭찬받을 만한 목표다.

그러나 전술적으로 이와 똑같은 조직들은 아이디어-출시 틀에 들어간 후 그와 같은 프로젝트들에 대처하지 못한다. 5장에서 이런 모험적인 프로젝트들을 처리하기 위해 독특한 버전의 스테이지 게이트와 기술 개발 과정(그림 5.2)을 택할 것을 권했다.[17]

기술 개발과 기술-플랫폼 프로젝트들을 수행한다면 반드시 그와 같은 프로젝트들이 예측이 쉽지 않고 상당히 대략 정의된다는 것을 이해해야 한다. 따라서 이런 프로젝트에는 다른 진행/중단 기준(좀 더 관념적이고 덜 재무적인)을 사용하라. 〈그림 8.7〉은 첨단 기술과 급진적인 혁신 프로젝트들[18]에 사용되는 평가표 견본을 보여준다. 이것은 〈그림 8.6〉의 일반적인 신제품 평가표와 매우 다르다. 이 모범 사례 모델에서 중요한 요소들은 전략적 적합성과 중요성, 전략적 레버리지, 상업적-기술적 성공가능성, 보상 등이다. 보상 질문들은 상당히 일반적이어서 대략적인 추정만 요구하고 19개 질문 중 2개만 재무적 추정을 필요로 한다.

> 66 재무적 방법들은 기술-플랫폼과 첨단기술 프로젝트들에서는 효과적이지 않다. 그보다 좀 더 전략적이고 질적인 기준을 사용하는 평가표를 사용하라. 99

제안 첨단기술 프로젝트나 기술 개발, 기술-플랫폼 개발을 수행한다면 그와 같은 프로젝트에 맞추어 수정된 시스템을 디자인하고 실행하라. 일반적인 스테이지와 게이트 과정을 통과하도록 억지로 맞추지 말라. 그 대신 〈그림 5.2〉에서 개요를 설명한 스테이지 게이트 TD를 택하라. 이 모델의 일부로 게이트 기준이 다르다는 것(훨씬 전략적이고 덜 재무적이라는 것)을 인식하라. 평가표는 좀 더 정성적인 기준(그림 8.7에서 표시한)을 운용하는 데 매우 적합하므로 그와 같은 기술 프로젝트들을 평가하는 데 권장되고 있다.

> 66 전략은 포트폴리오를 움직인다. 전략적 바구니는 혁신전략을 현실로 바꾸는 하나의 도구다. 99

전략적 포트폴리오 관리

전술적 포트폴리오 결정을 이끄는 것은 〈그림 8.2〉 왼쪽 상단의 전략적 포트폴리오 관리다. 다른 내용은 모두 전략을 따른다. 기업의 제품혁신과 기술 전략은 제품혁신과 개발을 위한 목표와 목적을 정의하고 혁신과 개발이 집중될 전략적 영역을 정의한다. 즉, 전략적 영역을 구체화하는 혁신과 개발에 집중하는 것이다. 그리고 공격 계획을 입안한다. 예를 들면 해당 사업이 각 전략적 영역에서 어떻게 승리할 것인지 준비한다. 그런 공격 계획은 승리하기 위해 반드시 실행해야 하는 주요 계획을 구체화한다. 따라서 전략적 로드 맵을 준비하는 것과 매우 비슷해진다.

전략 버킷을 준비하라

전략 버킷은 "전략 실행은 특정 계획에 돈을 지출하는 것과 같다"라는 단순한 원칙으로 운용된다.* 따라서 전략 운용은 '지출 목표를 정하는 것'을 의미한다. 기업 전략을 전략적 포트폴리오 결정으로 바꿀 때(그림 8.2의 중간 부분) 한 가지 중요한 것은 지출을 분석하거나 배치하는 문제다. 즉, 고위 경영진은 제품혁신과 관련해 자원을 어디에 사용하고 싶을까? 어떤 프로젝트, 어떤 제품, 어떤 시장, 어떤 기술 영역에 투자하

---

* '자원'은 노동일수와 자금을 포함하므로 자원 할당은 회계 지출과 노동력 할당을 의미한다.

고 싶을까? 그리고 각 영역에서 돈을 얼마나 사용하고 싶을까?

이 방법은 기업 전략으로 시작해 고위 경영진들이 여러 차원에서 강제 선택(한정된 개발자원을 어떻게 할당하고 싶은지에 대한 선택)을 하도록 요구한다. 이것은 '자원 봉투'나 '바구니'를 만들 수 있도록 한다. 기존 프로젝트들을 바구니 안으로 분류한다. 따라서 매니저들은 실제 지출이 각 바구니의 희망 지출과 일치하는지 여부를 밝힌다. 마지막으로 바구니 안에서 프로젝트 우선순위가 정해지고 최종 프로젝트 포트폴리오(기업을 위한 경영진의 전략을 반영하는)가 만들어진다.

사례 전통적으로 하니웰(Honeywell) 경영진은 연말마다 프로젝트 분석을 검토하면서 프로젝트의 유형, 시장, 제품, 라인 등 자원이 어느 사업 부문에 사용되었는지 물었다. 하지만 그것은 백미러를 보여 운전하는 것과 같았다. 그들의 정보는 미래지향적이 아니라 과거회고적이었다.

그들은 '새로운 방식'을 채택했는데 연초 경영진이 모여 올해 돈을 어디에 쓸 것인지 전략적 선택을 하는 것이다. 어느 경영자가 말했듯이 "우리가 결정내리지 않으면 결정이 저절로 내려질텐데 그럼 대부분 잘못된다."

하니웰에서는 상당히 단순한 분석이 사용되었다. '메르세데스 별(Mercedes Star)'로 자원 할당 방식이다(그림 8.8). 경영진은 기업 전략으로 시작해 메르세데스의 상징(3가지 요소가 있는 별)을 사용해 자원 배분을 도왔다. 그들이 사용한 3개의 바구니는 다음과 같다.

- 기본적인 연구와 플랫폼 개발 프로젝트들(중대한 발견과 새로운 기술혁신 산출 약속)
- 신제품 개발

■ 유지(제품 개선과 향상, 수정, 비용 감소 등)

경영진은 전략적 선택을 하고 개발자금을 3개의 바구니로 나눈다. 그런 다음 프로젝트들을 3개의 바구니로 분류하고 각 바구니 안에서 프로젝트 순위를 비교해 정한다. 사실 3개의 다른 프로젝트들 포트폴리오가 만들어지고 관리되는 것이다. 그 결과 시간이 지나면서 바구니와 프로젝트 유형 전체 지출 분석은 규칙에 따라 기업의 전략적 우선순위를 반영하게 된다.

고위 경영진은 다른 파이 차트(품목, 시장, 지리)을 사용해 똑같은 배분 활동을 수행한다.

바구니 크기 결정하기: 이론적으로는 간단히 들리지만 어떻게 처음 이런 전략적 바구니들의 크기를 결정할까? 경영진은 일반적으로 수정된 델파이(Delphi) 방식을 사용한다. 다음과 내용을 포함하며 현재 상태 평가부터 시작한다.

■ **역사적 검토:** 지난 12~24개월 동안 돈이 어디에 쓰였는가?(보통 파이 차트 검토는 시장, 사업 영역, 프로젝트 유형, 지리 등으로 나뉜다. 그림 8.9와 8.10 참조)
■ **최근 프로젝트들의 결과 분석:** 얼마나 잘했는가? 어떤 유형의 지출과 프로젝트들이 최고의 결과(최고의 생산성)를 냈는가?
■ **현재 자원 분포 검토:** "어떻게 되어 있는가?"

1. 기업전략 적합성	점수 = 0 (0~10점) / 점수	점수 = 10 (0~10점)
적합성	기업전략과 지엽적으로만 적합	여러 전략의 중요 요소들에 매우 적합
영향력	최소한의 영향력, 프로그램이 중단되면 눈에 띌 만한 피해가 없음	사업 부문의 미래가 이 프로그램에 달려 있다.
2. 전략적 레버리지		
우선순위 위치	쉽게 모방됨, 보호받지 못함	특허, 기업 비결, 원료 분석 등의 조합을 통해 위치가 보호됨
성장을 위한 플랫폼	장래성 없음, 추월당함	새로운 기술과 상업적 영역에서 여러 신제품 가능성의 문을 연다.
내구성(기술 및 마케팅)	독특한 특징 없음, 쉽게 추월당함	증분적인 개선을 위한 기회가 있는 긴 수명 주기
사내 다른 활동들과의 시너지 효과	단일 사업 부문으로 제한	회사 전체에 폭넓게 적용될 수 있음
3. 기술적 성공 확률		
기술적 차이	해결방안 및 현재 관행 사이의 큰 차이, 새로운 과학을 발명해야 함	증분적인 개선, 쉬움
프로그램 복잡성	해결방안을 생각하기 어려움, 그 과정에 많은 장애물이 있음	해결방안을 찾을 수 있음 간단함
기술적 능력 기준	회사에 새로운 기술과 스킬 없음	사내에서 폭넓게 활용되는 기술
인력과 시설 이용가능성	채용과 조직 구축 필요	인력 및 시설이 곧바로 이용가능함
4. 상업적 성공 확률		
시장 필요	대규모 시장 개발 필요, 분명한 시장 요구 없음	고객욕구에 바로 반응하는 제품 큰 시장 존재
시장 성숙도	감소하는 시장	빠른 성장 시장
경쟁강도	높음, 경쟁 치열	낮음, 경쟁 적음, 강하지 않음
상업적 적용 기술	회사에 새로움, 기술을 개발해야 함	이미 있음
상업적 가정	낮은 확률, 근거가 매우 낮은 가정	쉬운 예측가능성, 발생 확률 높음
규제/사회/정치적 영향력	부정적	이목을 끄는 이슈에 미치는 긍정적 영향
5. 보상		
확률에 절대적으로 기여 (5년 동안 누적)	1,000만 달러 이하(추정)	2억 5,000만 달러 이상(추정)
회수 기간(추정)	10년 이상	3년 이하
판매 시작 시점	7년 이상	1년 이하

그림 8.7 첨단기술 프로젝트에 이 평가표를 사용하라.

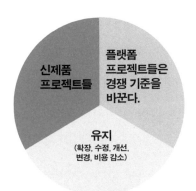

기업전략은 바구니 자원 배분에 영향을 미친다.
프로젝트들은 바구니 안에서 순위가 정해진다.
바구니마다 다른 평가 기준을 사용하라!

그림 8.8 포트폴리오 관리의 전략적 바구니 '메르세데스 별' 방법은 지출이
기업의 전략적 우선순위를 반영하게 한다.

혁신전략도 현재 진행 중인 중요한 프로젝트들의 목록을 간단히 검토하면서 강조된다. 이들은 의사결정 회의에 사용되는 정보들이다. 일부 기업은 업계 상위 기업들의 자원 배분 정보도 고려한다.

다음은 델파이 투표다. 고위 경영진이 다양한 차원에서 자원이 제대로 배분되어야 한다고 믿는 내용을 적는 방법이다.

사례 모 거대공구 제조업체에서 10여 명의 핵심 경영진이 전략적 바구니 회의에 참여한다. 현재 진행 중인 중요 프로젝트들의 목록과 함께 현재의 자원 분배도 발표된다. 회사의 전반적인 기업전략과 4가지 중요 제품라인에 대한 전략도 발표된다. 그 후 경영진들이 자원을 제품라인과 프로젝트 유형과 지리적 영역에 따라 할당하는 투표를 한다. 이런 투표는 거대 스크린 재무제표에 곧바로 표시되어 논의되고 합의에 이른다. 바구니들이 결정된다.

바구니를 위해 어떤 차원을 사용하는가?: 전략적 바구니 분배에서는 어떤 차원이 사용되어야 하는가? 모 R&D 관리자는 다음과 같이 설명했다. "어떤 차원이든 사업 담당 관리자들은 자신들의 전략을 가장 잘 설명하는 차원을 찾는다." 그에 고려할 만한 일반적인 차원은 다음과 같다.

- **전략적 목표들**: 경영진은 구체적인 전략적 목표들에 자원을 분배한다. 예를 들면 사업 기반을 방어하는 데 몇 퍼센트나 사용해야 하는가? 다양화에는? 기반 확장에는?

- **프로젝트 유형**: 대부분의 기업들은 잘못된 유형의 프로젝트들이 너무 많다. 따라서 결정이나 분배는 프로젝트 유형에 따라 정해져야 한다(그림 8.8에서 보는 것처럼). EXFO 엔지니어링에서 취했던 적극적인 제품혁신 전략을 생각해보자. 경영진은 진짜 신제품에 R&D 지출의 65% 사용을 목표로 삼았다. 그리고 10%는 플랫폼 개발과 조사(미래 기술 개발) 마지막 25%는 점진적인 부분들('지원-포트폴리오' 즉, 제품의 수정, 변경, 개선)에 사용했다. 이런 방식으로 경영진은 대담한 혁신 프로젝트들에 도움이 되는 방향으로 포트폴리오를 구성했다.[19]

- **전략적 영역 전반**: 가장 분명한 지출 분배는 전략적 영역들에 걸쳐 있다. 즉, 전략 개발 활동의 일부로 각 영역의 매력도를 평가하고 우선순위를 정의한다. 그 다음 배치하라. 즉, 각 영역에 얼마나 많은 자원이 배분되어야 하는지 결정하라.

- **제품 라인들**: 자원은 제품 라인에 따라 배분된다. 예를 들면 제품 라인 A에 얼마나 지출해야 하는가? 제품 라인 B에는? C에는? 제품 수명주기선에서 제품 라인 영역 계획은 이런 분배 결정을 돕는 데 사용된다.

- **기술이나 기술 플랫폼:** 지출 분배는 기술 유형(예를 들면 기반, 열쇠, 속도, 초기 기술들)이나 특정 기술 플랫폼들(플랫폼 X, Y, Z 등)에 걸쳐 이루어질 수 있다.
- **익숙함 지표:** 기업에 대한 익숙함 면에서 여러 유형의 시장과 여러 기술 유형에 대한 자원 분배는 어떻게 해야 하는가? 일반적인 '익숙함 지표'(기술의 참신성 대 시장의 참신성)를 사용해 자원 분배를 도울 수 있다.
- **지리:** 북미를 목표로 삼은 프로젝트에 사용되어야 하는 자원 비율은 얼마인가? 남미에서는? 유럽에서는? 아시아·태평양이나 전 세계에서는?
- **개발 단계에 의한:** 일부 기업들은 초기 단계 프로젝트와 개발 프로젝트를 구분한다. 개발 프로젝트와 초기 단계 프로젝트를 위해 바구니가 각각 만들어진다.

차이 분석-프로젝트들의 합계: 이 분배나 투표 활동 다음에 이어지는 것은 차이 분석이다. 기존 프로젝트를 바구니에 따라 분류하고 바구니의 현재 총 지출을 더한다(어떻게 되어 있나?). 즉, 지출차이는 각 바구니에 대해 "어떻게 되어야만 하는가"와 "어떻게 되어 있나" 사이를 파악해 구한다.

마지막으로 각 바구니 내 프로젝트들을 자원이 없어질 때까지 순서대로 배열한다. 점수 모델(프로젝트 매력도 점수)이나 재무 기준(NPV와 생산성지수)을 사용해 바구니 없이 순위를 정할 수 있다.

제안 전략적 바구니들을 실행하라. 신제품 지출이나 배치가 기업의 전략적 우선순위를 반영하는 데 탁월한 방법이다. 좀 더 전략적이고 대담한 혁신에 자원을 배치하는 더 좋은 방법이다(그래서 모든 자원은 규모가 작고 단기적인 프로젝트에 소모되지 않는다). 게다가 효과가 좋고 대

부분의 사업에서 경영진의 방식에 적합해 보인다.

결정 과정을 2단계로 나눔으로써(우선 전략적 바구니들을 통해 자원의 전략적 분배를 결정한 다음 어떤 프로젝트를 할 것인지 결정함) 포트폴리오 프로젝트들의 혼합과 균형은 프로젝트 유형, 시장, 제품 유형 면에서 결국 기업의 우선순위를 반영할 것이다. 그리고 전략적 바구니들을 통해 대부분 기업들의 문제 즉, 규모가 작고 증분적이고 가치가 낮은 프로젝트들의 과잉과 중요한 혁신부족 문제를 해결하게 된다.

포트폴리오의 전략적 관점들

일부 기업은 전략적 버킷 자체를 채택하진 않지만 포트폴리오를 전략적인 방식으로 그린 비슷한 차트를 사용한다. 예를 들면 차트는 다양한 방식으로 프로젝트(무엇)의 혼합과 균형을 보여줄 수 있다. 이런 차트들은 게이트 회의와 포트폴리오 검토 시 모두 유용하며 일반적으로 경영자는 전략적인 버킷 사고방식을 하도록 한다.

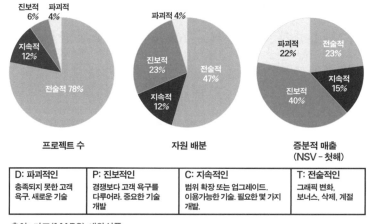

D: 파괴적인	P: 진보적인	C: 지속적인	T: 전술적인
충족되지 못한 고객 욕구. 새로운 기술	경쟁보다 고객 욕구를 다루어라. 중요한 기술 개발	범위 확장 또는 업그레이드. 이용가능한 기술. 필요한 몇 가지 개발.	그래픽 변화, 보너스, 삭제, 계절

출처: 마즈(MARS) 애완식품

그림 8.9 프로젝트 유형별 포트폴리오의 3가지 다른 관점들

또한 개발 포트폴리오에서 프로젝트들의 균형을 보여주는 다음과 같은 많은 매개변수나 차원, 변수가 존재한다.

프로젝트, 자원, 매출: 프로젝트들을 유형별로 분석하면 어떻게 될까? 자원은 어디에 배분되는가? 다시 프로젝트 유형으로 보면 매출은 어디서 생기는가? 〈그림 8.9〉는 마즈 펫케어(MARS Petcare, 애완동물용 음식)의 사업 차트를 보여준다. 그 차트는 포트폴리오의 3가지 현재 관점들을 나타낸다(오른쪽 차트는 예상순 증분 매출 즉, 각 프로젝트의 사업 사례 데이터를 바탕으로 1년 동안의 매출 증가를 보여준다). 경영진은 이런 유형의 차트(제품 라인과 시장 부문에 의한 분석)를 검토해 현재 개발되고 있는 포트폴리오의 건전성에 대한 통찰력을 얻는다.

프로젝트 유형별 자원 분석: 제품 갱신과 비교한 제품혁신 지출은 얼마인가? 그것은 어떠해야 하는가? 파이 차트를 사용해 프로젝트 유형별 최근 지출을 효과적으로 포착한다(그림 8.10의 왼쪽 파이 차트). 프로

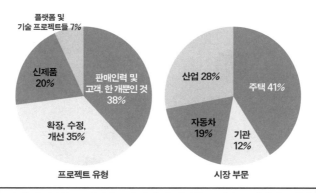

> 파이 차트들은 포트폴리오의 여러 관점들을 보여주고 관리자들에게 전략적 바구니라는 사고를 제공해준다. 차트들은 프로젝트 유형과 시장 부문, 시간별 자원 분배를 보여준다.

그림 8.10 이 파이 차트들은 프로젝트 유형과 시장 부문별 포트폴리오에서의 실제 자원 배분을 보여준다.

젝트 유형별 자원 분석을 보여주는 파이 차트들은 그림 8.10처럼 건전성 검증에 특히 유용하다.

시장, 제품, 기술: 그들은 관리자가 또 다른 면의 균형을 찾도록 한다. 직면한 질문은 다음과 같다. 다양한 제품 라인에 R&D 지출이 적절히 분배되어 있는가? 운용하는 시장이나 세분시장은 어떤가?(그림 8.10 오른쪽 파이 참조) 기술은 어떤가? 파이 차트들은 이런 유형의 데이터를 포착하고 설명하는 데 적합하다.

위험-수익 버블 다이어그램(Bubble Diagram): 체계적인 포트폴리오-관리 방법을 사용하는 기업의 약 44%가 〈그림 8.11〉의 위험-수익 버블 다이어그램이나 그와 비슷한 다이어그램을 사용한다.[20] 여기서 가로축은 회사의 수익 측정이고 세로축은 성공 확률이다.

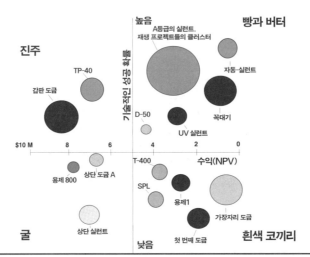

프로젝트들이 2차원적인 위험과 수익 좌표에 물방울로 표시되어 있다. 물방울들의 크기는 각 프로젝트에 투입된 자원을 나타낸다. 음영은 회사의 스테이지 게이트 시스템에서의 단계를 나타낸다(흐린 음영=초기 단계).

그림 8.11 이러한 유명한 물방울 다이어그램은 개발 포트폴리오의 위험 수익의 개요를 보여 준다.

- 범위가 '보통'부터 '우수'까지인 수익의 정성적 추정치를 사용한다.[21] 여기서 논점은 재무적 수치를 지나치게 강요하는 것은 특히 프로젝트 초기 스테이지들에 심각한 손해를 입힐 수 있다는 점이다. 또 다른 축은 전반적인 성공 확률이다(상업적 성공 확률을 기술적 성공 확률에 맞춘다).
- 반면, 다른 기업들은 매우 양적이고 재무적인 수익평가 즉, 확률이 조정된 프로젝트의 NPV에 의존한다. 여기서 기술적 성공 확률은 세로축이고 상업적 성공 확률은 NPV 계산에 이미 포함되어 있다.

〈그림 8.11〉은 모 화학업체의 최첨단 기술사업 부문의 버블 다이어그램 견본이다. 여기서 각 물방울 크기는 각 프로젝트에 투입되는 연간 자원을 보여준다(연간 달러 기준. 프로젝트에 할당되는 월간 작업량이 될 수 있다).

이 사업 부문이 빠른 성장을 추구하는 '스타 사업'임을 고려할 때 〈그림 8.11〉의 포트폴리오 지도 검토는 많은 문제점을 드러낸다. 흰색 코끼리(수익성과 기술적 가능성이 모두 낮은)에 해당하는 프로젝트가 너무 많다(프로젝트 가지치기를 많이 해야 한다!). 그리고 가치가 낮은 프로젝트들인 '빵과 버터'에는 자원을 너무 많이 쓴 반면, 진주에는 자원이 부족하고 굴에도 자원 투입이 많이 모자란다.

버블 다이어그램 모델의 특징은 고위 경영진이 자원 이슈를 처리하도록 만든다는 점이다. 한정된 자원을 고려할 때 원 면적의 총합은 상수여야 한다. 즉, 다이어그램에 하나의 프로젝트를 더하면 또 다른 프로젝트를 빼야 한다. 또는 여러 개의 원 크기를 줄일 수도 있다. 이 모델은 경영진이 추가적인 프로젝트에 자원 투입을 고려하도록 영향을 미친다는 점에서 좋다. 즉, 다른 프로젝트들이 대가를 지불해야 한다!

각 프로젝트와 관련 있는 제품 라인도 물방울 다이어그램에 표시되어 있다(직접 표시되어 있진 않지만 교차 해칭을 통해). 마지막 분류는 시간(음영으로 표시되어 보이지 않음)이다. 그러므로 겉보기에 단순한 위험-수익 다이어그램은 단순한 위험과 확률 데이터 이상을 보여준다. 즉, 제품 라인에 걸쳐 있는 자원 할당과 시간, 지출 정보를 제공한다.

제안 포트폴리오에서 프로젝트들의 현재 조합과의 균형을 보여주는 차트들은 포트폴리오 검토와 게이트 회의에서는 일반적이다. 다양한 표현과 구성 방식을 보여준다. 파이 차트는 상당히 일반적이고(그림 8.9와 8.10) 전략적 버킷과 잘 연결되어 있다. 일반적으로 현재 상황을 나타낸다. 현재의 자원 분류는 다음과 같다.

- **프로젝트 유형:** 신제품, 개선, 판매인력 요청, 플랫폼 등
- **시장:** 세분시장, 시장 분야, 지리적 시장
- **제품:** 제품 라인이나 제품 범주
- **기술:** 기술 유형 또는 기술 성숙도(배아기, 걸음마, 기본 단계)
- **프로젝트 규모**(누적된 3년 매출)

기업이나 리더십팀과 가장 관련된 항목을 선정하라. 지나치게 많은 파이 차트를 사용하진 말라. 회의에서 사람들을 당황시키는 경향이 있다. 어떤 경영자가 포트폴리오 관리 소프트웨어를 구입한 후 좌절감에 빠져 선언한 것처럼 "우리는 버블 차트로 인해 피로감에 빠졌다."

'성공 확률' 대 '보상'과 같은 정성적인 축을 사용하는 위험-수익 모델(그림 8.11처럼)을 고려해보자(그림 8.11처럼 NPV와 같은 확률이나 누적된 3년 간 매출 차원으로 측정될 수 있는 모델).

전략적 제품 로드맵을 개발하라

제품 로드맵은 전략적으로 추진되는 또 다른 자원 할당 방법으로 전략 버킷 방법 대신(또는 함께) 사용될 수 있다. 이 상의하달식 방법은 프로젝트 목록(적어도 중요한 프로젝트들)이 기업전략과 목표 실현에 기여하거나 필수사항이 되도록 만들어진다.[22] 전략적 제품 로드맵은 공격 계획을 입안하는 방법이다.

> 66 **전략적 제품 로드맵은 미래를 잘 볼 수 있는 주요 프로젝트를 위한 표시 지점을 설정한다.** 99

로드맵은 무엇인가? 원하는 곳에 도달하는 방법이나 열망하는 목표를 성취하는 방법에 대한 경영진의 관점이다.[23] 다양한 유형의 로드맵이 있다는 것(제품 로드맵과 기술 로드맵)을 주목하자.

전략적 제품 로드맵은 보통 5년 간의 일정에 따라 중요한 신제품과 플랫폼 개발을 정의한다. 로드맵은 잠정적인 계획이고 미래 프로젝트들

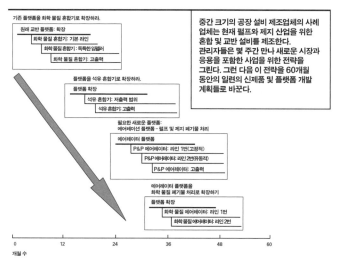

그림 8.12 제품 로드맵은 5년 동안 구상 중인 중요한 개발 계획들(신제품과 플랫폼들)을 보여준다.

을 위한 '위치 표시'(잠정적인 자원 투입) 역할을 한다. 5년은 예측하기에는 긴 시간이므로 로드맵은 매년 갱신한다. 그것은 '연동계획'이다. 그래서 첫해에만 실행된다! 〈그림 8.12〉는 생산설비 제조업체의 사례다. 여기서 전략적 제품 로드맵은 다양한 중요 제품 개발과 해당 시기, 이런 신제품들을 개발하는 데 필요한 플랫폼과 플랫폼 확장을 정의한다.

기술 로드맵은 제품 로드맵에서 얻는다. 그것은 제품 로드맵의 제품들과 플랫폼들을 실행하는 데(개발하고 자원을 공급하는 데) 필요한 기술과 기술 플랫폼을 배치한다. 기술 로드맵은 제품 로드맵의 논리적 확장이고 그것과 밀접한 관련이 있다.

보통 제품 로드맵의 제품 사양은 전반적으로 수준이 높다. 예를 들면 〈그림 8.12〉처럼 '황제 다이어트(Atkins Diet)를 위한 저탄수화물 맥주'나 '항공우주산업용 세라믹 도금 공구,' '저출력 석유분쇄기'와 같은 명칭들은 이런 프로젝트들이 제품 로드맵 일정에 표시되는 방식이다. 즉, '아직 제대로 정의되지 않은' 프로젝트들을 위한 '위치 표시'가 일반적이다. 로드맵은 방향을 나타내고 전략적이어야 하지만 상세한 제품을 정의하진 않는다. 각 프로젝트가 아이디어-출시 시스템에서 진행되면서 프로젝트와 제품을 점점 더 구체화시키고 정의한다.

전략적 제품 로드맵 만들기: 제품 로드맵 개발은 논리적으로 사업 제품 혁신 전략에서 나온다. 필요한 주요 계획들을 제품 로드맵의 일부로 기술하는 것은 다면적인 업무다. 그 과정은 다음과 같다.

- **전략적 평가:** 보통 최우선 사항으로 전략적 영역의 단순한 사양은 논리적으로 해당 영역에 진입해 승리하는 데 필요한 제품과 프로젝트 목록으로 이어진다.
- **기존 제품들의 포트폴리오 검토:** 여기서는 현재 프로젝트가 게

공하는 것들을 자세히 살펴보고 진부해 없애거나 갱신하거나 교체해야 할 것을 결정한다.

- **경쟁 분석:** 경쟁자들의 제품들과 제품 라인은 어디 있는가? 이 활동은 보통 가까운 장래나 예측가능한 신제품을 위해 필요한 것을 가리켜준다.
- **기술 트렌드 평가:** 기술과 신기술 나아가 새로운 플랫폼 개발의 필요성과 그 시점을 파악한다.
- **시장 트렌드 평가:** 마찬가지로 예측 연습이다. 또한 여기서 중요한 시장 트렌드와 변화도 살펴본다. 이 경우, 보통 실증적 시장 트렌드에 대처해야 할 독특한 계획들을 가리킬 수 있다.

제안 중요한 계획들(중요한 개발과 제품, 플랫폼)을 그려보는 전략적인 제품 로드맵들은 강력한 컨셉이므로 전략적 버킷이 있든 없든 사용될 수 있다. 이 로드맵은 전략적이어야 한다. 대부분 대담한 혁신이거나 일부 아직 명확히 정의되지 않은 주요 프로젝트들을 위한 위치 표시를 한다. 그리고 로드맵은 장기적이어야 한다(올해의 제품과 프로젝트 목록이 아니다). 전략적 로드맵을 어떻게 개발할 것인가? 과학과 상관 없다. 특히 다수 다기능적인 직원들(제품 매니저, 시장 매니저, 기술 매니저, 공급원 매니저, 예측 전문가, 전략 매니저 등)이 며칠 동안의 회의를 통해 결정한다. 전략적인 로드맵을 개발하기 위한 다양한 투입 정보가 앞의 굵은 선 목록에 강조되어 있다. 전략적 로드맵을 그린 후 제품 로드맵을 실행하기 위해 어떤 기술이 언제 필요한지 설명하면서 반드시 다음 단계로 이동해 기술 로드맵을 개발하라.

관리 요소 통합하기: 게이팅, 포트폴리오 검토, 로드맵

제품 로드맵은 회사가 어떤 프로젝트를 수행할 것인지 개요를 그리고 장기적인 전망을 한다. 각 프로젝트를 위한 잠정적인 자원 배분을 한 로드맵에는 '미래 프로젝트'가 많다. 그 동안 게이팅 시스템은 진행/중단 결정이 실시간으로 내려지는 현재진행 중인 프로젝트들을 관리한다. 그리고 포트폴리오 검토는 진행 중인 프로젝트와 보류 중인 프로젝트들에 대한 전체 포트폴리오를 주기적으로 살펴보게 된다. 3가지 시스템 모두 프로젝트에 대한 결정을 내린다. 그런데 3가지가 어떻게 함께 묶일까?

〈그림 8.13〉은 혁신 관리 시스템의 더 큰 그림을 위한 3가지 의사결정 시스템의 상호관계와 상호작용을 보여준다.

- **로드맵:** 전략적 제품 로드맵을 개발하고(그림 8.13의 상단) 개연

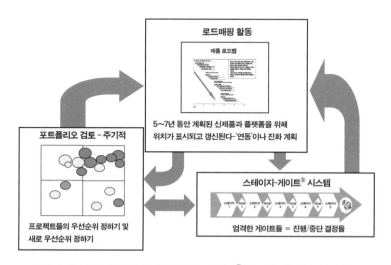

그림 8.13 혁신 관리 과정들(스테이지-게이트® 시스템, 포트폴리오 검토, 전략적 로드 매핑)이 통합되고 각 결정 과정이 타 결정들에게 정보를 제공한다.

성 있는 개발 포트폴리오의 미래를 전망한다. 예비 프로젝트들의 로드맵을 확인하기 위한 방법은 앞에서 개략적으로 설명했다. 일부 기업들은 이런 예비 프로젝트들을 로드맵에 집어넣기 전 평가표와 같은 비재무적 방법을 사용해 게이트 1이나 '게이트 0'에 해당하는 과정을 활용한다. 제품 로드맵에서 기술 로드맵을 개발하게 되는데 기술 로드맵은 제품 로드맵을 지원하기 위해 어떤 기술과 역량들이 필요한지, 언제 필요한지 보여준다.

■ **스테이지 게이트:** 로드맵에 따른 시기가 적절할 때 위치가 표시된 프로젝트는 스테이지 게이트 시스템에서 시작된다. 게이트 1에서 평가받고 프로세스 즉, 각 게이트와 스테이지를 따라 이동하기 시작한다(그림 8.13의 오른쪽 하단). 각 게이트는 품질관리 확인 지점이다. 처음에는 좋아보여 로드맵에 포함된 일부 프로젝트들이 게이트 2나 3에서 실패작으로 드러나면 없앤다. 프로젝트가 로드맵에 있다고 제품화되는 것을 보장하진 않는다는 점을 유념하자. 따라서 스테이지 게이트 시스템은 가공의 로드맵에서 확인과 균형 역할을 하고 피드백을 제공한다. 로드맵은 진행 중인 프로젝트들이 중단될 때 적절히 갱신한다(로드맵에서 나온 프로젝트뿐만 아니라 다른 프로젝트들도 스테이지 게이트 시스템에 존재한다는 것을 명심하자.).

■ **포트폴리오 검토:** 프로젝트들이 스테이지 게이트 시스템에서 게이트 2[*]를 통과하면(자원 투입이 많아지고 프로젝트의 특징을 보여줄 수 있는 데이터가 충분해질 때) 개발 포트폴리오에 '나타난다.' 그리고 포트폴리오에 나타난 후 다른 프로젝트들과 함께 포트폴리오 검토에서 면밀히 조사한다(그림 8.13의 왼쪽). 많은 기

---

[*] : 게이트 2는 프로젝트들이 '포트폴리오'에 배치되는 일반적인 지점이다. 게이트 1은 데이터가 충분하지 않아 너무 빠른 감이 있다. 일부 기업에서는 개발이 완전히 진행되는 게이트 3이 포트폴리오 과정의 시작 지점이 된다.

업들이 '사소한 과정 수정'을 위해 분기별(또는 1년에 두 번) 포트폴리오 검토를 고려하지만 일부 기업들은 여기서 다양한 진행/중단 결정을 내린다. 따라서 포트폴리오 결정은 게이팅 시스템과 제품 로드맵 모두에 영향을 미치고 갱신도 각각에 대해 이루어진다.

그래서 프로세스(폐쇄형 시스템에서 자원을 서로 공급하는 〈그림 8.13〉의 결정 과정들)는 다수의 관리 과정 구성요소들과 조화를 이루며 계속된다.

데이터 무결성

세상에서 가장 훌륭한 프로젝트-선택 시스템도 데이터가 타당하지 않으면 가치가 없다.[24] 어느 경영자가 회사의 정교한 재무 평가도구 채택에 대해 "마이크로미터로 바나나를 재는 것과 같다."라고 냉소적으로 언급한 것처럼 도구의 정확성은 프로젝트에 대한 데이터 품질보다 중요하진 않다.

초기의 유용한 정보 부족은 많은 회사들의 신제품 프로젝트를 괴롭힌다. 개발 단계로 진입하는 과정에서 5개 회사 중 하나만 고객 가격민감도에 대한 좋은 정보를 보유하고 있다. 3/4의 기업들에게는 신제품에 대한 고객 반응을 담은 정보가 부족하다(컨셉 평가를 통한). 그리고 거의 2/3의 기업들이 신제품 시장 규모와 예상 매출수익에 대해 믿을 만한 정보가 없다.[25] 스콧 에젯의 포트폴리오 방법들에 대해 APQC 연구가 보여주듯이 포트폴리오 관리에서 직면한 가장 큰 문제는 포트폴리오의 방법이나 모델이 아니다. 데이터의 무결성(또는 무결성의 부족)이

문제다!²⁶

신제품 개발에서 사실 기반 의사결정은 성공한다! 2장에서 증거가 밝혀진 것처럼 프로젝트 초기 단계에 좀 더 공을 들인(더 나은 시장정보를 추구하고 사전 프로젝트 작업을 하고 분명하고 신속한 사실 기반 제품 정의를 추구한) 기업들은 혁신에서 더 큰 성과로 보상받는다.

> 66 프로젝트 선택과 포트폴리오 관리에서 가장 큰 문제는 선택 도구가 아니라 더 나은 데이터 무결성 획득이다. 99

분명한 기대

더 나은 데이터를 보증하기 위한 첫 번째 단계는 정보에 대한 분명한 요구조건이다. 어느 경영자가 설명한 것처럼 "기대가 명확하면 프로젝트팀이 성공할 가능성이 훨씬 높다." 그러나 보통 프로젝트팀은 어떤 활동들이 예측되고 어떤 정보가 필요한지 확신하지 못하기 때문에 경영자들이 효과적인 진행/중단 결정을 내리지 못한다. 고위 경영진이 '예상매출' 또는 '목표가격'을 10% 범위 내로 알아야 한다면 프로젝트 팀에게 요구조건을 크고 분명히 전달하라.

한 가지 분명한 예상 방법은 아이디어-출시 시스템을 철저히 실행하고 실천하는 것이다. 최소한 이 과정에 명시해야 하는 것은 다음과 같다.

■ 스테이지들과 특히 프로젝트팀이 실행하려는 각 스테이지 내의 모범관행 활동, 예를 들면 7장에서는 스테이지 1과 2의 추천 조치들(시장 연구, 기술 평가, 컨셉 평가, 사업 사례 구축까지의 기타 중요 업무들)을 설명했다. 스테이지 게이트 프로세스에서 이런 추천이나 필수 업무들은 프로젝트팀에게 분명한 지침이 되어

야 한다.

- 게이트들과 무엇보다 중요한 이 진행/중단 결정 지점들을 위해
  정의된 정보 필요사항들 즉, 고위 경영진은 시의적절하고 효과
  적인 진행/중단 결정을 내리기 위해 어떤 정보를 살펴보아야 하
  는가?

예측과 추정을 위한 프로젝트팀의 책임

데이터 무결성의 두 번째 핵심은 프로젝트팀에 책임을 부과하는 것이
다. 3장과 5장의 〈그림 3.6〉과 〈그림 5.7〉에서 보았던 모범관행이다. 팀
책임 모델에서 보면 프로젝트팀들은 초기 단계에서(게이트 2와 3에서
제시되는 예비 및 완성 사업 사례에서) 예측과 추정자료를 발표한다.
이런 추정들은 일반적으로 신제품 매출예상과 예상가격, 이익, 출시일
등을 포함한다.

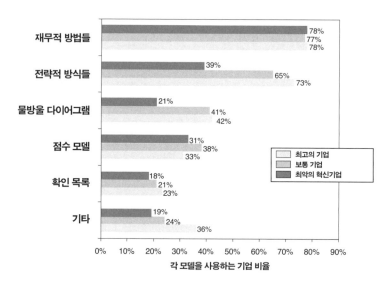

그림 8.14 재무적 모델들은 지금까지 가장 인기 있는 프로젝트 평가
수단이지만 효과가 가장 좋은 것은 아니다.

> 66 그들이 수행하는 프로젝트를 책임지는 팀을 만들어라. 그런 방법으로 프로젝트는 더 현실적이고 정확해지며 데이터 완결성도 높아진다. 99

이런 데이터와 기타 데이터들을 바탕으로 고위 경영진은 프로젝트를 승인하고 계속 진행하기 위해 자원을 투입한다. 이런 추정들은 성공 기준이 된다. 또한 그 다음 게이트들(3장과 5장에 소개된 컨셉 평가)에서 프로젝트 평가 기준이 된다. 그러나 무엇보다 중요한 것은 프로젝트팀이 이제 이런 추정 결과, 달성에 책임이 있다는 점이다. 출시 이후 사후 출시 검토가 있다(일반적으로 출시 약 1년 후 검토하는 지난 1년치 운영 결과)(그림 5.7 참조). 여기서 프로젝트팀은 게이트 3과 5에서 약속한 내용을 비교해 달성 결과(첫해 매출, 이윤, 비용, 출시일)를 보여준다. 이 책임 모델의 결과는 프로젝트팀이 훨씬 더 전문적이고 현실적인 추정을 한다는 점이다. 데이터 무결성이 개선된다!

반면, 매우 많은 기업들은 '출시하고 방치하는 태도'를 보인다. 즉, 출시일이 가까워지면 프로젝트는 '상업화 담당자들'에게 넘어가고 프로젝트팀은 더 이상 프로젝트에 책임지지 않는다! 이런 부실한 관행을 가진 기업에게 승리는 오직 프로젝트를 승인하는 것뿐이다. 따라서 지나치게 열성적인 프로젝트팀은 그들의 성과에 책임이 없음을 잘 알기 때문에 낙관적인 추정치 제출에 죄책감을 갖지 않는다. 당연히 데이터의 무결성이 매우 나쁘고 승인되지 말아야 할 프로젝트들이 많이 승인된다.

포트폴리오 방법의 대중성과 효과

어떤 방법이 가장 인기 있는가? 어떤 방법의 성과가 가장 좋은가? 실제로 포트폴리오 모범 사례 연구에 따르면 재무적 방법들이 포트폴리오 관리를 지배한다.[27] 재무적 방법들은 NPV나 IRR, ECV, ROI, EVA, 회수 기간과 같은 다양한 수익성과 수익지표를 포함한다. 이 지표들은 프로젝트를 평가하고 등급을 매기고 최종 선택하는 데 사용된다. 총 77.3%의 기업이 그와 같은 재무 방법을 사용해 프로젝트를 선택한다(그림 8.14 참조). 40.4%의 기업들에게도 그것이 지배적인 결정 방법이다.

기타 방법들도 상당히 인기가 많다.

- **전략적 방식들**: 일반적으로 전략이 포트폴리오를 좌우한다. 전략 버킷, 전략적 제품 로드 매핑, 기타 전략 주도 방법들이 포함된다. 총 64.8%의 기업들이 전략적 방식을 사용한다. 26.6%의 기업에서도 지배적인 방법이다.

- **버블 다이어그램이나 포트폴리오 지도**: 40.6%의 기업들이 포트폴리오 지도를 사용하지만 8.3%만 지배적인 방법으로 사용한다. 가장 인기 있는 지도는 〈그림 8.11〉의 '위험 대 수익 지도'이지만 그 외에도 다양한 버블 다이어그램이 사용된다.

- **점수평가 또는 점수표 모델**: 평가척도는 게이트에서 점수표를 사용해 얻는다. 기업의 37.9%가 이런 모델들을 사용하고 18.3%가 지배적인 결정 방법으로 사용한다.

- **확인 목록**: 프로젝트들은 일련의 '예/아니오' 질문으로 평가된다. 각 프로젝트가 진행되려면 모두 '예' 대답이나 일정한 수 이상의 '예' 대답을 얻어야 한다. 21%의 기업들만 확인 목록을 사용하고 2.7%만 지배적인 방법으로 사용한다.

그러나 인기가 반드시 효과와 같은 것은 아니다. 기업들의 포트폴리오 성과를 성과지표에 따라 평가할 때 지배적인 포트폴리오-선택 모델로 재무적 도구에 지나치게 의존하는 기업들은 성과가 가장 나쁘다. 재무적 수단은 낮은 가치의 프로젝트들과 전략적 조절이 부족한 프로젝트들이 조화를 이루지 못하는 포트폴리오를 만드는 경향이 있다. 반면, 전략적 방법들은 전략적으로 정리되고 균형을 이루는 포트폴리오를 만든다. 더욱이 그 방법들은 '경영진 스타일과 적합하다'는 면에서 높은 평가를 받는다. 당연히 '경영진이 이해하는' 방법이다.

흥미롭게도 점수표 모델들은 인기가 좋진 않지만 사용 면에서는 효과적이다. 가치가 높은 프로젝트 선택에서 가장 좋은 것으로 보인다. 그리고 균형 있는 포트폴리오를 만든다. 또한 점수표 모델은 '경영진 스타일의 적합성'뿐만 아니라 효과성(적절한 결정을 내릴 수 있도록 도움을 줌)과 효율성(시간을 낭비하지 않음) 면에서도 높은 평가를 받는다. 마지막으로 버블 다이어그램을 사용하는 기업들은 조화롭고 전략적으로 조정된 포트폴리오를 가질 수 있다.[28]

> 66 **결과적으로 가장 일반적인 접근법은 가장 효과적이지 못함에도 불구하고 사용된다. 절대로 이런 재무적인 예상에 근거해 '기업을 담보'하지 말라!** 99

가장 엄격한 기법들(다양한 재무적 수단들)이 최악의 결과를 낳는다는 사실은 모순적이다. 그런데 이것은 방법에 결함이 있어서가 아니라 중요한 프로젝트 결정이 내려지는 지점에 신뢰할 만한 재무 데이터가 빠져 있기 때문이다. 신뢰할 만한 재무 데이터(예상매출, 가격, 이윤, 비용)는 일반적으로 추정하기 어렵다. 대부분 프로젝트팀이 전반부 작업을 하지 않기 때문이다. 일부는 열정이 지나친 프로젝트 리더가 프로젝트 지원을 보장받으려고 지나치게 낙관적인 추정을 하기도 한다.

포트폴리오 관리를 위한 조언

다수의 도구와 방법들이 개발 프로젝트를 선택하고 개발 포트폴리오를 시각화하고 관리하는 데 도움을 주고 있다. 조언하고 싶은 내용은 이런 방식들을 조합해 사용하라는 것이다. 완벽히 작동하는 유일한 방식은 없다. 따라서 삼각형 방법을 써라! 최고의 혁신기업들은 하나의 도구가 모든 것을 할 수 없다는 점을 인식하고 평균 2.4개의 방법을 사용한다.

좀 더 대담한 혁신과 중요한 신제품 프로젝트를 위한 조언은 다음과 같다.

■ **재무 분석 즉, NPV(와 IRR과 회수 기간)을 생산성지수와 함께 사용하라.** 그러나 초기 단계에서는 피하라. 지나치게 빠른 재무 평가는 확실한 프로젝트를 죽일 뿐이다! 재무 분석은 보통 게이트 3에서 예측하고 항상 그와 같은 분석을 통해 학습하라. NPV(현금흐름할인법)는 일반적으로 기업에 가치를 반영하는 가장 적절한 재무 방법으로 여겨진다. NPV 방법의 확장인 생산성지수는 프로젝트들을 평가하고 우선순위를 정하는 데 가장 좋다. 규모가 크지만 매우 불확실한 프로젝트의 경우, 위험과 확률에 근거한 상업적 기대가치(ECV)를 사용하는 것이 좋다.

■ **점수표(점수 모델) 방법을 사용하라.** 점수표는 효과성과 효율성, 경영진 스타일의 적합성 평가에 좋다. 또한 재무 모델보다 훨씬 더 엄격한 포트폴리오를 만들어낸다. 그러나 프로젝트 유형에 따라 다른 점수표를 사용하라. 진짜 신제품에는 〈그림 8.6〉, 첨단기술이나 기술 플랫폼 프로젝트에는 〈그림 8.7〉을 참조하라.

■ **몇 가지 잘 선택한 성공 기준(첫해 매출, 출시일, 수익성지표)을 게이트 3에 도입하라.** 진행/중단 기준으로 연속적인 게이트에서

이런 성공 기준을 사용하며 무엇보다 프로젝트팀이 중요한 결과에 책임지고 데이터 무결성을 개선할 수 있도록 사용하라.

위험이 낮고 소규모 개발 프로젝트(제품 개선, 해결책, 확장 등)의 경우, 기타 프로젝트 선택 방법들이 좀 더 적절하고 현실적이다. 이런 프로젝트에 대해선 다음 장에서 살펴보자.

포트폴리오 관리는 단순히 전술적인 프로젝트 선택이 아니다. 전략적 이슈들도 고려해야 한다. 다른 모든 부분들은 전략에서 나온다. 따라서 전략 버킷과 전략 로드맵을 사용해 프로젝트-투자 결정을 하라. 마지막으로 이번 장의 많은 차트들(파이 차트와 버블 다이어그램)은 경영진이 기업의 개발 포트폴리오를 보는 유용한 방식들을 제공해준다. 게이트 회의와 포트폴리오 검토에 추가되는 것이 합리적이다.

데이터 신뢰성도 도전과제다. 이 모든 방법들과 마찬가지로 기본이 되는 데이터도 중요하다. 신뢰할 수 있는 데이터를 많이 확보하는 것이 목표가 되어야 한다. 이것은 5장에서 개요를 그린 효과적인 아이디어 출시 시스템의 중요한 결과였다. 그러므로 스테이지 게이트 시스템을 규율로 정하라. 또한 프로젝트팀이 중요한 게이트 3과 5에서 내린 추정(과 전망)에 대한 책임을 지게 하라. 그리고 실제 결과와 비교한 전망의 결과가 주제인 '사후-출시 검토'를 실행하라.

9장
실효성 있는 게이트 운영

당신은 붙잡을 때를 알아야 하고

접을 때를 알아야 하고

떠날 때를 알아야 하고

도망갈 때를 알아야 한다.

– 케니 로저스,《도박꾼》

게이트 당면 과제

:: 중요한 것은 각론이다. 스테이지-게이트®를 사용할 때 가장 어려운 것은 바로 게이트를 잘 운영하는 것이다.[1] 게이트가 진행되면 프로세스도 진행된다! 게이팅 시스템을 잘 운영하면 부실한 프로젝트를 조기에 발견해 중단시킬 수 있을 뿐만 아니라 문제가 있는 프로젝트도 방향을 재설정하거나 수정함으로써 정상화시킬 수 있다. 그러나 많은 기업들은 품질 통제장치로서의 게이팅 시스템을 제대로 운영하지 않아 너무나 많은 부실 프로젝트들을 그대로 진행하고 있다.

앞장에서 포트폴리오와 프로젝트를 선택할 때 사용되는 다양한 방법들을 소개했다면 이번 장에서는 게이트를 잘 운영할 수 있는 세부방안에 대해 살펴보겠다. 즉, 게이트 회의에서 진행/중단에 대한 결정을 제대로 내리기 위해 이런 선택 수단과 여러 개념 및 접근법을 어떻게 사용할지에 대해서 살펴볼 것이다.

게이트는 제품 개발 프로세스에서 가장 약한 부분 중 하나로 게이트들을 제대로 철저히 운영하는 기업은 전체의 33%뿐이다.[2] 대부분의 기업은 개발 파이프라인에 지나치게 많은 프로젝트(특히 파급효과가 작은)를 보유하고 있고 실제 개발에 착수하는 프로젝트 중 56%의 기업만 정한 매출 목표를 달성한다. 즉, 게이트들이 제 역할을 못하기 때문에 문제가 있는 프로젝트들이 많이 진행된다는 것이다.

· · ·

게이트 정의

1. 게이트(Gate)

'게이트'는 프로젝트의 검토 및 결정 회의로 시스템 실행을 위한 스테이지-게이트®에서 진행/중단 결정을 내리는 중요한 회의다. 게이트에서 경영진은 프로젝트를 평가하고 승인하며 우선순위를 정하고 자원도 할당한다. 그리고 부실한 프로젝트는 자원이 낭비되기 전 중단된다.

2. 게이트 키퍼(Gate Keepers)

'게이트 키퍼'는 의사결정권자와 자원 소유자로 구성된 관리팀으로 최우선 개발되어야 하는 프로젝트를 선택하고 프로젝트가 충분한 자원을 지원받도록 보증하는 책임을 진다. 게이트 키퍼는 선택된 프로젝트를 신속히 상용화하도록 도와주는 역할을 한다.

3. 게이트 키핑(Gate Keeping)

'게이트 키핑'은 게이트에서 이루어지는 의사결정을 관리하는 관행, 활동, 절차 및 규칙들로 프로젝트팀이 우수한 프로젝트를 신속하고 효과적으로 출시할 때까지 진행할 수 있도록 설계된다. 특히 프로젝트를 평가하고 비판하는 것이 아니라 그것을 가능케 하고 촉진시키는 데 중점을 두어야 한다.

· · ·

몇 가지 개념 정의

'게이트'는 프로젝트팀과 고위 경영진이 참여해 프로젝트의 품질을 평가하고 진행/중단을 결정할 뿐만 아니라 프로젝트 우선순위를 정하고 다음 단계에서 소요될 자원을 승인하는 회의다(앞의 '게이트 정의' 참조).

- 게이트는 아이디어-출시 프로세스 전반에 존재한다. 중요한 프로젝트의 경우, 〈그림 4.10〉에 표시되었듯이 아이디어 심사부터 출시 결정 지점까지 5개 게이트가 있다.
- 게이트는 한 번에 하나의 프로젝트에 초점을 맞추는 반면, 포트폴리오 검토는 프로젝트 전체를 검토한다. 즉, 게이트는 개별 프로젝트에 맞추어진 심도 있는 평가 성격이 짙다.
- 게이트에서는 게이트 키퍼가 의사결정권자다(글상자 참조).
- 올바른 게이트를 효과적으로 실행하기 위해서는 앞장에서 살펴본 다양한 의사결정 도구들(NPV, 생산성지수, 회수 기간, ECV, 평가표, 성공 기준)을 사용한다.

무용지물 게이트

막상 회사가 스테이지 게이트 시스템을 도입해도 강제력이 없고 중요성도 과소평가되는 경향이 있어 무용지물이 되는 경우가 많다.[3] 즉, 대부분의 프로젝트는 게이트에서 중단되는 경우가 거의 없다고 봐야 한다. 어느 임원이 말했듯이 "프로젝트는 무작정 선로를 따라 달리고, 가끔 역(게이트)에서 속도를 늦추는 듯하지만 결국 최종 목적지(시장)까지 절대로 멈추지 않고 달리는 급행열차와 같다." 즉, 게이트가 실효성이 없기 때문에 일단 프로젝트가 승인되면 절대로 중단되지 않는다.

그 이유는 무엇일까? 우선 경영진은 "안 된다"라고 말하는 법을 모른다. 강아지 몇 마리를 물에 빠뜨려보라! 게이트 회의가 프로젝트를 아무리 객관적으로 재평가하고 진행/중단을 결정할 목적으로 열리더라도 실제로 중단을 결정하는 경우는 드물다. 경영진에게는 그만두어야 할 때를 모르는 도박중독자처럼 프로젝트를 계속 진행시켜야 할 좋은(사실 그렇게 좋지 않지만) 이유가 많다('우리가 프로젝트를 중단시킬 수 없는 7가지 이유' 참조). 수많은 기업을 조사해본 결과, 진행 중인 프로젝트를 중단시키려는 기업은 거의 없었다. 프로젝트 진행을 결정할 때부터 게이트들은 프로젝트 진행/중단을 결정하는 회의가 아니라 프로젝트 진행을 전제로 한 검토나 중간 점검회의로 흘러간다.

사례 모 대형 최첨단 통신설비 제조업체는 중요한 프로젝트를 게이트 1(아이디어 심사)에서 통과시킨 다음 바로 제품 로드맵을 만들었다. 제품 로드맵을 만들었다는 것은 새로운 프로젝트 실행을 위한 예상매출과 예상수익을 사업 재무 예측에 이미 포함시켰다는 뜻이고, 재무 계획을 세웠다는 것은 프로젝트 철회는 없다는 의미다. 로드맵에서 프로젝트를 없앨 방법은 없다. 게이트 1 이후부터 존재하는 모든 게이트는 고무도장에 불과하다. 이 회사 경영진은 아이디어-출시 프로세스가 터널이 아니라 깔때기라는 점을 놓쳤다. 또한 게이트 1 이후 등장하는 모든 게이트가 진행/중단을 결정하는 지점이라는 것도 놓친 것이다. 게이트는 5단계로 이루어져야 한다!

> ❝ '게이트'는 투자 결정이나 진행/중단을 결정하는 회의다. 게이트는 항상 이 2가지 중 하나를 선택하는 것이므로 초기에 진행하기로 한 결정도 나중에 새로운 정보를 기반으로 중단으로 바뀔 수 있다. ❞

그러나 위의 사례처럼 많은 기업들이 프로젝트를 진행하기로 결정한 후 각 게이트를 프로젝트 진행을 위한 최신정보를 업데이트하거나 중간 점검하고 예산 집행을 확인하는 데 사용할 뿐 이 프로젝트를 진행하거나 투자를 계속 해도 되는지에 대한 문제는 아예 다루지 않는다. 그래서 신제품 개발 과정은 잘 정의된 깔때기가 아니라 프로젝트가 좋든 나쁘든 일단 들어가면 반드시 반대쪽 끝으로 나오는 터널이 되어버린다. 그럼에도 불구하고 경영진은 회사가 스테이지 게이트 시스템이 잘 운영되고 있다는 착각에 빠져 있다.

중요한 것은 게이트가 투자 결정 또는 진행/중단을 결정해야 하는 회의라는 것이다. 다른 투자회의와 마찬가지로 최신정보를 검토해 평가하고 진행/중단 결정이 내려져야 한다. 이것은 일종의 선택 모델로 투자 결정도 진행/중단 결정을 통해 이루어지기 때문에 진행하기로 일찍 내린 결정도 언제든지 마지막 관문에서 뒤바뀔 수 있다. 일반적으로 기업들은 프로젝트가 좋아보이면 매우 제한된 정보만으로 게이트 1과 2에서 승인해버린다. 그러나 게이트 3에서 많은 정보들도 참조하고 좀 더 다각화된 관점에서 재검검했을 때 프로젝트가 잘못 진행되고 있음을 알게 되면 바로 '중단' 결정을 내려야 한다. 이처럼 게이트 후반에 중단 결정을 내리는 것은 지극히 정상적인 현상이다!

프로젝트를 중단시킬 수 없는 7가지 이유

1. 일단 시작되면 점점 빨라지는 진행 속도
   - 프로젝트에 참여하면 무조건 달려야 한다는 구성원들의 열정
   - "이미 막대한 자금을 쏟아부었다. 그래서 지금 그만둘 수 없다." 라는 생각
2. "안 된다"라고 말하는 것에 대한 두려움
   - 아무도 '강아지를 물에 빠뜨려 죽이고' 싶어하지 않는다. 그것은 분명히 불편한 일이다.
3. 정치적 이유
   - 경영자의 취미 프로젝트
   - 경영자의 체면 살리기
4. 프로젝트팀이 절대로 그만두지 않을 것이다. 그들은 너무나 확고하다!
   - "성공이 눈앞에 와 있다."라는 확고한 믿음
   - 지금 그만두는 것은 패배를 인정하는 것이라는 생각
   - 중단은 경력 개발에 좋지 않다는 생각
5. 애초부터 실행이 전제되어 있다.
   - 프로젝트가 기업 제품 로드맵에 이미 포함되어 있다.
   - 올해 재무 계획의 일부로 자리 잡아 지금 뺄 수 없다.
6. 중단 결정을 위한 데이터의 불완전성과 불신
   - 데이터가 사실이 아닌 추측에 근거하면 엄격한 결정을 내리기 어렵다.
7. 프로젝트를 중단시킬 방법이 없다.
   - 게이트 키퍼 간에 진행과 중단의 명확한 기준이 없다.
   - 게이트 회의에서 투표가 이루어지지 않으므로 진정한 투자 결정이 아니다.

유명무실 게이트

비슷한 문제로 유명무실한 게이트를 들 수 있다. 게이트 회의가 열리고 진행 결정이 내려지지만 자원은 투입되지 않는다. 어찌된 영문인지 승인된 결정이더라도 자원이 동반되지 않으면 무의미하다는 사실을 경영진은 모르고 있다. 프로젝트 리더와 팀은 프로젝트를 진행하는 데 필요한 자원을 반드시 배정받은 후 게이트를 마무리해야 한다. 하지만 프로젝트가 승인되더라도 자원이 지원되지 않는 유명무실한 승인 결정으로 인해 신제품 개발 파이프라인에 너무 많은 프로젝트가 존재하게 되고 결국 출시까지 너무 오래 걸리게 된다. 자원이 부족한 프로젝트는 반드시 실패한다!

흉칙한 결과

실효성 없는 게이트는 개발 파이프라인에 지나치게 많은 프로젝트(특히 제한적인 가치를 지닌 프로젝트)가 포함되는 결과를 가져올 것이다. 그리고 유명무실한 게이트(자원 투입은 없으면서 승인된 프로젝트)의 경우, 프로젝트를 무한정 승인할 수 있다는 의미가 된다. 분명히 제한된 자원 하에서 과도하게 많은 프로젝트를 승인하면 여러 문제가 야기될 것이다.[4] 첫째, 프로젝트팀 구성원들은 지나치게 많은 프로젝트에 분산된다. 여러 가지 업무를 동시에 진행하면 어느 수준까진 효율적으로 할 수 있지만 업무를 지속적으로 전환하는 과정에서 생기는 시작 비용과 마무리 비용으로 인해 결국 생산성은 감소하게 된다. 자원이 매우 얇게 분산되는 경우, 많은 프로젝트가 기다리고 있기 때문에 프로젝트는 점점 오래 걸리고 전혀 진행하지 못하는 마비 상태에 이르기도 한다. 더욱 심각한 문제는 빡빡한 일정 때문에 제대로 일할 시간이 없어 누군가는 절차를 생략해버린다는 점이다. 너무 많은 프로젝트를 진행하는 것은 다른 부작용도 있다(제3장 참조). 프로젝트팀 구성원들은 스트레스에 치일 것이고 일정을 맞추지 못한 데 대해 서로 비난하기 시작할 것이다. 이것은 팀 사기에 바람직하지 않다. 또한 '영리한 팀'들은 종종 담당 프로젝트를 단순화하고 수준을 낮추기도 한다.

제안 게이트들을 자세히 살펴보라. 제대로 작동 중인가? 게이트 회의에서 프로젝트를 정말 중단시키려고 하는가? 대부분의 기업들처럼 게이트가 프로젝트 진행을 위한 정보 갱신과 검토하는 회의 같지 않은가? 게이트에서 팀에 자원을 투입하는가? 유명무실한 게이트에 대해 회사가 죄책감을 갖고 있는가? 이런 질문들에 대한 답이 뭔가 문제가 있다는 신호를 보낸다면 다음 내용을 읽으면서 어떤 조치를 취해야 하는지 잘 살펴보라.

실효성 있는 게이트-강아지 몇 마리를 포기하는 법 배우기

'무용지물 게이트'와 '유명무실 게이트'가 당신 회사의 게이트와 같다면 지금 당장 강아지 몇 마리를 물에 빠뜨리고 가치 있는 프로젝트에 자원을 재할당하라. 여기 몇 가지 방법이 있다. '실효성 있는 게이트 운영을 위한 요구조건'에 여러 기업에서 게이트 결정을 명확히 내린 모범 관행들이 요약되어 있으니 참조하라. 이 관행들의 일부는 앞장에서 강조했고 기타 일부는 이번 장에서 간략히 설명했다. 여기서는 그것들을 통합해 제시한다.

현재의 포트폴리오 가지치기 - 대수술
프로세스를 촉진시키는 한 가지 방법은 포트폴리오에 포함된 프로젝트를 하나씩 엄격히 검토해 인정사정없이 가지치기해버리는 것이다.

· · ·

실효성 있는 게이트 운영을 위한 요구조건

1. 프로세스에서 게이트가 명확히 정의될 것
   - 진행/중단 결정을 내리는 지점
   - 단순한 프로젝트 검토, 진행 단계 파악, 또는 상황 갱신 회의는 안됨
   - 프로젝트는 진행 결정이 내려져야만 계속 진행

2. 무결점 데이터 확보
   - 진행/중단 결정을 위한 고급 정보
   - 탄탄한 사전 작업을 바탕으로 한 신뢰할 만한 정보
   - 스테이지 게이트 시스템에서 어떤 대비가 필요하고 요구되는지 명시할 것

3. 올바른 실행가능 결과물
   - 게이트 키퍼에게 유용한 방식으로 전달된 적합한 정보
   - 실행가능 결과물에 대한 명확한 기대
   - 견본이나 지침 등을 사용할 것

4. 결과에 대해 책임지는 프로젝트팀
   - 게이트들에서 예측한 자료와 결과 비교
   - 프로젝트의 사후 출시 검토 공식화

5. 프로젝트의 진행/중단 결정과 우선순위 기준 명시화
   - 평가표, '성공 기준', 생산성지수를 이용해 구체화

6. 게이트에서의 자원 할당 방법
   - 포트폴리오 관리(큰 그림)와 연결
   - 프로젝트들 사이의 적절한 균형과 배합

사례 모 화학업체는 지나치게 많은 프로젝트를 진행하면서 어려움에 빠졌다. 제품 파이프라인에 무려 1천 개가 넘는 개발 계획이 있었던 것이다. 프로젝트 항목을 철저히 검토한 결과, 대부분의 프로젝트들이 가치가 제한적이거나 전략적 영향력이 부족한 평범한 프로젝트였다. 회사는 인정사정없는 가지치기로 프로젝트를 250개로 줄였다. 그 결과, 출시 소요시간이 1년 내에 절반으로 줄었고 프로젝트 실행 과정도 눈에 띄게 개선되었다.

포트폴리오 가지치기는 정말 어려운 선택이다. 이 사례처럼 가지치기 비율이 75%라는 것은 극단적인 예지만 일반적인 포트폴리오에서 적어도 프로젝트의 절반가량은 제거되어야 한다. 그러나 '강아지를 물에 빠뜨리는 것'은 대부분의 경영진에게 유쾌한 일이 아니다. 그들에게는 모든 프로젝트가 좋아보이고 가치 있고 필요한 일이기 때문에 아무도 자신이 개입한 프로젝트를 단 하나도 중단시키고 싶어하지 않는다. 만약 현명하게 가지치기 대수술을 할 의지가 있다면 어느 프로젝트를 중단하거나 보류하겠는가?

적은 개수의 더 나은 프로젝트를 하라 - 결정 공장 사고방식

장기적으로 더 나은 신제품 개발에 집중하라. 프로젝트 선택은 자원 제약 관점에서 이루어져야 한다. 제한된 개발자원을 고려해 적절한 개수의 프로젝트가 확실히 수행되도록 해야 한다. 10개 프로젝트를 선택해 제대로 못하는 것보다 4개 프로젝트만 제대로 하는 것이 낫다. 즉, 깔때기 방식을 기반으로 매 게이트(특히 초기 게이트 1, 2, 3)마다 일정 비율의 프로젝트는 제거되어야 한다.

　사례[5] 쿠퍼 스탠다드 오토모티브(Cooper Standard Automotive)의 한 사업 부문은 지난 2000년 제품 개발 시스템 정체를 겪었다. 당시 차트에는 진행 중인 50개의 중요한 프로젝트가 있었고 출시 기한이 '정해져 있지 않다보니' 출시된 프로젝트가 전혀 없었다. 최악의 상황에서 결단력 있는 이사 한 명이 부실한 프로젝트를 중단시키기 위해 결정 공장 사고방식을 게이트 회의에서 실행했다. 그 결과 2007년 주요 프로젝트 개수는 8개로 줄었고 출시 소요시간은 1.6년으로 감소해 중요한 출시가 연간 5개로 증가했다. 신제품에서 얻는 수익은 2000년부터 점증했고 2007년 10배 이상 증가했으며 지금도 증가 중이다.

최적의 중단 비율

우리가 포트폴리오를 어떻게 관리할지 논의하는 세미나에서 자주 하는 질문은 다음과 같다. 최적의 감소곡선이 있는가? 각 게이트에서 제거되거나 중단되어야 할 프로젝트의 비율은? 예를 들면 창업투자 사업규칙 중 하나는 "100개 기회를 살펴보고 10개에 투자하면 1개는 대성공작이 될 것이다."이다. 제품혁신 사례에서도 무의미하게 각 게이트에서 최적의 중단비율을 계산하려는 사람이 있지만 최적곡선이나 만능곡선은 없다고 봐야 한다. 경험상 한 가지 법칙은 각 단계의 프로젝트 개수는 해당 단계에 소요되는 비용과 반비례해야 한다는 것이다. 그러나 계산해보면 너무 가파른 감소곡선을 얻게 되므로 적합한 규칙은 아닐 것이다.

　또 다른 관점은 1장 〈그림 1.5〉에 등장했던 평균 감소곡선을 사용하는 것인데 평균적인 의사결정권자가 최적이라는 전제를 바탕으로 한다. 이 곡선에 따르면 스테이지 1에서는 7개 프로젝트 스테이지 2에서는 5개, 스테이지 3에서는 4개가 있고 1.5개가 출시된다고 해석할 수 있다. 게이트 1부터 게이트 5까지 약 5대1 비율로 감소한다. 이 곡선은 위험이 높은 진정한 신제품 개발에 적용되는 반면, 좀 더 예측가능하고 위험이 낮으며 소소한 프로젝트들은 5대1보다 완만한 비율을 보인다. 게다가 〈그림 1.5〉의 곡선 모양은 잘못되었고 비용 지출을 최적화하기 위해선 기울기가 더 커야 한다. 즉, 제거 비율은 초기 게이트에서 가장 높아야 하는 것이다. 예를 들면 게이트 1에서 개발로 진행할 때 7개에서 2~3개로 감소하는 반면, 게이트 3 이후는 거의 감소가 없어야 한다. EXFO 엔지니어링은 개발 프로세스가 '터널로 연결되는 깔때기'가 되길 바라고 어떤 화학업체는 게이트 3 이후 중단된 프로젝트 비율을 부정적인 지표로 간주한다.

각 게이트에서 이상적인 중단 비율을 정하기는 어렵더라도 훌륭한 관행과 몇 가지 사례를 제시하고자 한다.

■ 각 게이트에서 중단되는 프로젝트 비율을 기록하라. 원칙상 중단 비율은 초기 게이트에서 가장 높고 게이트 3 이후(즉, 게이트 4와 5)에서는 0에 근접함으로써 터널로 이어지는 깔때기가 바람직하다.

■ 초기 게이트에서 중단되는 프로젝트가 없다면 문제가 있는 것이다. 즉, 게이트가 무용지물이라는 것이다. 혁신 프로세스를 시작한 모든 프로젝트가 좋다는 것은 말이 안 된다. 결국 게이트 1을 통과한 프로젝트 상당수는 추후 제거될 운명이어야 한다.

■ 위험이 낮고 예측가능한 단기적인 프로젝트보다 모험적인 프로젝트를 중단하는 비율이 높아야 한다(즉, 더 가파른 감소곡선).

■ 〈그림 1.5〉의 평균 감소곡선은 프로젝트 중단을 판단할 수 있는 좋

은 기준이라고 할 수 없다. 이상적인 곡선은 초기에 가파르고 최종 단계에 근접하면서 점점 완만해져야 한다. 〈그림 1.5〉를 보면 곡선 아래 영역은 지출비용과 대략 비례하므로 프로젝트는 한참 진행되었을 때보다 초기에 제거되어야 이득이다.

명확히 정의된 게이트를 혁신 프로세스에 포함시켜라

〈그림 4.10〉에 소개된 전형적인 스테이지 게이트 프로세스와 같이 아이디어-출시 시스템에 게이트들이 구축되어야 한다. 게이트는 단지 프로젝트 검토 회의나 진행 단계 확인 지점이 아니라 프로젝트 진행/중단을 결정하는 회의다. 게이트는 경영진이 최신 정보를 바탕으로 진행 중인 프로젝트를 계속 할지 나쁜 프로젝트를 중단해 손실을 막을지 결정하는 회의다. 진행을 결정한 경우, 게이트는 프로젝트 리더와 팀이 프로젝트를 추진할 수 있도록 자원 투입을 결정하는 회의이기도 하다. 프로젝트는 자원 투입 없이 승인될 수 없다. 만약 그런 일이 지속된다면 게이트는 유명무실해지고 지나치게 많은 프로젝트만 남을 것이다!

> 66 프로젝트 리더와 팀이 프로젝트의 다음 단계를 완수하기 위해 필요한 자원을 지원하는 불변의 결정이 바로 게이트다. 99

진행/중단 결정 및 프로젝트 우선순위 선정을 위한 기준 명시화

점수표를 사용하라. 대부분의 회사(예를 들면 J&J와 P&G, 에머슨 일렉트릭의 일부 사업)가 프로젝트 초기 심사(그림 4.10에서 게이트 1, 2, 3)를 위해 점수표를 사용한다. 게이트 회의에서 게이트 키퍼들은 중요 기준을 사용해 점수를 매긴다. 점수표를 사용하는 법은 앞장에서 프로젝트 평가도구로 이미 설명했다. 점수표는 시장매력도, 핵심역량 활용 경쟁우위와 같은 질적 요인(단지 NPV와 같은 재무적 기준이 아닌)을 기반으로 프로젝트의 상대적 매력도를 평가하는 것이다. 프로젝트팀이 프로젝트 발표를 한 후 게이트 키퍼들은 6~10개 차원에 대해 0~10점까지 점수를 매긴다. 그리고 평가 결과를 대형 화면에 띄운 후(그림 9.1 참조) 토론과 논의를 거쳐 진행/중단 결정이 내려지는 것이다.

적절한 재무 기준을 사용하라: 대부분의 기업들은 개발 프로젝트 선택 시 앞장에서 본 것처럼 재무 기준에 많이 의존한다. 하지만 이런 요소들(NPV[ECV], IRR, 회수 기간)과 프로젝트 유형에 따른 목표 수준을 명확히 밝혀둘 필요가 있다.

성공 기준을 적용하라: 앞장에서 소개한 대로 P&G가 게이트에서 성공적으로 적용한 방식은 성공 기준을 사용한 것이다. "프로젝트별로 각 스테이지와 관련된 게이트마다 구체적인 성공 기준이 정의되며 프로젝트팀과 경영진이 합의해 해당 기준과 달성 목표를 정한다. 그리고 성공 기준은 이어지는 게이트들에서 프로젝트를 평가하는 데 쓰이게 된다."

프로젝트: 몬타-21

	프로젝트 매력도 점수: 60점 만점 중 34.4 또는 57%		결정: 중단

평가자	전략	제품 장점	시장매력도	핵심역량 활용	기술적 실행 가능성	보상 대 위험	점수(60점 만점)
JCC	0	10	4	7	7	10	38.0
MB	10	7	4	4	7	4	36.0
SJC	10	10	7	4	4	4	39.0
NCC	10	7	7	4	7	0	35.0
FK	7	7	4	4	7	0	29.0
FM	7	5	4	4	4	0	24.0
GRT	10	10	4	7	7	4	42.0
HH	7	7	4	7	7	0	32.0
합계	61	63	38	41	50	22	275.0
평균	7.6	7.9	4.8	5.1	6.3	2.8	34.4
팀	10.0	7.0	4.0	4.0	7.0	4.0	36.0
표준편차	3.42	1.89	1.39	1.55	1.39	3.54	

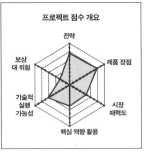

프로젝트 점수 개요

**그림 9.1 게이트 회의에서 점수표를 보여주어라 –
수많은 논의를 이끌어낼 수 있다.**

프로젝트 예측치가 합의된 기준에 부합되지 못하면 프로젝트는 중단될 수 있다. 성공 기준은 점수표 방식과 함께 사용될 수 있다.

프로젝트팀이 자기평가를 하도록 하라: 어떤 회사는 게이트 회의 전 프로젝트팀이 작성한 자기평가표를 제출하게 한다. 프로젝트 매력도에 대한 프로젝트팀의 평가도 게이트 키퍼들에게 중요한 정보다. 게이트 키퍼도 프로젝트를 평가하지만 그 평가는 프로젝트팀의 평가 점수를 보기 전 이루어진다. 따라서 게이트 회의에서 프로젝트팀과 게이트 키퍼가 프로젝트 평가 점수를 제시하면 바로 의견 차이를 조율할 수 있다. 만약 이런 과정을 거치지 못하면 프로젝트팀에게 실행가능 결과물에 포함된 정보의 신뢰성을 판단할 수 있는 평가서를 제출하도록 하면 된다. 즉, 점수표 기준에 따라 프로젝트를 평가하는 대신 프로젝트팀이 실행가능 결과물에 포함된 '정보 신뢰성'을 스스로 평가하게 하는 것이다.

> 66 명확히 정의된 게이트를 혁신 프로세스에 포함시켜라. 그리고 진행/중단 여부 및 우선순위 결정을 내리는 데 도움이 되는 점수표, 성공 기준, 재무 목표와 같은 가시적인 기준을 이용하라. 99

게이트에서 과정 진행 지표들(In-Process Metrics)을 명시하라: 일부 경영진은 과정 진행 지표를 중요한 요소로 간주하기 때문에 게이트에서 제시된다. 과정 진행 지표들은 프로젝트가 얼마나 잘 실행되고 있는지, 예정된 방향과 목표를 향해 나아가고 있는지 여부를 포착하는 역할을 한다. 지표상 성과가 좋지 않다는 것은 중단하라는 신호가 아니라 프로젝트와 팀이 향후 곤경에 처할 수 있으니 방향을 수정하라는 강력한 신호다.

사례 오스트리아의 유명 전자업체인 오미크론 일렉트로닉스 (Omicron Electronics GmbH)는 스테이지 게이트 프로세스의 게이트에 통찰력 있는 지표를 도입했다.[6] 그들은 그것을 '게이트별 360도 피드백'이라고 불렀는데(그림 9.2 참조) 스테이지마다 3가지 중요 지표(프로젝트 목표 달성, 팀 효율성, 실행 품질)를 평가하고 기록하는 것이다. 360도 차트를 통해 게이트별로 3개 지표를 기반으로 전반적인 프로젝트 상황을 파악할 수 있고 프로젝트가 예정된 방향으로 나아가고 있는지 여부를 판단할 수 있다.

게이트에서 자원 할당 방법 이용

프로젝트의 한 스테이지가 끝나고 다음 스테이지로 진행하기 위해 자원이 필요하면 게이트가 열리게 된다. 게이트 회의는 보통 한 개나 소수 프로젝트에 초점을 맞추지만 진행을 위한 결정은 별개로 내려질 수 없다. 게이트 회의에서 효과적으로 자원 할당을 하기 위해 현재 자원 투입(부서별 또는 개인별)과 함께 진행 중인 프로젝트 목록(평가결과나 우선순위 수준 포함)을 보여주어야 한다. 가끔 새 프로젝트가 게이트 기준을 '통과'는 하지만 진행 중인 타 프로젝트들보다 별로 매력적으로 보이지 않을 수도 있다. 종종 자원이 모두 기존 프로젝트에 할당되기 때문에 검토 중인 프로젝트를 위해 투입할 자원을 어디서 원조받아야 하는지에 대한 결정은 매우 신중히 내려져야 한다. 경영진은 자원 할당 문제를 해결하지 않고선 프로젝트를 '진행 중 목록'에 계속 추가할 수 없다.

공식 포트폴리오 관리 시스템의 실행

포트폴리오 관리 시스템을 게이팅 과정에 통합시켜라. 포트폴리오 검토는 매년 2~4회 주기로 전체 프로젝트를 살펴보기 때문에 프로젝트별 평가 깊이는 낮아도 전체를 보는 관점이 필요하다.[7] 또한 포트폴리오 검토는 프로젝트 사이의 적절한 조합과 균형, 프로젝트 우선순위, 포트 폴리오와 사업 전략의 일관성 등의 안건에 중점을 둔다는 면에서 게이트 회의와 차이가 있다.

사례 EXFO는 스테이지 게이트와 포트폴리오 관리 시스템을 모두 운영했다.[8] 게이트들은 개별 프로젝트에 대한 진행/중단 결정을 내린다. 그러나 1년에 4회 CEO가 의장을 맡은 리더팀이 포트 폴리오 검토 회의 동안 모든 개발 프로젝트를 평가하고 우선순위를 정한다. 게이트 2나 이후 프로젝트는 모두 이 우선순위 작업 대상이다.

제안 실효성 있는 게이트를 만들기 위한 조치를 취하라. 먼저 취약한 프로젝트를 제거하기 위해 포트폴리오 검토를 철저히 함으로써 가지치기 작업을 시도하라. 그리고 반드시 일정 비율의 프로젝트를 중단시키는 소위 '결정 공장 사고방식'을 사용하라. 게이트마다 매우 분명한 기준을

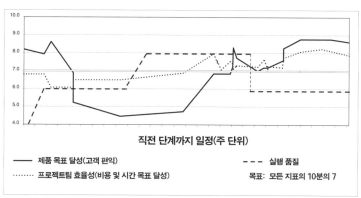

- 경영진과 프로젝트팀, 프로젝트 리더, 제품 매니저에 의한 360도 평가(수직축, 평가 0~10점).
- 이런 평가 데이터가 모든 게이트 회의에서 요약되어 제시된다.

그림 9.2 모범관행: 과정 진행 지표를 360도 관점에서 제시

사용하고 포트폴리오에 대한 고려도 게이트에 포함시켜라. 특히 새로운 프로젝트와 진행 중인 기존 프로젝트들의 목록을 비교해가며 우선순위를 결정하라. 궁극적으로 공식적인 포트폴리오 관리 시스템을 도입해 주기적(분기별 또는 연 2회)으로 전체 프로젝트의 포트폴리오를 검토하라.

효과적인 게이트 실행 방법

이제 앞장에서 설명한 다양한 평가 방법들(예: 점수표, 생산성지수, ECV)을 사용하는 방법에 대해 생각해보자. 즉, 효과적인 게이트 운영과 의사결정을 위해 이런 모델과 도구를 스테이지 게이트 시스템에 어떻게 통합시킬 것인가? 우리는 게이트 설계 과정에 포함된 요구조건, 구조, 기준, 게이트 키퍼, 규약들을 구체적으로 살펴볼 것이다.

효과적인 게이트 설계를 위한 요구조건

프로젝트 평가와 선택을 위한 관리 모델을 설계하거나 사업에 가장 적합한 접근법을 선택할 때는 반드시 다음 요소들을 고려하자.

각 의사결정은 순차적이고 조건부 특성을 지닌 프로세스 상에서 내리는 잠정적인 것이다. 진행/중단 결정은 여러 개 중 하나일 뿐이다. 진행하기로 한 결정이 되돌릴 수 없는 것도 아니고 사내 모든 자원을 투입해야 하는 결정도 아니다. 게이트 결정은 대안을 선택하는 시리즈로 보면 된다. 즉, 아이디어 심사 단계에서 깜박거리는 녹색불로 시작해 각 의사결정 지점을 거칠 때마다 프로젝트에 점점 더 큰 힘이 실리게 되는 것이다. 각 게이트에서 해당 프로젝트의 일부를 구매함으로써 신제품 프로젝트는 점차 커지고 위험은 줄어들게 된다.

게이팅 과정은 프로젝트의 진행 수락 오류와 중단 결정 오류 사이에서 균형을 유지해야 한다. 평가 과정이 약하게 이루어지면 명백한 실패나 부적절성을 제거하지 못해 소중한 자원을 잘못 할당하게 되고 잘못된 프로젝트를 향해 달려가게 된다. 한편 지나치게 엄격한 평가 과정을 거치면 획기적인 제품이 될 수 있는 가치 있는 프로젝트를 포기하는 결과를 가져온다. 특히 프로젝트가 아이디어 수준에 있는 초기 게이트에서 이 부분을 유념해야 한다. 위대한 아이디어들은 쉽게 부서지고 쉽게 버려질 수 있음을 명심하라.

프로젝트 평가는 정보의 불확실성과 신뢰할 만한 재무적 데이터가 없는 것이 특징이다. 프로젝트 진행과 관련된 초기 결정들은 대부분 신뢰성 있는 재무 데이터가 없는 상황에서 내려진다. 가장 정확한 데이터(예: 제조비용, 자본 요구조건, 예상수익)는 개발 단계 말미나 시험 및 검증 단계 이후 또는 제품 상용화 직전에 이용가능하다. 게이트 초반에 매출, 비용, 자본에 대한 데이터는 거의 추측에 불과하다. 신제품 개발 거의 전 과정에 믿을 만한 재무 데이터가 부족해하기 때문에 신제품 심사와 사전-개발 게이트 평가에 적합한 방법들을 일반적인 상업적 투자 결정들에 사용되는 방법들과 매우 다르다.

프로젝트 평가는 다수 목적과 다수 결정 기준을 포함한다. 프로젝트 진행/중단 결정을 위해 쓰인 기준은 전반적인 사업 목표들과 신제품 개발 목표를 반영하여야 한다. 물론 신제품 개발의 목적은 사업수익성과 성장에 기여하는 것이다. 새로운 기회를 창출하거나 위험 범위 내에서 운영하는 것, 특정 전략적 영역에 집중하는 것, 기존 제품 보완 등의 구체적 목적도 있다. 2장에서 언급했듯이 신제품 프로젝트의 질적인 특징들(제품 이점, 시장매력도, 레버리지)은 기업의 성공 및 재무적 성과와 관련이 높기 때문에 평가 기준으로 목표나 '바람직한 특성'에 포함되어야 한다.

평가 방법은 현실적이고 사용하기 쉬워야 한다. 프로젝트 평가도구들은 사용자 친화적이어야 한다. 즉, 도구들이 단순해 시간을 절약할 수 있고 회의 상황에서 경영진이 즉시 사용할 수 있어야 한다. 또한 데이터 요구조건, 사용과 계산 과정, 결과 해석 모두 간단명료해야 한다. 동시에 현실적이어야 한다. 예를 들면 지나치게 단순화된 가정들로 인해 결과의 타당성이 무시되어선 안 된다. 많은 수학 및 OR 모형은 이런 특성 때문에 비현실적인 반면, 앞장에서 소개한 물방울 다이어그램 방식의 일부 모형은 다소 단순화된 것으로 간주된다.

게이트 구조

각 게이트 회의의 작은 구조더라도 의사결정 효과와 효율성을 증진시키는 데 큰 영향을 미치게 된다. 잘 설계된 게이트와 게이트 회의들은 다음 3가지 공통 요소를 갖추고 있다(그림 9.3 참조).

1. **실행가능 결과물:** 결과에 대한 기대가 명확해야 한다! 대부분의 프로젝트 리더들은 임원진의 기대치를 예상하지 못하다보니 결국 임원진이 진행/중단 결정에 대한 정보가 부족한 상태에서 게이트 회의에 임하게 된다. 그래서 게이트에 앞서 실행가능 결과물이 명시되어야 한다. 이것은 프로젝트 리더와 팀이 게이트에 제공해야 하는 것으로 이전 단계에 수행된 활동 결과물이자 프로젝트팀의 목표가 된다. 각 게이트마다 실행가능 결과물의 표준목록이 지정되어야 하고 이전 게이트에서는 향후 경로와 다음 게이트를 위한 실행가능 결과물이 결정되어야 한다.

   사례 엑손 케미컬은 각 게이트마다 실행가능 결과물에 대해 표준화된 목록을 갖고 있음에도 불구하고 각 게이트 회의가 끝날 무렵이 되면 게이트 키퍼들이 다음 게이트에 전달할 결과물에 대해 프로젝트팀과 합의하기 위해 많은 노력을 기울인다. 이런 관행을 통해 프로젝트팀은 명확한 기대를 할 수 있게 된다.

2. **기준:** 게이트 키퍼는 올바른 결정을 위한 기준이 필요하다. 결정 기준은 게이트 회의에서 적용될 수 있도록 실질적이고 명시적이며 모두 명확히 이해할 수 있어야 한다. 그것이 진행/중단, 프로젝트 우선순위 결정을 내리기 위한 프로젝트 평가 기준이다. 그것은 게이트별로 표준화된 목록이 있지만 게이트마다 다소 차이가 있다. 또한 재무적 기준과 질적 기준을 모두 포함하고 있으며 반드시 충족해야 할 '필수 기준'과 프로젝트 우선순위 결정에 유용한 '바람직한 기준'으로 구분된다.

3. **산출물:** 보통 프로젝트 검토를 위한 회의가 모호한 결정으로 끝나는 경우가 많다. 아마도 어떤 결정이 내려졌는지 회의 참석자들에게 질문하면 저마다 다른 대답을 할 것이다. 따라서 게이트

- **투입:** 프로젝트 리더와 팀이 게이트에 제시해야 하는 '실행가능 결과물' 목록
- **기준:** 프로젝트 평가를 위한 목표 수준, 기준, 질문
- **산출:** 진행/중단/보류/재활용 결정 진행 결정의 경우, 실행 계획 및 자원 투입 승인

그림 9.3 게이트 공통 구조

는 회의 결과인 산출물을 명확히 정의해두어야 하며 산출물에는 '진행/중단/보류/재활용' 결정과 향후 경로가 포함되어야 한다. 게이트 회의에서 내려지는 결정은 4~5개 중 하나여야 하며 '결정 보류'는 결코 대안이 될 수 없다.

> **게이트들은 공통 구조를 가진다.**
> - 투입(실행가능 결과물)
> - 결정 기준
> - 산출-진행/중단/보류/재활용

- 진행은 프로젝트가 승인되어 다음 단계를 위해 게이트 키퍼들이 인력과 재원 투입을 결정한다는 의미다. 실행 계획이나 '추진 방향'도 일정과 이정표와 함께 승인되고 다음 게이트 일시와 실행 가능 결과물도 합의된다.

- 조건부 진행은 진행과 마찬가지로 프로젝트가 승인되고 자원도 투입되지만 특정 기간 내에 충족되어야 한다는 조건이 있다. 5장에서 언급한 것처럼 어떤 기업은 조건부 진행 결정을 내리지만 해당 조건이 전혀 충족되지 않고 프로젝트가 계속 미검증 상태로 남아 있을 위험이 있다.

- 중단은 '프로젝트 종료'를 의미한다. 즉, 관련된 모든 일을 중단하고 더 이상 시간과 재원을 투입하지 않는 것이며 수개월 내에 새로운 이름으로 프로젝트를 재생시키지 않겠다는 의미다.

- 보류는 프로젝트는 괜찮아 게이트 기준을 통과하지만 더 나은 프로젝트가 있거나 현재 해당 프로젝트에 투입한 자원이 준비되어 있지 않다는 것을 의미한다. 보류로 결정된 것은 우선순위에 따라 달라진다는 것이 문제다.

■ 재활용은 생산라인에서의 '재작업'을 의미한다. 전 단계로 되돌아가 제대로 다시 진행하는 것을 의미하며 프로젝트팀이 프로젝트에 필요한 사항들을 제대로 수행하지 않았다는 것을 암시한다.

품질-관리 확인 지점으로서의 게이트

게이트들은 본질적으로 혁신 프로세스에서 품질관리를 확인하는 지점이다. 당신과 리더십팀은 2가지 근본적인 품질 이슈를 처리해야 한다.

■ 프로젝트를 제대로 진행하고 있는가?
■ 적합한 프로젝트를 진행하고 있는가?

즉, "적합한 프로젝트를 제대로 진행하라."가 훌륭한 게이트를 위한 좌우명이 되는 것이다. 이 2가지 품질 이슈는 게이트 회의에서 3가지 중요 주제로 요약된다.

준비성
확인
■ 이전 단계 조치들이 질적으로 우수하게 실행되었는가?
■ 프로젝트 리더와 팀이 제대로 일해왔는가?
■ 실행가능 결과물의 상태가 제대로 되었는가? 데이터는 결함 없는 신뢰성이 있는가?

사업
평가
■ 바람직한 투자인가?
■ 프로젝트는 경제적 관점과 사업적 관점에서 볼 때 지속적인 매력도가 있는가?

우선	■ 프로젝트는 진행 중인 타 프로젝트와 어떻게 비교되는가?
순위와	■ 제안한 실행 계획과 요청한 자원은 합리적이고 타당한가?
자원	■ 이용가능한 자원이 있는가? 진행 중인 타 프로젝트에 피
투입	해를 주지 않는 상황에서 자원을 찾을 수 있는가?

위의 3가지 주제는 개별적으로 논의되어야 한다. 예를 들면 프로젝팀이 업무를 훌륭히 수행하지만 더 나은 프로젝트가 있어 보류 상태로 둘때가 있다. '실행 품질'에 대한 논의가 '사업 근거'와 분리되지 않으면진행하던 업무에 대해 임원진으로부터 꾸중 듣는 기분이 들어 불필요하게 사기가 떨어지게 된다.

3요소 다이아몬드형 의사결정

게이트들은 〈그림 9.4〉에서 보듯이 3개 부분으로 구성된 다이아몬드형의사결정 과정이다. 게이트 회의의 첫 번째는 '준비성 확인'인데 이것

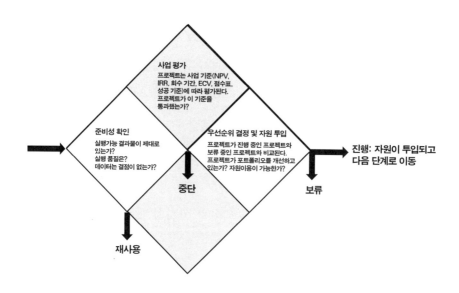

그림 9.4 자원 투입 의사결정의 3가지 부분

은 실행가능 결과물을 다루는 것으로 주로 전달된 결과물의 내용, 실행 품질, 데이터 무결점 여부 등을 판단한다. 프로젝트가 이런 준비성 확인 기준에 미치지 못하면, '중단' 결정되진 않더라도 '재활용'으로 결정될 가능성이 높다. 그럼 회의를 중단시키고 프로젝트 팀에게 돌아가 제대로 다시 하라고 지시한다.

두 번째는 '사업 평가' 인데 여기서는 앞장에서 소개한 다양한 모델과 도구들(재무도구, 점수표, 성공 기준)을 사용해 프로젝트가 가치 있는 투자인지 여부를 평가한다. 만약 프로젝트가 이 사업 기준을 충족시키지 못하면 '중단'으로 결정된다.

게이트 회의의 마지막은 '승인과 자원 투입'에 초점을 맞춘다. '진행'으로 결정되면 자원이 투입되어야 하므로 유명무실한 게이트들은 허용되어선 안 된다! 또한 사업 평가 기준을 '통과'했다는 이유만으로 프로젝트를 진행시켜서도 안된다! 통과가 되면 새로운 프로젝트의 NPV, 생산성지수, 평가 점수들을 타 프로젝트와 비교하는 과정에 돌입한다. 또한 이런 유형의 프로젝트가 포트폴리오에 너무 많은지 등 더불어 프로젝트들 사이의 배합과 균형도 살펴보아야 한다. 프로젝트팀이 제시한 실행 계획과 자원 조달 여부도 검토해야 한다.

게이트 기준 유형

준비성 확인: 먼저 프로젝트가 게이트 검토를 위한 준비가 되었는지 여부를 판단한다. 보통 체크리스트 형태로 전달사항을 하나씩 평가한다. 이때 다음과 같은 질문을 할 수 있다. 실행가능 결과물이 제대로 준비되었는가? 고품질 작업이 수행되었는가? 데이터는 무결점인가?

사업 평가: 각 게이트에는 게이트 키퍼가 사용할 사업 평가 기준 목록이 있다. 그것을 기준으로 게이트 결정이 내려지고 진행/중단과 프로젝

트 우선순위 결정 기준이 된다. 사업 평가 기준에는 다음 몇 가지 유형이 있다.

- **반드시 충족해야 하는 기준:** '예/아니오'에 대한 예비 질문으로 '아니오'라는 대답이 하나라도 있다면 '중단'으로 결정될 수 있다. 주로 체크리스트 방식을 사용한다.
- **진행/중단 기준:** 보통 양적 기준이다. 어느 것 하나라도 충족시키지 못하면 '중단' 결정이 될 수 있다. 주로 재무적 기준과 목표 수준이 포함된다.
- **충족되면 좋은 기준 또는 우선순위 결정 기준:** 프로젝트의 매우 바람직한 특징으로 '아니오'라는 대답이 있더라도 프로젝트는 중단되지 않는다. 모든 질문에 대한 답을 점수화해 합산하며 점수표를 사용하는 것이 효과적이다.

게이팅 시스템을 설계할 때 필수 기준이나 사업 점검 질문은 프로젝트가 전략적 적합성, 기업 전략, 실행가능성 등의 관점에서 최소한의 기준을 맞출 수 있을지 여부를 확인하는 데 효율적인 질문들이다. 실패가 뻔한 것들 처음부터 가능성이 없는 것들, 부적합한 프로젝트들을 제거하기 위한 질문들이다. 예시 질문들은 다음과 같다.

- 새로운 프로젝트는 사업의 전략적 범위 내에 있는가?
- 새로운 프로젝트는 윤리, 환경, 안전, 법 등과 관련해 회사 정책과 조화를 이루는가?
- 버그나 이례적인 변수가 있는가(또는 없는가)?
- 프로젝트를 감당할 수 있는가? 프로젝트 범위가 너무 넓진 않은가?

전략적 역량 부족이나 회사윤리 정책에 위반된다는 이유로 이 질문들에 하나라도 '아니오'를 답하면 프로젝트를 중단시킨다.

다음은 진행/중단과 관련된 기준이다. 보통 양적 요소로 최소 수용가능한 수준과 비교되는데 주로 재무 기준이 사용된다. 예시 질문들은 다음과 같다.

- NPV(또는 ECV)가 '+'인가?(NPV는 투자 대비 수용가능한 수준 비율로 계산되기 때문에 '+'로 계산되면 해당 프로젝트가 목표 비율을 초과한다는 의미다.)
- 회수 기간은 3년 이하인가?
- IRR은 30%보다 큰가?

> 66 게이트 회의에서 혼란을 초래할 수 있으므로 다양한 기준들을 섞지 말고 적절한 범주로 분리하라. 99
> - 준비성 확인(체크리스트)
> - 필수 기준-선별 기준
> - 진행/중단 여부의 우선순위 결정-재무 기준, 점수표 기준, 성공 기준

점수표에 근거한 프로젝트 매력도 점수도 진행/중단을 결정할 수 있는 기준이 될 수 있으며 보통 100점 만점 중 60~65점이 최소 기준이다. 또한 성공 기준도 활용할 수 있을 것이다. 즉, 프로젝트가 이전에 동의했던 성공 기준을 충족시키거나 초과하는가?

반면, '충족되면 좋은 기준'은 프로젝트의 상대적 매력도를 반영하므로 우선순위 결정에 사용된다. 다음 예시 질문들을 참조하라.

- 시장은 매력적인가?-시장 규모는 크고 성장하는가? 얼마나 매력적인가?

- 우리에게 친숙한 기술인가?-우리는 그런 유형의 기술을 보유하고 있는가?

- 제품이 기존 공장과 생산설비 또는 기술을 이용할 수 있는가? 이용한다면 얼마나 쉽게 이용가능한가?

- 제품이 지속가능한 경쟁우위를 차지할 것인가? 차지한다면 어느 정도 될 것인가?

'충족되면 좋은 기준'이나 '상대적 매력도', 우선순위 결정 질문은 앞 장에서 소개한 점수표 방식으로 처리할 수 있다(우수하면서도 증명된 점수표 사례로 그림 8.6과 8.7 참조). 점수표 질문들에 대한 대답이 '아니오'나 '부정적'이라고 해서 프로젝트가 중단되는 것은 아니다. 하지만 점수가 매우 낮으면 프로젝트가 추구할 정도의 매력은 없다는 의미다. 프로젝트 매력도 점수는 진행/중단을 가르는 주요 고려요소이고 게이트 회의에서 기존 프로젝트 대비 새로운 프로젝트의 상대적 매력도를 판단하는 데도 쓰인다.

재무 기준도 상대적 우선순위 결정에 사용된다. 물론 NPV(또는 ECV), IRR, 회수 기간은 게이트 회의에서 진행과 중단을 가르는 기준이 된다. 이런 재무적 수치들은 최소한의 수준을 넘어야 하고, 그렇지 않으면 프로젝트는 중단된다. 그러나 생산성지수로 변환된 NPV(또는 ECV)는 우선순위 결정 기준이 되고, 파이프라인 상의 타 프로젝트들과 새로운 프로젝트를 비교하여 상대적 매력도를 결정하는 데 사용될 수 있다.

제안 대부분의 기업은 재무적 기준(절대로 최고의 기준이라고 할 수 없음. 특히 초기 단계에서는)을 제외하면 진행/중단과 우선순위 결정 기준에 대해 명시화된 목록을 갖고 있지 않다. 만약 명시적인 기준이 없다면 더 늦기 전에 만들기 바란다. 먼저 필수 질문을 체크리스트로 만들고 진행/중단 결정 질문을 정한 다음 프로젝트의 상대적 매력도를 평가하는 데 도움이 되도록 '충족하면 좋은 기준들'을 점수표 형식으로 구성하라. 그리고 게이트 회의에서 이런 요소를 확실히 사용하고 각 질문을 논의하고 마무리하라. 만약 그렇게 하면 회사의 게이트 키핑 조직은 더욱 객관적이고 논리적이며 더 나은 의사결정을 내릴 수 있을 것이다.

게이트 관리를 잘하는 비결

게이트에서 프로젝트 우선순위 결정

진행 중인 프로젝트와 비교해 새로운 프로젝트의 상대적 매력도를 평가(예: 생산성지수나 점수표 비교)할 때는 새로운 프로젝트의 상대적 위치만 평가하라. 다른 모든 프로젝트의 우선순위를 다시 정하려고 하지 말라. 당신은 이 게이트 회의에서 다른 프로젝트들에 대한 정보를 갖고 있지 않고, 시간이 충분하지 않기 때문이다. 또한 해당 팀 구성원들이 없는 상황에서 그들에게 방어할 기회도 주지 않고 타 프로젝트의 우선순위를 정하는 것은 옳지 않다. 주기적으로 프로젝트들의 우선순위를 정하는 것은 게이트 회의가 아니라 포트폴리오 검토에서 이루어져야 한다.

게이트 간의 일관된 기준

가능하면 모든 게이트는 기준의 일관성을 유지해야 한다. 그래야만 게이트 키퍼들이 게이팅 시스템을 쉽게 이해할 수 있고 다른 스테이지의 프로젝트들을 비교할 수 있다. 게이트 2 이후에는 특히 기준의 일관성이 중요한데 보통 여기서 프로젝트가 포트폴리오에 진입하기 때문이다. 프로젝트는 포트폴리오 검토에 사용되는 순위 목록, 파이 차트, 물방울 다이어그램에 포함된다.

재무 기준은 게이트마다 바뀌어야 하는데 특히 초기 게이트들에서 그래야만 한다. 게이트 3에서는 NPV, IRR, 회수 기간을 살펴보는 것이 타당하지만(사실 전체 사업 계획이 게이트 3에 전달되어야 하는 실행 가능 결과물임) 게이트 1의 아이디어 심사에서 그런 기준을 사용하는 것은 비현실적일 뿐만 아니라(적합한 자료의 부재) 오히려 해롭다. 그 대신 점수표 기준의 대부분이 모든 게이트에서 적용될 수 있기 때문에 점수표 방식이 가장 가치 있는 자료가 된다. 예를 들어 〈그림 8.6〉의 평가표를 생각해보면 전략적 적합성, 제품 이점, 핵심역량 활용과 같은 기준은 게이트 3이나 4와 마찬가지로 게이트 1에서도 쉽게 적용될 수 있었다. 시장매력도와 기술적 실행가능성과 같은 기타 기준도 초기 게이트에서 잘 평가될 수 있다.

해결책: 주요 기준(그림 8.6의 6가지 요소)들은 게이트마다 일관되게 유지하라. 필요하면 일관성 유지를 위해 하위 질문을 수정해도 좋다. 예를 들어 '재무수익 대 위험요소'는 "수익을 얻을 수 있는가?"라는 질문에 대한 것이다. 게이트 3에서 하위 질문들은 매우 구체적이고 수치에 기반한 데이터를 바탕으로 하는 것이 좋다.

- 재무수익(NPV, IRR, ECV)
- 회수 기간
- 생산성지수

게이트 1에서 기본 질문은 "수익을 얻을 수 있는가?"로 항상 같지만 하위 질문들은 더 현실적인 측면을 고려해 더 정성적인 것을 사용한다. 예를 들면 다음과 같다.

- 보상의 크기는 얼마인가('보통'부터 '엄청난'까지의 정성적 척도)?
- 수익을 얻을 수 있는 확률은 얼마인가('매우 의심스러운' 것부터 '쉬운'까지의 척도)?
- 상업화 할 수 있는 가능성은('낮은 가능성'부터 '높은 가능성'까지의 척도)?
- 이 프로젝트에 돈을 투자할 것인가('절대 아니다' 부터 '지금 당장' 까지의 척도)?

이런 질문은 정성적인 또는 질적인 척도를 사용하지만 정보가 제한적인 게이트 1에서도 적용될 수 있다.

초기 게이트는 가볍게 접근하라

일부 기업 임원진은 아이디어를 심사하는 게이트 1부터 완전한 사업 사례를 기대하며 재무 기준을 엄격히 사용해야 한다고 주장한다. 하지만 틀렸다! 게이트 1은 신호등의 녹색불이 깜빡거리기 시작하는 아이디어 심사 단계일 뿐이다. 스테이지 게이트는 지출을 점증시키는 모델이라는 점을 상기하자. 게이트 1은 농장 전부를 걸지 않고 돼지 몇 마리만 거는 것이다. 그러므로 게이트 1은 너무 철저하고 엄격할 필요가 없다.

게이트 1에서 심사를 지나치게 철저히 하면 오히려 좋은 기회를 잃게 된다. 가장 혁신적인 아이디어는 종종 가장 허점이 많기 때문에 재무자료를 토대로 철저히 심사하면 사장되기 쉽다. 반대로 '확실해 보이는 프로젝트'는 가장 쉽게 달성할 수 있을진 모르지만 성과가 가장 좋은 프로젝트는 아니다.

따라서 게이트 1에서는 어떤 정보를 요구해야 하는지에 대해 신중해야 한다. 실행가능 결과물은 각 게이트에서 이루어진 투자 규모와 일관되게 유지되어야 한다.

> 66 **진정한 또는 대담한 혁신을 파괴시키는 최악의 방법은 초기에 게이트를 지나치게 엄격히 운영하고 초기 진행/중단에 대한 의사결정 시 엄격한 재무 기준을 사용하는 것이다.** 99

- 게이트 1에서 실행가능 결과물은 아이디어를 작성한 종이 한 장이지 재무자료가 아니다.
- 게이트 2에서 실행가능 결과물은 사전 조사에만 기반한 시장, 기술, 사업 평가 항목들을 적은 간단한 목록이다.
- 게이트 3 실행가능 결과물은 DCF 재무 분석이 포함된 완전한 사업 사례다.

나아가 게이트 1에서 진행/중단 결정을 내리기 위해 어떤 기준을 사용하고 있는지 주의하라. 엄격한 재무 기준을 너무 빨리 사용하지 말라. 초기에는 재무 기준 관련 정보가 없기 때문이다. 또한 재무 기준은 가장 혁신적인 아이디어와 컨셉을 사장시켜 결국 안전하고 평범한 개발 포트폴리오만 지향하도록 할 것이다. 즉, 재무 기준을 너무 빨리 사용하면 소규모의 단기적이고 예측가능한 프로젝트만 남게 되고, 대담한 혁신 프로젝트는 사라지게 된다.

하지 말아야 하는 방식의 사례 대기업의 사업 부문장들은 당연히 재무적 수치로 움직인다. 그리고 불행히도 그들은 이 철학을 게이트 회의에 당당히 가져간다. 아이디어 심사 회의인 게이트

1에서 일부 경영진은 NPV 추정과 완전한 재무 및 위험 평가, 그와 비슷한 분석 결과 등을 요구하기 시작한다. 하지만 매우 예측 가능한 프로젝트만 그런 수치들을 산출할 수 있고(그것도 너무 이르지만!) 더 혁신적이고 대담한 프로젝트들의 경우 이 수치들이 아직 없다(흐릿한 불빛으로 보일 것이다). 결국 잘못된 이유 때문에 훌륭한 프로젝트일 수 있는 것들(아직 잘 정의되진 않았지만)을 초기 게이트에서 중단시켜 결국 경쟁업체에서 출시되는 것을 보게 될 것이다.

다양한 유형의 프로젝트를 위한 다양한 기준

주식이나 채권, 부동산 투자를 평가할 때 똑같은 기준을 적용하는가? 당연히 아닐 것이다! 제품혁신도 마찬가지다. 선택 기준에 대한 대부분 논의는 혁신적인 신제품들에 맞추었다. 앞서 설명한 재무 기준이나 점수표 기준(그림 8.6)은 모두 중요하고 대담하고 혁신적인 제품 개발을 위한 것이다. 그러나 많은 개발 프로젝트는 위험이 낮고 규모가 작으며 예측이 가능하기 때문에 단순한 평가 기준이 적합하다. 〈그림 5.1〉에서는 3가지 버전의 스테이지 게이트를 설명하고 있다. 엑스프레스(XPress)와 라이트(Lite) 프로젝트용 게이트 기준은 보통 중대 신제품 프로젝트들보다 훨씬 단순하다. 예를 들면 다음과 같다.

- 규모가 작고 위험이 낮은 프로젝트(예를 들면 라인 확장, 갱신, 변경)의 경우, 재무 기준은 NPV보다 계산과 사용이 쉬워야 한다. 예를 들면 회수 기간은 사용하라. 회수 기간 추정이 별로 어렵지 않다. 즉, NPV 계산에 필요한 5년보다 향후 2~3년의 매출, 비용, 수익만 예측하면 된다.
- 점수표는 위험이 낮은 프로젝트에 사용될 수 있다. 그러나 점수

표는 프로젝트 규모와 성격에 적합하도록 구성되어야 하고 〈그림 8.6〉과 많이 달라야 한다. 예를 들면 모 대형 제지업체는 고객이 요청한 프로젝트를 위해 '마케팅 점수표'를 사용한다. 그것은 고객의 중요성, 미래 사업에 대한 영향력, 프로젝트 손익, 프로젝트 수행의 용이성과 속도들을 평가할 수 있는 간단한 몇 가지 질문만 사용한다.

또 다른 유형의 프로젝트는 기술 개발 프로젝트로 전통적인 재무 기준은 거의 무용지물이다. 새로운 기술이나 플랫폼에 대한 최종적인 상업적 영향력과 관련된 정보가 현실적으로 거의 없기 때문이다. 따라서 기술이나 과학 중심의 프로젝트에는 〈그림 8.7〉의 점수표 사용을 권한다. 즉, 성과 '추정치'와 정성적이고 전략적인 질문들을 사용하는 것이다.

제안 첫째, 게이트 회의에서 모든 프로젝트의 우선순위를 다시 정하려고 하지 말라. 그것은 포트폴리오 검토에서 할 일이다. 둘째, 게이트 기준을 일관되게 설계하려고 노력하라. 일관된 방식은 적용하기 쉬우므로 프로젝트들이 다른 단계에 있어도 비교할 수 있다. 점수표 모델은 특히 비교 상황에 적합하다. 셋째, 초기 게이트에서는 가볍게 접근하고 엄격한 재무 기준을 너무 빨리 과도하게 사용하지 말라. 그렇게 되면 가능성 있는 우수한 프로젝트를 죽이게 된다. 마지막으로 서로 다른 범주나 영역의 프로젝트들은 서로 다른 평가 기준이 필요하다는 것을 명심하라.

게이트 키퍼는 누구인가?

게이트를 관리하고 진행/중단 및 자원 할당 결정을 내리며 신제품 프로세스를 작동시키는 게이트 키퍼는 과연 누구인가? 게이트 키퍼는 기업과 조직 구조에 따라 다르지만 몇 가지 공통 규칙이 있다.

- 첫 번째 규칙은 간단하다. 어느 게이트에서든 게이트 키퍼들은 다음 단계에 필요한 자원을 승인할 권한이 있어야 한다. 즉 프로젝트팀이 프로젝트를 다음 단계로 진행시키기 위해 필요한 자원의 소유자인 것이다.
- 자원은 여러 기능에 분포되어 있기 때문에 게이트 키퍼들은 R&D, 마케팅, 엔지니어링, 생산, 판매, 구매, 품질 관리 등 여러 다른 기능의 대표자로 구성되어야 한다. 마케팅이나 R&D처럼 한 영역 출신의 게이트 키퍼들만 모여 있는 것은 바람직하지 않다!

게이트 키퍼들은 게이트마다 조금씩 바뀔 수 있다. 아이디어 심사 단계인 게이트 1에서는 3~4명의 하위직 직원들로 구성된다. 여기서는 자원 지출 수준이 매우 낮다. 그러나 재무와 자원 투입이 많은 게이트 3에서는 일반적으로 간부급이나 리더팀이 게이트 키퍼에 포함된다.

- 게이트 키퍼에는 향후 프로젝트 성공에 영향을 미칠 구성원들이 포함될 수 있다. 예를 들면 기술 개발 프로젝트의 경우, 초기 게이트에 참여하는 게이트 키퍼들은 대부분 기술부서 출신이 맡아도 되지만 많은 기업들은 기술을 최종 상용화할 사업 부문에서 중요한 역할을 하는 사람들을 초기 게이트에 참여시킨다.
- 게이트 키퍼들은 게이트 간에 일정 수준의 연속성을 지녀야 한다. 즉, 평가집단의 구성원은 전면적으로 바뀌면 안 된다. 잘못하면 게이트마다 처음부터 다시 시작하는 것처럼 정당성을 설명해야 하는 상황이 벌어질 수 있다. 중대한 프로젝트라면 게이트 2

에 리더팀의 일부(마케팅이나 R&D 부서 팀장)가 배정되고 게이트 3에서는 리더십팀 전체가 게이트 키퍼가 될 수 있다.

- 프로젝트 유형에 따라 게이트 키퍼들의 수준은 다르다. 5장에서 스테이지 게이트는 조절가능하다는 것을 설명하였다. 즉, 프로젝트 규모와 위험에 따라 풀(Full), 엑스프레스(Xpress), 라이트(Lite) 버전이 있다(그림 5.1). 대부분의 기업에서 고위 경영진은 중대한 프로젝트의 게이트 3, 4, 5에 참여하고 초기 게이트나 덜 중요한 프로젝트의 게이트들에는 중간급 관리자들을 참여시킨다.

사례 모 대형 금융기관에서는 게이트 3부터 게이트 키퍼들의 수준이 두 단계로 나뉜다.

- 대규모의 위험이 큰 프로젝트들(총비용 50만 달러 이상)의 경우, 게이트 3~5는 은행 수석부사장들로 구성된 고위급 게이트 키핑 그룹 배정
- 위험이 낮거나 규모가 작은 중간급 프로젝트들에는 중간급 게이트 키핑 그룹 배정(그들은 중요한 프로젝트의 경우, 게이트 2 이내에만 참여함)

게이트 운영법

게이트들은 공정해야 하고 프로젝트팀이 공정하다고 인식해야 한다. 또한 게이트 키퍼들의 게임즈맨십(Gamesmanship: 게임을 자신에게 유리하게 이끄는 능력)과 정치적 측면이 작용할 여지가 없도록 투명하게 운영되어야 한다. 또한 결정과 자원 할당이 제대로 이루어지도록 효과적

이어야 한다.

더불어 하루 종일 회의가 질질 끌지 않고 제때 결정이 내려지도록 게이트는 효율적으로 진행되어야 한다. 그래서 우수기업들은 게이트 운영을 위해 전문적인 게이트 프로토콜(Protocol)을 개발한다. 우수 사례를 바탕으로 개발한 절차들을 소개한다.

게이트 프로토콜

게이트 키퍼들은 효과적인 의사결정팀의 역할을 해야 한다. 그리고 고위 경영진을 포함한 모든 팀은 참여 규칙을 따라야 한다(〈표 9.1〉참조). 게이트 키퍼 그룹이 이런 행동규칙들은 개발하고 잘 따르는 것이 중요하다.

게이트 회의는 프로젝트팀이 필요하면 열릴 수 있지만 일반적으로 매달 임원 회의가 있을 때 함께 열린다. 사전 공지가 충분하다면 어느 프로젝트 리더든 예정된 게이트 회의에 자신의 프로젝트를 '포함'시킬 수 있다. 중대한 프로젝트의 경우, 개당 60~90분이 할당된다(게이트 3부터).

자료(실행가능 결과물)는 회의 1주일 전 전달된다. 팀은 실행가능 결과물을 도출하기 위한 표준양식을 사용해야 한다(예: 템플릿). 그래야만 게이트 키퍼들이 프로젝트들을 좀 더 쉽게 비교할 수 있다. 미리 자료를 읽을 때 게이트 키퍼가 중요한 의문점이나 이슈를 발견한다면 게이트 진행자(Facilitator)나 프로젝트팀과 사전에 접촉해야 한다. 게이트 회의 중 기습하면 안 된다!

회의를 열어라! 실행가능 결과물이 준비되지 않은 경우가 아니라면 취소나 연기를 하지 말라. 프로젝트가 '중단'으로 결정되더라도 회의를 열어 프로젝트 마무리를 짓고, 교훈을 공유하며, 올바른 중단 결정을 축하하라. 시의적절한 중단은 성공으로 간주되어야 한다. 자원을 절약하고 향후 문제를 예방하였기 때문이다.

영상 및 전화회의를 하게 되면 반드시 관련 설비를 확인하라. 프로젝트팀은 가능한 곳에서 회의에 참석해야 하며 게이트 회의 내내 자리를 뜨지 않고 전체 논의, 평가 과정, 결정 근거까지 듣고 봐야 한다. 물론 일부 회사에서는 게이트 키퍼들이 비공개로 논의할 수 있도록 프로젝트팀이 잠시 회의실에서 나오기도 한다.

66 **최고의 혁신기업들로부터 배워라. 게이트 회의용 프로토콜(참여규칙 포함)을 개발하라. 또한 회의를 촉진하고 규정을 집행할 권한을 가진 과정 관리자가 있어야 한다.** 99

○ ○ ○

표 9.1. 게이트 키퍼의 참여규칙 목록

1. 게이트 키퍼들은 게이트 회의를 열고 회의에 참석해야 한다.
   - 회의를 연기하거나 취소하면 안 된다.
   - 참석하지 않으면 당신의 의견은 '예'다.
2. 게이트 키퍼들은 자료를 받아 읽고 회의를 위한 준비를 해야 한다.
   - 중대한 이슈가 있다면 게이트 퍼실리테이터나 프로젝트팀에게 연락하라.
   - '기습 공격'은 게이트 회의에서 용인되지 않는다.
3. 게이트 키퍼들은 실행가능 결과물에 명시된 것 이외의 정보나 답을 요청할 수 없다.
   - '흠집내기' 행위는 안 된다.
   - 가학적 성향이나 정치적 영향력, 지적 능력을 내세우기 위

한 토론장이 되면 안 된다.

4. 게이트 키퍼들은 발표자를 '공격'할 수 없다.

   - 팀이 방해받지 않고 발표할 수 있는 시간을 제공하라.
   - Q&A는 공정해야 하며 악의적이 되면 안 된다.

5. 게이트 키퍼들은 해당 게이트 기준을 바탕으로 결정을 내려야 한다.

   - 게이트 키퍼들은 각 기준을 검토하고 결론에 도달해야 한다.
   - 게이트 회의에서 점수표를 채워야 한다.

6. 게이트 키퍼들은 규범에 따라야 한다.

   - 숨은 의도가 없어야 한다.
   - 명시할 수 없는 기준을 사용하면 안 된다.

7. 결정은 감정이나 직감이 아닌 사실과 기준이 바탕되어야 한다.

   - 모든 프로젝트는 공정하고 일관적으로 처리되어야 하며 게이트를 통과해야 한다. 경영진의 지원을 받거나 경영진이 '특히 좋아하는' 프로젝트에 대한 특별한 대우가 없어야 한다.

8. 결정이 내려져야 한다.

   - 근무시간 내에 이루어져야 한다.
   - 실행가능 결과물이 있다면 결정을 미루지 말아야 한다.
   - 게이트는 속도가 특징인 시스템으로 불필요한 지연을 일으키면 안 된다.

9. 프로젝트팀은 결정 통지를 받아야 한다.

   - 즉시
   - 대면으로(이메일이 아니라)

10. '진행' 격정이라면 게이트 키퍼들은 합의된 실행 계획을 지지해야 한다.

   - 자원을 투입하라(인력과 자금).

- 프로젝트 팀원들에게 시간이 배분되는 데 동의하라.
- 1명의 게이트 키퍼가 진행 결정을 기각하거나 이미 합의된 자원 약속을 어길 수 없다.

11. '보류' 결정이라면?
- 게이트 키퍼들은 자원을 찾으려고 노력해야 한다.
- 3개월 이상 보류 상태를 유지할 수 없다. 진행되든지 중단되어야 한다.
- 이것들을 게이트 키퍼들이 더 엄격한 결정을 내리거나 자원 투입을 하도록 압박이 될 것이다.

∘ ∘ ∘

게이트 진행자가 있어야 하는데 보통 스테이지 게이트 프로세스 관리자가 맡는다. 이것은 경기의 심판에 비유할 수 있다. 주인공은 아니지만 호루라기를 들고 궁극적으로 회의를 통제하는 사람이다.

보통 게이트 키퍼의 의장이 정해지기도 하지만 반드시 그럴 필요는 없다. 게이트 키퍼 의장의 역할은 미진한 부분들에 대해 프로젝트 리더와 함께 사후 확인하는 것이다. 예를 들면 조건부 진행으로 결정될 경우, 조건이 충족되었는지 여부를 확인해야 한다.

게이트 절차는 보통 다음과 같다. 프로젝트팀은 15분 동안 방해받지 않고 발표한다. 파워포인트 슬라이드는 보통 10~15장으로 제한한다. 그리고 팀은 실행가능 결과물들을 반복해선 안 되며 핵심 이슈들(위험요소와 프로젝트팀이 요청한 결정)과 새로운 이슈들에 초점을 맞추어야 한다. 그런 다음 질의응답 시간을 갖는다. 이 시간은 프로세스 관리자가 조정한다. 이때 프로세스 관리자는 게이트 키퍼들이 주제에서 벗어나지 않도록 타당한 관련 질문들만 하도록 해야 한다. 프로세스 관리자는 중단이나 휴식시간을 요청할 권한도 있어야 한다.

논의가 점점 줄어들면 프로세스 관리자는 게이트 키퍼들로 하여금 실행가능 결과물이 제대로 준비되었는지 평가하게 한다. 즉, 준비성 체크리스트에서 시작해 필수적인 충족 조건으로 넘어간다. 보통 프로젝터 화면에 해당 목록을 보여주는 것만으로 충분하며 이례적인 경우에만 게이트 키퍼들에게 질문 요청을 한다.

회의는 이제 진행/중단과 우선순위 결정 기준으로 이동한다. 예를 들면 재무 기준을 논의하고 점수표를 배포한 후 프로젝트를 평가한다. 이때 게이트 키퍼들은 자신이 매긴 점수는 알리지 않도록 한다. 점수표를 수집하고나면 곧바로 점수를 입력하고 그 결과를 〈그림 9.1〉처럼 프로젝터 화면에 표시하면 된다(프로젝트팀이 자기평가를 했다면 그 결과는 게이트 키퍼들의 점수 옆에 표시한다).

게이트 키퍼들 큰 의견에 큰 차이가 있을 경우, 프로세스 관리자는 그 차이를 안건으로 올려 해결하도록 노력한다. 예를 들면 프로세스 관리자는 높은 점수와 낮은 점수를 확인하고 입장을 설명해달라고 요청한다. 프로세스 관리자는 게이트 키퍼들이 평가 기준을 차례대로 검토하도록 유도하면서 각각에 대해 상호이해하고 합의에 도달하게 한다.

이제 결정할 때다. 첫 번째는 '통과' 또는 '중단' 결정으로 프로세스 관리자는 게이트 키퍼들로 하여금 다양한 재무 기준을 고려하도록 요청한다. 즉, 목표 기준 대비 NPV, ECV, 회수 기간, IRR, 민감도 분석 결과, 프로젝트 매력도 점수 등을 바탕으로 통과 및 중단 결정이 내려진다.

그러나 '통과'가 반드시 '진행'을 의미하진 않는다. 프로젝트가 최소 기준을 충족했다는 의미일 뿐 최고 프로젝트는 아닐 수 있다. 이제 중요한 것은 우선순위 결정과 자원 투입 결정이다. 보통 프로세스 관리자가 진행 중인 프로젝트들의 매력도 점수, NPV, 생산성지수를 보여준다. 그럼 게이트 키퍼들은 새로운 프로젝트가 타 프로젝트들과 비교해 얼마나 매력적인지 감을 얻는다.

현재 포트폴리오에 대한 파이 차트와 물방울 다이어그램도 함께 제시된다. 게이트 키퍼들은 새로운 프로젝트의 포트폴리오 적합성과 균형 정도를 판단할 수 있게 된다. 그럼 그들은 프로젝트팀이 제안한 실행 계획과 자원요청서를 검토한 후 자원 이용가능성에 대한 안건들을 논의한다. 이제 그들이 직면한 결정사항은 〈그림 9.4〉에 표시된 것처럼 '진행' 대 '보류' 결정이다.

이제 게이트 결정이 합의되었다. 즉, 진행·중단·보류·재활용이다. '진행'이라면 프로젝트 우선순위를 정하고 다음 게이트를 위한 실행 계획과 실행가능 결과물들에 대해 합의하게 된다. 자원 투입이 결정되고 다음 게이트 날짜가 정해진다. 그리고 프로젝트팀에게 즉시 통보한다 (팀이 여전히 회의실에 있더라도).

조언 합의에 어떻게 도달할지 미리 결정하라. 반드시 만장일치로 진행/중단 결정을 내려야 한다. 일부 회사들은 '다수결 원칙'을 사용하기도 하는데 고위급 게이트 키퍼가 51%의 표를 행사한다면 전혀 민주적인 결정이 되지 않는다.

> **사례** 모 대형 은행에서 한 고위 임원이 '의견이 나뉠 때 결정규칙'에 대해 명쾌하게 밝혔다. "나는 게이트 회의에서 경영진이 결정을 내리도록 한다. 하지만 그들이 1시간 내에 결정에 도달하지 못하면 내가 결정을 내린다—이런 민주주의는 바로 독재가 된다."

나는 게이트 회의를 망치는 방법들을 다음에 제시해놓았다. 모두 실제 경험을 바탕으로 제시한 것으로 이런 행동들은 무슨 수를 써서라도 피하라. '게이트 회의를 망치는 10가지 방법' 참조.

문제가 있는 프로젝트를 찾아내기 위한 빨간 깃발

프로젝트에 문제가 생기면 어떡하나? 예를 들어 이정표를 놓치거나 재무적 전망이 바뀐다면? 해당 문제를 해결하기 위해 다음 게이트까지 기다려야 할까? 프로젝트를 중단하거나 선회하기 위해 다음 게이트까지 기다려야 할까? 절대로 아니다! 그렇다고 일부 기업들이 실수하는 것처럼 스테이지 내에 게이트들을 추가함으로써 관료주의화 해서도 안 된다.

간단한 방법은 '빨간 깃발(red flag)'을 사용하는 것이다. 빨간 깃발은 미국 자동차경주에 등장하는 노란 깃발과 비슷하다. 경주 중 노란 깃발이 내려지면 비상사태가 발생한 것으로 모든 경주용 자동차는 속도를 늦추고 조심스럽게 진행한다.

· · ·

게이트 회의를 망치는 10가지 방법

1. 대부분의 회의에 빠져라. 그나마 참석하는 날에는 회의가 시작할 때 실행가능 결과물을 읽기 시작하라.

2. 프로젝트팀이 발표할 기회를 주지 말라. 팀이 첫 번째 슬라이드를 넘기자마자 어려운 질문으로 공격하라.

3. 항상 미리 요청하지 않은 정보를 요구하라. 이런 방법은 프로젝트팀의 평정심을 잃게 만든다.

4. 악의적이고 무례한 질문으로 팀을 공격하라. 팀의 부하직원들이 고위급 게이트 키퍼들에 대한 두려움을 느끼게 하라.

5. 게이트에서 명시된 기준을 무시하고 직감으로 결정을 내려라. 사실은 무시하고 자신의 의견을 사용하라.

6. 재무적 전망에만 의존하라. 회의 시간의 75%를 수치를 두고 논쟁하도록 하라. 나머지 정보는 중요하지 않다.

7. 당신의 역할은 심판이다. 도움이나 조언은 절대로 제공하지 말라.

8. 의심되면 결정을 내리지 말라. 프로젝트팀이 몇 주 동안 계속 기다리게 만들어라. 누가 상사인지 보여주어라.

9. 프로젝트 우선순위를 정하지 말라. 진행 중 프로젝트를 목록에 계속 추가하라. 조직에는 제거가 필요한 느슨한 부분이 많다.

10. 프로젝트팀으로 하여금 일정을 단축하고 요청한 자원을 줄이라고 요구하라. 그리고 이미 투입된 자원은 언제든지 철회할 수 있다고 생각하라.

∘ ∘ ∘

빨간 깃발도 같은 방식으로 작동해야 한다. 프로젝트가 곤경에 빠질 때마다 프로젝트 리더는 빨간 깃발을 던져야 한다. 그럼 프로세스 관리자는 즉시 팀 리더를 만나 상황의 심각성을 논의하고 게이트 키퍼에게 알리며 비상 게이트 회의를 소집할 수 있다. 여기서 핵심은 상황을 기다리는 것이 아니라 문제 해결 또는 프로젝트 중단이나 방향 재설정을 위해 재빨리 조치를 취하는 것이다.

빨간 깃발은 다음과 같은 상황에서 작동한다.

- **기술적인 장애물:** 개발 시간과 비용은 늘리고 성공가능성은 낮추는(이전 게이트에서의 성공 확률 예측치와 비교) 기술적인 장애물을 만났을 때
- **프로젝트 일정 문제:** 프로젝트가 이전 게이트에서 합의된 일정보다 많이 늦어지거나(30일 이상) 이정표를(연속해서) 놓치는 2개의 중간단계를 지나치는 경우

- **제품 특징과 사양 문제:** 고객욕구나 제품 정의에 부정적인 영향을 미치는 방식으로 제품 설계나 제품 사양이 변경되거나 완화되는 경우
- **매출 예측 오류:** 이전 게이트 사업 계획의 매출 추정치와 비교해 예상 매출 차이가 클 때
- **원가 산출 오류:** 이전 게이트 사업 계획의 원가와 비교해 예상 원가의 차이가 클 때
- **자원 문제:** 주요 부서가 프로젝트 실행 계획에서 합의된 자원 투입 요건을 충족시키지 못할 때
- **사업 계획 문제:** 이전 단계에서 수용된 재무 전망과 비교해 프로젝트 재무 전망과 사업 계획에 심각한 영향을 미치는 변화가 생긴 경우

이런 상황이 생길 때마다 프로젝트 리더는 빨간 깃발을 던지고 조치가 취해져야 한다.

제안 관리 시스템의 상세한 내용은 스테이지 게이트를 작동시키는 데 필수 사항이다. 누가 게이트 키퍼로서 의사결정의 중심인지 확실히 정의하라. 게이트 키퍼들은 게이트마다 바뀔 수 있고 프로젝트 유형과 규모, 위험 수준에 따라 다른 사람이 될 수 있다는 점을 유념하라. 게이트 회의를 위해 우수기업에서 사용한 지침들을 참조해 프로토콜 운영에 대해 충분히 생각하라. 나쁜 행동을 최소화하기 위해 게이트 키퍼들이 반드시 참여규칙을 개발하도록 독려하고 문제가 있는 프로젝트를 찾아 필요한 조치를 취하기 위해 빨간 깃발을 사용하는 것을 고려하라.

게이트를 가속시키는 방법

앞에서 설명한 프로토콜들은 두 게이트를 더 효과적으로 만드는 데 도움을 준다. 그러나 신속한 진행/중단 결정 글로벌하게 협업하는 개발팀의 특성을 고려할 때 속도와 게이트의 가속화도 매우 중요하다. 프로젝트가 한 게이트에서 3주를 기다리며 연기되는 경우가 5개 게이트 전체에서 일어난다면 총 15주가 될 것이다. 낭비되는 시간이 거의 4개월이나 된다.

오늘날처럼 무엇이든 빨리 진행되는 세상에서는 도저히 받아들일 수 없는 시간이다. 우리는 5장에서 아이디어-출시 시스템에서 낭비와 관료주의를 없애는 방법들과 특히 게이트 간소화 개념을 살펴보았다. 가치흐름 분석을 이용하고 의사결정에 반드시 필요한 정보만 정의하며 (실행가능 결과물 간소화) 기대를 명확히 하는 것은 게이트 결정을 가속화해 가치 없는 일을 없애는 방법들이 될 것이다. 그 외에 기업들이 게이트를 가속화하기 위해 사용하는 기타 관행들은 다음과 같다.

자율적으로 관리되는 게이트

규모가 작고 위험이 낮은 프로젝트들 중 일부는 자율적으로 관리될 수 있다(예를 들면 그림 4.10의 게이트 2와 4). 이런 경우, 프로젝트팀이 자가검토 후 진행 여부를 결정한다. 모 통신업체는 이런 방식을 실험하기도 했다(대안적인 방법은 그림 5.1처럼 3스테이지 프로세스를 택하는 것이다).

전자 게이트

글로벌 개발팀과 게이트 키핑 그룹들의 등장으로 일부 회사는 게이트 회의를 전자화, 세계화, 가상화하기도 했다. 한 제지업체가 원격 전자 게이트를 실험해보았다. 즉, 게이트의 실행가능 결과물이 전 세계 게이트 키퍼들에게 컴퓨터를 통해 자동 배포되고 게이트 키퍼들은 독립적으로 전자평가표에 프로젝트 점수를 매기면서 답변을 추가한다. 그럼 글로벌 게이트 키핑 그룹이 영상회의를 통해 점수를 논의하며 이견을 조율한 후 진행/중단 결정을 내린다. IT를 광범위하게 사용함으로써 정보를 전파하고 점수매기기와 평가표 결과를 통합하며 회의 자체를 진행하는 등 전자 게이트가 가능해지는 것이다.

가상 게이트

가상 게이트는 실제 게이트 회의 형태가 아니며 게이트 키퍼들이 컴퓨터를 이용해 실행가능 결과물을 검토해 진행/중단 결정을 서로 독립적으로 내리는 형태다. 이것을 활용하면 게이트 키퍼들의 회의 불참을 줄일 수 있고 게이트 회의에 불참한 구성원의 의견을 얻을 수도 있으며 결정 속도도 높일 수 있다. 특히 게이트 키퍼들이 멀리 떨어져 있을 때 유리하다.

이처럼 가상 게이트의 장점은 분명하지만 실제로 회의가 현장에서 열리는 것은 아니다. 그렇기 때문에 게이트 키퍼들이 상호작용적인 토론과 학습에 참여할 기회가 없다는 것이 가장 큰 단점이다. 그래서 게이트 키퍼들은 정보가 불완전한 상황에서 진행/중단을 결정하게 된다.

게이트가 제대로 작동하게 하라!

본 저자는 이번 장을 "게이트가 진행되면 프로세스도 진행된다."라는 문장으로 시작했다. 비록 게이트들이 프로젝트 기간 중 1회당 60분(총 5회)밖에 차지하지 않지만 어쩌면 성공작과 실패작을 가르는 가장 중요한

60분일지도 모른다. 게이트들은 제대로 작동해야 한다! 그래서 게이트를 제대로 작동시키기 위해 시간과 노력을 들이는 것은 당연하다.

게이트 회의를 제대로 운영하려면 좋은 의도를 가진 경영진을 월간 회의에 소집하는 것만으로는 안 된다는 사실을 알게 되었을 것이다. 분명히 "평범한" 게이트 회의(약하고 미미한 프로젝트들을 양산하는 비효율적이며 올바른 결정을 내리지 못하는 회의)와 효과적이고 효율적인 게이트 회의를 구분해 더 나은 결과를 낳는 유용한 접근법들, 기법들, 요령들, 프로토콜들이 존재한다. 이것들을 잘 활용하면 가치가 높은 개발 프로젝트들로 구성된 엄청난 포트폴리오로 이어질 것이다.

10장
개발과 시험, 출시

나는 모든 위대한 혁신은 거절이나

거부에서 비롯되었다고 생각한다.

- 루이스 네벨슨(1900~1988), 미국 조각가

스테이지 3에서의 병행 활동: 개발

:: 프로젝트가 게이트 3을 통과해 '개발'을 향해 진행된다. 전반부 과제가 완수되었고 목표시장, 제품 컨셉과 포지셔닝, 편익과 제품 특성 등이 명확히 정의되었다.

스테이지 3(개발)이 시작되고 게이트 3에서 승인된 개발 계획이 실행된다. 즉, 사업 계획사례 계획들을 구체적인 실행가능 결과물(광범위한 사내조사와 고객조사를 통해 부분적으로 검증받은 시제품)로 전환하는 것이다. 스테이지 3의 실행가능 결과물과 주요 과업은 〈그림 10.1〉에 제시되어 있다. 이번 장과 〈그림 10.1〉 및 〈그림 10.2〉는 대규모 고위험 투자를 요하는 거대 개발 계획이나 대담한 혁신이 대상이므로 소규모 저위험 프로젝트의 경우, 이번 장에 포함된 활동 중 일부를 생략할 수도 있을 것이다.

    66 **스테이지 3의 주요 활동은 제품 개발이지만 다른 많은 과업들도 병행된다.** 99

제품 개발

스테이지 3에서 가장 명시적인 활동은 시제품(또는 IT의 경우 서비스 및 지원 활동)이다(그림 10.1 참조). 주로 프로젝트의 기술부서 직원들이 실행 계획 및 게이트 3에서 정해진 제품 정의에 따라 제품 개발을 수행하게 된다. 통제된 사내환경 속에서 제품이 작동하는지 여부를 확인하기 위해 사내 테스트, 실험실 테스트, 알파(Alpha) 테스트도 실시한다. 일정표와 이정표를 기반으로 개발 활동이 진행되고 개발-시험-피드백-수정을 반복하는 순환 과정에서 제품의 다양한 버전이 사용자에게 제시된다.

제품의 물리적인 개발과 제품 시험이 진행되는 동안 프로젝트팀의 타 구성원들은 타 활동들을 동시에 수행한다. 이 단계에서 많은 일과 과업들이 여전히 남아 있다. 그중 일부는 너무 늦은 시기까지 간과하게 된다. 그러므로 스테이지 3을 위해 명확히 정의된 실행 계획이 있어야 한다. 스테이지 3에 포함되어야만 하는 전형적인 활동들이 있다. 이런 활동들이 전부 적용가능하진 않을 것이며 프로젝트와 산업의 성격에 따라 달라질 것이다.[1]

시장 개발

스테이지 3에서는 제품에 대한 수용과 긍정적인 시장환경을 재확인하기 위해 지속적으로 시장과 경쟁상황을 모니터링하고 연구한다. 기업은 초기 시제품이나 실험실 견본을 믿을 수 있는 소수 고객들에게 전달하고 제품에 대한 초기 반응과 피드백을 얻으려고 한다.

또한 스테이지 3에서는 상세한 출시 계획도 함께 수립된다. 이것은 가격 책정과 유통, 촉진, 판매조직 등을 포함한 마케팅 계획의 첫 번째 부분이다. 임시적 성격이나 '일회성' 출시 계획은 개발이 시작되기도 전인 스테이지 2 말미에 수립되었다. 마케팅과 세일즈 자료에 필요한 법

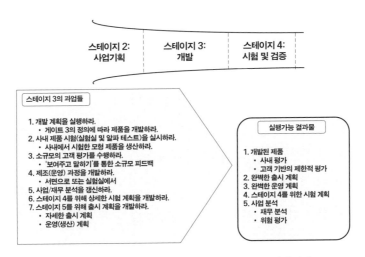

| 스테이지 2:
사업기획 | 스테이지 3:
개발 | 스테이지 4:
시험 및 검증 |

스테이지 3의 과업들

1. 개발 계획을 실행하라.
   · 게이트 3의 정의에 따라 제품을 개발하라.
2. 사내 제품 시험(실험실 및 알파 테스트)을 실시하라.
   · 사내에서 시험한 모형 제품을 생산하라.
3. 소규모의 고객 평가를 수행하라.
   · '보여주고 말하기'를 통한 소규모 피드백
4. 제조(운영) 과정을 개발하라.
   · 서면으로 또는 실험실에서
5. 사업/재무 분석을 갱신하라.
6. 스테이지 4를 위해 상세한 시험 계획을 개발하라.
7. 스테이지 5를 위해 출시 계획을 개발하라.
   · 자세한 출시 계획
   · 운영(생산) 계획

실행가능 결과물

1. 개발된 제품
   · 사내 평가
   · 고객 기반의 제한적 평가
2. 완벽한 출시 계획
3. 완벽한 운영 계획
4. 스테이지 4를 위한 시험 계획
5. 사업 분석
   · 재무 분석
   · 위험 평가

그림 10.1 스테이지 3(개발)에서는 타 과업들도 병행된다.

적 승인도 받아야 한다. 기술적 제품인 경우, 고객의 기대를 충족시킬 수 있도록 기술 서비스와 지원에 대한 계획도 개발하라. 또한 앞에서 제시한 항목에 대해 해외 계열사들과 협력해 국가별 출시 계획을 세우고 판매량을 확보하고 가격 정책에 대한 동의를 구하라. 또한 사업 파트너가 있다면 역할을 적절히 배분하고 양측 모두 책임을 다할 수 있도록 해당 파트너와 함께 출시 계획을 세워라.

마지막으로 스테이지 3에서는 스테이지 4의 제품 시험을 위해 적합한 시험 대상 고객(글로벌 대상 포함)을 확인하기 시작해야 한다.

IP와 제품 규제 이슈

기술보호 전략(IP)과 실행에 대한 구체적 내용들을 확정하는 단계다. 즉, 기술보호 전략을 실행하기 시작하고 필요한 승인과 규제 이슈들(해외 포함)의 해결책을 확보해 제품 규제 관련 계획을 확정하고 실행한다.

생산 및 운영 과정(또는 공급원)

스테이지 3에서는 생산 및 공급 과정이 상세히 정의되고 설계된다(과정은 경제성과 같이 서면으로 고안되어야 함). 생산비용과 자본 지출도 스테이지 2보다 훨씬 정확히 작성된다. 장비 항목들에 대한 비용과 리드 타임을 결정하기 위해 판매업체와 접촉하라. 회사가 장치산업에 속한다면 실험실에서 소규모 공정을 개발하라.

스테이지 3은 운영상의 EH&S(환경, 건강, 안전) 이슈들을 정의하고 해결하기 위한 단계다. 필요하다면 제품 제조 규제 허가를 획득할 계획을 개발하고 실행하라.

마지막으로 스테이지 3에서는 품질보증 조건 및 품질보증 계획과 더불어 상세한 운영과 공급 계획을 수립한다. 또한 시험 생산이나 운영을 할 스테이지 4를 위해 시설을 설계한다. 그리고 스테이지 4의 시험 가동을 위해 필요한 장비 중 리드 타임이 긴 품목들을 주문하는 것도 고려하라.

사업과 재무 분석 갱신

개발된 제품과 생산 및 공급 과정 계획 등 더 나은 데이터를 바탕으로 스테이지 2에서 실시한 재무 분석과 사업 분석을 다시 수행해야 한다.

- 주요 재무 가정들을 확인하면서 NPV, IRR, 회수 기간, 생산성지수를 산정하라.
- 주요 재무 가정들(예: 가격, 판매량, 비용)에 대한 민감도 분석을 수행하라.
- 사내 타 제품들에 미칠 영향(예: 자기잠식)을 평가하라.
- 중대한 사업 및 재무 위험을 파악하라.
- 스테이지 4에서 필요한 장비(특히 장기적인 리드 타임이 필요

한 장비)를 위해 자본 지출 승인요청서(Capital Appropriation Request 또는 CAPEX)를 준비하라.

실행 계획들

시험과 타당성 검증을 수행하는 스테이지 4를 위해 구체적인 계획을 세울 때다(활동, 자원, 인력, 시기, 일정, 이정표). 일부 기업들은 중단 계획도 준비한다. 즉, 프로젝트가 스테이지 4나 5에서 중단될 경우, 고객, 구매 장비, 내부나 현장의 제품 재고 등을 처리하기 위한 출구계획이 필요하다.

이 스테이지나 더 일찍 개발되는 타 계획으로는 사후-출시 계획과 수명 주기 계획이 있다.

- 사후-출시 계획은 출시 직후 일어나는 이슈들을 처리한다. 예를 들면 무엇이 완료되는지, 무엇을 측정해야 하는지, 어떤 해결책과 수정이 필요한지 등을 처리하는 것이다.
- 수명 주기 계획은 출시 단계를 훨씬 넘어서 제품 철수까지 다루는데 신제품 출시, 지속적 개선, 차세대 제품들, 철수 계획 등을 포함한다(5장 참조).

개발 단계 동안 지속적인 고객조사 추구

노련한 프로젝트 리더들이 입증했듯이 매우 빈틈없이 계획된 프로젝트조차 이 지점부터 잘못될 수 있다. 큰 문제는 제품 정의가 적합하지 않거나 개발 과정 중에 사용자나 고객의 요구사항들이 변화한다는 것이다.

    ❝ 때때로 제품 정의가 부적합하고 고객의 요구사항들은 종종 변화한다. 그러므로 개발 단계에서도 '구축-시험-피드백-수정'의 나선형 방식을 사용하라. **❞**

    해결책은 2장과 5장에서 소개했던 개념인 나선형이나 민첩한 개발이다(그림 2.7과 5.3 참조). 즉, 제품이 형태를 갖추어가는 개발 과정의 모든 단계에서 고객의 의견과 피드백을 반영하려고 노력해야 한다. 고객의 의견과 피드백을 추구하는 것은 개발 과정에서 매우 중요하고 지속되어야 하는 활동으로 올바른 제품 개발을 가능하게 하고 정확히 정의된 목표를 향해 개발을 가속화시켜 준다. 개발 단계 전 수행되었던 고객의 소리(VoC) 조사가 설계 관련 모든 이슈를 해결하기에 충분하지 않을 수도 있고 중대한 제품 설계 변경이 요구되는 기술 문제가 개발 단계에서 발생할 수도 있다.

    사례 캐나다 듀폰(DuPont)의 프로젝트팀은 폴리에틸렌 플라스틱 팩을 사용해 새로운 우유 포장 시스템을 개발할 때 기술적인 문제에 봉착했다. 원래 컨셉은 개봉과 밀봉이 쉽도록 부착 탭을 사용한 1쿼트(약 0.94ℓ)짜리 플라스틱 팩에 우유를 포장하는 것이었다. 그들은 사전-개발 시장조사를 통해 이 제품의 컨셉을 시험하고 검증했다.

    그러나 개발 과정에서 기술적인 어려움들이 발생해 뜯어내는 탭을 생산하는 것이 거의 불가능해졌다. 그때 프로젝트팀은 제품 설계 변경을 소비자가 수용할 것으로 가정하지 않고 뜯어내는 탭의 중요성을 판단하기 위해 사용자를 대상으로 신속히 시장조사를 수행했다. 조사 결과, 뜯어내는 탭이 바람직하긴 하지만 필수적이진 않으며 소비자가 제품을 수용하는 데 그런 탭의 유무는 큰 영향을 미치지 않는 것으로 나타났다. 결국 탭은 설계에서 제외되었고 제품은 캐나다에서 대성공을 거두었다.

고객 시험 설계

2장에서 언급했듯이 "고객들은 눈으로 보기 전까지 자신들이 원하는 것이 무엇인지 모른다."라는 문장을 떠올려보자. 이 메시지는 단순하다. 즉, 스테이지 3(개발)에서 가능하면 고객에게 뭔가를 빨리 보여주라는 것이다. 완성품이 아니더라도 좋다. 그래야만 고객들이 반응할 대상이 있고 소중한 피드백을 제공할 수 있을 것이다. 그러므로 개발 단계 동안 지속적으로 고객들과 함께 평가하고 평가하고 또 평가하라. 그리고 빨리 시작하라.

　사내 제품 시험(또는 실험실 테스트나 알파 테스트)은 제품 개발의 중추적인 요소다. 그러나 사내 시험은 제품이 실험실 조건 같은 통제된 환경에서 제대로 작동되는 것만 평가한다. 제품이 실제 사용환경에서 작동하는지, 고객을 만족시키는지 등에 대해선 거의 알려주지 않는다. 고객들은 제품의 단점을 발견하는 새로운 방법들(설계 그룹은 단 한 번도 생각해보지 못한)을 생각해내는데 천부적 재능을 가진 것 같다. 따라서 제품 설계의 '엄격한 검증'은 고객과 함께 하는 것이다.

간단하고 저렴한 시험

이런 고객 시험은 상당히 단순하고 저렴할 수 있다. 상당히 복잡한 제품(예를 들면 주택소유자를 겨냥한 잔디용 및 정원용 트랙터 신제품)을 개발 중이라고 생각해보자. 핵심부품들(새로운 자동변속기와 계기판)은 이미 사내에서 설계되어 개발되고 검증되었다. 최종제품에서는 두 가지 부품 모두 매우 가시적으로 드러날 것이고 고객들은 기어 변속이 어떻게 작동되고 느껴질지, 계기판의 외형과 기능은 어떨지 알 수 있을 것이다. 이때 고객 반응을 평가하는 방법은 다음과 같다.

1. 잠재사용자(와 판매상)들을 개발 장소(또는 편리한 장소)에 데려가 핵심부품들을 보여주고 시험적으로 사용해보게 하라. 기존 트랙터에 새 변속기를 끼우고 실물 크기의 모형 계기판을 진열할 수도 있다. 고객들이 직접 보고 만져보고 사용해보게 하라. 이때 고객들의 반응과 의견들을 기록하고 컨셉 평가처럼 관심도, 호감도, 선호도, 구매 의도 등을 측정하라(그림 7.6에 제시된 질문 형식 사용). 탐색적인 질문(특히 좋은 점과 싫은 점)을 포함시켜라.

2. 똑같은 절차가 고객 포커스 그룹 조사에 사용될 수 있다. 그룹 소개부터 시작하라. 그런 다음 전시 공간으로 이동해 고객들이 직접 만져보고 사용할 수 있게 하라. 평가된 부품들의 장점과 단점을 논의하기 위해 다시 그룹을 모아라. 그룹 회의는 개별 인터뷰보다 좀 더 효율적이고 단시간에 더 많은 데이터를 얻을 수 있다. 또한 그룹 구성원들이 종종 서로 자극하면서 더 흥미롭고 통찰력 있는 논의로 연결되기도 한다.

3. 고객 수가 적을 경우, 개발 과정에서 조언자나 자문팀으로 지속적으로 참여할 수 있는 '사용자 패널'을 구성해보자. 설계, 설계 의사결정, 부품 등에 대해 검토받을 필요가 있을 때마다 고객 패널을 물리적 또는 온라인으로 소집하고 그들의 반응을 얻어라.

4. 아마도 고객 파트너십은 개발 과정에서 지속적이고 솔직한 고객 의견을 탐색할 가장 확실한 방법일 것이다. 고객 파트너십은 협력적인 개발 노력을 통해 고객과 개발자 모두 얻는 것이 있을 때 특히 효과가 좋다. 이것은 상당히 단순명료한 방식으로 고객이 설계팀의 중추적인 구성원이 되는 것이다.

스테이지 3의 개발 작업에 고객을 개입시키는 것이 쉽고 편하게 느낄수록 과정을 가속화할 수 있다. 예를 들어 소프트웨어 개발의 경우, 며칠 만에 제품의 일부(예를 들면 몇 개의 화면으로 구성된 시제품)를 개발하되 그것을 비밀로 하지 마라. 다음 개발 단계로 진행하면서 고객에게 화면을 보여주고 신속한 피드백을 얻으라. 빠르고 반복적이고 동시적인 작업이 이상적이다. 즉, 초기 시제품이나 부분적인 시제품이 신속히 만들어지고 고객의 피드백을 즉각 얻으며 제품의 다른 부분이나 더완성된 시제품 개발이 뒤따르게 된다. 이것이 〈그림 5.3〉에서 설명한 '반복 방식'이다.

소프트웨어 사례의 경우, 구축-시험이 반복되는 과정에서 고객 반응을 알아보기 위해 부분적으로 완성된 소프트웨어 제품의 일부를 고객들에게 보여주는 것은 쉽게 이해되는 일이다. 하지만 이런 방식은 대부분의 산업에서 효과가 있다. 고객에게 제품을 제공한다면 개발 단계가 끝날 때까지 기다리지 말라. 일찌감치 고객들에게 초기 시제품, 실험실 모형, 조잡한 모형 또는 대략적인 작업을 끝낸 미완성 모델 등 뭐든지 보여주어라.

비현실적인 고객 기대를 야기하는 것

사람들은 종종 "비현실적인 고객 기대가 생기면 어쩌지?"라는 걱정을한다. 타당한 질문이다. 초기 구축-시험을 반복하는 활동을 수행할 때는 정확히 개발 과정의 어느 단계인지 고객에게 명확히 밝혀야 한다. 즉, 이것은 초기 시제품 평가이고 현장 시험용이나 판매용 제품이 아니라는 것을 밝혀야 한다. 그것이 프로젝트팀 구성원들이 고객에게 직접 제시해야 하며 영업직원들에게 맡겨선 안 되는 이유다. 더불어 고객에게 아이디어부터 출시 시스템의 전체 개요를 보여주고 정확히 프로젝트의 어느 지점에 있는지 정확히 알려주어라. 즉, 스테이지 5가 아니라 스테이지 3이라는 것을 정확히 알려주는 것이다. 아마도 고객은 비슷한 신제품 과정을 경험해보았을 것이고 바로 이해할 것이다.

제안 나선형의 민첩하고 반복적인 구축-시험-피드백-수정 과정은 주로 소프트웨어 개발업체와 같은 소수 산업에서 사용되는 방식이지만 훨씬 더 넓은 범위의 산업과 상황에도 적용가능하다. 여기서 핵심은 제품개발을 독립적인 부분으로 분리해 불완전한 시제품이나 작업 모형, 실험실 모형, 부품 등을 신속히 개발한 다음 그것들을 고객과 함께 신속히 평가하는 것이다. 이런 구축-시험 단계를 반복하면 올바른 제품이라는 최종 목표를 향해 훨씬 짧은 시간 내에 스테이지 3을 통과할 수 있을 것이다.

개발 시간 단축하기

개발 단계의 두 번째 주요 과제는 개발 시간을 단축하는 것이다. 개발 시간 단축을 통해 신속히 수익을 실현할 뿐만 아니라 개발 목표가 바뀔 가능성을 최소화할 수 있다. 따라서 긴박감은 스테이지 3의 필수요소다. 프로젝트에서 이 스테이지가 가장 오래 걸리고 문제가 될 여지가 가장 크다. 하지만 전반부 작업을 완수했고 사실 기반의 제품 정의가 제대로 이루어졌다면 개발 단계에 존재하는 위험과 시간 낭비 요소들은 대부분 제거되었을 것이다.

> 속도가 가장 중요하다! 그러나 실행 품질을 훼손시켜선 안 된다.

2장에서 출시 시간을 단축시키는 5가지 성공 동인들을 살펴보았다. 이런 동인을 신제품 개발 시스템에 포함시켜라. 그것이 개발 시간을 단축시키는 첫 번째 방법이다.

1. **우선순위 정하기와 집중하기:** 프로젝트 속도를 늦추는 가장 좋은 방법은 제한된 자원과 인력을 많은 프로젝트에 분산시켜 낭비하는 것이다. 진정 가치 있는 프로젝트들에 자원을 집중시킨다면 프로젝트는 더 잘 수행될 뿐만 아니라 신속히 수행될 것이다.

2. **처음에 제대로 하기:** 프로젝트의 모든 과업과 단계에 실행 품질을 포함시켜라. 시간을 절약하는 가장 좋은 방법은 프로젝트를 다시 처리하거나 그 일을 두 번씩 해야 하는 상황을 피하는 것이다.

3. **전반부 작업과 정의:** 전반부 작업을 제대로 수행하고 프로젝트를 명확히 정의하면 이후의 시간을 절약할 수 있다. 즉, 제품 설계 목표가 명확해지고 재작업을 덜 하게 되는 것이다.

4. **권한을 가진 다기능 팀 조직하기:** 시의적절한 개발에 필수적이다. 수직적인 조직의 사일로 효과를 줄이고 동시적 처리 과정(순차적인 문제 해결 과정보다)을 촉진한다.

5. **동시적 처리:** 제품 개발에 대한 계주식, 순차적, 연쇄적 접근법들은 더 이상 효과가 없다. 더 적절한 모델은 럭비게임 또는 동시적 처리 모델로 주어진 시간 내에 더 많은 일을 완료할 수 있다.

또한 다음에 제시하는 몇 가지 기본적인 방법을 당신의 방법론으로 활용해보라.

■ **업무 흐름도 사용하기:** 프로젝트의 각 과업을 명시한 후 프로젝트팀으로 하여금 각 과업에 투입되는 시간을 줄일 방법을 찾게 하라. 시간낭비 요소들을 없애라! 현명한 지름길을 찾거나 불필요한 부분을 생략하는 것 등이 시간을 절약하는 확실한 방법이다.

- **계획 도구들 사용하기:** 중요 경로 계획법과 프로젝트 관리용 일정표 소프트웨어를 활용하라. 과업을 동시에 수행하거나 하나의 과업을 끝내기 전 다른 과업을 시작할 기회를 찾아라.

- **유연성 더하기:** 여러 활동과 단계를 중복시켜라. 리드 타임이 긴 활동을 초기 단계로 이동시켜라. 이런 접근법에 대해선 5장에서 설명했다.

- **마감일 신성시하기:** 시간에 기반한 혁신작업은 마감일을 엄격히 지키지 않고선 불가능하다. 즉, 미리 정해진 날짜는 엄격한 지침으로 변명의 여지없이 지켜져야 한다. 만약 작업이 지연되더라도 기한을 연기해선 안 되며 추가적인 노력과 자원을 투입해 해결해야 한다.

- **융통성 있는 재정 지원하기:** 별도의 자금(이나 자원) 예산을 확보하라. 그럼 유망한 프로젝트를 시작하기 위한 자금을 마련하기 위해 다음 회계연도까지 기다릴 필요가 없다. '전략적 바구니'는 유용한 개념으로 개별 프로젝트가 아니라 전체 프로젝트가 연간 예산에 포함된다.

- **어떻게든 앞으로 진행하기:** 게이트 키퍼들이 결정을 적시에 내리지 못하면(예를 들어 회의시간을 정하지 못하거나 회의에 참석하지 못하는 등) 자동으로 '진행'으로 결정된다. 그것을 회사 규칙으로 삼아라.

- **단순하게 하기:** 제품과 프로젝트를 분리시켜라. 예를 들면 3가지 발명을 필요로 하는 프로젝트는 3가지 신제품 프로젝트로 분리하라. 프로젝트가 복잡해지면 개발 시간은 2~3배 늘어나므로 복잡성을 줄이려고 노력하라.

제안 아이디어-출시 시스템을 실행할 때 개발 시간을 줄이도록 전력을 다하라. 실행 품질, 사전 과제, 초기 정의, 다기능 팀, 동시적 처리, 집중 등을 포함한 스테이지-게이트® 시스템을 사용하는 것만으로도 당연히 시간이 단축될 것이다. 그러나 그것보다 더 많은 것을 해야 한다. 앞에서 설명한 방법들(업무 흐름도, 계획하기 도구, 과정의 유연성, 신성한 마감일, 융통성 있는 자금 지원, 신속한 의사결정, 복잡성 감소 등)을 사용하라. 하지만 현명하게 해야 한다. 때때로 빨리 일을 처리하도록 고안된 '응급조치' 방법(절차를 무시하거나 생략하는 것)을 사용하는 것은 오히려 역효과를 일으키고 많은 경우, 비용이 더 들기도 한다. 가속화된 제품 개발에는 부정적인 면도 있음을 유념하자.[2]

견고한 개발 계획

개발 시간을 단축시키려는 이런 노력에도 불구하고 개발 단계에서 예상보다 시간이 훨씬 더 많이 걸린다는 불만의 목소리가 여전히 존재한다. R&D나 기술부서 직원들은 항상 시간에 대한 긴박감이 결여되어 있다는 비난을 받는다. 나는 마케팅부서와 관리부서 직원들로부터 R&D나 기술부서 직원들에 대한 이런 비판을 종종 듣는다. 물론 기술부서 사람들은 장기지향성이 높고 마케터나 사업담당자들만큼 '적극성'과 민첩한 대응성을 보이지 않는다는 것이 문제일 수 있다. 하지만 관리와 계획이 문제일 수도 있다. 우수한 개발 프로젝트의 핵심은 불변의 견고한 개발 계획이기 때문이다.

제품의 물리적 개발은 정교하게 수립된 개발 계획에 의해 추진되어야 한다. 그것이 바로 게이트 3에서 승인된 실행 계획으로 구성요소는 다음과 같다.

- 시간 기반의 활동, 실행, 과업(예를 들면 MS-프로젝트의 간트 차트[Gantt Chart]는 일정표와 활동들을 제시하고 각 활동을 위한

시작일과 종료일을 보여준다. 이런 차트는 상대적으로 단순한 프로젝트에 적합하다. 좀 더 복잡한 프로젝트에는 중요 경로 계획이 필요하다.)

■ 각 활동이나 과업을 위해 필요한 자원-인력, 작업시간, 자금.

■ 개발 단계에서 달성될 이정표들(일정표에 포함). 이정표란 프로젝트가 제대로 예정대로 예산대로 진행되고 있는지 평가하기 위해 측정과 정의가 가능한 프로젝트 검토 지점들이다.

일정은 이런 계획의 중요한 요소다. 일정은 팀원들이 최대한 능력을 발휘할 수 있도록 공격적이어야 한다. 동시에 현실적이어야 한다. 보통 경영진의 요구에 부응해 매우 압축된 계획이 만들어지고 비현실적인 과업 완수 시간이 할당된다. 그러나 실행 과정 중 곧 진실이 밝혀진다. 그런 계획은 완전히 허구이며 신뢰성을 잃게 된다. 그러므로 일정 계획은 공격적인 동시에 현실적이어야 한다.

시간과 작업량 추정하기

또 다른 문제는 특정 과업을 수행하는 데 걸리는 시간과 필요한 작업량을 추정하는 것이 매우 어렵다는 것이다. 예를 들어 일부 기술적 과업들의 경우는 필요 시간을 예상하는 것이 매우 어렵다. 어느 정도의 시간과 얼마나 많은 작업들이 기술적 해결책을 찾는 데 필요할까? 믿을 만한 시간 추정 방법을 찾기는 쉽지 않다. 다음 4가지의 경험칙만 있을 뿐이다.

■ (프로젝트 리더가 전체 일정을 계획하거나 각 팀원들이 본인에게 할당된 일정을 계획하는 대신) 프로젝트팀 전체가 함께 일정표를 만들어야 한다. 새로 구성된 프로젝트팀이라면 첫 번째 협의사항 중 하나가 상세한 일정표를 수립하는 것이다.

- 시간 추정은 현실적이고 객관적이어야 한다. 이런 추정 과정에서 주관적 감정이나 타인으로부터 받는 과도한 압력을 제거하려고 노력하라.

- 과거의 경험을 지침으로 사용하라. 즉, 과거에는 해당 과업을 하는 데 얼마나 걸렸는지 살펴보라. 현명한 기업들은 '추정 시간'과 '실제 과업 완수에 걸렸던 시간' 기록을 보유하고 있다. P&G는 프로파일링을 활용한다. 이전에 경험한 비슷한 프로젝트들의 과거 일정표를 살펴보면 과업 시간을 좀 더 정확히 추정할 수 있을 것이다.

- 우발적인 요소를 고려하라. 예외 없이 모든 프로젝트 활동은 원래 추정된 것보다 더 오래 걸리거나 더 많은 일들을 포함하게 된다. 일부 활동은 항상 시간을 과소평가하는 경향이 있으므로 이런 데이터는 사후-출시 검토에서 수집되어야 한다.

이정표-중요한 확인 지점

이정표는 일정과 예산에 맞춰 프로젝트를 진행 중인지 확인하기 위해 사용하는 확인 지점이다. 일부 기업들이 사용하는 규칙 한 가지는, 여러 이정표들이 계속해서 지켜지지 않는 경우 프로젝트에 경고 신호를 주는 것이다. 만약 프로젝트에 문제가 있는 것이 명확하다면, 프로젝트 리더는 프로젝트의 전면적 검토를 요구할 수 있다. 이와 같이 이정표는 진로를 벗어난 프로젝트에 대해 문제가 심각해지기 전에 경고를 주는 데 사용될 수 있다.

이정표가 효과적이려면 측정가능하고 정해진 시간 틀이 있어야 한다. 예를 들어 새로운 소프트웨어 제품 개발에서 "코드가 대부분 작성되었고 부분적으로 결함이 제거되었다."라는 문장은 매우 부실한 이정표다. '대부분'이나 '부분적으로' 같은 문구는 측정이 불가능하다. 이정표는 정량화할 수 있어야 한다. 예를 들면 '프로젝트 95일째까지 3만 행의 코드를 작성하고 모든 오류를 제거할 것' 같은 것이 올바른 이정표다.

이정표의 확인 지점은 기술부서의 주기적 검토 회의와 혼동되어선 안 된다. 이런 검토 회의는 보통 달력을 기준으로 일정이 정해진다. 일반적으로 "모든 프로젝트를 매월 검토한다." 이런 회의는 통제보다는 정보 수집의 목적이 더 크다. 이런 회의는 고위직 기술부서 직원들이 개발 단계 중 지금까지 진행된 프로젝트를 검토할 수 있고 기술부서 직원들에게 통찰력, 조언, 자문을 제공할 수 있다는 점에서 유용한 역할을 한다.

규율 실천

프로젝트 계획(일정표와 이정표 확인 지점)은 지켜야만 한다. 프로젝트가 일정보다 뒤처지는 것은 프로젝트팀이 실행 계획을 준비하라는 경영진 요구를 충족시키기 위해 해당 계획을 수립했기 때문이다. 그런 경우라면 계획과 일정표는 쉽게 잊혀지고 만다. 잘못된 것이다! 시간 계획에 대해 지속적인 자기관리와 책임감이 필요하다. 일정표는 존재 이유가 있다. 우수한 프로젝트 리더들의 공통적인 특성 중 하나는 계획과 일정에 대한 헌신이다.

사례 듀폰의 자동차 페인트 사업 부문에서 신제품 성공 모범 사례가 있다. 그것은 비교적 경험이 많지 않은 프로젝트 리더가 주도했는데 그녀가 말한 성공 비결 중 하나는 '프로젝트 개발 단계에서의 본인 일정에 대한 헌신'이었다. 팀은 프로젝트 관리 소프트웨어를 사용해 2년짜리 개발 계획을 세웠다. 그들은 매주 월요일 아침 7시 30분에 전원이 모여 진행 상황을 검토하며 지난 주 무엇을 끝냈는지, 일정상 어느 지점에 와 있는지, 다음 주 회의 때까지 무엇을 끝내야 하는지 등을 살펴보았다. 이렇게 매주 월요일에 중요한 경로 계획이 갱신되고 새로운 일정이 만들어졌다. 그녀는 나중에 "일정에 대한 종교와 같은 집착이 프로젝트를 신속하고 성공적으로 이끈 요인이었다."라고 설명했다. 그것은 해당 사업부문이 경험한 가장 성공적이고 시간효율적인 프로젝트 중 하나였다.

스테이지 4로 진행: 시험과 타당성 검증

견본이나 시제품이 개발되었다. 스테이지 3에서 수행된 지속적인 사내 평가와 고객평가 덕분에 시험과 타당성 검증 단계에 진입하기 전인데도 이미 제품이 부분적으로 입증되었다. 스테이지 4의 목적은 프로젝트 전체(상용 제품, 생산, 마케팅)에 대해 최종적이고 총괄적인 검증을 수행하는 것이다. 이 단계에서 행해지는 전형적인 활동들은 확대 사내 제품

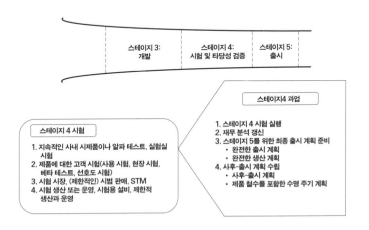

그림 10.2 스테이지 4(시험과 타당성 검증)는 완전한 상용화 이전에 행해지는 제품, 생산, 마케팅 계획의 최종 시험이다.

평가, 고객 현장평가, 사용 시험, 시험 시장, 시용, 시험 생산, 운영 등이다(그림 10.2 참조).

고객 시험

제품은 개발부서뿐만 아니라 고객이 제품을 사용하거나 심지어 오용, 남용할 때도 제대로 작동해야 한다. 또한 고객의 마음에 들어야 한다(단순히 '제대로 작동한다는 것'이 고객수용을 보장하진 않는다). 그리고 제품은 기대감을 일으켜야 하고 고객을 기쁘게 해야 한다. 즉, 고객들이 수용할 수 있을 뿐만 아니라 지금 구매하는 것보다 더 좋아해야 한다. 요약하면 고객 반응은 구매 의도가 확실히 생길 만큼 충분히 긍정적이어야 한다.

> 66 스테이지 4에서는 제품과 마케팅과 생산을 검증한다. 그 단계를 단축하지 말라. 99

일부 제품의 경우, 고객은 견본이나 시제품이 완성된 후에야 비로소 제품을 보고 사용할 수 있다. 그것은 위험하다! 제품이 완전히 개발되는 것을 기다리지 말고 그 전에 고객에게 보여주어라. 마지막에 공개하면 너무 늦게 잘못을 발견할 수 있다. 고객 수용을 보장하기 위해 개발 단계 동안 지속적으로 나선형 방식을 사용하라. 프로젝트팀이 시기상조라고 판단하거나 부정적인 반응이 두려워 고객들에게 제품 '아기' 버전을 일찍 발표하는 것을 주저하는 것은 바람직하지 않다.

사례 모 렌즈업체가 실험실용 카메라-현미경 시스템을 개발 중이었다. 전반부 단계에서 팀원들은 실험실 사용자들을 대상으로 인터뷰하고 사용 데이터를 수집했으며 전문적으로 현미경을 사용하는 사람들을 대상으로 성능 요구 사항들을 조사했다. 거기까진 순조로웠다. 하지만 개발 중인 제품의 사양과 성능 특성을 보여주는 컨셉 평가가 수행된 적이 없었다. 팀 리더가 "고객이 제대로 평가하려면 제품을 경험해야 한다."라고 주장했기 때문이다.

그래서 '작업 모형'을 개발 했는데 비록 조악하더라도 고객이 직접 경험할 수 있도록 작동이 가능한 버전이어야 했다. '작업 모형'은 거의 최종 견본이 되고 이미 프로젝트에는 수백만 달러의 자금이 투입되었다는 것이다. 프로젝트 리더가 제품 컨셉이나 제품 초기 버전을 고객에게 보여주고 싶어하지 않는 것은 이해할만 하다. 하지만 그의 생각에는 결함이 있다. 작업 모형으로 더 나은 피드백을 얻을 수 있는 것은 사실이지만 컨셉 평가나 개발 중인 제품 일부를 통해서도 제품 설계에 대한 유용한 통찰력과 믿을 만한 피드백을 얻을 수 있다는 것이다. 하지만 고객 피드백과 반응을 너무 늦은 시점까지 미루는 바람에 프로젝트와 회사는 위험한 상황에 놓이게 되었다.

선호도 평가

선호도 평가란 고객이 개별적 또는 그룹으로 최종제품을 살펴본 후 관심도, 호감도, 선호도, 구매 의도 등을 측정하는 것이다. 이 평가를 통해 얻으려는 것들은 다음과 같다. 첫째, 선호도 평가는 사전 개발 컨셉 평가나 개발 중 고객 시험보다 시장수용성을 더 정확히 읽어낸다. 이 지점에는 사용자에게 보여줄 상용제품 또는 최종제품이 준비된 반면 컨셉 평가에서 고객들은 실체가 거의 없는, 개발 중인 제품의 표상만 볼 수 있고 개발 과정 중에도 제품의 일부나 작업 모형만 있었다. 하지만 스테이지 4의 선호도 평가에서는 고객들이 만져보고 맛보고 시험 삼아 사용해볼 수 있는 실제 제품을 접하게 된다. 이때 더 많은 정보가 고객들에게 제시되기 때문에 고객의 대답과 반응은 최종 시장수용성을 더 정확하게 예측할 수 있다. 둘째, 선호도 평가를 통해 제품을 개선할 기회를 얻을 수 있다. 만약 개선점들이 매우 중대한 것이라면 전면적으로 재설계하거나 고객 시험을 더 실시하거나 차기 제품 개발 결정을 내릴 수도 있다.

마지막으로 선호도 평가는 고객이 제품에 반응하는 방식과 이유를 분석해준다. 고객이 의견을 말할 때 사용하는 단어들은 제품을 시장에 어떻게 광고하고 전달해야 하는지 알려준다. 고객의 마음에 처음 떠오르는 속성이나 특징들은 광고, 책자, 웹 페이지, 판매 발표를 계획할 때 사용될 수 있다.

선호도 평가가 완료되면 그 데이터로 무엇을 할 수 있을까? 데이터로부터 시장수용성이나 시장점유율을 예측할 수 있을까? 7장의 컨셉 평가에 대한 대부분의 지침들은 선호도 평가에도 똑같이 적용된다.

- **제품을 고객에게 과장되게 제시하지 않도록 주의하라.** 발표를 지나치게 단호하거나 편향되게 하면 고객이 제품을 좋아하는지가 아니라 당신이 얼마나 뛰어난 영업사원인지 측정하게 될 것이다.
- **제품을 제대로 평가할 수 있도록 고객에게 제품 관련 정보를 충분히 제공하라.** 혁신제품의 경우 더욱 그렇다. 만약 잠재고객이 제품, 용도와 편익을 이해하지 못한다면 그들의 반응은 별 의미가 없다. 제품 평가 전 설명회를 개최하고 제품의 특성이나 용도, 목적과 관련 있는 정보들을 고객에게 제공해야 한다.
- **고객선호도 평가에서 가격민감도를 측정할 때는 신중해야 한다.** 일반적인 방식은 다음과 같다. 특정 가격(예를 들면 99센트)에 제품을 '구매할 의도'가 있는지 묻는다. 그리고 가격을 5센트 올려 질문을 반복한다. 놀랄 것도 없이 가격이 오르면 "반드시 살

것이다."라는 응답 비율은 낮아진다. 이런 유형의 질문은 타당하지 않다. 첫 번째 가격을 99센트로 제시함으로서 구매자의 마음에 준거가격을 형성시켜버렸기 때문이다. 그럼 이후의 가격 질문은 자연스럽게 왜곡된다. 가격에 따른 구매 의도를 측정하고 싶다면 첫 번째 가격과 두 번째 가격의는 응답자 그룹이 달라야 한다. 하지만 이렇게 통제하더라도 가격민감도 측정은 불확실성이 매우 높다.

■ **'선호도'와 '구매 의도' 데이터를 있는 그대로 받아들이지 말라.**
52% 선호도 수준이 52% 시장점유율을 의미하는 것은 아니다. 7장에서 설명한 컨셉 평가 관련 문제들이 여기에도 적용된다. '예' 답변 편향이나 가상 가격지불 문제 또는 복수 브랜드 구매 등을 고려해 조사결과를 낮추어 해석해야 한다.

확대 시용이나 현장 시험, 베타 테스트

사용자 확대 시용(또는 베타 테스트나 현장 시험)은 고객들이 자신들의 공간에서 오랫동안 제품을 사용하며 평가하는 것이다. 그런 상황이라면 고객 반응과 의도는 더 나은 정보를 기반으로 한다고 말할 수 있다. 복잡한 제품이나 학습이 필요한 제품, 고객이 제품의 장·단점을 발견하는 데 시간이 걸리는 경우라면 확대 시용이 특히 적합하다. 이런 방식의 평가는 짧은 고객 시험이나 실험실 시험에서 발견하지 못한 제품 결함을 잡아낼 수 있을 것이다.

이런 고객 시험의 목적은 다음과 같다.

■ 제품이 실제 사용 조건에서 잘 작동하는지(또는 어떤 개선이 필요한지)를 판단하는 것

■ 제품이 고객에게 수용되는지(또한 수용되거나 거절되는 이유)를

가늠하는 것

- 고객의 관심도, 호감도, 선호도, 구매 의도(또한 그에 대한 이유) 등을 측정하는 것

- 가격민감도(선호도와 구매 의도가 가격 영향을 어떻게 받는지)를 측정하는 것

- 고객이 가장 긍정적으로 반응하는 제품의 편익, 속성, 특징들을 밝히는 것(이런 정보는 제품에 대한 커뮤니케이션 전략 수립에 유용하다)

확대 시용을 실행하는 방법은 다음과 같다. 먼저 잠재고객들의 표본을 정의하고 모집한다(즉, 고객들이 참여에 동의한다). 그리고 가정, 사무실, 공장 등에서 제품을 사용할 수 있는 고객들에게 제품을 제공하거나 빌려준다. 고객들과 시용에 대해 토론하는 시간을 갖고 사용자들의 관심도, 호감도, 선호도, 구매 의도를 평가한다. 추가 질문으로 제품의 장·단점, 사용의 용이성, 사용빈도, 개선을 위한 제안 등을 포함할 수 있다.

이런 번거로움으로 인해 확대 현장 시용을 생략하려는 유혹을 받곤 하지만 그 결과는 재앙이 될 수도 있다는 점을 명심하라.

사례 모 선박 도료제조업체는 무슨 수를 써서라도 경쟁업체의 상품이 출시되기 전 시장에 신제품을 내놓고 싶었다! 당시 업계는 전통적인 선저(선체 바닥) 도료가 식물에 해롭다는 이유로 시장에서 받아들여지지 않는다는 사실을 주목하고 있었다. 관련 업체들의 주요 관심사는 유해물질을 사용하지 않고 선체 바닥에 식물이 자라지 않도록 하는 방법을 찾는 것이었다.

해답은 미끄러운 페인트였다. 해당 업체는 실리콘 기술에 기반

한 차세대 선저 도료기법에 집중했다. 그 회사는 서둘러 현장 시험을 실시했는데 바닷물에 닿는 다양한 판금에 새로운 도료를 코팅해 시험했다. 그러나 정작 실제 선박을 대상으로 시험하지는 않았다. 곧 제품이 출시되었고 유럽 최대 해운업체 중 하나가 첫 번째 주 고객이 되었다.

첫해는 모든 것이 순조롭게 진행되었다. 그러던 중 주 고객으로부터 제품 불평이 제기되었다. "우리에게 판매한 그 미끄러운 페인트가 어떤지 아세요? … 양쪽 면에 모두 미끄러워요." 1년 만에 페인트가 벗겨진 것이다. 그 배는 부두에 정박해 페인트를 벗겨내고 다시 칠해야 했기 때문에 엄청난 비용이 발생했다. 또한 고객의 불평은 쌓이기 시작했다. 그 업체는 가까스로 살아남았지만 수익과 명성 모두 심각한 손실을 입었다.

복잡하고 기술적이거나 B2B 제품에 대한 현장 사용이나 확대 사용을 수행한다면 시험을 설계하는 초기에 조금만 더 신경써보라. 결과가 훨씬 좋을 것이다. 다음 몇 가지 조언을 제시한다.

1. **시험 대상을 신중히 선택하라.** 편의성도 중요하지만 대표성도 매우 중요하다. '우호적인 고객'만 선택한다면 긍정적이지만 왜곡된 반응을 얻을 가능성이 높다. 그럼 출시 후 충격에 빠질 수도 있다.

2. **고객과 미리 합의서를 작성하라.** 합의서에는 무엇보다 이것이 제품 시험임을 명시해야 한다(공격적인 영업직원들은 잠재고객에게 시험용이라는 사실을 제대로 통보하지 않은 채 많은 신제품을 제공한다). 그런 다음 시험 시기와 기간 및 조건, 측정 항목, 평가 주체와 방식 등을 정해야 한다. 시험 절차나 지표가 다르게 사

용되었다는 이유로 시험 결과에 대해 논란을 일으키는 경우가 흔히 발생한다. 사전에 그런 요소들을 자세히 설명하면 모든 문제를 피할 수 있다.

3. **현장에 있어라!** 실험이 한밤중 진행되더라도 현장에 있어야 한다. 프로젝트 리더가 현장에서 확인하지 않으면 단순히 진행될 제품 시험에도 예측하지 못한 사건들이 발생하는 경향이 있다. 사전에 프로젝트 리더가 현장에 임석함을 합의서에 명시하라.

4. **고객이 시험 결과와 결과 해석(시험 성공 또는 실패)에 대해 승인하게 하라** 둘은 똑같은 시험을 보고도 전혀 다른 결론을 내릴 수 있다. 그러므로 동의를 얻고 해당 내용을 문서로 남겨라!

5. **시험이 성공했을 경우의 향후 상황을 사전에 명시하라** 예를 들어 베타 테스트가 성공한다면 고객이 주문서에 서명하고 새로운 하드웨어나 소프트웨어를 구매할 것이라고 예상하는가? 또는 현장 시험이 긍정적인 결과를 얻으면 생산라인을 자동적으로 가동하게 될 것인가?

고객 시험에 대한 최종 사항: 절차를 생략해선 안 된다

개발 중이나 견본이나 시제품이 준비된 후 실행하는 사용자 시험은 제품 성공에 매우 중요하다. 이 단계에서 절차를 생략하지 말라! 연구에 따르면 고객 시험의 실행 여부와 실행 성과는 신제품의 성공과 매우 깊은 관계가 있다. 신제품이 실패한 원인을 분석해보면 절반이 고객 시험을 제대로 수행하지 않았거나 아예 생략해버렸음을 알 수 있다.[3]

제안 고객 시험을 실행하는 것은 어렵거나 지나치게 비싼 과정이 아니다. 바로잡을 시간이 있을 때 제품의 결점을 찾아내고 시장수용성을 평가하는데 고객 시험은 중추적 역할을 하므로 나선형 방식으로 고객 시험을 개발 단계 전반에 포함하라. 예상하지 못한 일이 발생하지 않도록 고객에게 확인하고 또 확인하라.

최종 시용

지금까지 고객이 제품을 시험하고 만족했다고 가정하자. 그 과정에서 사소한 설계상 개선점들이 반영되고 전면적인 출시 계획이 세워진다. 마침내 제품과 생산 및 출시 계획을 실제 판매환경에서 평가할 시점이 되었다. 이제 마케팅 믹스(제품, 가격, 광고, 촉진, 판매원 등)를 처음으로 총동원하고 그 결합효과를 평가한다. 동시에 시험적인 운영이나 생산을 통해 제한된 수량의 제품을 생산한다. 그 목적은 당연히 지금까지 계획한 전략과 프로그램들을 실행할 경우, 예상 매출과 예상 수익을 달성할 수 있는지 여부를 알아보는 것이다. 대답이 '아니오'라면 전략을 수정하거나 프로젝트를 중단하는 선택을 하게 될 것이다. 되돌리기에 아직 늦지 않았다.

출시 전략을 시험할 2가지 방법이 있다. 어디까지나 실험일 뿐 전면적인 출시보다 비용이 적게 들고 덜 위험하다. 하지만 출시 전략에 대해 상당히 타당한 결과를 제공하며 출시 전 방향을 수정할 충분한 시간을 준다. 또한 궁극적인 매출이나 시장점유율을 잘 예측하게 해준다.

첫 번째 방법은 모의 시험 시장으로 소비재기업들 사이에서 각광받아온 방법이다. 두 번째 방법은 전면적 시험 시장 또는 시험 판매인데 여기에는 더 많은 비용이 들어가지만 다양한 유형의 제품들에 폭넓게 적용할 수 있다는 장점이 있다. 자세한 내용은 다음과 같다.

모의 시험 시장

모의 시험 시장(Simulated Test Market, STM)은 신제품의 시장점유율과 매출을 예측할 수 있는, 비교적 저렴하지만 놀라울 정도로 유용한 방법으로 시장 진입 전 제품 관련 계획들에 대한 소비자 반응을 파악하기 위한 시장조사 시스템이다. STM 모델은 판매량을 예측하기 위해 소비자 반응(주로 모의 구매 실험에서 얻은)과 마케팅 계획 정보를 통합하는데 사용된다. 또한 좀 더 발전된 형태의 STM 모델은 판매의 핵심 동인을 찾아낼 수 있고 시장 진입 전 제품에 대한 제안(과 성공 확률)을 개선할 수 있다. 다양한 컨설팅업체나 시장조사 업체들이 제공하는 상업용 버전의 STM 모델들(베이시스Ⅱ[BASESⅡ]와 어세서[ASSESSOR], 볼륨메트릭 테스트[Volumetric TEST])이 다수 있다.

STM 모델이 소비재 제조업체에서 유난히 각광받는 가장 큰 이유는 저렴한 비용에 비해 예측력이 매우 높기 때문이다. 실험은 모의 쇼핑 경험과 같이 다소 인위적이지만 실험 결과는 출시 후 최종적으로 달성하게 될 시장점유율과 매우 비슷하다. 어느 주요 소비재업체는 STM이 2% 안팎의 오차로 매우 정확하다고 추산한다. STM을 사용하는 또 다른 이유는 속도(전면적 시험 시장보다 시간이 덜 걸린다.)와 데이터 수준(최초 구매자와 재구매자에 대한 세분화 데이터), 제한적 노출(경쟁자가 신제품에 대해 알게 될 가능성이 매우 낮다), 통제 용이성 때문이다. 반면, STM의 심각한 문제는 비교적 저렴한 소비재 상품 등에만 제한적으로 적용된다는 것이다.

시험 시장이나 시험 판매

시험 시장(또는 시험 판매)은 전면적인 출시 전 신제품과 마케팅 계획을 시험하는 최종 방법이다.

여느 실험과 마찬가지로 여기에도 피험자, 처치, 통제 그룹이 있다. 대표성이 있는 고객 표본을 정하면 그들이 피험자가 된다. 그리고 신제품과 모든 마케팅 믹스 요소들을 포함한 완전한 출시 계획이 피험자에게 노출되는데 그것이 바로 처치다(어떤 것이 효과가 있는지 알아보기 위해 여러 가지 다양한 처치를 각각 다른 그룹에 사용할 수 있다.). 통제 그룹은 시험 시장에 노출되지 않은 모든 사람을 의미한다.

시험 시장 조사를 실행하는 이유는 보통 2가지다. 가장 일반적인 목적은 신제품의 매출을 예상하는 것이다. 게이트 5의 최종 진행/중단 결정에서 향후 매출에 대한 신뢰할 만한 예측은 대단히 중요하다. 시험 시장을 통해 매출 성과가 저조할 것으로 판단되면 프로젝트는 중단되거나 다시 초기 단계로 돌아가 제품 계획이나 출시 계획을 변경해야 한다.

두 번째 목적은 각각 다른 처치를 사용함으로써 2가지 이상의 출시 계획들 중 가장 좋은 결과를 가져올 계획을 선정하는 것이다. 하지만 그런 방식은 별로 보편적이지 않다. 큰 비용이 들 뿐만 아니라 시험 시장 시점까지 모든 전략이 수립되어 있어야 하기 때문이다.

시험 시장은 B2B 제품에도 활용될 수 있는데 이것을 시험 판매라고 부른다. 시험 판매는 제품의 시범 생산과 밀접한 관련이 있는데 제한된 양의 제품을 생산할 수만 있다면 한두 군데 판매 지역에서 소수 영업직원들에게 제품을 제공해 시험적으로 판매해볼 수 있을 것이다. 시험 판매의 구성요소들은 실제 출시와 매우 비슷하다. 즉, 가격, 광고, 판매 발표자료 등이 똑같이 제공된다. 다만 전국적인 규모의 광고와 촉진을 사용할 수 없다는 것이 차이점이다.

시험할 것인가 말 것인가?

가장 중요한 결정은 시험 시장을 시행할지 여부다. 어떤 학파는 시험 시장이 투자해야 할 시간, 노력, 비용만큼 가치가 없다고 주장한다. 경쟁력 있는 리드 타임을 갖추어야 한다는 점에서 보면 시험 시장은 비싸다. 게다가 경쟁자들에게 제품을 노출시켜 그들에게 대응할 시간을 준다. 따라서 속도와 경쟁이 중요한 요인이라면 시험 시장을 생략할 수도 있다. 이것은 '현명한 절차 생략'이라고 말할 수 있다. 그 대신 위험을 인식하고 있어야 하고 초기 단계에서 고객 수용을 다룰 수 있는 다른 대응책을 방법론에 포함시켜 놓아야 한다(예를 들어 더 나은 전반부 시장조사, 개발 단계의 지속적인 나선형 고객 평가, 잘 실행된 베타 시험이나 현장 시험 등).

비용은 또 다른 중요 요인이다. 시험 시장을 수행하기 위해서는 수십만 달러 때로는 수백만 달러가 들 수도 있다. 시험 시장을 통해 생성된 정보 가치는 그것을 수행하는 비용과 비교해봐야 한다. 시험 시장에 반대하는 또 다른 주장은 그것이 전형적인 '소 잃고 외양간 고치기'라는 것이다. 시험 시장의 결과가 나올 때쯤이면 개발 예산은 이미 지출되었고 제품 개발도 완수되었을 것이다. 또한 크리에이티브 작업(예를 들면 광고 제작)도 수행되었고 포장비용도 발생했을 것이며 제한적인 생산을 위해서라도 공장 설비가 갖추어졌을 것이다. 어떤 일이 남겠는가? 프로젝트에 개입해 변화를 주기에는 이미 너무 늦었다. 다시 말해 프로젝트를 중단 또는 수정하는 의사결정은 훨씬 이전에 해야 한다는 것이다. 이런 주장은 상용화(예를 들면 개발)까지 투입한 지출이 출시비용보다 훨씬 많은 경우, 특히 설득력이 있다.

하지만 시험 시장이나 시험 판매는 반드시 불필요하다거나 낭비라고 할 수는 없다. 이런 시험을 수행하는 것의 장·단점을 신중히 고려하라. 모든 신제품 계획을 수행하는 데 시험 시장이 무조건 포함되거나 기본적인 절차가 되어선 안 된다. 시험 시장은 불확실성과 위험이 높을 때 유용하다.

1. **여전히 불확실성이 높을 때:** 출시 단계가 다가오면 신제품의 최종 매출에 대해 매우 불확실하다고 느낄 수 있다. 하지만 이전 단계들에서 시장조사(스테이지 2의 컨셉 평가, 개발 단계의 나선형 방식, 스테이지 4의 사용자와 선호도 평가)를 충분히 수행했다면

시장수용성에 대해 상당히 확신할 수 있기 때문에 시험 시장이 필요하지 않을 것이다.

2. **외양간에서 소를 완전히 잃지 않았을 때:** 즉, 전면적 출시를 위해 아직 비용이 많이 발생해야 한다면 예를 들어 공장을 건설하거나 생산라인 설비를 교체 및 신설하거나 비용이 많이 드는 글로벌 광고와 촉진 캠페인을 시행해야 하는 경우 등이다.

제안 프로젝트 출시가 다가오는데도 여전히 위험이 높다면 시용, 제한적 생산이나 운영과 더불어 모의 시험 시장이나 전면적 시험 시장 같은 최종 시험을 계획에 포함시켜보라. STM은 시장수용성 예측에서 비용 대비 효율적인 방법이기 때문에 소비재에 적합하다. 하지만 다른 형태의 상품인 경우, 전면적 시험 시장이나 시험 판매가 최종 매출 결과를 정확히 예측하는 유일한 방법이 될 것이다.

출시 단계

본격적인 생산과 출시를 위한 최종 평가는 준비성 확인으로 상용화를 위한 모든 준비와 재무적 안정성을 확인하는 것이다. 선호도 또는 최종 사용자 평가, 시험 시장이나 시험 판매, 시험 생산 결과를 바탕으로 공급원과 마케팅 비용, 판매량, 최종가격, 이윤폭에 대해 확신있게 추정할 수 있다. 제품을 전면적으로 상업화하기 전 반드시 철저한 재무 분석을 해야 한다.

시장 및 생산 시험이 보여준 긍정적인 결과를 바탕으로 최종 NPV, IRR, 민감도 분석이 수행된다. 주요 변수에 대한 예측이 비관적인 상황에서도 예상수익이 최저 수용 수준을 확실히 넘는다면 상용화 단계로의 진행이 결정된다.

마지막 활동 - 스테이지 5: 출시

출시 계획

시장은 신제품의 운명을 결정짓는 전쟁터다. 따라서 제품의 시장 진입 계획은 신제품 전략의 주축이 된다. 이번 장의 나머지 부분에서는 신제품 출시 계획(MLP)을 수립하는 방법을 살펴볼 것이다.

첫째, 마케팅 계획이란 무엇인가? 그것은 신제품 출시를 위한 실행 계획이며 다음 3가지 요소로 구성된다.

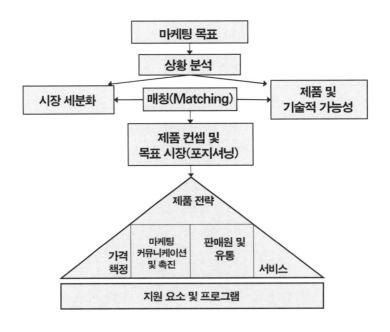

그림 10.3 마케팅 기획-출시 계획 수립

- 마케팅 목표
- 마케팅 전략
- 마케팅 프로그램

이런 마케팅 기획 과정은 마케팅 계획을 완성하기 위해 필요한 활동들을 수행하는 것이다(그림 10.3 참조).

할 일이 너무 많이 남았고 너무 늦었다

마케팅 기획은 언제 시작해야 하는가? 출시가 스테이지 게이트의 최종 단계라는 이유로 이 부분을 책 후반부에 언급하게 되었지만 그렇다고 마케팅 기획이 출시 전 최종 단계여야 한다는 뜻은 아니다. 마지막까지 마케팅 기획을 남겨놓았다면 할 일이 너무 많이 남았고 너무 늦었다는 것을 알게 될 것이다.

일찍 시작하라: 마케팅 기획은 신제품 아이디어-출시 시스템 전 과정에서 공식적 또는 비공식적으로 진행되는 요소다. 비공식적으로는 아이디어 창출 또는 발견 스테이지 직후 초기 단계에서 시작된다. 프로젝트가 스테이지 2로 진입할 무렵에는 사업 사례의 일부로 공식적인 마케팅 계획이 이미 수립된다. 스테이지 3에서는 제품 개발과 동시에 전면적인 출시 계획이 수립되어야 한다. 출시나 시험 판매를 위해 제품이 준비되기 훨씬 전에 이미 공식적인 MLP가 준비되어 있어야 하기 때문이다.

> 66 마케팅 기획은 스테이지 게이트 시스템의 중요한 부분으로 스테이지 2 사업 사례의 구성요소인 예비 MLP 수립부터 시작된다. 전체 마케팅 계획이 개발 단계에서 만들어지고 이후의 스테이지들을 거치면서 개선되는 것이다. 99

제안 아이디어–출시 프로세스에서 마케팅 기획은 언제 시작하는 것이 좋을까? 많은 기업들처럼 개발 프로젝트의 맨 후반부에 시작하면 될까? 아니면 제품 개발과 마케팅 기획을 동시에 시작해야 할까? 만약 '할 일이 너무 많이 남았고 너무 늦어' 문제라면 스테이지 게이트 시스템에 개발 활동과 마케팅 기획을 포함시키는 것은 어떨까?

반복 과정

신제품의 마케팅 기획 과정은 반복적이다. 스테이지 게이트의 초기 단계에서는 아직 계획이 확정된 것이 아니다. 스테이지 4(제품 시험과 시용) 전에 준비되어야 하는 공식적인 MLP도 다소 잠정적일 수 있다. 공식적인 계획의 첫 번째 버전은 출시 단계에서 최종적으로 실행되기 전 변경된 점이 있을 것이다. 즉, 실행이 이루어지기 전 마케팅 목표, 전략, 프로그램 등은 다시 생각하고 재구성할 기회가 많을 것이다.

마케팅 목표 설정

목표는 마케팅 계획의 일부가 되어야 한다.(그렇지 않으면 목표를 세우는 힘든 일을 누가 하겠는가?) 여기에는 몇 가지 타당한 이유가 있다. 첫째, 목표는 결정 기준을 제시함으로써 마케팅 계획에서 2개 이상의 대안 중 하나를 선택할 때 유용하다. 둘째, 신제품에 대한 목표를 공유하고 잘 이해하는 것은 팀원들에게 목적의식을 준다. 즉, 팀원들이 목표를 향해 함께 노력하게 된다. 마지막으로 마케팅 목표는 측정 기준이 된다. 즉, 성과를 측정하고 과정에 수정이 필요할 때 신호를 보내는 기준점이 된다.

마케팅의 목적은 스마트(SMART)해야 한다.

✓ 구체적이고(Specific)

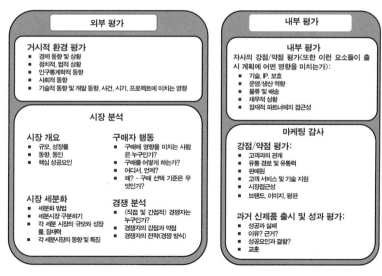

그림 10.4 상황 분석과 구성요소

✓ 측정가능하고(계량화할 수 있고)(Measurable)

✓ 실행지향적이고(Action oriented)

✓ 현실적이지만 유연성 있고(Realistic but a stretch)

✓ 시한이 있어야 한다(기간 명시)(Time bound)

목표의 전형적인 예로 '시장에서 리더 지위를 획득하는 것'을 들 수 있다. 하지만 이것은 감탄을 자아낼진 몰라도 좋지 않은 목표다. 첫째, 의사결정 기준으로 유용하지 않다. 둘째, 계량화되지 않았다. 여기서 '리더'는 무엇을 뜻하는가? '50%나 그 이상의 시장점유율' 또는 '경쟁자들 중 시장점유율이 가장 높은 것'을 의미하는가? '시장'이란 무엇인가? 전체 시장을 의미하는가? 아니면 특정 세분 시장을 의미하는가? 셋째, 목표가 수량화되지 않아 측정할 수 없다. 마지막으로 기간이 제시되지 않았다. 목표를 달성해야 하는 기한은 1년인가, 10년인가?

제안 신제품 출시를 위해 과거 수행했던 마케팅 계획들을 검토하라. 계획의 '마케팅 목표' 부분을 자세히 살펴보라. 목표가 의사결정에 적합한 기준을 제시해주고 있는가? 수량화되고 측정가능한가? 기간을 명시했는가? 그렇지 않다면 앞에서 지침으로 설명한 'SMART'를 활용해 향후 마케팅 계획에서 더 뚜렷한 목표를 정하도록 노력하라.

상황 분석

상황 분석은 마케팅 기획의 핵심요소로 관련 정보들을 수집해 "그래서 어떡해야 하는가? 실행 계획을 수립하는 데 정보들이 의미하는 것은 무엇인가? 실행 시사점은 무엇인가?"와 같은 질문을 하는 것이다. 많은 상황 분석들은 오래 걸리고 지루하며 매우 설명적인 특성을 지녀 "그래서 어떡해야 하는가?"라는 질문에 답을 주지 못한다. 상황 분석은 '배경', '시장 설명' 순으로 진행한다. 상황 분석은 정보로 가득하고 설명이 길지만 실행 시사점은 짧다. 따라서 상황 분석을 할 때는 적합한 정보를 포함하고 있어야 하지만 동시에 항상 초점을 잃지 않아야 한다. 즉, "신제품의 실행 계획에서 이것이 의미하는 것이 무엇인가?"라는 점이다. 신제품 마케팅 계획에서 상황 분석이 다루어야 하는 주요 요소는 내부 평가와 외부 평가다(그림 10.4 참조).

목표시장 정의

목표시장은 제품 정의의 핵심요소로 게이트 3에 전달되는 실행가능 결과물이다(제2장과 제7장 참조). 목표시장에 대한 정확한 정의는 제품을 설계하고 출시 계획을 수립하기 전 이루어져야 한다. 시장 세분화로부터 출시 전략의 나머지 부분들은 자연스럽게 따라가게 된다. 세분화는 효과적인 마케팅 기획의 기본이다.

목표시장은 어떻게 선택하거나 정의하는가? 첫 번째 단계는 시장을 세분화하여 세분시장을 파악하는 것이다. 두 번째 단계는 적합한 세분 시장을 선택해 표적시장으로 삼는 것이다.

시장 세분화

시장 세분화는 마케팅 전략가들에게 인기 있는 주제인데 너무 복잡해 이번 단원에서 모두 설명할 수는 없다. 핵심사항만 살펴보자.

시장 세분화는 사람들을 집단이나 군집으로 구분하되 집단 내의 동질성, 집단 간의 이질성을 갖도록 분류하는 것이다. 같은 세분시장에 속한 사람들(또는 회사들)끼리는 거의 똑같은 구매 특성과 행동을 보이지만 다른 세분시장에 속한 사람들(또는 회사들) 사이에서는 상당히 다른 특성이 나타난다. 특정 구매자들을 상대로 맞춤화 전략을 사용하는 기업은 단일 전략만 가진 기업보다 성공 가능성이 높다. 헨리 포드는 "검은색이기만 하면 어떤 색이든 소유할 수 있다."라고 말했는데 이 말은 T-Model과 자동차산업 초기에는 효과가 있었지만 1920년대 GM이 시장 세분화 전략('다양한 소득수준과 개인에 맞춘 자동차')을 실행하자 완전히 효력을 상실했다.

올바른 목표시장 선정하기

세분화를 활용하면 목표시장이 될 수 있는 다수의 잠재적 세분 시장을 파악할 수 있고 2개 이상의 세분 시장을 충족시킬 수 있도록 다양한 버전의 제품도 고안할 수 있다. 〈그림 10.3〉에서 설명한 것처럼 시장 세분화를 생각하면 목표시장도 즉각 고려할 수 있게 된다. 즉, 특정 세분 시장에 적합하려면 제품에 어떤 편익과 특징들이 포함될 수 있는지 생각하는 것이다. 시장 세분화 이후에는 여러 대안들 중 적절한 목표시장을 선택하게 된다.

그럼 많은 세분 시장 중 목표시장(그리고 이에 적합한 제품 컨셉)을 선택하는 기준은 무엇인가? 몇 가지 단순명료한 기준을 소개한다.

- **세분 시장 매력도:** 시장 규모, 성장률, 잠재력 면에서 어떤 세분 시장이 가장 매력적인가?
- **경쟁 상황:** 경쟁이 가장 약하거나 취약한 세분 시장은 어디인가?
- **적합성:** 각 세분 시장의 필요, 욕구, 선호도, 제품 편익, 특성, 기술적 가능성이 가장 적합한 시장은 어디인가?
- **접근의 용이성:** 판매 활동과 유통 경로 등 면에서 접근하기 가장 쉬운 세분 시장은 어디인가?
- **상대적 이점:** 제품의 특징 및 편익과 진입 전략의 기타 차원에서 경쟁자들보다 유리한 세분 시장은 어디인가? 단지 요구조건에 해당하는 '적합성'과 '접근의 용이성'만으로는 충분하지 않다. 경쟁자들을 능가할 수 있는 영역들을 찾아야만 한다.
- **수익성:** 이 모든 것의 핵심은 수익이다! 매출과 이익목표를 가장 잘 충족시킬 수 있는 세분 시장은 어디인가?

제품 전략

제품 전략(정확히 제품은 무엇일 것인가)은 목표시장 선정과 더불어 동전의 양면과 같다. 목표시장의 정의와 제품 전략은 시장 전략의 첨병이고 마케팅 기획의 중심이다(그림 10.3 참조).

'제품 전략'이란 무엇을 의미할까? 신제품의 경우, 다수의 요소가 관련된다.

제품 포지셔닝: 시장 세분화와 제품 차별화의 결합이다. 시장에서 '포지셔닝'이란 "경쟁제품과 비교해 자사제품을 잠재고객이 어떻게 지각할 것인가?"를 의미하고 "우리의 제품은 …한 제품이다."라는 문장을

완성하는 것이다. 즉, 제품 포지션은 고객들이 자사제품과 경쟁제품을 지각하고 차별화하기 위해 사용한 차원을 기반으로 정해진다.

제품 전략의 1단계는 제품 포지셔닝에 대한 구체적인 설명이다. 즉, 경쟁제품과 비교해 제공되는 편익 면에서 시장과 고객들의 마음속에 제품이 어떻게 자리 잡을 것인지 한두 문장으로 정의한다. 포지셔닝 문장을 분명하고 간결하며 의미 있게 작성하지 못한다면 문제가 생길 여지가 크다. 모호한 포지셔닝 문장은 대부분 논리가 모호하다는 것을 의미한다. 제품 전략은 없고 기껏해야 전략에 대한 모호한 관념만 있을 뿐이다.

제품 편익과 가치 제안: 고객에게 전달할 제품 편익은 상세히 설명되어야 한다. 편익과 특성이 밀접히 연결되어 있더라도 편익은 제품의 특성이 아니라는 점을 기억하자. 특성은 제품 설계의 일부이고 물리적인 것이다. 반면, 편익은 고객이나 사용자의 입장에서 보는 것으로 고객에게 가치 있는 특징을 의미한다. 편익의 진정한 척도는 다음과 같다. "고객이 그것을 위해 돈을 지불할 의사가 없다면 편익이 아닐 가능성이 크다."

가치 제안은 제품 편익과 밀접한 관련이 있다. 고객에게 제공되는 제품 가치는 무엇인가? 가치 제안은 일반적으로 고객이 타 제품이 아닌 이 제품을 사는 이유(유인책)를 설명하는 간결한 문장이다.

특성과 속성: 세 번째 단계는 바람직한 편익과 가치 제안을 특성, 속성, 제품 성능 요건에 반영하는 것이다. 이 단계에서 훨씬 더 긴 목록이 만들어지고 제품서와 거의 비슷한 것이 탄생한다.

이 3단계(포지셔닝 정립, 편익과 가치 제안 작성, 제품 특성, 속성 및 요건 결정)는 제품서를 만드는 데 필요한 선행 단계다. 제품 전략의 네 번째이자 마지막 단계는 제품이 갖춰야 할 모습과 기능을 정확히 정의함으로써 개발 그룹이 달성해야 할 목표물을 가시적으로 제시하는 것이다. 특정 프로젝트를 수행할 때 이 시점에서 상세한 제품명세가 가능하지 않다면 개발팀은 창의적인 해결책을 고안해야 할 것이다.

출시 계획의 지원 요소

이제 출시 계획의 첨병이라고 할 수 있는 목표시장과 제품 전략이 수립되었다. 나머지 부분은 지원 전략으로 제품 출시를 지원할 마케팅 믹스 프로그램을 의미한다(그림 10.3 참조). 중요한 요소들을 간략히 살펴보자.

가격 전략

신제품의 가격은 어떻게 정해질까? 일반화하기는 어렵지만 몇 가지 기본 지침이 있다.

1. **제품의 목표시장과 포지셔닝 전략은 무엇인가?** 가격에 대한 의사결정을 하기 전 제품의 목표시장과 포지셔닝 전략을 명시해야 한다. 예를 들어 특수한 욕구가 있는 '틈새'시장을 목표로 정하고 차별적인 포지셔닝이 가능하다면 소규모 독점 상황이 된 것이다. 그럼 목표시장에서 유일한 제품이 되어 자연스럽게 프리미엄 가격 전략을 사용하게 될 것이다. 반면, 자사제품이 경쟁제품과 차별화되지 않고 목표시장에 다른 경쟁자들이 많다면 경쟁적인 가격 전략이 세워져야 할 것이다.

   '저가격'을 기반으로 시장에 진입하고 싶다면(낮은 가격으로 시장점유율을 높이고 싶다면) 가격이야말로 경쟁자가 대응하기 가장 쉬운 전략임을 명심하라. 반면, 품질을 따라잡는 데는 수 년이 걸린다. 마찬가지로 효과적인 촉진 프로그램, 독특한 유통 경로, 탁월한 유통 전략, 브랜딩을 통해 얻은 이점들도 경쟁자가 따라잡는 데 수 개월 또는 수 년이 걸릴 것이다. 하지만 가격으로 우위를 선점하는 것은 대부분 일시적이다. 경쟁자가 비슷한 가격 인하 내용을 담은 이메일을 판매원이나 대리점, 유통망 등에 보내기만 하면 하루아침에 무력화될 수 있다.

하지만 제품 설계나 기술력 또는 낮은 생산원가 등으로 지속 가능하고 실질적인 원가우위를 차지하고 있다면 가격을 주요 무기로 삼는 것은 타당한 일이다. 하지만 불행히도 대부분의 기업들은 최저비용 생산자가 되기 어렵고 특히 신제품을 생산하는 경우에는 더 그렇다.

2. 다른 전략적 이슈들은 무엇인가?

a. 스키밍 가격 전략 대 침투 가격 전략: 어떤 학파는 낮은 판매가와 많은 판매량, 낮은 생산비용에 의존하는 침투 가격 전략이 바람직하다고 주장한다. 단위당 수익은 낮지만 많은 판매량이 큰 수익을 보장하기 때문이다. 이를 위해서는 생산설비에 대규모 투자가 요구되지만 침투 가격을 통해 시장을 지배할 수 있고 장기적으로는 주도적 시장점유율이라는 보상을 얻게 된다.

반면, 스키밍 가격 전략은 제품에 대한 가치를 가장 높이 평가하고 프리미엄 가격을 지불할 의향이 있는 세분 시장을 신제품의 목표로 삼는다. 단위당 수익은 높지만 판매량은 적다. 생산설비 투자도 낮고 위험도 낮다. 전체 시장을 지배할 수는 없지만 하나의 세분 시장은 충분히 지배할 수 있으며 높은 수익도 보장할 것이다.

두 전략을 결합하는 것도 가능하다. 우선 스키밍 전략을 기반으로 고가치 세분 시장을 공략해 초기 위험을 낮춘다. 그리고 제품이 수용되고 투자가 부분적으로 회수되면 침투 가격 전략을 실행해 생산량을 늘리고 가격을 낮추며 시장지배력을 강화하기 위해 노력한다. 여기에는 시기 선택이 매우 중요하다. 경쟁자가 유사한 제품을 개발하고 생산하기 전 전환해야 한다.

 b. 전반적인 사업 전략: 신제품의 가격 책정은 전체 사업 전략 관점에서 정해져야 한다. 예를 들면 특정 시장에서 전략적 거점을 확보하기 위해 해당 세분 시장이나 제품 범주를 최우선시하고 손실이 발생하더라도 많은 자원을 투입할 수 있다. 이런 경우, 상위 목적을 위해 통상적인 가격 전략은 무시될 수도 있다.

3. **제품의 가치는 무엇인가?** 신제품 가격 책정의 핵심은 제품의 가치 평가 또는 고객 관점의 가치로 압축된다. '아름다움'과 같은 가치는 보는 사람(고객)에 따라 달라진다. 가치는 주관적인 것으로 구매자마다 다르게 지각하는 것이다. 반면, 가격은 객관적인 것으로 판매자에 의해 정해진다. 따라서 가격이 제품 가치를 정확히 반영하는 것이 가장 이상적이다.

 두 사람은 똑같은 제품을 보면서도 다른 가치를 느낄 수 있다. 그래서 첫 번째 질문은 "누구에게 가치가 있느냐?"라는 것이다. 만약 목표시장의 정의를 효율적으로 잘 내렸다면 이 질문에 답할 수 있을 것이다. 두 번째 질문은 "제품의 가치가 무엇인가?"이다. 고객 관점에서 가치를 평가하기 위해서는 고객의 선택 대안들이 무엇인지 살펴본다. 즉, 제품, 서비스, 배송, 명성, 브랜드 이미지 등의 경쟁우위 요소들을 반영해 경쟁제품의 소비자가격에 조금 더하거나 빼 자사제품의 가치를 간단히 계산할 수 있다. 비교적 동질적인 제품에 의해 경쟁이 치열한 시장에서 가격 책정을 한다면 경쟁력 있는 가격으로 시작해 인상하거나 인하하라.

 제품이 현재 시장에서 판매 중인 것과 매우 다른 진정한 혁신제품이라면 고객이 사용하고 있는 '현재의 해결책'에 소요되는 비용과 신제품의 편익을 비교함으로써 가치를 부여할 수 있을 것이다. 이것이 경제적 사용가치 분석이다.

4. **의구심이 있다면 고객을 조사하라:** 고객이 느끼는 제품 가치를 정확히 평가하는 유일한 방법은 시장조사다. 컨셉 평가나 제품 평가의 일부로 가격 질문을 포함시킬 수도 있다(그림 7.5 참조). 컨조인트 분석을 사용할 수도 있는데 이것은 동일 제품의 다양한 버전을 응답자에게 보여준 후 가격과 대비해 제품 특성의 효용을 측정하는 방법이다. 또한 STM, 전면적 시험 시장, 시험 판매 등을 사용함으로써 가격 전략들을 시험해볼 수 있다.

5. **공헌 이익은 무엇인가?** 가격 책정 분석은 수익성 분석의 마지막 단계가 아니라 첫 단계에서 실시해야 한다. 첫 번째 질문은 "제품이 어떤 가격에 팔릴 것인가?"이다. 고객 관점에서 산출한 제품 가치를 기반으로 하면 책정가능한 가격 범위가 있을 것이다. 각 가격에 대해 단위당 공헌 이익을 고려하라. 공헌 이익은 판매가격에서 단위당 변동비(직접인건비, 재료비, 판매수수료 등)를 뺀 것이다.

   예상 판매가격에 따른 공헌 이익은 매우 중요하다. 같은 연간 수익을 달성하기 위해 해당 가격에서 요구되는 판매량을 알려주기 때문이다. 공헌 이익 분석은 가격 전략이 나아가야 할 방향을 결정하는 데 중요한 정보를 제공해준다.

6. **촉진 가격은 어떤가?** 판매 가격이나 '정상' 가격은 신제품의 도입 가격과 큰 차이가 날 수도 있다. 가격 산정, 시장조사, 포지셔닝 전략 등 모든 것이 프리미엄 가격을 책정해야 한다고 해도 경영진은 가격이 너무 높아 초기 판매로 이어지지 못할 것이라고 결론내릴 수 있다. 최초 사용을 얻는 것이 중대한 과제라면 잘 계

획된 장기적인 가격 전략을 희생시키지 말라. 출시를 기념한 '촉진' 가격은 초기 구매를 유도하기 위해 사용될 수 있다.

촉진 가격 책정은 여러 형태가 있다. 소비재의 경우, 쿠폰이나 할인, 리베이트가 있다. B2B 제품의 경우, 제품을 구매하는 첫 번째 구매 고객들이나 베타-테스트 고객에게만 촉진 가격이 제공된다는 설명만으로도 충분할 것이다.

제안 가격 책정의 신제품 마케팅 전략의 가장 중요한 의사결정 중 하나인데도 불구하고 대부분 엉성하게 다룬다. 게다가 직원들은 '원가가산방식' 사고에 얽매이곤 한다. 즉, 고객이 제품에 대해 지각하는 가치보다 원가를 기반으로 가격을 책정한다는 것이다. 이번 장에서는 반드시 기억해야 할 6가지 요점을 강조했다. 이 목록을 활용하면 더 체계적인 방식으로 가격을 책정하고 더 나은 결정을 내릴 수 있을 것이다.

마케팅 커뮤니케이션-메시지 전달하기

"더 좋은 쥐덫을 만들면 사람들은 집 문턱이 닳도록 드나들 것이다."라는 말을 들어본 적이 있을 것이다. 많은 사람이 그 교훈을 진지하게 받아들여 수천 가지 다양한 형태의 쥐덫을 만들었으나 대부분 상품가치가 사라졌다. 물론 형편없는 제품들도 있지만 우수한 제품임에도 불구하고 알려지지 않은 것들도 많다. 뛰어난 제품과 설득력 있는 가치 제안을 갖고 있어야 할 뿐만 아니라 이것을 세상에 소통해야만 한다.

마케팅 커뮤니케이션 계획 수립 절차

마케팅 커뮤니케이션 계획은 일반적으로 광고대행사나 사내 광고부서에 의해 수립된다. 따라서 프로젝트팀 리더는 커뮤니케이션 기능에서 손 떼려는 유혹에 빠져 하청계약을 맺고 "광고담당자들이 모든 것을 처리할 것”이라고 생각한다. 이것은 잘못된 것이다. 효과적인 마케팅 커뮤니케이션 프로그램은 프로젝트 리더와 해당 팀에서 출발해야 한다. 미디어 계획의 구체적인 내용과 ‘크리에이티브(제작과 카피)’ 개발은 타인의 업무가 될 수 있을지 몰라도 커뮤니케이션 전략 자체는 프로젝트 팀이 책임져야 한다.

(사내·외의) 광고대행사를 만나기 전 해야 할 일들은 다음과 같다.

1. **커뮤니케이션의 목적을 명시하라:** 광고를 통해 많은 것들을 달성할 수 있다. 제품인지도, 지식, 이해를 제고할 뿐만 아니라 태도를 형성하고 선호도나 욕구를 일으킬 수도 있다. 직접판매의 경우, 매출도 발생시킬 수 있다. 광고는 이와 같은 굉장한 일들을 해낼 수 있지만 비용이 발생한다는 점을 명심하라. 따라서 광고대행사와 대화하기 전 기업과 신제품을 위한 마케팅 커뮤니케이션의 목적이 무엇인지 구체화하고 계량화해야 한다.

  또한 구체적인 광고의 목적을 명시하기 전 전체적인 판매 과정에서 광고가 담당할 역할을 정해야 한다. 즉, 얼마나 많은 커뮤니케이션 업무를 광고가 담당할 것인가, 판매원이나 다른 수단에 의해서는 어느 정도 수행될 것인가 등을 결정하는 것이다. 예를 들면 웹페이지를 통해 인지도를 구축함과 동시에 최소한의 제품 지식도 제공할 것인가? 아니면 인지도는 타 매체를 통해 구축하고 상세한 제품 정보는 웹페이지에서 제공할 것인가?(어떤 제약회사는 TV광고나 잡지광고를 통해 인지도를 높이고 목표 사용자들을 위한 더 상세한 정보는 웹페이지를 참조하라고 한다.) 또는 웹페이지를 제품 인지에서 판매로 바로 연결되는 직접판매 수단으로 활용할 것인가?

2. **목표시장과 포지셔닝 전략을 명시하라:** 좋은 광고대행사라면 목

표시장과 포지셔닝 전략에 대해 상세히 알려달라고 할 것이다. 목표시장에 대한 명확한 정의가 없다면 매체 계획을 어떻게 세울 수 있겠는가? 또한 포지셔닝 전략이 없다면 메시지를 어떻게 만들 수 있겠는가?

3. **목표시장을 기술하라:** 인구 통계, 지역, 직업 등의 변수들을 활용해 목표시장과 그들의 행동을 가능한 상세히 묘사하라. 편익, 라이프스타일, 사용량 등도 세분화 기준으로 사용되어야 한다. 이런 기준은 제품 설계나 가격 책정 등 대부분의 마케팅 전략요소에 적합하게 적용되지만 광고업계와 매체 계획(특히 매체 선택)은 여전히 전통적인 세분화 변수들에 많이 의존하고 있다는 점을 명심하라.

4. **제품을 광고대행사에 알려라:** 광고대행사는 캠페인 개발에 착수하기 전 제품을 철저히 연구해야 한다. 제품이 어떻게 작동하고 어떻게 사용되며 어떤 편익, 특성, 속성이 있는지 최대한 상세한 정보를 광고대행사에 제공해야 한다.

　　이 4가지 핵심요소가 준비되면 이제 광고대행사가 역할을 맡게 된다. 대행사는 매체 계획(어떤 매체가 사용될 것인지, 노출 빈도와 시기, 예산 할당 등)과 광고 자체를 고안할 것이다. 하지만 대행사가 해당 결과물을 발표할 때 프로젝트팀은 다시 광고 계획 수립에 관여하게 된다.

5. **계획을 검토하고 승인하라:** 프로젝트팀이 맡게 될 다음 단계는 대행사가 제안한 광고와 커뮤니케이션 계획을 검토하고 승인하는 것이다.

　　매체 계획을 검토하라: 가장 중요한 질문은 "매체 계획을 통해 원하는 빈도만큼 목표 청중에게 도달할 수 있는가?"다. 이 계획에는 캠페인의 예상 도달률과 빈도(얼마나 많은 잠재고객들에게 캠페인이 전달될 것인지, 그들은 누구인지, 메시지를 얼마나 자주 받을 것인지)를 명시해야 한다.

첫째, 대행사가 추천한 각 매체와 해당 매체의 독자 또는 시청자를 살펴본 후 목표시장 및 커뮤니케이션 목적과 비교하라. 둘째, 목표고객들에게 메시지를 얼마나 자주 전달할 것인지 정하라.

크리에이티브를 검토하라: 메시지가 제품 포지션을 지지하는가? 제품 편익이 독자나 시청자에게 잘 전달되는가? 광고가 매우 창의적이고 예술적이라면 상을 받을 수도 있겠지만 광고의 진짜 목적은 제품에 대한 효과적인 커뮤니케이션이다. 심층 질문을 하고 커뮤니케이션의 수단으로 광고가 얼마나 효과적일지 지적하는 것을 두려워하지 말라.

크리에이티브를 시험 평가하라: 커뮤니케이션용 예산이 충분하다면 광고를 시험 평가하고 싶을 것이다. 예를 들면 광고 효과를 검증하기 위해 STM을 사용할 수 있다. 광고대행사는 적절한 시험 평가 절차를 계획해야 한다.

광고 목표의 가치를 평가하라: 이제는 좀 어려운 질문을 해야 한다. 광고대행사가 제안한 계획에는 예산이 포함되어 있을 것이다. 광고 예산과 설정한 목표를 검토해 비용이 합리적인지 결정하라. 필요하면 일부 목표를 포기할 수도 있다. 아마 일부 목표는 애당초 너무 과욕이었는지도 모른다.

측정지표를 포함하라: 광고가 목표를 달성했는지 여부를 알 수 있는 가장 좋은 방법은 지표를 만드는 것이다. 커뮤니케이션 효과를 어떻게 측정할 것인지 대행사와 함께 결정하라. 측정 방법으로는 시장조사도 있고 웹페이지 방문자 조사도 있다. 그런 조사들은 판매나 제품 등록의 일부로 실시할 수도 있다. 또한 광

고시청률이나 독자 수를 정기적으로 측정해 판매하는 상업적 서비스를 활용할 수도 있을 것이다.

제안 광고비의 50%가 낭비되고 있다는 말을 들어본 적이 있을 것이다. 문제는 아무도 그것이 어떤 50%인지 모른다는 것이다. 광고가 예술적인 성격이 강하다는 말은 맞다. 하지만 체계적이고 과학적인 의사결정이 가능하다는 것도 틀림없는 사실이다. 이번 장에서 설명한 절차들을 활용해 광고담당자를 단호하게 대해보라. 그리고 광고(제품 출시 활동의 중요 요소)효과가 개선되는지 안 되는지 잘 살펴보라.

판매원과 유통 의사결정

대다수 신제품에서 판매원과 관련된 의사결정은 비교적 단순명료하다. 제품은 기존 판매인력이나 유통 시스템을 통해 판매될 것이다. 게이트와 프로젝트 선택 점수표에서 몇 가지 중요한 질문들이 제시될 것이다.

- 제품이 자사의 현재 시장에서 팔릴 것인가?
- 제품이 기존 고객들에게 팔릴 것인가?
- 제품이 기존 판매원이나 현재 유통 시스템을 통해 팔릴 것인가?

이 질문들에 '예'라고 대답한다면(초기 게이트를 통과한 대부분의 신제품 프로젝트의 경우) 판매원 계획은 다음과 같은 전술적인 이슈만 남게 된다.

- 신제품 판매와 관련해 판매인력(이나 유통망)을 훈련
- 적절한 판매 지원 수단들을 판매원에게 제공
- 판매원 노력과 활동을 신제품에 투입하기 위한 계획 수립(예를 들면

제품을 소개하기 위해 판매원과 함께 전화방문 계획 수립)

- 판매원을 독려하고 인센티브를 제공하는 것(판매인력이 신제품을 열정적으로 지지하도록 '내부 마케팅'을 하고 적절한 인센티브를 제공)

마지막 항목을 과소평가하지 말라. 일부 기업에서는 판매원과 유통망을 당신 편으로 만드는 내부 마케팅 노력이 외부 마케팅 프로그램만큼 중요하며 많은 시간이 소요되기도 한다. 하지만 어떤 신제품들은 회사가 보유한 기존 판매원이나 유통 시스템을 활용하는 것이 적절치 않다. 판매인력에 변화를 주거나 추가할 것이 있다면 다음 2가지 중요한 질문에 답해야 한다.

- 신제품을 위한 판매 업무의 특성은 무엇인가?
- 신제품을 위한 판매 업무의 특성이 현 판매원(이나 유통망)의 자질과 훈련, 운영 방식들과 호환되는가?

또한 신제품 판매원에 대한 의사결정(기존 판매원을 써야 할지, 신규 판매원을 채용해야 할지, 파트너와 함께 작업해야 할지, 제3자를 써야 할지)은 다음 몇 가지 핵심요인에 근거해 이루어져야 한다.

- 신제품에 필요한 판매 업무의 특성과 기존 판매 인력의 역량 및 운영 방식의 적합성
- 판매 노력에 대한 기업의 수준
- 각 대안에 대한 상대적 비용과 해당 비용이 고정적인지 가변적인지 여부

기타 지원 전략들

제품과 목표시장에 대한 정의, 가격 전략, 마케팅 커뮤니케이션 프로그램, 판매원과 유통망 등 출시에 필요한 주요 요소들이 모두 준비되었다. 여기서 구체적으로 논의하지 않은 나머지 요소들은 물적 유통과 고객 서비스와 보증이다. 이런 기타 요소들도 신제품 성공에서 중요하며 출시 계획에 포함되어야 한다. 다행히 나머지 요소들의 대부분은 회사가 진행하는 프로그램들이고 이미 준비된 것을 신제품을 위해 활용하는 것일 뿐이다.

최종 절차: 재무

재무 예측들은 모든 MLP의 필수적인 부분으로 2가지 주제를 다룬다.

- 계획을 실행하는 데 필요한 비용은 얼마인가?(예산)
- 계획이 달성할 목표는 무엇인가?(매출과 이익 추정)

이런 재무 사항들은 신제품의 향후 연도별 상세 손익계산서로서 프로젝트의 최종적인 재무 계획이라고 할 수 있다.

재무 계획은 몇 가지 이유에서 중요하다. 첫째, 신제품 출시에서 얼마의 비용을 어디에 지출할 것인가에 대한 항목별 예산을 제공한다. 둘째, 프로젝트가 전면적 출시와 상업적 생산에 점점 더 가까워지면서 재무 계획은 최종 진행/중단 결정을 위한 중요한 기준이 된다. NPV, IRR, 회수 기간은 모두 재무 계획에서 계산될 수 있다. 마지막으로 재무 계획은 출시 계획 통제에 중요한 기준을 제공함으로써 제품 출시가 계획대로 진행되도록 관리한다.

MLP를 수립할 때(특히 초기)는 종종 재무 계획이 시금석이 된다. 바로 그 시점에서 전략적 사고의 주요 차이점들이 파악되고 처리되기 때문이다. 예를 들면 기획 초기에 설정한 매출 및 수익목표와 재무 계획의 매출 및 수익 추정이 일치하지 않을 수도 있다. 또한 계획이 달성해야 할 결과에 비해 실행비용이 과도하다는 것이 재무 상황을 통해 드러나기도 한다.

그와 같은 차이가 있다는 것은 놀랄 일이 아니다. 마케팅 기획은 매우 반복적으로 이루어진다. 처음 계획한 것은 대략적으로 그려본 잠정 계획이었다. 이제 기획 활동의 맨 처음으로 돌아가 다시 시작해야 한다(수정 과정). 목표들을 다시 생각하고 분석을 다시 실시하고 출시 프로그램을 다시 구성하고 재무 요소를 다시 산정하라. 이런 반복이나 순환을 위해선 시간과 노력이 필요하기 때문에 신제품 개발 프로세스의 초기(이상적으로는 게이트 3 이전)에 마케팅 기획 활동을 시작하는 것이 중요하다.

제품 출시가 가까워지면서 연이은 반복과 수정을 통해 출시 계획은 정교화되기 시작한다. 과제, 시험, 시용 등이 적절히 수행되었다면 성공적인 출시로 순항해 또 하나의 성공적인 신제품이 탄생할 것이다.

11장
스테이지-게이트® 실행하기

새로운 질서를 도입하는 것보다 실천하기 어렵고
다루기 위험하며 성공이 의심스러운 일은 없다.
옛 질서로부터 덕을 보던
모든 사람들은 적으로 남아 있는 반면,
새 질서로부터 이득을 볼 수 있는 사람들은
미온적인 동맹 역할만 하기 때문이다.
그들이 이처럼 미온적인 태도를 보이는 것은
자신에게 유리한 법을 가진 적들을
두려워하기 때문이며 다른 한편으로는
새로운 질서를 실제 경험해보기 전까지는
믿지 않으려는 인간의 회의적인 속성 때문이다.

– 마키아벨리, 《군주론》, 1532

실행하자

:: 그렇다면 언제 시작할 것인가? 바로 지금이다!

이제 이 책을 거의 다 읽었다. 동료들과 논의도 했을 것이며 참고문헌에 소개된 논문도 여러 편 읽었을 것이다. 회사는 다수의 절차 및 과정, 방식을 재설계했고 스테이지 게이트 접근법이 잘 맞아 보인다. 그래서 우수 관행들과 함께 스테이지 게이트를 도입한다면 전망이 매우 밝을 것이라고 확신하게 되었다. 기존에 사용하던 아이디어-출시 프로세스가 있지만 오래되어 제 기능을 다하지 못하고 사용도 힘들어졌다. 이제 시스템을 철저히 점검, 개편하거나 재개발할 때다.

스테이지 게이트 설계와 실행

보기보다 어려운 일

다른 회사의 긍정적인 결과들을 살펴보았다. 이제 당신이 시작할 때다.

- 현재의 제품 개발 프로세스가 사용된 지 3년이 넘었거나 원하는 결과를 만들어내지 못하거나 또는 성공적인 프로세스의 요소들이 빠져있다면 이제 프로세스를 전면적으로 개편하고 재창조해야 한다.
- 신제품 프로세스가 아예 없거나 체계적이지 않거나 비공식적인 것이라면 이제 전문적인 시스템 도입을 검토해야 한다.

그러나 우선 세계적 수준의 스테이지 게이트 신제품 시스템을 설계(또는 재창안)하고 실행하는 것은 쉬운 일이 아니라는 점을 분명히 인식하자.

신제품 개발은 현대기업들의 가장 중요한 노력 중 하나로 성공적으로 해내기 매우 어려운 업무이기도 하다! 마찬가지로 스테이지 게이트나 신제품 시스템을 설계하고 실행하는 것은 개념 및 적용 면에서 프로세스 재설계 작업 중 가장 어려운 일이다. 이것을 일반적인 '프로세스 리엔지니어링 작업'으로 간주해선 안 된다. 따라서 행동하기 전 한 번 더 생각하고 스테이지 게이트 설계와 실행에 필요한 작업량을 절대 과소평가하지 말라.

> 66 아이디어-출시 시스템의 설계(또는 재설계)와 실행이라는 도전들을 과소평가하지 말라. 99

다행히 스테이지 게이트 시스템 설계와 실행을 위한 스테이지 게이트 시스템이 도와줄 수 있다(그림 11.1). 즉, 새로운 개념을 회사에 도입하는 것이므로 해당 용도로 고안된 스테이지 게이트 접근법을 사용하면 된다.

3단계 접근법

스테이지 게이트 설계와 실행은 3단계로 진행된다.

1단계: 기반 구축: 혁신 성과 평가
2단계: 스테이지 게이트 시스템 설계(또는 재설계)
3단계: 스테이지 게이트 실행 - 변화 관리

나는 이 3단계를 〈그림 11.1〉에서 3개의 독립적인 단계들로 제시하고 있다. 하지만 여느 개발 활동에서와 마찬가지로 이 단계들은 서로 중첩된다. 사실 실행은 이미 1단계에서 시작되었다. 팀이 구성되어 회사의 제품 혁신을 개선할 방법들을 찾아보고 있다는 사실만으로도 잠재적 사용자 그룹 내에서 어떤 기대가 일어난 것이다. 즉, 여행이 시작되었다!

1단계: 기반 구축-혁신 성과 평가

"문제를 이해하는 것이 해결방안을 도출하는 첫 단계다." 1단계는 필수 단계로 현재 사용되는 아이디어-출시 프로세스를 이해하고 수정할 부분을 결정하며 새로운 시스템에 필요한 요소들을 파악하는 것이다. 하지만 사람들은 이런 평가 단계를 종종 생략하는데 그것은 비참한 결과를 가져온다. 보통 스테이지 게이트 팀원들은 무엇이 문제이며 해결책이 무엇인지 잘 안다고 생각한다. 그래서 일을 빨리 진행시키려고만 한다. 하지만 나중에 가서야 사내 다른 사람들이 상당히 다른 의견을 가졌다는 사실을 알고 놀란다. 1단계의 핵심업무는 다음과 같다.

1. 고위 경영진 후원 요청하기

스테이지 게이트에서 성공 비결 중 하나는 고위 경영진을 참여시키는 것이다. 경영진이 이 과정을 이끌지 않는다면 스테이지 게이트를 진행시키려고 노력하는 것은 매우 힘들고 좌절감만 줄 것이다. 따라서 첫번째 할 일은 경영진이 헌신하게 하는 것이다. 1~2명의 고위 경영진을 그런 노력의 중요 후원자로 지목하라. 그리고 그들로부터 부여받은 당신의 권한을 매우 명확히 정의하라. 당신과 당신의 팀이 할 일이 무엇이고 실행가능 결과물이 무엇인지 말이다.

2. 스테이지 게이트 설계팀 구성하기

당신 혼자 스테이지 게이트를 설계하고 실행하진 못한다. 그 과정에는 고위 경영진의 지원과 함께 상당한 인력이 필요하다. 중요 후원자들은 스테이지 게이트 설계팀에 동의할 뿐만 아니라 해당 팀이 작업할 수 있도록 충분한 시간을 주어야 한다.(때때로 이 팀은 설계팀이나 재창조팀, 맞춤팀 등으로 불린다-앞으로 단순히 '팀'이라고 부를 것이다.)

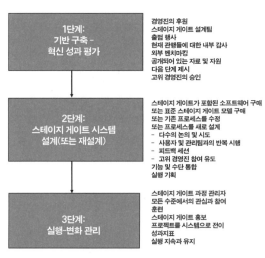

그림 11.1 스테이지-게이트® 시스템 설계와 실행을 위한 스테이지 게이트 시스템

누가 팀원이 되어야 하는가? 제품 개발 관련 부서 직원으로서 현명하고 전문지식을 갖추고 사려 깊고 노련하며 실효성 있는 사람들이 포함되어야 한다. 다양한 부서와 지역의 사람들을 선택하라. 그 외에도 중요 후원자(고위 경영진을 대표하고 팀에 신뢰와 권위를 갖게 해줄)와 외부 전문가, 컨설턴트, 퍼실리테이터(과정 진행자)가 포함될 수 있다. 팀은 부서별 기능 영역들(마케팅, R&D, 영업, 생산 등)과 다양한 사업이나 제품 영역, 각 지역을 대표해야 한다. 또한 존경받고 열정적이고 강한 팀 리더가 있어야 한다.

팀은 얼마나 커야 하는가? 팀은 수천 명으로 구성된 위원회가 아니다. 팀은 간소하고 행동지향적 그룹이어야 한다. 그러나 의견과 기능, 지역 다양성을 얻을 수 있을 만큼 충분해야 한다. 내가 만난 최고의 팀들은 5~10명이 운영한다. 3~4명은 너무 적어 다양한 관점을 얻기 힘들고 10명 이상은 너무 많아 다루기 어렵고 회의 시간을 정하기도 힘들다.

팀 구성원들은 얼마나 많은 시간을 투입해야 하는가? 많은 일들이 초기에 집중적으로 이루어진다고 예상하는 것이 좋다. 중요한 날짜에 맞춰 팀 구성원들의 일정을 미리 조정하라. 아마도 예상한 것보다 훨씬 많은 일을 해야 할지도 모른다. 2단계인 시스템 설계로 넘어갔다면 접근법에 따라 외부에서 팀 회의가 여러 번 열리기 때문에 일이 상당히 많아질 수 있다.

3. '출범' 이벤트를 열어라

출범 워크숍이나 컨퍼런스 개최도 훌륭한 아이디어다. 여러 목표를 성취하는 데 유용한 모임이 될 수 있다. 즉, 시작부터 조직적인 지원을 이끌어내고 개선이 필요하다는 인식을 만들어 조직에 경각심을 불러일으킬 수 있다. 또한 '문제 발견'이나 '성과 평가 결과'를 세션에 포함시키면 현재 관행과 관련된 문제들과 중요 이슈들을 파악하는 데 도움이 된다.

선의를 가진 팀이 빠질 수 있는 심각한 함정은 조직의 나머지 구성원들에게 정보를 지속적으로 제공하는 데 실패하는 것이다. 즉, 팀 구성원들이 스테이지 게이트를 설계하고 실행하려는 목적에 지나치게 집중해 팀 외부사람들과 소통할 시간을 갖지 못한다는 것이다. 그래서 정말 신제품에 관심은 있지만 팀에 포함되지 않은 사원들은 팀을 '상아탑'으로 여기고 멀리하게 된다. 그래서 6개월 후 막상 새로운 시스템이 출시될 때 이미 상당수 반대론자들이 존재하게 된다.

여기서 중요한 원칙은 고객들에게 정보를 계속 제공하고 그들이 시스템에 관여하도록 만드는 것이다! 조직의 나머지 구성원들이 이 스테이지 게이트 시스템의 최종 고객임을 잊지 말라. 그래서 팀이 프로젝트 시작 전 '신제품의 날' 행사나 외부 출범식을 개최함으로써 프로젝트 정보를 제공하는 시간을 갖는 것이 좋다. 그 시간에 다룰 주제는 다음과 같다.

✓ 신제품의 목표 대 신제품의 성과(차이 파악)
✓ 현재 신제품 관련 관행들(내부 조사나 감사 결과)
✓ 신제품을 다루는 새로운 방식의 필요성
✓ 스테이지 게이트 시스템의 개념과 타사의 성공 사례(4장에서 제시한 결과 사용)
✓ 팀의 구성과 권한, 다른 관련자들의 역할 소개

때때로 이런 출범 이벤트에 포함되었던 성공적인 활동 중 하나는 '문제 발견 세션'이다. 소규모 그룹별 워크숍을 통해 주요 현안들을 파악하고 잠재적 해결방안을 제시하게 된다. 그런 다음 모두 모여 다른 그룹들과 워크숍 결과를 공유한다. 이런 활동으로 얻을 수 있는 필연적 결과 중 하나는 그들이 더 나은 아이디어-출시 시스템이 필요하다고 인식하는 것이다. 그렇게 되면 이제 조직적인 참여가 시작된다!

4. 현재 관행들에 대한 내부 감사 수행

사전과제를 시작하라. 향후 작업 기반을 구축하라. 현재의 신제품 관행과 결점에 대한 감사(즉, 혁신 성과 평가)를 수행하라. 앞에서 설명한 문제 발견 세션 외에도 선택할 수 있는 몇 가지 방법들이 더 있다.

- 신제품 프로젝트 접근법을 방해하는 문제와 장애물, 위험, 결함 등을 밝혀내기 위해 자체 감사 평가를 설계하고 수행하라. 개인 및 그룹 인터뷰나 설문조사를 통해 이런 활동을 할 수 있다. 문제가 파악되면 팀 활동 지침과 목표를 정하는 데도 유용할 것이며 더 나은 신제품 시스템을 설계하고 실행할 당위성도 부여될 것이다.
- 벤치마커™(Benchmarker™) 방법론을 사용하라(부록 A 참조). 벤치마커는 제품 개발의 내부 감사를 수행하려는 여러 기업들의 요청으로 PDI(제품개발연구소: Product Development Institute)가 개발한 프로그램이다. 벤치마커는 신제품 관행과 성과를 철저히 평가하고 감사를 수행하는 효율적이고 입증된 방법이다. (PDI 데이터베이스를 통해 회사의 관행과 성과는 다른 많은 회사들과 비교될 것이다.)
- 몇 가지 과거 프로젝트들을 분석해 성공요인을 도출하고 제대로 안된 요소를 파악하라. 최근 출시된 몇 가지 프로젝트를 정해 각 프로젝트팀에게 역흐름도 분석(아이디어부터 출시까지: 5장에서 설명)을 수행하게 하라. 이런 사후 분석을 통해 현재 혁신 프로세스에서 무엇이 잘못되었고 무엇이 효과가 있는지 소중한 통찰력

을 얻을 수 있을 것이다.

> ❝ 반드시 현재의 관행과 성과에 대한 감사 평가를 수행하도록 하
> 라. 무엇이 제대로 작동하고 어떤 개선이 필요한지 파악하며 새롭거
> 나 개편된 아이디어-출시 시스템에 필요한 것을 결정하는 필수 과정
> 이다. ❞

5. 다른 회사들을 벤치마킹하라

다른 회사들을 벤치마킹해보길 권한다. 스테이지 게이트 작동을 살펴보
고 발생할 수 있는 문제와 위험을 논의할 수 있기 때문이다. 그러나 여
기서 유념할 부분이 있다. 벤치마킹은 시간이 오래 걸릴 수 있을 뿐만
아니라 '현장조사'이기 때문에 PDI나 PDMA, APQC와 같은 노련한 현장
연구자들에게 맡기는 것이 가장 좋다. 다행히 다른 사람들이 수행한 다
양한 벤치마킹 연구들이 많이 있다. 예를 들어 우리가 수행한 연구도 출
간되었는데 일부는 이 책 앞부분에 설명해놓았다. PDMA와 APQC 연구
도 이미 설명했다. 벤치마킹을 위해 회사 몇 군데를 방문하는 것은 좋
다. 이미 있는 것을 다시 만드느라 쓸데없이 시간을 낭비하진 말라. 참
고문헌도 살펴보라(다음 6번 항목)!

6. 문헌을 철저히 검토하라

지난 수십 년 동안 신제품 관행·성과와 관련해 수많은 연구가 수행되었
다. 나는 그중 많은 것들을 이 책에 제시해놓았다. 2~4장에서 다룬 내
용을 다시 검토해보라. 그리고 다른 책들도 읽어보라. 2~4장에서는 다
른 연구자들의 연구들을 많이 언급했다. 나는 동료들과 함께 도움이 될
만한 책들을 여러 권 썼다.《신제품을 위한 포트폴리오 관리(Portfolio
Management for New Products)》[1]에서는 게이트 기준과 더불어 포트

폴리오 방법과 스테이지 게이트 결합 방법을 설명했고《제품 리더십 (Product Leadership)》[2]에서는 고위 경영진에게 게이트 키퍼와 전략가로서의 역할에 대해 지침을 주고 있다. 또한 획기적인 아이디어 창출에 대한 책도 있는데 이것은 이 책 6장의 내용보다 심화한 것이며[3]《간소하고 빠르고 수익성 있는 신제품 개발(Lean, Rapid, and Profitable New Product Development)》[4]에서 제품혁신에서 낭비를 줄이고 생산성을 개선하는 방법들을 설명하고 있다. 마지막으로 기업의 제품혁신과 기술 전략에 대해 최근 쓴 책도 있다.[5]

7. 공개적으로 이용가능한 자료와 자원을 살펴보라

설계 업무에 도움이 될 만한 연구들은 많다. 예를 들면 5장에서 강조한 스테이지 게이트 인증 소프트웨어 제품들은 종종 완성된 스테이지 게이트 시스템을 제공해주고 있다. 완성된 소프트웨어를 회사 상황에 맞추어 조금만 손보면 된다. 회사 자체 소프트웨어 플랫폼이 있다면 내비게이터™(Navigator™) 같은 기성 스테이지 게이트 시스템을 구매할 수도 있다. 그것을 회사에 맞게 변형해 회사의 기존 소프트웨어에 포함시키는 것도 좋은 방법이다(부록 B 참조).

시스템을 구매하지 않고 설계하려고 한다면 반드시 구글(Google)에서 '스테이지 게이트'를 검색해 온라인으로 제공되는 자료들을 찾아보라. 예를 들면 위키피디아(Wikipedia)에는 설계 작업에 뼈대를 제공하는 좋은 자료들이 많다. 어떤 조직들은 이 책의 이전 판본이 출간된 후 자신들만의 스테이지 게이트 시스템을 만들고 그 시스템을 설명하는 논문까지 썼다. 예를 들면 미국 육군의 지상차량 개발용 스테이지 게이트인 타겟(TARGET)이 있다.[6] 이 시스템은 공공 영역의 사례로 이 책에 소개된 내용을 실제 운용가능한 스테이지 게이트 시스템으로 바꾼, 믿을 만한 사례다. 마지막으로 살펴볼 중요한 자료는 당연히 이 책이다. 다수

팀들이 이 책 4~10장의 내용과 〈그림 4.10〉, 〈그림 5.1〉, 〈그림 5.2〉 등을 기반으로 자신들의 스테이지 게이트 시스템을 만들었다고 말해주었다. 이런 방식을 활용하려면 이 부분을 좀 더 자세히 읽어보라. 프로세스 설계에 필요한 대부분의 내용이 이 책 4~10장에 들어 있다!

8. 다음 단계들을 제시하라

이런 예비 조치들(고위 경영진을 참여시키는 것, 팀을 선택하는 것, 현재 관행들에 대한 감사를 수행하는 것, 출범 이벤트를 여는 것)을 취하면서 이제 팀은 앞으로 나아갈 준비가 되었다. 그러나 먼저 실행 계획과 권한사항을 제시해야 한다. 실행 계획에는 다음 단계들(2단계와 프로세스 설계에 대한 상세한 내용)이 포함되어야 한다. 또한 팀은 다음 단계들과 관련된 권한과 업무에 대해 분명히 해야 하고 고위 경영진의 동의를 얻어야 한다.

9. 고위 경영진의 승인을 얻어라

이제 '게이트'로 들어갈 시간이다. 1단계의 결과와 결론(그림 11.1 참조)을 고위 경영진과 중요 후원자들에게 보여주어라. 즉, 파악된 문제점과 개선 부분, 새로운 프로세스의 특성과 요건(새 시스템의 모습과 기능), 다음 단계들을 위한 실행 계획(일정과 필요 자원 포함), 향후 작업에 대한 팀 권한 등을 제시해야 한다. 이 '게이트'에서 고위 경영진이 승인하면 '다음 단계'로 이동한다.

2단계: 스테이지 게이트 시스템 설계 (또는 재설계)

시스템 설계와 관련해 기억할 중요 부분은 소유권(Ownership)이다. 시스템을 설계하는 데 참여하지 않았다면 시스템을 받아들이지 않을 가능성이 크다! 당신 팀의 가장 중요한 목적은 세계적 수준의 신제품 시스템 실행이다. 그러나 당신의 목적이 단지 '완벽한 혁신 프로세스' 설계라면 그 목적 자체는 달성할 수 있더라도 전체적으로는 실패할지도 모른다. 따라서 팀이 새로운 시스템을 계획하는 그 순간부터 실행을 위한 모든 노력이 동시에 투입되어야 한다. 즉, 사용자 집단(게이트 키퍼, 프로젝트팀 리더 및 구성원)이 새로운 시스템 설계에 관심을 갖고 참여하도록 유도해야 하는 것이다.

> 66 새로운 시스템을 설계할 때 무료로 제공되거나 시판 중인 기존 모델이나 소프트웨어, 표준 버전의 스테이지 게이트를 사용하라. 경험자들로부터 배워라. 99

설계 옵션

아이디어-출시 시스템을 설계(또는 재설계와 개편)할 때는 다음 방법 중 하나를 택할 수 있다.

1. **시중에 판매되는 스테이지 게이트를 구입하라:** 그런 다음 회사의 소프트웨어를 사용해 그 시스템을 운영하라. 내비게이터는 모든 템플릿과 스테이지와 게이트 설명, 학습과 교육 모듈을 모두 갖춘 포괄적인 스테이지 게이트 시스템이다(부록 B 참조). 내비게이터를 운영할 수 있는 지원 소프트웨어는 마이크로소프

트 익스플로러(Microsoft Explorer™)와 모질라(Mozilla™) 같은 일반적인 브라우저부터 마이크로소프트 쉐어포인트(Microsoft SharePoint™)나 마이크로소프트 프로젝트(Microsoft Project™), 로터스 노트(Lotus Notes™) * 같은 공유 및 작업흐름도 소프트웨어까지 다양하다. 회사 관리 및 조직 구조에 적합하도록 내비게이터 설정을 지정해야 할 수도 있다.

2. **완성형 스테이지 게이트 시스템이 포함된 상용 소프트웨어를 구입하라:** 앞에서 강조한 것으로 많은 회사들이 선택하는 방법이다. 내장된 스테이지 게이트 시스템은 내비게이터와 마찬가지로 빠른 진행을 위해 필요한 모든 것을 갖추고 있다. 다만 내비게이터와 다른 점은 스테이지 게이트의 전자 매뉴얼을 넘어 아이디어-출시 시스템을 자동화한다는 것이다(5장 참조).

3. **기존 아이디어-출시 시스템을 개편하라:** 감사와 벤치마킹을 통해 현재의 아이디어-출시 프로세스가 상당히 좋은 것으로 밝혀지면 '설계 단계'는 아마도 현재의 과정을 개선하고 갱신하는 것만으로도 충분할 것이다. 이 방법에 주로 포함되는 수정사항은 다음과 같다.

   - 2~3장에서 살펴본 성공요인 검토(VoC, 사전과제, 사실 기반의 제품 정의, 효과적인 프로젝트팀)와 이런 요인들을 포함시키기 위한 조치
   - 나선형 프로세스와 사후-출시 검토 단계 포함
   - 게이트 패키지의 정교화: 구성요소들을 더욱 간결하게 만들고 초점을 맞추기 위해
   - 평가표를 포함한 게이트 기준을 점검하고 개선함

---

* 마이크로소프트 익스플로러, 마이크로소프트 쉐어포인트, 마이크로소프트 프로젝트는 마이크로소프트사의 트레이드마크다. 로터스 노트는 IBM의 트레이드마크이고 모질라는 모질라 재단의 트레이드마크다.

- 포트폴리오 관리를 기존 아이디어-출시 시스템에 추가

- 핵심인물들(프로젝트 팀원들과 리더, 프로세스 관리자, 게이트 키퍼)의 역할과 책임 정교화

- 전반부 또는 아이디어 창출 단계를 단단히 접합시킴

4. **스테이지 게이트 시스템을 새롭게 설계하라:** 현재 사용하는 아이디어-출시 시스템이 없거나 추상적 또는 비공식적인 모델을 사용하는 경우, 주로 이 방법을 택한다. 이런 도전적인 방법에 대해 자세히 살펴보자.

스테이지 게이트를 완전히 새롭게 설계하는 것

이것은 매우 도전적인 방법이고 내가 처음 스테이지 게이트를 설계하고 도입했을 때 작업했던 기본적인 방식이기도 하다. 오늘날에도 많은 팀들이 이 방법을 택한다. 많은 사람들이 기존 모델을 구매하는 것보다 자신들이 더 잘만들 수 있다고 생각하기 때문이며 회사 특성에 맞게 만든 아이디어-출시 시스템이 가장 적합하다고 믿기 때문이다. (경험상 많은 경우, 2가지 가정 모두 진실이 아니기 때문에 매우 신중할 필요가 있다!)

이런 설계 작업은 보통 약 2~4개월이 소요되는데 그 동안 팀은 외부에서 이틀짜리 회의를 여러 번 수행하게 된다. 이것을 '설계 라운드(Design Round)'라고 부른다. 이것은 각 회의가 끝난 후 사용자 및 고위 경영진과 결과를 공유하고 피드백 받는 일정이 뒤따르기 때문이다(스테이지 게이트의 나선형 프로세스와 상당히 비슷).

1라운드에서는 새로운 아이디어-출시 시스템의 특성과 요건에 대해 합의하고 개념적인 모델(그림 4.10과 같은 흐름도)을 구성하며 각 스테이지와 게이트의 핵심개요를 작성한다. 그런 다음 고객과 경영진에게 피드백을 요청한다.

2라운드에서는 피드백을 분석하고 필요한 사항을 변경한다. 여기서 스테이지와 게이트의 설계에 대해 좀 더 상세하고 깊이 있게 다룬다. 그런 다음 또 다시 공유와 피드백이 이어진다. 회의 사이에는 팀 구성원들이 실행가능 결과물 템플릿과 게이트 평가표를 만드는 등 시스템의 개별적 구성요소와 관련된 작업을 한다.

3라운드(필요하면 4라운드)에서는 시스템 설계를 마무리짓고 '다른 주제들'을 다룬다. 여기서 '다른 주제들'이란 핵심인물들의 역할과 책임, 게이트 키퍼의 활동 및 참여 규칙(게이트 키퍼들이 직접 규칙을 만들 수 있게 하라), 위험도가 낮은 프로젝트들을 위한 대안적인 버전의 스테이지 게이트, 빨간 깃발, 예시와 사례, 시스템에서 필요한 학습이나 교육 모듈 등을 말한다.

3~4라운드에서 개발한 최종 스테이지 게이트 시스템에는 다음 사항들이 포함된다.

- **아이디어-출시 시스템 개요**: 보통 〈그림 4.10〉과 〈그림 5.1〉처럼 각 스테이지와 게이트에 대한 간략한 설명이 있는 흐름도 형태를 띤다.

- **스테이지 설명**: 각 스테이지의 목적과 각 스테이지에서 필요한 활동에 대한 설명이다. 각 활동에 대한 설명은 보통 프로젝트팀에게 앞으로 해야 하는 활동 정보를 제공해주고 현재의 모범관행들을 포함한다. 어떤 팀들은 활동 차트와 예시나 사례들을 개발한다.

- **실행가능 결과물**: 각 스테이지의 마무리나 결과물은 무엇이며 각 게이트에 무엇을 전달해야 하는가? 얼마나 상세해야 하는가? 일부 팀들은 결과물을 위한 지침과 템플릿을 개발하기도 한다.

- **게이트 설명**: 8~9장에서 설명한 것과 같다. 즉, 게이트의 기준은

무엇인가? 프로젝트 우선순위는 어떻게 정해지는가? 게이트는 프로젝트의 분기별 검토와 프로젝트 이정표, 연간 예산 범위와 어떻게 조화를 이루는가? 마지막으로 포트폴리오 관리를 아이디어-출시 시스템과 어떻게 결합시킬 것인가?

- **게이트 절차:** 각 게이트의 게이트 키퍼는 누구인가? 회의는 어떻게 진행되는가? 예를 들면 심판이나 진행자가 있는가? 게이트 키퍼는 게이트 기준과 비교해 프로젝트를 평가하기 위해 어떤 방법을 사용해야 하는가? 진행/중단 결정이 어떻게 내려지는가? 프로젝트팀은 회의 내내 참석해야 하는가?

- **조직과 운영:** 다기능적 프로젝트팀은 어떻게 구성해야 하는가? 프로젝트팀은 시스템의 어느 지점에서 만들어져야 하는가? 게이트 2에서 구성되면 되는가? 너무 빠르거나 늦지 않은가? 또한 이 지점 전 단계 프로젝트는 누가 담당할 것인가? 프로젝트팀 리더는 누가 되어야 하는가? 팀 권한은 얼마나 주어져야 하는가? 팀원들을 일상 업무에서 벗어나게 해주려면 어떡해야 하는가? 각 팀원들의 연간 성과 평가는 누가 하는가? 팀원들에게 인센티브는 어떻게 제공하고 그들을 어떻게 인정해주고 보상해줄 것인가?

- **프로세스에 '포함'되는 것들:** 이 새로운 시스템은 어떤 프로젝트를 처리하는가? 모든 프로젝트인가? 특정 유형만 처리할 것인가? 과정 개발도 포함해야 하는가(프로젝트가 제조 과정 개선으로 이어질 때)? 플랫폼 프로젝트와 기술 개발 프로젝트도 포함할 것인가-이것들은 어떻게 처리되는가?(5장 참조) 확장, 수정, 개선과 관련된 소규모 프로젝트도 포함하는가? 그런 프로젝트들은 5개 스테이지 과정을 모두 거쳐야 하는가 아니면 〈그림 5.1〉처럼 위험성이 낮은 프로젝트를 위한 2~3개 스테이지 과정으로 충분

한가? 스테이지 내 활동이 겹치는가, 스테이지 전체가 겹치는가? 그렇다면 어느 정도 유연하게 운영할 것인가?

- **사업 간에 유연성을 어느 정도 둘 것인가?**: 각 사업 단위가 어느 정도까지 필요에 맞추어 스테이지 게이트 시스템을 변형시켜야 하는지 또는 일관적이고 범사업적(그리고 전 세계적)인 통합 시스템이 필요한지에 대한 논란은 항상 있었다. 대기업은 주로 사업부의 의견을 반영해 '기업 버전' 스테이지 게이트를 개발하지만 각 사업과 지역 특성에 맞추어 어느 정도 변형할 수 있도록 허용하기도 한다. '맞춤' 모델이더라도 단계와 게이트, 명명법, 목적, 종료 시점, 실행가능 결과물, 주요 게이트 기준 등을 통일시켜야 한다.

다음 사항들을 명심하라: 설계 라운드 전 과정을 통틀어 팀원들과 조직의 다양한 구성원들(고위 경영진, 잠재적 게이트 키퍼, 팀 리더 및 구성원들) 사이에 지속적인 정보 흐름이 있어야 한다. 그렇게 하는 주요 목적은 피드백을 구하고 미리 참여를 유도하는 것이다. 설계 라운드가 끝날 무렵 잠재적 사용자들인 프로젝트팀 구성원들과 고위 경영진 모두 새로운 시스템을 이미 여러 번 보고 매번 피드백을 제공했어야만 한다.

기능적 통합과 다른 프로세스 및 수단과의 통합

스테이지 게이트 프로세스를 설계할 때는 반드시 범기능적인 통합과 사내 타 프로세스들과의 통합을 고려해야 한다. 각 기능 부문은 일반적으로 자체 과정과 시스템(예를 들면 생산 시작을 알리는 제조 승인 신호나 재무부서의 CAPEX[Capital Approval Procedure] 또는 자본 승인 절차)이 있다. 그러므로 스테이지 게이트와 상호작용할 기존 사내 프로세스들과의 관련성을 파악하고 스테이지 게이트가 그것들과 조화를 이루는지 확인하라.

또한 기업이 제품 개발에 이미 활용하고 있는 효과적인 수단들도 있을 것이다. 예를 들면 DFSS(식스 시그마를 위한 설계)나 타구찌 기법(Taguchi Methods; 품질 개선 방법), 프로젝트 관리 기법들(프로젝트 관리 소프트웨어와 같은), 동업 심사 및 법적 절차 등이 있다. 이런 효과적인 수단들을 버리거나 무시하지 말고 스테이지 게이트 시스템에 포함시켜라. 그것들은 유용하고 효과적인 수단으로 스테이지 게이트의 도입과 사용에 도움이 될 것이다.

실행 기획

2단계의 어느 지점쯤에서는 반드시 3단계를 위한 실행 계획이 수립되어야 한다. 다음에 실행 업무들을 설명하겠지만 실행 계획은 반드시 설계 단계의 일부가 되어야 한다. '완벽한 아이디어-출시' 시스템 설계에 집착하느라 해당 시스템의 '실행'을 잊는 실수를 범하지 말라.

3단계: 스테이지 게이트 실행-변화 관리

실행은 가장 길고 가장 어렵고 돈이 무척 많이 드는 단계로 '변화 관리'라고 할 수 있다. 이 단계는 새롭거나 변경된 아이디어-출시 시스템을 알리고 해당 사용법을 훈련시키며 조직 참여와 헌신을 구하고 신구 프로젝트 모두 새로운 시스템으로 전이시키는 활동으로 구성된다. 보통 고위 경영진이 헌신을 천명하는 이벤트나 컨퍼런스에서 실행 단계가 시작되고 시스템 개요가 발표된다. 그리고 실행 계획은 각 기업의 문화와 필요에 적합하도록 설계되어야 한다. 구조적으로 새로운 시스템을 설계하는 것은 쉬운 편이지만 몰입시키고 행동 변화를 유도하는 행동적인 면은 그리 쉽지 않다.

〈그림 11.2〉는 기업들마다 서로 다른 도전과 욕구가 존재한다는 사실을 고려해 만든 도표로 실행 기획 과정에 유용하다. 일부 기업의 경우, 고위 경영진이 적극적이고 주체적인 역할을 하며 새로운 아이디어-출시 시스템을 설계하고 실행하기 위해 강력하고 가시적인 권한이 발휘된다. 도표의 세로축은 '권한의 중요성'을 나타내는데 관련 질문은 다음과 같다.

- 당신의 권한은 얼마나 중요하고 또 가시적인가?
- 회사 입장에서 당신의 권한은 얼마나 중요한가?
- 당신의 권한은 사업 전략이나 중요한 사업 성과지표와 관련 있는가?

〈그림 11.2〉의 가로축은 조직 내 필요한 '변화 정도'를 나타낸다.

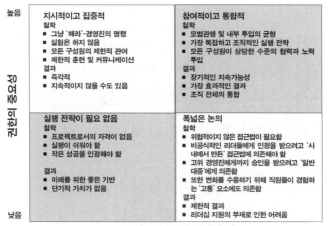

그림 11.2 사업 유형별 실행 전략 대안

- 요구되는 변화는 얼마나 광범위해야 하는가?
- 영향을 누가 받는가? 무엇이 영향을 받는가?
- 영향은 어느 정도인가?

〈그림 11.2〉의 사분면 중 우측 상단은 가장 어려운 상황이다. 우측 상단에 해당하는 기업들의 실행 계획에 포함되는 조직 변화 업무는 다음과 같다.(다른 분면의 기업들은 이런 실행 변화 업무 중 일부를 이용할 수 있지만 모든 업무를 이용할 필요는 없다.)

1. 스테이지 게이트 프로세스 관리자를 임명하라

아무리 좋은 시스템이더라도 스스로 실행될 수 있는 시스템은 없다. 누군가 실행이 가능하게 해줄 사람이 필요하다. 그것이 바로 프로세스 관리자의 역할이다. 내가 알기로 프로세스 관리자 없이 스테이지 게이트가 성공적으로 실행된 적은 없다! 그리고 대기업의 경우, 그 자리는 전임 직무여야 한다.

하지만 아쉽게도 대부분의 기업들은 이런 중요한 사실을 놓친다. 그들은 상당히 많은 시간과 돈을 시스템 설계에 쓰고 프로세스 관리자를 두는 것과 관련해 실수를 한다. 일반적으로 새로운 시스템이 설계되고 수년 동안 실행되지만 운영위원회가 주도하기 때문에 매우 느리게 진행되는 것이다. 헌신적인 챔피언이 정해지고 그가 새로운 아이디어-출시 시스템을 장악해 자신의 에너지를 쏟는다면 그때부터 시스템이 위력을 발휘하기 시작할 것이다.

프로세스 관리자나 '프로세스 수호자'가 수행할 임무는 다음과 같다.

- ✓ 스테이지 게이트 실행 주도하기
- ✓ 시스템 유지, 갱신, 개선 책임지기

- ✓ 전 구성원들에게 훈련 세션을 제공하고 신입직원 훈련시키기
- ✓ 포트폴리오 관리기법들을 사용해 포트폴리오 분석 및 게이트 회의와 관련된 정보 제공하기
- ✓ 각 신제품 프로젝트 프로세스를 추적하고 성과와 최종 성공 여부 평가하기
- ✓ 게이트 회의를 용이하게 하고 중재하기
- ✓ 코치 역할을 하고 프로젝트팀에 자원 제공하기
- ✓ 제품 개발을 위한 IT 지원 시스템 감독하기
- ✓ 제품 개발과 프로젝트 관리를 위한 새로운 수단 탐색과 전파

프로세스 관리자는 스테이지 게이트 설계를 시작한 직후 곧바로 팀의 일부가 되는 것이 바람직하다.

> 66 스테이지 게이트 실행을 추진하는 헌신적인 챔피언 역할을 할 프로세스 관리자를 배치하라. 99

2. 모든 수준에서 헌신과 참여를 확보하라

요구되는 조직적 변화를 이루기 위해서는 모두 헌신해야 한다! 새로운 시스템을 사용해야 하는 고위층, 중간층, 담당자들의 헌신과 참여가 없다면 새로운 방식은 성공적으로 조직에 정착될 수 없을 것이다. 고위 경영진이 헌신하지 않는다면 새로운 시스템은 진짜가 아닐 것이며 대부분의 고위 경영진이 지지하지 않는다는 소문이 조직에 금방 퍼질 것이다. 게다가 고위 경영진은 자원 투입 결정권이 있다. 그것은 새로운 시스템이 제대로 진행되는 데 반드시 필요한 중요 자원이다.

하지만 고위 경영진의 헌신만으로는 충분하지 않다. CEO의 역할도 필요하다. 그는 새로운 시스템을 승인하고 경영진 회의에서 적절히 언

급하며 새로운 시스템의 실행을 지시하고 필요한 인원을 배정할 수 있다. 하지만 그들만으로 새로운 아이디어-출시 시스템을 성공적으로 만들 수 없다.

무엇보다 그 아래 단계의 중간관리자들이 참여해야 한다. 그들은 신제품 프로젝트와 관련된 업무 대부분의 의사결정권자들로 사업 부문 책임자, 마케팅과 영업 책임자, R&D나 기술 책임자, 생산과 QA 책임자 등이다. 대부분의 게이트나 주요 결정 지점 관리자들이 바로 그들이다. CEO나 부사장급 경영진이 아니다!

이 핵심인력들이 스테이지 게이트 개념과 절차에 헌신하지 않는다면 전혀 희망이 없다. 예를 들면 그들이 게이트 회의에서 제대로 일하지 않는다면(준비하지 않거나 명시된 게이트 기준을 사용하지 못하거나 성급히 반응하거나 불완전한 프로젝트들이 불완전한 실행 결과물로 게이트를 통과하는 것을 방치하거나 설상가상 프로젝트들이 게이트를 피해 가도록 허용하거나 무의미한 질문을 하거나 부적절한 정보를 추구하거나 잘못된 이유로 프로젝트를 중단한다면) 제대로 설계된 이 시스템은 바로 무너져 무용지물이 될 것이다. 유감스럽게도 나는 제대로 관리되는 것처럼 보였던 기업에서조차 이런 오용이 발생하는 경우를 빈번히 목격했다.

사실들: 가장 큰 행동 변화는 프로젝트 리더나 팀 수준이 아닌 의사결정 수준에서 필요하다. 즉, 게이트 관리자들이 가장 어렵고 힘든 학습 도전에 직면하게 되므로 그들의 참여가 스테이지 게이트 성공에 가장 중요하다.

경영진의 헌신만으로는 부족하다. 고위 경영진이 옳은 말을 하고 인력과 자금을 투입할 수도 있다. 그러나 그것이 성공을 보장하진 않는다. 조직 내 바로 아래 단계 책임자들(게이트 관리자들)이 게이트 회의를 신중하고 체계적으로 운영해야 한다. 하지만 그것이 끝이 아니다. 성공하려면 더 많은 것들이 필요하다. 실행은 실전에서 이루어진다. 실행이란 일반적인 프로젝트 팀원들과 리더들이 시스템에 참여하는 것을 의미한다. 궁극적으로 실행을 가능하게 하는 것은 조직 내 실무자인 R&D 인력과 엔지니어, 마케팅 인력, 생산인력 등이다. 그들이 신제품 시스템이 작동하도록 노력을 쏟지 않는다면(그것을 쓸모없거나 관료주의적이거나 단순히 현재 고위 경영진 사이에서 유행하는 것으로 본다면) 시스템은 실패하고 말 것이다. 그들은 단순히 프로세스를 이용하는 척할 수 있다. 프로세스에 따라 일하며 옳은 말을 할 수도 있다. 그러나 진정한 실행 노력 없이는 아무것도 달라지지 않을 것이다.

다음은 조직 구성원들의 '참여'를 유도하고 필요한 조직적 변화를 일으키는 데 사용할 수 있는 몇 가지 방법들이다.

모두 제품혁신의 필요성을 이해할 수 있게 하라! 놀랍게 들릴지 모르지만 조직의 모든 구성원들이 당신처럼 신제품의 필요성을 확신하는 것은 아니다. '새로운 시스템의 챔피언들'로 불릴 만한 직원들만 신제품을 위한 강력한 노력을 지지한다. 그들을 제외한 나머지는 대부분 신제품 개발이 조직의 최우선 과제라고 확신하지 않는다. 따라서 우리는 스테이지 게이트의 개념뿐만 아니라 "신제품은 조직 건전성, 번영, 생존에 필수적이다."라는 생각을 그들에게 알리고 독려해야 한다. 이런 관점을 지지하는 증거들이 많이 있으므로 그것들을 사용하라.

제안 산업 데이터를 사용해 신제품의 필요성을 주장하라. 예를 들면 1장에서 다룬 대로 신제품들이 기업성과(매출과 수익, 주가)에 어떻게 중요한 영향을 미치는지 알려주는 데이터를 사용하라!

회사의 실적을 살펴보라. 신제품 매출 비중은 얼마인가? 목적은 무엇인가? 성장동력은 무엇인가? 사업 성과(수익, 성장률 등)를 경쟁기업이나 조직의 타 사업 부문의 성과와 비교해보라.

신제품이 필수적이라고 확신되면 그 다음 질문은 "더 많은 성공 제품을 어떻게 만들까?"이다. 바로 그때 아이디어-출시 시스템이 해결방안으로 제시된다. 설득력을 더하기 위해 〈그림 1.2〉의 다이아몬드를 사용하라.

스테이지 게이트의 잠재적 이득을 뒷받침하기 위해 사실 자료를 사용하라: 어느 조직이든 회의론자들이 많다. 이번 장의 문을 연《군주론》의 인용문이 제안했듯이 이 회의론은 '실제로 경험해보기 전까지는 새로운 것이 무엇이든 믿지 않으려는 인간의 회의적 속성'에서 일어난다. 동료들이 스테이지 게이트를 직접 경험하지 못했다면 스테이지 게이트를 성공적으로 사용해본 타 조직의 경험을 예로 가져와라. 추측과 소문을 바탕으로 가상 이득을 약속하지 말라. 사실과 믿을 만한 증거로 대처하라.

공식적인 아이디어-출시 시스템의 필요성을 입증하기 위해 실패한 프로젝트를 분석하라. 그 실패 원인에서 프로세스상의 심각한 결함(부실 실행, 제대로 이루어지지 않았거나 너무 늦게 이루어진 활동, 부실하거나 존재하지 않았던 게이트 또는 결정 지점 등)이 발견될 것이다. 회사에서 증거를 찾지 못한다면 다른 회사가 수행한 조사 연구에 의존하라. 많은 기업의 제품 개발 과정에 심각한 문제가 있으며 성공과 실패는 프로세스가 얼마나 제대로 실행되는가에 달려 있다고 결론내린 2~3장의 연구 결과들을 사용하라. 그리고 당신의 주장을 입증하도록 공식적인 스테이지 게이트 시스템들이 성과를 얼마나 많이 개선하는지 보여주는 데이터(4장에서 제공한)를 제시하라.

장애물과 편견을 해소하라: 아이디어-출시 시스템에 대해 조직 내 일부가 보이는 최초 반응은 부정적일 수도 있다. 일반적인 시각은 둘로 나

닌다. 첫째, 모든 시스템은 불필요하게 관료주의적이다. 둘째, 신제품을 개발하고 출시하는 데 많은 시간이 걸릴 것이다. 2가지 편견 모두 대부분 사실이 아니다! 그럼에도 불구하고 시스템이 정말 관료주의적이어서 출시 소요시간이 늘어날 위험이 실제로 존재한다. 따라서 관료주의를 최소화하고 출시를 가속화하기 위해 모든 노력을 쏟아부어야 한다. 낭비를 없애고(5장) 속도를 높이는(10장) 방법을 떠올려보라. 일부더라도 이런 모범관행들이 반드시 시스템에 포함되도록 하라.

위에서 아래로 참여가 시작되도록 하라: 고위 경영진이 '스테이지 게이트를 홍보하고 실제로 행동으로 보여주는 것'을 시작하도록 독려하고 훈련시켜라. 그들은 '그 방식의 모델이 되어' 타인에게 모범을 보여주어야 한다. 그들이 해당 시스템 언어로 적절한 질문을 하고(해당 프로젝트가 어떤 스테이지나 게이트에 있는지) 게이트 기준을 언급한다면(일상 대화나 일반적인 회의에서도) 조직의 나머지 구성원들도 그 중요성을 이해하게 될 것이다.

스테이지 게이트에 대한 헌신을 기업 사명과 전략적 계획에 명기하라: 중요한 것은 아니지만 새로운 시스템이 주목받도록 많은 회사들이 유용하게 사용하는 방법이다.

스테이지 게이트 실행과 사용이 사업계획서에 들어 있지 않다면 적어도 직원들의 KPI(Key Performance Indicators, 핵심성과지표)에는 포함시켜라. 예를 들면 '새로운 시스템을 통해 올해 프로젝트를 성공적으로 이끄는 것'은 프로젝트 리더를 위한 KPI가 될 수 있다. 마찬가지로 '연말까지 전체 개발 프로젝트의 50%를 새로운 시스템 내에서 진행시키는 것'은 리더팀 구성원들을 위한 KPI가 될 수 있다.

시험적 사례를 사용해 신속한 성과를 얻어라: 몇 가지 프로젝트를 선택해 '작동하는 방법'에 대한 시험용이나 입증 사례로 활용하라. 이런 프로젝트들이 실제로 잘 운영될 수 있도록 확실히 할 필요가 있다. 잠재적으로 훌륭한 프로젝트들(성공작이 될 만한)을 선별하고 유능한 리더와 우수한 팀들과 함께 시범 프로젝트를 선택하며 가이드와 촉진요소를 제공하고 적절한 자원을 투입하라. 개발 과정 내내 해당 프로젝트들이 조직의 나머지 구성원들에게 훌륭한 본보기가 될 수 있도록 유지하라. 그들은 새로운 시스템 사용의 실례이자 효과의 증거들이다!

조직 참여와 헌신을 이끌어내는 것은 새로운 시스템의 성공적인 실행을 위한 전제 조건이다. 여기에는 효과적인 변화 관리(태도, 가치, 행동 변화)가 있어야 한다. 그리고 이런 조건이 충족되면 커뮤니케이션과 훈련으로 넘어가게 된다.

3. 스테이지 게이트 시스템을 알리는 것

새로운 아이디어-출시 시스템에 대한 효과적인 커뮤니케이션과 설명은 시스템 성공의 초석이다. 나는 잘못된 커뮤니케이션으로 인해 제대로 설계된 시스템의 초기 실행이 치명타를 입었던 수많은 사례를 보았다. 문서나 전자설명서는 장황하고 복잡해 이해하기 어려웠다. 너무 사용자 친화적이지 않아 첫 화면이나 첫 장이 끝나기도 전에 독자나 청중이 관심을 잃는 것이다.

첫인상이 마지막 인상이고 초기 문서나 설명이 이후 모든 것의 기초가 된다는 것을 명심하라. 여기 몇 가지 조언들이 있다.

홍보책자나 내부 웹페이지를 만들어라: 사실 성공적인 신제품 시스템을 갖춘 모든 회사들은 이런 '내부 마케팅'을 잊지 않았다. 그들은 시스템을 위해 간단하고 흥미로운 소개 수단들을 준비했다. 대부분은 전문가들이

디자인해 회사 홍보책자와 질적으로 비슷한 수준으로 만들어졌다. 내가 말하고 싶은 것은 어느 조직에서든 내부 마케팅이 외부 마케팅만큼 중요하다는 것이다. 그러므로 전문가를 활용하라!

온라인상 간단한 사용자 지침서를 만들어라: 사용자 지침서는 반드시 필요하다. 그것은 홍보책자가 아니라 사용자들을 위해 새로운 프로세스의 가장 중요한 부분을 잘 정리해놓은 것이다. 예를 들면 스테이지와 게이트, 스테이지 활동, 게이트 기준, 게이트 키퍼들 등을 잘 설명해놓는다. 그러나 지침서는 단순한 형태로 유지하라. 결과물 템플릿이나 양식 등을 집어넣어 장황하게 구성하면 사용자는 오히려 질리게 된다!

간편한 지침서는 소개 즉, 예고하는 것이다. 시스템 개요만 제공하도록 만들어진 단순한 로드맵이지 상세히 작성된 운영 매뉴얼이 아니다.

사용하기 쉬운 온라인 사용설명서를 만들어라: 설계팀이 2단계 결과물로 제공하는 아이디어-출시 시스템에 대한 설명〈그림 11.1〉은 너무 상세하기 때문에 사용설명서로는 적합하지 않다. 그것은 그런 목적으로 만들어진 것이 아니며 오히려 작업문서에 가깝다.

팀이 개발한 작업문서를 절대로 사용설명서로 생각하지 말라. 사용설명서처럼 만들었다면 분명히 실패할 것이다! 사용자용 운영설명서로 바꾸어라! 설명서는 이해하기 쉽고 이용하기 쉬워야 한다. 또한 프로젝트 팀원들에게 새로운 시스템, 수행 업무, 수행 방법 등을 자세히 알려주는 조력자가 되어야 한다(예시, 작업 계획표, 도움 화면 등을 통해). 게이트별 요건과 결과물을 예상할 수 있도록 템플릿 등의 형태(지침과 사례들을 이용한)로 명확히 제시해야 하며 프로젝트가 어떻게 평가될 것인지 프로젝트팀과 게이트 키퍼들이 이해할 수 있도록 평가표도 포함시켜야 한다.

> 66 전문적인 수준의 커뮤니케이션 수단(웹페이지, 간편 지침서, 온라인이나 전자 사용설명서)은 구성원들이 새로운 시스템을 이해하고 참여하도록 해주는 비결이다. 99

전문적인 실시간 발표 패키지를 개발하라. 실행하는 첫해 당신의 팀은 새로운 시스템을 고객과 조직 내 모든 구성원에게 발표할 것이다. 문제는 대부분이 그와 같은 공식 발표를 잘 못한다는 것이다. 그러므로 프레젠테이션의 전문성과 효율성을 강조해줄 수단들(파워포인트 동영상 화면까지)을 개발하되 반드시 전문가들의 도움을 받아 준비하라.

이런 발표 목적을 기억하라. 공식적인 목적은 교육과 정보 제공(새로운 시스템에 대해 알리는 것)이다. 그러나 착각하지 말자. 진정한 목적은 변화를 가능하게 만드는 것이다. 즉, 조직적 참여를 이끌어내야 한다! 참여를 이끌어내지 못한다면 이런 발표의 교육적인 면은 소용없어진다.

프로세스를 위해 좋은 이름을 지어라: 장미는 이름이 장미가 아니더라도 여전히 장미일까? 그럴 수도 있고 아닐 수도 있다. 이처럼 프로세스에 이름을 붙이는 것은 겉보기에 사소한 이슈처럼 보이지만 사실 중요한 것이다. 스테이지 게이트 실행 관련자들은 대부분 이 사실에 동의한다.

- 모 독일 업체는 자신들의 프로세스를 '프로젝트 통제 과정'이라고 불렀다. 좋지 않은 이름이다. 매력이 없다.
- 미 육군의 스테이지 게이트 시스템 명칭은 'TARGET'이다. 그것은 'Tank Automotive Research, Development and Engineering Center Gated Evaluation Track'(탱크 연구, 개발, 공학기술 센터

의 게이트 평가 방법)의 약자다. 말하기도 쉽고 기억하기도 쉽다. 무엇보다 군사용어처럼 들린다.

■ P&G는 'SIMPL'(Successful Initiative Management and Product Launch Model; 성공적인 작업 관리와 제품 출시 모델)로 명명했다. 기업이 이전에 사용하던 다소 관료주의적 모델인 'PDP'(Product Delivery Process; 제품 전달 과정)와 비교할 때 훨씬 간단하고 사용하기 쉬운 시스템으로 느껴진다.

4. 훈련을 시행하라

훈련과 촉진 활동이 과소평가되어선 안 된다. 그런데 많은 기업들이 초기 훈련 활동에서 취약하다. 사용자 훈련의 필요성을 과소평가하는 것이다. 하지만 훈련은 다음의 2가지 이유에서 중요하다.

a. 사람들은 모르는 것을 싫어한다. 사람들은 이해하지 못하는 것들에 대해 부정적으로 반응하는 경향이 있다. 그래서 수용자들(잠재적 사용자들)이 시스템을 이해하지 못하거나 오해한다면 조심하라. 시스템을 실행하려는 노력이 어려움에 부딪힐 것이다. 하지만 훈련한다면 적어도 익숙하지 않은 것에 편안함을 느끼고 친숙해질 수 있을 것이다.

b. 사용자들이 시스템 사용법을 모른다. 새롭고 다양한 일을 하거나 기존 일들을 새로운 방식으로 하기 위한 새로운 시스템에는 많은 사람들(프로젝트팀 리더, 팀원들, 게이트 키퍼들)이 필요하다. 하지만 설명이나 지침도 없고 편리하지도 않다면 그들은 시스템을 잘못 이해할 가능성이 높다. 그들은 이 새로운 업무를 제대로 수행하지 못하게 된다. "일하면서 배운다"라는 말은 이론상 멋질지도 모르지만 문제는 그리 멋지게 배워지지 않는다는 것이다. 그

러므로 스테이지 게이트는 처음부터 제대로 작동해야 한다. 훈련을 통해 사람들에게 필요한 기술과 지식을 제공해야 한다. 그래야만 스테이지 게이트가 요구하는 이런 새로운 업무들을 제대로 수행할 수 있을 것이다.

> ❝ 실무자들과 게이트 키퍼들 모두에게 훈련을 시행하라. 이런 훈련은 일반적으로 프로젝트 팀원들에게는 2일, 게이트 키퍼들에게는 1~2일이 걸린다. ❞

아이디어-출시 시스템 실행 경험자들은 훈련이 중요하다는 데 모두 동의한다. 훈련 프로그램에서 어떤 주제를 다루어야 할까? 일반적으로 3개 영역이 있다.

- **소프트 기술:** 스테이지 게이트는 일부 참가자들에게는 새로울 수도 있는 독특한 '대인 기술'이나 '소프트 기술'을 요구한다. 이런 기술은 보통 프로젝트 관리기술 훈련의 일부이며 팀 리더십, 대인관계 기술, 시간관리, 회의관리, 갈등 해결, 팀 구성원이 되는 법 등을 포함한다.
- **하드 기술:** 스테이지 게이트에서 일부 구성원들은 경험한 적 없는 업무를 수행하거나 감독하게 된다. 하드 기술의 주제들은 재무 분석, 사업 분석, 위험 평가, 고객의 소리(VoC) 조사와 시장 정보 수집, 경쟁 분석, 정교한 설계, 프로젝트 관리(프로젝트 관리용 소프트웨어 사용을 포함한), 현장 조사 설계와 수행, 출시 계획 설계 등이다.
- **스테이지 게이트 사용:** 사용자들은 새로운 시스템 사용법을 훈련받아야 한다. 여기에는 시스템 작동법, 각 게이트에서 기대되

는 결과물, 게이트 기준, 각 스테이지의 상세 내용, 게이트 회의 진행 방법 등이 해당된다.

대부분의 기업들은 게이트 키퍼들뿐만 아니라 프로젝트 팀원들에게도 훈련을 시행한다. '일일 게이트 키퍼 집중 훈련'과 같은 프로그램이 일반적인데 여기서 게이트 키퍼들은 새로운 시스템과 자신들의 역할, 게이트 작동법을 배우고 몇 차례 모의 게이트 회의를 갖기도 한다. 기타 관계자들(프로젝트팀이나 게이트 회의에 속하지 않는 사람들)에게도 스테이지 게이트 설명회를 한나절 동안 개최하는 경우도 있다.

5. 프로젝트를 스테이지 게이트로 가져오기

현재의 프로젝트들을 시스템으로 어떻게 가져올 수 있을까? 조직의 관심과 헌신을 얻으려면 시범 운영하는 것이 좋다. 이것은 프로젝트를 시스템으로 가져오는 점진적인 방법으로 처음에는 선택된 소수 프로젝트를 대상으로 새로운 시스템을 적용한다. 일부는 이 방법이 시간이 너무 오래 걸린다고 생각한다. 하지만 프로젝트 리더들이 설계팀에 참여하면 시스템을 설계하면서(앞에서 말한 2단계) 시범 프로젝트를 함께 시작할 수 있다.

어떤 회사는 모든 프로젝트가 '시스템에' 포함되었다고 간주하고 개시일을 발표한다. 진행 중인 프로젝트의 리더는 해당 프로젝트가 어느 스테이지나 게이트에 있는지 해당일 전에 명시해야 한다. 게다가 진행 중인 모든 프로젝트는 시작한 지 3개월 내에 하나의 게이트를 통과해야 한다. 그것은 다음 게이트가 될 수도 있고 해당 스테이지에서 많이 진척되지 않았다면 직전 게이트가 될 수도 있다.

또 다른 방법은 오늘 시작하는 모든 새로운 프로젝트부터 '시스템에' 포함된다고 발표하는 것이다. 하지만 그것은 좋은 전술이 아니다. 프로젝트가 스테이지 3과 4로 진행하는 데 너무 오래 걸릴 뿐만 아니라 시스템을 전부 통과하는 데 수년이 걸리기도 하기 때문이다. 결과를 얻기 위해 너무 오래 기다려야 한다!

내가 좋아하는 방법 중 하나는 '웰컴 게이트'다. 프로젝트 팀원들은 스테이지 게이트와 관련된 이틀짜리 훈련에 참석한다. 그리고 훈련이 끝날 때쯤 웰컴 게이트 개념이 소개된다. 훈련을 마치기 전 각 프로젝트팀은 해당 프로젝트가 새로운 시스템의 어느 부분에 있는지(어느 스테이지에 있으며 어느 게이트로 향하는지) 공표해야 한다. 그리고 그 게이트를 언제 통과할 것으로 예상되는지도 공표해야 한다(일반적으로 '앞으로 2개월'이라는 시간 제한이 주어진다). 하지만 '웰컴 게이트'는 프로젝트의 실행가능 결과물을 모두 완수할 필요가 없기 때문에 위협적이지 않은 게이트로 규정된다. 즉, 이런 진입 게이트는 규칙이 조금 느슨하다. 그러나 이 진입 게이트를 지나면 프로젝트는 새로운 프로세스 원칙들을 고수해야 한다.

6. 지표-얼마나 잘하고 있는가?

신제품 지표에 대한 논의를 시작하는 것이 너무 빠른가? 아니다! 나는 "측정할 수 없는 것은 관리할 수 없고 측정할 수 있는 것은 관리할 수 있다."라는 의견에 전적으로 동의한다. 어떤 기업들은 신제품 시스템 측정 및 평가를 너무 늦게까지 시행하지 않는 실수를 범한다.

시스템 성과를 평가하는 데 사용하는 지표는 다음 2가지다.

1. **사후-프로세스 지표**: "제품혁신을 얼마나 잘하는가?"라는 질문에 대한 지표이며 출시 후 측정이 가능하다는 의미에서 '사후-프로세스'다. 여기에는 단기적 지표('정시 성과'와 같이 출시 직후 곧바로 측정)와 장기적 지표(출시된 제품의 성공률을 결정하기

위해 출시 1년 후쯤 측정)가 모두 포함된다. 일반적으로 사용되는 사후-프로세스 지표들은 〈표 11.1〉에 제시되어 있다.

이런 사후-프로세스 지표 데이터는 개별 프로젝트별로 수집되지만 대부분 합산되어 보고된다. 이런 지표의 예로는 '지난 3년 동안 출시된 신제품에 의해 달성된 매출 비율'이나 '평균 슬립률(Slip Rate: 정시 성과지표)'이 있다.

사후-프로세스 지표들은 매우 중요한 기준임에 틀림없지만 그렇다고 유일한 지표로 사용될 수는 없다. 새로운 시스템이 얼마나 잘 수행되는지 알아내기 위해 수년 동안 기다려야 할지도 모르기 때문이다. 그것은 개선 조치를 취하려고 기다리기에는 너무 긴 기간이다. 그래서 대부분의 기업들은 이 지표와 함께 프로세스 진행 지표를 사용한다.

2. **프로세스 진행 지표:** "새로운 시스템이 정말 작동하고 있는가?"라는 질문에 대한 지표다. 프로세스 진행 지표들은 거의 즉시 측정될 수 있으며 신제품 프로젝트들이 얼마나 잘 진행되는지(해당 프로젝트들이 게이트에서 예정대로 진행 중인지, 게이트의 실행가능 결과물들의 상태가 좋은지)를 잘 보여준다. 물론 이런 지표들에서 높은 점수를 얻는 것은 최종목표가 아니다. 이 지표들은 최종 결과를 예측하는 신호(또는 조기경보) 역할을 하는 중간지표다. 〈표 11.2〉에 몇 가지 프로세스 진행 지표들을 제시하고 있다.

모 화학업체는 문제가 있는 프로젝트나 단계를 찾기 위해 '적록(Red-Green) 차트'를 사용한다(그림 11.3). 표의 윗부분에는 스테이지게이트 프로세스의 게이트들이 표시되고 왼쪽에는 프로젝트 이름이 표시된다. 각 칸에는 프로젝트가 해당 지점에 도달해야 하는 게이트 회의 예정일과 실제 도달한 날짜가 명시된다. 그리고 프로젝트가 '정해진 일정'에 따라 진행되는 칸은 녹색, 지연되는 칸은 빨간색으로 채워진다.

열을 따라 읽으면 문제가 있는 프로젝트(중요한 게이트 검토일을 놓친)를 쉽게 알 수 있고 행을 따라 읽으면 놓친 게이트들을 알 수 있다. 이것은 이전 스테이지에 매우 문제가 많다는 것을 시사한다. 예를 들면 〈그림 11.3〉에서 프로젝트 베타와 감마는 경로를 분명히 벗어났고 그중에서도 실행가능성 단계인 2단계에서 문제가 가장 많다는 것을 알 수 있다.

∘ ∘ ∘

표 11.1 사후-프로세스 지표:
제품혁신을 얼마나 잘하고 있는가?

보통 이런 지표는 개별 프로젝트 수준에서 측정된 후 전체 사업 수준 지표로 합쳐지거나 평균을 구한다.

단기(즉시 측정됨)

1. 적시성
   - 주기 소요 시간(월 단위)-게이트 3에서 출시까지(유용하진 않지만 상대적 지표여야 함)
   - 정시 출시(예정 출시일과 실제 출시일 비교-월 단위 편차)
   - '슬립률'(예정시간 대비 불이행 시간 비율, 그림 1.3에 정의됨)
2. 개발과 자본비용
   - 예산 내 프로젝트(금액편차 또는 예산 금액 대비 비율)

장기(훨씬 나중에 측정됨. 예를 들면 최근 예상한 결과들을 바탕으로 출시된 지 1~2년 후 측정됨)

1. 재무

   - 수익성(NPV, IRR, 회수 기간)

     - 게이트 3과 5의는 추정과 비교, 예를 들면 회수된 NPV(승인된 모든 프로젝트의 실제 NPV/예측 NPV)

     - 최소 기대수익률과 비교

   - 게이트 3의 추정과 비교한 매출(개수, 금액, 시장점유율)

2. 성공률

   - 출시된 제품(게이트 5를 통과) 중 상업적 성공('상업적 성공'을 정의할 필요가 있다.)을 거둔 비율

   - 승인된 개발 프로젝트(게이트 3을 통과) 중 상업적 성공을 거둔 비율

   - 소멸곡선(스테이지별 프로젝트 개수; '중단' 비율 등-그림 1.5 참조)

3. 연간 매출에서 신제품이 차지하는 비율(진정한 '신제품'이 아닌 사소한 개발을 포함시키지 않기 위해 좀 더 까다롭게 '신제품'을 정의하라-1장 참조. 시간도 정의해야 한다.

   예: 지난 3년 간 출시)

4. 매출성장률(또는 수익증가율) 중 신제품 비율(위의 3번 항목과 비슷함)

• • •

표 11.2. 프로세스 진행 지표:
프로세스가 잘 작동하고 있는가?

주관적 지표

1. 게이트 회의(와 실행가능 결과물)의 품질

   - 게이트 회의에서 작성하는 평가표(게이트 회의는 얼마나 효과적이었나?). 예시 질문은 다음과 같다.

     - 실행가능 결과물들이 우수했는가? 수준 높은 작업 결과였는가?
     - 게이트 키퍼들은 잘 준비해왔는가?
     - 질문은 훌륭했는가-목표나 주제와 관련 있었는가?
     - 진행/중단이 결정되었는가? 자원이 투입되었는가? 모두에게 전달되었는가?
     - '예상된 결정'이었는가?
     - 회의는 효율적이었는가?
     - 회의는 효과적이었는가?

2. '시스템 규칙에서 벗어나는' 정도

   - 게이트 3 이후 발생한 제품 사양의 변경 정도
   - 설계 변경 요청 건수
   - 게이트 키퍼의 '불참' 때문에 취소된 게이트 회의 건수

3. 시스템에 제대로 포함된 프로젝트 비율

   - 프로세스 관리자에 의한 판정(프로젝트별 검토)

객관적 지표

4. 개발 파이프라인에서의 프로젝트 일정 준수율

   - 정해진 일정표에 맞추어 진행 중인 게이트들(각 게이트에서

예정대로 진행 중인 프로젝트 비율-예를 들면 그림 11.3의 적록 차트)

- 평균 시간편차(게이트 도착 예정일 대비 실제 도착일, 월 단위나 정시 비율로 측정함)

5. 예산 준수율
- 정해진 예산에 따라 각 스테이지에서 진행 중인 프로젝트 비율
- 스테이지별 예산의 평균편차(스테이지별 실제 지출과 예산 비교-달러 또는 예산 금액 비율 단위)

○ ○ ○

실행 노력 유지하기-고수하기

수개 월 동안 집중적으로 노력(훈련, 커뮤니케이션, 프로젝트 접목 등) 하더라도 실행은 끝나지 않는다. 새로운 시스템이 정말 기업문화와 '업무 방식'의 일부가 되기까지 수 년이 걸리기도 한다. 변화 관리는 진행 중인 과정이다. 스테이지 게이트를 유지시키는 몇 가지 장기적인 방법을 소개한다.

게이트가 작동되도록 하라

나는 앞에서 "게이트가 진행되면 프로세스도 진행된다."라고 말했다. 게이트는 종종 스테이지 게이트를 실행하기 시작한 후 수 개월 동안 문제가 되기도 한다. 따라서 최선의 게이트 운영법을 찾기 위해서는 프로세스 관리자가 게이트에 참석하고 엄밀한 게이트용 프로토콜을 개발해 시험하며 문제 부분을 해결하고 게이트 키피들로부터 협조를 얻는 것이 필수적이다. 나는 9장에서 게이트를 운영하고 작동시키는 법에 대해

많은 정보를 제공했다. 그러나 이런 '제안'은 많은 기업들로부터 도출한 것이므로 회사의 사정에 맞게 변경해야 할지도 모른다. 프로세스 관리자는 모든 게이트 회의에 참석하고 조율하고 훈련을 실시하고 합의된 절차에 따라 작업하도록 독려해야 한다. 한 가지 방법은, 사후-회의 검토를 위해 각 게이트 회의가 끝날 때마다 게이트 키퍼들과 함께 '칠판에 쓰면서 하는 토론'을 하는 것이다(라커룸 칠판 앞에 선 감독처럼). "우리는 일을 얼마나 잘했는가?", "다음 게이트 회의에서 무엇을 더 잘할 수 있는가?"

프로젝트팀을 지도하라

훈련과 우수한 전자식 사용설명서(예시와 사례, 도움말 화면 등을 사용해)가 제공되더라도 어떤 프로젝트팀들은 계속 실수한다. 그들은 단지 기존 업무 방식에서 탈피하지 못하는 것이다. 그래서 프로세스 관리자가 그들의 코치가 된다.(프로세스 관리자는 게이트 회의를 독려하고 의제를 통제하므로 프로젝트팀이 준비되어 있지 않다고 판단하면 그 팀을 의제에서 뺄 수도 있음을 기억하자.) 특히 첫해 프로세스 관리자는 게이트 회의 전 프로젝트팀과 만나 팀 활동과 실행가능 결과물을 검토하고 필요한 제안을 해준 다음 고위 경영진에게 보고해야 한다. 때때로 프로세스 관리자는 미흡하거나 완수되지 않은 작업(추후 게이트 키퍼들이 문제삼을)을 발견하기도 하는데 그것도 지도자의 역할에 포함된다. 이런 지도자의 역할이 없다면 프로젝트팀은 실행가능 결과물 패키지에 과도한 정보를 쏟아넣음으로써 게이트 키퍼들을 당황시킬지도 모른다. 프로세스 관리자는 매 게이트의 기대사항, 개별 프로젝트팀의 업무, 어려운 업무의 실행 방법 등을 가장 잘 아는 사람으로 프로젝트 리더들이 의지하는 코치이자 자원의 보고다.

스테이지 게이트 시스템의 지속적인 개선을 추구하라

'완벽한 아이디어-출시 프로세스'를 설계하려는 모든 노력에도 불구하고 일은 그리 호락호락하지 않을 것이다! 프로세스에서는 항상 일이 잘못될 수 있다. 예를 들면 다음과 같다.

- 게이트의 실행가능 결과물 템플릿이 혼동되거나 게이트 키퍼들이 원하는 것을 제대로 제공하지 못한다.
- 스테이지에서 추천되거나 정해진 활동 중 일부는 원래 포함되지 않았어야 했고 포함되었어야 할 일부 활동은 생략되었다.
- 특정 활동의 실행 방법(지침서와 작업계획표)이 제대로 작동하지 않는다.
- 게이트 회의가 번거로워 재고할 필요가 있다.
- 지표들이 개념 수준에 머무르고(측정하기 어렵거나) 원하는 것을 정확히 측정하지 못한다.

	게이트 2	게이트 3	게이트 4	게이트 5	사후 출시 검토
프로젝트 알파	09년 8월 1일 09년 9월 1일	09년 12월 1일 10년 2월 1일	10년 9월 1일 10년 9월 1일	10년 12월 1일	
프로젝트 베타	09년 7월 1일 09년 9월 1일	09년 8월 1일 09년 11월 1일	09년 12월 1일 10년 2월 1일	10년 3월 1일 10년 6월 1일	11년 6월 1일
프로젝트 감마	09년 2월 1일 09년 4월 1일	09년 6월 1일 09년 8월 1일	09년 12월 1일 10년 2월 1일	10년 6월 1일 10년 7월 1일	10년 7월 1일
프로젝트 델타	09년 6월 1일 09년 6월 1일	09년 7월 1일 09년 11월 1일	10년 2월 1일 10년 3월 1일	10년 7월 1일 10년 8월 1일	10년 8월 1일
프로젝트 에코	09년 9월 1일 09년 9월 1일	09년 11월 1일 09년 12월 1일	10년 8월 1일 10년 9월 1일	10년 12월 1일	
프로젝트 폭스트롯	10년 9월 1일 10년 9월 1일	10년 10월 1일	10년 12월 1일	11년 4월 1일	

이 차트에서 진한 칸은 '빨간색'으로 '지연된 성과'를 나타내며 엷은 칸은 '녹색'으로 '정시에 완료된 성과'를 나타낸다(한 달 이내).

그림 11.3 적록 차트는 게이트에서의 일정 불이행 상황을 보여준다.

따라서 실행 4~6개월이 되면 프로세스 관리자는 설계팀을 다시 불러 시스템 성과와 실무 검토 및 감사를 실시해야 한다. 대부분 프로젝트팀과 게이트 키퍼들이 주로 그룹 회의를 통해 무엇이 작동하고 무엇이 작동하지 않는지 파악하고 개선점을 결정한다.

신입직원들을 훈련시켜라

요즘 직원들의 이직률이 증가했다. 약 18~24개월의 프로젝트 기간 동안 게이트 키퍼의 1/3이 공식적인 훈련 세션을 단 한 번도 갖지 못했다거나 프로젝트 팀원 다수가 새로운 구성원이라는 사실은 그리 놀랄 일이 아니다. 초기 이해되었던 원칙과 관행들도 점점 모호해진다. 따라서 프로세스 관리자는 새로운 참여자들(게이트 키퍼들과 팀 구성원들)을 확실히 훈련시켜야 한다. 1대1 훈련이라도 상관없다. 무엇보다 연간훈련은 반드시 시행해야 한다. 대부분에게 그것은 갱신하는 시간이겠지만 새로운 참여자들에게는 반드시 필요한 시간이 될 것이다.

실패하는 10가지 방법!

사람들이 스테이지 게이트 실행에서 실패하는 10가지 방법을 가볍게 설명하면서 책을 마치고자 한다. 하지만 웃기 전에 기억하라. 이것은 누군가에게 어떤 기업에서 실제로 일어났던 일이다. 절대 일어나지 않길 바랐지만 말이다.

10. 스테이지 게이트 프로세스를 사무실에서 혼자 외부와 단절된 상태에서 설계하라. 당신이 가장 잘 안다. 팀 설계는 시간낭비다!

9. 사전과제나 내부 감사를 하지 말라(1단계). 당신은 이미 사내 문제가

무엇인지 안다. 따라서 즉시 해결방안으로 넘어가라. 사실 당신이 정말 현명하다면 문제를 알기도 전 해결책이 있을 것이다.

8. 타사의 스테이지 게이트 디자인(그들의 스테이지와 게이트, 기준과 실행가능 결과물, 활동, 팀 구조, 실행 방식, 도전 등)를 살펴보려고 신경 쓰지 말라. 전혀 배울 것이 없다.

7. 팀을 구성해야 한다면 수 개월 동안 개별적으로 만나라. 그런 다음 '당신의 거대한 디자인'을 보여주면서 모든 사원들이 당신을 칭찬할 것이라고 가정하라. 그들이 설계에 참여하지 않았더라도 말이다.

6. 외부 도움을 구하지 말라. 책을 읽고 일반적인 시스템을 바탕으로 설계하라. 식은 죽 먹기다! 도움을 청해야 한다면 제품혁신 관리에 대해 전혀 아는 것이 없는 프로세스나 일반 컨설턴트를 채용하라.

5. 팀이 아이디어-출시 시스템을 설계할 때 사내 다른 사람들로부터 평가나 피드백 받는 데 시간낭비하지 말라. 결국 당신이 설계팀이고 전문가다. 그 '외부인들'이 뭘 알겠는가? 당신이 설계한 것은 완벽에 가깝다!

4. 다른 사람들이 질문하거나 비판한다면 그들을 '냉소적이고 부정적인 사람들'로 여겨라. 그런 반대에 대처하길 거부하라. 아무도 '당신의 작품'인 새로운 시스템을 수정하거나 거기에 돌을 던져선 안 된다.

3. 훈련을 시행하지 말라. 대부분의 '스테이지 게이트 요소들'은 명확하다. 누구든지 사용설명서만 읽으면 잘할 수 있을 것이다.

2. 스테이지 게이트 사용설명서는 읽기 힘들고 지루하도록 체크리스트와 양식으로 채워라. 확신이 서지 않는다면 독자들과 사용자가 압도될 만한 양의 설명을 제공하라.

1. 프로세스 관리자를 두지 말라. 시스템은 훌륭하다. 자동적으로 실행될 것이다.

프로세스 실행 후 다시 이 목록을 찾아 읽어보라. 찔리는 항목이 얼마나 되는지 살펴보라.

앞으로 나아가기

1장에서 당신과 당신의 회사에게 대담한 혁신(요즘 많은 기업들 사이에서 유행하는 기존 것들에 대한 개선이 아니라)에 집중하라고 촉구했다. 그를 위해 탁월한 제품혁신 성과를 이끌고 대담한 혁신을 일으킬 4가지 핵심 동인과 혁신 다이아몬드를 소개했다(그림 1.2).

1. 성장엔진이 되기에 적합한 전략적 영역에 사업을 집중시키는 혁신전략을 개발하라.
2. 대담한 혁신을 독려하는 분위기와 기업문화, 조직을 조성하라.
3. 거대한 아이디어를 창출하고 스테이지 게이트와 같은 아이디어-출시 시스템을 통해 그런 컨셉을 빨리 출시하라.
4. 성공 제품을 선택하기 위해 견고한 사업 사례를 구축하고 효과적인 포트폴리오 관리를 수행함으로써 올바른 투자 결정을 내려라.

이제 제자리로 돌아왔다. 혁신 다이아몬드의 2가지 축(혁신전략과 기업 분위기 및 문화)은 이 책 범위를 벗어나 있지만 그 주제에 대해서도 좋은 자료들을 제시했다.[7] 무엇보다 블록버스터급 아이디어를 생성하고 탄탄한 사업 사례를 구축하며 성공 제품을 고르고 최고 수준의 아이디어-출시 시스템을 설계하고 실행하는 것 등에 대해 자세히 설명해놓았으므로 이제 당신과 당신의 동료들은 앞으로 나아갈 수 있을 것이다. 이 책은 여기서 끝나지만 대부분의 독자들에게는 이제부터 시작이다. 이제 다음 단계는 … 당신 몫이다.

"늘 기업 혁신의 중심은 신제품 개발이었다.
빠르고 예측할 수 없는 변화의 시대에는 개별 제품의 창안보다
혁신에 대한 조직의 전반적인 능력이 더 중요하다"

존 실리 브라운 박사 (딜로이트 센터 공동회장, (전) 제록스사 연구소장)

부록

벤치마커™ 감사 도구

제품혁신 성과에 대해 믿을 수 있고 종합적인 평가를 시행해보면 혁신활동의 어느 면이 효과가 있고 어느 영역에 관심이 필요한지 더 잘 이해할 수 있다. 따라서 시간과 돈을 절약할 수 있게 된다. DPI가 만든 벤치마커는 특히 제품혁신을 위해 설계된 신뢰할 만한 평가도구다. 그것은 세계에서 가장 크고 포괄적인 혁신 데이터베이스를 기반으로 운영된다. 감사 모델은 제품혁신 성과와 업무를 산업 표준이 되는 최고의 성과기업들과 비교해 상세한 성적표를 만들어 준다.

벤치마커는(온라인 설문조사를 통해) 조직 내 전문가들로부터 신제품 업무와 성과에 대한 의견을 구한다. 그런 다음 그것을 해당 산업 내 모범관행들과 비교해 평가하고 수백 개 타 산업 및 2,500건이 넘는 제품 출시(20% 최고 성과 사례 포함) 사례와 비교해 벤치마킹한다. 또한 감사 모델은 신제품 업무를 10가지 중요 영역에서 평가한다. 그 영역은 개발팀과 자원, 창의성, 아이디어 생성부터 개발, 포트폴리오 관리, 제품혁신 전략, 개별 프로젝트의 상세한 실행 방법 등이 포함된다. 좀 더 종합적인 벤치마커의 경우, 설문조사와 개인 및 그룹 인터뷰가 추가되며 더 많은 통찰력과 정성적인 결론이 제공된다.

성과와 업무를 모범기업 및 평균기업과 비교·검토함으로써 개선할 사항을 알게 될 것이다. 그러므로 벤치마커는 스테이지 게이트 설계와 실행 작업의 1단계(그림 11.1)에 포함시키는 것이 바람직하다.

더 자세한 정보는 www.stage-gate.com 참조

내비게이터™ 스테이지 게이트 시스템

SG 내비게이터™는 공식 스테이지 게이트 시스템으로 실행 준비가 된 '스테이지 게이트 상자'라고 할 수 있다. 이 시스템은 조직으로 하여금 취약하고 위험이 큰 신제품 심사, 선택, 개발을 매우 쉽고 자신 있으며 효율적이고 성공적으로 수행하도록 만들어졌다. SG 내비게이터는 스테이지 게이트를 준비하고 운영할 수 있는 가장 빠르고 경제적인 방법이다.

또한 세계적 수준의 스테이지-게이트® 제품혁신 프로세스(신제품 성공을 위한 로드맵)를 포괄적이고 공식적으로 구현한 것이며 빠르고 성공적인 제품혁신에 필요한 신념, 목표, 원칙, 측정, 행동 등을 포함하고 있다.

SG 내비게이터는 실용적이고 사용 준비가 되어 있는 운영 가이드로 모든 모범관행을 5개 스테이지(고위험) 및 3개(저위험) 스테이지 게이트 시스템에 필요한 요건과 범기능적 활동에 세밀히 담았다. 20년 이상의 실증적 연구와 컨설팅 참여, 수천 개 기업의 실행 경험을 기반으로 구성한 것이다.

이 시스템은 다음을 포함한다.

■ 각 기능부서가 각 스테이지를 완성하는 데 필요한 활동들을 제대로 수행할 수 있도록 가이드하고 기능부서 및 단계 사이에 적절한 노력이 투입되고 조화를 이루도록 즉시 사용할 수 있는 50개 이상의 템플릿(작업표 및 실행가능 결과물)
■ 높은 수준의 게이트가 되도록 명확히 정의된 절차, 역할, 책임, 연구를 기반으로 작성된 7개 점수평가표 및 게이트 발표물, 최고 수준의 게이트 키퍼 참여 규칙
■ 복잡한 업무와 과제(예: 명확하고 신속한 제품 정의)를 단순화시킬 수 있는 10가지 독점적인 방법, 지침, 예시
■ 당신의 사업에서 빠르고 성공적인 맞춤식 변형과 실행을 가능하게 만드는 DIY 지침과 프로젝트 계획 견본

이 시스템은 웹과 마이크로소프트 워드 방식으로 제공되므로 제품혁신 시스템과 관련된 모든 직무에서 쉽게 사용할 수 있다.

출처: www.stage-gate.com

감사의 말

스테이지 게이트(Stage-Gate)®는 오늘날 산업에서 신제품을 구상, 개발, 출시하는 데 가장 널리 사용되는 방법이다. 그러나 스테이지 게이트는 업무 절차 관리만 말하는 것이 아니다. 이 모델은 시장에서 대담하고 중대한 혁신을 성공적으로 추진하는 유능한 제품개발자들을 관찰하고 탐구해 만들어졌다. 이런 관찰 덕분에 소수 혁신팀과 팀장들이 직감적으로 찾아낸 '더 나은 방법'을 밝혀낼 수 있었다. 나는 논문에서 그들의 성공 비결을 포착해내려고 노력했고 그 결과 스테이지 게이트 시스템이 탄생되었다. 따라서 스테이지 게이트는 아이디어-출시 프로세스이지만, 일련의 지식과 모범관행을 다루는 하나의 체계다. 오늘날 스테이지 게이트 내에 포함된 모범관행은 수천 건의 성공적인 신제품 개발과 수백 건의 기업 사례를 기반으로 구성되었고, 성공한 기업과 실패한 기업의 차이를 밝혀준다.

제4판인 이 책에서 강조하는 부분은 바로 대담한 혁신이다. 지난 10여 년 동안 우리는 대부분의 기업들이 혁신을 외치면서도 진정한 혁신을 이루지 못한 것을 지켜보았다. 그들은 중대한 프로젝트(Project)에서 벗어나 훨씬 작고 야심이 부족한 일만 시도했다. 그 기업들이 '혁신'이라고 부르는 상황을 바람직한 혁신의 모습과 비교하면 안타까울 정도다. 일부 기업은 제품 개발을 완전히 사소한 일로 취급하게 되었다. 그것은 혁신이 아닌 '수정'일 뿐이다. 진정한 혁신과 대담한 제품 개발은 당신 손에 달려 있다. 이 책이 바로 그것을 깨닫게 해주는 '경종'이 되길 바란다. 자, 기본으로 돌아가 위대한 기업을 만드는 요인을 생각해보자. 책 초반부에서 설명했듯이 성공 동인과 스테이지 게이트 시스템은 모두 좀 더 대담한 혁신에 기반을 두고 있다. 그것을 제대로 활용하길 바란다!

이 책 초판은 '스테이지 게이트'라는 용어를 사용하기 전인 1986년 출간되었다. 초판에서는 동료들과 함께 연구한 '신제품의 성공과 실패'에 대한 다양한 결과들을 선보였다. 또한 아이디어를 도출해 제품 출시에 이르는 과정을 다룬 체계적인 업무 절차에 대해서도 처음 제안했다. 놀랍게도 초판은 많은 기업이 제품 개발에 접근하는 방식에 큰 영향을 미쳤고 피앤지(P&G), 듀폰(Dupont), 엑손 케미컬(Exxon Chemicals)과 같은 기업은 스테이지 게이트 시스템의 개념을 곧바로 활용했다.

그러나 당시는 혁신 프로세스 관리 초창기였다. 우리는 그 스테이지 게이트를 초기에 받아들인 기업(Early Adopter)에 초점을 맞추는 연구를 포함해 더 많은 연구를 수행했다. 더 많은 성공요인이 일련의 신제품 연구와 주요 벤치마킹(Benchmarking) 연구에서 밝혀졌고 스테이지 게이트 방법을 사용함으로서 더 많은 경험을 얻을 수 있었다. 필자는 '스테이지 게이트'라는 용어를 1988년 〈마케팅 관리 저널(Journal of Marketing Management)〉에 게재한 논문에서 최초로 사용했다. 그 결과, 1993년 출간된 제2판은 신제품 과정을 개선하고 스테이지 게이트를 실행하려는 기업들의 필독서가 되기 시작했다. 이어서 2001년 나온 제3판은 아이디어부터 출시까지 단계의 가속화를 강조했다.

이번 판도 제3판에 대한 단순한 개정판이 아니다. 제4판에는 새로운 부분이 많이 포함되었다. 필자는 제3판을 쓴 지 오랜 시간이 지나면서 훨씬 많은 것을 배웠다. 동료들과 함께 제품혁신 방법과 포트폴리오 관리, 전략 개발, 아이디어 창출 등에 대한 모범관행을 찾아내고 그것을 입증하기 위해 주요 벤치마킹 연구에 착수했다. 이미 알려진 사례들에 대해서는 그것들을 입증하고 효과를 정량화하는 데 도움을 주었다. 새로운 사례들에 대한 새로운 연구 방법과 결과들도 이번 판에 포함되었다. 나아가 세계적인 선두기업들이 스테이지 게이트를 도입한 결과로부터 얻은 매우 풍부한 경험과 통찰도 이 책에 녹아 있다.

제4판을 출간하게 된 또 다른 이유가 있다. 우선 스테이지 게이트 자체가 진화하고 변화했다. 그리고 나 또는 우리의 연구 때문이 아니라 전 세계 수많은 사람들의 사용으로 인해 스테이지 게이트가 이제는 완전히 새로운 과정이 되었다! 즉, 많은 사람들과 기업들로부터 얻은 자료(개방형 혁신들)가 스테이지 게이트를 재정의하도록 도와준 것이다. 전 세계 수많은 사용자들을 통해 새로운 비결, 방식, 방법들이 밝혀지고 시험되고 입증되면 아이디어부터 제품 출시까지 모든 단계를 다룬 시스템이 통합되는 것은 당연하다. 스테이지 게이트는 이제 더 빠르고 간소화되었다. 많은 기업들이 린 제조 방식(Lean Manufacturing) 개념들을 빌려 스테이지 게이트에 부가하게 되었다. 차세대 스테이지 게이트나 그 구성요소들은 다수 기업들에 의해 이미 실행되고 있다. 포트폴리오 관리는 게이팅(Gating) 방법들과 통합되었고 '린 게이트'와 '실효성 있는 게이트(Gates with Teeth)' 개념들은 좀 더 현명하고 효과적인 투자 결정을 위한 시스템으로 만들어졌다. 또한 스테이지 게이트 접근법들은 기술 개발을 포함한 다른 형태의 프로젝트들로 확장되었다. 게다가 스테이지 게이트는 좀 더 적용가능하고 빠르고 유연하게 만들어지고 새로운 개방형 혁신 세상에 적합하도록 수정되고 자동화되었다. 그런 많은 새로운 요소들로 인해 초기 과정을 수용했던 초기 수용자들은 오늘날의 스테이지 게이트를 알아보기 어려울 정도다!

이 책을 집필하는 과정에서 많은 사람들이 통찰력과 훌륭한 내용들을 제공해주었고 격려도 아끼지 않았다. 도움을 준 친한 동료로는 스콧 에젯이 있다. 그는 혁신관리 분야의 선구적인 연구자로 인정받는 인물로 포트폴리오 관리와 벤치마킹 모범 사례에 대한 주제와 관련해 조사 연구 및 보고서와 논문을 함께 진행한 공동연구자이자 공동저자였다. 또한 그는 제품개발연구소(Product Development Institute Inc.: 이하 DPI) 회장이자 CEO다. 오랜 동료이자 친구인 엘코 클라인슈미츠도 있다. 그는 오랫동안 나와 함께 수많은 연구를 수행했는데 많은 부분이 이번 판에 인용되어 있다. 또한 스테이지 게이트 인터내셔널(Stage-Gate International)이 있다. 여러 기업들에서 스테이지 게이트를 실행하는 세계적인 전문가 단체로 여기 있는 친구들은 새로운 생각과 개념들을 검증해주는 영원한 원천이다. 특히 스테이지 게이트 인터내셔널 부사장 미셸 존스(Michelle Jones)에게 감사의 마음을 전한다. 그는 실행 관련 자료와 통찰력을 제공해주었다.

특별히 감사를 표하고 싶은 사람들이 있다. 덴마크 코펜하겐의 옌스 알레쓰(Jens Arleth)에게 감사한다. 그는 스테이지 게이트와 포트폴리오 관리 전문 컨설팅 회사인 이노베이션 매니지먼트 U3(Innovation Management U3) 전무이사로 스테이지 게이트 개념을 스칸디나비아에 소개했다. 이제 그곳의 기업들이 이 개념을 사용하고 있다. 그는 벤치마커(부록 A 참조) 이전 모델인 프로비이(ProBE) 진단도구 공동개발자이기도 하다. 오스트리아 '파이브 아이스 이노베이션 매니지먼트(Five I's Innovation Management)' 총괄 파트너 앙겔리카 드레어(Angelika Dreher)와 피터 프르스트(Peter Fuerst)에게 감사한다. 그들은 독일어권 국가들에서 스테이지 게이트를 실행하는 도전을 함께 했고 이 책에 포함될 통찰력과 사례들을 제공해주었다. 호주와 뉴질랜드의 프로덱스 시스템스(Prodex Systems) 전무이사 제라드 라이언(Gerard Ryan)에게도 감사한다. 그는 스테이지 게이트와 자동화 소프트웨어를 호주와 뉴질랜드에서 실행하고 유용한 통찰력과 경험들을 많이 제공해주었다.

직접적인 도움을 주신 분들도 있다. 우선 격려를 아끼지 않고 이 책의 시작부터 출간까지 전 과정을 노련하게 이끌어준 베이직 북스(Basic Books) 발행인 존 셔러(John Sherer)에게 감사를 전한다. 또한 이 책의 효율적이고 효과적인 출간을 책임진 페르세우스 북스 그룹 선임 프로젝트 편집인 미셸 웰시-호르스트(Michelle Welsh-Horst)에게도 감사한다. 그리고 나의 글을 끝까지 참고 읽으며 이렇게 훌륭한 작품을 만드는 데 도움을 준 교열담당자 미셸 윈(Michelle Wynn)에게도 특별한 감사의 마음을 전한다.

로버트 G. 쿠퍼

역자 후기

" 스테이지-게이트®로 신제품 성공률을 크게 높이자 "

오늘날 연구개발(R&D)과 경쟁력있는 신제품 출시는 기업 성공의 원동력이다.

최근 보도에 따르면 지난 10년 간 우리나라 100대 상장기업의 매출액은 413조 원에서 731조 원으로 1.8배 증가했지만, 같은 기간 R&D 투자액은 12조 원에서 31조 원으로 2.5배 늘었다. 매출액의 4.2%나 되는 적지 않은 금액이다. 나아가 우리나라 전체 연구개발비는 세계 6위에 이를 정도로 상당한 수준이다. 이는 기업경쟁력 강화 차원에서 긍정적으로 보인다. 그러나 R&D의 목표가 대담한 혁신을 통한 탁월한 신제품 개발에 있고, 일회성이 아닌 지속가능한 신제품 출시를 위해서는 좋은 아이디어부터 시장 출시까지 신제품 개발 전 과정을 체계화시키는 방안을 숙고해야만 한다. 즉, 고객, 시장, 사업 관점에서 R&D 성공확률을 높이는 방안이 투자액 증가만큼이나 중요한 것이다.

이 책의 가장 큰 특징은 신제품 개발과 관련된 수많은 연구 결과와 사례를 기반으로 견고한 개념모델을 구축했을 뿐만 아니라, 매우 구체적이고 실질적인 실무 내용을 제시하고 있다는 점이다. 그러므로 기업의 신제품 개발과 상품기획 담당자, 마케팅 관련자 그리고 경영진이 항상 곁에 두고 활용해야할 지침서이다. 또한 경영학이나 공학, 디자인 전공에서 신상품 개발을 공부하는 학생들의 훌륭한 교재로도 손색이 없다. 저자인 로버트 쿠퍼 박사는 최초로 스테이지-게이트® 시스템을 창안해 소개했고 혁신, 기술, 신제품 개발에 관한 세계적인 권위자다. 스테이지 게이트는 수많은 선진 혁신기업들이 이미 채택해 성과로 검증한 탁월한 시스템이다. 단순한 모방제품이 아니라 차별화된 신제품 개발을 통해 경쟁우위를 달성하려면 각 기업 내에 제대로 된 신제품 개발 프로세스 관리 시스템을 필수적으로 갖추어야 한다.

본문은 대담한 도전의식, 사전작업의 중요성, 핵심제품 개발에의 집중, 정확한 제품 정의, 다기능 프로젝트팀의 필요성을 수없이 역설하고 있다. 그러나 역자가 책을 여러 번 읽고 다듬으면서 얻은 통찰은 바로 그 안에 녹아 있는 마케팅 컨셉이었다. 결국 상품은 고객을 떠나선 존재할 수 없으므로 신제품 아이디어부터 출시까지 모든 과정에 걸쳐 항상 고객의 욕구와 필요를 이해하고 해결하는 관점에서 가치를 창출하는 방법을 찾아내는 일이 무엇보다 중요하다. 따라서 신제품 개발자와 경영자는 끊임없이 시장과 소통하는 데 소홀해선 안 된다는 사실을 다시 한 번 강조하고 싶다.

번역은 인내와 시간과의 고된 싸움이라 어려운 면도 있지만, 그 과정에서 스스로 배우고 성장하는 행복도 무시할 수는 없다. 이 책이 혁신이 필요한 시대에 그 방법론을 더 체계화해 신제품 성공확률을 크게 높이는 데 기여하리라 믿는다.

끝으로 책 교정 과정에서 도움을 주신 이선민 박사, 박기경 박사, 장정민 박사에게 감사드린다.

2016년 10월 역자 일동

1장 혁신을 위한 도전

1. 이 첫 부분은 저자의 다음 논문에서 가져왔다: R. G. Cooper, "The Innovation Dilemma: How to Innovate When the Market Is Mature," *Journal of Product Innovation Management* (hereafter *JPIM*) 28, no. 7 (December 2011).

2. R. G. Cooper, "Your NPD Portfolio May Be Harmful to Your Business's Health," PDMA *Visions Magazine* (hereafter Visions) 29, no. 2 (April 2005): 22 – 26.

3. R. G. Cooper, "New Products: What Separates the Winners from the Losers," chap. 1 in *The PDMA Handbook of New Product Development,* 2nd edition, ed. K. B. Kahn (New York: John Wiley & Sons, 2004).

4. 신제품 판매 데이터의 출처: M. Adams and D. Boike, "PDMA Foundation CPAS Study Reveals New Results," Visions 28, no. 3 (July 2004): 26 – 29; and The PDMA Foundation's 2004 Comparative Performance Assessment Study (CPAS) (Chicago: Product Development and Management Association, 2004). For mid-1990s data, see A. Griffin, Drivers of NPD Success: The 1997 PDMA Report (Chicago: PDMA, 1997).

5. R. G. Cooper and S. J. Edgett, "Maximizing Productivity in Product Innovation,"

Research Technology Management 51, no. 2 (March – April 2008): 47 – 58; also, Cooper, endnote 2.

6. I. Abel, "From Technology Imitation to Market Dominance: The Case of the iPod," Competitiveness Review, An International Business Journal 18, no. 3 (2008): 257 – 274.

7. A. G. Lafley and R. Charan, The Game-Changer (New York: Crown Business, Random House, 2008).

8. B. Kirk, "Creating an Environment for Effective Innovation," Proceedings of the Third International Stage-Gate Conference, Clearwater Beach, FL, February 2009.

9. 혁신 다이아몬드와 4가지 동인의 학문적 배경은 지난 수년 간의 많은 연구에 기초하고 있다. 다음 참조: R. G. Cooper and S. J. Edgett, "Maximizing Productivity in Product Innovation," endnote 5. Also see our major benchmarking study done with the APQC (American Productivity and Quality Center): R. G. Cooper, S. J. Edgett, and E. J. Kleinschmidt, "Benchmarking Best NPD Practices— Part 1: Culture, Climate, Teams and Senior Management's Role," Research-Technology Management 47, no. 1 (January – February 2004): 31 – 43; R. G. Cooper, S. J. Edgett, and E. J. Kleinschmidt, "Benchmarking Best NPD Practices—Part 2: Strategy, Resources and Portfolio Management Practices," Research-Technology Management 47, no. 3 (May – June 2004): 50 – 60; and R. G. Cooper, S. J. Edgett, and E. J. Kleinschmidt, "Benchmarking Best NPD Practices—Part 3: The NPD Process and Decisive Idea-to-Launch Activities," Research-Technology Management 47, no. 6 (January – February 2005): 43 – 55. 혁신 다이아몬드와 성공 동인의 뿌리는 초기 개척적인 연구에서 찾을 수 있다; R. G. Cooper and E. J. Kleinschmidt, "Winning Businesses in Product Development: The Critical Success Factors," Research-Technology

Management 50, no. 3 (May – June 1997): 52 – 66; and R. G. Cooper and E. J. Kleinschmidt, "Benchmarking the Firm's Critical Success Factors in New Product Development," JPIM 12, no. 5 (November 1995): 374 – 391.

10. 당신의 사업을 위한 개발과 혁신 전략에 관한 더 많은 중요한 주제에 대해서는 다음 참조: R. G. Cooper and S. J. Edgett, Product Innovation and Technology Strategy (Ancaster, ON: Product Development Institute, www.stage -gate. com, 2009).

11. R. G. Cooper and S. J. Edgett, Generating Breakthrough New Product Ideas: Feeding the Innovation Funnel (Ancaster, ON: Product Development Institute, www.stage-gate.com, 2007); also R. G. Cooper and S. J. Edgett, "Ideation for Product Innovation: What Are the Best Sources?" Visions 32, no. 1 (March 2008): 12 – 17.

12. Adams and Boike, endnote 4.

13. "P&G Looks to Future with Major Ad Investments," Toronto Globe and Mail, September 6, 2010.

14. 우리의 APQC 벤치마킹 연구, endnote 9. 신제품 성과는 10가지 지표로 측정했다. (예를 들면 판매와 이익목표를 달성한 프로젝트 비율; R&D 투자의 ROI; 경쟁사 대비 신제품 이익; 출시 소요시간과 슬립율). 이는 최상위 20% 최고의 혁신기업을 선정하는 데 사용되었다.

15. Cooper and Edgett, endnote 5.

16. Arthur D. Little, "How Companies Use Innovation to Improve Profitability and Growth," an Innovation Excellence Study, 2005.

17. R. M. Wolfe, U.S. Businesses Report 2008 Worldwide R&D Expense of $330 Billion: Findings from New NSF Survey(Arlington, VA: National Science Foundation, Division of Science Resources Statistics, NSF 10 – 322, May 2010).

18. "Obama to Raise R&D Spending to 3% of GDP." Lab Manager Magazine,

October 15, 2009.

19. 이들은 개략적인 추정으로 APQC 벤치마킹 연구에 기반. endnote 9.

20. Cited in C. F. von Braun, The Innovation War (Upper Saddle River, NJ: Prentice Hall, 1997).

21. APQC 벤치마킹에서 나온 성공률, endnote 9; also A. Griffin, Drivers of NPD Success, endnote 4.

22. 〈그림 1.5〉는 신제품 감소 비율에 대한 많은 연구에 기반한 합성도표다: Booz Allen Hamilton, New Product Management for the 1980s (New York: Booz Allen Hamilton, 1982); A. L. Page, "PDMA New Product Development Survey: Performance and Best Practices," PDMA Conference, Chicago, PDMA, November 13, 1991; A. Griffin, Drivers of NPD Success, endnote 4; and our own APQC study, cited in endnote 9.

23. 우리의 APQC 벤치마킹 연구, endnote 9.

24. 신제품의 분류 체계는 부즈 앨런 해밀턴이 개발했다. endnote 22; 〈그림 1.5〉의 사업 전반 데이터는 PDMA 모범 관행 연구가 출처다, endnote 4.

25. 제품혁신 관리에 관한 문헌 고찰을 한 PDMA 논문은 다음과 같다. W. Biemans, A. Griffin, and R. Moenaert, "Twenty Years of the Journal of Product Innovation Management: History, Participants, and Knowledge Stock and Flows," Journal of Product Innovation Management 24 (2007): 193–213.

26. PDMA 모범관행 연구에 의거. Adams and Boike, "PDMA Foundation CPAS Study Reveals New Trends," and Griffin, Drivers of NPD Success, endnote 4. See also J. Grölund, D. Rönneberg, and J. Frishammar, "Open Innovation and the Stage-Gate Process: A Revised Model for New Product Development," California Management Review 5, no. 3 (Spring 2010): 106–131.

2장 신제품은 어떻게 성공 하는가

1. 벤치마킹 연구의 요약과 이번 장의 많은 막대그래프의 출처에 대해서는 1장의 endnote 9 참조. 신제품의 성공과 실패에 대한 대규모 연구(예: NewProd 연구)에 대해서는 많은 출처에 요약되어 있다. 예를 들면: R. G. Cooper, "The Stage-Gate® Product Innovation System: From Idea to Launch," in Encyclopedia of Technology and Innovation Management, ed. V. K. Narayanan and G. O'Connor (Chichester, West Sussex, UK: John Wiley & Sons, 2010), chap. 24, 157–167; R. G. Cooper, "New Products: What Separates the Winners from the Losers," in PDMA Handbook for New Product Development, 2nd edition, ed. K. B. Kahn (New York: John Wiley & Sons, 2004), chap. 1, 3–28; R. G. Cooper, "Stage-Gate® New Product Development Processes: A Game Plan from Idea to Launch," in The Portable MBA in Project Management, ed. E. Verzuk (Hoboken, NJ: John Wiley & Sons, 2004), chap. 11, 309–346; R. G. Cooper, "New Product Development," in International Encyclopedia of Business and Management: Encyclopedia of Marketing, 1st edition, ed. M. J. Baker (London: International Thomson Business Press, 1999), 342–355; and R. G. Cooper, "The Invisible Success Factors in Product Innovation," JPIM 16, no. 2 (April 1999): 115–133.

2. 실패의 원인은 "신제품(쿠퍼 저)"에 요약된 연구에 기반(위의 endnote 1).

3. 신제품 실패에 대한 원인을 설명한 이 부분은 다음 저서에서 처음 소개한 내용을 갱신한 것이다. R. G. Cooper and S. J. Edgett, Lean, Rapid and Profitable New Product Development (Ancaster, ON: Product Development Institute, 2005), www.stage-gate.com.

4. 이 성공요인의 일부는 여러 출판물에서 보고되었다. endnote 1 참조.

5. 이런 요인과 결과를 파악한 연구 논문은 위의 endnote 1에 요약되어 있다.

6. 이 부분의 일부는 "PDMA 핸드북(쿠퍼 저)"의 내용을 바꾸어 표현한 것이다. 위

의 endnote 1.

7. 1장의 endnote 14 참조.

8. R. G. Cooper and A. Dreher, "Voice of Customer Methods: What Is the Best Source of New Product Ideas?" Marketing Management Magazine (Winter 2010), extended online version at: http://www.marketingpower.com/ResourceLibrary/Publications/Marketing Management/2010/4/38 – 48_Xtended version3.pdf.

9. 도요타의 7가지 원칙은 다음 참조: J. Morgan, "Applying Lean Principles to Product Development," report from SAE International Society of Mechanical Engineers, 2005, www.sae.org.

10. Havelock and Elder, as cited in E. M. Rogers, "The R&D/Marketing Interface in the Technological Innovation Process," in M. M. Saghafi and A. K. Gupta, eds., Managing the R&D/Marketing Interface for Process Success: The Telecommunications Focus, vol. 1, Advances in Telecommunications Management (Greenwich, CT: JAI Press, 1990).

11. 이 부분의 일부는 쿠퍼의 논문에 기초하고 있다: R. G. Cooper and S. J. Edgett, "The Dark Side of Time and Time Metrics in Product Innovation," Visions 26, no. 22 (April – May 2002): 14 – 16.

12. Quoted in T. J. Peters, Thriving on Chaos (New York: Harper & Row, 1988).

3장 성공의 동인: 최고의 혁신가들이 탁월한 이유

1. 벤치마킹 연구의 요약과 이번 장의 많은 막대그래프의 출처에 대해서는 1장의 endnote 9 참조. NewProd 연구의 개별 신제품과 성공 대 실패에 대해서는 2장의 endnote 1 참조.

2. Ibid.

3. S. Osborne, "Make More and Better Product Decisions for Greater Impact,"

Proceedings, PDMA Product & Service Innovation Conference, Atlanta: "Compete to Win" (Mount Laurel, NJ: Product Development and Management Association, 2006).

4. R. G. Cooper, "Your NPD Portfolio May Be Harmful to Your Business's Health," Visions 29, no. 2 (April 2005): 22 – 26.

5. A. J. Campbell and R. G. Cooper, "Do Customer Partnerships Improve Success Rates?" Industrial Marketing Management 28, no. 5 (1999): 507 – 519.

6. M. E. Porter, Competitive Advantage: Creating and Sustaining Superior Performance (New York: Free Press, 1985).

7. G. Day, Analysis for Strategic Marketing Decisions (St. Paul, MN: West Publishing, 1986).

8. APQC 연구와 성공-실패 제품 연구 참조. endnote 1.

9. T. J. Peters, Thriving on Chaos (New York: Harper & Row, 1988).

10. 인용 출처: M. Mills, "Implementing a Stage-Gate Process at P&G," Proceedings, First Annual Stage-Gate Summit, St. Petersburg Beach, FL, 2007.

11. Peters, endnote 9, p. 302.

12. 2장의 endnote 1, 신제품 개발 성공 동인 참조.

13. 모범관행과 해결책에 대해선 다음 참조: M. J. Baker, ed., International Encyclopedia of Business and Management: Encyclopedia of Marketing, First Edition (London: International Thomson Business Press, 1999); K. B. Kahn, ed., The PDMA Handbook of New Product Development, 2nd edition (New York: John Wiley & Sons, 2004); H. Levine, ed., Project Portfolio Management: A Practical Guide to Selecting Projects, Managing Portfolios, and Maximizing Benefits (San Francisco: Jossey-Bass Business and Management, John Wiley & Sons Imprint, 2005); V. K. Narayanan and G. O'Connor, eds., Encyclopedia of Technology Innovation Management (Chichester, West Sussex, UK: John

Wiley & Sons, 2010); and B. L. Bayus, ed., Wiley International Encyclopedia of Marketing: Product Innovation and Management, vol. 5 (West Sussex, U.K.: Wiley, December 2010), http://onlinelibrary.wiley.com.

14. 이 부분의 일부는 다음 저서에서 차용: R. G. Cooper and S. J. Edgett, "Overcoming the Crunch in Resources for New Product Development," Research-Technology Management 46, no. 3 (May‒June 2003): 48‒58.

15. 신제품의 문제와 실패 원인과 관련된 대부분의 결론은 여러 벤치마킹 연구에 기초하고 있다. (위의 endnote 1을 보라); 그러나 추가적인 풍부한 정보 출처 특히 문제와 가능한 해결책에 관해 더 많은 통찰을 제공하는 일화성 정보는 "문제 발견 회의"의 결과다. PDI는 10년 이상 동안 300개 이상의 기업에서 이런 회의를 주최했다.

16. APQC와 이전 벤치마킹 연구들. 1장 endnote 9 참조.

17. R. G. Cooper, S. J. Edgett, and E. J. Kleinschmidt, New Product Development Best Practices Study: What Distinguishes the Top Performers (Houston, TX: American Productivity and Quality Center, 2003). 1장 endnote 9 참조.

18. "Overcoming the Crunch in Resources," see endnote 14.

19. Ibid.

20. 신제품으로 인한 매출의 동인을 파악하기 위해 많은 연구가 수행되었다. See summary in: R. G. Cooper, "A Stage-Gate® Idea-to-Launch Framework for Driving New Products to Market," chap. 7.1 in Project Portfolio Management, ed. H. Levine (San Francisco: Jossey-Bass, 2005), 309‒346; and earlier studies: R. G. Cooper, "Benchmarking New Product Performance: Results of the Best Practices Study," European Management Journal 16, no. 1 (1998): 1‒7; also R. G. Cooper and E. J. Kleinschmidt, "Winning Businesses in Product Development: Critical Success Factors," Research-Technology Management 39, no. 4 (July‒August 1996): 18‒29.

21. R. G. Cooper, S. J. Edgett, and E. J. Kleinschmidt, "New Problems, New Solutions: Making Portfolio Management More Effective," Research-Technology Management 43, no. 2 (2000): 18–33.

22. 이런 자원 역량 분석은 쿠퍼의 다음 논문이 출처다. "The Invisible Success Factors in Product Innovation," JPIM 16, no. 2 (April 1999): 115–133.

23. APQC 벤치마킹 연구, 1장 endnote 9 참조.

24. '스테이지-게이트'라는 용어는 쿠퍼의 다음 논문에서 처음 소개되었다. The New Product Process: A Decision Guide for Managers," Journal of Marketing Management 3, no. 3 (1988): 238–255.

25. 다음 논문에서 차용 R. G. Cooper, "The Stage-Gate Idea-to-Launch Process— Update, What's New and NexGen Systems," JPIM 25, no. 3 (May 2008): 213–232.

26. 1세대 신제품 개발 프로세스는 다음 저서에서 설명되었다. Booz Allen Hamilton, New Product Management for the 1980s (New York: Booz Allen Hamilton, 1982).

27. M. Mills, "Implementing a Stage-Gate® Process at Procter & Gamble," Proceedings, American Manufacturing Excellence "Focus on Global Excellence" Conference, Cincinnati, OH, 2004.

28. 스테이지 게이트 프로세스의 영향력에 대해선 수 년에 걸쳐 많은 출판물에서 보고되었다. 예를 들면 R. G. Cooper, "The Stage-Gate Product Innovation System: From Idea to Launch," in Encyclopedia of Technology and Innovation Management, ed. Narayanan and O'Connor, chap. 24, 157–167 (2010); and as early as R. G. Cooper and E. J. Kleinschmidt, "New Product Processes at Leading Industrial Firms," Industrial Marketing Management 10, no. 2 (May 1991): 137–147.

29. M. Mills, "Implementing a Stage-Gate Process at P&G," endnote 10.

30. endnote 28 참조.

31. T. Agan, Renovating Innovation: Why the Best CPG Companies Derive over Six Times More Revenue from New Products vs. the Rest (n.p.: A. C. Nielsen, 2010).

4장 스테이지-게이트® 아이디어 – 제품 출시 시스템

1. 품질 프로세스를 설명하는 인용문은 신제품 프로세스에 동일하게 적용할 수 있다. 참조: T. H. Berry, Managing the Total Quality Transformation (New York: McGraw-Hill, 1991).

2. 이 부분은 쿠퍼의 다음 논문에서 차용: "The Stage-Gate Idea-to-Launch Process— Update, What's New and NexGen Systems," JPIM 25, no. 3 (May 2008): 213 – 232.

3. R. G. Cooper, "New Products: What Separates the Winners from the Losers," in PDMA Handbook for New Product Development, 2nd edition, ed. K. B. Kahn (New York: John Wiley & Sons, 2004), chap. 1, 3 – 28.

4. 이번 장은 많은 출처에서 차용하였다. 2장의 endnote 1 참조: Cooper, 위의 endnote 2; R. G. Cooper, "Stage-Gate Idea-to-Launch System," Wiley International Encyclopedia of Marketing: Product Innovation and Management, vol. 5, ed. B. L. Bayus (West Sussex, U.K.: Wiley, December 2010).

5. M. Mills, "Implementing a Stage-Gate® Process at Procter & Gamble," Proceedings, First International Stage-Gate Conference, St. Petersburg Beach, FL, February 2007.

6. NDP 2.0은 다음 저서에서 설명하고 있다. R.D. Ledford, "NPD 2.0: Raising Emerson's NPD Process to the Next Level," Innovations (St. Louis, MO: Emerson Electric, 2006), 4 – 7.

7. R. G. Cooper, S. J. Edgett, and E. J. Kleinschmidt, New Product Development

Best Practices Study: What Distinguishes the Top Performers (Houston, TX: American Productivity and Quality Center, 2002); R. G. Cooper, S. J. Edgett, and E. J. Kleinschmidt, "Benchmarking Best NPD Practices—Part 3: The NPD Process and Decisive Idea-to-Launch Activities," Research-Technology Management 47, no. 6 (January– February 2005): 43–55.

8. '스테이지-게이트'는 저자가 만든 용어다. 3장의 endnote 24 참조. 2세대 프로세스는 1980년대 말경 많은 기업들이 실행하기 시작했고 1990년 후반의 3세대 프로세스는 시간효율성을 개선했다. 이런 진화에 대해서는 다음 참조: R. G. Cooper, "Third-Generation New Product Processes," JPIM 11, no. 1 (1994): 3–14.

9. D. Arra, "How ITT Drives Value-Creation with Value Based Product Development," Proceedings, Stage-Gate Summit 2010, Clearwater Beach, FL, 2010.

10. R. G. Cooper and A. Dreher, "Voice of Customer Methods Versus the Rest: What Is the Best Source of New-Product Ideas?" Marketing Management Magazine,Winter 2010, online extended version, http://www.marketingpower. com/ResourceLibrary/Publications/ MarketingManagement/2010/4/38–48_ Xtended version3.pdf.

11. EXFO 엔지니어링은 광섬유 시험장비를 제조하는 중견 회사로 매우 견고한 신제품 개발 방법을 갖고 있다: 이 기업은 포토폴리오 관리와 스테이지-게이트 관행으로 PDMA에서 수여하는 "탁월한 기업혁신가"상을 수상했다.

12. Ledford, endnote 6.

13. 이 부분은 다음에서 차용: Cooper, endnote 2.

14. T. Leavitt, "Marketing Myopia," Harvard Business Review (July–August 1960): 45–56.

15. G. Belair, "Beyond Gates: Building the Right NPD Organization," Proceedings,

First International Stage-Gate Conference, St. Petersburg Beach, FL, 2007.

5장 차세대 스테이지-게이트®

기업은 시스템의 진화와 발전을 어떻게 견인하였나

1. 이 장의 많은 부분은 쿠퍼의 논문들이 출처다. "The Stage-Gate Idea-to-Launch Process—Update, What's New and NexGen Systems," JPIM 25, no. 3 (May 2008): 213–232; R. G. Cooper, "How Companies Are Re-inventing Their Idea-to-Launch Methodologies," Research-Technology Management 52, no. 2 (March–April 2009): 47–57.

2. R. G. Cooper and S. J. Edgett, Lean, Rapid and Profitable New Product Development (Ancaster, ON: Product Development Institute, www.stage-gate.com, 2005); also R. G. Cooper, "Formula for Success," Marketing Management Magazine (American Marketing Association) (March–April 2006): 21–24.

3. 이 부분은 쿠퍼의 JPIM(2008)에서 차용. endnote 1.

4. Cooper, endnote 5.

5. L.Y. Cohen, P. W. Kamienski, and R. L. Espino, "Gate System Focuses Industrial Basic Research," Research-Technology Management (July–August 1998): 34–37.

6. R. G. Cooper, "Managing Technology Development Projects—Different Than Traditional Development Projects," Research-Technology Management (November–December 2006): 23–31.

7. K. B. Kahn, ed., The PDMA Handbook of New Product Development, 2nd edition (New York: John Wiley & Sons, 2005): 599.

8. 나선형 개발(SD)은 다음 저서에 설명되어 있다. R. G. Cooper and S. J. Edgett, "Maximizing Productivity in Product Innovation," Research Technology Management (March–April 2008): 47–58.

9. 이 부분은 다음 논문에서 차용. R. G. Cooper, "NexGen Stage-Gate®—What Leading Companies Are Doing to Re-Invent Their NPD Processes," Visions 32, no. 3 (September 2008): 6–10.

10. 이 부분은 쿠퍼의 JPIM (2008)에서 차용, endnote 1.

11. J. Morgan, "Applying Lean Principles to Product Development," report from SAE International Society of Mechanical Engineers, www.shop.sae.org, 2005.

12. Ibid.

13. G. Belair, "Beyond Gates: Building the Right NPD Organization," Proceedings, First International Stage-Gate Conference, St. Petersburg Beach, FL, 2007.

14. R. Arra, "Value Based Product Development (VBPD): ITT's Initiative to Improve Product Generation," Proceedings, First International Stage-Gate Conference, St. Petersburg Beach, FL, 2007.

15. C. Fiore, Accelerated Product Development (New York: Productivity Production Press, 2005).

16. Cooper, endnote 2.

17. Cooper and Edgett, endnote 2.

18. R. D. Ledford, "NPD 2.0: Raising Emerson's NPD Process to the Next Level," Innovations (St. Louis, MO: Emerson Electric, 2006): 4–7.

19. R. G. Cooper and M. Mills, "Succeeding at New Products the P&G Way: A Key Element Is Using the Innovation Diamond," Visions 29, no. 4 (October 2005): 9–13.

20. S. Bull, "Innovating for Success: How EXFO's NPDS Delivers Winning NewProducts," Proceedings, First International Stage-Gate Conference, St. Petersburg Beach,FL, 2007.

21. H. Chesbrough, "'Open Innovation' Myths, Realities, and Opportunities," Visions 30, no. 2 (April 2006): 13–15; and H. Chesbrough, Open Innovation:

The New Imperative for Creating and Profiting from Technology (Cambridge: Harvard Business School Press, 2003).

22. M. Docherty, "Primer On 'Open Innovation': Principles and Practice," Visions 30, no. 2 (April 2006).

23. R. G. Cooper and S. J. Edgett, Generating Breakthrough New Product Ideas: Feeding the Innovation Funnel (Ancaster, ON: Product Development Institute, www.stage-gate.com, 2007), chap. 5; also J. Grölund, D. Rönneberg, and J. Frishammar, "Open Innovation and the Stage-Gate Process: A Revised Model for New Product Development," California Management Review 5, no. 3 (Spring 2010): 106–131.

24. Docherty, endnote 22.

25. Cooper and Edgett, endnote 2; 이 부분은 쿠퍼의 JPIM (2008)에서 차용, endnote 1.

26. "새로운 활동의 일부는 다음 논문에 기반": C. Gagnon, "Open Innovation and Innovation Management Processes: Boosting the Impact of Innovation," Proceedings, Stage-Gate Summit 2010, Clearwater Beach, FL, 2010.

27. Ibid.

28. 다음을 수정: Saab Aerospace PLC model, 회사 책자.

29. 이 부분은 다음 저서에서 차용: R. G. Cooper, Winning at New Products: Pathways to Profitable Innovation (Microsoft Corporation white paper, 2005), www.microsoft.com. 또한 www.stage-gate.com.

30. SG-NavigatorTM는 최고의 표준형 스테이지 게이트 프레임워크다. Stage Gate International: www.stage-gate.com.

31. Business Week 편집자, "Six Sigma: So Yesterday? In an Innovation Economy, It's No Longer a Cure-All," Business Week, IN (Inside Innovation), section 11 (June 11, 2007).

32. Ibid.

33. B. Wood, "At 3M, a Struggle Between Efficiency and Creativity," Business Week, IN (Inside Innovation), sections 8 – 10 (June 11, 2007).

34. S. Edgett, Portfolio Management: Optimizing for Success (Houston, TX: APQC— American Productivity & Quality Center, 2007).

35. 소프트웨어 평가는 스테이지-게이트 인터내셔널(www.stage-gate.com)에서 제공한다.

36. M. Mills, "Implementing a Stage-Gate Process at Procter & Gamble," Proceedings, Focus on Global Excellence Conference (Cincinnati, OH: Association for Manufacturing Excellence, 2004).

37. R. G. Cooper and M. Mills, "Succeeding at New Products the P&G Way: A Key Element Is Using the Innovation Diamond," Visions 29, no. 4 (October 2005): 9 – 13.

6장 발견 – 획기적인 아이디어의 추구

1. Arthur D. Little, "How Companies Use Innovation to Improve Profitability and Growth," an Innovation Excellence study, 2005, http://www.adl.com/ reports .html?view=53.

2. 벤치마킹 연구 참조, 1장의 endnote 9.

3. 제품 혁신과 기술 전략 개발의 지침은 다음 참조: R. G. Cooper and S. J. Edgett, Product Innovation and Technology Strategy (Ancaster, ON: Product Development Institute, www.stage-gate.com, 2009); R. G. Cooper and S. J. Edgett, "Developing a Product Innovation and Technology Strategy for Your Business," Research-Technology Management 53, no. 3 (May – June 2010): 33 – 40.

4. J. Erler, "A Brilliant New Product Idea Generation Program," Proceedings,

Second International Stage-Gate Conference, St. Petersburg Beach, FL, 2008.

5. R. G. Cooper and S. J. Edgett, "Ideation for Product Innovation: What Are the Best Sources?" Visions 32, no. 1 (March 2008): 12 – 17.

6. 이 장의 일부분은 세 가지 출처에서 차용: R. G. Cooper and S. J. Edgett, Generating Breakthrough New Product Ideas: Feeding the Innovation Funnel (Ancaster, ON: Product Development Institute, www.stage-gate.com, 2007); ibid.; R. G. Cooper and A. Dreher, "Voice-of-Customer Methods Versus the Rest: What Is the Best Source of New-Product Ideas?" Marketing Management Magazine (Winter 2010), 확장된 온라인 버전 http://www.marketingpower. com/ResourceLibrary/Publications/MarketingManagement/2010/4/38 – 48_ Xtended version3.pdf.

7. 사례 제공: Five I's Consulting Group, Dornbirn, Austria.

8. 아이디어 생성 단계에서 선도사용자의 활용에 대한 더 많은 정보는 다음 참조: E. A. Von Hippel, "Lead Users: A Source of Novel Product Concepts," Management Science 32, no. 7 (1986): 791 – 806. C. Herstatt and E. A. Von Hippel, "From Experience: Developing New Product Concepts via the Lead User Method: A Case Study in a 'Low Tech' Field," JPIM 9 (1992): 213 – 221; G. L. Urban and E. A. Von Hippel, "Lead User Analyses for the Development of New Industrial Products," Management Science 34, no. 5 (May 1988): 569 – 582. E. A. Von Hippel, The Sources of Innovation (New York: Oxford University Press, 1988).

9. 다음 출처에서 수정: E. A. Von Hippel, S. Thomke, and M. Sonnack, "Creating Breakthrough at 3M," Harvard Business Review (September – October 1999): 47 – 57.

10. C. J. Beale, "On-Line Communities Shake Up NPD—an Introduction to the Value of This New Tool," Visions 32, no. 4 (December 2008): 14 – 18.

11. O. Gadiesh and J. L. Gilbert, "How to Map Your Industry's Profit Pool," Harvard Business Review (May – June 1998): 3 – 11.

12. G. Hamel and C. K. Prahalad, Competing for the Future (Cambridge: Harvard Business School Press, April 1996).

13. C. M. Christensen, The Innovator's Dilemma (New York: HarperCollins, 2000). Also see R. N. Foster, Innovation: The Attacker's Advantage (Summit Books, 1988).

14. Foster, endnote 13.

15. G. Day and P. Shoemaker, "Scanning the Periphery," Harvard Business Review 84, no. 2 (November 2005): 135 – 148.

16. Ibid.

17. 질문들은 위와 같은 출처에서 수정:

18. 시나리오에 대한 이 부분의 일부는 다음에서 차용: P. Schwartz, "공인된 미래, 자기기만과 시나리오의 가치," Financial Times, Mastering Risk section, May 2, 2000.

19. K. Hardy, "Maximizing Return on Investment: Rust-Oleum's 'Focused' Idea Generation Program," Proceedings, Stage-Gate Summit 2010, Clearwater Beach, FL, 2010.

20. H. Chesbrough, "Open Innovation: The New Imperative for Creating and Profiting from Technology" (Cambridge: Harvard Business School Press, 2003); and H. Chesbrough, "'Open Innovation' Myths, Realities, and Opportunities," Visions 30, no. 2 (April 2006): 18 – 19; M. Docherty, "Primer on 'Open Innovation': Principles and Practice," Visions 30, no. 2 (April 2006): 13 – 17.

21. 이 부분의 일부는 다음에서 차용: "The Love-In: The Move Toward Open Innovation Is Beginning to Transform Entire Industries," Economist print

edition, special section on innovation, October 11, 2007.

22. Ibid.

23. 사례 출처: P. Boutin, "Crowdsourcing: Consumers as Creators," Business Week, July 13, 2006.

24. L. Huston and N. Sakkab, "Connect and Develop: Inside Procter & Gamble's New Model For Innovation," Harvard Business Review 84, no. 3 (March 2006).

25. 사례 출처: HYVE AG, Germany; R. G. Cooper and A. Dreher, "Voice-of-Customer Methods Versus the Rest," endnote 6.

26. 개방형 혁신의 실행 방법에 대한 더 많은 정보는 다음 참조. R. G. Cooper and S. J. Edgett, Generating Breakthrough New Product Ideas: Feeding the Innovation Funnel (Ancaster, ON: Product Development Institute Inc., www.stage-gate.com, 2005), chap. 5.

27. 다음 출처에서 수정 Falco-Archer, Patent Mining, 2005, www.falcoarcher.com.

28. D. H. Pink, Drive: The Surprising Truth About What Motivates Us (New York: Riverhead Books/Penguin, 2009).

29. M. Maley, "Driving Global Innovation: Kellogg Company's Secret Ingredient— People!" Proceedings, Stage-Gate Summit 2010, Clearwater Beach, FL, 2010.

7장 전반부 작업: 발견에서 개발까지 집중하라

1. A. J. Campbell and R. G. Cooper, "Do Customer Partnerships Improve Success Rates?" Industrial Marketing Management 28, no. 5 (1999): 507–519.

2. 고객의 소리에 대한 이 부분의 일부는 Abbie Griffin(일리노이 대학 교수이자 과거 편집위원장 Journal of Product Innovation Management)의 연구에 기초한다.

8장 성공작 고르기 – 적합한 프로젝트에 투자하기

1. 이 장은 저자와 동료들의 논문과 저서 등 많은 출처에 기반하고 있다. R. G. Cooper, Product Leadership: Pathways to Profitable Innovation, 2nd edition (New York: Perseus Publishing, 2005); R. G. Cooper, "Portfolio Management for Product Innovation," Chapter 7.2 in Project Portfolio Management: A Practical Guide to Selecting Projects, Managing Portfolios, and Maximizing Benefits, ed. H. Levine (San Francisco: Jossey-Bass Business & Management, John Wiley & Sons Imprint, 2005); R. G. Cooper and S. J. Edgett, "Ten Ways to Make Better Portfolio and Project Selection Decisions," Visions 30, no. 3 (June 2006): 11–15; R. G. Cooper, S. J. Edgett, and E. J. Kleinschmidt, "Benchmarking Best NPD Practices—Part 2: Strategy, Resources and Portfolio Management Practices," Research-Technology Management 47, no. 3 (May–June 2004): 50–60; R. G. Cooper, S. J. Edgett, and E. J. Kleinschmidt, "Portfolio Management: Fundamental to New Product Success," in The PDMA Toolbox for New Product Development, ed. P. Beliveau, A. Griffin, and S. Somermeyer (New York: John Wiley & Sons, 2002): 331–364. 포트폴리오 관리는 다음 저서에 상세히 설명되어 있다. R. G. Cooper, S. J. Edgett, and E. J. Kleinschmidt, Portfolio Management for New Products, 2nd edition (New York: Perseus Publishing, 2002).

2. 이 부분의 일부는 저자와 동료들의 다음 논문에서 차용: R. G. Cooper and S. J. Edgett, "Overcoming the Crunch in Resources for New Product Development," Research-Technology Management 46, no. 3 (2003): 48–58.

3. Cooper, Edgett, and Kleinschmidt, "Benchmarking Best NPD Practices," endnote 1.

4. 포트폴리오 관리는 다음 논문에서 처음 정의되었다: R. G. Cooper, S. J. Edgett, and E. J. Kleinschmidt, "Portfolio Management in New Product Development:

Lessons from the Leaders—Part I," Research-Technology Management (September – October 1997): 16 – 28; Part II (November – December 1997): 43 – 57.

5. 이 부분의 일부는 저자의 다음 논문에서 차용: R. G. Cooper, "Maximizing the Value of Your New Product Portfolio: Methods, Metrics and Scorecards," Current Issues in Technology Management, Stevens Institute of Technology: Stevens Alliance for Technology Management, vol. 7, iss. 1 (Winter 2003): 1.

6. NPV(순현재가치)는 다음에 설명되어 있다. www.investopedia.com.

7. T. Faulkner, "Applying 'Options Thinking' to R&D Valuation," Research-Technology Management (May – June 1995): 50 – 57.

8. 생산성 지수에 대한 추가정보는 다음 참조: Portfolio Management for New Products and "Ten Ways to Make Better Portfolio and Project Selection Decisions," endnote 1.

9. 옵션 가격 이론은 Robert Merton과 Black, Scholes가 개발한 옵션 가격 공식을 사용한다. 1977년 Scholes와 Merton은 노벨경제학상을 수상했다(Black은 이미 작고).

10. 이런 성공 동인은 PDMA 핸드북에 요약되어 있다. R. G. Cooper, "New Products: What Separates the Winners from the Losers," in PDMA Handbook for New Product Development, 2nd edition, ed. K. B. Kahn (New York: John Wiley & Sons, 2004), chap. 1, 3 – 28.

11. 엄밀한 평가점수 모델의 예시는 다음 논문에 제시되어 있다: R. G. Cooper, "The NewProd System: The Industry Experience," JPIM 9 (1992): 113 – 127.

12. 다양한 포트폴리오법의 결과와 각 방법에 대한 관리자 평가는 다음 저서에 제시되어 있다: Portfolio Management for New Products, chap. 6, in endnote 1.

13. The "success criteria" method is explained more in "Ten Ways to Make Better Portfolio and Project Selection Decisions" in endnote 1.

14. 성공 기준법의 실제 사용에 대해서는 다음 참조: "Succeeding at New Products the P&G Way" A Key Element Is Using the 'Innovation Diamond,'" Visions 29, no. 4 (October 2005): 9-13.

15. W. E. Souder, "A System for Using R&D Project Evaluation Methods," Research Management 21 (September 1978): 21-37.

16. G. L. Lillien and P. Kotler, Marketing Decision Making: A Model-Building Approach (New York: Harper & Row, 1983); see also W. E. Souder and T. Mandakovic, "R&D Project Selection Models," Research Management 29, no. 4 (1986): 36-42; F. Zahedi, "The Analytic Hierarchy Process—a Survey of the Method and Its Applications," Interfaces 16, no. 4 (1986); 96-108. The software Expert Choice is found at www.expertchoice.com.

17. 첨단 기술과 기술 플랫폼을 위한 스테이지 게이트는 다음 논문에 설명되어 있다: R. G. Cooper, "Managing Technology Development Projects—Different Than Traditional Development Projects," Research-Technology Management 49, no. 6 (November-December2006): 23-31.

18. Celanese Corporation (formerly Hoechst Chemical)은 다음 저서에 설명되어 있다: Portfolio Management for New Products, endnote 1.

19. S. Bull, "Innovating for Success: How EXFO's NPDS Delivers Winning Products," Proceedings, First International Stage-Gate Conference, St. Petersburg Beach, FL, February 2007.

20. 포토폴리오 관리 관행과 성과 연구는 "신제품을 위한 포토폴리오 관리"에 요약되어 있다. endnote 1.

21. 정성적으로 측정된 가치와 물방울 다이어그램은 다음 저서에서 추천되었다: P. Roussel, K. N. Saad, and T. J. Erickson, Third Generation R&D, Managing the Link to Corporate Strategy (Cambridge: Harvard Business School Press & Arthur D. Little, 1991).

22. Portfolio Management for New Products, endnote 1.

23. 경로 작성(Road Mapping)의 추가 내용은 다음 참조: R. R. Cosner, E. J. Hynds, A. R. Fusfeld, C. V. Loweth, C. Scouten, and R. Albright, "Integrating Roadmapping into Technical Planning," Research-Technology Management (November – December 2007): 31 – 48; T. Talonen and K. Hakkarainen, "Strategies for Driving R&D and Technology Development," Research-Technology Management (September – October 2008): 54 – 60; P. Groenveld, "Roadmapping Integrates Business and Technology," Research-Technology Management (November – December 2007): 49 – 58. Some of this section on road mapping is taken from Alcatel-Lucent Technologies. See R. E. Albright, "Roadmaps and Roadmapping: Linking Business Strategy and Technology Planning," Proceedings, Portfolio Management for New Product Development, Fort Lauderdale, FL, Institute for International Research and Product Development & Management Association, January 2001; see also M. H. Meyer and A. P. Lehnerd, The Power of Platforms (New York: Free Press, 1997).

24. 이 부분은 다음에 기반: "Ten Ways to Make Better Portfolio and Project Selection Decisions" endnote 1.

25. '정보 부족'의 출처: R. G. Cooper, S. J. Edgett, and E. J. Kleinschmidt, "Benchmarking Best NPD Practices—Part 3: The NPD Process and Decisive Idea-to-Launch Activities," Research-Technology Management 47, no. 6 (January – February2005): 43 – 55.

26. S. J. Edgett (subject matter expert), Portfolio Management: Optimizing for Success(Houston, TX: APQC, American Productivity & Quality Center, 2007).

27. 포토폴리오 관리 관행과 성과 연구는 "신제품을 위한 포토폴리오 관리"에 요약되어 있다. endnote 1.

28. Ibid.

9장 실효성 있는 게이트 운영

1. 이 장의 여러 부분은 저자의 다수 연구 결과에 기반하고 있다: R. G. Cooper, "The Stage-Gate Idea-to-Launch Process—Update, What's New and NexGen Systems," JPIM 25, no. 3 (May 2008): 213–232; R. G. Cooper, "NexGen Stage-Gate®—What Leading Companies Are Doing to Re-Invent Their NPD Processes," Visions 32, no. 3 (September2008): 6–10; R. G. Cooper, "Effective Gating: Make Product Innovation More Productive by Using Gates with Teeth," Marketing Management Magazine (March–April 2009): 12–17; R. G. Cooper, "How Companies Are Re-inventing Their Idea-to-Launch Methodologies," Research-Technology Management 52, no. 2 (March–April 2009): 47–57.

2. APQC 벤치마크 연구 참조, 1장의 endnote 9; R. G. Cooper, S. J. Edgett, and E. J. Kleinschmidt, "Benchmarking Best NPD Practices—Part 3: The NPD Process and Key Idea-to-Launch Activities," Research-Technology Management 47, no. 6 (2005): 43–55.

3. '실효성 있는 게이트'라는 용어는 S. Jenner의 다음 논문에서 차용: "'Gates with Teeth': Implementing a Centre of Excellence for Investment Decisions," Proceedings, First International Stage-Gate Conference, St. Petersburg Beach, FL, February 2007. Jenner는 영국 정부 법무부의 IT프로젝트 감사이다. 영국 정부는 정부 지원 내부 활동들을 위해 'Gateways'라고 부르는 스테이지 게이트 버전을 실행했다. R. G. Cooper, "Effective Gating: Make Product Innovation More Productive by Using Gates with Teeth," Marketing Management Magazine (March–April 2009): 12–17.

4. 주기 시간 감소와 자원 부족의 효과는 다음 논문에 설명되어 있다. R. G. Cooper and S. J. Edgett, "The Dark Side of Time and Time Metrics in Product Innovation," Visions 26, no. 22 (April–May 2002): 14–16; R. G. Cooper

and S. J. Edgett, "Overcoming the Crunch in Resources for New Product Development," Research- Technology Management 46, no. 3 (May‒June 2003): 48‒58.

5. S. Osborne, "Make More and Better Product Decisions for Greater Impact," PDMA Product and Service Conference "Compete to Win," Atlanta, GA, October 2006.

6. 오스트리아의 Five I's Innovation Management사는 유럽 내 스테이지 게이트 설계와 설치 전문 기업이다.

7. 참조: S. J. Edgett (subject matter expert), Portfolio Management: Optimizing for Success (Houston: APQC, American Productivity & Quality Center, 2007).

8. 참조: S. Bull, "Innovating for Success: How EXFO's NPDS Delivers Winning Products," Proceedings, First International Stage-Gate Conference, St. Petersburg Beach, FL, February 2007.

10장 개발과 시험, 출시

1. 이 부분의 일부는 the Navigator™ Stage-Gate system(www.stage -gate.com)에서 차용.

2. R. G. Cooper and S. J. Edgett, "The Dark Side of Time and Time Metrics in Product Innovation," Visions 26, no. 22 (April‒May 2002): 14‒16.

3. NewProd 연구 참조: 2장의 endnote 1.

11장 스테이지-게이트® 실행하기

1. R. G. Cooper, S. J. Edgett, and E. J. Kleinschmidt, Portfolio Management for New Products, 2nd edition (New York: Perseus Publishing, 2002).

2. R. G. Cooper, Product Leadership: Pathways to Profitable Innovation, 2nd edition (New York: Perseus Publishing, 2005).

3. R. G. Cooper and S. J. Edgett, Generating Breakthrough New Product Ideas: Feeding the Innovation Funnel (Ancaster, ON: Product Development Institute Inc., www.stage-gate.com, 2007).

4. R. G. Cooper and S. J. Edgett, Lean, Rapid and Profitable New Product Development(Ancaster, ON: Product Development Institute, www.stage-gate.com, 2005).

5. R. G. Cooper and S. J. Edgett, Product Innovation and Technology Strategy (Ancaster, ON: Product Development Institute, www.stage-gate.com, 2009).

6. H. Molitoris, "TARDEC Is Right on TARGET," U.S. Army TARDEC Accelerate Magazine (Summer 2010): 24–29.

7. 사업 혁신 전략 개발에 대한 더 많은 정보는 다음 참조. R. G. Cooper and S. J. Edgett, "Developing a Product Innovation and Technology Strategy for Your Business," Research-Technology Management 53, no. 3 (May–June 2010): 33–40; see also endnote 2 above.

• 류강석

류강석 교수는 서울대학교에서 경영학 학사와 석사, 미국 피츠버그 대에서 마케팅 전공으로 박사학위를 취득했고 미국 남가주대와 싱가 포르국립대를 거쳐 2001년부터 고려대 경영대학에 재직 중이다. 행동 과학 및 심리학적 접근법을 바탕으로 마케팅 현상을 연구하고 있으며 Journal of Marketing과 Journal of Consumer Research를 비롯한 국내·외 학술지에 다수 논문을 발표했다. 주요 강의 주제는 마케팅, 소비자행동, 고객 기반의 신제품 개발, 마케팅커뮤니케이션 등이며 SK, 현대자동차, LG전자, CJ, 아모레퍼시픽 등 여러 기업체를 대상으로 교육 및 자문에 참여하였다.

• 박상진

고려대학교 경영전문대학원 석사(MBA) 과정을 졸업하고 현재 진성 과학(주) 대표이사로 재직 중이다. 1996년 창업한 ㈜진성메디텍은 '혁 신형 중소기업'에 선정되었고 우리나라의 진단의료산업 발전에 기여했 다. 번역한 책으로는 [스마트 싱킹], [승리의 경영전략](공역), [퍼스널 MBA](공역), [스피치 에센스], [탁월한 전략이 미래를 창조한다], [생 각의 시크릿], [당신의 경쟁전략은 무엇인가?](공역) 등이 있다. 기업의 지속적 성공을 이끄는 데 필수적인 경영실무와 자기계발 관련 서적을 소개하고 있다. 나아가 국립암센터 국가 암퇴치 사업과 서울대학교병원 암병동 건립에 기부하는 등 CSR에도 적극적으로 동참하고 있다.

• 신동영

고려대학교 공과대학에서 기계공학을 전공했다. 이후 현대자동차연구소, 르노삼성자동차, SK이노베이션(배터리 사업본부)부문 등에서 30년 동안 근무하면서 제품개발 프로젝트 관리업무를 담당했다. 현재는 세아FS에서 품질기획팀장 및 프로젝트 리더로서 BMW와 RFQ 단계를 수행하고 있다. 스테이지-게이트 프로세스를 접목해 프리미엄 프로젝트의 수주 및 성공적인 개발, 양산 및 시장 출시를 이루고자 한다. 앞으로 '스테이지-게이트®(Stage-Gate)'의 전도자가 되어 한국의 신제품 개발 프로세스를 확립하는 데 일조하길 꿈꾼다.

신제품 개발 바이블

초판 1쇄 발행 | 2016년 10월 28일

지은이 | 로버트 G.쿠퍼
옮긴이 | 류강석, 박상진, 신동영

편집 | 김제형
디자인 | 박아영
관리 | 황지원
제작 | 오윤제

펴낸곳 | 진성북스
출판등록 | 2011년 9월 23일
주소 | 서울특별시 강남구 영동대로 85길 38 진성빌딩 10층
전화 | (02)3452-7762
팩스 | (02)3452-7761
홈페이지 | www.jinsungbooks.com

ISBN 978-89-97743-25-4 03320

※ 진성북스는 여러분의 원고 투고를 환영합니다.
　책으로 엮기를 원하는 좋은 아이디어가 있으신 분은
　이메일(jinsungbooks12@gmail.com)로
　간단한 개요와 취지, 연락처 등을 보내주십시오.
　당사의 출판 컨셉에 적합한 원고는 적극적으로 책으로 만들어 드리겠습니다!

※ 진성북스는 네이버 카페 회원으로 가입하시는 분들에게
　다양한 이벤트와 효익을 드리고 있습니다.
• 진성북스 공식 카페 http://cafe.naver.com/jinsungbooks

진성북스
도서목록

사람이 가진 무한한 잠재력을 키워가는 **진성북스**는
지혜로운 삶에 나침반이 되는 양서를 만듭니다.

앞서 가는 사람들의 두뇌 습관
스마트 싱킹

아트 마크먼 지음 | 박상진 옮김
352쪽 | 값 17,000원

숨어 있던 창의성의 비밀을 밝힌다!

인간의 마음이 어떻게 작동하는지 설명하고, 스마트해지는데
필요한 완벽한 종류의 연습을 하도록 도와준다. 고품질 지식
의 습득과 문제 해결을 위해 생각의 원리를 제시하는 인지 심
리학의 결정판이다! 고등학생이든, 과학자든, 미래의 비즈니
스 리더든, 또는 회사의 CEO든 스마트 싱킹을 하고자 하는
누구에게나 이 책은 유용하리라 생각한다.

● 조선일보 등 주요 15개 언론사의 추천
● KBS TV, CBS방영 및 추천

나의 잠재력을 찾는 생각의 비밀코드
지혜의 심리학

김경일 지음
302쪽 | 값 15,000원

창의적으로 행복에 이르는 길!

인간의 타고난 심리적 특성을 이해하고, 생각을 현실에서 실
행 하도록 이끌어주는 동기에 대한 통찰을 통해 행복한 삶을
사는 지혜를 명쾌하게 설명한 책. 지혜의 심리학을 선택한 순
간, 미래의 밝고 행복한 모습은 이미 우리 안에 다가와 가뿐
히 자리잡고 있을 것이다. 수많은 자기계발서를 읽고도 성장
의 목표를 이루지 못한 사람들의 필독서!

● OtvN 〈어쩌다 어른〉 특강 출연
● KBS 1TV 아침마당〈목요특강〉 "지혜의 심리학" 특강 출연
● YTN사이언스 〈과학, 책을 만나다〉 "지혜의 심리학" 특강 출연
● 2014년 중국 수출 계약 | 포스코 CEO 추천 도서

세계 초일류 기업이 벤치마킹한
성공전략 5단계
승리의 경영전략

AG 래플리, 로저마틴 지음 | 김주권, 박광태, 박상
진 옮김
352쪽 | 값 18,500원

전략경영의 살아있는 메뉴얼

가장 유명한 경영 사상가 두 사람이 전략이란 무엇을 위한 것
이고, 어떻게 생각해야 하며, 왜 필요하고, 어떻게 실천해야
할지 구체적으로 설명한다. 이들은 100년 동안 세계 기업회생
역사에서 가장 성공적이라고 평가 받고 있을 뿐 아니라, 직접
성취한P&G의 사례를 들어 전략의 핵심을 강조하고 있다.

● 경영대가 50인(Thinkers 50)이 선정한 2014 최고의 책
● 탁월한 경영자와 최고의 경영 사상가의 역작
● 월스트리스 저널 베스트 셀러

백만장자 아버지의 마지막 가르침
인생의 고난에
고개 숙이지 마라

마크 피셔 지음 | 박성관 옮김 | 307쪽 | 값
13,000원

아버지와 아들의 짧지만 아주 특별한 시간

눈에 잡힐 듯 선명한 성공 가이드와 따뜻한 인생의 멘토가 되
기 위해 백만장자 신드롬을 불러 일으켰던 성공 전도사 마크
피셔가 돌아왔다. 실의에 빠진 모든 이들을 포근하게 감싸주
는 허그 멘토링! 인생의 고난을 헤쳐가며 각박하게 살고 있는
청춘들에게 진정한 성공이 무엇인지, 또 어떻게 하면 그 성공
에 도달할 수 있는지 감동적인 이야기를 통해 들려준다.

● 중앙일보, 동아일보, 한국경제 추천 도서
● 백만장자 시리즈의 완결판

감성의 시대, 왜 다시 이성인가?
이성예찬

마이클 린치 지음 | 최훈 옮김
323쪽 | 값 14,000원

세계적인 철학 교수의 명강의

증거와 모순되는 신념을 왜 믿어서는 안 되는가? 현대의 문
학적, 정치적 지형에서 욕설, 술수, 위협이 더 효과적인데도
왜 합리적인 설명을 하려고 애써야 하는가? 마이클 린치의
'이성예찬'은 이성에 대한 회의론이 이렇게 널리 받아들여지
는 시대에 오히려 이성과 합리성을 열성적으로 옹호한다.

● 서울대학교, 연세대학교 저자 특별 초청강연
● 조선, 중앙, 동아일보, 매일경제, 한국경제 등 특별 인터뷰

"이 검사를 꼭 받아야 합니까?"
과잉진단

길버트 웰치 지음 | 홍영준 옮김
391쪽 | 값 17,000원

병원에 가기 전 꼭 알아야 할 의학 지식!

과잉진단이라는 말은 아무도 원하지 않는다. 이는 걱정과 과
잉진료의 전조일 뿐 개인에게 아무 혜택도 없다. 하버드대 출
신의사인 저자는, 의사들의 진단욕심에 비롯된 과잉진단의
문제점과 과잉진단의 합리적인 이유를 함께 제시함으로써 질
병예방의 올바른 패러다임을 전해준다.

● 한국출판문화산업 진흥원 「이달의 책」 선정도서
● 조선일보, 중앙일보, 동아일보 등 주요 언론사 추천

불꽃처럼 산 워싱턴 시절의 기록
최고의 영예
콘돌리자 라이스 지음 | 정윤미 옮김
956쪽 | 값 25,000원

세계 권력자들을 긴장하게 만든 8년간의 회고록
"나는 세계의 분쟁을 속속들이 파악하고 가능성의 미학을 최대한 적용했다. 현실을 직시하며 현실적인 방안을 우선적으로 선택했다. 이것은 수년간 외교 업무를 지휘해온 나의 업무 원칙이었다. 이제 평가는 역사에 맡겨 두어야 한다. 역사의 판단을 기꺼이 받아 들일 것이다. 적어도 내게 소신껏 행동할 수 있는 기회가 주어진 것에 감사할 따름이다."

● 제 66대 최초 여성 미 국무 장관의 특별한 자서전
● 뉴욕타임스, 워싱턴포스트, 월스트리트 저널 추천 도서

색다른 삶을 위한 지식의 향연
브레인 트러스트
가스 선뎀 지음 | 이현정 옮김
350쪽 | 값 15,000원

재미있고 행복하게 살면서 부자 되는 법!
노벨상 수상자, 미국 국가과학상 수상자 등 세계 최고의 과학자들이 들려주는 스마트한 삶의 비결. 일상에서 부딪히는 다양한 문제에 대해서 신경과학, 경제학, 인류학, 음악, 수학 등 여러 분야의 최고 권위자들이 명쾌하고 재치있는 해법을 제시하고 있다. 지금 당장 93인의 과학자들과 함께 70가지의 색다른 지식에 빠져보자!

● 즐거운 생활을 꿈꾸는 사람을 위한 책
● 93인의 과학자들이 제시하는 명쾌한 아이디어

학대와 고난, 극복과 사랑 그리고 승리까지
감동으로 가득한 스포츠 영웅의 휴먼 스토리
오픈
안드레 애거시 지음 | 김현정 옮김 | 614쪽 | 값 19,500원

시대의 이단아가 던지는 격정적 삶의 고백!
남자 선수로는 유일하게 골든 슬램을 달성한 안드레 애거시. 테니스 인생의 정상에 오르기까지와 파란만장한 삶의 여정이 서정적 언어로 독자의 마음을 자극한다. 최고의 스타 선수는 무엇으로, 어떻게, 그 자리에 오를 수 있었을까? 또 행복하지만은 않았던 그의 테니스 인생 성장기를 통해 우리는 무엇을 배울 수 있을까. 안드레 애거시의 가치관가 생각을 읽을 수 있다.

● Times 등 주요 13개 언론사 극찬, 자서전 관련분야 1위 (아마존)
● "그의 플레이를 보며 나는 꿈을 키웠다!" -국가대표 테니스 코치 이형택

앞서 가는 사람들의 두뇌 습관
스마트 싱킹

아트 마크먼 지음
박상진 옮김 | 352쪽
값 17,000원

보통 사람들은 지능이 높을수록 똑똑한 행동을 할 것이라 생각한다. 하지만 마크먼 교수는 연구를 통해 지능과 스마트한 행동의 상관관계가 그다지 크지 않음을 증명한다. 한 연구에서는 지능검사 결과 높은 점수를 받은 아이들을 35년 동안 추적하여 결국 인생의 성공과 지능지수는 그다지 상관없다는 사실을 밝히기도 했다. 중요한 것은 스마트한 행동으로 이끄는 것은 바로 '생각의 습관'이라는 것이다. 스마트한 습관은 정보와 행동을 연결해 행동을 합리적으로 수행하도록 하는 일관된 변환(consistent mapping)으로 형성된다. 곧 스마트 싱킹은 실천을 통해 행동으로 익혀야 한다는 뜻이다. 스마트한 습관을 창조하여 고품질 지식을 습득하고, 그 지식을 활용하여 새로운 문제를 창의적으로 해결해야 스마트 싱킹이 가능한 것이다. 그러려면 끊임없이 '왜'라고 물어야 한다. '왜'라는 질문에서 우리가 얻을 수 있는 것은 사물의 원리를 설명하는 인과적 지식이기 때문이다. 스마트 싱킹에 필요한 고품질 지식은 바로 이 인과적 지식을 통해 습득할 수 있다. 이 책은 일반인이 고품질 지식을 얻어 스마트 싱킹을 할 수 있는 구체적인 방법을 담고 있다. 예를 들어 문제를 글로 설명하기, 자신에게 설명해 보기 등 문제해결 방법과 회사와 가정에서 스마트한 문화를 창조하기 위한 8가지 방법이 기술되어 있다.

● 조선일보 등 주요 15개 언론사의 추천
● KBS TV, CBS방영 및 추천

새로운 시대는 逆(역)으로 시작하라!

콘트래리언

이신영 지음 | 408쪽 | 값 17,000원

위기극복의 핵심은 역발상에서 나온다!

세계적 거장들의 삶과 경영을 구체적이고 내밀하게 들여다본 저자는 그들의 성공핵심은 많은 사람들이 옳다고 추구하는 흐름에 '거꾸로' 갔다는 데 있음을 발견했다. 모두가 실패를 두려워할 때 도전할 줄 알았고, 모두가 아니라고 말하는 아이디어를 성공적인 아이디어로 발전시켰으며 최근 15년간 3대 악재라 불린 위기 속에서 기회를 찾고 성공을 거뒀다.

● 한국출판문화산업 진흥원 '이달의 책' 선정도서
● KBS1 라디오 〈오한진 이정민의 황금사과〉 방송

백 마디 불통의 말, 한 마디 소통의 말

당신은 어떤 말을 하고 있나요?

김종영 지음 | 248쪽 | 값 13,500원

리더십의 핵심은 소통능력이다. 소통을 체계적으로 연구하는 학문이 바로 수사학이다. 이 책은 우선 사람을 움직이는 힘, 수사학을 집중 조명한다. 그리고 소통의 능력을 필요로 하는 우리 사회의 리더들에게 꼭 필요한 수사적 리더십의 원리를 제공한다. 더 나아가서 수사학의 원리를 실제 생활에 어떻게 적용할 수 있는지 일러준다. 독자는 행복한 말하기와 아름다운 소통을 체험할 것이다.

● SK텔레콤 사보 〈Inside M〉인터뷰
● MBC라디오 〈라디오 북 클럽〉 출연
● 매일 경제, 이코노믹리뷰, 경향신문 소개
● 대통령 취임 2주년 기념식 특별연설

실력을 성공으로 바꾸는 비결

리더의 존재감은 어디서 오는가

실비아 앤 휴렛 지음 | 황선영 옮김
308쪽 | 값 15,000원

이 책은 조직의 사다리를 오르는 젊은 직장인과 리더를 꿈꾸는 사람들이 시급하게 읽어야 할 필독서이다. 더이상 서류상의 자격만으로는 앞으로 다가올 큰 기회를 잡을 수 없다. 사람들에게 자신감과 신뢰성을 보여주는 능력, 즉 강력한 존재감이 필요하다. 여기에 소개되는 연구 결과는 읽을거리가 많고 생생한 이야기와 신빙성 있는 자료로 가득하다. 실비아 앤 휴렛은 이 책을 통해 존재감을 완벽하게 드러내는 비법을 전수한다.

● 이코노믹리뷰 추천도서   ● 저자 싱커스50

10대들을 위한 심리 에세이

띵똥 심리학이 보낸 톡

김가현, 신애경, 정수경, 허정현 지음
195쪽 | 값 11,000원

이 책은 수많은 사용 설명서들 가운데 하나이다. 대한민국의 학생으로 살아가는 여러분의 사용 설명서이기도 하다. 오르지 않는 성적은 우리 내면의 어떤 문제 때문인지, 어떤 버튼을 누르면 되는지, 매일매일 일어나는 일상 속에 숨겨진 버튼들을 보여 주고자 한다. 책의 마지막 장을 덮은 후에는 당신의 삶에도 버튼이 보이기 시작할 것이다.

● 저자 김가현 – 미국 스탠퍼드 대학교 입학
● 용인외고 여학생 4명이 풀어 놓는 청춘의 심리와 그 해결책!

비즈니스 성공의 불변법칙
경영의 멘탈모델을 배운다!

퍼스널 MBA

조쉬 카우프만 지음 | 이상호, 박상진 옮김
756쪽 | 값 25,000원

"MASTER THE ART OF BUSINESS"

비즈니스 스쿨에 발을 들여놓지 않고도 자신이 원하는 시간과 적은 비용으로 비즈니스 지식을 획기적으로 높이는 방법을 가르쳐 주고 있다. 실제 비즈니스의 운영, 개인의 생산성 극대화, 그리고 성과를 높이는 스킬을 배울 수 있다. 이 책을 통해 경영학을 마스터하고 상위 0.01%에 속하는 부자가 되는 길을 따라가 보자.

● 아마존 경영 & 리더십 트레이닝 분야 1위
● 미국, 일본, 중국 베스트 셀러
● 경영 명저 100권을 녹여 놓은 책

무엇이 평범한 사람을 유명하게 만드는가?

폭스팩터

앤디 하버마커 지음
곽윤정, 이현응 옮김 | 265쪽 | 값 14,000원

무의식을 조종하는 매혹의 기술

오제이 심슨, 오펜하이머, 폴 포츠, 수전 보일… 논리가 전혀 먹혀 들지 않는 이미지 전쟁의 세계. 이는 폭스팩터가 우리의 무의식을 교활하게 점령하고 있기 때문이다. 1%셀러브러티들의 전유물처럼 여겨졌던 행동 설계의 비밀을 일반인들도 누구나 배울 수 있다. 전 세계 스피치 전문가를 매료시킨 강력한 커뮤니케이션기법소통으로 고민하는 모든 사람들에게 강력 추천한다.

● 폭스팩터는 자신을 드러내기 위해 반드시 필요한 무기
● 조직의 리더나 대중에게 어필하고자 하는 사람을 위한 필독서

새로운 리더십을 위한 지혜의 심리학

이끌지 말고 따르게 하라

김경일 지음 | 324쪽 | 값 15,000원

이 책은 '훌륭한 리더', '존경받는 리더', '사랑받는 리더'가 되고 싶어 하는 모든 사람들을 위한 책이다. 요즘 사회에서는 존경보다 질책을 더 많이 받는 리더들의 모습을 쉽게 볼 수 있다. 저자는 리더십의 원형이 되는 인지심리학을 바탕으로 바람직한 리더의 모습을 하나씩 밝혀준다. 현재 리더의 위치에 있는 사람뿐만 아니라, 앞으로 리더가 되기 위해 노력하고 있는 사람이라면 인지심리학의 새로운 접근에 공감하게 될 것이다. 존경받는 리더로서 조직을 성공시키고, 나아가 자신의 삶에서도 승리하기를 원하는 사람들에게 필독을 권한다.

● OtvN 〈어쩌다 어른〉 특강 출연
● 예스24 리더십 분야 베스트셀러
● 국립중앙도서관 사서 추천 도서

30초 만에 상대의 마음을 사로잡는

스피치 에센스

**제러미 도노반, 라이언 에이버리 지음
박상진 옮김 | 348쪽 | 값 15,000원**

타인들을 대상으로 하는 연설의 가치는 개별 청자들의 지식, 행동 그리고 감정에 끼치는 영향력에 달려있다. 토스마스터즈 클럽은 이를 연설의 '일반적 목적'이라 칭하며 연설이라면 다음의 목적들 중 하나를 달성해야 한다고 규정하고 있다. 지식을 전달하고, 청자를 즐겁게 하는 것은 물론 나아가 영감을 불어넣을 수 있어야 한다. 이 책은 토스마스터즈인 제러미 도노반과 대중연설 챔피언인 라이언 에이버리가 강력한 대중연설의 비밀에 대해서 말해준다.

경쟁을 초월하여 영원한 승자로 가는 지름길

탁월한 전략이 미래를 창조한다

리치 호워드 지음 | 박상진 옮김 | 값 17,000원

이 책은 혁신과 영감을 통해 자신들의 경험과 지식을 탁월한 전략으로 바꾸려는 리더들에게 실질적인 프레임워크를 제공해준다. 저자는 탁월한 전략을 위해서는 새로운 통찰을 결합하고 독자적인 경쟁 전략을 세우고 헌신을 이끌어내는 것이 중요하다고 강조한다. 나아가 연구 내용과 실제 사례, 사고 모델, 핵심 개념에 대한 명쾌한 설명을 통해 탁월한 전략가가 되는 데 필요한 핵심 스킬을 만드는 과정을 제시해준다.

● 조선비즈, 매경이코노미 추천도서
● 저자 전략분야 뉴욕타임즈 베스트셀러

세계 초일류 기업이 벤치마킹한
성공전략 5단계

승리의 경영전략

**AG 래플리, 로저마틴 지음
김주권, 박광태, 박상진 옮김
352쪽 | 값 18,500원**

이 책은 전략의 이론만을 장황하게 나열하지 않는다. 매일 치열한 생존경쟁이 벌어지고 있는 경영 현장에서 고객과 경쟁자를 분석하여 전략을 입안하고 실행을 주도하였던 저자들의 실제 경험과 전략 대가들의 이론이 책 속에서 생생하게 살아 움직이고 있다. 혁신의 아이콘인 AG 래플리는 P&G의 최고책임자로 다시 돌아왔다. 그는 이 책에서 P&G가 실행하고 승리했던 시장지배의 전략을 구체적으로 보여 줄 것이다. 생활용품 전문기업인 P&G는 지난 176년간 끊임없이 혁신을 해왔다. 보통 혁신이라고 하면 전화기, TV, 컴퓨터 등 우리 생활에 커다란 변화를 가져오는 기술이나 발명품 등을 떠올리곤 하지만, 소소한 일상을 편리하게 만드는 것 역시 중요한 혁신 중에 하나라고 할 수 있다. 그리고 그러한 혁신은 체계적인 전략의 틀 안에서 지속적으로 이루어질 수 있다. 월 스트리트 저널, 워싱턴 포스트의 베스트셀러인 〈Plating to Win: 승리의 경영전략〉은 전략적 사고와 그 실천의 핵심을 담고 있다. 래플리는 10년간 CEO로서 전략 컨설턴트인 로저마틴과 함께 P&G를 매출 2배, 이익은 4배, 시장가치는 100조 이상으로 성장시켰다. 이 책은 크고 작은 모든 조직의 리더들에게 대담한 전략적 목표를 일상 속에서 실행하는 방법을 보여주고 있다. 그것은 바로 사업의 성공을 좌우하는 명확하고, 핵심적인 질문인 '어디에서 사업을 해야 하고', '어떻게 승리할 것인가'에 대한 해답을 찾는 것이다.

● 경영대가 50인(Thinkers 50)이 선정한 2014 최고의 책
● 탁월한 경영자와 최고의 경영 사상가의 역작
● 월스트리스 저널 베스트 셀러

대담한 혁신상품은 어떻게 만들어지는가?

신제품 개발 바이블

로버트 쿠퍼 지음 | 류강석, 박상진, 신동영 옮김
648쪽 | 값 28,000원

오늘날 비즈니스 환경에서 진정한 혁신과 신제품개발은 중요한 도전과제이다. 하지만 대부분의 기업들에게 야심적인 혁신은 보이지 않는다. 이 책의 저자는 제품혁신의 핵심성공요인이자 세계최고의 제품개발프로세스인 스테이지-게이트(Stage-Gate)에 대해 강조한다. 아울러 올바른 프로젝트 선택 방법과 스테이지-게이트 프로세스를 활용한 신제품개발 성공 방법에 대해서도 밝히고 있다. 신제품은 기업번영의 핵심이다. 이러한 방법을 배우고 기업의 실적과 시장 점유율을 높이는 대담한 혁신을 성취하는 것은 담당자, 관리자, 경영자의 마지노선이다.

새로나올책

김병완의 공부혁명 (가제)

김병완 지음 | 값 15,000원

공부는 20대에게 세상을 살아갈 수 있는 힘과 자신감 그리고 내공을 길러준다. 그래서 20대 때 공부에 미쳐 본 경험이 있는 사람과 그렇지 못 한 사람은 알게 모르게 평생 큰 차이가 난다. 진짜 청춘은 공부하는 청춘이다. 공부를 하지 않고 어떻게 100세 시대를 살아가고자 하는가? 공부는 인생의 예의이자 특권이다. 20대 공부는 자신의 내면을 발견할 수 있게 해주고, 그로 인해 진짜 인생을 살아갈 수 있게 해준다. 이 책에서 말하는 20대 청춘이란 생물학적인 나이만을 의미하지 않는다. 60대라도 진짜 공부를 하고 있다면 여전히 20대 청춘이고 이들에게는 미래에 대한 확신과 풍요의 정신이 넘칠 것이다.

당신은 어떤 글을 쓰고 있나요? (가제)

황성근 지음 | 값 13,500원

글쓰기는 인간의 기본 능력이자 자신의 능력을 발휘하는 핵심적인 도구이다. 글은 이론만으로 잘 쓸 수 없다. 좋은 글을 많이 읽고 체계적인 연습이 필요하다. 이 책에서는 기본 원리와 구성, 나아가 활용 수준까지 글쓰기의 모든 것을 다루고 있다. 이 책은 지금까지 자주 언급되고 무조건적으로 수용되던 기존 글쓰기의 이론들을 아예 무시했다. 실제 글쓰기를 할 때 반드시 필요하고 알아두어야 하는 내용들만 담았다. 책의 내용도 외울 필요가 없고 소설 읽듯 하면 바로 이해되고 그 과정에서 원리를 터득할 수 있도록 심혈을 기울인 책이다. 글쓰기에 대한 깊은 고민에 빠진 채 그 방법을 찾지 못해 방황하고 있는 사람들에게 필독하길 권한다.

"비즈니스의 성공을 위해 꼭 알아야하는 경영의 핵심지식"

퍼스널 MBA

조쉬 카우프만 지음
이상호, 박상진 옮김
756쪽 | 값 25,000원

지속가능한 성공적인 사업은 경영의 어느 한 부분의 탁월성만으로는 불충분하다. 이는 가치창조, 마케팅, 영업, 유통, 재무회계, 인간의 이해, 인적자원 관리, 전략을 포함한 경영관리 시스템 등 모든 부분의 지식과 경험 그리고 통찰력이 갖추어 질 때 가능한 일이다. 그렇다고 그 방대한 경영학을 모두 섭렵할 필요는 없다고 이 책의 저자는 강조한다. 단지 각각의 경영원리를 구성하고 있는 멘탈모델(Mental Model)을 제대로 익힘으로써 가능하다.
세계 최고의 부자인 빌게이츠, 워런버핏과 그의 동업자 찰리 멍거(Charles T. Munger)를 비롯한 많은 기업가들이 이 멘탈모델을 통해서 비즈니스를 시작하고, 또 큰 성공을 거두었다. 이 책에서 제시하는 경영의 핵심개념 248가지를 통해 독자들은 경영의 멘탈모델을 습득하게 된다. 필자는 지난 5년간 수천 권이 넘는 경영 서적을 읽었다. 수백 명의 경영 전문가를 인터뷰하고, 포춘지 선정 세계 500대 기업에서 일을 했으며, 사업도 시작했다. 그 과정에서 배우고 경험한 지식들을 모으고, 정제하고, 잘 다듬어서 몇 가지 개념으로 정리하게 되었다. 이들 경영의 기본 원리를 이해한다면, 현명한 의사결정을 내리는 데 유익하고 신뢰할 수 있는 도구를 얻게 된다. 이러한 개념들의 학습에 시간과 노력을 투자해 마침내 그 지식을 활용할 수 있게 된다면, 독자는 어렵지 않게 전 세계 인구의 상위 1% 안에 드는 탁월한 사람이 된다. 이 책의 주요내용은 다음과 같다.

- 실제로 사업을 운영하는 방법
- 효과적으로 창업하는 방법
- 기존에 하고 있던 사업을 더 잘 되게 하는 방법
- 경영 기술을 활용해 개인적 목표를 달성하는 방법
- 조직을 체계적으로 관리하여 성과를 내는 방법

병원에 안가고 오래 건강하게 사는법 (가제)

마이클 그레거 지음 | 홍영준 외 옮김
값 25,000원

미국 최고의 영양 관련 웹사이트인 http://NutritionFacts.org를 운영 중인 세계적인 영양전문가이자 내과의사가 과학적인 증거로 치명적인 질병을 예방할 수 있는 식습관에 대해 집대성한 책이다. 생명을 일찍 잃는 대다수 사람들의 경우, 식생활과 생활방식의 간단한 개선만으로 질병 예방이 가능하다. 저자는 영양과 생활방식의 조정이 처방약, 항암제, 수술보다 더 효과적일 수 있다고 강조한다. 오래 동안 건강하게 살기 위해서는 어떤 음식을 섭취해야 하는지, 또 어떤 생활습관을 가져야 하는지에 대한 명쾌한 해답을 제시해주고 있다.

● 아마존 식품건강분야 신간 1위   ● 출간 전 8개국 판권 계약

현대의학의 한계를 극복하는 새로운 대안

불치병의 원인과 치유법은 무엇인가 (가제)

앤서니 윌리엄 지음 | 박용준 옮김 | 값 25,000원

이 책은 현대의학으로는 치료가 불가능한 질병으로 고통 받는 수많은 사람들에게 새로운 치료법을 소개한다. 저자는 사람들이 무엇으로 고통 받고, 어떻게 그들의 건강을 관리할 수 있는지에 대한 영성의 목소리를 들었다. 현대의학으로는 설명할 수 없는 질병이나 몸의 비정상적 상태의 근본 원인을 밝혀주고 있다. 당신이 원인불명의 증상으로 고생하고있다면 이 책은 필요한 해답을 제공해 줄 것이다.

● 아마존 건강분야 베스트셀러 1위

서울대학교 말하기 강의 (가제)

김종영 지음 | 값 15,000원

이 책은 공론 장에서 타인과 나의 의견이 다름을 인정하고, 그 차이점을 조율해 최종적으로 합리적인 의사 결정을 도출하는 능력을 강조한다. 특히 자신의 말하기 태도와 습관에 대한 성찰을 통해, 자신에게 가장 적합한 말하기의 특성을 찾을 수 있다. 독자들은 창의적이고 구체적인 이야기 구성능력을 키우고, 논리적이고 설득적인 말하기 능력을 훈련할 뿐만 아니라, 말의 주체로서 자신이 한 말에 책임을 지는 윤리성까지 인식하는 과정을 배울 수 있다. 논술을 준비하는 학생을 포함한 교사와 학부모 그리고 말하기에 관심 있는 일반 독자들에게 필독을 권한다.

하버드 경영대학원 마이클 포터의 성공전략 지침서

당신의 경쟁전략은 무엇인가?

조안 마그레타 지음
김언수, 김주권, 박상진 옮김
368쪽 | 값 22,000원

마이클 포터(Michael E. Porter)는 전략경영 분야의 세계 최고 권위자다. 개별 기업, 산업구조, 국가를 아우르는 연구를 전개해 지금까지 17권의 저서와 125편 이상의 논문을 발표했다. 저서 중 『경쟁전략(Competitive Strategy)』(1980), 『경쟁우위(Competitive Advantage)』(1985), 『국가 경쟁우위(The Competitive Advantage of Nations)』(1990) 3부작은 '경영전략의 바이블이자 마스터피스'로 공인받고 있다. 경쟁우위, 산업구조 분석, 5가지 경쟁요인, 본원적 전략, 차별화, 전략적 포지셔닝, 가치사슬, 국가경쟁력 등의 화두는 전략 분야를 넘어 경영학 전반에 새로운 지평을 열었고, 사실상 세계 모든 경영 대학원에서 핵심적인 교과목으로 다루고 있다. 이 책은 방대하고 주요한 마이클 포터의 이론과 생각을 한 권으로 정리했다. 〈하버드 비즈니스리뷰〉 편집장 출신인 저자는 폭넓은 경험을 바탕으로 포터 교수의 강력한 통찰력을 경영일선에 효과적으로 적용할 수 있도록 설명한다. 즉, "경쟁은 최고가 아닌 유일무이한 존재가 되고자 하는 것이고, 경쟁자들 간의 싸움이 아니라, 자사의 장기적 투하자본이익률(ROIC)을 높이는 것이다." 등 일반인들이 잘못 이해하고 있는 포터의 이론들을 명백히 한다." 전략경영과 경쟁전략의 핵심을 단기간에 마스터하여 전략의 전문가로 발돋음 하고자 하는 대학생은 물론 전략에 관심이 있는 MBA과정의 학생을 위한 필독서이다. 나아가 미래의 사업을 주도하여 지속적 성공을 꿈꾸는 기업의 관리자에게는 승리에 대한 영감을 제공해 줄 것이다.

● 전략의 대가, 마이클 포터 이론의 결정판
● 아마존 전략 분야 베스트 셀러
● 일반인과 대학생을 위한 전략경영 필독서

월스트리트 저널(WSJ)이 포춘 500대 기업의 인사 책임자를 조사한 바에 따르면, 관리자에게 가장 중요한 자질은 〈전략적 사고〉로 밝혀졌다. 750개의 부도기업을 조사한 결과 50%의 기업이 전략적 사고의 부재에서 실패의 원인을 찾을 수 있었다. 시간, 인력, 자본, 기술을 효과적으로 사용하고 이윤과 생산성을 최대로 올리는 방법이자 기업의 미래를 체계적으로 예측하는 수단은 바로 '전략적 사고'에서 시작된다.

전략적 사고

부서를 초월한 업무능력

성과도출 능력

전반적 리더십

핵심재무/회계의 이해

〈관리자의 필요 자질〉

새로운 시대는 새로운 전략!

- 세계적인 저성장과 치열한 경쟁은 많은 기업들을 어려운 상황으로 내몰고 있다. 산업의 구조적 변화와 급변하는 고객의 취향은 경쟁우위의 지속성을 어렵게 한다. 조직의 리더들에게 사업적 혜안(Acumen)과 지속적 혁신의지가 그 어느 때보다도 필요한 시점이다.

- 핵심 기술의 모방과 기업 가치사슬 과정의 효율성으로 달성해온 품질대비 가격경쟁력이 후발국에게 잠식당할 위기에 처해있다. 산업구조조정만으로는 불충분하다. 새로운 방향의 모색이 필요할 때이다.

- 기업의 미래는 전략이 좌우한다. 장기적인 목적을 명확히 설정하고 외부환경과 기술변화를 면밀히 분석하여 필요한 역량과 능력을 개발해야한다. 탁월한 전략의 입안과 실천으로 차별화를 통한 지속가능한 경쟁우위를 확보해야 한다. 전략적 리더십은 기업의 잠재력을 효과적으로 이끌어 낸다.

〈탁월한 전략〉 교육의 기대효과

① 통합적 전략교육을 통해서 직원들의 주인의식과 몰입의 수준을 높여 생산성의 상승을 가져올 수 있다.

② 기업의 비전과 개인의 목적을 일치시켜 열정적으로 도전하는 기업문화로 성취동기를 극대화할 수 있다.

③ 차별화로 추가적인 고객가치를 창출하여 장기적인 경쟁우위를 바탕으로 지속적 성공을 가져올 수 있다.

- 이미 발행된 관련서적을 바탕으로 〈탁월한 전략〉의 필수적인 3가지 핵심 분야 (전략적 사고, 전략의 구축과 실행, 전략적 리더십)를 통합적으로 마스터하는 프로그램이다.

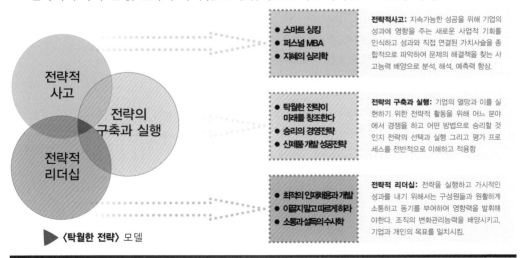

- 스마트 싱킹
- 퍼스널 MBA
- 지혜의 심리학

전략적사고: 지속가능한 성공을 위해 기업의 성과에 영향을 주는 새로운 사업적 기회를 인식하고 성과와 직접 연결된 가치사슬을 종합적으로 파악하여 문제의 해결책을 찾는 사고능력 배양으로 분석, 해석, 예측력 향상.

- 탁월한 전략이 미래를 창조한다
- 승리의 경영전략
- 신제품 개발 성공전략

전략의 구축과 실행: 기업의 열망과 이를 실현하기 위한 전략적 활동을 위해 어느 분야에서 경쟁을 하고 어떤 방법으로 승리할 것인지 전략의 선택과 실행 그리고 평가 프로세스를 전반적으로 이해하고 적용함

- 최고의 인재채용과 개발
- 이끌지말고 따르게하라
- 소통과 설득의 수사학

전략적 리더십: 전략을 실행하고 가시적인 성과를 내기 위해서는 구성원들과 원활하게 소통하고 동기를 부여하여 영향력을 발휘해야한다. 조직의 변화관리능력을 배양시키고, 기업과 개인의 목표를 일치시킴.

전략적 사고

전략의 구축과 실행

전략적 리더십

▶ 〈탁월한 전략〉 모델

특강 및 교육 신청 및 문의: 진성북스, 02-3452-7762

BPM 리더십코스

세계적 리더십 & 매니지먼트 전문 교육 기업 Crestcom International의 핵심역량 리더십 프로그램으로, CEO, 관리자, 핵심리더에게 필요한 글로벌 리더십 프로그램입니다.

1 CEO, 핵심리더에게 필요한 [10 Core Competencies]를 중심으로 각 분야별 매니지먼트 리더십 프로그램을 제공합니다

2 60개국의 CEO들을 대상으로 리더십 핵심 역량을 조사하여 관리자들이 갖추어야 할 리더십 핵심 역량을 10개 그룹, 24개 모듈로 세분화 하여 월 1회 4시간씩 12개월 과정으로 운영됩니다.

3 BPM 리더십코스는 관리자 등 핵심리더 교육프로그램으로 "사람(부하직원과 고객)의 마음을 얻는 스킬"의 내재화와 행동 변화에 초점을 맞추고 있습니다.

BPM 리더십 코스 핵심역량별 교육내용

경영리더십 핵심역량	각 모듈의 주제	주제강의
의사소통	• 경청의 힘	Terry Paulson
	• 긍정적인 셀프이미지를 향상하라	George Walther
	• 유대감을 형성하라	George Walther
	• 긍정적인 커뮤니케이션으로 동기를 부여 하라	Amanda Gore
	• 차원이 높은 커뮤니케이션 방법	Nido Qubein
	• 효과적인 전화 커뮤니케이션	George Walther
고객관리	• 고객의 기대를 뛰어넘어라	Lisa Ford
	• 까다로운 고객: 이렇게 대처하라	
동기부여	• 성과를 높이는 열쇠: 칭찬하라	John Hersey
	• 변혁적인 리더가 되어라	Nido Qubein
	• 멘토링으로 리더를 육성하라	John Hersey
	• 동기부여로 생산성을 향상시켜라	Jim Cathcart
	• 효과적 권한 부여의 7단계	Bob Johnson
	• 직원들이 최고가 되도록 지원하라	John Hersey
시간관리	• 시간투자 전략을 개발하라	Terry Paulson
	• 1시간을 70분으로 만들어라	Jim Henning
협상	• 성공적인 협상법	Jim Henning
문제해결	• 관리자들의 창의성을 적극 활용하라	Bob Johnson
	• 조직 내의 갈등을 해소하라	Terry Paulson
전략적 사고	• 전략적으로 사고하고 전략적으로 기획하라	Marcia Steele
	• 효율적 기획을 위한 7단계	Bob Johnson
경영혁신	• 성공적으로 변화를 추진하라	Terry Paulson
스트레스관리	• 스트레스를 잡아라	Amanda Gore
인사관리	• 채용, 교육 그리고 직원 보상을 잘하는 법	Lisa Ford

창의성의 비밀을 밝힌다!
'스마트 싱킹' 세미나

인지심리학자와 〈스마트 싱킹〉의 역자가 함께하는 '스마트 싱커' 되기 특별 노하우

"성공을 무조건 좇지 말고, 먼저 스마트해져라!"

스마트 싱킹의 가치는 명백하다. 사물의 원리와 일의 원인을 생각하고, 의사소통하고, 의사결정을 내리고, 행동하는 모든 과정을 통해 얻어지는 멘탈모델(Mental Model)의 밑바탕에는 언제나 스마트 싱킹이 존재한다. 따라서 스마트 싱킹은 자신이 필요한 것을 더 수월하고, 신속하게 얻기 위한 지름길이다.

세미나 내용

- 스마트 싱킹이란 무엇인가?
- 스마트 싱킹의 법칙
- 스마트한 습관 만들기와 행동 변화
- 3의 원리가 가진 비밀과 원리 실행하기
- 고품질 지식의 획득과 문제 해결 능력
- 비교하기와 지식 적용하기
- 효과적으로 기억하고 기억해내기
- 조직을 살리는 스마트 싱킹

특강 및 교육 신청 및 문의: 진성북스, 02-3452-7762

진성북스 회원으로
여러분을 초대합니다!

진성북스 공식카페
http://cafe.naver.com/jinsungbooks

혜택 1

» 회원 가입 시 진성북스 도서 1종을 선물로 드립니다.

혜택 2

» 진성북스에서 개최하는 강연회에 가장 먼저
초대 드립니다.

혜택 3

» 진성북스 신간도서를 가장 빠르게 받아 보실 수
있는 서평단의 기회를 드립니다.

혜택 4

» 정기적으로 다양하고 풍부한 이벤트에
참여하실 수 있는 기회를 드립니다.

- 홈페이지 : www.jinsungbooks.com
- 블 로 그 : blog.naver.com/jinsungbooks
- 페이스북 : www.facebook.com/jinsungbooks

- 문 의 : 02)3452-7762